老子·庄子

无障碍阅读典藏版

（春秋）老子　（战国）庄子　著
任犀然　主编

中国華僑出版社
北京

图书在版编目 (CIP) 数据

老子·庄子 : 无障碍阅读典藏版 / (春秋) 老子 ,(战国) 庄子著 ; 任犀然主编 . — 北京 : 中国华侨出版社 , 2016.11 (2021.12 重印)

ISBN 978-7-5113-6488-3

Ⅰ . ①老… Ⅱ . ①老… ②庄… ③任… Ⅲ . ①道家Ⅳ . ① B223

中国版本图书馆 CIP 数据核字 (2016) 第 278590 号

老子 · 庄子 : 无障碍阅读典藏版

著　　者：（春秋）老子　（战国）庄子
主　　编：任犀然
责任编辑：李胜佳
封面设计：李　荣
文字编辑：赵宏波
美术编辑：李丝雨
经　　销：新华书店
开　　本：787mm × 1092mm　1/16　印张：26　字数：523 千字
印　　刷：三河市燕春印务有限公司
版　　次：2016 年 11 月第 1 版　2021 年 12 月第 2 次印刷
书　　号：ISBN 978-7-5113-6488-3
定　　价：99.00 元

中国华侨出版社　北京市朝阳区西坝河东里 77 号楼底商 5 号　邮编：100028
发 行 部：（010）88893001　　传　　真：（010）62707370
网　　址：www.oveaschin.com　　E-mail：oveaschin@sina.com

前言

《老子》又称《道德经》，作者是老子。老子又称老聃，名李耳，春秋时期楚国人，曾担任东周王室的柱下史。相传东周末年，老子归隐，在途经函谷关时，遇到了守关的长官尹喜。尹喜向老子问道。老子遂留下这五千余字的《老子》。该书原分为上下两篇，上篇为《德经》、下篇《道经》，后改为上篇《道经》、下篇《德经》。

虽然只有短短五千多字，却不妨碍《老子》成为中国历史上最重要的著作之一。它是中国第一部完整的哲学著作，是道家思想的重要来源，开创了中国古代哲学本体论的学说。在《老子》中，老子用“道”来解释宇宙万物，将道看作万物的本源。道先天地而生，至虚至无，却是万物之源，“道生一，一生二，二生三，三生万物”。世间所有事物都要遵循于道，天地万物在道的作用下生生不息，运动不止，垂示给人很多迹象，“人法地，地法天，天法道，道法自然”，德就是道发生作用的方式和成果。人们要通过德理解道：道是独立不改的客观规律，无所不包，周行不殆，对任何事物而言，都是绝对的，不可能被超越的。而任何事物对道而言，都是相对的、有限的，都有正反两面，且正、反皆可相互转化。一如“祸兮福之所倚，福兮祸之所伏”“重为轻根，静为燥君”。老子的思想具有朴素的辩证法色彩，对中国哲学影响匪浅。

作品的伟大与否不在于字数的多少，甚至也不在于其是否为读者指出了明确的生活方向，而在于它能让读者挖掘出多少宝藏。《老子》为读者留下了一个巨大的思考空间，数千年来，人们不断从中得到新的体悟。无论是修身养性，还是写诗做文、为人处世，甚至是治国理政，个中智慧都包容在这本书中。

在修身养性方面，老子的“致虚极，守静笃”，要求人尽其所能地放宽心胸，如大道一般包罗万象，注而不满，酌而不竭。同时老子又提醒人们不要沉溺于感官享受，“五色令人目盲，五音令人耳聋，五味令人口爽，驰骋畋猎，令人心发狂”，过度的欢娱会极大地危害人的身心。而老子本人就是一个极好的养生例子，传说他活了一百六十多岁，即便有些夸张，在那个战乱迭起、民不聊生的春秋年代，他能安然地度过晚年也极为不易。通过阅读《老子》，人们可以树立起更有利于健康的生活态度：温和不争，虚怀若谷，浑朴纯正。

庄子，名周，战国时期的哲学家、思想家、文学家，大约生活在公元前369年到公元前286年之间。关于庄子的生平，人们知道的不多，只知道他是楚国贵族，因战乱逃往宋国，在宋国当过漆园吏。庄子继承并发扬了老子“道”的学说，其著作《庄子》一书是继《老子》之后，体现道家思想的另一部重要之作，是中国古代精神自由史上的第一名著，在中国古典文学、哲学、艺术、思想史上均具有不可动摇的“绝对经典”地位。

《庄子》分内篇、外篇、杂篇 三大部分，原有五十二篇，现存三十三篇，包罗万象，对宇宙大道、人与自然万物的关系、生命的价值、道德的标准等，都有详细的论述，内容博大精深，行文恣肆汪洋，涵盖了天地无为、万物齐一等重要思想法则。作为道家重要的代表人物，庄子的思想和老子的思想一起并称为“老庄思想”，和儒家、墨家形成鼎足之势，影响了中国文化两千多年。

庄子的文章不仅极富思想性，还有很高的艺术性。在先秦诸子散文中，数庄子的成就最高。他的文章瑰丽奇美，富于幻想，即便是描写平凡小事，也能写出排山倒海的气势。南宋文学家刘辰翁称庄子“不随人观物，故自有所见”。庄子在文学上最突出的特点就是非常擅长运用比喻、寓言，他因事譬喻，随物赋形，寓中设寓，同时又文情奔放，行文多变，将恣意飞扬的文风和张扬的想象力、深沉的思想完美交融。

本书是《老子》与《庄子》的合集，收录《老子》八十一章及《庄子》三十三篇内容。为了全方位、多层次展示《老子》与《庄子》这两部巨著，本书用通俗易懂的语言深入浅出地对每篇作品进行全解、详注，使读者获得丰富的想象空间和高雅的艺术享受。

品读传世经典，汲取无穷智慧。无论是治学修身、处世待人，还是经商置业、从政为民；无论是高官大吏、富商大贾，还是贩夫走卒、平民百姓，总能在《老子》和《庄子》中找到自己所需要的智慧。

目录

上篇　老子

下篇　庄子

上篇

老子

◎道　经◎

第一章　天地之始

【原文】

道可道①，非常道②；名可名，非常名③。无，名天地之始④；有，名万物之母⑤。故常无，欲以观其妙；常有，欲以观其徼⑥。此两者，同出而异名，同谓之玄⑦。玄之又玄，众妙之门。

【注释】

①道：构成宇宙的实体与动力。②道：用语言表达出来。③常：恒久不变。④名：这里指道的名称，文化思想。⑤名：用语言表达出来。⑥徼（jiào）：通“窍”，踪迹的意思。⑦玄：幽昧深远。

【译文】

可以用语言表达出来的道，就不是永恒不变的“道”；可以用语言表达出来的名，就不是永恒不变的“名”。无，是天地的开端；有，是万物的根源。所以，常从“无”中观察天地的奥妙；常从“有”中寻找万物的踪迹。有和无，只不过是同一来源的不同名称罢了。有和无都是幽昧深远的，它们是一切变化的总门。

【解析】

这是《道德经》的第一章。本章开篇名义：“道可道，非常道。”初步揭示了“道”的真正内涵。

道是中国古代哲学的重要范畴。老子是第一个把道作为一种哲学范畴提出和加以阐释、论证的思想家。道作为老子哲学的核心，贯穿其思想体系始终。关于对老子道的认识和诠释，历来众说纷纭。有的人认为，道是精神性的本体，是脱离物质实体而独自存在的最高原理，主张老子的道论是客观唯心主义。有的人则认为，道是宇宙处在原始状态中的混沌未分的统一体，主张老子的道论是唯物主义。一般认为道是宇宙的本原及万物运行的规律。陈鼓应在其《老子译注及评介》一书中引用杨兴顺的观点，将道的基本特点归结为：一、道是物的自然法则，它排斥一切神和“天志”。二、道永远存在，它是永存的物质世界的自然性。道在时间与空间上都是无限的。三、道是万物的本质，它通过自己的属性（德）而显现。没有万物，道就不存在。四、作为本质来说，道是世界的物质基础“气”及其变化的自然法则的统一。五、道是物质世界中不可破灭的必然性，万物都从属于道的法则。道摧毁一切妨害自己的事物。六、道的基本法则是：万物与一切现象，处于经常的运动与变化中，在变化的过程中，万物与一切现象都转化为自身的对立物。七、万物与一切现象，都处于相互联系的状态中，这种联系通过统一的道而完成。八、道是我们的感官所不能感知的，但在逻辑思维中，它是可以认识的。由是观之，道在天地生成以前就存在于浩瀚的宇宙中，当天地生成以后，道就在万事万物中发挥着自身的作用，贯穿万物生成、生长、发展、消亡的始终，作为一种自然规律客观地存在着。

一提起道，我们不免会在头脑中想象它的模样，然而我们的想象往往带有很大的局限性和主观性，真正的道是不以人的主观意志为转移的，它是客观存在，但又是看不见摸不着的，正所谓“大道无形”。我们凭主观想象臆造出的道的样子，不是真正的道，只能称为名。“名”这个概念也是不能用语言和文字来描述形容的，语言文字的局限性比想象的局限性更大。如果用语言文字来描述道，只能与道背道而驰。既不能用语言又不能用文字来描述道，那如何才能认识道呢？鉴于语言文字的局限性及道的只可意会、不可言传，只有通过抽象的概念，即“无”和“有”这两个名来一窥道的真正面目。所谓无，是指天地生成以前的混沌状态，说明天地是从无中生出来的。所谓有，就是存在的意思，它代表一种正在孕育万物的状态，是万物的生母，即万物是从有中孕育生产出来的。

所以我们可以将道理解为一种无的状态，一种有的能力，它的本原是无，却可以生出天地万物。正因如此，我们可以采取无的态度去体认道的玄妙。道的原始是空无，我们要想体认大道，就必须抛却所有的杂念，将自己回复到毫无思想意识的婴儿时期，达到一种完全虚无的境界，只有这样，我们才能真正体悟到道的奥妙和玄机。无和有是我们必须把握的两个概念，它们是打开“众妙之门”的钥匙，只有通过它们，我们才能领悟道的实质。

所谓“常无”，就是一种永恒的无，或叫“大无”；与此相对应，“常有”就是一种永恒的有，也叫“大有”。我们可以通过这种忘却自我一切的常无，体悟到天地初生时的“妙”；通过这种包容万物的常有，观察到万物未生前的“徼”。妙，按汉字的组字法，可以拆分为“少”和“女”，少女不但处于妙龄，而且是纯真、纯洁的象征，这里用在道中，可以理解为天地的本始。徼的本义为边界，这里引申为开端、端倪的意思。在这里，不论是常无还是常有，都只是对宇宙大道中的某一状态的描述，还停留在概念这一层面上，都是名。常无在前而常有在后，所以概念的“相名”也就不同了，但它们都是由大道生出来的，都是对大道的发展和变化，统称为“玄”。玄意为深奥而不可理解、不可测知。“大道无形”，变化多端，变化来变化去，就构成了天地万物的“众妙”，即老子所谓“玄之又玄，众妙之门”。

回过头来看原文，我们不难发现，文中着重讲了这样几个概念：道的概念、名的概念、无和有的概念、妙和徼的概念、玄的概念。这些概念统称为“名”，借用老子的一句话“名可名，非常名”来说，这些概念并没有真正地揭示出道的真正内涵，这是因为“道可道，非常道”，任何言语和文字都无法揭示出道的真义。我们学习和研究这些概念就是为了更好地理解道，它们可以作为理解道的桥梁。

第二章　功成弗居

【原文】

天下皆知美之为美，斯恶已①；皆知善之为善，斯不善已。有无相生，难易相成，长短相形，高下相盈，音声相和②，前后相随，恒也。是以圣人处无为之事③，行不言之教；万物作而弗始④，生而弗有，为而弗恃⑤，功成而弗居。夫唯弗居，是以不去。

【注释】

①已：语气词，可译为“了”。②音声：古代音和声是有区别的。单调的、无节奏的叫“声”，复杂的、有节奏的叫“音”。③是以：疑为后人所加。本章的前八句是老子的相对论，后八句是老子的政治论，文意不相连。圣人：老子理想中的“与道同体”的人物，他与儒家圣人有很大不同，是“有道的人”。④始：管理、干涉的意思。⑤恃（shì）：依赖，依靠。

【译文】

天下的人都知道美之所以为美，丑的观念也就出来了；都知道善之所以为善，恶的观念也就产生了。“有”和“无”互相对立而产生，困难和容易互相矛盾而促成，长和短互相比较才形成，高和下互相对照才有分别，音和声由于对立才显得和谐动听，前和后彼此排列才有顺序，这是永远如此的。因此，有道的人用“无为”的法则来对待世事，用“不言”的方式施行教化；让万物兴起而不加倡导，生养万物而不据为己有；抚育万物但不自恃己能，立下了功勋而不自我夸耀。正因为他不居功，所以他的功绩就不会失去。

【解析】

本章主旨讲的是“道”的内涵。

天下万物，在表象上都可以分为真善美和假恶丑两个对立的方面。美的可以造成恶的结果，善的可以造成不善的影响，任何美善的事物，本身都包含着不美不善的一面。一切事物也都处于运动变化之中，美转化为不美，善转化为不善，乃是大道运行之必然，亦是事物发展之规律。若把美的事物当成永恒的美，把善的事物视为绝对的善，那必然会事与愿违，终究会导致不善的结果的出现。

老子说明事物相互依存及变化发展的规律，并提出了一些基本的行为准则，即“无为”“不言”“弗始”“弗有”“弗恃”“弗居”等。这些准则在老子道论中是深得于“玄德”的体现，也是老子道论的基本行为主张。

当然，人类作为宇宙中的一个小分子，和宇宙中的其他事物一样，都是由肉眼看不到的分子、原子、中子、中微子等基本元素转化或组合而来的，所以人和其他事物是同源的，没有本质上的不同，都是由大道衍生出来的，所以也都处于永不停息的运动和变化之中，而且和其他物体同样可以相互依赖、互相转化。

人类从生命一开始，到最终走向坟墓，从来没有终止过变化。在此过程中生过病，犯过错，当然也享受过成功的乐趣，体验过失败的沮丧，也因而知道了什么叫对错、什么叫荣辱。可在这布满荆棘和矛盾的人生道路上，无论是享受幸福和喜悦，还是体验迷惘和无奈，最终的结局都是一样的，既然这样，那又何必给自己制造那么多的苦恼？所以，面对荣辱、得失、成败、哀乐、爱恨，为何不能泰然处之？其实，矛盾的产生是因为人们的头脑中有了知识的概念。矛盾导致两个方面的结果，一是好的结果，一是坏的结果，可人们总是喜欢接受好的结果而难以接受坏的结果，缺少应有的从容和淡定，因而滋生痛苦迷惘，或是悲痛欲绝。

大道无言，大道无际，它孕育了天地万物，并使天地万物感受到了它的存在和巨大威力，但人们始终无法对其进行准确的描述，任何概念和范畴都是牵强的，都没有恰当地概括出大道的真义，正是因为这种不准确、不完全、不真实的概念直接影响了人们对大道的领悟，所以也就无法真正融入大道无忧无虑、自由自在的境界中去。而圣人明白大道的绝对性和它的真实内涵，他们能抛弃和超越人类的自私和贪婪，采取顺其自然的态度来对待人和事，这种无所作为的处世哲学看似消极，其实是一种真正的、积极的人生态度，是对人类自身精神境界的提升。他们能真正理解大道并和大道融为一体，顺应自然和各种变化，也就无所谓“得到”和“失去”，因而也就没有忧愁和烦恼了，这也是智者和凡人的区别。

第三章　圣人之治

【原文】

不尚贤①，使民不争。不贵难得之货，使民不为盗；不见可欲，使民心不乱。是以圣人之治，虚其心，实其腹，弱其志，强其骨。常使民无知无欲，使夫智者不敢为也。为无为，则无不治。

【注释】

①尚：推崇。

【译文】

不推崇贤能之才，使人民不争名夺位；不以奇珍异宝为贵重之物，使人民不做偷盗的坏事；不炫耀可贪的事物，使人民不产生邪恶、动乱的念头。因此，有道的人治理天下的方法，是要净化人民的心灵，满足人民的温饱，减损人民争名夺利的心志，强健人民的体魄。要常使人民没有伪诈的心志，没有争名夺利的欲念，使那些智巧之人也不敢肆意妄为。以无为的态度去处理政事，就没有治理不好的。

【解析】

本章是老子对无为之治的具体论述与见解。

圣人之治在于无为。只要心里没有贪念，就不会有不满及争夺之心，从而使自己到达一种纯朴自然的状态。要使社会物质条件丰富，民众就不会为温饱而起纷争，生活安逸自在，达到一种最理想的境界。民众为了能使这种美好生活永远延续，就会自觉地维护这种和谐共处的状态。即便有一些自认为是的人想改变这种生活，民众也不会同意，从而使有智的人也不敢有所作为。

老子还说，不要使民众产生志向，但是要使民众的体格强健起来，有了强健的身体，就不会有痛苦产生；不崇尚贤者，就不会产生志向，志向是人心滋生贪欲的前因，如果内心存有志向，人们就会为了实现自己的志向而不择手段，这是恶行发生的一个前提。不以难得的货物为尊贵，那么民众就不会为了得到这些难以得到的东西而产生偷盗之心。老子还特别提到，作为最高统治者，首先不要存有欲望，而应与民众一样达到无知无欲的境界，因为民众是以圣人为榜样的，圣人如果有欲望表现出来，民众就会觉得不知所措而出现混乱。最后老子说，能做到这些，就是无为之治，就没有不能治理好的地方了。

第四章　和光同尘

【原文】

道冲，而用之或不盈①。渊兮②，似万物之宗；挫其锐，解其纷，和其光，同其尘；湛兮③，似或存。吾不知谁之子，象帝之先④。

【注释】

①冲：虚而不满的意思。盈：满的意思，引申为尽。②兮：语气词，可译为“啊”。③湛（zhàn）：没有、虚无的意思。④帝之先：天帝的祖先，形容其出现之早。

【译文】

大道是空虚无形的，它发生作用时却永无止境。它如深渊一样广大，像是世间万物的宗主。它不显露锋芒，解除世间的纷乱，收敛它的光耀，混同它于尘世。它看起来幽隐虚无却又实际存在。我不知道它是从哪里产生出来的，好像在天帝之前就已经有了。

【解析】

在本章里，老子仍然在论述“道”的内涵。他认为，道是抽象的，人们视而不见，触而不着，只能依靠意识去感知它。虽然道是抽象的，但它并非一无所有，而是蕴含着物质世界的创造性因素。这种因素极为丰富，存在于天帝产生之先。因此，创造宇宙、天地、万物及自然界的是道，而不是天帝。这样，老子从物质方面再次解释了道的属性。

“道冲，而用之或不盈。渊兮，似万物之宗。”冲，通“盅”，虚的意思。把道喻为一只肚内空虚的容器，是对其神秘性、不可触摸性和无限作用的最直观和最形象的譬喻。道的境界是心灵的世界，它的空虚，是相对于自我世界而言，是不为人的外观所感觉到的。渊，形容道境深远，找不到边际。道的境界是虚幻的，但它虚而有物，它的无穷妙用对于得道之士来说，是永远不会感到满足的。因为心灵在道的世界里自由翱翔是最快乐的，也最能满足人的天性。在浩瀚无际的道境之中，蕴藏着天地万物的本原。

“挫其锐，解其纷，和其光，同其尘。”锐，锐气、锋芒，指各种自以为是的行为和轻薄浮躁的情绪。纷，纷繁杂乱、支离破碎的事物及意识。尘，指现象世界，相对于本质世界而言。畅游于道的美妙境界里，彻悟了人生真谛，获取了大智大慧，原先那种不可一世的锐气及浮躁情绪被挫销了，一切与我无益的纷乱都得以解除；摒弃那种张扬外显、积极进取的心态，代之以不露锋芒、与世无争的人生态度。以合乎道的观点来看待世间的美丑、善恶、荣辱、贵贱，这时的人才是清醒的、有觉悟的。“不言之教”的功用即体现于此。

“湛兮，似或存。吾不知谁之子，象帝之先。”湛，深沉、幽隐，指道隐而不显。“似或存”指似幻而实真，似无而实存。老子认为，道幽隐深沉，不可捉摸，看上去虚无却又是真实存在的。在这里，老子自问：道是从哪里产生出来的呢？他没有从正面作出回答，而是说它存在于天帝现相之前。既然在天帝产生以前，那么天帝也就无疑是由道产生出来的。

本章旨在说明不言之教的巨大功用。只有亲历道境，不为现象世界所羁绊，才能获得正确的世界观和人生观。道是虚幻的，又是客观存在的；正是它的虚幻，才可充实人们的内心。有了充实的内心，就可以挫锐解纷，和光同尘。把握了世界的本质规律，就能把握自已的命运。

在前四章里，老子集中提出了以下观点：道是宇宙的本原，而且先于天帝而存在；事物都是互相矛盾而存在的，并且处于变化发展之中；等等。此外，老子还提出了自已对社会政治和人生处世的某些基本观点，这些学说无不充满智慧。

第五章　多言数穷

【原文】

天地不仁①，以万物为刍狗②。圣人不仁，以百姓为刍狗。天地之间，其犹橐籥乎③？虚而不屈，动而愈出。多言数穷④，不如守中⑤。

【注解】

①仁：仁爱、仁慈。②刍（chú）狗：用野草扎成的狗，古人祭祀时用，用后即扔。刍，野草。③橐（tuó）籥（yuè）：古代的风箱。④数：通“速”。⑤中：适中的意思。

【译文】

天地无所谓仁爱，对待万物像对待祭祀时草扎的小狗一样，任凭万物自然生长；有道的人无所谓仁爱，对待百姓也如同对待刍狗一样，任凭百姓自己发展。天和地之间，不就像一个风箱吗？虽然中空但永无穷尽，越鼓动风量便愈多，生生不息。政令名目繁多反而会加速国家的败亡，不如保持虚静。

【解析】

这一章里，老子由天地的“不仁”，讲到圣人的“不仁”，进而提出了“守中”的思想。和前文“不执于一端”“不尚贤”“无为而治”的思想是一贯的。其内容主要包括两方面：一是老子再次表述了自己无神论的思想倾向，否定当时思想界存在的把天地人格化的观点。他认为天地是自然的存在，没有理性和感情，它的存在对自然界万事万物不会产生任何作用，因为万物在天地之间依照自身的自然规律变化发展，不受天、神、人的左右。二是老子又谈到“无为”的社会政治思想，是对前四章内容的进一步发挥。他认为，作为圣人——理想的统治者，应当是遵循自然规律，采取无为之治，任凭老百姓自作自息、繁衍生存，而不会采取干预的态度和措施。

“天地不仁，以万物为刍狗。”王弼说：“天地任自然，无为无造，万物自相治理，故不仁也。”天地无所偏爱，表明天地是一个物理的、自然的存在，并不具有人类的理性和感情；万物在天地之间依照自然法则运行，并不像有神论者所想象的那样，以为天地自然法则对某物有所偏爱，或对某物有所嫌弃，其实这只是人类感情的投射作用。这一见解，表现了老子反对鬼神术数的无神论思想。从无为推论下去，无神论是符合逻辑的必然结果。他认为天地是无为的，自然界的一切事物，只须依照自然界的发展规律生长变化，不需任何主宰者驾临于自然之上来加以命令和安排。

“圣人不仁，以百姓为刍狗。”同样，圣人无所偏爱，取法于天地的纯任自然。即圣明的统治者对百姓也不应有厚有薄，而要平等相待，让他们根据自己的需要安排作息。对此，老子作了个形象的比喻：圣人不仁，对待老百姓也要像对待刍狗一样。

“天地之间，其犹橐籥乎！虚而不屈，动而愈出。”橐籥，是指用手操作的鼓风工具，即风箱。老子将天地比作一个可以来回鼓动的风箱，只要拉动就可以鼓出风来，而且生生不息，不会竭尽。天地之间，风霜雨雪，电闪雷鸣，皆为天地二气激发涤荡所致，万物生生不息，无不依赖此气。天地之间好像一个风箱，空虚而不会枯竭，越鼓动风越多。而人体就像一个小风箱，风箱的作用在于使炉火更旺。如果用风箱的原理来修身，则生命会更富有激情，生命力会更强。

“多言数穷，不如守中。”老子通过上述比喻想要说明的问题是：“政令繁苛，只会加速其败亡，不如保持虚静状态。”即用很多言辞法令来强制人民执行，很快就会遭到失败，不如按照自然规律办事，虚静无为，这样万物反而能生生不息，永不枯竭。这里所说的“中”，不是“中正”之道，而是虚静。

本章用具体比喻说明如何认识自然和对待自然，论述天地本属自然，社会要顺乎自然，保持虚静，比喻鲜明生动。本章也是承上章对“道冲”作进一步论述。此处由“天道”推论“人道”，由“自然”推论“社会”，核心思想是阐述清静无为的好处。

第六章　谷神不死

【原文】

谷神不死①，是谓玄牝②。玄牝之门，是谓天地根③。绵绵若存④，用之不勤⑤。

【注释】

① 谷：形容虚空。神：形容不测的变化。② 玄牝（pìn）：象征深远而看不见的生育万物的总根源，这里用以形容“道”的不可思议的生殖力。牝，生殖。③ 是谓：这叫作。④ 绵绵：冥冥无形象，连续不断的样子。⑤ 不勤：不劳倦，不穷竭。勤，尽。

【译文】

虚空不定的变化是永不停歇的，这就是生育万物的神秘莫测的总根源。微妙的生母之门，就是天地生成的根源。它绵绵不绝地存在着，作用无穷无尽。

【解析】

老子在这一章里继续阐明“道”的特征。他所运用的方法仍是比喻、借代：用“谷”象征道，说明道既是空虚的又是实在的；用“神”比喻道，说明道变幻莫测；用“玄牝之门”比喻道是产生万事万物根源；等等。老子想说明道的作用是无穷无尽的，从时间上而言，道历久不衰，天长地久。从空间上而言，道无处不在，无穷无尽。道孕育着宇宙万物，生生不息。

“谷神不死，是谓玄牝。”这里的“谷神不死”是就道而言的，说明道是博大无边、变幻莫测、永恒不灭的。“玄”作为一个概念，在《道德经》中经常出现。它原义是深黑色，有深远、神秘、微妙难测的意思。牝，本义是雌性的兽类动物，这里借喻具有无限造物能力的道。“玄牝”指玄妙的母性，这里指孕育和生养出天地万物的母体。把神秘莫名的“道”喻为雌性动物的生殖器官，形象地表现了无所不能、孕育着万物的道的特性。这种粗拙而简明的表述方法，在《道德经》中多次出现。

“玄牝之门，是谓天地根。”玄牝的门户，是孕育天地、化生万物的根源。它的作用非常大。“玄牝之门”“天地根”，都用来说明道为产生天地万物的始源。古代也有人把本章的要旨解释为胎息养生之术，认为“天地之门，以吐纳阴阳生死之所气。每至旦，面向午，展两手于膝之上，徐徐按捺百节，口吐浊气，鼻引清气，所以吐故纳新。是蹩气良久，徐徐吐之，仍以左右手上下前后拓。承气之时，意想太平元气，下入毛际，流于五脏，四肢绵受其润，如山纳云，如地受泽，面色光涣，耳目聪明，饮食有味，气力倍加，诸疾去矣。”（《御览方术部》引《修养杂诀》）这是把老子的思想与传统养生术联系起来的解释。这种思考的角度，也不失为对老子学说的一种发挥。

“绵绵若存，用之不勤。”它（指道）好像绵绵不绝地存在着，它的功能也永远使用不尽。道无迹可寻，可又无所不在地发挥作用。它先天地而生，亘古长存，像一只看不见的手，化育着自然万物；又像是天地万物的仲裁者，决定着物事、人世的沉浮兴衰。

道博大无边、无所不能，又永恒不灭、无迹可寻。它是万物之母、一切之源，取之不尽、用之不竭；万物皆循道而自为自作，生生不息。

第七章　天长地久

【原文】

天长地久。天地所以能长且久者，以其不自生①，故能长生。是以圣人后其身而身先，外其身而身存。非以其无私邪②！故能成其私③。

【注释】

①以：因为。②邪：同“耶”，疑问语气词。③私：在这里指个人利益。

【译文】

天地永远都存在。天地之所以能长久，是因为它不是为了自己而生存，所以才永远都存在。因此，有道的人凡事都让别人占先，反而能赢得爱戴；凡事把自身的安危置之度外，生命反而能得以保全。这不正是因为他不自私，反而能够成就自身吗？

【解析】

在本章里，老子认为，天地是永恒存在的。而天地之所以能永恒存在，是因为它们的一切运作、变化都不是为了自己的生存而作为，正因为“不自生”，“故能长生”。天地生养万物而独不生自己，反而得到了长生。因此，老子希望圣人能从中悟出这个道理。如果圣人也效法天地的这种德行，不计个人得失，一心为公，也会像天地一样“长生”。

所谓“圣人后其身而身先，外其身而身存”，意即有道之人凡事都让别人占先，反而能赢得爱戴；凡事都把自身置之度外，生命反而能得以保全。结合老子其他章节来看，老子对人之生命的见解是很透彻的，并不仅限于肉体的生命，而是把生命推广到灵魂的范畴。如果一个圣人，能谦居人后，以天下为先，那么他就会得到百姓的爱戴，也会永远留在百姓心中，从而得到与道一样不灭的长生。

“非以其无私邪！故能成其私。”老子认为，圣人这样做，并不是因为没有私心，而是为了成就他最大的私心，那就是得以长生。故此老子说“非以其无私邪！故能成其私”。人最大的私心莫过于实现长生，所谓长生，就是能让自己的灵魂永远活在百姓的心中，百姓感觉到圣人的好，就希望他能够永远存在，他的生命与灵魂在百姓心中就永远都不会消失。

老子根据宇宙法则揭示了人生法则，而人生法则里又贯穿着社会法则。他的“后其身而身先”“外其身而身存”的思想，正是“先天下之忧而忧，后天下之乐而乐”的原形。治理国家，只要时时把人民的利益放在前面，自然能够得到人民的拥护和爱戴，从而体现人生价值，获得人生幸福；为了肉体而活着的人，生命不会长久；为了人民的利益而活着的人，只要社会存在，他的英灵就会存在，因为他永远活在人民心中。

这一章里老子以天人合一的境界，把宇宙、人生和社会看成是一个统一的整体，从而要求人与人之间爱而忘私，和谐相处。无私是合乎道的美德，只有坚持这一美德，人类才能实现“长生”。

第八章　不争无尤

【原文】

上善若水①。水善利万物而不争，处众人之所恶②，故几于道③。居善地④，心善渊⑤，与善仁，言善信，正善治⑥，事善能，动善时。夫唯不争，故无尤⑦。

【注释】

①上善：最高等的善。若：像。②处：停留、居住之意。③几（jī）：作“接近”解。④地：低下、卑下的意思。⑤渊：深的意思。⑥正：行政的意思。⑦尤：怨咎。

【译文】

最高的善就像水一样，水善于滋润万物却不与其争短长。它总是停留在众人不愿去的低洼之地，这种品德，最接近于“道”。上善的人总是甘居卑下的环境，心胸善于保持沉静而深远博大，待人善于相助、真诚可亲，说话善于信守诺言，为政善于治理，办事善于发挥所长，行动善于把握时机。正因为有不争的美德，所以才不会出现过失，招来怨咎。

【解析】

在上一章里，老子以天地之道推及人道之后，这一章又以自然界的水来喻人、教人。

老子首先用水性来比喻有德之人的人格，认为他们的品格像水一样：一是柔，二是居于卑下的地方，三是滋润万物而不与之争。具备理想人格的人也应该具有这种心态，不但做有利于众人的事情而不与之争，而且还愿意去众人不愿去的地方，愿意做别人不愿做的事情。他可以忍辱负重，任劳任怨，能尽其所能贡献自己的力量去帮助他人，而不会与他人争功、争名、争利，这就是老子“善利万物而不争”的著名思想。

“上善若水”，上为至高，只有至高的东西才叫上；水的德行最高，虽然它的构成简单，但它是自然界里的生命之源。“上善若水”，从字面上解释就是：具有善性的人就像水一样，老子这是要人们学习水“柔弱处下”的德行。

那么，水的德行究竟是什么呢？它是最柔弱最具善性的东西，它具有宽广包容的胸怀和毫无所求、甘居人下的德操，无论到什么地方都是无声无息的。

众所周知，水有形却无状，谁也不能说清水的形状，把它放在什么样的容器里，它就呈现什么样的形状。它生性温柔，就像一个柔弱的少女，羞涩柔韧而又随遇而安。

用坝拦它，它就静止不动；抽刀断水，于水毫发无损。在天则为雨雪云雾，在地则成江河湖海。遇热成汽，逢冷结冰，见风起浪，居高成湍，千变万化。最重要的是，无论它身处多么显贵的高位，都会谦卑地向下流淌。这一点，和人类恰恰相反，人是钟情于高处的，仿佛只有不停地高攀才能实现自身的价值，人人都往高处走，所以难免会有竞争，有竞争就有博弈，有博弈就会有得失、成败。水比人明智，它甘居下位，滋润万物而不居功自傲，清静无为而又无所不为。

水和“大道”十分相像。水性善柔，大道无形；水善利万物而不争，大道化育一切而不言功劳。而这正应该是圣人必备的德行。老子认为，拥有最高德行的人就如水一样，具有宽广的胸怀、谦逊的品格、与世无争的情操、宽厚诚实的作风，这些最接近大道的本质，是人类最应效仿的德行。因此，人的心胸就应该像水一样宽广无边、清湛悠然；像水的流势一样，谦虚卑下。不可处处与人争高低，要择地而居。对人要亲切自然，以诚相待，老实厚道，宁愿居下位也决不欺他人。为人处世重诺守信，就如同潮汐一般，起落守时。

在自然界万事万物中，老子最钟爱的是水，认为水德是近于道的。而理想中的“圣人”是道的体现者，因为他的言行与水的德行相似。为什么说水德近于道呢？王夫之解释说：“五行之体，水为最微。善居道者，为其微，不为其著；处众之后，而常德众之先。”以不争为争，以无私为私，这就是水的最显著特性。水滋润万物而无取于万物，而且甘心停留在最低洼、最潮湿的地方。老子并列举出七个“善”字，都是受到水的启发。最后的结论是：为人处世的要旨，即“不争”。也就是说，宁处别人之所恶也不去与人争利，所以别人也没有什么怨尤。人类一旦拥有了像水一样的品格，就能助人而自乐，与世无争，日子过得恬淡自然，就能避免与他人发生矛盾和冲突，就能免去患得患失的精神折磨。如果能够使自己的品格如水一般，就能与大道协调，就会免去纷争、痛苦和烦恼，就能过得逍遥自在、轻松愉悦。

第九章　持而盈之

【原文】

持而盈之①，不如其已②；揣而锐之③，不可长保。金玉满堂，莫之能守④；富贵而骄⑤，自遗其咎⑥。功遂身退，天之道也。

【注释】

①盈：满的意思。②已：动词，停止的意思。③揣：捶打，敲打的意思。④莫：代词，“没有谁”的意思。⑤而：这一章三个“而”，均为连词，“而且”“并且”的意思。⑥咎（jiù）：灾祸的意思。

【译文】

保持着盈满的状态，不如适可而止。捶打得既尖又利的铁器，就不能长久保持锋利。

纵然金玉堆满房屋，谁也不能长久守住。富贵而又骄纵，定会给自己带来祸害。功成名就之时，要含藏收敛，急流勇退，这才符合自然运行的规律。

【解析】

本章主要是讲功成身退之道。

大千世界，芸芸众生，谁不追逐名利、倾慕荣华？而能做到心如止水、超然物外者恐怕寥若辰星。既然我们都无一例外地生活在现实的世界里，就不可能不食人间烟火，因为衣、食、住、行是人类最基本的生存需求。可是，当这些需求在得到满足之后，人们还会积极地思考如何实现自身的价值，去幻想更多不同层次的需求；当低级的需求得到满足之后，就会更加迫切追求那些更高层级的事物，这是个既简单又复杂的道理：说它简单是因为提到需求，每个人都深有体会，不难理解；说它复杂是因为每个人的需求是千差万别的，这是针对个体而言的。但从整体上来说，人类的贪欲永远都无法得到满足。人类的这一弱点就决定了其会一直追名逐利。

可一旦名利双收，又该如何留住它们，而不致使它们如云烟一般随风飘零？其实，老子在本章中，就给出了答案：手持杯子，往里加水，当水满的时候，还不停地往里加，当然会溢出来。换一个说法：当弓被拉满后仍继续用力猛拉，结果毫无疑问，弦会最终被拉断。这两个小问题系出同源，都是“满招损”的个案。虽个中道理妇孺皆知，但真要我们与现实生活的欲望挂起钩来，恐怕就很少有人能够真正明白了，因为“人心不足蛇吞象”最直接的后果就是“当局者迷，旁观者清”。所以说，人的欲望是无止境的，这是人的本性使然。因此，人类如何克服自身的弱点，是个非常重要而又相当棘手的问题。

还是让我们来看一看锋利的剑吧，它又尖又锐，锋芒毕露，然而锋刃易卷，再磨再损，不久就会被人放弃，因而老子说，越尖锐的东西，越不会长久保存。

“人生一世，草木一秋。”若用此来比喻人生，乍听起来不免有些消极，却不违背常理。其实，人生的短暂和草木的转眼枯亡没有本质上的区别，所以人们在提到年龄时心里往往就会发怵，不禁哀怨日子过得太匆忙。因此，有人在短暂的一生里拼命地捞取金钱，其目的就是试图通过对财富的占有来证明自身存在的价值；而有的人则一心想出名，想通过名声来证明自己没有虚度光阴。于是，人们开始争名夺利，为了实现自己的愿望，有的人不择手段，不惜出卖灵魂，结果事与愿违，得到的却没有付出的代价昂贵，这又何苦呢？当然，我们并不反对采用正当的手段和途径来获取金钱和名利，但必须明白一个很简单的道理：人是赤条条地来，又必将赤条条地去，富贵和名利都是过眼云烟，是一丝一毫也无法带走的。

因此，老子认为“持而盈之”“揣而锐之”“富贵而骄”是“生而不有，为而不恃，功成而不居”的“玄德”的反例。在老子看来，一切具体的存在都是“刍狗”，这也就意味着，要把拥有一定名位、名职的自身也要看成是刍狗。刍狗的结局就是在祭祀过后很自然地变成了杂草，这是刍狗之命运使然。如果一朝为“狗”就自认为永远是狗而跳梁跋扈，那绝对是不知天高地厚的狂妄之举。所以，老子认为“功成身退”是无为的最高境界，是应当奉行的基本行为准则。

事实上，古往今来，没有人能永久地保持自己的名位或财富，不要说富可敌国、权倾朝野的王公贵族，就是一手遮天的帝王也无法长久地保留自己的地位和财富，尽管他们让后人将珠宝和自己的尸体葬在一起，并安装上各种防盗机关，以求保全自己生前拥有的财富。可在事实上，自从安葬之时起，危险就已悄悄逼近，盗贼不但会潜入他们的坟墓，将陪葬的金银财宝洗劫一空，甚至还会把他们的尸首抛弃到荒野，这是多么悲惨的结局！当然，更有甚者，有的帝王连尸体也被偷走，因为他们身上穿的是金缕玉衣，他们不但失去了珠宝，也失去了尸身，其结果惨不忍睹。

因此，老子在本章郑重告诉人们：物极必反。太满会溢，太尖利会断，这就启发人们不管办什么事，都要适可而止，进退有度。太露锋芒就会遭人嫉妒和陷害，不如到一定的时候退而隐之，即“功遂身退”，不可最大限度地满足自己的欲望。退而隐之不是形式上的退居深山，而是要有功不倨傲，有名不恃名，有财不扬财。这就是老子倡导的“大道”理念。

大道就是如此，它滋养万物而不居功，没有恩义，也就无所谓报答；万物接受大道的恩典，不去报答，大道和万物仿佛毫无关联，所以也就没有怨恨和嫉妒，一切都是自然而然的。人类只有和大道同步，才能达到收放自如、进退有度的美妙境界。

第十章　明白四达

【原文】

载营魄抱一①，能无离乎？专气致柔②，能如婴儿乎？涤除玄鉴③，能无疵乎？爱民治国，能无为乎？天门开阖④，能为雌乎？明白四达，能无知乎⑤？生之畜之⑥。生而不有，为而不恃，长而不宰，是谓“玄德”⑦。

【注释】

①营魄：即魂魄。魂属灵，魄属血，在此连用，指灵肉相连。抱一：合抱为一。②专气：志气专一。致柔：调合到柔和的境地。③涤除：清除。玄鉴：形容心地如宽广的明镜。玄，形容人心的深邃灵妙。鉴，镜子。④天门：这里指耳目口鼻等感官。阖（hé）：关闭。⑤无知：即不用智谋。知，作“智”讲。⑥生之畜之：使它生，使它繁殖。⑦玄德：极大极深远的“德”。

【译文】

灵魂与肉体融为一体，能永不分离吗？聚集精气达到柔和，能像初生的婴儿一样吗？洗尽思想上的尘垢，能让心地宽广得如一尘不染的明镜吗？热爱百姓，按照道的法则来治国，能保持“无为”的境地吗？口鼻自然地开闭，呼吸吐纳，能绵绵细静地雌守吗？通达四方，能不玩弄权术和心智吗？生养抚育了万物却并不据为己有，为世间立下了卓越功勋但并不自恃有功，滋养了万物但并不居于主宰地位，这就是最高深的“德”。

【解析】

本章是讲修道育朴的方法和过程，从“载营魄抱一”到“明白四达”，境界是逐步提高的。“道”的境界和自我之德是同步的，“玄德”表明自我之德与道合一，是德的最高境界，并透过六个问句，把道在修身治国方面的作用作了几条总结，对一般人和统治者提出了要求。从字面上看，每句的后半句，似乎都是疑问，其实疑问本身就是最好的答案。老子认为，人们无论是形体还是精神，无论是主观努力还是客观实际，都不可能是完全一致的。但是人们在现实生活中，应该将精神和形体合一而不偏离，即使肉体生活与精神生活保持和谐，这样就必须做到心境淡定，洗清杂念，摒除妄见，懂得自然规律，提高自身修养，也只有这样，才能够真正做到“爱民治国”。

人类之所以被称为“大自然的精品”“造物主的杰作”“万物之灵长”，主要就是因为人类拥有精神和意志，能够进行独立思考和判断。这样一来，人类对周围的事物便有了自己的评判标准，人的主观意识便会在潜移默化中发挥能动作用，并通过这种主观对客观的思索，以自己的喜好标注，来改造周围的世界。然而，人的灵魂和意识所能发挥的作用，毕竟有很大的局限性，所以难免会犯错，甚至会造成无法挽回的损失，人们也常常因此而懊悔和痛苦。

应当说，拥有情感体验是人类区别于其他生物的最显著标志之一。人和其他生物为什么会有这种区别呢？原因在哪里？其他生物为什么没有痛苦和烦恼呢？这主要是因为我们人类的灵魂和肉体经常处于分离的状态，无法从根本上达到合二为一的境界。灵魂是长翅膀的，它总能飞跃到梦想中的高度，与之相比，人们的肉体则显得比较笨重，它无法和灵魂一起飞翔，于是出现了灵魂在一处、肉体在一处的情况；人们也可以把灵魂比喻成理想，将肉体比喻成现实，事实上，理想和现实之间总是有很远的距离，而且美丽的理想在残酷的现实面前往往会变得不堪一击。理想和现实常常处于相互分离的状态，因而会令人们痛苦、无奈和彷徨。

其实，人之所以有痛苦、懊悔的情感体验，是因为人类有七情六欲，当我们的情感需求和自身欲望得不到满足时，就会感到迷茫和失落、困惑和伤怀，这种情感获得的根源还在于人的肉体和灵魂的不统一。而其他生物则不同，它们的身体和心理是合一的，它们不具备完整的心理精神体系，也不会独立思考，也无法进行意识判断，它们对任何事物都不会敏感，因而也不会感到失落或痛苦。

可我们人类经常用“庸人自扰”来形容无端的痛苦和烦恼。因为平庸，所以会无端地感到痛苦，无端其实是有端，只是这个端微乎其微、不值得去计较罢了。在现实生活中，又有多少人能不被琐事所困扰呢？说白了，能不被平凡琐事所困扰者，世上只有两种人，一是圣人，一是婴孩。婴孩不谙世事，万事皆清，头脑混沌，不知何物为何物，也不知何事为何事，只知饿了吃，困就睡，不去思考，一切顺应人的自然本性，当然不会有烦恼和痛苦，因为他的灵魂和肉体是合二为一的。而圣人也不是天生的，他也必然经过了庸人的阶段，也感受过痛苦和烦恼的滋味，但他不想让自己再受煎熬，就明智地选择了和“大道”同步：做到了灵魂和肉体的高度和谐统一，做到了“专气致柔”如婴孩，做到了心境明净无瑕疵，做到了不受知识的局限而透悟真理的品性。

“专气致柔”就是把自己的精神和元气凝聚起来。如果我们能够聚集自己体内精气而长久保持婴儿般的柔软体态，就能长盛不衰。我们必须经过心灵的活动才能达到精神和元气相合，心灵就像一面镜子，宇宙万象通过镜面尽览无余，镜面必须经常擦洗，去其污垢才能明察世间百态。作为统治者，治理国家也是如此，要像婴儿一样无欲无为，顺应自然本性，而不加任何人为的因素，只有无为而治，才是真治。采取强硬措施不但不利于安定民心，反而会导致天下大乱。所以，要顺应百姓自身的自然规律，才能收到较好的效果。当一个人心性豁达、彻底觉悟的时候，一切顺应自然、顺应规律，这就是“玄德”。就像宇宙一样有深邃的内涵，包容一切，而且自己不去主宰别人，这才是老子专气致柔的精髓所在。

第十一章　无之为用

【原文】

三十辐①，共一毂②，当其无，有车之用。埏埴以为器③，当其无，有器之用。凿户牖以为室④，当其无⑤，有室之用。故有之以为利，无之以为用。

【注释】

①辐：车轮上的直棍，有如自行车的钢丝。三十辐，是一个车轮直棍的数目。②毂（gǔ）：即车轮中心穿车轴的圆木，北方叫它“车头”。③埏（yán）埴（zhí）：即用抟土和陶土做成饮食用的器皿。埏，借为“抟”，即抟土；埴，陶土。④牖（yǒu）：窗户。⑤无：这一章三个“无”，均作“空虚”解。

【译文】

三十根辐穿在车头，中间必须留出空处，才能装上车轴，使车轮有转动的作用。踩打泥土做陶器，器皿中间必须留出空处，器皿才能发挥盛放物品的作用。建造房屋，有了门窗四壁中空的地方，房屋才能有居住的作用。所以，“有”给人便利，“无”发挥了它的作用。

【解析】

本章的核心问题是“有之以为利，无之以为用”，即“无”和“有”的辩证关系。无和有既相互矛盾，又相互依存。没有无也就无所谓有，本章旨在阐明有和无的对立统一关系。我们是处在有的层面，所以，解决矛盾时要以无为本。但需要指出的是，这里的无和有与第一章讲的无和有是两种完全不同的概念和范畴。

老子通过车子、陶器、房子这三个例子来说明问题，指出这几样事物都是有形的，也就是“有”，而体现它们自身价值的却是无形的空间，也就是“无”。有和无的关系，就是“利”和“用”的关系。利是使用价值的前提条件，用是使用价值的决定性因素。

所谓“有无相生”，是就利和用关系而言，利和用的关系是相辅相成、不可分割的，有有就有无，有“实”就有“虚”，在时间上没有先后，在主次上也没有本末。老子把无作为主要对立面来考察，这具有很大的片面性，如果没有车轮、瓷器、房子这些有形物体的存在，中空的无在哪存在呢？又如何发挥作用呢？所以片面强调“无”的作用也是不合理的。但是，我们看待问题的时候，必须以无为本，以有为末，崇本而举末。这是因为，我们是处在有的层面的，只有守住其对立面的无，才能利于有。倘若以有为本，以有治有，就会加速有向“没有”的方面转化，这是不符合辩证法的。

老子对无和有的辩证关系的论述，具有很大的借鉴意义。就治身而言，要想健康长寿，就不能只是强调用有形的佳肴来厚待有形的身体，而根本在于关注无形之法身，只要守住法身，健康长寿就会成为必然。人体就像房子，法身是房子的主人，只要主人不去，房子就不会倒塌。

就治国而言，其根本在于神圣的法律，而不是有为的统治者；只要具有了高度发达的政治文明和精神文明，国家自然就会保持持久的繁荣和稳定。

可是，在现实生活中人们往往把虚无缥缈的无当成有，为根本不存在的东西徒生烦恼、忧愁，比如有人幻想天上掉下了金元宝，原本一贫如洗的人，却在为如何利用这笔巨额意外之财而躺在床上苦思冥想。当别人都去辛苦打拼的时候，他却躺在床上，沉浸在自己美丽的幻想里，但日子一天天溜走之后，他依然躺在床上做着美梦，直到最后他饿成皮包骨，在临死之前还在幻想山珍海味正在桌上。

在现实生活中，究竟该怎样正确对待有和无呢？只有始终保持虚无的态度，做到“有功”而不自居，“有才”而不自傲，“有力”而不乱用，这样才能达到“以无为有”的境界。因为有和无是互相转化的，我们拥有的东西也会瞬间化为乌有，只有保持虚无的心态和境界对待自己拥有的东西，才能真正地拥有它们。所以，我们是处在有的层面的，解决矛盾时要以无为本。

第十二章　去彼取此

【原文】

五色令人目盲，五音令人耳聋，五味令人口爽①，驰骋畋猎②，令人心发狂，难得之货，令人行妨③。是以圣人为腹不为目④，故去彼取此⑤。

【注释】

①爽：指口腔味觉发生毛病。②畋：打猎。③妨：本指妨碍、损害的意思，这里特指盗窃、掠夺之类行为。④腹：是指内在自我。目：指外在自我或感觉世界。⑤彼：指外。此：指内。

【译文】

五光十色绚丽多彩的颜色，容易使人眼花缭乱；纷繁嘈杂的音调，容易使人耳朵受到伤害；香馥芬芳、浓郁可口的食物，容易败坏人的口味；放马飞驰醉心狩猎，容易使人心情放荡发狂；稀奇珍贵的货物，容易使人失去操守，犯下偷窃的行为。因此，圣人只求三餐温饱，不追逐声色犬马的外在诱惑。所以应该抛去外物的引诱来确保安足纯朴的生活。

【解析】

本章揭示了“为腹”与“为目”的辩证关系，指出了物欲文明对人的伤害，并通过色彩、声音、味道、狩猎、稀有之物对于人身心的种种伤害，进而导出自己的观点：沉迷于感官上的享乐会导致人感触功能减退，会使人的品行偏离正道。老子坚决排斥这种生活方式，而是提倡“为腹不为目”的生活态度，实际上就是把前一章的“利”和“用”关系归结到人体科学上来。表明了老子以“道”为本的微观认识论。只不过是老子在本章继续列举防碍心法达到“无”的事例。

在佛教中，人类的感觉器官被具体分成了六类：眼、耳、鼻、舌、身、意。这六个器官分别感知着色、声、香、味、触、法六种尘世境界，正因为感知了这六种境界，所以人类产生了喜、怒、哀、乐、忧、思六种意识，也正是这六种意识的存在，才使我们原本平静的内心充满了无限的欲望，当欲望得到满足时我们就会欣喜若狂，当欲望得不到满足时我们的情绪就会消沉低落，内心就会备受煎熬，使得我们的灵魂有一种想要出窍的痛苦，甚至仿佛跳入了火海般难以解脱，而不能自拔。因此，我们原本明净的心境就被蒙上了一层厚厚的尘垢，连我们一向敏锐的感觉也因此而变得麻木而迟钝了。

“五色令人目盲”，这里的“五”并不是一个确切的数字，“五色”并不是就指黑白黄绿青五种颜色，它是一个不确定的概念，泛指五颜六色、五彩缤纷。“目盲”也不是指瞎眼，而是指令人眼花缭乱的事物，使我们的眼睛丧失了辨别事物本原的能力。眼睛的功用就是观察事物，一旦我们所观察到的事物真假难辨，就常常会陷入迷惘的境地。

在懂得了“五色令人目盲”的道理后，“五音令人耳聋”也就不难理解了。单一的声乐会令人心旷神怡，会让人精神放松，从而得到一种无法描述的美的享受，然而再动听的声音，一旦和别的声音混杂起来，旋律就会走调，其美的享受就会立刻在瞬间变成痛苦的煎熬，这是生活在喧嚣的闹市的人们渴望回归田园生活的最好注脚。

我们在理解“五味令人口爽”时可以参照以上两句话的解释。人的口舌是具有感知各种食物味道能力的，它能敏锐地品尝出酸甜苦辣等各种滋味，然而过多地品尝各种风味的佳肴，也会使人的口舌麻木、嗅觉失灵，无法辨别各种美味了。人的口舌是专门用来享受美味的，可一旦丧失了鉴赏美味的能力，就会给我们自身造成损失。

“驰骋畋猎，令人心发狂”，畋猎即狩猎，狩猎曾是人类早期谋生的重要手段，也是人类最早开展起来的生产活动，人类的动物本性最早在狩猎中得到了最鲜明的印证。综观人类狩猎活动的发展历程，就不难看出，狩猎始终是带着血腥和暴力性质的杀戮和掠夺行为，它是充满野性的不文明行为，这种行为使人们变得疯狂和残忍，而疯狂和残忍的心理状态则是滋生社会动乱的根源。

那么，何谓“难得之货”呢？为什么说“难得之货”会使人的行动受到损害呢？我们按老子所说的稀有珍贵之物，比如金银珠宝、华衣美食、玉璧、铜器、羽饰、武器等物品，正是由于“难得之货”珍贵稀有，才强烈地撩拨起了人们占有它的贪婪欲望，在这种欲望的驱使下，人们的行为就会突然变得怪异反常，如盗贼爬房越脊、穿窬走户，甚至不惜草菅人命；权臣互相倾轧、钩心斗角、尔虞我诈；等等。

从上面的阐释中，我们可以清楚地看出“五色”“五味”“五音”之所以会伤害我们，就是因为其可以刺激我们的欲望，使我们的欲望无限膨胀。

最后，老子提出“是以圣人为腹不为目”一句极其通晓明白的话，点明了圣人的生活方式：只满足吃饱肚子这一低级需求，而不满足眼睛欣赏外物的欲求。老子的这一观点并不是反对人们去享受生活，而是警醒人们追求享受要适可而止，不可无限制地满足自己的贪欲。他希望人们能够丰衣足食，实现内在恬淡宁静，而不是追求外在私欲的满足。一个贪婪满足自己外在私欲的人，就会产生自我疏离感，心灵难免会愈发变得空虚。因此，老子提醒我们，要彻底摒弃各种外在欲望的诱惑，始终保持内心清净满足，才能生活得自在快乐。可是在生活中，面对物欲横流的外在世界，很多人无法抵挡物欲的诱惑，从而不惜代价地来满足自己的声色欲望，眼睁睁地看着自己堕落消沉，甚至走上灭亡的道路，显然，这些人的价值观和道德观已经严重扭曲变形。所以，在文明高度发达的时代，更要静心聆听老子的教诲。

第十三章　宠辱不惊

【原文】

宠辱若惊①，贵大患若身。何谓宠辱若惊？宠为下，得之若惊，失之若惊，是谓宠辱若惊。何谓贵大患若身？吾所以有大患者②，为吾有身，及吾无身，吾有何患。故贵以身为天下，若可寄天下。爱以身为天下，若可托天下。

【注释】

①若：作“乃”字或“则”字讲。②所以：可译为“……的原因”。

【译文】

得到宠爱或遭受耻辱，都像是受到惊吓一样。重视大患，就好像重视自己的身体一样。什么叫作“宠辱若惊”？宠爱是卑下的，得到它会感到心惊不安，失去它也会惊恐万分。这就叫宠辱若惊。什么叫作“贵大患若身”？我之所以会有祸患，是因为我有这个身体；倘若没有了我的躯体，我还有什么祸患呢？所以，把天下看得和自己的生命一样宝贵的人，才可以把天下的重担交付于他；爱天下和爱自己的生命一样的人，才可以把天下的责任托付与他。

【解析】

本章主要讨论两个问题：一是“宠辱若惊”，一是“贵大患若身”。这两句是《道德经》里经典的语录，老子对宠辱、进退均有独到的见解。

“宠”指非常道，“辱”指常道。“宠”字的构成是宇宙中有“龙”的样子。在古代的易道八卦学说中，龙是一个极重要的概念，因为宇宙八方是靠六个龙头的不断延伸才得以形成的。因而中国人便有“龙的传人”之说。而“辱”字的构成则是用手掌握拿捏好时辰分寸的样子。“惊”字为“敬马”之合。庄子说：“万物一马也。”所谓“一马”也就是“道”。如此说来，“惊”字也就可以看作是“敬道”。所以，宠辱若惊是指宠和辱都要以道为其归依。

人作为情感动物，对荣辱的情感体验十分敏感，因为芸芸众生奔走于各种名利场，不可能完全摆脱荣辱的影响。面对荣辱，人们总会有所反应。比如，受到别人恭维和赞许时，心里会感到喜悦；但这种喜悦是短暂的，因为人有患得患失的特点，得到宠爱并不会令我们永远快乐；同样，当我们受到别人的冷眼、辱骂、轻视的时候，我们也会表现出不安、惊恐；其实，这一切都是由人类自身的弱点决定的，因而人无论得到宠爱还是得到屈辱都会忧心忡忡，惶惶不可终日。所谓“贵大患若身”，贵，以之为荣，看重；大患，极强的忧虑；若，如。得宠就惊喜，受辱就惊惧；把心中的忧虑看得与自身的生死存亡同等重要，“宠辱若惊，贵大患若身”是世间一般人的普遍心态。

在老子看来，人在荣辱面前的这种表现，虽是常态，但都是不正常的。因为荣辱都是一时虚名，事过境迁之后便成过眼云烟。人不能远离荣辱，但也不能成为荣辱的奴隶。只有看淡荣辱、超然自守的人，才能把握自己的人生方向，成为自己的主人。

为了便于人们理解，老子还对上述观点作了解释：“何谓宠辱若惊？宠为下，得之若惊，失之若惊，是谓宠辱若惊。何谓贵大患若身？吾所以有大患者，为吾有身，及吾无身，吾有何患。”也就是说得宠和受辱同样惊恐，重视大的祸患如同重视生命。什么叫得宠和受辱同样惊恐？得宠是卑下的，获得它时好像受到惊吓，失去它时也好像受到惊吓，失宠也令人不安。这就叫作得宠和受辱同样惊恐。有身，就是心里还存有自身的利益；为，因为；及，如果；无身，无自身利益之念。为什么世间常人会存在这些普遍的弱点呢？老子又对产生这种心态的原因作了分析，他认为，世间常人之所以总是念念不忘其自身利益，并且为自身利益而患得患失；就是因为常人身上缺少精神追求，老子没有直接告诉人们他所提倡的人生精神追求是什么，而是用可当大任者和不能当大任者来进行对比，以此来说明人们应该有什么样的人生精神追求：“贵以身为天下，若可寄天下；爱以身为天下；若可托天下。”如果以自身的患得患失去治理天下，那么你只配寄身于天下而做个普通之人，绝不配去治理天下；如果你像爱惜自身那样去爱惜天下，那么就可以把天下事托付给你，让你去治理天下。老子所提倡的人生精神追求观，就是把自身融于天下之中，没有自己的利益，只有天下的利益。自第九章至此，老子讲的都是修德而非修道，其实，修道要比修德更高一个层次。修德讲求“生而畜之，生而不有，为而不恃，长而不宰”，讲求“无之以为用”及“爱以身为天下”，而修道讲求的是纯粹的自然和无为。

在现实生活中，一般人对于身外的荣辱得失十分看重，甚至许多人重视身外的宠辱远远超过自身的生命。人生在世，难免要与功名利禄、荣辱得失打交道，许多人是以荣宠和功名利禄为人生最高理想，目的就是为享荣华富贵、福佑子孙。总之，人活着就是为了寿、名位、货等身外之物，对于功名利禄，可说是人人都需要。但是，把它摆在什么位置上才好呢？如果你把它摆在比生命还要宝贵的位置上，那就大错特错了。老子从贵身的角度出发，认为生命远远贵于名利荣宠，要清静寡欲，一切声色货利之事，皆无动于衷，然后可以受天下之重寄。因此，老子认为，没有必要视荣宠为宝贝，也没有必要视耻辱为洪水猛兽，两者没有必然的界限，并非势同水火，关键在于如何看待。如果善于正确对待，耻辱就会变成荣宠的垫脚石；如果不善于对待，荣宠就会变成耻辱的前奏。正确对待荣辱，就能豁达处世，不至于为荣辱所羁绊。

第十四章　执古之道

【原文】

视之不见，名曰夷①；听之不闻，名曰希②；搏之不得，名曰微③。此三者不可致诘④，故混而为一⑤。其上不皦⑥？其下不昧⑦，绳绳兮不可名⑧，复归于无物。是谓无状之状，无物之象，是谓惚恍⑨。迎之不见其首，随之不见其后。执古之道⑩，以御今之有⑪。能知古始⑫，是谓道纪⑬。

【注释】

①夷：看不见。②希：听不到。③微：摸不着。“夷”“希”“微”三字均形容感官所不能把握的“道”。④诘（jié）：追。⑤一：即“道”。⑥皦（jiǎo）：光亮，光明。⑦昧（mèi）：昏暗，阴暗。⑧绳绳（mǐn mǐn）：渺茫、不清楚。⑨惚恍：闪烁不定的样子。⑩古之道：就是太初的大道。⑪有：指世上万事万物。⑫古始：就是宇宙的原始或“道”的端始。⑬道纪：“道”的纲纪。纪，准则，法度。

【译文】

怎么看也看不见，我们把它叫作“夷”；怎么听也听不到，我们把它叫作“希”；怎么摸也摸不着，我们把它叫作“微”。这三者的形象难以区分开来，它原本就是混沌一体的。它的上面并不显得明亮，它的下面也不显得昏暗，它绵延不绝而又不可名状，又总要回到看不见物体的虚无状态。这是没有形状的形状，没有具体物象的形象，这就叫作“惚恍”。从前方去接近它，看不见它的头；从后面去追赶它，看不见它的尾。根据早已存在的“道”的运行规律，来考察现在的具体事物，我们就能了解宇宙的原始，这就叫作道的规律。

【解析】

本章着重描述“道”体。在前面的第六章和第八章里，老子分别以具体的形象——山谷和水，来比喻道的虚空和柔弱。本章则抽象地描述道的性质，并讲了运用道的规律。在这里，老子所谓的道超越任何事物，是无形无状，因此是看不见、听不见、摸不着的。对于这种没有形体的抽象之物，我们根本无法进行感官上的体验，所以就无法用语言描述它的属性。可在前面几章中，老子所说过的道有两种内涵：一是指物质世界的实体，即宇宙本体；一是指物质世界或现实事物运动变化的普遍规律。这两者之间实际是相互联系的。本章所讲的“一”（即道）包含有以上所讲道的两方面内涵。老子描述了道的虚无缥缈，然而它又是确实存在的，是所谓“无状之状，无物不象”。道有其自身的变化运动规律，掌握这种规律，便是了解具体事物的根本。

因此，在本章中，为了让人们对超脱于具体事物之上的道有一个更加清楚的认识，老子就用具象世界的一些概念，来对它加以解释，然后再一一否定，反衬出“道”的深微奥秘。但是“道”的普遍规律自古以来就支配着现实世界的具体事物，要认识和把握现实存在的个别事物，就必须把握“道”的运动规律，认识“道”的普遍原理。理想中的“圣人”能够掌握自古以固存的支配物质世界运动变化的规律，可以驾驭现实存在，这就是因为他悟出了“道”性。

什么是夷？肉眼无法看到的东西，我们称之为“夷”，看不见并不代表它不存在，只是它无法被我们用眼睛所认知罢了。比如，我们站在平地上极目远眺，目击到的东西极其有限，而地平线那一端我们是根本看不到的；而一些微生物，我们必须借助仪器才能看到，肉眼根本达不到这样的境界。但我们不能因此就下没有看到就不存在的断言，而是必须以充分肯定的态度，承认在地平线的那一边是存在的，微生物也是存在的，它们都是不以人的意志为转移的客观存在，这正像“大道”不以人的意志为转移一样，它是客观存在的，并时时刻刻对人发生着影响，我们也只有认识到了这一点，才能更好地遵循大道的规律，而不是与大道相背离。

什么是希呢？“希”就是我们用耳朵无法听到的声音，它的特点是细小、缥缈、轻微，这些特点就决定了它不可能被我们听得真切，除此之外，还有距离因素，我们所能听到的声音，都是有一定范围的，所以距离也会令我们无法听到一些声音，“大道”即使有声，也不会被我们听见，因此我们常说“大道无声”。

那么，什么是微呢？微就是小的意思，小是相对而言的，当一个东西小到无法被我们摸着时，我们就称它为“微”。

大道就是那个看不见、听不见、摸不着的东西，它无法用我们常规的视觉、听觉、触觉来感知。希、夷、微这三个概念，也无法穷究道的本源和真正内涵，它们是不可分割的一个整体，我们称之为“一”。

什么是惚恍？我们说“大道”是一个东西，东西应该是有形象的，但它看不到摸不着，它是一个超乎物质世界的东西，它若有若无、若隐若现，无法用概念来解释，只能用心灵去通达；无法用感官去体验，只能用身心去感知。对于这种模糊而又深奥、亦真亦幻的状态，我们称之为“惚恍”。

为了便于表述，我们就必须给“道”加以定名，所以就称“道”为没有形状的形状、没有具体物象的物象。恍惚虽然有些牵强，但它已是所有词语中最能表现这一特点的词汇了。为什么这么说？因为大道是支配万物的，但它又存在于冥冥世界之中，无迹可循；同时它又是多变的，是不易被人所把握的。它没有前进和后退，没有运动和静止，没有光明和黑暗，所以它是永恒的，是生生不息、绵延不绝的。当我们感觉到它的存在时，它又回复到无迹可寻的状态中了，它恍惚缥缈，若有若无，若明若暗，令人捉摸不定。

何谓“道纪”？简单地说，就是大道的纲纪和规律。认识和理解道纪比认识大道本身更有意义，大道的规律和纲纪能有效地指导我们的日常生活：一旦我们的行为顺道而行，就能一帆风顺，事事遂心；相反，如果逆道而行，我们的行为就会处处受阻，甚至遭受祸患。

综上所述，“道”虽然是玄妙精深、恍惚不定的，但它的虚无不是绝对的“无”，它是由万物混成之物，无中含万有，无中出妙有，它是宇宙万物的本源，因此，道的纲纪与宇宙同寿，运用极广，看不到“首”，也看不到“后”，自古以来就支配着世间的具体事物，统率着一切“有”。因此，要认识和把握世间的万物，就必须把握道。掌握万物运动变化的规律，就能知阴阳之消长，明五行之变化，知过去，探未来，识破天机，洞察秋毫。

第十五章　微妙玄通

【原文】

古之善为士者①，微妙玄通，深不可识。夫唯不可识，故强为之容②；豫兮若冬涉川③；犹兮若畏四邻④；俨兮其若客；涣兮其若凌释；敦兮其若朴；旷兮其若谷；混兮其若浊；澹兮其若海；飂兮若无止。孰能浊以静之徐清。孰能安以动之徐生。保此道者，不欲盈。夫唯不盈，故能蔽而新成。

【注释】

①士：懂得“道”，行为符合道之法则的人。②容：形容，描述之意。③豫：兽名，性多疑，每有行动，踟蹰不敢行，这里用以形容行为之瞻前顾后。④犹：兽名，其特点与“豫”相似。

【译文】

古时善于行“道”的人，见解微妙而且深刻玄远，不是一般人所能了解的。正因为他深藏不露无法了解，所以只好勉强用下面一些比喻来将他描述：他的小心谨慎啊，就像冬天赤脚涉水过河时那样逡巡不前；他的警觉戒备啊，就好像居于强邻的包围之中，不得不时时警惕万分；他的拘谨严肃啊，就像在做客一样；他的融合可亲啊，就好像正在消融的冰；他的醇厚质朴啊，就像没有雕琢过的原木；他的旷远豁达啊，就像空旷的山谷一样；他的浑厚宽容啊，就像浑浑浊浊的江河大流一样。谁能在动荡中静止下来，在安静中慢慢变得澄清？谁能在安定中变动起来，使其慢慢显出生机？保持上述道的要义的人，不肯自满。正因为他从不自满，所以能够去故更新。

【解析】

本章紧接前章，对体道之士作了具体描写。老子称赞得道之人的“微妙玄通，深不可识”，是因为他们掌握了事物发展的普遍规律，懂得运用普遍规律来处理现实存在的具体事物。因得道之人具有良好的人格修养和心理素质，有很强的静定功夫。他们表面上清静无为，而实质上蕴藏着极大的潜能，他们极富创造性，只是不愿显山露水。他们静谧幽深，难以测识。因而得道之士的精神境界，要远远超出一般人所能理解的水平。

在中国古代，为官者通常被称为士。如果说在中国古代社会，世袭的贵族阶层以及作为社会基石的贫民阶层构成了固定的整体框架，那么，士人就构成了这个固定框架中最为复杂、活跃，并产生了深远文化影响的阶层。老子所描述“善为道者”，能够“浊以澄”而“不盈”，因“不盈”而“能敝而新成”，因此其也成了老子实现政治理想的主要依托者。

为了使人们能深刻领悟“道纪”之人的情貌特征，老子就得道之人的特征作了概括，我们归结为以下九点，并逐一进行解析。

一是“豫兮若冬涉川”。豫，原是野兽的名称，性好疑虑。豫兮，引申为迟疑慎重的意思。涉川，战战兢兢，如临深渊。全句的意思是：得道之人的每一步行动都是无比警惕、小心的，就如同冬天赤脚过河一样小心谨慎。众所周知，在冬天沿着冰面过河是十分危险的行为，稍有不慎就会滑倒，甚至掉进冰窟里丢掉性命。得道之人，无论遇到什么样的情况都会表现出谨慎的态度，就如同冬天涉河一般。

二是“犹兮若畏四邻”。犹，小心、犹豫的样子。全句的意思是：得道之人好像畏惧自己的邻居一样，在日常生活中处处严格要求自己，约束自己的言行使之不逾越常规；制止自己的行动使之不嚣张放肆，干扰邻居的生活。人是群居动物，得道之人也是人，他们不可能脱离社会生活而存在，他们要生存就必须与周围的人建立密切的联系，离群索居不是真正的得道之人，当他们和周围的人进行交流的时候，就不可避免地产生矛盾，处理矛盾的过程最能反映一个人的道德观和处世哲学，因而周围的邻居对其评价的高低是至关重要的，它最能反映一个人的道德水平。

三是“俨兮其若客”。俨，庄严肃穆的样子。全句的意思是：得道之人无论在什么场合、什么情形之下，都会把自己摆在客人的位置上，小心谨慎、严肃认真地对待人和事，而不会随随便便地对待日常生活问题。从生命的本质意义上来讲，每个人都是人生路途上的匆匆过客，都是大自然的普通客人，和其他的生物一样，不能超越生和死，这是“大道”的必然规律，得道之人和大道同步，他们以谦逊的心态做客人，严肃认真地对待日常生活琐事，这和世间的庸人有着本质区别，庸人总是以大自然的主人自居，势必以尊贵的态度来对待自己，而以骄纵的态度对待自然。庸俗之人以损害自然为代价来满足自己的私欲，最后也必将以毁灭自己而结束。老子主张以客人般的身份，来度过自己的一生，而不是以主宰者的身份肆意妄为。

四是“涣兮其若凌释”。涣，涣散；释，消解，形容冰解冻的情形，比喻得道之人从自己的欲望、梦想、抱负、追求、知识等重负中解脱出来，回复为本我，就会有难以言表的轻松愉悦、悠然自得。这种感觉就像是冰封了一个冬季的河水，在春风的吹拂下慢慢消融，是一种轻松惬意的感觉。得道者之所以会有这种感觉，就是因为他们懂得如何释放自己，老子把得道者的觉悟恰当地比喻为冰消雪融，从而焕发出自然的勃勃生机；从得道者自身而言，他们能冲破束缚完成自我解脱，不执着于一事一物，了无牵挂，自然也就逍遥自在。

五是“敦兮其若朴”。敦，内在端庄、厚重；外在朴素、自然。整句话的意思是：得道之人能以其端庄厚实的本质，轻易地抵御外界的干扰和诱惑，因而表现出返璞归真的外在形象。敦厚实在的品格是人类社会一直所提倡和赞颂的，简单朴素的生活方式也是人类社会所提倡的。人们常常用浑金璞玉来形容那些不炫耀、敦厚朴实的人，因而得道之人就如同浑金璞玉，既具有真材实料，又默默无闻。

六是“旷兮其若谷”。旷，开阔、宽广；谷，比喻像山谷一样虚空。全句的意思是：得道之人心胸辽阔，就如同山谷一般空虚高深。他们能够藏污纳垢、包容万物，无所谓仇恨，也无所谓感恩，因为没有亲戚和仇敌的概念，心中就自然充满了友善，这一点和没能体悟“大道”的人有着本质的不同，没领悟大道的人喜欢洁净而厌恶污秽，有分别就有烦恼和祸患。得道之人处污秽无所谓污秽，处清洁无所谓清洁，与外在世界浑然一体，他也就无所谓痛苦、烦恼、祸患和灾难了。没有了这些分别，他因而也就显得自在无为、随心所欲了。

七是“混兮其若浊”。混，混同；浊，混浊。得道之人是清醒的——清醒的最高境界，是使内心明净，与污浊的世界同为一体。

八是“澹兮其若海”。澹，淡泊，宁静。得道之人心境淡泊，如江海一样浑厚。

九是“飂兮若无止”。飂，高风，形容形迹飘逸。老子在这里希望人能在动荡中静止下来，这就是清静无为的思想。

第十六章　致虚守静

【原文】

致虚极，守静笃①。万物并作，吾以观复。夫物芸芸②，各复归其根。归根曰静③，静曰复命。复命曰常④，知常曰明。不知常，妄作凶。知常容⑤，容乃公，公乃全，全乃天，天乃道，道乃久，没身不殆⑥。

【注释】

①笃（dǔ）：极度、顶点。②芸芸：纷杂茂盛，常用来形容草木的繁盛。③根：即事物的根本。④常：万物运动与变化中的不变的律则。⑤容：包容、宽容。⑥没身：终身。

【译文】

使心灵空明虚寂到极点，使生活的清静达到极致。在万物都蓬勃生长的时候，我从中仔细观察它们生死循环的道理。天下万物虽然纷纷芸芸，但最终都将回复到它们的本根。返回本根就叫"静",静叫作复归本性。复归本性是万物运动与变化中不变的律则，认识和了解万物运动与变化都依循着循环往复的律则，叫作“明”。不了解这个不变的律则，轻举妄动就会有凶险。了解了这个不变的律则的人，就能做到宽容，做到了宽容就能坦然大公，坦然大公才能无不周遍，无不周遍才符合自然，符合自然才能符合于“道”，体道而行才能长久，终身可免于危殆。

【解析】

本章阐述的是“道”的本质，揭示了修行的最高境界。“大道”虚是其常，有是其变；静是其常，动是其变。有、动最终必归于不有、不动。所以，守定常道，万物虽纷纷扰扰，只须以虚含有，以静待动，并且不见其有，不见其动，就不会随着事物的变化而变化，使自己处于永远安乐的境地。

老子认为，“道”的本质和修行的最高境界，就是达到“虚”的极致和虔诚地守住一个“静”字，因此他提出了“虚极”“静笃”“静”“常”“明”“容”等概念。

“致虚极，守静笃。”致，春秋古义有“委身”之义，即将身置于静寂无极的虚空中。这是修行中的一种自我醒觉状态，非修行者是很难理解这句话的真谛的。修道者在修行中，身心融于太虚之中，达到了物我两忘的状态。

“复命曰常，知常曰明。不知常，妄作凶。”因静是根本，是生命的本质，回归了这个根本就是常。常是虚、静。知道这个道理就是明。明，就是智慧、通达、得道。而不知道虚、静，就会大胆妄为，逞凶害己。老子告诫说：“万物生生灭灭是大道法则，知而不干涉是睿智，如果凭借自己的神通妄加干涉，那样必遭凶险。”

“知常容，容乃公，公乃全，全乃天，天乃道，道乃久，没身不殆。”行道时要知道正常合理是什么样子，它的样子就是公正合理，公正合理才能够保全，保全是至上的信条。知道了天道的规律法则，才可以涵容一切，不倚仗神通妄加干涉。做到涵容一切才会无私无欲；做到了无私无欲才可能神机博大；神机博大才可能神融太虚；神融太虚才可能回归生命的本源，只有回归那生命本源，才会永存不息。

第十七章　功成事遂

【原文】

太上①，下知有之；其次，亲而誉之。其次，畏之。其次，侮之。信不足焉，有不信焉。悠兮其贵言②。功成事遂③，百姓皆谓：我自然。

【注释】

①太上：最上等的。②贵言：珍惜言辞，即很少发号施令。③事遂：把事情做好了。

【译文】

最好的统治者，人民根本感觉不到他的存在；较次一等的，百姓亲近而称誉他；再次一等的，百姓畏惧疏远他；更差一等的，百姓辱骂进而打倒他。统治者的信用不足，人民自然不会相信他。最好的统治者悠闲自在而不随意发号施令。等到事情办成功了，百姓都会感到“我们本来就是这样的”。

【解析】

在本章里，老子主要论述统治者治理国家的问题，他主张无为而治，无为的真正内涵是无不为，只有达到了这一境界，才能实现国泰民安。那么统治者怎样才能达到无为而治的最高境界呢？

老子说“大道”无言而长存，大道无为而长在，真正的治国之道是无为而无不为。人们也常说“强扭的瓜不甜”，这是有道理的，因为人之所以“强扭”，是因为还没等到瓜熟蒂落，而没长熟的瓜又怎会甜呢？这是因为人们没有顺应自然规律，而是凭着自己的感觉主观臆断，这样必然会自食苦果。这里的自然规律也可称为“道”。在现实生活中，一旦人们违背“大道”就必然会受到惩罚，为了不受大道的惩罚，毫无疑问，人们就必须合乎“大道”的规律，一旦人们的行为与大道吻合，就会自由自在、事半功倍。退一步讲，统治者要想不受“大道”的惩罚，就必须顺应大道，做到无为而治。

老子在本章里将统治者分为四个等级，他们分别是：太上、其次、其次、其次。为了便于理解，我们不妨将以上四个等级看作：太上、其次、再其次、最次。即最高级的是无为而治的合道之王；其次是立圣言、重信诺以召引天下之士的王道之王；再次是以强力征服天下并以威严震慑人民的霸道之王；最次的则是群起而侮之的末路之王。

“太上”有两个意思：一是最高明的统治者；二是遥远的上古时代。这里指的是最高明的统治者。老子对“太上”的肯定，说明老子对像道那样的“看不见的手”的统治非常推崇，标示着老子对有为政治的反对。在老子看来，最高明的统治者应当实行无为之治，治理国家和人民时采取一种自然而然、不横加干预的政策，这种政策的特点是尽量减少自己对国家和人民施加强有力的影响，不增加人民的经济负担，不对外进行大规模的战争，因而民众感觉不到他的存在。最高明的统治者采用的是顺应自然规律的方法，不对人民生活进行干涉，所以人民生活得自在安乐，没有怨尤的对象，也就感觉不到统治者的存在了。

“其次，亲而誉之。”这是稍逊一等的统治者，这种统治者的特点是给人民施以恩惠，人民亲近他赞誉他，他施惠于民，但不高高在上，不让人民感觉到他的特殊性，他可亲可敬，和人民相处融洽。

“其次，畏之。”这种统治者声色俱厉，经常摆出盛气凌人、不可一世的神态，并用强制手段来确保国家机器的运转，统治者和百姓的关系视同水火。统治者制定出苛刻的规章制度，这些规章制度的制定则直接威胁到了人民的生命安全，老百姓对其心怀畏惧，常常处在暗无天日的悲惨境地，在忍气吞声中不断积累仇恨。

“其次，侮之。”这是最下等的统治者，这种统治者专横跋扈，不把老百姓的生死放在眼里，甚至不把他们当作自己的子民，而是把他们当作奴隶来对待，对他们进行奴役、辱骂。老百姓对这种非人的待遇忍气吞声，等到忍无可忍的时候，他们也会被逼上梁山，揭竿而起，反抗暴政。

因此，老子推崇的是实行无为之治的统治者，因为他们不会轻易向人民发号施令，他们慎言谨行，决不破坏老百姓的生活规律，老百姓遵循大道，统治者不必劳神苦思，国家就得到了治理，百姓也过上安宁的生活。生活富足安定，百姓就感觉不到统治者的存在，觉得这一切都是自然而然的。百姓有了这种感觉，自然心中没有感激之情，没有感激之情也就无所谓仇恨，没有仇恨，国家自然太平。这样的场景，正是老子对“百姓皆为我自然”的最好描绘，这也就达到了老子所谓的道的境界。所以，统治者要想成为“太上”，就要取信于天下，顺应自然，这就实现了“王道”。

第十八章　大仁大义

【原文】

大道废，有仁义；慧智出，有大伪；六亲不和，有孝慈；国家昏乱，有忠臣。

【译文】

大道被抛弃了，才彰显出仁义。智巧出现了，才会产生虚伪狡诈。父子、兄弟、夫妻不和的时候，才会显出孝慈；国家昏乱的时候，才会出现忠臣。

【解析】

在本章中，老子再次阐述了自己的辩证思想，“大道”盛行之时，像“仁义”这些东西自然地存在于人们的行为当中，人们不缺乏仁义，所以感觉不到它的存在，也就没有了倡导的必要。只有当社会秩序大乱、大道缺失、仁义泯灭的时候，人们才会由于缺乏这些东西而大加倡导。

从古至今，仁义、智慧、孝慈等都是为人们所推崇的。而孔子的最高理想是“仁义”，“仁”已经成为儒家文化的核心思想和价值取向。然而，老子却创造性地指出，人世间的大道被人为地废弃了，人们才会制定礼仪，并以此来规范人们的行为，区别贵贱，结果原本没有的虚伪和奸诈也随之而来。

老子是一个善于洞察世事的高人，他总能从事物的表象看出问题的实质，从结果看出原因，这个本质和原因往往就隐藏在表象和结果的反面。

老子为什么总能从事物的表象和结果的反面找到答案呢？原因就在于我们人类是最复杂的情感动物，拥有自己的思想和意志，能够进行思考，在处理问题时，更有自己独特的想法和行为准则。人类虽然由大道生成，而且在大道中发展壮大，但随着智慧的开启，愈发变得狂妄自大、唯我独尊起来。人类忘记了自己的由来，不再遵循自然大道，这种对大道的漠视态度，使得人类离大道越来越远。

偏离大道越来越远，带来的直接后果就是人类自取灭亡，为了避免这种惨剧的发生，人类就人为地制定了一些行为规范来加以约束，于是一些政令条文、奖惩制度、政策法规也随之出现。这些政策法规虽然在一定程度上缓解了社会的压力，但它并不能从本质上解决问题。

废止大道的结果必然是有所作为，一旦有了作为也就有了好和坏的区分，对于好的、正确的我们要加以褒扬、赞颂；而对于坏的、错误的我们则要大加鞭挞、惩治，只有这样才能保证社会的正常运转。

针对这种情况，老子提出了仁义的概念。何谓仁义？仁，从古人的组字结构上来考察，“二人”为“仁”。为什么需要两个人呢？因为没有比较就没有鉴别的标准，有参照物才能进行区别对待。假如人与人之间不用交往，那么我们人类也就不能称为“人”了。孔子曾这样定义“仁”，他说：“仁者爱人。”如果连自己的同类都不爱，还配称人吗？这种行为还配叫仁吗？义，正义、道义、义气。“仁”和“义”合起来就是“仁义”，仁义在本章中是指那些合情合理、合乎道义并热爱同类的行为。仁义能带来和睦安定，不仁义必将招致祸患。人们在明白了这个道理之后，就纷纷行仁义，这是人们有智慧的表现。

那么为什么要提倡仁义？就是因为存在不仁不义，大道作为社会自然的公平准则被抛弃了。为什么会出现这一情况呢？这是因为人是有欲望的动物，由于欲望的驱动，人们难免会利用各种手段来满足自己的私欲，有些人为了职位的攀升，对上级溜须拍马、阿谀奉承；有些人为了给自己开脱罪责，不惜蒙骗别人，颠倒黑白；也有些人成天摆出一副忠实的面孔，其实心里早已打好了坑害别人的小算盘，他们使用种种伎俩，只为一己私利。他们心中没有半点仁义，却要装出十分仁义的样子，其虚伪本质掩藏在华丽的外表和花言巧语里，他们越是装得仁义，就越能得到大的好处。

这种处处蒙骗别人的行为就叫大虚伪，为什么会有假冒伪劣、坑蒙拐骗的行为？就是因为人们运用机巧智慧的缘故。“伪”字该如何解释呢？“人为”即伪。人为就是人有意去做而不是顺应自然的行为，是违背了大道的行为，所以我们称人为的东西都是虚伪的，都不是朴素自然的；人在有作为的时候往往会自觉不自觉地掺杂进自己的智慧，所以就有了尔虞我诈、钩心斗角等行为，虽然这些行为是在暗中进行的，掩盖在虚伪的外衣之下，但还是能被人感知，甚至被人揭露和批判。

为什么要提倡子孝父慈、夫妻和睦？就是因为六亲（父子、兄弟、夫妻）不和睦了。为什么会有忠臣出现？就是因为奸臣当道，国家太昏乱了。

只有六亲不和睦了，才会提倡孝和慈，为什么这么说呢？六亲不和睦是人有智慧的结果，有智慧就会有私欲，私欲得不到满足时必然会发生矛盾和争斗，这种争斗由小及大会危及国家的安宁，于是不得不制定一些行为准则：做儿女的应该孝顺自己的父母；做父母的应该疼爱自己的孩子，也就是孝和慈。可当人们的心中没有这些概念的时候，就无所谓孝和慈，大家其乐融融，无老无少，无长无幼，一派祥和的景象。而一旦头脑中有了这样的标准，人们就要时时考虑自己的行为是否合乎孝和慈的标准，别人以他们的标准来看我们的行为，只要我们稍有不慎，就会被别人横加指责，其乐融融的祥和景象就会遭到破坏。“国家昏乱，有忠臣。”这句话不能单纯地理解为国家混乱了，才有忠臣，而应当理解为，在国家安定的情况下，人民富足、自由，有忠臣又有何用武之地呢？这就如同高明的统治者不被人所知道一样，仲裁者和平安定的时期是不会显山露水的，只有在国家出现混乱的危机关头他才会挺身而出，拯救国家于危难之中。

从表面上看，老子批判仁义、孝慈，是对儒家仁义忠孝的抗争，但实际上老子和孔子的思想并不矛盾，他们的目的都是实现社会的公平、公正，只是孔子强调要建立社会的道德体系，要人们遵循公平、公正的行为准则，是从正面说的；而老子则主张直接回到人类的本始状态，是从反面说的。

第十九章　少私寡欲

【原文】

绝圣弃智①，民利百倍；绝仁弃义，民复孝慈；绝巧弃利，盗贼无有；此三者以为文不足②。故令有所属，见素抱朴，少私寡欲，绝学无忧。

【注释】

①圣：此处是指一种智能而言，不同于“圣人”的圣。②文：文饰，浮文。

【译文】

抛却聪明和智巧，人民可以得到百倍的好处；杜绝仁慈，抛弃道义，人民才会回复到孝慈的本性；抛弃伎巧和获利，就不会有盗贼产生。“圣智、仁义、巧利”这三者全是巧饰，不足以治理天下。所以要让人民的思想认识有所归属。保持纯洁质朴的本性，减少私欲杂念，抛弃“圣智礼法”的学问，就没有忧患了。

【解析】

在本章中，老子对前一章提到的社会弊病又作了进一步阐述，并针对社会病态，提出具体的治理方案。

在前一章中，老子说“智慧出，有大伪”，因此他在本章的开篇就点明“绝圣弃智”，这使人不免产生疑惑：“聪明睿智和巧言善辩乃人心所向，为何要杜绝和抛弃呢？”智慧是好东西，这一点谁也不能否认，但好的东西不一定有好的用途。也就是说，如果将聪明才智用于为百姓服务，用于积善养德，那无疑是好的，是应该大力提倡的；可一旦用到损人利己的事情上去，那将是十分可怕的，还不如没有智慧，因而老子主张抛弃这种聪明智巧。

老子认为“圣”“智”容易滋生巧诈，用法制巧诈治国，便成为扰民的“有为”之政。抛弃这种扰民的做法，人民就可以得到切实的利益。由此可见，老子并非真正倡导愚民政策。“下德”的圣人借助法制，提出各种虚伪的道德概念，只有“朝甚除”的人才能享用这种文化造出的物质财富。而且这种文化还腐蚀了淳朴的人民，诱使他们对“奇物”产生欲望。这种文化乃是“乱之首”。由上可以明显地看出，老子斥责统治者的文化，在他看来，这种文化和大道是相矛盾的，必须抛弃这种文化，因为它对人民毫无益处。所以，老子提出一种乌托邦思想——使人民同这种文化隔绝。老子的这一政治主张虽有些理想化成分，但他提出的“见素抱朴，少私寡欲”，对恢复人的自然本性，具有一定的意义。

许多本子以“少私寡欲”句结束本篇，而把“绝学无忧”作为下一章的开端，“绝学无忧”也正可以与前句“见素抱朴，少私寡欲”并列。对于“绝学无忧”一句，学术界也颇有争议。一种看法说“绝学无忧”指弃绝学习就没有忧虑了。也就是认为老子要毁灭一切文化，当然也就不要学习了，因而导出结论：老子是愚民政策的创始人，是倡导愚民思想和政策的鼓吹者。而另一种观点则认为，“绝学”指抛弃那些讲圣智、仁义、巧利的学问，将其置于身外，免去权欲的诱惑，做到无忧无患。还有一种观点认为，老子所说的“绝”，其实就是绝招的“绝”，也就是独门绝技，是指至深、独到的学问，老子认为只有取得不同于世俗的独到学问，才能无欲无求，真正做到无为。

在远古时期，人类和自然是和谐相处的，人类吃的、用的无不直接取于自然。当时人类的认识有限，并不比别的动物高明多少。可随着认知的增多，人们渐渐具备了改造自然的能力，认为自己是万物的主宰，并且不断打乱自然的平衡，因而遭到了大自然的惩罚。其实，这是人类为拥有智慧而付出的代价。后来，人类还出现了欺诈、猜疑和互相残杀的行为，这也是巧智滋生出的不良后果。有一故事，颇受启发：客机在沙漠失事，留下了十一名幸存者，在幸存者中，有教授、官员、经理、军官、主妇……还有一个傻子。沙漠白天的气温高达五六十度，要想生存就必须及时找到水源，求生的本能支撑着每个人都去寻找水源，然而，大沙漠总给人开玩笑，当他们看到一片绿洲，狂奔而去时，绿洲却瞬间消失了，一连几次都是这样。他们开始意识到，自己发现的绿洲，只不过是海市蜃楼。他们为此黯然神伤，心灰意冷。而唯有傻子不知道什么是海市蜃楼，他只知道口渴需要喝水，在其他人彻底放弃之后，他还在拼命地寻找水源，最后他爬上一个沙丘，看到了水，就呼喊着让其他人过去，可没有人理会傻子的话。三天后，当救援人员赶到时，发现除了傻子还活着，其他十个人都死了。

傻子不懂什么叫海市蜃楼，也不懂什么叫欺骗，当然也就不会猜疑，不会等死；而那些人恰恰相反，是他们的聪明才智将他们推向绝路，傻子因“傻”得福，是“傻”救了他的命。当然，本章并不是倡导我们都去做傻子，而是启发我们不要用自己的智慧去猜疑人、伤害人，要做到质朴淳厚、少私寡欲，这样才能与大道相通。

第二十章　独异于人

【原文】

唯之与阿①，相去几何②？善之与恶，相去若何？人之所畏，不可不畏。荒兮③，其未央哉④！众人熙熙⑤，如享太牢⑥，如春登台。我独泊兮⑦，其未兆⑧；沌沌兮⑨，如婴儿之未孩⑩；儽儽兮⑪，若无所归。众人皆有余，而我独若遗。我愚人之心也哉！俗人昭昭，我独昏昏。俗人察察⑫，我独闷闷⑬。澹兮其若海⑭，飂兮若无止⑮。众人皆有以⑯，而我独顽且鄙。我独异于人，而贵食母。

【注释】

①唯：诚恳的应诺声。阿：逢迎的应对声音。②几何：多少。③荒兮：无边无际，形容其大。④央：完结的意思。⑤熙熙：快乐的样子。⑥太牢：古代帝王祭祀时丰盛的筵席（有牛、羊、猪）。⑦泊兮：浑朴、淡泊的意思。⑧兆：征兆，迹象的意思。⑨沌沌（dùn）：不清楚。⑩孩：婴儿的笑声。⑪儽儽：疲倦的样子。儽，通“累”。⑫察察：苛刻之意。⑬闷闷：昏浊，不清楚的意思。⑭澹（dàn）：辽阔、辽远的意思。⑮飂（liáo）：狂暴的风。⑯以：在这里作“用”字解。也有“能耐”意。

【译文】

应诺和呵斥，相差有多远？美好和丑恶，相差有多远？别人所畏惧的，自己也不可不畏惧。精神领域开阔啊，好像没有尽头的样子。众人欣喜若狂，就像参加盛大的宴会享受丰盛的筵席，又像春和日丽之时登上高台观赏仲春的美景。而我却独自淡泊宁静，无动于衷。混混沌沌啊，有如初生的婴儿连笑也不会笑。疲倦闲散啊，或像长途跋涉的游子还没有归宿。众人的东西多得用不完，我却什么也没有。我真是愚人心肠啊，混沌无知。当别人都光耀自炫的时候，只有我昏昏昧昧；当别人都精明灵巧的时候，只有我无所识别。茫茫无边啊，像辽阔的大海没有止境；汹涌澎湃啊，如肆虐的狂风横扫万里。众人好像都很有作为，只有我显得愚昧笨拙。我和众人如此与众不同，因为我以守“道”为贵。

【解析】

本章是老子的思想独白，也是老子思想的精华所在，堪称本书的灵魂。同时，本章在文字风格上也与其他章节有所不同，老子以诗一般的语言对甘守无为的道理进行了深刻剖析。

老子在开篇就提出疑问：“唯之与阿，相去几何？”“唯”是唯诺顺从的意思；“阿”是呵斥，引申为反对的意思。整句话的意思是：顺从和反对有多大的距离呢？“善之与恶，相去若何？”意思是：善良和邪恶能有多大的距离呢？仅在一念之间罢了。

在常人看来，美和丑是对立的概念，人们普遍偏爱美好的事物，而讨厌丑恶的事物。受这种想法的驱使，人们往往会不惜一切代价去追求美好的事物，当追求得到满足时就欣喜若狂，而一旦无法实现自己的愿望就沮丧郁闷。得道之人则不同，他们心目中无美和丑的区别，一切顺应自然，决不刻意追求什么，也就无所谓得和失，也就不会有痛苦和烦恼了。如果一个人整日闷闷不乐，这不但是一种最残酷的自我折磨，而且会影响别人的心情。带着忧愁和烦恼生活的人，其人生的幸福感也必将大打折扣。试想一下，这样的人还有什么乐趣可言呢？

在老子看来，贵与贱、善与恶、是与非、美与丑之间的种种差别都是人们按照世俗的眼光来制定的，其实并不符合“大道”。而人们以自己的主观态度为标准来看待世间的万物，必然会导致整个社会价值的混乱。老子不但揭露了社会上层追逐物欲的贪婪之态，还以相反的形象描绘出了自己的形象。文中的“我”显然是指老子本人，但又不仅仅局限于他个人，而是推及到有抱负、有理想的人。“众人”“俗人”是指社会上层。这些人对是非、善恶、美丑的判断，并无严格标准。他说“我”是“愚人之心”，这当然是正话反说。世俗之人纵情于声色，“我”却淡泊无为，以求精神的升华，而不愿随波逐流。老子将“众人”“俗人”和自己作了鲜明对比，当众人都沉浸在春天般的美景、享用着丰盛的美餐时，他却独自甘守寂寞，保持淡泊宁静的心境，就如同刚出生的婴孩一般无欲无求。众人借助外在的事物而享乐，一旦外在的事物消失了，他们的快乐也就不存在了。而得道之人明白外在境界转瞬即逝，所以他们要保持淡泊恬静的心境，这也正是他与“众人”的最大不同。

“众人”都有强烈的占有欲望，所以他们利用自己的聪明才智你争我夺，在混乱的世道里大有收获。而“我”却好像丢失了什么东西一般。“我”在“众人”的眼里是多么愚笨的人啊！“众人”在收获到财富、地位、名利后必然会不甘寂寞，大肆炫耀。而“我”却抱着昏昏沉沉、迷迷糊糊的态度去享受生活。正因为“我”愚笨，所以心灵空虚，了无牵挂，无为而自在，烦恼和忧愁自然会远离“我”而去。聪明人凡事都要争出个所以然来，以不知强为知，不聪明强装聪明。他们凡事都要斤斤计较；而“我”却哑口无言，闷闷不语。“众人”都要有所作为，而“我”却清净寡为，这在“众人”看来，“我”是多么冥顽不化、卑鄙下贱啊！老子对众人的思想没有作出任何批判，他只是通过众人的贪婪来反衬自己的淡泊名利。老子追求“沌沌”“昏昏”“闷闷”的思想境界，他认为自己之所以和众人思想不同，就是因为自己注重以洞察万物的根源来充实自己。万物之根源就是“大道”。老子整日处于大道之中，无言无为、无欲无求，自然也就无忧无虑、无伤无痛、逍遥自在，这就是真正的至乐境界。

第二十一章　孔德之容

【原文】

孔德之容①，惟道是从。道之为物，惟恍惟惚②。惚兮恍兮，其中有象；恍兮惚兮，其中有物。窈兮冥兮③，其中有精；其精甚真④。其中有信。自今及古，其名不去，以阅众甫⑤。吾何以知众甫之状哉！以此。

【注释】

①孔：是“大”的意思。②恍：不清楚。惚：不清楚。③窈：深远。冥（míng）：暗昧不清楚。④精：是极细微的物质性实体。⑤阅：认识。甫：同“父”。

【译文】

大德的形态，是随着“道”转移的。道这个东西，是恍恍惚惚的。那样的惚惚恍恍，其中却有形象。那样的惚惚恍恍，其中却有实物。它是那样的深远暗昧，其中却有精质。

这精质是非常实在的，其中有信验可凭。从现在上溯到远古，它的名字永远不会消失，依据它才能观察认识万物的起始。我怎么知道万物起始的情形呢？是从道开始认识的。

【解析】

这一章里，老子阐述了“道”和“德”的关系，认为德是博大和无所不包的，也是由道衍生而成的，受道的支配，即“惟道是从”。老子所说的道，既有虚无的一面，也有现实的一面。道虚无缥缈，却可以隐隐约约地感觉到，这是因为“其中有象”“其中有物”“其中有精”“其中有信”。因此，道无所不在。

老子以“孔德之容，惟道是从”统领全篇。“孔”字的常意，归纳起来就是广大、非常、通达、博大的意思。“容”指的是包容，这个字的上面是个宝盖头，象征一个房屋，下面是个谷字，也就是空虚的山坳。心胸包容天地，就连坏人也能容得下，那么这个人就是有德行的人。另外这个容还有一层意思，就是形容人的容貌。当我们的内心充满德行时，就会表现出神采奕奕的表情，而不是愤怒或消极的神色。

在本章里，老子再次对“大道”作了形容：它是恍恍惚惚、似有若无的。然而在恍惚之中还存在着一种形象，那就是宇宙；在恍惚之中还有一种物质在流转，那就是大气。宇宙和大气在恍惚之中存在着，尽管是幽暗深远的，我们无法用肉眼看到，但是其中至微至妙的东西真实地存在着，可那正是事物的本质所在，这一本质已超出了我们人类所能认识的范围。不过，虽然玄妙深不可测，但有具体情状，这一情状是非常真切的，即“其情甚真”。不仅如此，其情状是信实且可以信验的。老子对此进行不断地修饰和描述，无非是为了增加德的具体性，并在讨论道的时候引进“精”。精是为了说明“大道”是一种真实的存在，而且可以信验。虽然我们还不能真正地认识大道，但能真切地感知到它们的存在，这是因为它们有信期，这就如同潮水，到时候会如期而至。一旦在生活中摸索到了这一规律，我们就会从中感知到了大道的存在以及它所带给我们的影响。

大道是恍惚的，“大德”唯大道之命是从。大德与大道是相融相通的，它像大道一样恍恍惚惚、幽暗深远。道是德的根本，德是道的显现；“无道”就“无德”，“有道”就“有德”，合子道者有德，不合于道者无德。根据上述观点，老子所建构的道德体系也就基本完善了。道体现在宇宙万物上，所以它代表的是宇宙观和世界观。德对于人类而言，是品格，是德行，是成功者所具备的内在素质的标准。只有真正领悟大道的人才能拥有大德，才能将德行发挥到极致。这就是大道和大德的关系，我们只有对大道和大德的关系有了深刻的认识，并将它们在实践中加以验证，才能领悟大德的真正内涵和意境，从而建立正确的价值观和人生观。而正确的价值观和人生观的确立，对于人类本身来讲，具有十分重要的意义。

第二十二章　圣人抱一

【原文】

曲则全，枉则直，洼则盈，敝则新，少则得，多则惑。是以圣人抱一为天下式[①]。不自见，故明；不自是，故彰；不自伐[②]，故有功；不自矜[③]，故长。夫唯不争，故天下莫能与之争[④]。古之所谓“曲则全”者，岂虚言哉！诚全而归之。

【注释】

① 式：这里可以理解为法则。② 伐：夸耀。③ 矜（jīn）：自高自大的意思。④ 莫：没有谁。

【译文】

委曲反而能得到保全，屈就反而能得到伸展，低洼反而能得到充盈，破旧反而能生新，少取反而能多得，贪多反而会产生迷惑。因此有道的人坚守这一原则作为治理天下的范式。不自我表扬，反而能显明；不自以为是，反而能是非彰明；不自吹自擂，反而能功勋卓著；不自高自大，反而能长久。正因为善于谦让不与世人相争，所以天下反而没有谁能与之争高低。古人所说的“曲则全”等话，怎么会是空话呢？它是实实在在能够达到的。

【解析】

在本章中，老子论述的重点在于“不争”。在老子看来，不争符合“道”的本质，炫耀、贪婪、争强好胜之人违反了道，所以注定会落得不幸的下场。

老子在开篇说道：“曲则全，枉则直，洼则盈，敝则新，少则得，多则惑。”尽管这六个短语分别指代六种完全不同的事物，但它们反映了一个共同道理，那就是“委曲求全”。这对于人类而言，是一种谦逊的生活态度。对于除人以外的诸多生物而言，委曲求全实能保全性命，以免受外来的伤害，这在一定程度上可以将其界定为一种寻求自保的大智慧。

“木秀于林，风必摧之”和“塞翁失马，焉知非福”，反映了任何事物都存在对立统一的两个方面，本章则再次反映了老子的辩证思想，老子用“曲与全，枉与直，洼与盈，敝与新，少与得，多与惑”来阐述道顺其自然的理论。如“洼与盈”，“洼”就如同一只空杯，“盈”就如盛满水的杯子，也只有空杯子才能容纳更多的水。普通人看问题却很片面，要么看不到深层内容，要么看不到相反的一面。可是圣人能遵循和运用道，全面而深刻地认识事物的本质。

即便是在人类之外的生物圈中，仍存在着环环相扣的食物链，各种生物为了生存，不得不施展自己的生存技巧。比如变色龙，它是一种“善变”的树栖爬行类动物，它的皮肤会随着背景、温度的变化而改变，这主要是为了保护自己免遭袭击，使自己生存下来。为了逃避天敌的侵犯和接近自己的猎物，有些爬行动物常在人们不经意间改变身体颜色，然后使自己与周围的环境融为一体。这种生理变化，既有利于隐藏自己，又有利于捕捉猎物。因此，在自然界中，其是当之无愧的“伪装高手”。又如蛇，蛇是一种最柔软的动物，正因为它柔软，所以它才可以任意改变自己的形状，可以躲避敌人的进攻，并自由前行而不受外界环境的阻挠。假如蛇像木棒一样坚硬，它还能自由前行吗？这听起来觉得可笑，但问题的根源在于它违背常理，即我们所说的“大道”。大道虽然看不见摸不着，但能为人类所感知，“德”是“道”的体现，它体现了道的无行无为。

我们经常用腊梅的孤傲和柳树的温顺来形容完全不同的处世风格，腊梅不畏惧严寒，傲然挺立，任凭外界冰霜的狂虐而悄然争艳。而柳树不同，它随风舞动，姿态妩媚。迥异的“个性”就必然造就了两种完全不同的命运：正因为腊梅坚挺，所以稍微碰到它，它的花瓣就会脱落；而柳树左右摇摆，即使碰到它，也不会受损，反而得到了“杨柳依依”的美名。

老子的委曲求全之道，在为人处世上能释放出巨大能量。他告诉我们：做人过于清高，必然招人嫉妒打击；为人过于强势霸道，必然树敌过多而不能长久；待人过于严苛必然被人孤立。而保持低调，委曲求全，不但能够避害，还能趋利。这才是高明者的选择。而得道之人最明白这个道理，他们永远都会处在曲和枉的境界里。没有了概念和分别，也就没有了矛盾，没有了矛盾也就没有了痛苦，没有了痛苦也就自在无为，和大道同步了。得道之人的眼里没有自己，自然也就没有别人或他物，所以没有任何东西遮蔽，自然会清澈明亮，也就什么都能看得见了；圣人没有等级观念，自然也没有善恶是非的标准，自己没有对错，别人也无所谓善恶了，他们不自夸，也不损人，自然会得到别人的赞扬、拥护和爱戴。他们对于自己的成绩从不夸耀，心中没有功过的概念，自然也就不会骄傲。可是常人则不同，有点成绩就沾沾自喜，恨不得让天下人都知道；也许刚开始别人还能容忍，可是炫耀的次数多了，就会导致别人的厌倦，不但无法得到别人的认同和称赞，反而会招来讽刺和挖苦，这就得不偿失了。

圣人没有分别心，对待所有的事物都持一样的态度，不会另眼相看，也无所谓名利，一切都是顺应自然，淡然而宁静。他们不会与人争夺，而是始终和大道一体、万物皆源于大道，和大道同体的人岂不是拥有了宇宙万物，还有什么可争夺呢？得道之人不与人争，也就没有得；没有得，也就没有失。没有得失也就无所谓患得患失，没有患得患失也就没有痛苦的折磨。没有痛苦是美好的人生境界，这是不与人争的美好体验。因此，委曲求全是聪明的处事方略，这是解悟“大道”之人的不俗行为，也可以说是真正的“大德”，也只有这样的人，心境不但平静，而且人生还会释放出更大的光华，因为他把所有的付出都看作是一种自然现象，因而不会有“亏”的概念，一旦达到这样的境界，就真的是和“大道”融为了一体。

第二十三章　希言自然

【原文】

希言自然。故飘风不终朝，骤雨不终日。孰为此者？天地。天地尚不能久，而况于人乎？故从事于道者，同于道；德者，同于德；失者，同于失。同于道者，道亦乐得之；同于德者，德亦乐得之；同于失者，失亦乐得之。信不足焉，有不信焉。

【译文】

不言政令少扰民是合乎自然的，所以再大的狂风也刮不过一个早上，再大的暴雨也下不了一整天。谁制造的狂风暴雨呢？是天地。兴风起雨尚且不能持久，何况人呢？所以从事于道的，就同于道；从事于德的，就同于德；失道失德的，行为就是暴戾恣肆。凡是同于道的人，道也会乐于得到他；凡是同于德的人，德也乐于得到他；凡是同于失道失德的，就会得到失道失德的后果。统治者的诚信不足，人民自然不会相信他。

【解析】

本章从“少说话合乎自然”这一论点出发，提出了一个重要思想，即一个人的内心修养、行为方式与他的外在境遇是相应的，他对自然之道领悟到什么程度，自然之道就会给他什么程度的回报。这是因为，只有道是唯一的自然者，整个世界都是道的自然。所以，合于道的人，就会得到道的回报；不合于道的人，则不会得到道的回报。

“希言自然。”“希言”即平常较少用的名言。再进一步说，便是不施加政令。什么是“自然”呢？“自然”一词，不是指自然科学的“自然”，而是哲学的名辞，可以解释为“原来如此”。因此，“希言自然”的意思也不是“很少说到自然科学的理论”，它所说的是治理事物，制定法律法规，要顺其自然。对于治国者而言，少发号施令是合乎自然之道的。在这一章里，老子论述治国者少发号施令的重大意义，并通过自然界的变化来说明问题。

“故飘风不终朝，暴雨不终日。”“飘风”即飓风，又称台风。飘风虽然可怕，但它不会整日不停地吹。不管飘风强大到什么程度，到了中午，都会减弱缓慢一点。所以说，任何飘风都不是终朝不变的。骤雨，指的是夏热季节的大雷雨，大概一两个小时就过去了。所以说，夏天的大雷雨，只会下一阵，不会下一整天的。在这里，老子把自然现象的因果律，用比喻来反复说明，告诉我们世间一切事物都处在无常变化之中，我们不能把握住它，也无须去把握它。只有一样东西是超越现实的，那就是自然。

“孰为此者？天地。天地尚不能久，而况于人乎？”“天地”指的是整个世界。“不能久”与前面的“不终朝”“不终日”相联系，意指不能漫无边际、持续不断。在我们眼里，天地是神秘莫测的，而且还蕴含着巨大的力量。即便如此，天地也还要遵循自然的道德规律。天地的巨大都无力对抗自然，更何况在天地面前显得更加渺小的人类呢？在中国传统文化中，不管是道家还是儒家，他们都认为，整个世界是有始有终的，既有开天辟地的时候，也有天翻地覆、终归结束的时候。天地尚且不能长久，人生更不能希求长久的永存了。

“故从事于道者，同于道；德者，同于德；失者，同于失。”“同”意为契合一致，融为一体。这几句话从字面上来看，好像是自说自话，实则不然，这里老子阐明了人事物理的同类相从的道理。一个喜欢讲道的人，自然喜欢与讲道的人结合在一起，这就是“道者同于道”。换句话说，如果为了道德而努力修养自己，那么，我们就会发现自己在道德上日日都有进步了。

“同于道者，道亦乐得之；同于德者，德亦乐得之；同于失者，失亦乐得之。”得，获得，接纳，这里可以理解为“同在”。不管是修道还是行道，人的思想意识必须要与大道相一致，你得到了应该得到的东西，也一定会失去应该失去的东西。合于道的成果要乐于得到，不合于道的成果要乐于抛弃。乐于得必乐于失，有失才能有得。得与失的关系是对立统一的关系。所以，人类一定要正视自己的力量，一定要使自己的实践活动符合自然规律，不要做出过激行为，否则绝对不会取得预期的效果。求道决不是一朝一夕就能够实现的，一切形式的激进行为都是背道而驰的。人们要想求证大道，不但要有诚心，还要有坚持不懈的恒心。行道亦是如此。自然现象容易发生改变，人的活动更容易发生改变。在这个世界上，任何现象都很难长时间持续不变，只有事物的本质才是永恒不变的。然而，人要想透过现象去抓住事物的本质，也绝非易事。如果一个人透过现象看到了事物的本质，那么这个人就是得到了道。如果一个人观察现象时不能抓住本质，但他的认识水平已接近于事物本质的道了，那么这个人就是得到了德。如果一个人既无法看到道，又无法看到德，那么这种情况就称作“失”，而这个人就不得不与失处在同一个层次了。要想达到道或是德的境界，人们就得坚持不懈地去追求道。也就是说，求道是实现道和德的先决条件。如果人们不去追求道，不去追求事物的本质，那么就只能一直处在事物本质以外的范畴“失”之中了。

因此，我们只有不违背自然规律，使自己的行为合乎道和德，才能从中获得无限的益处；否则，我们不但得不到任何益处，而且还会为大道大德所抛弃。不遵循大道和大德，必然会遭受惩罚。人不同于动物，具有主观能动性。当主观能动性支配下的人的行为合乎自然规律时，人们就会从自然中得到益处；当主观能动性支配下的人的行为不合乎自然规律时，人们就会遭受自然的惩罚。很多事例都证明了这一点，比如人们贪图小惠小利，对森林乱砍滥伐，最后导致泥石流滑坡，轻则毁坏庄稼，重则造成人员的死伤。这样的例子还有很多，这里不再一一列举。总之，违背大道大德就等于自我毁灭。

第二十四章　物或恶之

【原文】

企者不立①；跨者不行②；自见者不明；自是者不彰③；自伐者无功；自矜者不长④。其在道也，曰：余食赘形⑤。物或恶之，故有道者不处。

【注释】

①企：就是翘起足，用脚尖站立。②跨：加大步伐，想要快速行走。③彰：明显，显著。④长：长久。⑤赘（zhuì）：多余的。

【译文】

踮起脚跟用脚尖站立，是站不牢的。脚步跨得太大，是走不了太远的。自逞己见的，反而得不到彰明。自以为是的，反而得不到显昭。自我夸耀的，反而建立不了功勋。

自高自大的，反而不可能长久。从“道”的角度衡量，以上这些急躁炫耀的行为，可以说都是剩饭赘瘤，惹人厌恶。所以懂得道的规律的人是不会这样做的。

【解析】

这一章主要讲“自然”的道理。自然是顺道而行，不自己妄为。自己妄为不仅多余，而且会起反效果。这里所具体阐述的问题，仍然是有关社会政治及其得失的内容，同时还包含着辩证法的观点，即“企者不立”“跨者不行”“自见者不明”“自是者不彰”“自伐者无功”“自矜者不长”等。篇中所揭示的表现及其结果往往是对立的，这正是老子思想的精华所在。

在本章中，老子列举出了几种不懂道的突出表现。实际上，这种列举还可以无限延伸，因为不站在道的立场来看待和处理事物都是不懂道的表现。这里，老子用了拟人的手法，他说，对于不懂道的行为，“物”是不会喜欢的。因为物一直都是遵循着道的规律运行，因此根本不会出现不依循道的规律运行的物。如果要让物违反道的规律运行，这是无论如何也做不到的，这就是篇中“物或恶之”的意思。凡是明白、理解道的，绝对不会去做违反道的事情。

老子还以极其精练的语言向我们阐释了人的主观意志和客观规律之间存在的矛盾，进而举出自己的看法：人们只有遵循自然大道，依照客观规律行事，才能取得好的收益，才能避免自己的行为和结果过于对立。

“企者不立，跨者不行。”用脚尖是难以站立起来的，这是由人的身体结构决定的。人类直立时，身体的全部重力都落到了两只脚上，所以脚长得厚实、宽阔，以支撑沉重的身躯。这种平衡一旦被打破了，那么全身的重力都会落到脚尖上，而脚尖窄小、瘦弱，无力承担全身的重力。如果人们用脚尖直立身躯，必然会违背自然规律，这就属于不合“道德”的行为。在“企”的行为中，包含着一种凭着个人努力以抗拒自身本来限制的意图。这里的“企”和“跨”，都是指那些违背自然、自高自大、拼命炫耀显示自己的人的举止行为，其结果却适得其反。

同理，“跨”是三步并作两步走的意思，也就是一条腿抬起来还没等落下就要走第二步，这种走法也是违背自然规律的，怎么可能实现呢？跨是为了加快速度，但是，跨的结果往往适得其反，因为这么一跨就走不了路了。

人为什么要跨着行走呢？这是情绪焦躁的表现。从这里可以知道，急于求成、焦急烦躁办不成事情。跨这一动作本身并没有错，关键在于人的动作和行为是否能达到目的，如果不能达到目的就是违背自然规律，就属于不合道德的行为，所以也就不能达到预期的目标了。

“自见者不明；自是者不彰；自伐者无功；自矜者不长。”这几句在前面的章节曾经出现过，老子为什么重复出现这几句话呢？正是为了强调不合道德的害处。这里面也隐含着老子以退为进、委曲求全的处世哲学。“曲则全”，也就是不故意去表现、张扬自己是比较明智的行为，自以为是的人是无法彰显自己的能力和优势的，自我炫耀是没有什么功劳可言的，自高自大是不能长久的。

“自伐”一般包含四层含义：一个是只把自我看作是生活的主宰，而不把整个世界看作是生活的主宰；一个是只按自己的意志行事，而不按整个世界的意志行事；一个是只看到自己所成就的一切，而看不到整个世界为自己所成就的一切；一个是在以上错误认识的基础上，人们只看到自我活动之于自己生活的意义与价值，而看不到整个世界的活动之于自己生活的意义与价值，这样一来，自我生存的意义与价值也就变得非常渺小和微不足道了。

“自见”“自是”“自伐”“自矜”，这些都是人类的通病。老子在这里再三说明，一个人有了“自见”“自是”“自伐”“自矜”的心病，一定要及时反省，反省后要自我改正。但是，从道理法则上讲，这些心理支配下的行为，却是“余食赘行”。“余食”指的是多余的。“赘”就是瘤子。我们的身体在任何部位长出一个瘤子，那都是多余的。“物或恶之”，任何一样东西，都有自然的定形，变体都是不正常的，即使是植物，长出来一个多余的附件，不但给自己增加负担，而且还令人讨厌。植物尚且如此，何况我们人类呢？所以，有道之士自处的时候绝不会“自见”“自是”“自伐”“自矜”，这样才算合乎道行。

由上可知，做人不可过于虚荣、张扬和妄自尊大。在现实社会中，人们怎样才能做到身处闹市而抛却浮华，做一个合于道德的人呢？这就要求我们不仅看到自我存在和自我活动的意义和价值，还要看到整个世界的意义和价值，只有做到这点，人们才可以避免产生自高自大和自我炫耀的心理。一个能够认清整个世界的意义和价值的人，一定能够在自己的心中激发起对整个世界的感激和敬畏之情。

第二十五章　道法自然

【原文】

有物混成，先天地生。寂兮寥兮①，独立而不改，周行而不殆②，可以为天地母③。吾不知其名，强字之曰道，强为之名曰大。大曰逝，逝曰远，远曰反。故道大，天大，地大，人亦大。域中有四大，而人居其一焉。人法地，地法天，天法道，道法自然。

【注释】

①寂：没有声音。寥：没有形体。②殆：通“怠”。③母：根本。

【译文】

有一种浑然而成的东西，在有天地之前就已经产生了。它寂寂无声而又广阔无形，它独立长存而永不衰竭，周而复始地循环运行而永不停息，可以作为天地万物的根本。我不知道究竟叫它什么名字才好，只好叫它为“道”，我再勉强给它取个名字叫“大”。它广大无边而运行不息，运行不息而伸展遥远，伸展遥远而回归本原。所以道是伟大的，天是伟大的，地是伟大的，人也是伟大的。天地间有这四大，而人只不过是其中的一个。在这四大之中，人是效法于地的，地是效法于天的，天是效法于道的，而道则纯任自然。

【解析】

这一章讲道是天下万物的母亲。世界上有四种东西最大，即王、地、天、道。王是人的代表。人、地、天三者都受到上一级法则的制约，而道本身就是自然的。“道法自然”并不是说道之外还有个“自然”，而是说道的活动以自我满足、独立自在为法则。

“有物混成，先天地生。”这里的“物”，是“道”的同义字，这个道的内涵，包括了物质与非物质，是“心物一元”混合而成的。这种“心物一元”的思想观念，源自《易经》。《易经》中讲了“阴”“阳”两个符号，这两个符号相互变化、相生相克。如果我们以阳为精神的代号，那么阴则为物质的代号，阴阳配合，心物互融，便衍生了应有尽有、无穷无尽的世界。

那么，“有物混成，先天地生”，究竟是怎样一种情况呢？老子形容说：“寂兮寥兮！独立而不改，周行而不殆，可以为天地母。”“寂”是绝对的清虚，清静到极点，毫无一点声色形象。“寥”是形容广大。“独立而不改”意为超脱于一切万有之外，悄然自立，不动声色，不因现象界的物理变化而变化，不因物理世界的生灭而生灭。“周行而不殆”指的是它无所不在，处处都有道。不论物也好，心也罢，都有它的存在，永远无穷无尽。“可以为天地母”，这个东西是一切宇宙万有的根本，所以才说道是“天地母”。

在上面这段话中，老子又一次论述了道的性质和规律：道是物质性的，是最先存在的实体，但这个实体看不见摸不着，既寂静又空虚，不以人的意志为转移，无所不在地运行而又永不止息。大道无形，没有可供我们辨认的具体形状。但是，道又确实是存在的，只不过它不与我们所认识的事物相同，它是一个混沌的整体，早在天地生成之前就已经存在了，所以它是超越时空概念的事物。对于大道，人们既不能通过肉眼看到它的样子，也无法通过耳朵听到它的声音。尽管我们看不到、听不到，但这并不代表大道不存在。大道就在我们的身边，它不但影响着我们的行动，还制约着我们的行为。当人们的行为不顺应大道时，它就会给我们降下严厉的惩罚。道时时刻刻都存在着，它没有等级，没有分别，是完全独立的。正是由于道没有等级，没有矛盾的方面，所以它永远不会走向自己的反面，不会发生改变，时时刻刻保持恒久不变。道是一个整体，它遍及整个宇宙，从这个意义上说，道是天地万物的本源。

“不知其名，强字之曰道，强为之名曰大。”“强”有笼统的、大概的意思。世界的本原是极其微小的，应当用“小”来为它命名。但是，老子在本篇不用“小”而用“道”字命名，这是赋予“道”字深刻的哲理内涵。又因为它实在无量无边，所以也可叫作“大”。道的本义为“道路”，后引申指行为、规则、方法等。在这里，老子以“道”字为世界的本原命名，旨在为人们指明认识世界的正确道路，即先认识世界的本体，让人们了解道的运动、发展、变化所体现出来的对立统一规律，这也是人们应当遵循的人生法则和社会法则。认识的最终目的在于识道，也就是“见小”，见小才能“明”。何为明呢？明指的是明白道所体现出来的对立统一规律。道为宇宙的本原，其本质为“小”，本质是永恒的；其表象为“大”，表象是变幻的。小与大是相对的，可以相互转化、相互统一而存在。

“大曰逝，逝曰远，远曰反。”“大”也就是“逝”，逝是永远向内外四面八方延伸发展，等于说宇宙是无限的扩张。这句话说明世间的一切事物都是由小到大，由大到小，循环往复，变化发展的，这就是对立统一规律。这里的“反”的意思，既是道的创造活动，又是道的创造活动的成果——现实世界。现实世界就是道所创造并捧在它手中的一件伟大作品，而天、地、人就是这件伟大作品中的最重要、最基本的结构和组成部分。至此，道也就不再是无声与之相应、无形与之相伴的孤寂的存在物了，它转化为一个丰富多彩、千姿百态的现实世界。

“故道大，天大，地大，人亦大。域中有四大，而人居其一焉。”道的本质是小，然而，世间所有的事物皆由道生成，因此道就是宇宙。道与天地相比，道为大；天与地相比，天为大；地生万物，地与万物相比，地为大；王与百姓相比，王为大。道大，天大，地大，都是相对的，王大也是相对的。在这里，老子把四大之一的“王”作为突出的重点，这是为了阐释百姓与王的关系。尽管人贵为万物之灵，但是还要接受王的治理，倘若不能理顺人与王的关系，那么人和人之间就不能平等了。篇中老子用了一个“亦”字，目的是为了告诫身为一国之君的王，应当心存大道，明白百姓与君王之间的辩证关系。如果君王狂妄自大，就会远离民众，与民众为敌，这样的话，新的王也就在民众的反抗中诞生了。

大道要运行，其运行速度十分迅速，等大道运行到一定极限的时候，它就会自动返回，所以大道永远不会枯竭。大道与水不同，如果我们把一杯水洒到地上，水会顺势而流，当它流到一定极限时便不会再流了，而是停止下来，然后蒸发得无影无踪。而大道则永远也不会枯竭，这主要是因为大道可以回到原始状态，并能够周而复始地运行。

“人法地，地法天。天法道，道法自然。”法，即以……为法则。对于人、地、天、道、自然之间的关系，老子得出一个结论：人取法于地，地取法于天。天取法于道，道取法于自然。道，大而玄奥，生成了天地万物。然而，道又是从何处而来的呢？通过“道法自然”一词，我们知道，道是自然而然生成的。道向自然学习，效法并顺应自然。道是至高无上的，就连它都要顺应并效法自然，更何况人类呢？所以，人类不应该自恃头脑聪明，有独立的思想，就可以主宰世间的万事万物，而是应该顺应自然，敬畏自然。如果破坏自然的和谐，大肆屠杀牲畜，任意砍伐森林，那么大道和天地就会随时惩罚人类。因此，人类要与天地合二为一，要学习大道包容万物的胸襟，和大自然和谐相处。只有这样，人类才会生活得快活逍遥，无所为而又无所不为。

总起来说，本章突出强调了由道所体现出来的道性。道是奥妙的，它蕴含着真理。人类只有认识道，才能把握真理。因此，道既是认识的对象，又是认识的方法和实践的方法。道的概念，是直觉思维和理性思维相结合的产物，而不是肆意虚构的。道作为世界的本原，是宇宙万物之母；道作为最一般规律，贯穿于宇宙、社会和人生之中。老子道的哲学理念的伟大之处，就在于其为人类治身和治国提供了可循的规律。

第二十六章　宜戒轻躁

【原文】

重为轻根，静为躁君①。是以君子终日行不离辎重②。虽有荣观③，燕处超然④。奈何万乘之主，而以身轻天下？轻则失根⑤，躁则失君。

【注释】

① 躁（zào）：这里有动的意思。② 辎重：军用器械、粮草、营帐、服装等的统称。③ 荣观：贵族游玩享乐的地方。④ 燕处：安居的意思。超然：超脱外物，不陷在里面。⑤ 根：本。

【译文】

稳重是轻率的根本，静定是躁动的主宰。所以有道的人终日行事仍保持慎重，就像军队行军离不开辎重一样。即使有奢华的享受，他也漠然处之，从不沉溺其中。为什么有万乘之车的大国君主，还轻率躁动以治天下呢？轻率就会失去根本，躁动就会丧失主宰。

【解析】

本章讲了道家的一个重要观点，即修身是一切的根本，它比优越的物质条件乃至天下国家都重要。帝王以身轻天下，恣情纵欲，不爱惜自己的生命，这就是失去了根本。老子从治身之道过渡到治国之道，谨慎地分析了重与轻、静与躁的关系，阐明了治国者应该以民为国家之根，以德为治国之本的道理。这一思想与第十三章“贵以身为天下，若可托天下”的观点十分相似。

“重为轻根，静为躁君。”“君”与“根”相对，意为主宰者。本篇的开头部分，老子举出了两对矛盾的现象，即轻与重、动与静。在《道德经》的第二章和第十三章里，老子曾经提出过美与丑、善与恶、有与无、难与易、长与短、宠与辱等对立统一的概念。这些概念的提出，对于阐述朴素的辩证法思想，起到了关键的作用。于是，老子得出了一个重要结论：矛盾是普遍存在的，任何事物都不是孤立存在的，而是相互依存、相互制约的。

在分析重与轻的关系时，老子认为，重是轻的根本，轻是由重决定的，如果只注重轻而忽视重，就会失去根本。正是因为有了重，轻才得以存在和维系。我们可以设想一下：假如地球上没有重力，将会是怎样的一种场景呢？我们将不能站稳脚跟，不能饮食，生命也无法延续下去，那是十分可怕的事情。在分析动和静这一对矛盾时，老子认为，静是根本，动是由静决定的。老子所说的轻可以解释为轻浮，而动可以解释为躁动不安。心理的浮躁，这里指心灵中的全部感情、理性和意志处于一种变动不居的、激烈动荡的矛盾与冲突的状态。同样，这里的“躁”是相对于“天下”（即世界整体）而言的。轻浮和躁动不安均是人格缺陷所映射出来的不良行为举止，这种举止是人们成功的大敌，是上天因人们不顺应自然大道而降下的祸患，必然会受到上天的惩罚。

对此，君子（得道之人）是如何合道而行的呢？老子说：“是以君子终日行不离辎重。虽有荣观，燕处超然。”“辎”指的是长途旅行时必须携带的衣物，或是军士出征时必须携带的军用器械、粮草和营帐等。老子在这里显然用了隐喻的手法，“辎”在这里指的是那些与人的生活和活动紧密相关的事物。老子的这句话说的是什么意思呢？君子虽然天天都在行事，却从来不轻举妄动，而是谨慎考虑后再行动，绝不会表现出轻率、焦躁的样子。为什么君子能够做到不轻率、不浮躁呢？这是因为他们顺应了天道，并没有随心所欲，胡作非为。尽管他们也有可供享受的亭台楼阁，但是他们身居其中，却怡然自得。也就是说，他们能够超然地面对安逸的环境，而不是沉溺于其中。

如何才能像君子那样合于道呢？其实，道的精神体现在日常生活之中，贯穿于人生的每一个环节里。人们只有始终以道为标准，摒弃外在的贪欲，努力修养自己的身心，才能使自己的思想和言行不偏离大道。具体来说，就是要以静制动，保持内心平静，无私无欲，心中不可留有一丝一毫的私心杂念，这样才能进入道境。俗话说：“心里无闲事，不怕鬼叫门。”只要平时行得正、坐得直，自然能够泰然处之，各种杂念也就随之消失。如果平日心术不正，一旦遇上惊险场面，必定会胆战心惊，魂不守舍；或者见景生情，经不住诱惑，这些都不利于人修道。历来修道之人强调行善积德，道理就在这里。修德是为了得道，得道是为了行道。因此，精神世界虽有不尽的荣华美景，却也不能一直沉溺其中，不能自拔，就好比振翼而飞的大雁，不可能永远在蓝天中翱翔，终究还是要飞回巢穴内栖息的。所以，人既要有美妙的精神世界，又不能脱离现实生活。只有把精神世界和现实生活结合起来，才有完美的人生。

“奈何万乘之主，而以身轻天下？轻则失根，躁则失君。”最后，老子将矛头指向了“万乘之主”，也就是大国的君主。老子所处的时代，诸侯君主大都奢侈轻浮、狂妄自大、焦躁轻率。老子认为，身为一国之君，只有做到持重守静，才能克制轻浮焦躁的弱点。如果治国者耽于享乐，或是轻率地处理国家大事，这都是有违“重为轻根，静为躁君”的天道的，那么就会落得“轻则失根，躁则失君”的下场。历史上行为不合于大道的昏庸无道之君，如夏桀、商纣、周幽王、周厉王等，没有一个不遭到后人唾骂和鄙弃的。

在当今社会，人们的物质生活比较丰富，我们应当怎样看待物质财富呢？是坦然地享受，还是依旧过节俭的生活？其实，老子的观点就清清楚楚地告诉了我们答案。老子主张顺应自然，由于物质是人创造的，它生不带来死不带去，如果人们过分节俭，一味拒绝富足充裕的生活，日子未免过得单调乏味，所以，适当地追求物质是理所应当的。但是，有一点需要特别注意，那就是人活在世界上，就要锻炼自己创造价值的能力，如果只追求享受而不去劳动，就不合乎大道，这些行为一定要摒弃，否则就会埋下祸根。

第二十七章　常善救人

【原文】

善行无辙迹①；善言无瑕谪②；善数不用筹策③；善闭无关楗而不可开④；善结无绳约而不可解⑤。是以圣人常善救人，故无弃人；常善救物，故无弃物。是谓袭明⑥。

故善人者，不善人之师；不善人者，善人之资⑦。不贵其师，不爱其资，虽智大迷，是谓要妙⑧。

【注释】

①辙迹：车子在泥土的路上走过，车轮辗过留下的痕迹。②瑕（xiá）谪（zhé）：缺点，毛病。③筹策：古代用竹制的计数的器具。④关楗：关锁门户的器具。⑤绳约：用绳子捆起来。⑥袭明：聪明不外露。袭，掩藏。⑦资：借鉴。⑧要妙：精深微妙。

【译文】

善于行走的人，不会留下痕迹；善于说话的人，不会在言语上留下任何破绽；善于计数的人，不用筹码也能计算；善于闭守的人，没有门闩别人也无法把它打开；善于捆缚的人，不用绳结别人也无法解开。所以有道的人经常善于做到人尽其才，因而他眼里绝不会有无用的人；经常善于做到物尽其用，在他眼里绝不会有无用之物。这叫作内藏着的聪明智慧。所以，善人可以作为不善人的老师，不善人可以作为善人的借鉴。如果不尊重善人的指导，不珍惜不善人的借鉴作用，即使自以为绝顶聪明，其实也是大糊涂。这实在是精深微妙的道理。

【解析】

这一章旨在讲一个“善”字，即完美。真正的善就是顺道而行。因此对有道之人来说，天下没有可弃之物，也没有无用之人。在本章中，老子提出了“五善”，即善行、善言、善数、善闭、善结，这五善都是合乎大道的，人们只有达到上面所说的五善的境界，才能像庖丁解牛那样行动自如。此篇处处闪耀着老子的智慧火花，无不展现了他深藏不露的机智和机巧之心。

老子所说的“五善”，具体包括哪些内容呢？下面我们来看一下。

第一种是善行。善于行动的人，绝不会留下任何对自己不利的迹象，这类人擅长把自己的行迹掩盖起来，以达到自己行动的目的。

第二种是善言。人们往往会因为说错一句话而被别人抓住不放，成为别人非议自己的把柄。所以，善言者不是每逢说话都能滔滔不绝的人，而是说话时都能说到点子上且不被人抓住把柄的人。

第三种是善数。在这个世界上有一种人，他们善于心算，不需要借助任何计算工具就能准确无误地把结果计算出来。人类可以默记无形的事物的发展运作和各种变化，并且能从各种变化中找出适合自己生存的理想方式和状态。这种用心默识、默算的处世态度，正是在某种程度上体现了老子无为的处世哲学。

第四种是善闭。对于善于封闭的人来说，是不需要利用锁和闩的。我们这里所说的“封闭”，并不是平常所说的封闭自己不求更新的意思，而是为了避免同类残害而采取的一种手段。

第五种是善结。什么是善结之人呢？就是不用绳索就能把人牢固地捆绑起来的人。老子在这里并不是单纯地阐发“善结”，而是用了比喻的手法，以善结借指对事物的掌控能力。怎样才能获得这种掌控能力呢？途径只有一个，那就是依大道行事。

以上所举的“五善”正是老子高深智慧的具体反映，也是老子对自然无为思想的引申。

“是以圣人常善救人，故无弃人；常善救物，故无弃物。是谓袭明。”“弃人”指的是因毫无用处而被抛弃的人。“弃物”指的是因毫无价值而被摒弃的事物。人无弃人，物无弃物，天下的善人与不善之人，善物与不善之物，都是有用处的。这就要求在圣人的智慧和理性的照耀与揭示之下，使人和物的善的本性展露出来。

“故善人者，不善人之师；不善人者，善人之资。”这里的“善人”与“不善人”，指的不是善良的人和不善良的人。“善人”即能够认识大道并能遵循大道行事的人。“不善人”即不能顺从大道行事的人。善者为师，恶者为资，一律加以善待，特别是对于不善的人，并不因其不善而鄙弃他，一方面要劝勉他，诱导他，即老子所说的“救”；另一方面，也为他成为善人提供借鉴。救是一种理性的活动，从根本上说，指的就是探索追求事物的本性并使之展露出来。而本性就是道性，就是道德。对于那些丧失了人的本性的人来说，探索追求自己的本性就是拯救自己的本性。

“不贵其师，不爱其资，虽智大迷，是谓要妙。”“贵”意为珍视，尊重。“大迷”意为绝对的迷误与蒙昧状态。不尊重善人的教导，不注重不善之人的借鉴作用，看起来明智其实很愚昧，这实在是高深奥妙的道理。

自然事物的价值与人类的价值相似，完全取决于人类的发现和运用。现代科学技术正不断地把自然事物的价值揭示出来。人们如何才能发现自己存在的真正意义与价值呢？这里需要一个前提，即人类都能用科学家的眼光看清自身存在的意义。当人类一旦发现自己存在的真正意义与价值时，就可以从一切耻辱的动机与行为中解放出来，并将自己投身到世界的活动中去，尽情地观赏这个无限奇妙的宇宙。

第二十八章　常德乃足

【原文】

知其雄，守其雌，为天下谿①。为天下谿，常德不离，复归于婴儿。知其白，守其黑，为天下式②。为天下式，常德不忒③，复归于无极。知其荣，守其辱，为天下谷。为天下谷，常德乃足，复归于朴④。朴散则为器，圣人用之，则为官长⑤，故大制不割。

【注释】

①谿（xī）：沟溪，山里的小河沟。②式：这里作“模式”“楷式”讲。③忒（tè）：差错。④朴：素材。老子有时用“朴”来表示“道”。⑤官：管理的意思。长：首长、领导的意思。

【译文】

知道什么是雄强，却安于雌弱，甘愿做天下的溪涧。甘愿做天下的溪涧，永恒的德就不会流失，而回复到婴孩般的纯真柔和的境地。深知什么是明亮，却安守暗昧，甘愿成为天下的范式。甘愿做天下的范式，永恒的德就不会出差错，而回复到真朴的状态。

深知什么是荣耀，却安守卑辱，甘愿做天下的川谷。甘愿做天下的川谷，永恒的德才能充足，而回复到自然本初的纯真状态。真朴的道分散成为宇宙万物，有道的人沿用真朴，就会成为百官之长。所以，完善的政治制度是一个体系，不可分割。

【解析】

道的自然法则是两极相生，物极必反。有道者深明此理，所以自愿处在世俗认为不好的一面。这样，就消除掉了因处在“好”的一面产生的负面作用，使自己始终保持合于道的完整状态，即“婴儿”“无极”“纯朴”的状态，懂得了这个道理，即使做了官，也会进退自如。这就是“大制不割”的道理。

“知其雄，守其雌，为天下谿。为天下谿，常德不离，复归于婴儿。”“雄”即刚强。“雌”即柔弱。“复归于婴儿”，即回复到婴儿般的纯真无邪的状态。老子认为，刚强是有为的表现形式，是不合于道的；而柔弱是无为的表现形式，是合于道的。所以，他要求人们坚守柔弱，只有这样才能合于道。“温柔似水”一词常用来形容女子美好的性格特征，这是因为水性本柔，可以承载天下万物，如果人们能够如溪水般柔顺，那么也就回归到婴儿般的自然人状态，这才是合于道的。

“知其白，守其黑，为天下式。”“式”意为范式。世界的范式指的是世界的本体，也就是“道”。在老子看来，只有深知什么是明亮，又能安于暗昧，才能成为天下的范式。

“为天下式，常德不忒，复归于无极。”“无极”意为无边无际、无始无终。这句话的意思是说：成为天下的范式，永恒的德就不会出差错，永恒的德不出差错，就会回复到宇宙的初始状态。老子想通过这句话告诉我们，得道之人要实施无言之教，而不是将自己的观点强加于人。他强调不把人的思想引入歧途，这正体现了老子无为而治的处世哲学。

“知其荣，守其辱，为天下谷。为天下谷，常德乃足，复归于朴。”“朴”指的是自然事物的本质，这种本质指的就是“道德”。这句话的意思是说，深知尊荣，却安守卑辱，甘愿做天下的低谷。做了天下的低谷，永恒的德就充足了；永恒的德充足，就会返璞归真，回到自然淳朴的状态中去。它告诉我们，人生来就有欲望，贪慕荣华富贵是人的本性。如何才能使人们不过分贪图富贵呢？老子认为，荣华富贵终归要回复为无，人们只有懂得这个道理，才能泰然处之，面对外界的事物，做到无所容无所不能容，这才是到达了道的境界。然而，大道修得圆满，并不意味着大功告成了，人们还要继续坚守道的理念。否则，道又会进入到从无到有的循环往复之中去了。

“朴散则为器，圣人用之，则为官长，故大制不割。”“大制”指的是完美无缺的政治思想和政治制度。“无割”指的是不可割裂，即人与人、人与世界的契合一致与和谐统一。在这里，老子强调了道的整体性和不可分割性。道的法则就是从无到有，再从有到无的循环往复、永不止息的过程。所以，人在修道的时侯，不要只修炼一次，而是要永不停息地修炼。待到修炼完满后，还要使道德不流散，确保它的完整性。如果道德流散了，道就会再一次进入到从无到有、从有到无的循环往复之中。

第二十九章　去奢去泰

【原文】

将欲取天下而为之①，吾见其不得已。天下神器，不可为也，不可执也。为者败之，执者失之。是以圣人无为，故无败；无执，故无失。夫物或行或随；或歔或吹；或强或羸②；或挫或隳③。是以圣人去甚④，去奢，去泰。

【注释】

①取天下：治天下。②羸（léi）：瘦弱。③隳（huī）：毁坏。④甚：非常的、极端的。

【译文】

想要治理天下却用强制的办法去做，我看他不能达到目的。“天下”是神圣的东西，不能凭自己的主观意愿采用强制的办法，不能加以把持。用强力施为的，一定会失败；用强力加以把持的，一定会失去。由于圣人不妄为，所以不会失败；不把持，所以不会失去。世人秉性不一，有的前行，有的后随；有的气缓，有的气急；有的刚强，有的羸弱；有的安定，有的危险。因此，有道的人要去除那种极端的、奢侈的、过度的措施。

【解析】

这一章重点说的是无为的道理。无为即按照道的法则去行事。不能做到无为，就会招致失败。圣人懂得这个道理，所以凡事不过分，一切随顺自然。在这里，老子以治身之道印证治国之道，以不道统治烘托圣人之治。统治者无道，所以会做出甚、奢、泰的不道行为；圣人明道，所以会去甚、去奢、去泰。

“将欲取天下而为之，吾见其不得已。”“不得已”指的是无法达到目的。这句话是说，要想治理天下，而又不采用无为而治的治国方略，我看他根本达不到目的。在这里，老子再次谈到“有为”和“无为”。对于自然界里的一切事物，它们都有各自的存在方式。我们不能人为地对它们的存在方式强加干涉，否则就会违背大道，必然会受到大道的惩罚。所以，老子在《道德经》中多次提到，治国者应该无为而治，实施不言之教，只有这样才能合乎大道，使国家长治久安，百姓安居乐业，其统治地位才能长久。

“天下神器，不可为也，不可执也。为者败之，执者失之。”“神器”即神奇造化之物。“执”即支配、把握的意思。这句话意思是说，天下是大自然神奇造化之物，所以我们不要凭着主观意志去强行改变它。凭着主观意志去强行改变，必定会遭致失败；掌握天下，把天下据为己有，迟早有一天会失去它。这句话强调的还是无为的思想，它告诉我们一个道理：君主不但可以解决国家内部的一切矛盾，还能够全权处理国家外部的纠纷。所以，治国者固然可能因为勤政爱民而引导出一个治世，也可能因为独断专行而引起国家的覆灭。在老子看来，不管怎样，治国者都不能拿整个国家来作为施展个人理想的工具。老子告诫一些野心勃勃的治国者：如果谁想以国家作为事业的赌注，那么谁就会招致失败；谁想长久把持国家作为个人私产，谁就会失去整个国家。所以，圣人治理国家，都是为了努力消除个人的偏执、奢华和过分的行为方式。圣人懂得这个道理，以无为之道来治理国家，所以不会招致失败；因为圣人从不想去支配百姓，所以也不会有什么失去的东西。这样一来，天下就实现大治了。

“物或行或随，或歔或吹，或强或羸，或挫或隳。”歔，气缓，喻指性格柔和。吹，气急，喻指性格刚烈。世间的事物，有的前行，有的后随；有的气缓，有的气急；有的强壮，有的羸弱；有的受益，有的失落。事物尚且如此，更何况人呢？俗话说“千人千面”，意思是说一千个人有一千张面孔，当然性格特征也迥然各异：有的人喜欢特立独行，有的人喜欢随声附和；有的人乐于助人，有的人刻薄寡恩；有的人好勇斗狠，有的人懦弱胆怯；有的人喜欢安安静静，有的人喜欢熙熙攘攘……芸芸众生，性格各有差异，圣人该如何治理天下百姓，保证使他们归顺自己呢？下面的一段，老子给出了答案。

“是以圣人去甚，去奢，去泰。”甚，极端，这里指的是过分严厉的措施。老子反复强调统治者应顺其自然，确保每个人按照自己的特性去生存和发展，而不要人为地去干涉个人的行为，以安定人心，只有人心安定了，才能得到万民之心，然后才能得到天下。所以，圣人治理国家，就是要摒弃那些极端的东西，不做出过分的行为。这样一来，天下人也就可以自由自在地生活了。

在《道德经》里，多处谈到统治者应行无为之治。老子极力宣传无为之治，主张一切都要顺应自然，因应物性，希望统治者治国安民，做任何事情都不要走极端。事实上，老子所讲的“无为”，并不是不作为的意思，也不是说人们在客观现实面前无能为力；而是说如果强制性地有所作为或是以暴力统治人民，都将招致灭亡。“有为”就是以自己的主观意志去做违背客观规律的事，或者把天下据为己有。在老子看来，“有为”必然招致失败，在这个世界上，无论人或物，都有自己的秉性，其间的差异性和特殊性都是客观存在的，不要把自己的意志强加到别人身上。得道之人往往都能顺应自然，做到不强制，不苛求，因势利导，使自己的行为合于自然规律。

第三十章　不以兵强

【原文】

以道佐人主者，不以兵强天下。其事好还。师之所处，荆棘生焉①。大军之后，必有凶年。善有果而已②，不敢以取强。果而勿矜，果而勿伐③，果而勿骄，果而不得已④，果而勿强。物壮则老，是谓不道，不道早已。

【注释】

①焉：兼词。②果：达到目的，取得成功。而已：罢了。③伐：夸耀功绩。④已：停止，这里可译为“死了”“死亡”。

【译文】

按照“道”的原则辅佐君王的人，不依靠兵力来称霸天下。穷兵黩武这种事不仅不会带来好处，反而会很快遭到报应。军队到过的地方，荆棘横生。大战过后，必定会有荒年。善于用兵的人，只要达到救济危难的目的就算了，不会以兵力强大来耀武扬威。即使达到了目的，也不因此而自尊自大；即使达到了目的，也不因此而夸耀；即使达到了目的，也不因此而骄傲；即使达到了目的，也认为是不得已而为之；即使达到了目的，也不逞强。事物壮大了，就会走向衰亡，这就说明它不符合于道；不符合于道的，就会很快走向败亡。

【解析】

这一章的核心思想是“勿强”二字，前半部分讲有道之人辅佐君主，不凭借强大的武力来征服天下，因为战争不论胜负，都会带来灾难性的后果。后半部分讲真正完美的方式像树上结出果实一样，是自然生长出来的，而不是强求出来的。不能骄傲自满，要认识到是不得已才走到这一步的，结出了果实，已经是强壮了，就不要再增强它了，如果过于强壮，就会走向反面，背离了道。这里需要注意一点，在这一章和下一章中，尽管老子都重点论述了战事的问题，但这并不能说老子兼治兵家，因为老子之所以论兵，只是想阐释哲学问题，而不是为了阐述兵家之道。

“以道佐人主者，不以兵强于天下。”君王在治理天下时，周围一定会有很多人来辅佐他，这些人不但辅助君主治理天下万民，也操纵着军队，如果这些人过分夸大军事的作用，势必会影响君王的治国策略，甚至会导致君主穷兵黩武，滋生独霸天下的野心，最终酿成战争，给人民带来灾难、痛苦和死亡。当然，如果一个国家没有自己的军队，必然会遭到其他国家的侵略，也就无法保证自己国家的安定祥和了。

“其事好还。师之所处，荆棘生焉。大军之后，必有凶年。”这几句话揭示了逞强带来的恶果：征战之地，荆棘丛生，战争之后，必然会出现大灾荒年。

“善有果而已，不敢以取强。果而勿矜，果而勿伐，果而勿骄，果而不得已，果而勿强。”老子认为，用兵之道不是为了发起战争，而是为保家护国，只要能够确保人民的安全和国家的稳定就可以了，不可以逞强于天下。一旦遇有战争，到了必须用兵的时候，也要遵循大道的原则，不宜过分用兵逞强，只要能够保全自身就足够了；而且在使自己保全之后，也不要自满，不要骄纵，这样才合乎自然规律。如果不这样做，势必会引起别人的妒恨，也会使自己放松警惕，致使自己堕落和腐化，这样已经取得的胜利就会瞬间化为乌有，同时导致最终的失败。因此，用兵之道要讲求一个合理的度，这就要求统治者在用兵时应当采用自然而然的做法，而不采取过激的行为，只有这样才能确保国治民安。

“物壮则老，是谓不道，不道早已。”在本章中，老子借战事的问题向我们阐明了一个人生道理，即做任何事情都不要过头，太过头就会走向反面；当我们获得成功或是取得成绩时，不可沾沾自喜，更不可狂妄自大，而要掌握适度原则，否则就会朝着相反的方向转化。人们经常所说的“乐极生悲”一词，就是用来形容那些得意忘形之人的，它也给我们敲响了警钟。在现实生活中，快乐得忘了形的人随处可见，而悲伤过度的人也不在少数，人们为何难以控制自己的情绪呢？老子给出了我们答案，即我们远离了大道，不能和大道合二为一。

在情绪的掌控方面，老年人要比年轻人做得好些。一般而言，老年人在现实生活中经历的大风大浪要比年轻人多得多，所以不易冲动，不会感情用事。而年轻人则不同，年轻人在情感方面经历的事情太少，一旦遭遇挫折，便会失落不已。对于多数年轻人来说，他们都或多或少遇到过烦恼和痛苦，但每个人的处理方法不同，如果只是一味地忍着伤痛，而不是把挫折作为一次经验和教训，就不会向积极的方面转化。如果能够克服挫折，就会慢慢走出阴影，成为生活中的强者。

失败和痛苦在很大程度上能促使人取得成功。生命是多姿多彩的，我们要以欣赏的眼光和乐观的心情对待挫折，决不能让坏情绪毁了自己的一生。

第三十一章　恬淡为上

【原文】

夫兵者，不祥之器①，物或恶之，故有道者不处。君子居则贵左，用兵则贵右。兵者不祥之器，非君子之器，不得已而用之，恬淡为上②。胜而不美，而美之者，是乐杀人。夫乐杀人者，则不可得志于天下矣。吉事尚左，凶事尚右。偏将军居左，上将军居右。言以丧礼处之。杀人之众，以悲哀泣之③，战胜以丧礼处之。

【注释】

①之：代词，译为“它”。②恬（tián）淡为上：淡然处之为上策。恬，心神安适。③泣：“莅”字的误写，指对待、参加。

【译文】

精兵利器，实在是个不吉祥的东西，人们都厌恶它，所以有道的人决不用它来解决问题。有道的君子平时居处就以左边为尊贵；而在打仗时便以右边为尊贵。兵器是不祥的东西，它不是有道的君子所用的东西，不到迫不得已而使用它，最好淡然处之。即使打了胜仗也不要得意扬扬，如果自以为了不起，那就是把打仗杀人当成乐事的人。而把杀人当成乐事的人，他也决不可能得志于天下。吉庆的事情以左方为上，凶丧的事情以右方为上。打仗时，兵权小的偏将军在左边，兵权大的上将军在右边。这是说明用兵打仗要以丧礼仪式来处理。杀人太多，应该以悲哀的态度对待；打了胜仗，应该以丧礼的仪式来对待死去的人。

【解析】

这一章讲的仍是战争之道，它是上一章的继续和发挥，共由三部分组成：第一部分说明兵器是凶器，有道者不该使用它们。第二部分说明修道之君子，用兵若无仁德，便不能得志于天下。第三部分则强调了用兵的策略和心态，体现了仁慈之德，这是得志于天下的前提条件。

在老子看来，兵器是不祥之器，因此要尽量避免战争。老子把对兵器的看法融入到自己的哲理之中，他认为战争是有悖于大道的，为得道之人所深恶痛绝。战争是不得已才运用的手段，和平的解决方式才是最好的。所以，在中国的古礼中，常常以丧礼的方式来对待胜利。

“兵者不祥之器，非君子之器”，与上一章着重从结果的角度来讲战争不同，这一章着重从礼仪的角度来讲战争。按照中国古代的礼仪，主居右，客居左，所以居左有谦让的意思，老子说“君子居则贵左，用兵则贵右”，可见老子主张君子在迫不得已的时候，也可以用战争的方式来达到自己的目的，只是在获胜时不要以兵力逞强，而是要对战争中战死的人表示哀伤悲痛，并且以丧礼妥善安置死者。

“不得已而用之，恬淡为上。胜而不美，而美之者，是乐杀人。夫乐杀人者，则不可得志于天下矣。”老子认为，任何形式的战争都是迫不得已的行为。所以，当人们参与战争时，应当以一种恬淡的心境对待，即使胜利了也不要妄自尊大，如果妄自尊大，就表明自己是乐于杀人的人。对于所有乐于杀人的人而言，他们只能逞一时之强，绝对不能长久地得志于天下。

在春秋战国时代，国与国之间的相互攻伐是十分普遍的。老子所处的时代，战争规模越来越大，每次战争少则投入数万兵力，多则投入数十万的兵力，伤亡极其惨重。不管战争孰胜孰败，在战争期间受危害最大的，永远是普通百姓。每次发生战争，人们都要背井离乡，四处逃亡。即便如此，君子在用兵时也要“恬淡为上”，即使打了胜仗，也不要得意忘形。这句话是对那些喜欢穷兵黩武之人的警告。所以，老子在这里谈论战争问题，并不是为用兵者出谋划策，而是为了反对战争。

第三十二章　知止不殆

【原文】

道常无名、朴。虽小，天下莫能臣[1]。侯王若能守之，万物将自宾[2]。天地相合，以降甘露，民莫之令而自均。始制有名，名亦既有，夫亦将知止，知止可以不殆。譬道之在天下，犹川谷之于江海。

【注释】

①莫：没有谁。臣：使之服从。②宾：服从。

【译文】

“道”始终都是无名而质朴的状态。它虽然小得无法分辨，可是天下没有谁能使它臣服的。诸侯君王若能遵守道的原则来治理天下，万物将会自然归从于他。天地间阴阳之气相合，就会降下润泽万物的甘露，人们不须指使命令它，它就能自然分布均匀。万物兴作，于是产生了各种名称，各种名称已经制定了，就要有所制约，明白了各自的制约，守好本位，就没有什么危险了。道存在于天下，就像江海，一切河川溪水都归流于它，使万物自然臣服。

【解析】

这一章有两个要点，一是讲统治者如能以道的法则治理天下，自然会得到天下人的拥戴。二是讲“知止”。道是“无名”的，而文化思想、制度是“有名”的。对于文化思想的提倡、制度的运用不要过分，要适可而止，这样才不至于出现危险。

道德存在于万物之中，而万物也都受着道德的支配和调节。如果合乎了大道和大德，那么一切事情都会顺其自然，人民安定，天下大治。然而大道和大德到底是什么呢?

“道常无名、朴。虽小，天下莫能臣。”至于大道，我们始终没有办法用一个固定的概念去描述它，但道又确实是存在的，它大到无穷大，小到无穷小。如果非要用一个概念去为它命名，那就是“朴”字。尽管“朴”字微小精致，但谁都无法让它臣服，谁也不能支配它。相反，它却主宰着人类万物。

只要得道之人能够守得住这个纯真的朴，那么天下间所有的事物都会自然而然地为他效劳，为他服务。不仅如此，就连上天和大地也会阴阳相合，润泽万物。而百姓也不需要帝王侯公去下什么命令，就可以自然和睦、无私无欲了。

不过，人类的认识有一定的局限性，这个局限性表现在什么方面呢？就是必须设立概念和名相。如果没有概念和名相，人们也就不能运用思维，也就不能认识事物了。所以，对于世间的每一个事物，我们都要先确定出一个概念和名相来，然后才能把这些事物以概念和名相的方式，植入我们的脑中，在我们的思维系统里运作。尽管人们确定的概念本身就存在着很多问题，但是一直努力地接近最终的真理。所以，我们不能否定名相的作用和意义，老子也是如此。尽管名相存在着极大的局限性，但是老子一直运用名相来认识事物。这是因为一旦离开了名相，老子就无法说话了，而我们也就无法领悟他的哲理了。

因此，当人类开始认识事物的时候，就制定出了名相和概念。不过老子认为，既然制定了名相和概念，就不要过于分别和执着于人们自己的认识。因为人们的认识是有限的，一切都要掌握个度，要适可而止。如果在自己的认识的支配下走得太远，就会违背真正的“朴”，从而破坏自然的平衡，自然也将给我们降下灾难。

大道生出万物，同时也存在于万物之中。换句话说，就是天下万物生于大道，但又回归于大道之中，时时刻刻不偏离大道，这就好比那天下的千万条河流，尽管流向多有变化，但最终都会归于大海之中。

君王在治理天下的时候，也应该像那大道一样，善于接受天下万物。然而，人们都习惯于分别，都喜欢美丽的事物，而厌恶丑陋的事物。对于那些王侯公卿，如何才能让他们处于下方而容纳天下万物呢？如果君王爱憎分明，习惯于分别事物，百姓如何能够得到他们的庇护，又如何能够顺从依附他们呢?

因此，君王治理天下，就要像大道之朴那样善于处下，善于容纳天下万物，庇护天下万民，只有这样才能治理好天下，才能保持国家的长治久安。

总起来说，老子在本章中由治身之道扩展到治国之道，辩证地说明了道与法的关系。治身之朴，指的就是治国之法。朴是自然的、纯真的，治国之法也必须是正义而神圣的，任何人都不能居于这个法则之上。治国者如果能够实现法治，天下万民将自然归服。治国的法则在制定之初，具有详细而具体的内容条款。通过宣传学习，人们就具备了守法观念。那些不能遵纪守法的人，就要受到制裁。不过，得道之人制定治国法则，不是为了惩罚人们，而是为了规范、约束人们的思想行为，从而减少犯罪的行为，维护社会的安定。所以说，立法是手段，止法是目的，只有使治国的法则和道德结合在一起，并最终以道德取代法则，社会才会安定，天下才会太平。

第三十三章　自知者明

【原文】

知人者智，自知者明。胜人者有力，自胜者强。知足者富，强行者有志。不失其所者久，死而不亡者寿。

【译文】

能够了解、认识别人的是智慧的，能够了解、认识自己的才是高明的。能够战胜别人的人是有力的，能够克服自身弱点的人才是刚强的。知道满足的人是富有的，努力不懈的人是有志气的。始终不离失根基的人就能够长久，肉体死了但精神永存的人才是长寿的。

【解析】

本章讲个人修养与自我设计的问题。老子从道的立场上阐释了智、明、有力、强、富、有志、久、寿的概念，主张人们要丰富自己精神生活。在老子看来，最能体现道家观点的是“自胜者强”和“知足者富”两句。“知人”“胜人”十分重要，但是“自知”“自胜”更加重要。他认为，如果一个人能够时时反省自己，坚定自己的生活信念，并且切实推行这一信念，就能够保持旺盛的斗志和饱满的精神面貌。

本章只寥寥数语，看上去浅显易懂，实则蕴含着极其深奥的道理。

“知人者智，自知者明。胜人者有力，自胜者强。”老子认为，能够分别外人和外物的人，只能算得上是拥有了世间的庸俗智慧。那么，什么样的人才算是拥有世间的大智慧呢？通过外事外物反省自己，从而体察到生命的本来面目的人，才算得上是有大智慧，也就是“明”。老子还认为，依靠武力战胜别人的人，只能算得上是有力量，因为这个力量是大道赐予给人们的，它是大道的生命活动本身的体现。那么，什么样的人才算是真正的强者呢？能够战胜自己私欲和成见的人，这才是真正的强者。人的私欲是没有止境的，而且危害很大，如果一个人能够克制自己的私欲，达到物我两忘的境界，才能无所不容，他自然是强大的。

老子在本章中所提出的“知足者富”与我们通常所说的“知足常乐”有很大的不同，我们所理解的知足常乐，意为知道满足总是快乐的，它最大的特点就是安于现状，这与老子所阐释的思想大相径庭。什么才是真正的富有呢？真正的富有不是家财万贯，也不是拥有宝马香车，真正的富有不是你实际拥有了什么，而是你能在多大的程度上摒除私心杂念，抛弃自己的妄想。只有做到这一点，才能称为真正的富有。

什么是妄想呢？人们在观察具体事物时，了解到大道的生命运行的轨迹，那么这个轨迹以内的事物便是道赐予我们的，也是我们理应获得的；而在这个轨迹以外的事物，便都不是我们应该获得的，如果我们产生了获得它们的想法，这就叫作妄想。妄想是难以实现的；即便实现了，也不会给我们带来益处；即使我们获得了微小的益处，这种益处也不会长久地保持下去。大道既然生了我们，就一定会赐予我们所需要的一切，我们还要奢望其他的什么益处呢？一个人担忧自身的处境，这就是对大道的不理解和不信任，从而违背了大道，必然会受到大道的惩罚。如果我们不妄想得到什么，也就无所谓得到和失去什么，自然无所有无所不有了。做到了不妄想，才算是真正的富有。

“强行者有志”。有句俗语叫作“人贵有自知之明”，而最早表述这句话的，就是老子。什么是“自知者明”呢？就是能够清醒地认识自己、对待自己。一个人能做到有自知之明，这才是最聪明的，最难能可贵的。联系前面几章的内容，我们可以得出结论：“强行者有志”中的“强”，指的不是自恃武力高强而妄自逞强的意思，而是指“自知者强”。什么是“自知者”呢？就是能以外界事物来反省自身，从而确认生命本来面目的人。自知者十分明确生命本身的意义，也十分了解自我和他人的关系。他们深刻懂得，只有真正地把握自己，才能彻底摒除自己的私心杂念，实现“存天理，灭人欲”（在这里所讲的不是要束缚自己的观念，而是要彻底解放人性），而天理和人欲是对立统一的关系。天理，指的是事物本来的合乎生命自然之道的东西；人欲，指的是自己主观滋生的不合乎生命自然之道的东西。天理是客观的，人欲是主观的，二者之间往往会发生冲突，只有克制住自己的欲望，才算是真正的强者。

“不失其所者久，死而不亡者寿”，这句话与上文有隔离之感：“不失其所”意为落叶归根，它所指的有两个意思：一个是叶子会回归到生它养它的根系中去；一个是人类也会回归到孕育他们的天地中去。人从出生到死亡，不过短短的几十个春秋。生老病死是合于道的自然规律，我们没有超越生命大道的能力，生死不是我们能够掌控得了的。在老子看来，“所”是我们最终要去的地方，是自然之所，是我们合于大道的切合点。我们从最初的不愿接受死亡，到现在的读懂人生、直面生死，正体现了天道不可违背的道理。我们只有顺应天道，与大道合为一体，才是真正做到了“久”和“死而不亡”。一滴水归入到它的生命之所——大海中去，它们就永远也不会消亡，说的就是这个道理。

在本章里，老子极力宣传“死而不亡”，这体现他“无为”的思想主旨。“死而不亡”的观点，并不是宣传“有鬼论”，也不是宣扬“灵魂不灭”，而是说人的身体虽然消失了，但人的精神是不朽的，所以可算作长寿了。清末民初的著名思想家梁启超曾说，人的肉体寿命不过区区数十载，人不可能长生不老，但人的精神则可以永垂不朽，因为他的肉体虽然消失了，但他的学说、思想及精神却能够长期影响当代及后代的人们。从这个意义上说，人完全可以做到“死而不亡”。梁启超的这种观点，主要就是受了老子思想的影响。

第三十四章　不自为大

【原文】

大道氾兮①，其可左右。万物恃之以生而不辞②，功成而不有。衣养万物而不为主，常无欲，可名于小。万物归焉而不为主③，可名为大。以其终不自为大，故能成其大。

【注释】

①氾（fàn）：同“泛”，水向四处漫流。②恃之：依靠它。恃，依靠。之，代词，译为“它”。③焉：兼词，译为“于是”“于此”。

【译文】

大道广博无际，左右上下无所不到。万物靠它生长发展而不推辞，成就了功业而不占有名誉。它养育万物而并不认为自己是万物的主人，一直无欲无求，可以称它为“小”；万物向它归附而并不自认为是主宰，可以称它为“大”。正因为它始终不认为自己伟大，所以才能成就它的伟大。

【解析】

这一章旨在讲“大道”发生作用的方式，即德。核心内容是老子对小和大的阐述。“道”生养万物，却不自恃有功，也不自以为大，正因为“道”不在大，所以才成为最大。

“大道氾兮，其可左右。”老子在本章的开头解释说，“道”广阔无际，是宇宙的主宰。在老子看来，“大道”正如江河一般广泛流行、周延四方。事实上，老子在这里形象而具体地描述出了“大道”的存在形态。

“道”具有什么样的特质呢？老子认为，永远没有自己的欲望就是大道的特质。“大道”无欲无求，没有欲望便不需要追求名声，因此它在人们的眼里，时常显得微不足道。老子最后指出，正是因为“道”不自认为伟大，所以才能够成就自己的伟大。

“万物恃之以生而不辞，功成而不有。衣养万物而不为主。”关于老子的“道”的属性，有人认为其是一个绝对静止的精神本体。然而，“道”无欲无名、可小可大，绝对不是超时空的无差别的本体。还有人认为，道作为一个抽象概念，既不表现物质现实事物的本身，也不能离开形式推论或理论假设的思想，它只是由思维形式表述的一些东西，并不直接适用于对待客观现实的事物和现象。其实，道是一个物质性的概念，它虽然是耳、目、触、嗅诸感觉器官都不能感受到的，它却实实在在地存在于自然界之中，而不是仅凭人们的主观臆想存在的精神性概念。这一点是我们准确理解《道德经》中有关“道”的问题的关键所在。此外，老子在本章里发挥的“不辞”“不有”“不为主”的精神，还可以使人摒弃占有欲及支配欲。

“常无欲，可名于小。万物归焉而不为主，可名为大。”“大道”是如何发挥作用的呢？老子认为，“道”可以名为小，也可名为大，虽然他没有明确指出“圣人”“侯王”应遵循大道，但是统治者治理国家与个人修为关系确实是十分紧密的，个人修为是

"小道"，而以"小道"去治理国家便成就出了"大道"。"常无欲"是个人修为的核心，只要治国者摒除个人私欲，就不会视天下万物为私产，从而也就会出现"万物归焉而不为主"的理想社会环境。

与"大道"相比，人类的行为往往是截然相反的。在人类看来，人是万物之灵，有着思想和意识，既可以创造事物，也可以改变事物。所以人类常常自认为是万物的主人，可以主宰万物的命运，也可以任意命令和指使万物。这种想法是错误的。需知人类之所以能够生存和发展，所依靠的正是自然界的万事万物，我们非但不能主宰自然，还常常受到自然的制约。此外，人类同样是从大道中衍生出来的。换句话说，大道主宰了人类的命运，而自然界的万事万物为我们提供了生机和能量。如果人类真可以主宰万物，那么我们为什么会时常遭受大自然的报复呢？比如，我们过度开采森林资源，肆意砍伐树木，毁坏植被，造成了水土流失，重则还会引起泥石流、沙尘暴等灾害发生。

第三十五章　往而不害

【原文】

执大象[①]，天下往。往而不害安平太。乐与饵[②]，过客止。道之出口，淡乎其无味，视之不足见，听之不足闻，用之不足既[③]。

【注释】

① 大象：即"无象之象"，指"道"。② 饵：精美的食物。③ 既：穷尽，完的意思。

【译文】

掌握"大道"的人，天下就会向他归顺；归顺、投靠他而不互相妨害，于是大家都和平安泰。动听的音乐和美味的食物，能使过路的行人情不自禁地停下脚步。对"道"的表述平淡无味，你想看看它却始终看不见，你想听听它却始终听不到，但是它的作用无穷无尽，没有限制。

【解析】

这一章讲"大道"的运用和本体。从运用的角度讲，能够按"道"的法则行事，就会得到天下人的归顺，没有祸害。从本体的角度讲，"大道"无形无相，说出来也平淡无奇，但是能用之不竭。本章旨在说明，认识"大道"是认识世界和改造世界的关键，也是实现人生意义的根本。因此，人们切勿舍本逐末，背离"大道"，为一时的名利所诱惑。否则，不但不能实现心灵的自由，也会对人生的归宿产生疑惑。

"执大象，天下往。"在本章中，老子提出了"大象"的概念。这里所说的大象，指的是道的法象，它类似于路线图。在老子看来，如果能够掌握大道的大象，就能得到天下人的归附和顺从。在上一章中，老子谈到得道之人从来不以万物的主宰自居，也不高傲自大，但是能得到万民的尊敬和爱戴。得道之人与大道相似，也一样的气象宏大，一样的无欲无求，不计较得失，而不以天下的主宰者自居。他从不干涉其他人的自由，使人们感到非常安全可靠。正是这个原因，万民才会投靠他归顺他，从而成全了他的美名。

“往而不害安平太。乐与饵，过客止。”大道无处不在，但是人们不能看见它、听到它。“大道”就像一个默默无闻的人，它没有华丽的外表，既不会引诱外物，也不会为外物所引诱。“大道”有什么样的作用呢？“道”可以让人们都投向它而不相侵害，使人们生活安定，关系和睦。得道之人与大道同在，他们具有“大道”的一切特征，人们都心甘情愿地归顺他。但是，这种归顺与世俗意义上的归顺有极大的不同。世俗所说的归顺是由于名利的驱使，指的是人们为了追名逐利和满足自己的需求及欲望，当欲望有了实现的物质前提时，他们就会趋之若鹜。这时，老子举了一个例子，他说人们都有享受美食的欲望，当人们看到美味佳肴的时候，谁又能抵挡得住这种诱惑呢？这里的“乐与饵”，又可以指流行的仁义礼法之治，而“过客”也可以引申为执政者。老子在本章中告诫那些执政的官员们不要耽于声色犬马之中，应该归附于自然质朴的大道。只有顺应大道，才能实现国家大治和人民安定。

“道之出口，淡乎其无味，视之不足见，听之不足闻，用之不足既。”大道是无声无形的，不会对人们构成诱惑。而我们既看不见它，也摸不着它，所以也就很难执着地追求大道了。尽管人们不需要争夺和占有大道，但是大道却能使我们受用不尽。因此，得道之人从不对人们进行声色诱惑，因为他们深知，声色诱惑不能维持太长时间，一旦诱惑终结了，就会引起人心的不安，到时天下大乱就成必然之势了。所以，得道者以大道修身治国，人们自然会受益无穷。

追求享乐是人生而具有的本性。在物质丰富的社会中，人们很难克制自己的欲望，必然会想方设法满足自己的占有欲。如何才能在现实生活中追求大道呢？这就需要人们有清醒的头脑了。

第三十六章　柔弱刚强

【原文】

将欲歙之①，必固张之②；将欲弱之，必固强之；将欲废之，必固兴之；将欲取之，必固与之。是谓微明③。柔弱胜刚强。鱼不可脱于渊④，国之利器不可以示人。

【注释】

①歙（xī）：收敛，收缩。②固：暂且，姑且。此章几个“固”均如此解释。③微明：即微妙的道理。明，这里有高明、深远的意思。④脱：离开。

【译文】

想要收拢它，必先扩张它；想要削弱它，必先让它强大；想要废除它，必先推举它；想要夺取它，必先给予它。这是一种微妙高明的道理。柔能胜刚。鱼儿不能离开池渊，国家的利器不可以轻易向人展示。

【解析】

本章主要讲了事物的两重性和矛盾转化辩证关系，揭示了自然界运动变化的规律，同时，老子还以自然界的辩证法比喻社会现象，目的在于引起人们的警觉注意。这种观点贯穿《道德经》全书。任何事物在其发展过程中，都会走到某一个极限，这时，该事物就会朝着相反的方向发展变化。本章旨在借物极必反的道理，教人以柔弱自处，回归大道的本源。

“大道”无言无为，无形无象，但是它存在于有形的万物之中。世间万物行事时依循自然规律，有生就有死，有好就有坏，所以我们的有形世界所制定的法律，就是相对因果律，矛盾的双方相互转化、互为生灭，谁也无法改变。而大道却与这个完全不同。大道本身没有等级，因此，只要合于大道，万物也就不会有等级了。倘若不合于大道，就一定会有等级，而且还会朝着自己所追求的事物的反面变化发展。

“将欲翕之，必固张之；将欲弱之，必固强之”，在本章的前四句之中，老子具体分析了事物的发展情况，这几句话贯穿了老子物极必反的辩证法思想。在以上所讲的翕与张、弱与强、废与存、夺与予这四对矛盾的对立统一体中，老子宁可居于柔弱的一面。在对人与物作了深入而普遍的观察研究之后，老子认识到，柔弱的东西里面蕴含着内敛，往往富于韧性，生命力旺盛，发展的余地较大。相反，看起来似乎强大而刚烈的东西，由于它的显扬外露，往往失去发展的前景，因而难以维持长久。在柔弱与刚强的对立之中，老子断言柔弱的呈现胜于刚强的外表。

我们知道，大道是无言的、无形的、无声的，它无处不在。大道对于我们的控制，我们能够意识到，但是无法感觉到，这正体现了大道的平凡之处。而它不以声色相诱惑，不以名利作引诱，不以武力相威胁，一切都是自然而然的，这使得我们不得不遵循它的原则，投向它的怀抱，得到永久的安详和平静，永远不会受到伤害，这正是大道的伟大之处。大道之所以伟大，是因为它的平凡，而这才是老子所说的大道的根本，也就是无为而无所不为的真谛。如果治理国家的人能够掌握大道的根本，能够效法大道无为而无所不为的做法，那么就无须用各种手段来笼络人心，费尽心机地控制他人了。于是，人们为了能够过上平静而安定的生活，必定会自然而然地投向他、归顺他。

第三十七章　道常无为

【原文】

道常无为而无不为。侯王若能守之，万物将自化。化而欲作，吾将镇之以无名之朴①。镇之以无名之朴，夫将不欲。不欲以静，天下将自正。

【注释】

①朴：“道”的另一个称呼。指道的一个方面。

【译文】

“道”永远是顺其自然的，却又好像没有什么事情不是它所作为的。侯王若能遵循道的原则，无为而治，天下万物就会按自身规律正常发展。当它的自生自长产生贪欲时，我就用道的真朴去整治它。用道的真朴来征服它，就不会再起贪欲之心了。没有贪欲自然会清静无为，天下万物将自然而然走向稳定、安宁。

【解析】

这一章是老子《道经》的最后一章，《道经》共三十七章，主要讲述了大道的概念、形状、意义、价值和规律。本章与第三十五章的内容基本相同，中心议题是“无为而无不为”，即老子的朴治主义思想，也是老子思想体系中居于核心地位的命题。老子认为最完美的治世之法是“无为”，即顺着“道”的法则自然而为。能顺“道”而行，就会自然走上正轨。

在本章中，老子再次强调，治国的根本在于无为，治民的根本在于使民无欲。当老百姓违反天道、犯上作乱时，统治者尽量不要施加刑罚，更不要利用武力进行征讨，而应以淳朴和无欲去教化和感化他们。老子认为，治国者只有遵循大道，无为而治，百姓才会无拘无束，自由自在。在第二十五章中，老子曾提到过“道法自然”，意思是说自然是无为的，所以“道”也是无为的。什么是无为？就是静、朴、无欲。治国者如果能够遵循道的法则去处理政事，就不会危害百姓，而百姓也不会滋生贪欲，这样他们就会过上自然、平静的生活了。

无为的思想在老子《道德经》中多次被阐述、解释。本章第一句说“道常无为而无不为”。如何理解老子的道呢？“道”与宗教里的神不同。宗教里的神是具有人格的，它有意志，也有欲望；而“道”则不具有人格，但是它创造了万物，主宰了万物，并顺应自然万物的繁衍、发展、淘汰、新生，所以无为的确切含义应是不妄为、不强为。第二句老子引入人类社会，谈“道”的法则在人类社会中的运用。由于自然界的“道常无为而无不为”，所以老子要求侯王能守“道”而行，即在朝政方面，也要按照“无为而无不为”的法则来治理国家，从而导引出“化而欲作，吾将镇之以无名之朴”的结论。这里所说的“镇”，是征服的意思，而不是用武力手段来镇压。

怎样在人类社会中运用道的法则呢？老子说，治国者只要恪守“道”的原则，遵循“无为而无不为”的法则，就会达到“天下将自正”的理想社会。大道无为，始终按照自己的轨道运行，可使整个宇宙和谐有序；治国者无为，始终遵循自然法则和社会法则，可使国家大治，百姓安定；自我无为，始终遵守自然之“道”和人生法则，可使自己健康长寿。在这里，宇宙、社会、人生是“实”“有”，自然法则、社会法则、人生法则是“虚”“无”，实与虚、有与无是对立统一的关系。因此，欲治实、有，必先守虚、无。自然法则是永恒不变的，所以无为的目的在于寻求“朴”，也就是合乎自然法则的社会法则和人生法则，治国以法，治身以朴，这样才能够实现“无为而无不为”的境界。

◎德　经◎

第三十八章　处实去华

【原文】

上德不德，是以有德；下德不失德，是以无德。上德无为而无以为；下德无为而有以为。上仁为之而无以为；上义为之而有以为。上礼为之而莫之应，则攘臂而扔之[①]。故失道而后德，失德而后仁，失仁而后义，失义而后礼。夫礼者，忠信之薄，而乱之首。前识者，道之华，而愚之始。是以大丈夫处其厚，不居其薄；处其实，不居其华。故去彼取此。

【注释】

① 攘（rǎng）：捋起衣袖露出手臂，形容其貌粗鲁。扔：用力拉扯的动作。

【译文】

上德的人不表现为形式上的德，因此实际上是有德的。下德的人表现为外在的不离失德，所以实际上没有达到德。上德的人顺应自然无心作为，下德的人顺应自然而有心作为。上仁的人有所作为却出于无意，上义的人有所作为却出于有意。上礼的人有所施为而得不到回应，于是扬着胳膊，强迫别人跟随他去行动。所以，我们从这个道理可以知道，失去了道后才有德，失去德后才有仁，失去仁后才有义，失去义后才是礼。礼这个东西，是忠信不足的产物，是道、德、仁、义变得淡薄时才出现的，当然就是社会动乱的祸首了。所谓先知，不过是道的虚华表面，是愚昧的开始。因此，忠信守道的人立世，为人当敦厚而不轻薄，实在而不虚华。所以，应当舍弃轻薄虚华而采取朴实敦厚。

【解析】

这一章老子提出，人类的精神从道到德、到仁，再到礼，是一个退化的过程。越往下，人为的造作越多，离道越远。大丈夫不应务虚，而应当以返本归源为要务。

“上德不德，是以有德；下德不失德，是以无德。”本章是老子《道德经》的第二部分——《德经》的开篇。前面的章节是《道经》部分，《道经》阐释的是天道，也就是自然规律。而《德经》阐释的则是人德，也就是人生的行为准则。在老子看来，“道”的属性表现为“德”，只要是合于道的行为，就是“有德”；只要是不合于“道”的行为，就是“失德”。“道”与“德”是不可分割的统一整体，但是两者也有区别：德可以分为上德和下德，只有上德才合乎道的精神。德是道在人类社会的具体体现。道指的是客观规律，而德指的是人们把道运用于人类社会产生的功能。天道和人德一起构成了老子哲学的思想体系。

作为《德经》的开篇，本章首先揭示了上德与下德的区别。在老子看来，得道之人是具有最大德行的人，他们的心里本来就没有上德与下德的概念，所以人们才会认为他们的行为是合乎道德的。换言之，大道与大德都是无言无名的。如果一个人的心里有上德与下德的概念，那么他就会进入到后天的分别之中。一旦具有了分别之心，那么这个人便是凡夫俗子了。因此，凡是具有下德的人，他们的心里都会有上德与下德的概念，做任何事情都要拿道德去衡量，生怕自己的行为不合于道德。如此一来，人们所做的事情也就没有真正合于道德的了。

“上德无为而无以为；下德无为而有以为。”老子所说的上德与儒家所说的德政是不是一回事呢？老子认为，儒家的德政不合乎客观规律，不符合现实情况，仅仅是凭着个人的主观意志来推行的，所以不能称为上德，而是下德；而上德则是无为，它合乎自然规律，治国者心中没有功利的观念，不是仅仅凭着主观意志去办事，这样做的结果便是“无为而无不为”，而道的精神便能充分体现于人间。

在本章里，老子把政治分为两个类型和五个层次。两个类型即无为和有为。无为的类型包括道和德；有为的类型包括仁、义、礼。五个层次即道、德、仁、义、礼，其中德（德只是指上德，不是下德）和仁是这五个层次中最高的标准。“失道而后德”说的是失道则沦为下德，那就与上仁相差无几了。“失德而后仁”说的是离开了无为的类型才有了仁。仁属于有为的范畴，而“失仁而后义”“失义而后礼”说的是在有为的范围内所显示出来的不同层次。统观德、仁、义、礼这几个层次，只有上德属于客观行为，其他都属于主观行为。而下德则包含了仁、义、礼。如果统治者不能明道，总是以自我名利为中心，那么，他所推行的仁、义、礼，目的都在于巩固自己的统治地位。

在老子看来，大千世界中的一切生命都为道所主宰，它们的存在，既无益于大自然，也不能对大自然构成危害。他们自以为丰富多彩的生命，在大自然中却连一丝痕迹都不能留下。因此，一切生命都只有当下的存在意义，而没有原始的或终极的纪念意义。面对这种情况，人们不禁为生命的短暂和自身的渺小而感到叹息。生命是短暂的，人们应当如何度过自己的一生呢？由于人们都具有思想和意识，都能够区分善恶美丑，所以才有了道德标准，当然这种标准也是人为规定的。在老子看来，真正的德（即上德）是不需要形式的，这就为人们提供了足以参考的指标。人们在参透这一思想的同时，也就明白该做什么和不该做什么了，这样才不会辜负自己的一生。

第三十九章　贱为贵本

【原文】

昔之得一者：天得一以清；地得一以宁[①]；神得一以灵；谷得一以盈；万物得一以生；侯王得一以为天下正[②]。其致之也，谓天无以清，将恐裂；地无以宁，将恐废；

神无以灵，将恐歇[③]；谷无以盈，将恐竭；万物无以生，将恐灭；侯王无以正，将恐蹶[④]。故贵以贱为本，高以下为基。是以侯王自称孤[⑤]、寡、不穀[⑥]。此非以贱为本邪？非乎？故至誉无誉。是故不欲琭琭如玉，珞珞如石。

【注释】

①一：这里的几个“一”，指的是“道”。②正：首领。③歇：灭亡的意思。④蹶（jué）：跌倒。⑤孤：孤独无助的人。⑥不穀：凶恶不善的人，与孤、寡均是贱称。

【译文】

从来凡是得到“一”的：天得到一而清晰明亮；地得到一而安宁稳定；神得到一而灵验有效；山谷得到一而充盈有生机；万物得到一而生长发育世世不绝；诸侯和君王得到一而使天下安定。推究其理，假若天不能保持清晰明亮，恐怕就会崩裂；如果地不能保持安宁稳定，恐怕就要塌陷；假若神不能保证灵验有效，恐怕就会消失；倘使山谷不能充盈有生机，恐怕就会枯竭；要是万物不能生长繁殖，恐怕就会灭绝；若是诸侯、君王无法保持清明恬静，恐怕就会被推翻。所以，尊贵是以卑贱为根本，高是以低下为基础的。因此，君王自称为“孤”“寡”“不穀”，这不正是把低贱当作根本吗？难道不是这样吗？所以最高的荣誉是无须去夸赞称誉的。所以有道的人君不应追求美玉般的尊贵华丽，而应像石头那样朴质坚忍、不张扬。

【解析】

这一章讲的是道的应用。“一”就是“道”的意思。“道”是天下万物的根本，也是做任何事情，包括治理国家的根本。因此，“致之一”即按“道”的法则去行事。

“昔之得一者：天得一以清；地得一以宁；神得一以灵；谷得一以盈；万物得一以生；侯王得一以为天下正。”在本章中，老子重点强调了一的概念，并反复使用了一。究竟什么是一呢？从狭义上来看，一就是唯一、统一的意思；从广义上来看，一是一个十分抽象的概念，它既指物质的唯一性，也指认识的统一性。老子认为，一是万物的最早起源，世间万物全都是由一慢慢衍生出来的。所以，这个一是万物所共有的一，任何事物都是从一开始的。

在本章中，老子列举天、地、神、谷、万物、王侯，说天与道相合便会变得清明，地与道相合便会变得宁静，神与道相合便会灵验，川谷与道相合便会盈满，王侯与道相合便能使天下大治。老子通过以上所列举的事物，阐明了一是万物存在的基础及万物始祖的道理。

“其致之也，谓天无以清，将恐裂；地无以宁，将恐废；神无以灵，将恐歇；谷无以盈，将恐竭；万物无以生，将恐灭；侯王无以正，将恐蹶。”既然一是万物的起源，是万物存在的基础，那么，假如这个世界上没有一，将会是怎样一种情景呢？这段中，老子论述了世界在没有一的情况下将会出现的情形：如果上天不能与道相合，便会崩裂；如果大地不能与道相合，便会废止；如果神灵不能与道相合，便会消失；如果川谷不能与道相合，便会枯竭；如果万物不能与道相合，便会遭到毁灭；如果王侯不能与道相合，天下就会发生动乱。

说到这里，我们不禁要问：一究竟是什么呢？

其实，一并不是一个实物的体，而是一个抽象的理，它看不见、摸不着，无法用语言来描述，而只能为人们所感知。具体来说，一是统一性和规律性，它无形无状、无声无息、无色无味，它存在于万物萌发的开始，是宇宙万物得以生成的根源。

在本章中，老子说“贵以贱为本”，这句话顺承了“昔之得一者”一句，意思是说如果人们想得到这个玄妙而伟大的一，就一定要摒弃私心杂念和分别之心，达到“物我两忘”的境界。何谓“物我两忘”呢？也就是外物与我没有分别，心中也没有美丑、善恶和荣辱的界限。心中没有了这些概念，也就不会产生分别之心；没有了分别之心，也就不会有争夺的想法；没有了争夺的想法，也就不会因为没有达到目的而感到痛苦和烦恼。没有善恶、荣辱、美丑的概念，没有分别之心，没有争利的念头，没有痛苦和烦恼……这样，人生就达到了无欲无求的境界，这就是个人与大道的和谐统一。

以上所说的，是如何摒弃私心杂念和分别之心。没有了私心杂念，就等于说这个人没有了妄想。只要我们做到了不妄想，也就不可能去妄为了，不妄为也就不会违背道德规范。如果违背道德规范，便是我们经常所说的缺德行为。

我们知道，大道和大德是无处不在、无所不在的，它们无言无为，没有分别，万物都是由它们衍生出来的。它们无所谓追求和索取，所以也就没有执着之心。我们必须要抛弃私心杂念，因为它会制约我们对幸福感的认知。

人生一世，只有短短数十个春秋，如果我们把人生的意义仅仅定位在满足自己的贪欲上面，就会陷入痛苦的境地。那样，我们也许会在欲望的驱使下，做出一些违背道德的事情来。一旦做出这种行为，就会伤害别人，还会使自己的幸福毁于一旦，这种结局必然是痛苦的。所以，人们只有保持心无杂念，才会到达人生的最高境界。

第四十章　有生于无

【原文】

反者道之动。弱者道之用。天下万物生于有，有生于无。

【译文】

“道”的运动是循环往复的运动变化，它的作用是微妙柔弱的。天下的万物都是生于看得见的有形质，而看得见的有形质却生于看不见的无形质。

【解析】

这一章老子提出了几个重要的结论：一个是“反者道之动”，任何事物的发展运动都是朝着相反的方向走。一个是“弱者道之用”，“道之用”就是道发生作用的方式。用弱而不用强，就是因为“反者道之动”，用弱反而能强，反之，用强则反而变弱。第三点是“万物生于有，有生于无”。

在这一章中，老子重申了道与德的关系：道不仅是无形的，而且还是无言的、无为的，人们不能真正地认识它，人们所能认识的，仅仅是道的德行而已。所以说，德是道的属性。

老子认为，“反者道之动”。这句话可以理解为，事物运动变化的规律是循环往复的，而我们周围的事物也都处在永不停息的运动变化之中。蝉皮挂在枝头，而蝉却没了踪影，我们四处寻找，树叶深处传来蝉的鸣叫，原来它的翅膀长硬了躲到密叶深处唱歌去了。然而好景不长，随着夏天的逝去，它的生命也就走到了尽头，第二年的夏天蝉声又起，如此循环往复，永不衰竭。

老子还说，“弱者道之用”。这句话的意思是说，道在发挥的时候，用的是柔弱的方法，它顺其自然，任由一切事物依照自然规律发展变化，而决不强加干涉，也不强加自己的意志，而是留给万物自由的发展空间。道孕育了万物，却不主宰万物，不把它们据为己有，不使它们受制于自己的力量。如果天下的统治者能够顺应大道，效法大道的做法，以柔弱的手段来治理天下，那么他们必然能够得到民众的拥护和爱戴，使其归顺自己。

由上可知，大道的德行就是循环往复和柔弱顺应。世间的任何事物都是由道而生的，因此自然应该合乎大道的德行，只有这样才能正常生长、发展和运行。一旦违背了道的德行，那就会被大道抛弃，这是因为所有事物都是由大道孕育而生成的，这正好照应了老子《道经》开篇所提到的“有，名万物之母”。

“天下万物生于有，有生于无。”这里还需要注意一点，那就是大道的孕育状态来源于无的混沌未开的状态，这正好照应了第一章中老子所说的“无，名天地之始”。如此说来，道的德行指的就是无的状态。人处在宇宙之中，就好像沧海中的一粟，显得那么微不足道。而我们乐于夸大个人存在的价值，这是一种虚妄的表现。人一旦产生妄想，就会违背自然规律而恣意妄为。恣意妄为是一种公然叛逆大道的行为，这种行为在现实生活中十分常见，如污染环境、乱砍滥伐、肆意捕杀等等。如果人类认为自己是强大的、睿智的，就会犯下妄自尊大的错误，这也是一种不自知的表现，其结果必将是自我毁灭。如何才能避免自我毁灭的结局呢？这就需要人们清醒地评估自己，及时地反省自己，顺应自然之道，明晓生死皆自然的道理。做到这些，才能避免因妄想而导致的自我毁灭。

人的生命就是一次短暂的旅行，从起点出发，最后又复归到起点，这种循环往复是不可逆转的，它不会以人们的主观意志为转移，有生就有死，这是大道的自然规律，任何人都改变不了。既然改变不了生老病死的规律，我们为什么不坦然面对这一切呢？

第四十一章　大器晚成

【原文】

上士闻道，勤而行之；中士闻道，若存若亡[①]；下士闻道，大笑之。不笑不足以为道。故建言有之：明道若昧；进道若退；夷道若颣；上德若谷；广德若不足；建德若偷；质真若渝[②]；大白若辱；大方无隅[③]；大器晚成；大音希声[④]；大象无形；道隐无名。夫唯道，善贷且成。

【注释】

①亡：通“无”，没有。②渝（yú）：空虚；有假。③隅：角落。④希：无、没有。

【译文】

上士听到道后，必定立即勤奋去实行；中士听到道后，则将信将疑、犹豫不定；下士听到道后，则会哈哈大笑。如果不被他们嘲笑，那就不足以成为“道”了。所以古时候立言的人说过这样的话：光明的道看似暗昧；前进的道好似在后退；平坦的道好似凹凸不平；崇高的德好似低下的川谷；广大的德好似有不足之处；刚健的德好似怠惰的样子；质朴纯真又好像浑浊未开；洁白无暇的东西好似含污纳垢了一般；最方正的东西好似没有棱角；最珍贵的器物总在最后制成；最大的乐声反而听来没有声音，最大的形象反而看不见它的形状。道幽隐无声，无名无状。也只有道，它善于给予万物并且辅助万物。

【解析】

上一章老子讲了“反者道之动”，论述了道的德行，即循环往复、柔弱顺应。这一章也讲一个“反”字，即道的真正内涵以及发生作用的方式与世俗人们的认识往往相反。

万物是由大道所生的，所以无论何种事物，都应该遵循大道的德行，顺应自然的循环往复，达到无言无为的境界。只有做到这些，我们才能领略到生命的充实和美好，免受来自自然的惩罚。

“上士闻道，勤而行之；中士闻道，若存若亡；下士闻道，大笑之。”这一章老子重点告诉人们依道修德的具体方法。春秋时期，士人可以分为三等，即上士、中士、下士。上士指的是高明的贵族阶层；中士指的是平庸的贵族阶层；下士指的是浅薄的贵族阶层。在本章中，老子也把人类分为上士、中士和下士三个等级。但是老子在这里所说的三个等级，跟世俗社会中的等级不同，它是就认识水平上的高低而言的。因此，上士也就是悟道较深的人，中士就是对道半信半疑的人，下士就是对道无知的人。由于每个人对道的领悟程度不同，所以就会产生对道的不同看法：上士听人讲道的德行，能够很快领悟到其中的真谛，并将领悟到的道理应用到实践中去，以引导自己的行为，实现个人与大道的和谐统一。中士听人讲大道的德行，不能完全理解到德行的真谛，而且总是半信半疑，不能把领悟到的真谛应用到实践之中，所以这种人是很难做到真正解脱的。至于下士，他们听人讲道的德行，听完后完全否认大道的存在，还会对得道之人进行嘲讽，更不用说运用大道的真谛去指导实践，引导自己的行为了。

“不笑不足以为道。”对于下士的无知和嘲讽，老子表现出极度的宽容。老子认为，如果没有受到下士的嘲笑，大道也就不能称之为大道了。

接下来，老子说明了理由：“明道若昧；进道若退；夷道若颣。上德若谷；广德若不足；建德若偷；质真若渝；大白若辱；大方无隅；大器晚成；大音希声；大象无形；

道隐无名。夫唯道，善贷且成。”光明的道就像暗昧一般，前进的道正如后退一样，平坦的道就像凹凸不平一样，崇高的德就如峡谷一般，广大的德看起来像是不足一样，刚健的德好像怠惰一样，纯真质朴的品格就像浑浊一样，洁白无瑕的事物就像含灰纳垢了一般，最方正的事物看起来好像没有棱角一样，大型珍贵的器物最后才会完成，最大的声响反而听不到它的声音，最大的形象反而看不到它的形状。这么晦涩难懂的话，谁会理解呢？纵然能理解上面这番话，又有谁能领悟其中的奥妙呢？得道之人毕竟是少数，而世界上的人多数是不得道的下士，如果不能宽容地对待他们，那么老子修道又是为了什么呢？因此，老子之所以宽容地对待无知的下士，在很大程度上是他悟道和修德的结果。大道可以包容万物，还能成全万物。

在现实生活中，我们难免要和形形色色的人打交道，这些人有的粗俗，有的高雅；有的单调乏味，有的幽默风趣。面对各种各样的人，我们应当如何与他们交往呢？如果自视清高，不与世俗之人交往，一看到他们就冷眼相对，那么自己也将陷入低俗的深渊之中。如果能够做到像莲花那样出淤泥而不染，以自己高洁的品行感化低俗之人，使他们慢慢脱离低俗，这才是难能可贵的。因此，怀有一颗包容之心，便是怀抱着无价之宝，我们也将受益无穷。

第四十二章　或损或益

【原文】

道生一,一生二,二生三,三生万物。万物负阴而抱阳，冲气以为和。人之所恶，唯孤、寡、不穀，而王公以为称。故物或损之而益，或益之而损。人之所教，我亦教之，强梁者不得其死，吾将以为教父。

【译文】

道是独一无二的，道本身又赋有阴阳二气，阴阳二气相交而形成一种适匀的状态，天下万物都是在这种状态中产生的。万物都背阴而向阳，并且在阴阳二气的互相激荡中生成新的和谐体。人们最厌恶的就是“孤”“寡”“不穀”，王公却用来称呼自己。所以世上的事物，如果减损它有时反而会得到增加，如果增加它有时反而会得到减损。别人这样教导我，我也去这样教导别人。自逞强暴的人将不得好死，我将把它当作教人道理的宗旨。

【解析】

这一章内容上可以分为两部分，前一部分老子提出了“宇宙生成论”，即“道生一,一生二,二生三,三生万物”。从道家的思想上讲，“一”为虚无之气，“二”为阴阳。一、二合而为“三”，从而生出了“万物”。后一部分讲的是道的起用之法，即用弱、用柔。

“道生一,一生二,二生三,三生万物。”在这一章中，老子阐释了大道的衍生规律，即大道生出了一,一生出了二,二生出了三,三生出了万物。本章所阐释的大道衍生规律，与第一章里所说的大道生出了妙一、妙一生出了二、二生出了三、三衍生出了宇宙万物的意思是相同的。由此可以推断出一个结论：万物都在道中。

“万物负阴而抱阳，冲气以为和。”万物始终是处在天地之间的，天为阳而地为阴，老子在这里把阴阳理论和道德结合在一起。道是混沌未开、浑然一体的，而阴和阳是对立统一的。阴阳是对立的，正因如此，我们才可以把阴阳糅合在一起，使之成为一团“和气”。天气阳而地气阴，万物生于天地之间，必然带有阴阳二气。万物之所以生，是由于阴阳相合而生成的和气所致。正是有了和气，才使万物得以安宁和生生不息。

世间万物都有阴阳之分，各种生物也都有雌雄之别，也就是我们所说的阴阳。雄性具有阳刚之气，雌性则具有阴柔之气，阳刚和阴柔是万物的特征，也是万物得以延续的基础。阳和阴是对立统一的关系，它们既相互独立又不可分割，阴阳中和而生成和气。所以，不管是王侯公卿还是平民百姓，只有为人和气，才算是有道德的人。如果肆意妄为，坏事做尽，就不会得到人们的认可，也就不会拥有人格和尊严了。正因为“和”是人和万物的特性，所以和气的人才合乎大道和大德，才能受到大道的拥护；不和气的人不合乎大道，他们不但不会得到大道的拥护，还会受到自然规律的惩罚。

“人之所恶，唯孤、寡、不穀，而王公以为称。故物或损之而益，或益之而损。”一般来说，人们都喜欢风和日丽的天气，而厌恶风雨交加的天气，这就表现出了趋阳避阴的特征。任何人都不喜欢鳏寡孤独，不希望被人遗弃。然而王侯公卿常常称呼自己为“孤”“寡”“不穀”，其实这是自谦的说法，他们本身并没有脱离“和气”，他们越是自谦，越能得到天下万民的拥护和尊敬，也就是损之有益。我们爱说“和气生财”“家和万事兴”，这里的和就是“和气”。和气的人，从不计较个人得失，也不贪占小便宜，身边的痛苦和烦恼自然也就少了许多。北宋政治家范仲淹曾说：“不以物喜，不以己悲。”意思是说不要因为外物的好坏和自己的得失而或喜或悲，这是古人修身的高深境界。所以，不管是不是处在人生的低谷，也不管是不是遇到诸多不如意的事情，我们都不可为一时的得失而或喜或悲，而是要冷静、平稳、和气地面对一切。只有做到这些，才能经得住狂风骤雨的洗礼，最终见到美丽的彩虹。

“人之所教，我亦教之。强梁者不得其死，吾将以为教父。”老子在综合万物的时候提炼出了宇宙的真理，他针对事物各种弊病，开出一条万应妙方，这一“妙方”自然是“和气”，因此他得出结论：强横逞凶的人不得好死。这也成为老子教诲世人的首要教条。

第四十三章　无为之益

【原文】

天下之至柔，驰骋天下之至坚。无有入无间，吾是以知无为之有益。不言之教，无为之益，天下希及之。

【译文】

天下最柔弱的东西，能腾跃穿行于天下最坚硬的东西中。空虚无形之物，能自由穿透任何没有间隙的地方。我因此懂得了“无为”的益处。这种无言的教化，无为的益处，天下很少有人能够做得到。

【解析】

上一章老子讲了万物的和气，这一章紧接着上一章的论述，继续阐述“柔”和“无为”的妙处。

“天下之至柔”，天下的至柔之物是什么呢？答案显而易见，就是水。水为至柔、至顺的事物，我们在前面的章节中已经介绍过水的一些特性，它泰然自若、无欲无求，可以任由我们把它放到不同的器皿之中。水是最柔和的事物，它象征着大道的德行。水也是无欲无求的事物，它总是安静地绕开繁华，顺着低洼的河谷缓缓前行，默默无闻地顺流而下，滋润田地、山谷。它决不会在地势的险峻或壮观的地方驻足停留，它造福万物却不主宰万物；它决不居功自傲，而是甘于卑下的地位。

上面所说的，是水至柔的一面，但这还不足以说明水的本质。水的本质是什么呢？老子说：“（水的本质就是）驰骋天下之至坚。”在老子看来，尽管水是至柔至顺的东西，但它可以在最为坚硬的东西中驰骋、奔流。虽然水柔弱到了近乎虚无的境界，但是这并不意味着它柔弱可欺。李白有一句诗写得好：“抽刀断水水更流。”水是柔顺的，但是当它面对锋利坚硬的刀时，却丝毫也不畏惧，这难道不值得人们敬佩吗？我们知道“水滴石穿”的故事，一滴两滴水的力量是微不足道的，但是时间久了，水滴就可以在坚硬的岩石上穿个孔。石头是坚硬的东西，可以说没有任何的空隙可供侵袭，但是水能凭着不断地积累侵入石头内部，可见具有柔弱特性的水拥有着多么神奇的力量啊！

从不可知的宇宙洪荒年代开始，水就凭着自己柔顺的特性攻无不克，几乎侵占了所有的领域：陆地、平原、丘陵、沟壑、沼泽、低谷、深潭。所以，水是万物的生存之源，也是人们赖以生存的源泉：我们尚在母体之内的时候，羊水就为我们提供给养；同时，羊水也保护着我们的身体，以免受外物的挤压而造成伤害。因此，可以说水是孕育我们的源泉，没有水我们就无法孕育生长，也就不能存活下来。水的作用是巨大的，但是它十分谦逊，时刻表现出无为、素朴、默然的柔和状态。

“不言之教，无为之益，天下希及之。”水的柔和，体现的是朴素无为，如果人类能够拥有水一样的特性，那就做到了心静如水，也就不会陷入争名夺利的泥潭中了，自然也就少了许多痛苦和烦恼。水至柔至顺，无为不止，即使受到伤害也会坦然面对。通过这一章，我们应该学习柔水的处世态度，当我们面对伤害时，应该效法水的与世无争，应该宽容地对待一切，而不要睚眦必报。

第四十四章　知足不辱

【原文】

名与身孰亲？身与货孰多①？得与亡孰病②？甚爱必大费③；多藏必厚亡。故知足不辱，知止不殆，可以长久。

【注释】

①多：重视、尊重。②亡：失去、丢失。③爱：吝惜，舍不得。

【译文】

名誉和生命比起来，哪一个更可亲？生命和财货比起来，哪一个更珍贵？得到名誉和丧失生命，哪一个更有害？过分热衷名利就必定要付出更大的代价；过于积敛财富，必定招致更惨重的损失。知道满足就不会受到屈辱，懂得适可而止就不会遇到危险，这样才可以保持长久的安乐。

【解析】

本章重点讲两个问题：一是教人珍视生命，不要把名利看得比生命还重。二是教人“知足”“知止”，一切事物都要向相反方向转化，这是自然的法则。只有知止、知足才能长久。

在老子看来，人的最高目标应该是追求健康长寿，而不是追逐名利。这是因为人的精力是有限的，如果殚精竭虑地去追求名利，就会危害自己的生命。追求物质财富和名利本身并没有错，错就错在过分追求而不知满足，也就是欲望无止境，这是一切祸患产生的根源。因此，追求财富和名利要适可而止。

老子的哲学思想是一个完整的体系，各章节之间不可分割，它们一起构成了一个统一的整体，把其中任何一章孤立起来理解都是不合理的。本章和前面的第十三章就有着紧密的联系，这两章都是为了说明人应该自重自爱的问题，所不同的是第十三章以宠辱荣患与人的生命作比较，而本章则是以名利和财富与人的生命作比较。

“名与身孰亲？身与货孰多？得与亡孰病？”名誉与生命相比，哪一个更值得我们亲近？财富与生命相比，究竟孰轻孰重？得到与失去相比，哪个害处更大？在这里，老子向我们提出了几个棘手但又必须面对的问题。把这几个问题回答圆满，并且把答案应用到实践中去，做到身体力行，这确实是有难度的。这时，老子阐发了自己的观点，即人应该珍惜自己的生命，不要过于看重名利和财富。要知足常乐，不可无限制地去追求名利，否则就堕落成贪婪之人了。老子在这里所阐发的“重生贵己”的观点，并不是贪生怕死，而是建立在珍惜自己生命的基础上的“生”，这与“苟且偷生”有着本质的不同。所以，当人们面对名利和财富时，要珍惜自身的价值和尊严，不可自贱自轻。

“甚爱必大费，多藏必厚亡。”“甚爱”指的是过度地贪爱虚名和地位，这一行为必然会消耗大量的精力，付出惨重的代价。“多藏”指的是过度追求财物。在现实生活中，有一部分人为了满足自己的私欲，不惜出卖自己的灵魂，他们不仅违背道德规范，甚至还走上了犯罪的道路。得到的财物与失去人格尊严相比，实在是得不偿失。

“故知足不辱，知止不殆，可以长久。”这句话集中体现了老子的处世观。我们常说物极必反，世界上任何事物都有自己的发展极限，一旦超过这一限度，就会朝着自己的对立面转化。比如，人们常说一句话：真理再向前跨出一小步就是谬误。这话一点也不假，这是经过实践论证而得出的结论。知足就会少一些耻辱，所以说知足是明智的；知道适可而止方能长盛不衰，所以适可而止是有大智慧的表现。

人生在这个世界上，其本身就是很多偶然因素的组合，我们为什么是自己而不是别人？

正是因为这个世界上有自己和别人的区别，而我们又害怕别人比我们强，所以才争强好胜，有的人甚至不惜利用卑鄙无耻的手段来争取财富和名利。在这个过程中，这些人出卖的是自己的人格，耗费的是自己的精力，换取的仅仅是一点可怜的虚荣心。以沉重的代价换取蜗角虚名、蝇头微利，这是不值得的。

我们不否认利用聪慧的头脑和勤劳的双手来争取财富和名誉是光荣的，但我们必须把握住一个度，要适可而止。只有这样做了，才能既收获名利，又能保持身体的健康。

第四十五章　大成若缺

【原文】

大成若缺，其用不弊。大盈若冲，其用不穷。大直若屈，大巧若拙，大辩若讷①。静胜躁，寒胜热。清静为天下正②。

【注释】

①讷：口才不好。②正：通“政”。

【译文】

天下最美好的东西似乎也有欠缺，但它的作用是不会衰竭的。天下最充实的东西好像也很空虚，但它的作用是不会穷尽的。最笔直的东西看起来好像是弯曲的，最灵巧的东西看起来好像是笨拙的，最卓越的辩才好像是不善言辞的。清静可以克服扰动，寒冷可以克服炎热。做到清静无为才可以统率天下。

【解析】

这一章讲真正的“大”就是合于道，就是自然。因为自然，大反而好像很平常、有所缺陷似的。

“大成若缺，其用不敝。”“大成”即伟大而又完美的成就，这里指道所成就、所创造的整个世界。“缺”指的是缺陷，不完美。“弊”意为衰败、衰竭，引申为短暂的、变化的。从内容和行文结构上来看，本章可以说是第四十一章的延续。老子认为，“大成”“大盈”的人“若缺”或者“若冲”。

什么是“大成若缺”呢？指的就是一个取得了巨大成就的人要表现得有所欠缺。既然获得了极大成就，为什么还要表现得有所欠缺呢？这是因为，只有让自己保持欠缺，才能保持已有的成就，使发挥出来的作用永不衰退。由此可知，大成若缺的道理与老子上一章所说的“知足不辱，知止不殆”有着极大的相似之处。这里的“有所欠缺”是什么意思呢？指的是做任何事情都要留有余地。为什么做事情要留有余地呢？这是因为留有余地不但可以进退自如，还能保持自己开创的事业不衰退，并使其源源不断地发展下去。

“大盈若冲，其用不穷。”其中的“盈”是充盈、丰满的意思；“冲”则是冲动、冲击的意思，后来引申为溃决之意。这句话的意思是说，最充盈的好像溃决，但它的作用永不穷尽。这一句和上一句说的是同一个道理，都是在论述物极必反的道理。老子反复强调物极必反，目的在于告诉我们，凡事要把握一个度，要适可而止，不要永无止境地追求圆满无缺的状态，因为这种状态继续发展下去，便会朝着相反的方向转化。所以，只有保持“大成若缺”“大盈若冲”的状态，才不至于走向极端。

“大直若屈，大巧若拙。”“屈”意为弯曲、邪僻。“大巧”指的是最灵巧的人。在前面的章节里，老子也曾表达过自己关于灵巧与机巧的看法。在老子看来，机巧是邪恶的，它把人类从朴素引向了奢华。机巧是邪恶的，那么拙劣就是好的吗？这确实让人难以理解，机巧表现出笨拙的样子，这难道就不是机巧了吗？那它又是什么呢？如果我们想参悟这个道理，就一定要联系老子“无为”的观点。老子认为，无为并不是无所事事。如果把无为比作果皮，那么无不为就是果实的内核。老子在前面的章节论述水的本质，目的就在于劝导人们要像柔水一样与世无争。这个“与世无争”，并不是任人宰割的意思，而是指没人能与之相争。机巧亦是如此。机巧表现出拙劣的样子，其实它的本质并没有变，只不过是披了一件外衣，这是保护自己的需要。

“大辩若讷”的意思与“大巧若拙”相同，说的是生存的技巧和策略，它的主要特点就是掩藏自己高明的面目，不是表现出强硬和锋芒毕露的样子，而是装出一副软弱、低能、愚笨、木讷的样子，并把这个假象展现给人看。这是一种十分睿智的处世策略。老子向来反对张扬，在他看来，如果强壮者、富足者、当权者刻意炫耀自己的权位和财富，那么他的财富和权位将会受到损害，而他也会陷入岌岌可危的境地。

“静胜躁，寒胜热。清静为天下正。”前一个“静”指的是冷静，后一个“静”意为清静无为，即和谐一致、协调统一的状态。我们常说“心静自然凉”，这里的“静”是安静的意思，“凉”则是心安静下来之后感受到的一种清凉之意。当一个人心烦意乱时，会常常产生烦闷和燥热的感觉，这在很大程度上就是心不静的结果。人有了私欲便有了争夺，有了争夺便会有失败的可能，失败了就会感到痛苦。痛苦是没有尽头的，而人生是短暂的，与其在苦海中漂泊一生，何不自然平静地享受生活呢？

第四十六章　知足常足

【原文】

天下有道，却走马以粪。天下无道，戎马生于郊。罪莫大于可欲；祸莫大于不知足；咎莫大于欲得。故知足之足，常足矣。

【译文】

统治者治理天下如果遵循“道”的规律，就可以做到政治清明，民间太平安定，就能把运载的战马还给农夫去耕种。如果治理天下不合乎道，政治不清明，祸乱四起，就连怀孕的母马也要上战场。最大的罪恶莫过于放纵欲望，最大的灾祸莫过于不知满足，最大的罪过莫过于贪得无厌。所以，知道欲望有度，不贪得无厌，才能保持恒久的满足。

【解析】

在本章中，老子从大道的立场教人知足敛欲，以防物极必反。

“天下有道，却走马以粪。天下无道，戎马生于郊。”“有道”即把握、认识到世界的本质并遵此而行。“粪”即给农田里的庄稼施肥。施肥是整个农业活动的一部分，所以这里代指的是整个农业活动。这句话说的是，天下有大道可循，就可以让战马退还到田间去耕田；天下没有大道可循，那么战马就会在郊野战场产下马驹。这句话的言外之意是说，统治者应遵循大道，引导民众从事农业生产，而不要发动战事。春秋后期，各诸侯国为了争利，不断发动战争，而黎民百姓则在乱世之中妻离子散、家破人亡，处境极为悲惨。老子站在民众的立场上，表达了对统治者发动战争的不满。在本章中，老子分析了诸侯发动战争的原因。他认为，战争是统治者为了满足自己的私欲而发动的。所以，要想避免战争，就得让统治者明白一个道理，即战争不但不能使国家强大，反而会削弱自己的统治。只有清醒地认识到这一点，统治者才能摒弃私心杂念，实行无为之治。无为而治是合乎大道的，只有合乎了道，天下才能太平。不实行无为之治，就不能合乎大道，战争频频，天下大乱，这正是老子所深恶痛绝的。

“罪莫大于可欲”，这里的“罪”是罪恶、罪行或犯罪的意思。什么是“可欲”呢？就是放纵欲望。《河上公章句》中说，可欲即“好淫色也”。其实，欲望的范围大得很，并不局限于女色。春秋后期处在变革的前夜，从诸侯国君到黎民百姓，他们的心中都产生了各种欲望。人们有了各种欲望，便会为了满足欲望而互相争夺，所以老子才把“可欲”视为一种罪恶的行为。

“祸莫大于不知足”，这里的“不知足”是人类心灵的最重要特征之一，它会让人产生出种种苦恼，同时它也引着人们跨越了人和动物之间的巨大间隔。不知足在人类的进化过程中发挥了重要作用，它带动着人类走出了漫长的原始蛮荒时代，它鼓动着人类逐渐脱离无知无识的愚昧状态。然而，不知足也体现了人类的勃勃野心，正是因为它，人们才会为满足欲望而采取各种手段，其中包括杀人越货、发动战争等。所以，老子把不知足说成是人类最大的祸患，这一观点具有一定的道理，并不是危言耸听。

“咎莫大于欲得”，这里的“咎”即祸咎或过错、过失；“欲得”指的是欲望得到满足。这句话的意思即最大的过失是贪得无厌。由前面可知，可欲与不知足都会引起罪恶、祸患，而“欲得”不但可憎，而且后果还非常严重。纵欲是一种不知收敛的放肆行为；不知足是一种不知内敛的进取行为，而贪得无厌则是人心不知满足的无限扩大。

所以，贪婪对于统治者而言，往往会把国家引向无穷的灾难；贪婪对于普通人而言，往往会把自己拖入众叛亲离的境地。

因此，贪婪是一切灾祸的根源。统治者为了满足贪婪的欲望而发动战争，结果人民深受其害；我们普通人为了满足贪婪的私欲，同样也付出了沉重的代价。欲望的外向性，决定了我们对外界事物的贪婪欲求只能是一个无底洞，如果我们深陷其中，所付出的代价将是无法估量的。所以，我们一定要吸取教训，从贪婪中解脱出来。说到这里，怎样才能从贪婪中解脱出来呢？这就需要借助大道的德行了。大道的德行就是无欲无求，只要能够遵循大道，合乎大道的德行，做到无欲无争，就会感受到人生的快乐，而快乐正是知足对我们的最好的奖赏。所以，老子在本章的最后得出结论："知足之足，常足矣。"也就是要人们知足敛欲，只有这样才能保持恒久的满足。

第四十七章　不为而成

【原文】

不出户，知天下；不窥牖[①]，见天道。其出弥远[②]，其知弥少。是以圣人不行而知，不见而明，不为而成。

【注释】

①窥（kuī）：从孔隙看。牖（yǒu）：窗户。②弥（mí）：更加，越。

【译文】

了解大道的人不出门户一步，就能够推知天下事理；不向窗外望一望，就能够了解大自然运行的规律。向外奔逐得越远的人，懂得的也就越少。所以有道的人不出行也能够推知事理，不用窥望就能够明晓，不去妄加施为就能够有所成就。

【解析】

这一章老子从"无为"的思想出发，提出了自己的"认识论"和"实践论"。从认识上讲，世俗的方法是使见闻广博，老子的方法则是"得其一""抱一为天下式"，领悟"道"这个总纲和大原则，不出家门，天下事也差不多清楚了。从实践上讲，是顺道而行，不主观妄作，所以好像什么也没干，就成功了，这就是"无为而成"。

"不出户，知天下；不窥牖，见天道。其出弥远，其知弥少。""户"即门户、家门。"知"意为对世界的本来面目的认识。"天下"即整个现实世界。"天道"即自然的法则，也就是世界发生、发展的规律。老子认为，了解大道的人不必出门，就能够推知天下的事理；眼睛不往窗户外面望，就能够了解大自然的法则。由这句话可以知道，老子并不看重外在的经验，而是十分重视内在的直观体验。他认为，心灵本是洁静透明的，就像一面镜子，自身便具备洞察外界自然、透视现实世界的功能。这里的"知天下"和"见天道"，是在遵循"无为"的前提下获得的主观认识。在前面的章节中，老子一再强调，道的德行是无欲无求，圣人合乎道的德行，这是因为他们做到了不争、无为。圣人知道世间的一切事物都来源于天地自然。大道无为，天道也无为，人道、物道皆是如此。

“其出弥远，其知弥少。”“出”即远离家园。这句话的意思是说，越向外奔逐的人，他所知道的也就越少。如何来理解这句话的含义呢？其实，老子是想告诉我们，如果人的心智活动向外奔逐，就会使思绪纷杂、精神散乱，就好像镜子上面蒙上灰尘一样，这便是“其出弥远，其知弥少”。老子认为，人应该加强对自身的修养，摒弃自己的欲念，清除心灵的蔽障，以开明的智慧、虚静的心境，去观照外物，了解外物运行的规律。

“是以圣人不行而知，不见而明，不为而成。”“行”指的是离开家园而远行。“为”即人们刻意努力的认识活动，也就是妄为、有为。老子最后指出，正是出于对生命本质的维护，所以要坚决排斥人们的盲目行动。他认为，行动的跨度越大，所获得的真知就越少。真正的智者不必做出大的行动，便能获得正确知识。

第四十八章　为学日益

【原文】

为学日益①，为道日损②。损之又损，以至于无为。无为而无不为。取天下常以无事，及其有事，不足以取天下③。

【注释】

①益：作“增加”讲。②损：作“减少”讲。③取：这里是“管理”的意思。

【译文】

追求学问的人，知识一天比一天增加。追求大“道”的人，欲念一天比一天减少，私妄减少再减少，就达到了无为的境地。如果能够做到无为，即不妄为，就没有什么事情是做不成的了。治理天下的人要以清静无为、不扰让为治国之本，如果经常以繁苛政举骚扰民生，就不配治理国家了。

【解析】

此章承接前一章，仍是从认识和实践两方面讲道的起用方法，即“无为”。为学是“日益”，一天天增长；而为道则是“日损”，一天天去掉自己主观的妄念、幻想，而接近于道的自然法则。把自己主观性的东西损到了“无”，就合于道了，合于道后做任何事——包括取天下，都可以成功了，这就是“无为而无不为”。

“为学日益，为道日损。损之又损，以至于无为。”在这一句中，老子主要阐述了为学和为道的不同。他指出，为学就是坚持不懈地向外界探索新知，知识是无限的，既没有开始，也没有结束，所以我们对知识的探索也就永远没有尽头。庄子也说“吾生也有涯，而知也无涯”，意思是指生命是有限的，知识是无限的；要把有限的生命，投入到对无限知识的追求中去。可见，纵然是用尽一生的时间来学习，也不能把世间所有的知识学完。尽管如此，我们还是要“活到老学到老”，这是因为人的一生都在不断地认识宇宙和人类社会，而知识能使人们的认识更接近于真理，所以要坚持不懈地学习知识。不过，知识是无限的，这就好比我们在无边无际的宇宙中航行，永远也不可能到达真理，只有“望理兴叹”了。老子清醒地认识到了这一点，所以他理智地从对外界的追求转向了对内在的追求。

为道则需要我们时刻剔除心中的杂念，保持一颗平常心，这个“平常心”指的就是道。如果人们在修道的过程中不断摒弃心中的杂念，使私欲渐渐消除，最后就能达到无为的境界。前面说过，无为不是真正的无所事事，而是不妄为。不妄为也就是合乎了道的德行，如果做什么事情都能合乎自然规律，那么不妄为就变成了无所不为了。

“无为而无不为。”这一思想贯穿于老子《道德经》的始终，它是老子提出的极富智慧的命题。尽管中国古代有很多学者也提出了“无为”的主张，然而真正把“无为”的思想发挥到极致的只有老子。老子从哲学的高度来论证“无为”的社会意义。从表面上看，“无为”是消极的，是倒退的；但是从本质上来说，无为实际上是在发展变化中避开矛盾的对立面，使其畅通无阻，从而达到无欲无穷的境界。

“取天下常以无事，及其有事，不足以取天下。”“取”即认识、掌握。在本章的最后，老子指出，治理国家，要经常保持清静无为的态度。如果整治措施过于繁多，就不足以治理天下了。

第四十九章　圣无常心

【原文】

圣人常无心，以百姓心为心。善者，吾善之；不善者，吾亦善之；德善①。信者，吾信之；不信者，吾亦信之；德信。圣人在天下，歙歙焉②，为天下浑其心③，百姓皆注其耳目，圣人皆孩之。

【注释】

①德：通“得”。下同。②歙（xī）：这里指收敛意欲。③浑其心：使心淳朴，不用机巧。

【译文】

有道的人是没有私心的，以百姓的心为自己的心。善良的人，我很好地对待他们；不善良的人，我也很好地对待他们，这样就可以使人人向善了。守信的人，我信任他；不守信的人，我也信任他，这样就可以使人人守信了。有道的人治理天下，会收敛个人的私欲偏见，使天下人的心思归于纯朴，百姓们皆专注于他们的视听，而有道的人使他们都回到婴孩般淳朴自然的状态。

【解析】

这一章讲了圣人“德善”“德信”的境界。圣人以大道为根本，不因为环境和人情的改变而改变，所以对善和不善、信与不信的人都以一样的善良之心和诚信之心相待。一般人着力分辨善与不善、信与不信这些观念。圣人则打破这些分别，让人回归到淳朴的大道之中，即“为天下浑其心”。

“圣人无常心，以百姓心为心。”这里所说的“常心”是恒心的意思。什么是恒心？就是个人所拥有的一种持久不懈的生命意志力的具体表现。恒心是一种因为知识而引发出来的磅礴欲望，也就是通常所说的进取心或上进心，这种心理随着时代发展而不断渗透到了人生的各个阶段和各个领域之中。

由上可知，“常心”需要毅力来支撑，在毅力支撑下，常心会逐渐变为勃勃雄心。因此，常心便成了为人们追求知识和满足欲望提供无穷动力的源泉。人类在常心的刺激之下，或长久不懈地追求知识，探索天地；或无止境地聚敛财富，奔走四方；或极其放肆地追逐权力，残杀无辜。一旦出现这样的局面，就会把越来越多的人卷入到欲望的滚滚洪流之中。人类在常心的驱使下，心灵和身体逐渐走向对立。在老子看来，古代的圣人们是没有常心的，也就是说他们没有雄心壮志，而是以百姓的心作为自己的常心。

那么，圣人是如何以百姓的心作为自己的常心的呢？

“善者，吾善之；不善者，吾亦善之；德善。信者，吾信之；不信者，吾亦信之；德信。”对于善良的人就善待，对于不善良的人也同样善待，这样圣人就得到了善良。对于守信的人就信任，对于不守信的人也同样信任，这样圣人便得到了信誉。圣人作为国家的领导者，如果能够使自己的常心合乎百姓的感情和心理，那么这就是难能可贵的行为；同时，他们如果能够抵制百姓心中的一些不正常感情和心理，那么这就是高人一等的做法。在现实社会中，普遍流行的准则或时尚并不一定是真实的价值判断，这就要求圣人不能追随大众舆论而随波逐流，他应该对所有的事物都有自己的看法和立场。这就是圣人能够获得真正的“善”和“信”的原因。

“圣人在天下，歙歙焉，为天下浑其心”，“歙”是合、收敛的意思；“歙歙”即统治者收敛自己的意志。“浑其心”即使人的心思归于浑朴。这句话的意思是说，有道的圣人在其位，收敛自己的欲望，使天下人的心思归于浑朴。

“百姓皆注其耳目，圣人皆孩之”，由这句话可以知道，如果百姓的心灵受到了净化而且达到了浑一的境界，那么他们也就没有任何理想和追求了，这样他们就可以利用自己的耳朵和眼睛留心圣人的举动了。然而，圣人自然是没有任何举动的，因为他们已经回归到婴儿般的自然淳朴状态之中了。

第五十章　出生入死

【原文】

出生入死。生之徒，十有三；死之徒，十有三；人之生，动之于死地①，亦十有三。夫何故？以其生生之厚②。盖闻善摄生者③，陆行不遇兕虎④，入军不被甲兵；兕无所投其角，虎无所用其爪，兵无所容其刃。夫何故？以其无死地。

【注释】

①动：经常。②生生：求生的意思。③摄（shè）：保养，养生。④兕（sì）：犀牛。

【译文】

人从生下来一直到死，长寿的有十分之三；短命而亡的有十分之三；生下后本来可以活得长久,但自己走向死路的也占十分之三。这是什么缘故呢？是因为求生太过度了，酒肉餍饱，奉养过厚了。曾听说善于养生的人，在陆地行走遇不到犀牛和猛虎，在战争中不会受到杀伤。犀牛虽凶，却对其无法施用它的角；老虎虽猛，却对其无法利用它的爪；兵刃虽锋利，却对其无法施用它的锋芒利刃。这是什么缘故呢？因为他没有进入死亡的领域。

【解析】

这一章讲“摄生”保全生命的道理。生和死是很沉重的话题，很多人不敢直面这一话题，而是采取了回避的态度。生给我们带来欢喜，而死亡给我们带来阴郁。很多人谈“死”色变，但是不管我们如何惧怕死亡，死亡都不会对我们心生怜悯之心，它总有一天会降临到我们头上，这是谁也无法避开的。所以，有出生就会有死亡。既然如此，我们如何才能使生命尽可能长久呢？在老子看来，一个人的嗜欲太重，就会快速地走向灭亡。一个人敛欲守静以心合道，他就能够长寿。

“出生入死。”“出”即出现于世上，也就是出生的意思。“入”即入于地下，也就是死亡的意思。

“生之徒，十有三；死之徒，十有三”，“生之徒”即长寿的人，“死之徒”即短命的人。这句话揭示的道理是，在所有人中，长寿的人占十分之三；短命的人占十分之三；人之所以短命，是因为贪欲太多，违背了生命的自然性。这是天命，我们无法延长自己的寿命，只能坦然地面对它。所以他认为，善于养生的人，必定少私寡欲，过着一种清静质朴、纯真自然的生活。任何人为的干预（如炼丹服药），不但于事无补，还会起到相反的效果。

老子接着解释道：“人之生，动之于死地，亦十有三。”他认为，在所有人之中，原本可以长寿，但是由于自己的缘故而早亡的占了十分之三。这里所说的“自己的缘故”，指的就是自己因怀有贪欲之心、分别之心和执着之心，而使自己陷入郁郁寡欢、忧心忡忡的状态。人都有思想意识，正是有了思想意识，才使得人摆脱了蒙昧，逐渐变得聪慧起来，从而进入了文明时代。然而，人类变聪明以后，便滋生出了私欲之心和分别之心，这些都是人类痛苦和烦恼的根源。比如对于多数人来说，他们都希望自己过上幸福的生活，希望自己比别人强。但是，现实的情况往往与期盼中的情形是相反的：人家有别墅，自己却没有；人家有姣好的容貌，自己却没有；人家有华丽舒适的衣服，自己却没有……思来想去，总觉得生活对自己不公平。这样一来，郁闷的情绪就挥之不去，时间长了还会损害自己的身体，这对养生是极为不利的。

“盖闻善摄生者，陆行不遇兕虎，入军不被甲兵；兕无所投其角，虎无所用其爪，兵无所容其刃。”行走在道路上，如果遇到伤害人的犀牛和老虎，我们该如何应付呢？在老子看来，犀牛和老虎都是凶猛异常的动物，它们不惧怕人类，更没有分别之心，不会因为我们的怕与不怕而决定自己的行动。对于得道的人来说，即使他们面对的是老虎和犀牛的利爪和尖角，他们也不会受到伤害，因为他们心里没有伤害的概念，就算犀牛和老虎再凶猛，也对他们没有任何意义。即便换成别的野兽或是别的场合，这个道理也是一样的。合乎大道德行的人，即使身在战场，也一定会冲锋陷阵，而不畏惧敌人的刀剑，对死亡没有丝毫的畏惧，一切顺应自然，那么刀剑的锋刃也就失去了它原有的威力。反之，贪生怕死的人身在战场，他一定对死亡充满畏惧，而不敢与敌人近身搏斗，自然会遭到敌人锋利的刀剑的攻击。所以，一个人只要坦然地面对人生道路上的艰难险阻，即使遇到危险也无所畏惧，那么这样才算是没有分别之心，也就真正懂得了养生之道。

“夫何故？以其无死地。”在本章的最后，老子通过一句“以其无死地”，概括说明了善于养生之人不会遭受锋利的刀剑、凶猛的野兽伤害的缘由，即善于养生之人顺应天道，依照客观规律行事，外患便不能靠近他的身体，所以也就不会因外患而死亡了。老子的这一思想是如何产生的呢？这就需要分析一下老子所处的时代的特征了。春秋末年，战火不断，人的生命随时都有覆灭的危险。面对这种情况，老子提出了对生死的看法：战争的胜负是无法预料的，所以不应以你杀我夺的战争来保护自己；奢侈对生命是没有任何益处的，所以不应以奢侈的生活方式来保养生命。老子希望人们能够达到少私寡欲、淳朴自然的境界，所以提出了清静无为、恪守道的原则，合乎道的德行的主张。老子认为，一个人的行为不合乎道的德行，就会害人害己，这是造成寿命变短的人为因素，也是人们应该极力避免的。

人们对死亡存有畏惧，其实这是可以理解的。因为一个人的生命来之不易，具有很大的偶然性，所以应该好好珍惜生命。但人们必须清醒地认识到，珍惜生命并不是要用单纯的怕死来表现，而是应该让生命释放能量，实现价值，以此来表达人们对生命的珍重。

第五十一章　尊道贵德

【原文】

道生之，德畜之①，物形之②，势成之③。是以万物莫不尊道而贵德④。道之尊，德之贵，夫莫之命而常自然。故道生之，德畜之；长之育之；亭之毒之；养之覆之⑤。生而不有，为而不恃，长而不宰。是谓玄德。

【注释】

① 畜：畜养。② 物：指万物本身。形：动词，表现。③ 势：万物生长的自然环境。④ 莫：没有。贵：崇尚，重视。⑤ 覆：维护，保护。

【译文】

道生成了万物，德养育了万物，万物呈现出各种各样的形态，环境使万物成长起来。因此，万物没有不尊敬道而重视德的。道之所以受到尊敬，德之所以受到重视，就在于它不加干涉而顺其自然。所以，道生成了万物，德养育了万物；使万物生长发育，使万物成熟结果，使万物得到抚养和保护。（它）产生了万物却不据为己有，养育了万物却不自恃其功，导引了万物而不做万物的主宰。这才是极大极深远的“德”啊。

【解析】

老子在这一章里将“道”和“德”二者并立起来论述，这在前面的章节中已经有所涉及，这一章我们主要就道德和万物的关系进行解说。

“道生之，德畜之，物形之，势成之。”我们知道，万物之所以能够生长和发展，就是因为其顺应了客观的自然规律，也就是大道。所以，老子称其为“道生之”。万物由道生出以后，接下来该由谁来抚养呢？这时候出现了德，它刚好能够承担这一职责，老子称其为“德畜之”。道和德共同构成了完整的“道德”体系，万物由道生，由德养，道和德就像是生养我们的父母一样，我们怎么能够不尊敬他们呢？

在前面的章节里，老子已经多次论述了德的性质和作用：所谓德，其原始意思就是得，后来引申指事物在发展过程中应具备的道德品质，它具体表现为人类的行为准则。如果人们的行为合乎道的大德，那么人类就能繁衍生息，否则就会自我毁灭。

“是以万物莫不尊道而贵德。道之尊，德之贵，夫莫之命而常自然。”万物之所以敬畏道和德，并以道和德为尊贵，这并不是出于主宰者的刻意命令和安排，而是他们对自然界的客观规律的遵从和运用，是自然而然的事情。万物顺其自然地诞生，又自然而然地发展，并通过遵循自然规律而生生不息。

“故道生之，德畜之；长之育之；亭之毒之；养之覆之。”这句话是说，道生长万物，德养育万物，使万物生长发展，成熟结果，使其受到抚养、保护。老子认为，在道化生万物的过程中，万物纷纭各异不过是情势使然，它们都源于道而畜于德，而且最终都会积德归道。

“生而不有，为而不恃，长而不宰。是谓玄德。”大道生成了万物，但是不把万物据为己有；抚育了万物，但是不自恃有功；引导了万物，但是不强加干涉，不以万物的主宰自居。大道深厚无私，是人类行事的楷模。人们追求礼尚往来，并以此作为我们行动的指南，这其实是不合乎大道的，也是违背自然规律的。大道遵循自然，无欲无求，即便在付出的时候也从没想过要得到回报。大道没有分别之心，所以也就没有付出和回报的分别了。当大道付出了很多却得不到回报的时候，它也不会感到烦恼和怨恨。人类却不同，一旦我们的付出多于回报，或是欲望得不到满足时，我们就会感到烦恼和怨恨，有的人甚至还会做出极端的事情来，这样不但伤害自己，也会伤害别人。

在现实生活中，任何人都无法躲避别人有意或无意的伤害。如果我们因为怨恨曾伤害过我们的一个人而怨恨起整个社会来，就会变得愤世嫉俗、心胸狭窄起来。以充满仇恨的眼睛看社会，势必会影响我们的判断力，在这个世界上，任何人都不是完美的，谁能保证从未伤害过人呢？既然我们也曾伤害过别人，又怎能奢望不被别人有意或无意地伤害呢？因此，当我们的付出和回报不能画等号时，就一定要冷静地看待得与失，不要因为得不到足够的回报而心生怨恨。老子在这一章中，阐述了只知付出不求回报的思想，这一处世哲学充满了智慧，对于我们每个人来说都是有益的教导。

第五十二章　天下有始

【原文】

天下有始，以为天下母。既得其母，以知其子①；既知其子，复守其母，没身不殆。塞其兑，闭其门，终身不勤。开其兑，济其事，终身不救。见小曰明，守柔曰强。用其光，复归其明，无遗身殃，是为袭常②。

【注释】

①子：指万物，而前句的“始”“母”则指“道”。②袭：通“习”。

【译文】

天下万物都有本始，这个始是天地万物的根源。既然知道了万物的根本，也就认识了万物；既然认识了万物，如果再谨守万物的根本，那么终身也不会发生危险了。堵塞嗜欲的孔，关闭欲念的心门，就可以终身没有劳烦扰心的事。打开嗜欲的孔，就会增添纷杂的事，使你终身不可救治。能从细微处察见事理的叫作“明”，能够守住柔弱的叫作“强”。运用外在的智慧的光，返照内在的“明”，不会给自己带来灾祸，殃及其身，这就是我们所说的延绵不绝的常“道”。

【解析】

这一章讲在立身处世中复归于大道的方法，并阐释了道为天下万物之母的道理。

先来看一下本章的开头：“天下有始，以为天下母。既得其母，以知其子；既知其子，复守其母，没身不殆。”老子认为，天下万物都有一个开始，而这个开始就是所谓的道。所以，我们可以把道比作生养万物的母亲，而把万物比作道的孩子。尽管世间任何一种事物都是道的“孩子”，但是它们各有差异，有好坏之分，这就好比同母的兄弟，既有孝敬双亲的，也有违背孝道的，而违背孝道的人必定会遭到谴责。在这里，老子以母子关系来比喻道和天地万物的关系，目的在于希望我们要像孝敬父母一般遵循大道的德行，只有这样才是合乎了大道，也只有这样才能“没身不殆”。

我们再分析一下中间部分：“塞其兑，闭其门，终身不勤。开其兑，济其事，终身不救。”“兑”在《易经》的八卦里作“口”解；我们在这里解释为口耳鼻，泛指与外界相通的器官。关于“勤”字的意义，一般人当作“觐”解，“觐”是“见”的意思。所以这句话可以解释为把自己的感觉器官口耳鼻都关闭起来，把自己的心门也封闭起来，一辈子不见任何人和事物了。老子为什么要说这样的话呢？下面我们就具体分析一下。

在前面的章节中，老子曾提到过“五色”“五味”和“五音”，并指出它们对人是有危害的，这种危害表现为可以直接导致人们目盲、耳聋、口爽。既然五色、五味、五音会危害人类，那么我们为什么还要极力追求它们呢？在老子看来，这是由人类的本性决定的。人生而具有私欲，有了私欲就要与别人争夺，所以老子才会在《道德经》中多次申明人们应当克制欲望。而老子所说的“塞其兑，闭其门，终身不勤”，并不是让我们像死人那样不睁眼、不呼吸、不听声音，这只是一种夸张的说法，目的在于告诉人们外界所带来的种种危害。因此，人们必须要遵守大道的德行，不要妄想和妄为。老子在这里要人们堵塞五色、五味、五音进入身体的通道，这里的堵塞并非不吃、不看、不听，而是要堵塞诱惑人们灵魂堕落的通道。如果不堵塞满足欲望的通道，人们就会受到惩罚。

“见小曰明，守柔曰强。”这句话的意思是说，从细微处觉察事物之理叫作明，能守持柔弱叫作强。此句话有领起下文的作用。

“用其光，复归其明，无遗身殃，是为袭常。”在本章的最后，老子又指引我们去追寻大道。任何人都知道母亲的怀抱是最温暖的，任何人也都希望投入母亲的怀抱，因此老子顺了我们的心愿，为我们指明了方向。

第五十三章　行于大道

【原文】

使我介然有知①，行于大道，唯施是畏②。大道甚夷，而人好径。朝甚除③，田甚芜，仓甚虚；服文彩，带利剑，厌饮食，财货有余，是谓盗夸④。非道也哉！

【注释】

①介然：微小。②施：即“邪”字。邪行，邪径。③除：清洁，整齐。④盗夸：指盗魁。

【译文】

假如我稍微地有了认识，行走在大道之上，唯一担心害怕的就是走上歧途。其实大道十分平坦，可是有的人偏要舍弃大道而寻觅小路。朝廷已经非常败坏，农田也已荒芜，仓库都已空虚，还穿着华丽的衣服，佩带锋利的宝剑，精美的食物早已吃厌，搜刮侵吞了大量的财货，这就是盗魁贼首啊！其所作所为实在是不合天道啊！

【解析】

本章中，老子重点从反面论述了“道”，即从与大道相违背的小径的角度反衬出大道的重要性。老子指出，那些君王放着平坦的大道不走，反而喜欢走邪径。结合老子的政治主张，可以知道，这里的大道，指的便是采用清静无为的方式治理国家，不去颁布过多的政令，不发动无谓的战争，尽量不去骚扰人民。同时，统治者本人也应克制自己的欲望，不给人民增加过多的负担。如此，必然会使国家昌盛，人民安居乐业。而所谓的走上邪径，则是指统治者违背治理国家的大道，穿着漂亮的衣服来显示自己的尊贵，佩带着锋利的宝剑以夸耀自己的强悍，饱餐美味佳肴，占有富余的财货而不去接济他人，像个强盗头子那样。总之，就是不知道体恤人民，一味放纵自己的欲望。走邪路的结果必然是朝政腐败不堪，百姓的田地一片荒芜，国家的仓库空虚。这里，老子的话实际上并未说尽。其隐含的意思便是，既然朝政腐败不堪，百姓的田地荒芜，国家的仓库空虚，那么统治者离灭亡也不远了。显然，这样的例子不胜枚举，事实摆在那里，也无须老子进一步点破了。这里，老子正是通过统治者走在大道和小径上的对比，来论述道的重要性。而实际上，统治者仅仅是老子举出的一个例子罢了。大道和小径的差别，其实具有更为普遍的意义。可以说，不止是治理国家，无论做任何事情都存在一个走大道还是小径的差别；不止是统治者，任何人都面临着对大道和小径的选择问题。

在《道德经》中，老子反复告诫人们无论做人还是做事都要遵循道，也即要走平坦的大道。其具体的表现便是清静无为，克制自己的私欲，贵柔守雌，居下不争，做事顺应事物的本性和规律，不强行妄为。更具体点说，遵循国家法令和世俗道德，不过奢侈的生活，诚实守信，孝亲仁爱等等。如此，便是走在了大道上。而相反，过分放纵自己的欲望，对财富、名声过分贪婪，恃强凌弱，使用机巧追逐名利，违背道德，违法犯罪，舍本逐末，等等，则是走在了邪径上。而看一下我们的现实，可以说，有几个人真的是走在大道上呢？可以说，几乎所有的人都或多或少地偏离了大道。之所以如此，是因为虽然大道平坦易行，只要默默地走下去便可以到达目的地，但人们总觉得平淡无奇、不刺激，没有激情，于是偏喜欢刺激、冒险、另辟蹊径，自以为能比别人更快地到达自己的目的地。其具体的表现便是世界上的人都喜欢耍小聪明，凡事投机取巧走捷径。而其结果轻则搬起石头砸自己的脚，重则给自己带来大祸。

正如老子所说，大道是多么得平坦啊，为何偏偏要去走那些前途未卜、崎岖不平的小径和邪径呢？仔细想想，老子所说的“假如我稍微有些认识，就会在大道上行走，并且小心谨慎，只怕走上邪道”，并非是他故意夸张，对于看透了道的他来说，这应该是肺腑之言了！

第五十四章　善抱大道

【原文】

善建者不拔[①]，善抱者不脱[②]，子孙以祭祀不辍[③]。修之于身，其德乃真；修之于家，其德乃余；修之于乡，其德乃长；修之于邦，其德乃丰；修之于天下，其德乃普。故以身观身，以家观家，以乡观乡，以邦观邦，以天下观天下。吾何以知天下之然哉？以此。

【注释】

① 建：栽培的意思，即建立、培养。拔：动摇。② 抱：此处意为保护、保卫。③ 辍：停止。

【译文】

善于建树的人一旦有所建树就不可拔除，善于抱持的人一旦有所抱持就不会脱掉。如果子子孙孙都能遵守“善建”“善抱”的道理，后代的烟火就不会断绝。把这个道理贯彻付诸到自身，他的德就是真实纯正的；把这个道理贯彻付诸到一家，他的德就是丰盈有余的；把这个道理贯彻付诸到一乡，他的德就会受到尊崇；把这个道理贯彻付诸到一国，他的德就会丰盛硕大；把这个道理贯彻付诸到天下，他的德就会无限普及。所以以自身的修身之道来观察他人，以自家观察他家，以自乡观察他乡，以自己的国家观察其他的国家，以自己的天下观察别人的天下。我凭借什么知道天下的情况呢？就是用的这种方法。

【解析】

在这一章里，老子重点突出了“修”和“观”的意义。修指的是修身，这是一切事业的根本。只有身修好了，才可以把这种德扩展到一家、一乡、一邦，乃至整个天下。观就是观察推测的意思。天下所有事物的道理都是一样的，所以从己身可以推知他身，从己家可以推知他家。

“善建者不拔，善抱者不脱，子孙以祭祀不辍。”“建”意为国家建立法律之意。“善建者”指的是善于立法的人。“不拔”意为动摇，拔不开脚步，也就是受法之禁锢不得自由的意思，老子提倡自然无为，反对任何对人禁锢的社会形式。“抱”意指聚拢；“善抱者”指的是善于聚拢徒众的人，在老子活动的时代，孔子聚徒讲学，弟子三千，是第一个“善抱者”（即聚徒讲学的人），老子不赞成聚众讲学的做法，所以一生没有收徒。“不脱”意为脱离不开自身，也就是不得自由的意思。我们都知道，儒家十分重视宗族的延续，常说“不孝有三，无后为大”，并把子孙对祖先的祭祀看作重大的事情。老子对儒家的做法不赞同，他提倡自然无为，认为子孙对祖先的祭祀是一种搅扰，也是一种破坏安宁的行为。在本章中，老子批判了以法治国和以“礼乐教化”治国的社会观。在老子看来，这些都是有为之治，都与自然无为的理念格格不入。老子通过批判这两种有为思想，进而提出自然无为的理念，主张用无为的道去修身、齐家、睦邻、治国、平天下。

“修之于身，其德乃真；修之于家，其德乃余；修之于乡，其德乃长；修之于邦，其德乃丰；修之于天下，其德乃普。”“修”意为修炼，即使德成为个人修身、齐家、睦邻、治国、平天下的自觉规范。“之”即到的意思。“余”意指富余。“长”即久远的意思。“丰”即五谷丰登，上古社会是农业社会，社会经济状况的好与坏，主要看农业的收成。在这句话中，老子主要讲如何用德来修身、齐家、睦邻、治国、平天下。老子在这里描绘了一幅桃花源式的理想社会的图画，在这幅图画中，人与人之间，人与自然之间，关系都是和谐融洽的。所以，老子总结出来一个结论：以自然无为的理念修身，那么每个人都会变得纯真，这就消除了人心的险诈；以自然无为的理念齐家，那么家庭也会变得富裕起来；以自然无为的理念与乡邻相处，那么乡邻之间也能亲密和睦；以自然无为的理念治理国家，那么国家也能兴旺发达起来；以自然无为的理念治理天下，那么天下百姓都会获得自由。

“故以身观身，以家观家，以乡观乡，以邦观邦，以天下观天下。吾何以知天下之然哉？以此。”在这段话中，老子讲了检验修身、齐家、睦邻、治国、平天下是否合乎自然无为之德的方法。老子认为，以修之身作为检验身的标准，以修之家作为检验家的标准，以修之乡作为检验乡的标准，以修之国作为检验国的标准，以修之天下作为检验天下的标准。这样，统治就会长久，天下就会安定。

第五十五章　物壮则老

【原文】

含德之厚，比于赤子。毒虫不螫，猛兽不据①，攫鸟不搏②。骨弱筋柔而握固，未知牝牡之合而朘作③，精之至也。终日号而不嗄，和之至也。知和曰常，知常曰明，益生曰祥，心使气曰强。物壮则老，谓之不道，不道早已。

【注释】

①据：兽爪取物之意。②攫（jué）：用爪抓取。③朘（zuī）：婴孩的生殖器。

【译文】

含“德”深厚的人，就好像天真无邪的婴儿。毒虫遇见不刺他，猛兽碰到不伤害他，巨鸟看见不搏击他。他的筋骨还很软弱柔嫩，握成拳头却很牢固。他虽然不懂男女交合，但他的生殖器常常勃起，因为他的精气充足。他即使终日号哭，而嗓子并不因此嘶哑，因为他的元气醇厚。认识醇和的道理叫作“常”，认识常叫作“明”。纵欲贪生就会引起灾祸，欲念主使精气就叫作逞强。事物过于壮盛就会走向衰老，这就叫违反了“道”的法则，不遵守常道就会很快消亡。

【解析】

本章重点说的是人的最佳状态。人的最佳状态，即一个人把无为大道修炼到最高程度后，所能达到的最高境界，也就是进入到“无我”的赤子状态。本章中，老子以极其夸张的手法把得道之人比喻成了赤子，这是因为赤子无我、无为、无欲，不会伤害任何事物，因此也不会招致来自外物的伤害。

“含德之厚，比于赤子。”刚刚诞生的婴儿无知无欲，对他所生活的这个世界还不了解。实际上，初生的婴儿连自己是谁都不知道，他除了满足本能的需求之外，根本不知道自己需要什么，所以他没有贪念，也没有欲望。在前面的章节中，老子曾说真正的富有就是无欲无求，这样说来，婴儿的状态可算是最富有的状态了。

要想达到婴儿的状态，也并不是一件容易的事。一般说来，成人是难以到达这个状态的，只有修炼得道的人才能像婴儿那样无欲无求，心无杂念。

“毒虫不螫，猛兽不据，攫鸟不搏。”“毒虫”指蜂、蝎、毒蛇之类的生物。“螫”意为毒虫用尾端刺人。“据”指兽类用足爪抓物。“攫鸟”即用脚爪取物如鹰隼一类的鸟；“攫”字的用法与“毒虫”的“毒”的用法一样，都是形容凶恶的物类。“搏”指的是鹰隼用爪和翅击物。老子认为，对于得道之人来说，即便是毒虫、猛兽和恶鸟也不能伤害他。

“骨弱筋柔而握固”，婴儿虽然无欲无求，但他不是软弱的，不会任人欺凌。我们仔细观察婴儿的行为，他的小手虽然很柔软，但是非常有劲，攥东西的时候手握得十分牢固，很难将其分开。

“未知牝牡之合而全朘作，精之至也”，“牝牡之合”指的是男女的交合。“精”即精华，这里指生命活力。

“终日号而不嗄，和之至也。”接下来，老子就婴儿的生理特征进行了描述。他说，成人多讲几句话就会口干舌燥、声音沙哑，而婴儿即便是高声长号也不会口干舌燥、声音沙哑。这是什么缘故呢？在老子看来，这主要是因为婴儿的生命力十分强大。初生的婴儿之所以生命力强大，就是因为他还处于无为的状态之中。这种状态虽然看起来不够强大，却是生命力顽强的标志，是身体里的中和之气充足的象征，因此，老子称这种状态为理想的生存状态。这种理想的生存状态并不是任何人都能拥有的，只有潜心修炼大道，使自己的行为合乎大道，才能到达最佳的生存状态。

不过，人们不可能永远停留在赤子的状态之中，人总是要不断成长的，这是无法改变的客观规律。我们一天天长大，繁衍生息，走向衰老，最终还要面对死亡；我们踏入社会，与各色人等打交道，所以，无欲无求的赤子状态是难以保持的。

尽管我们渴望纯真，但是为了生存，我们不得不抛弃自然无为的生存方式。每个人都不是完美的，任何人的身上都有缺点，如果我们不能纠正自己的缺点，不克制自己的欲望，就会变得骄纵、暴躁起来，而唯独缺少了与生俱来的和气。

“知和曰常，知常曰明，益生曰祥，心使气曰强。”“和”指阴阳调和。人的身体，阴阳调和才能健康，阴盛则生寒疾，阳盛则生热疾。“常”即人类天性的自然规律。“益生”即纵欲贪生。

“物壮则老，谓之不道，不道早已。”在本章的最后，老子说道：“事物过分强壮便会走向衰老，这叫作违反了道的法则，不遵守常道就会很快消亡。”这句话揭示的其实是一种客观规律，我们知道，任何事物发展到极致都会朝着相反的方向转化，这就是人们常说的“物极必反”。如何理解老子的这句话呢？事物发展到强壮阶段，由于它不能遵守赤子的和气之道，所以会渐渐走向衰亡。在老子看来，人类的例子便是最有力的证据：人在赤子阶段，什么都不知道，所以也就无欲无求，正因为婴儿无欲无求，不会伤害到任何事物，所以也就不会遭到任何事物的伤害，从而处于绝对的安全之中。但是，随着年龄的不断增长，人们逐渐有了自己的思想和意识，于是产生了私欲，开始变得贪婪起来。如果不对此加以节制，就会变得多疑和患得患失，于是各种恶劣的情绪也就随之而来了。这时，痛苦和烦恼使人丧失了生活的勇气，这样必然会导致人们过早地衰亡了。

本章中蕴含的“物极必反”的理论，说的是任何事物的发展都有一个限度，一旦超过了这个限度，就会朝着它相反的方向转化，事物强壮到极点就必然会走向衰亡。所以，我们做任何事情，都要掌握一个度，要适可而止，不然就会走向反面。

第五十六章 知者不言

【原文】

知者不言，言者不知。塞其兑，闭其门；挫其锐，解其纷，和其光，同其尘，是谓玄同。故不可得而亲，不可得而疏；不可得而利，不可得而害；不可得而贵，不可得而贱。故为天下贵。

【译文】

真正有智慧的人是不向人民施加政令的，施加政令的人不是真正有智慧的人。堵塞嗜欲的孔，关闭欲念的心门；永远也不显露锋芒，解除俗事的纷扰，收敛他们的光耀，混同他们的尘世，这就是玄妙齐同的境界。达到“玄同”境界的人就不分亲，不分疏；不分利，不分害；不分贵，不分贱。所以为天下人所尊重。

【解析】

本章讲的是修德的方法，重点突出了“玄同”这两个字，即把握住道的中心思想，不参与世俗的争辩、分别及竞争。

“知者不言，言者不知。”在这一章中，老子向我们展示了一个真正的智者形象。怎样才算是真正的智者呢？在老子看来，真正的智者决不会夸夸其谈以显示自己的高明和睿智，他们会时刻保持缄默，永远站在低处仰视他人、俯瞰自己，表现出谦逊而随和的特征。老子说，真正高明和睿智的人，是不随意夸夸其谈、口无遮拦的，只有那些毫无知识和头脑简单的人才会试图通过侃侃而谈来显示自己的聪明才智。然而，他们不会想到，这种夸夸其谈恰恰表明了自己的无知和愚笨，所以老子对这种人进行了严厉的批判。老子站在现实的环境之中，不但批判当时的统治者，还警示普通的世人，告诫他们应谦逊随和，不要夸夸其谈。

“塞其兑，闭其门；挫其锐，解其纷，和其光，同其尘，是谓玄同。”在前面的章节中，我们曾经说过，老子不仅是世人最好的警醒者，也是大家最好的引路人。这是因为，老子在提出一个问题之后，决不会躲到远处不理不睬，而是想方设法为我们提供最可行的方案。在这一章里，对于我们经常所犯的夸夸其谈的错误，老子又给出了最可行的建议，也就是要塞住嗜欲的孔，关闭嗜欲的门户，挫掉锋芒，消解纠纷，含敛光耀，浊同尘世。在前面的章节中，老子曾反复强调做人要委曲、柔弱、和气、恍惚、无为的道理，换句话说，也就是做人不要锋芒毕露，锋芒毕露只会带来危害，所以老子才主张“挫其锐”，这样就避免了伤人和自伤，不但保全了自己，还保全了别人。

在现实之中，我们一定会有这样的疑惑：当我们因为一件事情而感到纠结的时候，心里就像有了一团乱麻，无论怎样也解不开。内心烦乱使得我们坐立难安，让我们感到惶惑甚至痛不欲生。既然如此，为何不彻底解除心里的烦乱，让自己快乐地度过短暂的一生呢？因此，老子告诉了我们“解其纷”的方法，这样我们就了无牵绊了，整个人都变得轻松自在起来了。做人要平和，不可过分炫耀，这是我们每个人都知道的做人准则。然而，究竟有多少人可以依照这一准则行事呢？在现实生活中，我们为了显示自己的存在，彰扬自己的聪明才智，往往会逢人便自夸一番。其实，真正高明和睿智的人，又怎么会口无遮拦地高谈阔论呢？真正的智者，就像深沉的大海一样深不可测；他们看似普通，他们随大流而决不追求个性。在当今社会里，有些人为了彰显个性或是推销自己，故意把自己包装得怪模怪样，让人看了忍俊不禁，不知是丑还是美。为什么会出现这样的现象呢？原因就在于人的欲望正在不断地膨胀，而我们又难以克制自己的欲望，这也是人的本性使然，老子在这里勉励我们要堵塞自己嗜欲的孔，关闭嗜欲的门，也就是“塞其兑，闭其门”。

“故不可得而亲，不可得而疏；不可得而利，不可得而害；不可得而贵，不可得而贱。故为天下贵。”“贵”是动词，贵重的意思。在本章的最后，老子指出，达到“玄同”境界的人，已经超脱亲疏、利害、贵贱的世俗范围，所以为天下人所尊重。

尽管我们与老子生活在不同的时代，但是有一点是相同的，即人都是有欲望的，而且人们都难以克制自己的私欲。在本章中，老子站在时代的起点上高瞻远瞩，客观地分析了人的本性，这对我们来说依然具有很重要的意义。例如，有人认为，在这个物欲横流的时代里，如果只是一味地聚敛光芒，而不能及时地把自己的才华展现出来，就会为时代所掩埋。所以，他们逢人便大肆宣扬自己，夸赞自己的能力和才华。其实，这是没有必要的，有句话说“是金子总会发光”，只要你有才华，在哪里都会显现出来，大可不必费尽心思地夸夸其谈。前面我们也曾说过言语具有局限性，言语不能穷尽我们真实的想法，所以老子得出了一个结论：真正有知识和智慧的人不会高谈阔论，只有那些没有知识和智慧的人才会夸夸其谈。

第五十七章　以正治国

【原文】

以正治国，以奇用兵，以无事取天下。吾何以知其然哉①？以此：天下多忌讳，而民弥贫；人多利器，国家滋昏；人多伎巧②，奇物滋起③；法令滋彰④，盗贼多有。故圣人云：“我无为，而民自化；我好静，而民自正；我无事，而民自富；我无欲，而民自朴。”

【注释】

①然：这样，如此。②伎巧：技巧，即智巧。③奇物：邪事，奇事。④彰：明白，清楚。

【译文】

以清静无为的正道来治理国家，以奇巧诡秘的方法来用兵，以不扰害人民来治理天下。我怎么知道是这样的呢？根据在这里：天下的法禁多了，百姓就越加贫困；民众的锐利武器多了，国家就越混乱；人们的心智和机巧多了，邪风怪事就越容易发生；法律越是森严，触犯法律的人便越多。所以有道的人说："我若'无为'，百姓就会自我化育；我好静，百姓自然就会走上正道；我若无事，百姓自然富足；我无欲望，百姓自然就变得淳朴。"

【解析】

在前面的章节里，老子曾经多次提到过无为而治的思想。本章的主旨仍是"无为而治"。老子认为，统治者如果能够无为、好静、无事、无欲，那么人民就会因为受到盛德的感化，自然而然地走上正道，既生活富裕又淳朴善良。

本章以"以正治国"开头，"正"指的是清正无为，这也是老子的治国方略。老子曾做过周朝的"守藏室之官"，这个官职虽然不大，但是有机会接近最高统治者。所以，老子通过对统治者认真观察，对他们的德行作了深刻剖析，提出了以正道来治理国家的建议，这一建议在今天看来仍然具有借鉴意义。"正"在中国传统文化中有着独特的意义。中国人崇尚浩然正气，并认为正气具有无穷无尽的力量，所以才有"邪不胜正"的说法。而中国古代帝王中也有很多人以"正大光明"作为自己的道德准则，很多官员也把"正大光明"作为自己的为官之道，这里的"正"也就是正气和清正无为的意思。然而，老子所处的时代，其社会状况距离正大光明还很遥远，百姓正遭受着统治者的压迫，正在饱受战乱之苦。老子针对这一现实，呼吁统治者以正治国，这也喊出了当时人民的心声。

再来看"以奇用兵"的思想。老子的《道德经》虽然不是一部兵书，但是其中包含着一些作战用兵的思想，这在前面的章节中已经有所涉及。老子向来反对战争，但是战争是不可避免的，它不会因为一个人的好恶而不发生。针对这种现实，老子设计出了"以奇用兵"的计谋，为弱者和正义的统治者提供借鉴。如何理解老子"以奇用兵"的思想呢？老子认为，用兵就应该采用非常规的战术，要用奇法、奇谋、奇计去迷惑对方，从而达到出奇制胜的效果。老子先论述"以正治国"的道理，紧接着又阐释"以奇用兵"的内涵，这看起来有些突兀，其实并不是随意而发，而是老子针对治国的"正"提出来的，用兵要"奇"，从政要"正"，他告诫统治者应以"奇"和"正"来治理天下。

由上可知，"以正治国"和"以奇用兵"的思想，是老子站在民众的立场上对当时的统治者提出来的。春秋时代，兼并战争此起彼伏，社会秩序异常混乱，而人民也处在极度危险的环境之中，于是他们拿起武器来保护自己。然而，一旦每个人都拥有了武器，他们就不再感到安全了。人民不安全就会陷入恐慌，这种心理正是导致天下大乱的重要原因。所以，天下之所以不安定，其实是与统治者密切相关的。但是，当时的统治者为了安定天下、震慑人民，大都主张施行严刑峻法，老子对此很不赞同，甚至还公开反对这种滥用国家机器的行为。在他看来，严酷的刑罚不但无法安定人心、稳定社会，还会起到反作用。所以，他主张无为而治的治国方略，强调感化的力量。

“以此：天下多忌讳，而民弥贫；人多利器，国家滋昏；人多伎巧，奇物滋起；法令滋彰，盗贼多有。”在这段话中，老子罗列出一系列社会现象，这是他对国计民生的具体思考，其中也包含着老子对社会现状的忧虑之情。老子认为，人民的本性是善良的，除非万不得已，他们决不会惹是生非。人民之所以发动暴乱，主要是因为统治者做出了暴虐的行为。而统治者越贪婪，天下的禁忌就会越多；天下的禁忌越多，民众的生活就会越贫困；民众生活贫困，就容易惹是生非，天下就会发生逆乱；民众逆乱，国家就会陷入混乱的状态；国家混乱，民众的机巧心智就会越来越多，邪风怪事也就更加盛行了；邪风怪事盛行，法令条文就会越来越森严，盗贼也就更加猖獗。

“故圣人云：‘我无为，而民自化；我好静，而民自正；我无事，而民自富；我无欲，而民自朴。’”在这几句话中，老子引用得道明君的话来重申自己的观点。在他看来，得道明君之所以能够治理好天下，就是因为他们“无为”“好静”“无事”“无欲”（“无为”即不妄为；“好静”即怀柔、宁静；“无事”即无所事事，亦作无为解；“无欲”即没有私心杂念）。所以，只要统治者以无欲、无为来治理天下，就能实现国泰民安。

第五十八章　福祸相倚

【原文】

其政闷闷[①]，其民淳淳[②]；其政察察[③]，其民缺缺[④]。祸兮，福之所倚；福兮，祸之所伏。孰知其极？其无正也。正复为奇，善复为妖。人之迷，其日固久。是以圣人方而不割[⑤]，廉而不刿[⑥]，直而不肆，光而不耀[⑦]。

【注释】

①闷闷：昏昏昧昧，含有宽厚的意思。②淳淳：忠厚。③察察：严酷。④缺缺：狡黠。⑤割：生硬，不自然。⑥廉：棱角。刿（guì）：划伤。⑦耀（yào）：过分明亮。

【译文】

治理天下以宽大为怀，百姓就会忠厚淳朴；治理天下过于严酷，百姓就会狡诈。灾祸啊，幸福就倚傍在它里面；幸福啊，灾祸就暗藏在其中。这种得失祸福循环，谁能知道它们的究竟？它们并没有一个确定的标准。正忽然转变为邪，善忽然转变为恶。世人看不透这个道理，迷惑的时间已经太久了。因此，有道的人处事方正而不显得生硬，虽有棱角也不会伤人，直率而不放肆，明亮而不耀眼。

【解析】

这一章先是说明“无为而治”的好处：国家政治宽大浑朴，民风自然就会淳厚。然后又讲祸福、正奇、善恶的概念。在老子看来，祸福、正奇及善恶并不是绝对不变的，一旦时空条件发生改变，那么它们往往也会朝着相反的方向转化。因此，做任何事情都要适可而止。

这一章顺承上一章，讲述得道明君治理国家的方式——无为而治。老子说："其政闷闷，其民淳淳。"其中，"闷闷"的意思是宽厚、仁大；"淳淳"的意思是自然淳朴。这句话告诉我们，如果统治者能够施行无为而治的治国方略，那么人民就会摒弃私念而不妄为，回归到自然淳朴的状态之中。内心自然淳朴，人们就不会惹是生非，这样国家也就太平安定了。与此相反，如果统治者施行苛刻的政令，人民不但不会摒弃私念，还会为了满足私欲而相互争夺，当他们的承受能力达到极限的时候，必然会发生逆乱。反抗的过程其实是心智的较量，如果人民的心智不足以应付统治者，那么他们就会陷入绝境。

在本章中，老子还提出了一个很重要的哲学命题："祸兮，福之所倚；福兮，祸之所伏。"这句话旨在告诉我们一个道理，即灾难和幸福是相依相随的，谁也不能脱离对方而独立存在。通过这句话我们知道，任何幸福的背后都潜伏着灾祸，但是灾祸并不是永远存在的，灾祸的反面就是幸福。我们都知道"塞翁失马，焉知非福"的典故，它讲的是一个老者失马复得，人们纷纷前来道贺，但是他并不认为这是好事。后来他的儿子从马背上摔下来，人们纷纷前来安慰，但是他也不认为这是坏事，所以并不感到悲伤。几天之后，官府前来征兵，他的儿子因摔伤而没有被征走。这则故事很好的诠释了老子的观点。由此可见，福和祸没有绝对的界限，为祸福而快乐或悲伤都是不明智的。所以，对于灾难和幸福，我们要学会坦然地面对，要做到"不以物喜，不以己悲"，这才是人生的大境界。

老子所处的时代，战乱频繁发生，人民在战乱之中苟且活命，时刻都在担心灾祸的降临。老子把人民的不幸归结为社会的变迁。古时，百姓生活安定，天下大治。后来，人们产生了私有观念，社会出现等级差别，便开始遭受压迫。正是这种压迫开发了人们的心智，他们开始利用自己的聪明才智制造出各式各样的新奇器物。在上一章里，老子就否定了这些新奇器物。老子认为，这些古怪的事物滋长了人们的邪风，人们的思想也变得古怪起来。行为方式是由思想决定的，所以，在古怪思想的支配下，就会做出偏离大道、与大自然脱节的事情来，如对森林的乱砍滥伐，对动物的肆意捕杀，以及污染环境，等等。做出这种狂妄的行为，其结果就是生活的环境变得越来越差，最终危害了人们自己。再结合老子所处的时代，人们的私欲极度膨胀，不但热衷于名利的争夺，还直接占有他人的财物。人们占有的财物也时时面临着被人夺走的危险，所以这就决定了人们不会获得真正的幸福，而对福和祸的测定也变得麻木和没有指向了。

第五十九章　长生久视

【原文】

治人事天，莫若啬。夫唯啬，是谓早服①；早服谓之重积德；重积德则无不克②；无不克则莫知其极；莫知其极，可以有国。有国之母，可以长久。是谓深根固柢③，长生久视之道④。

【注释】

① 早服：早准备。② 克：胜任。③ 柢（dǐ）：树木的根。④ 视：生活。

【译文】

治理百姓、养护身心，没有比爱惜精力更为重要的了。爱惜精力，万事才能早做准备。早做准备，就是厚积其德。厚积其德就没有不能胜任的事，没有不能胜任的事就无法估计他的力量。无法估计力量，他就可以担当好治理国家的重任。有了治理国家的原则和道理，国家就可以长治久安。这就是根深柢固，长生久视的道理。

【解析】

本章重点讲的是“治人事天”的原则，并提出了实现这一原则的具体方法，即“啬”，也就是收敛、退藏，保持虚境。老子认为，只要能够做到啬，就能抓住治人事天的根本。

我们先来看看“治人事天，莫若啬”一句。“治人”指的是治理人民，“事天”指的是保养精气、养护身心。老子思想的核心是“无为”“不争”和“无欲无求”，为了帮助人们克制私欲，老子提出了啬的观念。什么是啬呢？啬原本是爱的意思，既可引申为爱惜、保养，也可引申为节俭。因此，这句话所揭示的道理就是：治理民众、养护身心，没有比注重节俭、爱惜精神更为重要的了。

然后，我们再来看看“夫唯啬，是谓早服”一句。这里的“早服”，意为及早服从、及早从事。整句话告诉我们一个道理：统治者只有懂得节俭，才能真正做到施惠于人，才能服从自然之道。如果不懂得节俭，就算是提早作过打算，也会很快地消耗殆尽。因此，节俭是顺应自然之道的行为。在这里，老子告诫统治者要节省民财、爱惜民力，只有这样才算做到了无为而治。

紧接着，老子又提出“早服谓之重积德”。其中，“德”指的是君主的德行。君主的德行主要体现在领导治理国家的实践中，治理国家的关键在于保证人民衣食无忧，这是国家长治久安的重要基础。俗话说“民以食为天”，百姓只有丰衣足食了，才会安下心来，才不会惹是生非，发生逆乱。储藏好粮食，除了关系到民心的安定，还牵涉到战争的成败。有句话这样说：“兵马未到，粮草先行。”由此可见，粮食在战争中占有十分重要的地位。对于统治者来说，要懂得积蓄粮食的重要性，因为民生问题是稳定国家的基础。作为君主，应该具有高瞻远瞩的视野和预见各种事情的能力，并能由此制定出相应的对策，而粮食是否充足就是检验一个君主德行的重要指标。

“重积德则无不克；无不克则莫知其极”，这两句话指出了积累德行所能达到的境界。其中，“无不克”指的是无所不胜，能战胜一切。只有做到物资充足、人民安定、社会和谐、领导者高瞻远瞩，这个国家才能战无不克。实际上，“无不克”是广义上的，它并非专指战争，还指各种困难和挫折。一个人能够做到无不克，他必然是高深莫测的，人们也就无法揣测他的思想深度了。

什么是“有国之母”？“母”喻指生育万物的大道，也可喻指事物的根本，“有国之母”可以理解为“有了国家作为立身的根本”，这是就统治者而言的。紧接着，老子很自然地推出了“可以长久”的结论。

对于统治者来说，节俭具有重大的意义。而对于个人来说，节俭同样意义重大。节俭是中华民族的传统美德，一个人如果做到以节俭为美，那么他必定能和大道大德同步，必然会成为一个寡欲恬淡之人。

第六十章　治国烹鲜

【原文】

治大国，若烹小鲜①。以道莅天下②，其鬼不神③；非其鬼不神，其神不伤人；非其神不伤人，圣人亦不伤人。夫两不相伤，故德交归焉。

【注释】

① 小鲜：小鱼。② 莅（lì）：临。这里是治理的意思。③ 神：灵验，起作用。

【译文】

治理一个很大的国家，要像烹煎很小的鱼那样，不能时常翻动导致破碎。运用“道”的原则去治理天下，那些鬼怪就起不了作用了。不仅鬼怪起不了作用，神祇也不伤害人。不仅神祇不伤害人，圣人也不伤害人。这样，鬼神和有道的人都不伤害人，所以人们就能彼此相安无事了。

【解析】

这一章主要讲“道治”的境界。天地间有阴阳二气，掌管阳气的称为“神”，掌管阴气的则称为“鬼”，圣人依照道的法则来治理天下，使阴阳交融成一团和气，所以鬼神就不能发挥作用了。不但鬼神不能发挥作用了，就连治世的圣人也好像无所作为似的，一切事情的成功都是自然而然的，这便是道治的境界。

在上一章中，老子论述了节俭的意义。尽管老子没有直接表达治国必须秉承自然无为的观点，但是自然无为是节俭的前提，实际上还是强调自然无为的思想。这一章老子依旧强调自然无为，如“以道莅天下”一句，表达的就是以自然无为来治理天下。自然无为的思想贯穿《道德经》的始终，一个人不管是修身、齐家，还是治国、平天下，都要遵循无为的法则，只有这样才能得道。

“治大国，若烹小鲜。”这里的“小鲜”即小鱼。小鱼骨弱肉薄，所以，当人们烹煎小鱼的时候，最忌讳的就是不断翻折，这样势必会将小鱼煎碎。可见，烹煎小鱼也绝非一件易事。其实，治理国家和烹煎小鱼一样，如果统治者恣意妄为，那样必然会导致国家混乱。在这里，老子以烹煎小鱼来喻指治理国家，旨在强调无为而治的重要性。统治者只有做到安静无为，才能使国家大治。否则，就会带来灾祸。统治者如果想使国家安定，就必须小心谨慎，在处理政事的时候不要强加自己的主观意志，而是要坚定不移地贯彻无为而治的原则，这样才会起到富国强兵的效果。如果凭着自己的主观意志去治理国家，老百姓就会无所适从，国家也会动乱不止。这句话以极其形象的语言概括了老子的治国谋略。

“以道莅天下，其鬼不神；非其鬼不神，其神不伤人；非其神不伤人，圣人亦不伤人。夫两不相伤，故德交归焉。”鬼神信仰由来已久，究竟鬼神是否真的存在呢？在古人看来，它们的确是存在的。而按照现代社会的科学理论，鬼神自然是子虚乌有的，它们不过是人们心中畏惧、胆怯、妄虚的产物。我们暂且先不讨论鬼神是否存在的问题，就老子的观点来看，如果一个时代呈现出阳气鼓荡的特征，或是一个人的身上充满了活力和朝气，那么我们便难以发现鬼神的踪影；如果一个时代呈现出阴气凄迷的特征，或是一个人的身上充满了颓废之气，那么鬼神就会莅临。

老子的鬼神观颇富有现代精神。老子认为，道是正气伸张的表现，它不但能压倒一切邪气，还能使充满邪气的鬼神没有立足之地，甚至使其丧失奇异怪诞的功能。所以，在大道面前，鬼神也就不敢胡作非为了。

说到这里，鬼怪到底是什么？其实，鬼怪只存在于我们的思想意识之中，它并非客观的存在。按照老子的道的思想来推衍，鬼怪就是自然界不和谐的产物，自然界因内部不和谐而产生了“鬼怪”，这是自然而然的事情。

鬼怪虽然是人们虚构出来的，但有一点我们不得不承认，人类为满足自己的欲望而奋斗的时候，在很大程度上也创造出自己的杀手。这里所说的“杀手”，意义跟鬼怪差不多，但并不单纯指我们头脑中出现的青面獠牙的怪物，而是扩展到了科技领域，比如人类因为战争问题而发明的原子弹、氢弹，都算得上是欲望生出的鬼怪。这些鬼怪的杀伤力是巨大的，人类利用聪明才智创造出的鬼怪，正在威胁着正常的生活。对此，老子在两千多年前就公开反对智慧，极力提倡无知、无欲。

老子从人类的本性出发来考察欲望，这在今天依然具有重要的意义。遵循自然大道，竭力克制自己的欲望，这就合乎了道德的标准。遵循了道德，鬼怪也就失去了威力，无法伤害人类了。人类无忧无虑，在自然界中自由自在，与天地和谐相处，一切都是自自然然、和和美美的。

第六十一章　各得其所

【原文】

大邦者下流①，天下之牝②，天下之交也③。牝恒以静胜牡④，以静为下。故大邦以下小邦，则取小邦；小邦以下大邦，则取大邦。故或下以取，或下而取。大邦不过欲兼畜人⑤，小邦不过欲入事人⑥。夫两者各得其欲，大者宜为下。

【注释】

①下流：众水汇集处。意卑下。②牝（pìn）：雌性。③交：总汇。④牡（mǔ）：雄性。

⑤ 兼畜人：把人聚在一起加以养护。⑥ 入事人：求于人之意。

【译文】

治理一个很大的国家，要像江海那样安于处在卑下的地方，居于天下雌柔的位置，使天下百川河流交汇于这里。雌柔能以安静宁定战胜雄强，就在于它既能以静制动又安于居下。所以，大国如能对小国谦虚卑下，则必然能取得小国的信任依附；小国若能对大国谦虚卑下，则也能取得大国的信任支持。所以，不管是大国用谦虚卑下取得小国的信任，还是小国用谦虚卑下取得大国的信任，大国无非是想兼并小国，小国无非是有求于大国。这样大国小国都可以达到各自的愿望。特别是大国，更应该谦虚卑下。

【解析】

这一章中，老子提出了作为一个大国在对待别的小国时应持有的态度，即处静、处下，内在的道理即前面所说的“弱者道之用”。

春秋末期，诸侯国的兼并战争日益激烈，大国试图称霸天下，小国力图保全自己，人民的处境则苦不堪言。面对战争带来的灾难，老子痛心疾首，忍无可忍，终于发出了“大国者下流”的感慨。这里所说的“下流”，指的不是卑贱、无耻，而是江河的流向。我们知道，水都是向低处流的，海之所以能够包纳百川，就是因为它甘居下位，无所不包，所以才成就了自己的“大”。它的作为是合乎道德的，所以它能长久而广博。在老子看来，大国如果能像大海那样谦和，甘居卑下的位置，那么国家就能太平，人民就能安定。

“牝恒以静胜牡”，这里老子以雌性可以战胜雄性的道理来论证“大国者下流”的观点。大国之所以大，一方面是客观的原因，即地理位置的优越。春秋时代，大国一般都处在中原文明的边缘地带，这里地势低洼，水草丰美，有利于人民居住和发展农耕。另一方面是因为统治者治国有方，他们清楚大国和小国的关系，而老子对此也作了论述，他说：“故大国以下小国，则取小国；小国以下大国，则取大国。”意思是说：大国对小国谦下，就可使小国归附自己；小国对大国谦下，就可取得大国的支持。因此，大国和小国的关系用海纳百川来形容那是再适合不过了。海是谦和的，是宽容的，是深沉的，是卑下的……正是因为它具有这些特性，所以百川才会归附它，投奔它；正是因为这些特征，才成就了它的博大、宽厚和永不干涸。

“故或下以取，或下而取。大邦不过欲兼畜人，小邦不过欲入事人。”在老子所处的年代，大国和小国并存的割据时代行将落幕。西周时期的几百个诸侯国，到了这个时候只剩下几十个，许多小国在大国的威逼下已经沦为附庸。这些小国尽管保存下来，但是处境更加艰难，它们不但要向大国纳贡，还要分担大国重大工程项目的劳役。而大国不但在态度上轻视小国，还奴役小国的人民，使他们的处境痛苦不堪。针对这种社会现状，老子渴望能够唤醒大国的宽厚和仁慈，试图通过自己的力量改变社会现状。

柔弱可以战胜刚强，但是现实的情形与老子的观点背道而驰，我们能不能就此否定和排斥老子的观点呢？其实，现实中柔弱没能战胜强硬的现象只是一时的弱势表现，从总体上来说，柔弱是可以战胜刚强的。看似强大的事物却不能长久地存在，而看似渺小的事物却有着顽强的生命力。以自然界里的现象为例：庞大的恐龙曾统治着整个自然界，而到最后竟被弱小的猴子种属取而代之；老鹰是一种凶悍的肉食鸟类，而野兔是一种草食动物，当老鹰如箭一般扑向野兔的时候，野兔弹出后腿，重重地踢中老鹰的肚子，一连几下，踢得老鹰扑棱着翅膀，一头栽倒在地上……

“夫两者各得其欲，大者宜为下。”国家谦和、卑下才能够长久，人类也是如此。人类如果不能做到谦和、卑下，就会引火上身，导致毁灭。所以，我们作为人类的个体，就应该从自我做起，对待周围的人要谦恭、柔和、甘居下位；对待周围的物应该友善、包容，使自己的行为合乎自然的大道，这样才能“两者各得其欲”，也只有这样我们才不愧为万物之灵，才算真正拥有聪明才智。

第六十二章　万物之奥

【原文】

道者万物之奥①。善人之宝，不善人之所保。美言可以市尊②，美行可以加人③。人之不善，何弃之有④？故立天子，置三公⑤。虽有拱璧以先驷马⑥，不如坐进此道。古之所以贵此道者何？不曰：求以得，有罪以免邪？故为天下贵。

【注释】

①奥：藏，含有庇荫的意思。②市尊：换取尊位。③加人：高过他人，亦有凌驾于别人之上的意思。④何弃之有：即“有何弃之”，有什么可抛弃的。老子认为恶人可以转变，世上不应有被抛弃之人。⑤三公：古代最高的官职。⑥拱璧：极为珍贵的大玉。

【译文】

道是荫庇万物之所，善良的人把它当成宝贝珍惜它，不善的人也处处保住它。美好动听的言辞可以换来别人对你的尊重，良好高尚的品行可以见重于人。那些不善的人，怎能把道抛弃呢？所以在天子即位、设置三公的时候，虽然有拱璧在先、驷马在后的献礼仪式，还不如把这个清静无为的道进献给他们。自古以来如此重视道是什么原因呢？不正是由于有求于它的就可以得到满足，犯了罪过的也可得到它的宽恕吗？就因为这个，天下人才如此珍视道。

【解析】

这一章讲“道”的宝贵和修道所应坚守的原则。人不论善与不善，居高位还是居下位，在道上进步一分，就有一分的益处。对于天子和三公来说，道比宝马、璧玉更有意义。

讲道的宝贵，老子再次提及道的属性和功用：“道者万物之奥。善人之宝，不善人之所保。”意思是说，道是万物的主宰，善人的法宝，不善的人也用之保全自己。老子认为，道是天地万物的本原，是储藏万物的庇护之所，它时时刻刻都在保佑着天地万物；

道是世界物质中未被感知的存在，它对万物一视同仁，它评价万物，却不把万物过去的行为作为评价标准，而是把它现行和将来的行为作为评价标准。所以，不管一个人是好是坏，只要他能够体悟道的内涵并能掌握道的理念精髓，道都会极力保护他的安全。

为什么说“道”是宝贵的呢？这是因为道不仅是善者的宝物，它同时也在保佑着不善之人。不善者之所以还能称之为“人”，就是因为道还在保佑着他。这里必须强调一点，我们这里所说的善和不善，并不是善良和不善良的意思，而是得道和未得道的意思。既然美好的言论可以博取别人的尊敬，美好的行为可以博取别人的重视，那么怎么可以抛弃不善之人呢？

“美言可以市尊，美行可以加人。人之不善，何弃之有？故立天子，置三公。”这是讲道的平等待人，当然，这里的“平等对待”也不是毫无原则的。当一个人的行为合乎大道的德行时，大道就会奖赏他。当一个人的行为不合乎大道的德行时，大道就会惩罚他。道对人的奖惩体现在道为人们设立了天子和三公，也就是说，天子和三公代表道去管理天下的百姓，去惩恶扬善。“加人”也就是增加人口的意思，即子孙繁盛。“三公”指的是古时地位仅次于帝王的三位官员，周代多指太师、太傅、太保。对这段话的理解，历来多有不同的看法，有人认为“立天子，置三公”是说人有美言尊行可成为天子、三公；也有人认为“人之不善，何弃之有”指的是对于不善之人，也没有理由去抛弃他们。

“虽有拱璧以先驷马，不如坐进此道。”“拱璧”指的是两手捧着璧玉。“驷马”指的是四匹马拉的车。前面有人拱璧导引，自己则在后面乘四匹马拉的车，这是春秋之际帝王出行的仪仗。“坐进”意为静坐以领悟。这段话再次重申了道的宝贵，并明确指出，修道要有正确的目的。在老子看来，即便得到了帝王之位，也不如静坐悟道。所以，他以帝王之尊的仪象来与得道相比，目的在于让人了解道的宝贵。

接下来，老子又通过阐明古人对道的宝贵看法，来说明修道的正确目的是什么。“古之所以贵此道者何？不曰：求以得，有罪以免邪？故为天下贵。”“有罪以免”意为悟道后按道行事可以免除以往的罪过。古人为什么认为道是贵重的？不就是因为按道行事即使有罪也可以免除吗？所以，道为天下所贵是不难理解的。

老子的这一思想在今天还有很大的借鉴意义。人类生活在地球上，拥有聪慧的头脑和灵活的四肢，这是我们成为高贵的人的前提条件。高贵的人具备谦和的道德品质，对周围的人不分好坏一视同仁，但是我们很难做到这一点。与此相反，我们常常会因某人曾有过劣迹而鄙弃他。大道不同，它对任何人都是仁慈的，对不善之人也同样加以保护。我们应该学习大道，并做到和大道同步，对世间之物一视同仁。

第六十三章　为大于细

【原文】

为无为，事无事，味无味。大小多少，报怨以德。图难于其易，为大于其细；天下难事，必作于易；天下大事，必作于细。是以圣人终不为大，故能成其大。夫轻诺必寡信，多易必多难。是以圣人犹难之，故终无难矣。

【译文】

以“无为”的态度去有所作为，以不搅扰的方法去处理事物，以恬淡无味当作有味。大生于小，多起于少。处理问题要从容易的地方入手，实现远大要从细微的地方入手。凡是天下的难事，一定从容易的地方做起；凡是天下的大事，必定从细微的部分做起。因此，有道的人始终不自以为伟大，所以才能做成大事。那些轻易许诺的人，很少有能够兑现的，必然会失去信用。把事情看得太容易的人，势必会遭受很多困难。因此，有道的人遇到事情总是把它看得很难，所以反而没有困难了。

【解析】

这一章进一步阐释“无为而无不为”的思想。世间的所有事情都是从小到大，从易到难，从细到巨发展起来的。圣人明白这一道理，因此在事情刚刚出现或者还处在萌芽状态的时候就把它化解掉了。所以，我们看圣人表面上做的都是小事、细事、易事，甚至什么也没有做，最后的结果却是成就了大事、难事。

“为无为，事无事，味无味。”这句话有人解释为“以无为为为，以无事为事，以无味为味”。这种解释没有把自然无为理解为一种自我修养的思想境界，而是作为一种单纯的行动指导思想来看的。如果这样理解的话，老子就是提倡什么事都不必去做了，这就扭曲了老子无为的真正内涵，因为在老子看来，人活在世界上就一定要做事，否则，就无法生存。在老子《道德经》里，无为的思想贯穿始终。由于每一章节的侧重点不同，所以无为常常涌现出新意来。这里所说的“无为”的含意，意思是说在做任何事情的时候，都不要强加自己的主观意志，更不要试图用主观意志去改变事物的客观属性。当然，老子并不是让我们什么都不做，而是要顺其自然。由此可知，老子所谓的无为实际是一种自我修养的思想境界，也就是一种抛弃主观而顺从客观的思想境界。这种思想要求我们在实践中做到大事化小，小事化了，多事变少，少事变无。做到这些，就能实现人与自然以及人与人之间的和谐。

“为无为，事无事，味无味”是修道的真实境界，要想理解这句话，就要先理解手段与目的的关系：手段是完成目的的中间环节，目的一旦实现，手段也就不再有用了。对于人类来说，手段不是绝对的，只有目的才是绝对的。所以，老子在这里所表达的是手段的有限性和相对性，只有人类所要达到的目的才是极端重要的。

“大小多少，抱怨以德，图难于其易，为大于其细。”老子的哲学是一种调和的哲学，它反对任何形式的对抗与斗争。但是，这并不意味着老子就否认了矛盾的存在。在他看来，这个世界充满了矛盾与斗争，而我们应该把这种矛盾和斗争从激烈的对抗状态拉回到相对平和的状态。为此，老子提出了建议，即“图难于其易，为大于其细”。这里的“难”指的是力所不及的目标或是难于办成功的事情；“大”指的是伟大的工作或事业。老子在这句话中所要表达的意思是，我们应当在矛盾和斗争仍处于萌芽状态的时候就予以消除，并通过谨慎行事避免新的矛盾与斗争的产生。

“天下难事，必作于易；天下大事，必作于细。是以圣人终不为大，故能成其大。夫轻诺必寡信，多易必多难。”这里的“诺”意为夸夸其谈，吹牛皮，说大话。“寡信”是说真实可信的成分很少，很难兑现。在老子看来，大生于小，多起于少，困难的事情要从易处着手。因此，求道的时候要从细微入手。天下的难事，必从容易做起；天下的大事，必从细微入手，所以有道的人从来不自以为大，因此能成就大事。轻易的允诺是不足信的。把事情看得太容易了，一定会遭受到更多的困难。所以，有道的人遇见事情总是把它看得很艰难，最后反而没困难了。

第六十四章　慎终如始

【原文】

其安易持①，其未兆易谋②。其脆易泮③，其微易散。为之于未有，治之于未乱。合抱之木，生于毫末；九层之台，起于累土；千里之行，始于足下。为者败之，执者失之。是以圣人无为故无败，无执故无失。民之从事，常于几成而败之。慎终如始，则无败事。是以圣人欲不欲，不贵难得之货；学不学，复众人之所过，以辅万物之自然而敢为。

【注释】

①持：保持。②兆：苗头，征兆。③泮：分散，破碎。

【译文】

当局面安定时容易把持，当事情还未露先兆时容易谋划。当事物脆弱时容易分开，当事物细微时容易消散。做事情要在它尚未发生就处理妥当，处理事情要在祸乱产生以前就早做准备。合抱的大树，生长于细小的根芽；九层的高台，筑起于每一堆泥土；千里的远行，是从脚下举步开始走出来的。主观妄为的将会招致失败，强行把持的一定会失去。因此有道的人无所作为也不会招致失败，无所执着也不会遭受损失。人们做事情，总是在快要成功时遭受失败，所以当事情快要完成的时候，也要像开始时那样慎重，就没有办不成的事。因此，有道的人追求别人所不追求的，不稀罕难以得到的财货，学习别人所不学习的，补救众人经常犯的过错。以辅助万物按其自身规律自然发展而不会妄加干预。

【解析】

本章重点提出了物理与人理相结合的理论，这一理论不但蕴含着丰富的哲理，还包含着富有实际意义的行动技巧和生活智慧，这些后来都成为中国人修身行事的标准。

“其安易持，其未兆易谋。其脆易泮，其微易散。”在本章中，老子先是阐发了透过事物现象抓住事物本质的道理。这个道理在今天看来，并没有什么特别高深之处，但是在两千五百年前，它却是振聋发聩之语。

接着，老子运用三个排比句："合抱之木，生于毫末；九层之台，起于累土；千里之行，始于足下。"由此我们联想到了荀子《劝学篇》中的这几句话："积土成山，风雨兴焉；积水成渊，蛟龙生焉；不积跬步，无以致千里；不积小流，无以成江海。"可见，老子和荀子在思想观点上有某些相通之处，或者说，荀子承继了老子的某些观点。不过，荀子接下来说："锲而不舍，金石可镂。"他提出了积极进取的主张；而老子则主张无为、无执，这实际上是让人们依照自然规律办事，树立必胜的信心和凭借坚强的毅力，耐心地一点一滴去完成，稍有松懈，就会造成前功尽弃、功亏一篑的结局。

事实上，宇宙间所有看上去属于偶然的和突发性的事变，都必然经过了一个复杂、隐晦、潜移默化的演化阶段，只不过人们往往注意不到罢了。人类注意不到事物的潜移默化，而许多动物却比人类具有更加敏锐的洞察力，暴风雨来临之前的晴天白日下，老鼠、蚂蚁、青蛙、飞鸟们都会预感到暴风雨的即将到来而纷纷未雨绸缪。按照生物界的常理，人类自然也应该具有未雨绸缪的能力，但事实上，在近代科学工具产生之前，人类确实已经丧失了这种能力。至于为什么会丧失，或许是人类脱离大自然的时间过久、隔离过大，或许是人类过于注重对人类世界的关爱而故意疏远了大自然，或许是人类有意地回避了那些无可逃避的灾难。

老子的提示对于人类具有深刻的启发意义，他告诉人们：所有强大的、不可战胜的事物都有它的萌发时期，萌发时期的事物正处于柔弱阶段，如果人们善于把握事物的这种规律，就能够防患于未然。他指出："为之于未有，治之于未乱。"正是对能瞻前而不能顾后的人的提醒。

老子洞察了万物对生命的坚守，从来都不是通过变换表面形式来故弄玄虚，而是真诚地顺从自然，感到人类的许多行为确实是脱离自然界太远了。

而且，人类这样犹如急行军一般的前进，对生命质量的提高会有真实帮助吗？老子不认为人生应该如此度过。老子在此强调了一切灾难和祸患都因有所作为和心理偏执而起，他说："是以圣人无为故无败，无执故无失。民之从事，常于几成而败之。慎终如始，则无败事。"

不试图有所作为，自然很少有失败；个人行为不偏执，自然很少有失误。老子认为，一般老百姓做事情，因为不懂无为的道理，亦不能把一件事情从始至终以一种极其慎重的态度来进行，他们虽然永远在忙碌着，却总在事情眼看着即将成功的时候失败了。

第六十五章　善为道者

【原文】

古之善为道者，非以明民，将以愚之。民之难治，以其智多。故以智治国，国之贼[①]；不以智治国，国之福。知此两者亦稽式[②]。常知稽式，是谓玄德。玄德深矣，远矣，与物反矣，然后乃至大顺。

【注释】

①贼：祸害。②稽式：模式、法则的意思。

【译文】

古代善于遵行“道”的人，不是教导人民知晓智巧伪诈，而是教导人民淳厚朴实。人民之所以难于治理，乃是因为他们使用太多的智巧心机。所以用智巧心机去治理国家，就必然会危害国家，成为国家的灾祸；不用智巧心机治理国家，才是国家的幸福。了解这两种治国方式的差别就是一个法则，经常了解这个法则，就叫作“玄德”。玄德深不可测，远不可及，和万物一起复归到道的真朴，然后才能极大地顺乎自然。

【解析】

本章中，老子提出了以道治国而不以智治国的主张。人的智能就像是一把双刃剑，如果没有道德的基础而用智，那么就会成为天下的大祸患。

“古之善为道者，非以明民，将以愚之。”在老子看来，民众之所以难治，就是因为统治者治理不善造成的，那么统治者应该怎样安抚民众呢？老子指出，应该“将以愚之”，这里的“愚”是淳朴厚道的意思。一旦民心淳朴了，民众就不会惹是生非，胡作非为了，这样天下也就自然太平了。在一般人看来，能够在自己所生存的自然和社会环境中谋取利益并实现个人价值，那么这个人就是聪明之人。否则，就是愚蠢的人。老子的看法则完全相反。他认为，如果一个人仅仅从自己的利益出发，把人生意义仅仅定位为谋取私人利益和实现个人价值上，那么这就相当于把自己与整个世界对立起来了，势必会引起自己与整个世界的对抗与冲突，这种不自量力的做法是愚不可及的。那么，怎样才算是聪明的人呢？聪明之人能够意识到任何人都是世界所生、世界所长，而世界又是人类生存的源泉，所以他们就会把自己同整个人类和整个世界融为一体，积极投身到人类社会和自然世界的各项事业中去，服从整个人类社会和自然世界的意志。在老子看来，整个世界就是道德的产物，所以只有胸怀世界的人，才是合乎世界本质和道的本质的人。也只有这样的人才是真正充实、富有、自由和幸福的人。

“民之难治，以其智多”，这里的“治”，意为和谐、统一。老子认为，民众之间是很难实现和谐统一的，他们相互对立、相互冲突。“智”指的是以追逐个人利益为出发点的“智慧”。这种智慧与一般意义上的“智慧”不同，它导致人们相互冲突、相互斗争，人们运用这种智慧获得的实际利益与团结协作所获得的实际利益相比，实在是微不足道的。

“故以智治国，国之贼；不以智治国，国之福。”这里的“贼”指的是致使天下大乱的祸患或灾难，这种祸患和灾难不是别的，就是人们把人类社会变成了一个猎场，而人们对于社会的态度和行径也就跟强盗的态度和行径无异了。

“知此两者亦稽式。常知稽式，是谓玄德。玄德深矣，远矣，与物反矣，然后乃至大顺。”“玄德”是什么呢？不就是前文“含德之厚，比于赤子”之“德”吗？不就是“修之于身，其德乃真”之“德”吗？不就是“道生之，德畜之”之“德”吗？这个

“德”是深且远的“道”之“德”，因为道是世界的根本，而整个世界的存在，实际上就是道德的存在。“玄德深矣，远矣”中的“深”意为不断深入，“远”意为不断扩展。“与物反矣”中的“反”就是回归到存在的本源之中，这个本源即世界或宇宙。这句话可以理解为，玄德与具象的物不同，德是无形无象的，需要透过物的运动才能显现出来，必须透过物象去审视品味。一旦落于具象，就不再是德了。

通过对老子这一章的解读，我们可以透悟人生的一个规律：做事情的时候，只有遵循大道，做到敦厚朴实，才能实现自己的人生价值。老子在本章中说，如果拥有了心智，人心就会变得伪诈起来，而国家也就难以治理了。我们可以把这个道理推延到个人：如果我们心智过多，不但会感到劳累、困顿，还会导致自己和周围人的关系逐渐恶化。试想一下：如果每个人都狡诈、善变和满怀心机，都想着如何满足自己的欲望，那么整个社会就会变得虚伪、狡诈和面目可憎，这样的话，我们生活在这个社会里，还有什么乐趣呢？

任何人都不愿意生活在一个伪诈的环境里，也没有人愿意和虚伪的人打交道。如果我们想摆脱虚伪的环境，避免与虚伪之人交往，那就必须从自身做起，无论环境变得怎么样，我们都要保持心灵的自然纯真状态，在待人接物的时候都要秉承自然淳朴的特性。只有这样，我们才能真正地返璞归真，悠然自得，享受人生的欢乐。

第六十六章　不争之争

【原文】

江海之所以能为百谷王者，以其善下之，故能为百谷王。是以圣人欲上民，必以言下之；欲先民，必以身后之。是以圣人处上而民不重①，处前而民不害②。是以天下乐推而不厌③。以其不争，故天下莫能与之争。

【注释】

①重：不堪重负的意思。②害：妨害。③厌：不喜欢。

【译文】

江海所以能够成为百川河流所汇往的地方，是因为它居于百川之下，所以才能成为千百河谷的统帅。因此“圣人”要领导人民，必须心口一致地对人民表示谦下；要成为人民的表率，必须把自己的利益放在他们的后面。所以，有道的人虽然地位居于人民之上，而人民并不感到负担沉重；居于人民之前，而人民并不感到受害。天下的人民都乐意推戴而不厌弃。因为他不与人相争，所以天下就没有人能和他相争。

【解析】

这一章讲“善下”和“不争”的好处。圣人之所以“善下”和“不争”，并不是为了得到它的好处，而是顺着道的法则自然无为。如果刻意为之，就会沦落为虚伪和权谋。

“江海之所以能为百谷王者，以其善下之，故能为百谷王。”在中国的哲学里，“王”

是一个概念，它指的是天、地、人的统一及相互贯通和彼此契合，也指人与人、人与世界所达到的最和谐的状态。此外，王还反映了古人对治国者的最高要求，所以作为最高统治者的王，也就是能够以整个天、地、人为出发点并能使之达到和谐统一的人。这样的人也被称为拥有天德、地德和人德的人。就本章而言，这里的王只是比喻性的，它可以解释为“集大成者”。这句话是本章的开篇，在这里，老子以“江海成为百川之王”的物理现象来引出“善下”的观点。江海之所以能纳百川，是因为江海位于百川之下，所以百川自然而然就归属它了，从而成就了江海的浩瀚，成了百川之王。

“是以圣人欲上民，必以言下之；欲先民，必以身后之。”“言”指的是愿望或意志的表达。“身”指的是行为，它所代表的是目的的实现和利益的获取。在这里，老子以统治者与江海进行类比，说圣贤之所以能够安抚万民，主要是因为圣贤没有私欲，从不计较个人的得失，对待民众的时候，就像江海对待百川一样谦和卑下，所以他才得到民众的尊敬和拥护。结合老子所处的时代背景：春秋晚期，国家制度已经日趋完善，统治者的地位亦已完全巩固。而人民无法享有政治权利，甚至连最基本的人身安全都得不到保障。统治者与人民之间地位相差悬殊，不要说身为最高领导者的王了，即便是普通官员也不会以卑下的言辞和谦虚的姿态对待人民。老子关注民众的苦难，也经常针对社会现状提出一些设想。他希望远古时代的帝王们能够重新出现，或者是当世的统治者能够主动效法古代的圣贤。

“是以圣人处上而民不重，处前而民不害。是以天下乐推而不厌。以其不争，故天下莫能与之争。”这里的“推”意为推举、选举。推和举在中国古代的典籍中经常出现，它体现了后人对于三皇五帝治世的向往，而老子在这里提出“天下乐推之”，比之尧、舜、禹时代的禅让制，更能突出人民的价值。在这里，老子为我们设计了一幅蓝图：统治者虽然高高在上，但百姓感觉不到压迫；统治者虽然领导民众，但民众并不感到伤害。老子提倡统治者应保持谦卑，他的这一态度是真诚的。他认为，如果统治者让人民没有感到压迫的感觉，那么他不但可以赢得国民的拥戴，还会获得天下人的推举。能够实现这些，天下就没有什么力量可以与他抗衡了。

第六十七章　持保三宝

【原文】

天下皆谓我道大，似不肖。夫唯大，故似不肖。若肖，久矣其细也夫！我有三宝，持而保之：一曰慈，二曰俭，三曰不敢为天下先。慈故能勇；俭故能广；不敢为天下先，故能成器长。今舍慈且勇，舍俭且广，舍后且先，死矣！夫慈，以战则胜，以守则固，天将救之，以慈卫之。

【译文】

天下人都说，“道”太广大了，大到不像任何具体的东西。也正因为它的大，所以才不像任何具体的东西。如果它像一种具体的事物的话，那么它就趋于细小而不是道了。我有三种宝贝，是应当永远持有珍重的：第一是慈爱，第二是俭朴，第三就是不敢居于天下人的前面。有了慈爱，所以能勇武；有了俭朴，所以能宽广；不敢居于天下人之先，所以能成为万物的首长。现在丢弃了慈爱而追求勇武；丢弃了俭啬而追求宽广；舍弃退让而追求争先，结果是走向死亡。慈爱，用来征战就能够胜利，用来守卫就会坚固。天将救助谁，就会用慈爱来保护它。

【解析】

这一章包含两层内容：第一层讲道的伟大；第二层讲道的原则的妙用。后者是本章阐述的重点，它指的便是“三宝”——“慈”“俭”“不敢为天下先”。这三个原则是从大道中推衍出来的，顺之则昌，逆之则亡。

“天下皆谓我道大，似不肖。夫唯大，故似不肖；若肖，久矣其细也夫！”这里的“大”意为崇高、伟大、普遍、绝对。这句话是老子就大道的伟大而作出的描述。大道是无形的，这正是大道的伟大之处。但是它有原则，那么道的原则是什么呢？下面一句给了详细的答案。

“我有三宝，持而保之：一曰慈，二曰俭，三曰不敢为天下先。”这句中有个“先”字，“先”一般只作序列概念，但这里作价值概念，它与“上”“重”“多”“大”一样，具有把某个对象的价值和重要性看得高于一切的意思。“不敢为天下先”可以理解为绝不把个人的价值置于整个人类的价值之上。换句话说，也就是绝不把自己的利益看得高于一切。这句话讲的就是道的三大原则，即老子所说的三宝：一是仁慈，也就是仁爱之心和同情之心；二是俭朴，也就是节俭、不奢侈；三是不敢为天下先，也就是不露锋芒、谦和卑下。“三宝”与老子无为的思想是一脉相承的，它是无为思想的具体表现。

“慈故能勇；俭故能广；不敢为天下先，故能成器长。”本句中的“勇”指的是明智而又刚强果断。善良仁慈之人能够感受到自己与人类社会和自然世界是融为一体的，这时他们的心中会激荡起一种神圣的使命感，而心中的一切烦恼、忧愁、焦虑、畏惧都会随之烟消云散，只留有一种神圣而又明彻一切的感觉，在这种感觉影响之下，人们无所畏惧，而且感觉到道德就在自己的心灵之中，而自己就是永恒的道德的主体，这就是老子所说的“勇”。相反，如果一个人不善良、不仁慈，就会感觉到有很多人在监视、识破和谴责他们——其实，最先开始监视、识破并谴责他们的不是别人，正是他们自己。在这种状态的支配之下，他们不得不在善与恶、高尚与卑贱之间摇摆不定，并表现出畏畏缩缩的样子。当他们在这样的境况中寻求安然脱身的途径时，他们就会孤注一掷，从而走向邪恶，无法自拔。可见，一个人只有保持仁慈之心和善良之心，他才会有无所畏惧的勇气，这就是通常所说的“仁者无敌”。“俭”指节俭，节俭也有个限度，那就是要满足个人的生活需要。高于这个限度，或是低于这个限度，都属于不健康、不自然和不道德的生活方式。人们通常所说的“无私”“无欲”也要合乎这个限度。“长”与“间”是相对的，如“间苗长苗”指的就是把不好的、不必要的和多余的幼苗拔除，而把好的、有用的幼苗留下。本章中的“长”字指为人们所接纳和喜欢。

这句话该怎么理解呢？老子认为，正是因为仁慈，所以才能做到英勇无畏；正是因为节俭，所以国家才能长治久安，人民才能安宁、富足；正是因为谦和退让，所以人类才能成为万物之长。我们可以从老子的思想推理得出一个结论：如果人类舍本逐末，就会走上绝路，这也就是下句话所要阐述的问题。

“今舍慈且勇，舍俭且广，舍后且先；死矣！”本句中的“慈”是作为勇敢无畏的根本和基础的仁慈。“俭”是作为心胸博大的根本和基础的节俭。“后”指的是把自己的利益置于他人的利益之后。

最后，老子得出“夫慈，以战则胜，以守则固，天将救之，以慈卫之”的结论。这里我们不免要疑惑了：对敌作战的时候，怀有仁慈之心怎么能够取胜呢？如果我们从老子的无为思想出发，就不难理解此句中所包含的真意了。其实，老子所说的“慈”也可以理解为无为，无为而无不为，用在战争中自然能取胜。“守”和“卫”都指的是自立的意思。由此可知，只有做到“慈”，我们才能于社会中安身立命。

第六十八章　不争之德

【原文】

善为士者①，不武；善战者，不怒；善胜敌者，不与②；善用人者，为之下。是谓不争之德，是谓用人之力，是谓配天古之极③。

【注释】

①士：武士，古代的武士也叫“士”。这里指将帅。②不与：不与之争。③极：标准、道理。

【译文】

善于带兵打仗的将帅，不崇尚勇武；善于打仗作战的人，不会轻易被激怒；善于胜敌的人，不与敌人正面冲突；善于用人的人，对人总是表示谦下。这叫作不与人争的“德”，这叫作运用别人的能力，这叫作符合自然的道理，是古代德的准则。

【解析】

这一章讲“不争之德”和“用人之力”。遵循“道”的法则，是最有效益，也是最完美的行事方式，所以称之为“善”。

“善为士者，不武；善战者，不怒；善胜敌者，不与；善用人者，为之下。”这里的“不武”即不奉行黩武的政策，但是为了协调“不武”正反两个方面的含义，我们可以这样理解：对于永久的世界和平，不抱有幻想，甚至连别国针对自己国家的战争阴谋也不做任何准备。“武”这个字所涉及的主题是国际关系。“不怒”指不像一个刚刚被人征服且沦为奴隶的人所表现的那样束手无策，以至于暴跳如雷、怒气冲天。这句话可以这样理解：善于做武士的人是不轻易诉诸武力的，善于打仗的人是不轻易被激怒的，善于克敌制胜的人是不会争一时之高低的，善于用人的人一定是谦和的。在这里，老子并不是不允许国家动武，而是反对人们在外敌面前只知道暴跳如雷、怒气冲天。我们知道，老子反对心智、谋略，但他更加反对武力、暴力以及一切强大有力的表现，这在很多地方都有体现（例如，他曾说“不以兵强于天下”“夫佳兵者，不祥之器”等）。但老子的柔弱并不是软弱，老子的不争并不是屈从，他本人充满了智慧和谋略，在军事学方面有着独到的见解和高深的韬略。在他看来，当世进行的兼并战争，根本不讲什么策略，只经过极为短暂的相互冲撞，便已经分出胜负了。

“是谓不争之德，是谓用人之力，是谓配天古之极。”“不争之德”指的是捍卫和平、反对战争的道德和勇气；“用人之力”指的是把人民团结起来的力量。老子认为，在战争之中，只有保持头脑清醒、态度冷静，才能制订出周密合理的计划；有了周密合理的计划，才能避免不必要的损失，最终才能取得好结果。善于打仗的人，并不需要寸土必争，也不会争一时一地之得失，而是要争取最后的胜利。所以，只有在指挥战事的时候持着不争的态度，才能够掌控全局、操纵战机、进退自如，并能赢得战争的胜利。善于用人的人应该持有谦和卑下的态度，这样才能延揽人才。善于用人的人，一般都拥有较高的地位，掌握着较大的权力，既然他们拥有用人的权力，为什么还要表现得谦和卑下呢？在老子看来，谦下是取得人民支持的最佳方式。如果一名领导者不能独立完成所有工作，他就得依靠众人的力量，如何把众人的力量凝聚在一起呢？这就需要选择一种适当的方式。如果他采取极端严厉的态度来确立自己的威信和权威，那样不仅不能凝聚人心，反而会危害自身。如果采取谦下的态度，那样才会令众人信服。

第六十九章　哀者胜矣

【原文】

用兵有言：“吾不敢为主①，而为客；不敢进寸，而退尺。”是谓行无行②，攘无臂③；扔无敌；执无兵。祸莫大于轻敌，轻敌几丧吾宝④。故抗兵相若，哀者胜矣。

【注释】

①主：打仗时的主动攻势。②行无行：前一个“行”，读xíng，行动；后一个“行”读háng，行列。③攘（rǎng）：捋起。④宝：命脉之意。

【译文】

用兵的人曾经这样说：“我不敢主动进犯，而采取守势；不敢前进一步，而宁可后退一尺。”这就是说，虽然有阵势，却像没有阵势可摆一样；虽然要奋臂，却像没有臂膀可举一样；虽然面临敌人，却像没有敌人可打一样；虽然有兵器，却像没有兵器可持握一样。祸患再没有比轻敌更大的了，轻敌几乎丧失了我的“三宝”。所以，当两军实力相当的时候，怀有慈悲怜悯之心的一方能获得胜利。

【解析】

这一章紧接上文对用兵之道作了深入细致的剖析，讲用柔、用弱的原则在军事上的运用。“反者道之动”，用柔用弱不是真柔真弱，而是处在柔、弱的位置，顺着道的自然趋势以柔克刚，以弱胜强。

“用兵有言：‘吾不敢为主，而为客；不敢进寸，而退尺。’”这里的“不敢”意为不至于怀有鲁莽或罪恶的图谋。一般意义上的“不敢”，多指没有胆量，没有勇气，其中略含贬义。这里需要注意一点，本章由“不敢”所构成的是一种虚拟语气，它所表达的是一种鲁莽或罪恶的图谋，而这种虚拟语气在本章中是贯彻始终的。“寸”是极短的长度单位，“尺”比寸稍长，老子用尺和寸来说明不要轻易挑起战争的道理。老子是反对战争的，他主张在战争中，不要轻举冒进，而应该以退为进。这是老子的无为思想在军事中的具体运用。

老子认为，主动出击去侵略别人，其本身在道德上就输给了别人。这是因为主动进攻对方，对方就会为正义而战。这时，对方的民众就会因为敌方的侵略行径而感到愤慨，其保家卫国的积极性就会提高，这对进攻一方是极为不利的。相反，如果守而不攻，留给对方主动出击的机会，己方的民众就会愤然还击，并能一鼓作气战胜敌人。主动进犯别人微不足道的一寸土地，就会有遭到对方还击的可能，这是因为人们都以遭受侵犯为耻辱，所以我们应该避免侵犯别人的行为；主动后退一尺，就会表现出谦和与宽容的美德，纵然仅有微不足道的一尺土地遭到了侵犯，也能凭此感化对方，使对方主动退避。我们一再强调，老子是反对战争的，老子知道，战争会给民众带来无穷无尽的灾难和痛苦，但是仅仅凭借自己一个人的力量是难以避免战争的。既然不能改变当时的形势，他就阐发自己的战争观，即“以退为进”，以此来争取正义战争的胜利。

“是谓行无行，攘无臂；扔无敌；执无兵。”“行”指的是采取行动，“行无行”指的是虽然行动了但是好像没有采取行动一样。“攘无臂”指的是虽然举起手臂但是好像没有举起手臂一样。“扔无敌”意为虽然面对敌人但是好像没有敌人存在一样。“执无兵”意为虽然手里拿着兵器但是好像没有兵器一样。怎样才能做到“扔无敌”呢？就是要诱使敌人不知不觉地走入我们为之设计好的圈套之中。说到这里，或许我们会产生这样的疑惑：明明有的东西怎么说好像没有呢？其实，这也正体现了老子无为思想所能达到的最高境界——一切有却似无，看似无为却有为。

“祸莫大于轻敌，轻敌几丧吾宝。”这里的“轻敌”意为目中无人，小看敌人的能力。“宝”意为各种克敌制胜的重要条件。老子认为，无为不是不作为，不是骄傲轻敌而不做应战的准备。如果骄傲轻敌，一定会遭致失败，这是千古不变的真理。任何骄傲自大和轻视他人的行为，都是不合乎道德标准的，必然会受到惩罚。

“故抗兵相若，哀者胜矣。”这里的“哀”不是悲哀，而是心怀仁慈的意思。“哀者”即对各种不幸和悲哀的后果都作过周密思考，并为此做好充分准备的军队。这个“各种不幸和悲哀的后果”，即“行无行，攘无臂；扔无敌；执无兵。”老子最后以“哀者胜矣”作总结，点明了自己的主旨，即以柔克刚、以弱胜强。老子曾经说过，仁慈是道的三宝之首，仁慈也就是无为，如果在战争中运用无为的思想，那么进攻的时候就会取得胜利，防守的时候也可以稳固城池。这一观点与“哀者胜矣”一致。在老子看来，人们在进行战争的时候，一定要怀着仁慈之心，只有这样才能在战争中不滥杀无辜，这种态度既是对生命的尊重，也是对自己的尊重。

第七十章 被褐怀玉

【原文】

吾言甚易知，甚易行。天下莫能知，莫能行。言有宗，事有君。夫唯无知，是以不我知①。知我者希②，则我者贵③。是以圣人被褐而怀玉④。

【注释】

①不我知：宾语前置，就是“不知我”。②希：同“稀”，少。③则：法则，此处活用为动词，效法之意。④被褐而怀玉：穿着粗衣而内怀美玉。褐，粗布衣服；被，通“披”。

【译文】

我的话很容易懂，很容易实行。可是天下没有人懂得我的话，没有人照着去实行。说话是有宗旨的，做事是有根据的。可正是由于人们不理解这个道理，所以不了解我。懂得我的人很少，能取法于我的人就更难得了。所以有道的人总是外表穿着粗布衣服，而怀里却揣着美玉。

【解析】

在这一章中，老子对世人的“颠倒”发出了一番感慨。大道本来是容易理解和遵行的，但是世人偏偏不去理解，不去遵行，为此老子抒发了自己的抑郁和苦闷。老子于此处阐述的道理和提出的方法，都是“正言若反”，这与世俗的认识和做法是截然相反的。

“吾言甚易知，甚易行。天下莫能知，莫能行。”在老子所处的时代，他的道或许是“甚易知”和“甚易行”的，但是由于人们利益熏心，被欲望遮住了眼睛，所以世人除了努力满足自己的欲望之外，别无他求。而老子的无为思想，强调的是排斥欲望和妄为，这和当时的世风格格不入。在人们看来，老子的无为没有实在意义，其架构于虚无缥缈之上，过于抽象和玄远，根本无法理解；而在老子看来，自己的思想是易于理解的。自己的思想不被理解，老子的内心自然是苦闷的。

“言有宗，事有君。夫唯无知，是以不我知。”“君”意为根本、本质。“夫唯无知”一句是针对“言有宗，事有君”而言的。“不我知”就是否定吾知，不把我的理论当作知识。“不我知”不等于“不知我”，它的意思是说，如果一个人只关注具体事物，而不去探寻、发现这些事物之所以这样存在的原因，那么他也就不会把“我”在这个方面所做的研究当作知识了。

“知我者希，则我者贵。是以圣人被褐而怀玉。”这句是本章的结尾，老子在这里谈到了圣人（得道者）的真实情态，他用了极其简洁的语言来概括圣人的外貌，也就是

“被褐而怀玉”。圣人有什么样的外部特征呢？他们穿着粗布衣服，与常人无异，但是在平凡的外表之下，却掩盖了圣人的一颗冰清玉洁之心，老子称之为“怀玉”。玉是珍贵的器物，也常常用来喻指美好的品质，而这里就是用玉来比喻圣人的纯洁的内心和不与世俗合污的高洁品质。

从老子的思想中可以得到启示：真正的美丽是心灵的美丽，而绝非仅指外表的华美。我们所处的时代和老子所处的时代相去甚远，但人们满足自己的欲望的要求是相同的，老子主张克服自身的欲望，以达到内心的完美，这一思想在我们身处的时代同样适用，而且有着十分重要的意义。

第七十一章　知不知矣

【原文】

知不知，尚矣；不知知①，病也。圣人不病，以其病病，夫惟病病②，是以不病。

【注释】

① 不知知：不知而自以为知。② 病病：把这种毛病当作毛病。

【译文】

知道自己还有所不知道，这是最好的。不知道却自以为知道，这就是很糟糕的。有道的人没有缺点，因为他把缺点当作缺点。正因为他把缺点当作缺点对待，所以他就没有缺点了。

【解析】

老子在这一章谈到了人性的弱点之一——不懂装懂，认为这是一种病态。其表现是刚愎自用。在前边的章节里，老子曾提出过“自知者明”的观点，这一观点告诉我们，能够认识自己才算高明。所以，我们只有真正做到自知了，才不会固执己见、自以为是。

老子说：“知不知，尚矣；不知知，病也。”这句话中，“知不知”意为知道自己不知道，知道自己无知。“不知知”意为自己不知道却以为自己知道，把无知当有知。这句话意思是说，知道自己的无知是高明的，而本来不知却以为是知就是弊病了。老子在这里表达的思想，很容易让我们想起古希腊哲学家苏格拉底的一句话：最聪明、最有知识的人是承认自己无知的人。而孔子也曾说过：“知之为知之，不知为不知，是知也。”这句话是说知道自己有某方面的知识和知道自己没有某方面的知识，两者都是知识。不论是苏格拉底，还是孔子，他们都强调人要有自知之明。

老子在对“不自知”的人作了一番剖析之后，又将圣人的“不病”摆在了世人的面前，并以此进行对照，结果不说自明了。圣人怎样呢？下面一句话给了我们答案。

“圣人不病，以其病病。夫惟病病，是以不病。”前一个“病”字为动词，是痛恨、疾恨的意思；后一个“病”字为名词，本指疾病，这里指的是那种自己无知还自以为有知的愚不可及、无可救药之人。老子为什么说圣人没有毛病呢？在老子看来，圣人本身不是没有缺点和不足，而是圣人能承认自己的缺点和不足，并努力加以改正，时间久了，他也就没有什么毛病了。这也就是老子所说的“不病”了。这里的不病应该理解为心理上、思想上不为外物所蒙蔽。换句话说，也就是能够洞察一切。所以，圣人贵在有自知之明，能及时纠正自己的缺点，而不是自以为是、刚愎自用，所以圣人的品德日臻完善，逐渐成为众人学习的楷模。

世界上任何人都不可能孤立生存，都一定会与他人、社会及自然界发生联系。我们每个人都是整个世界中的一份子。作为整体中的个体，我们怎样才能与他人和睦相处呢？我们首先要做的，就是必须克服自以为是的弱点。

如果一个人不把自己定位好，制定出不适合自己的目标，而他仍要为实现这个目标而努力奋斗，并且自以为自己意志坚定，那么这样导致的后果恐怕比没有目标更加可怕。刚愎自用、没有自知之明带给人的不是成功的幸福，而是失败的痛苦，这种盲目心理能让人付出惨重的代价。例如，我们为了追求事业或者爱情的成功，常常无所顾忌地奋勇向前，这本来是好事，但是一旦走错了路，又听不进别人的良言，那么带来的后果将是可怕的。

刚愎之人常常是狂妄之徒，狂妄的人常常在无意中伤害他人的自尊心，而自己也常常因为这种无意而受伤。有一些人，并不一定没有才华，其不能施展才华的原因就是太狂妄。没有多少人乐意信赖一个言过其实的人，更没有多少人乐意帮助一个出言不逊的人。

刚愎之人，多是无礼之人；无礼之人，多是孤立之人；孤立之人，多是最终失败之人。大凡具有大将风度之人，多具有谦逊的品德；而刚愎之人，骨子里总是透着一股小家子气。最糟糕的当算是既刚愎又无能的人，刚愎使他什么都敢干，无能使他把所有的事情都搞得一团糟。有时刚愎者尽管心中已感觉到自己错了，但仍坚持自己的看法和做法，而这一点最让周围的人受不了。固执是刚愎者的一个手段，用来获得想要的东西，别人越反对，他就越是非要不可。这种固执让别人讨厌。长此以往，他就会发现别人都躲着自己。

一个骄傲自满的人必定是一个刚愎自用的人。面对一个狂妄而骄横的人，我们无须与之理论，时间自会证明他的实际价值，事实自会惩罚他的无知可笑。

无论做人还是做事，我们都要坚持“虚心使人进步，骄傲使人落后”的原则。

要明白世上万事万物都处在不断地发展变化之中，只有根据事物的发展变化，及时调整自己的计划策略，才能处处掌握主动权，使自己立于不败之地。

而刚愎者则恰恰相反，他们最大的缺点就是自以为是，认为自己的判断是完美无缺的，因而常常表现得骄横跋扈、一意孤行。他们往往高估自己而低估对手，这样就容易被表面的假象所蒙蔽，导致判断失误，遭遇失败。

第七十二章　自知自爱

【原文】

民不畏威，则大威至。无狎其所居[1]，无厌其所生。夫唯不厌[2]，是以不厌。是以圣人自知不自见[3]，自爱不自贵。故去彼取此。

【注释】

①狎（xiá）：同“狭”。②厌：同前。③见（xiàn）：同“现”，表现。

【译文】

当人民不畏惧统治者的威压时，那么可怕的祸乱就要到来了。不要逼迫人民使人民不得安居，不要压榨人民使人民无以生计。只有不压迫人民，人民才不厌恶统治者。因此，有道的人不但有自知之明，而且也不自我表现；有自爱之心也不自显高贵。所以要舍弃后者而保持前者。

【解析】

这一章的要点是“自知不自见，自爱不自贵”两句。人要了解、珍视自己的生命，但不要夸耀自己或自以为自己高贵。

老子说：“民不畏威，则大威至。”第一个“威”意为统治者的权威、高压政策；第二个“威”指的是统治者面临的威胁。老子认为，如果民众不再畏惧统治者的权威，那么统治者也就大难临头了。为什么这么说呢？这是因为统治者是民众的榜样，倘若统治者骄奢淫逸，行为不检点，一定会诱使民众滋生各种欲望，而民众也必然会用尽各种手段去追逐私利，以满足自己的欲望。这样一来，民众不惧怕统治者的权威也就成了很自然的事，其结果必然会导致统治者的地位受到威胁，这是统治者最不愿看到的事情。

“无狎其所居，无厌其所生。”“狎”意为任意地、肆无忌惮地侵犯、扰乱以至于使人感到不安、窘迫和恐惧。“生”指的是生长的国度。在这句中，针对统治者地位受到威胁的情况，老子向统治者提出了最严厉的警告，警告统治者要好自为之，不可再作威作福。老子认为，民以“生”为本，如果他们连最起码的生计都难以维持，那么还惧怕什么苛政和威严呢？所以，一旦人民饥不择食、居无定所，他们就会惹是生非，发生逆乱，这样一来，社会动荡也就成为必然了。

“夫唯不厌，是以不厌。”这两句话与前面的两句话相联系，显然省略了一个过渡性的逻辑环节，它的完整形式应该是：“故厌其所生，以其被厌；夫唯不厌，是以不厌。”

“是以圣人自知不自见，自爱不自贵。故去彼取此。”“自知”与自欺的意义相对立，它是一种绝对的知的状态。一个人如果作了恶，他可以欺骗别人，但是无法蒙骗自己。所以，这里的“知”，含有“良知”的意蕴。当人们想方设法为自己的恶行寻找合理依据的时候，这实际上就是企图使自己的良知认同所做的恶行，然而这是绝对办不到的，因为人们所能办到的只不过是泯灭自己的良知罢了。所以，自知就是对自己良心和良知的认同。“自见”指的是只以个人的利益为出发点的见解和观念，这事实上就是心中只有自己而没有他人、没有世界。“自爱”是自知的结果，是对自己天生的良心、良知的认同和热爱。如果一个人只爱自己而不爱他人，那么他就不是真正的自爱者。只有做到爱己及人，这才是真正的自爱。“自贵”说的是只认为自己有价值，而否定他人和世界的价值。在老子看来，圣人都有自知之明，他们不仅爱自己，也爱百姓。如果统治者因位居高位而炫耀自己，抬高自己，那么他就会骄奢淫逸、恣意妄为，堕落成为压迫民众的暴君。

第七十三章　天网恢恢

【原文】

勇于敢则杀，勇于不敢则活。此两者，或利或害①。天之所恶②，孰知其故？是以圣人犹难之。天之道，不争而善胜，不言而善应，不召而自来，绰然而善谋③。天网恢恢④，疏而不失。

【注释】

①或：这句中的两个“或”都是“有的”的意思。②恶：不喜欢。③绰（chàn）：缓慢的意思。④恢恢：广大的样子。

【译文】

勇于坚强就会遭到杀害，勇于柔弱就能保全性命。这两种行为一个得利，一个受害。天道所厌恶的，谁知道是什么缘故呢？有道的人也难以解说明白。自然的规律是，不斗争而善于取胜，不说话而善于应承，不召唤而自动到来，宽缓从容而善于安排筹划。自然的范围宽广无边，虽然稀疏但并不会有一点漏失。

【解析】

本章中，老子以一个“勇”字开篇，前半部分讲天道的生杀、利害、好恶十分微妙，甚至连圣人都不能完全理解其奥妙。后半部分讲道发生作用时完全是自然的，不用人为的造作，自然能够得到完美的结果。

“勇于敢则杀，勇于不敢则活。”在这里，“敢”的意义可以延伸为自身招致灾祸的鲁莽不智的行为。鲁莽是一种性格缺陷，这种行为往往会侵害他人，并从而导致他人对自己的报复，极有可能会被杀甚至株连九族，其后果是不堪设想的。所以老子所说的“勇于敢则杀”并非夸张之辞。整句话的大意是勇敢到什么都敢做的时候，就会招致杀身之祸；勇敢到有所顾忌的时候，就能保全自己的性命。怎么理解这句话所蕴含的道理呢？在老子看来，真正的勇敢应当是敢为而又有所不敢为，而不是恣意妄为，什么事情都敢做。

老子又说：“此两者，或利或害。天之所恶，孰知其故？”“勇于敢”和“勇于不敢”这两种行为同样是勇，但是因为它们的程度不同，所以导致的结果也就有很大差异。老子一向主张自然无为，这是他思想体系的核心，前面的章节中老子一再为我们阐释了无为的内涵，这一章老子再一次提起，并提升到了生死存亡的高度。同时，老子也反对恃强凌弱和肆意妄为。我们知道，自然之道是不可违逆的，如果违背了自然规律，就一定会受到惩罚。“勇于敢”是恣意妄为，它违逆了自然之道，所以做出这种行为的人会遭受惩罚。与此相反，“勇于不敢”是顺应自然之道的行为，所以做出这种行为的人可以保全性命。老子把生死和勇放到同一高度来论述，可见把握好“勇”的度对人们来说是十分重要的。

“天之道，不争而善胜，不言而善应，不召而自来，繟然而善谋。”自然的法则，是不交战而善于胜利，不发言而善于回应，不召唤而自动到来，宽缓从容却善于谋划。也就是说，自然无欲无求却赢得了万物的归顺和爱戴。我们人类之所以要“争”，是因为有私欲，一旦有了私欲，人们就会为满足自己的私欲而与他人、与自然争夺。人在满足欲望的过程中，显示出了自己所谓的“勇敢”。这种勇敢其实是违逆天道的，其结果必然是失败的。这段话的言外之意是说，由于善有善报、恶有恶报是人类生活的不变定律，这样就可以促使我们弃恶从善，人们就会自然而然地回归到大道中去，大道的德行就是这样实现的。

最后老子以“天网恢恢，疏而不失”作总结，不但警示人们不可“勇于敢”，还省略了一个不言自明的结论：顺道者昌，逆道者亡。

第七十四章　民不畏死

【原文】

民不畏死，奈何以死惧之？若使民常畏死，而为奇者，吾得执而杀之，孰敢？常有司杀者杀。夫代司杀者杀，是谓代大匠斫。夫代大匠斫者，希有不伤其手矣。

【译文】

人民不怕死，为什么还要用死去恐吓他们呢？倘若人民真的惧怕死亡，对于那些为非作歹的人，我们就可以把他们捉来杀掉，那么还有谁敢为非作歹呢？经常有专管杀人的人去执行杀人的任务，代替行戮者去杀人，就如同代替高明的木匠去砍木头，那代替高明的木匠砍木头的人，很少有不砍伤自己手指头的。

【解析】

老子反对用重刑，尤其反对以滥杀的方式来维持统治。生杀的大权是属于天地的，只有能够体察天地之道的“大匠”才可以使用，一般人滥用“杀”的大权，就会使自己受到惩罚。

“民不畏死，奈何以死惧之？”人民惧于反抗而听任不义与暴政的存在，这种状态是非自然的，这是因为人生来就具有反抗暴政的道德勇气。不管统治者采取怎样的手段来镇压人民，他们的道德勇气总会自然而然地表现出来，而且是斩不尽、杀不绝的。所以，一旦人民不再畏惧死亡，那么国家的严刑峻法也就无法发挥作用了，或者说它不再有威慑力了。如此一来，那些作奸犯科之徒就更加肆无忌惮了，而国家势必更加混乱，统治者也将面临被颠覆的危险。

对于我们每个人来说，生命都是有意义的，但是在老子所处的那个年代，社会动荡不安，统治者昏庸无道，他们不但对人民施行苛政，而且视人民的生命如草芥，为了满足自己的欲望，不惜伤害人民的性命。人民处在水深火热之中，生命朝不保夕。在人民看来，生是痛苦的，死倒是一种最好的解脱，所以他们也就不惧怕死亡了。对于不惧怕死的人来说，以死相威胁还有什么意义呢？所以，老子才提出了“民不畏死，奈何以死惧之”的质问。“以死惧之”的目的在于使人民惧于反抗。老子在这里说民众不畏惧死亡，实际是在告诫统治者不要用死亡来威吓人民，这其中夹杂了老子的愤懑情绪，这也充分体现了他对人民的仁爱和怜悯。

“若使民常畏死，而为奇者，吾得执而杀之，孰敢？”其中，“民”与“奇”相联系，指的是安分守己的人。“为奇者”指不畏死的邪恶之徒。在本句中，老子紧接上文的“民不畏死”，提出了相反的假设：如果人民畏惧死亡，那么统治者就可以依法惩处作奸犯科之人，以后谁还敢肆意妄为呢？老子一向提倡仁慈，反对战争，更不提倡杀人，但是他在这里主张杀一儆百，这看起来有些自相矛盾，实际上老子主张要杀的是胡作非为、作奸犯科的不法之徒，而不是普通的民众。只有惩罚邪恶之徒，才能使国家安定、人民生活幸福。

因此，统治者只有以人民的利益为重，使人民丰衣足食、居有定所，那样人民也就自然会珍惜自己的生命，不会再去冒险和为非作歹了。人民安分守己，天下就会太平，统治者的地位也会稳固下来。圣贤懂得去珍惜生命，从不滥施刑罚，向人民宣传道德法律制度的教化，使其在畏惧死亡的同时明白法律的威严，只有这样才能使天下大治。

“常有司杀者杀。夫代司杀者杀，是谓代大匠斫。夫代大匠斫者，希有不伤其手矣。”就整句话而言，这是老子针对国家秩序混乱的情况而向统治者提出的忠告。在老子看来，为官者应各司其职，不要做任何越俎代庖的行为，否则就会危害国家，还会伤及自己。

第七十五章　民之轻死

【原文】

民之饥，以其上食税之多，是以饥。民之难治，以其上之有为，是以难治。民之轻死，以其上求生之厚，是以轻死。夫唯无以生为者，是贤于贵生。

【译文】

人民之所以会遭受饥饿，是因为统治者榨取吞食赋税过多，因此人民才遭受饥饿。人民之所以难以统治，是因为统治者政令繁苛、强作妄为，所以人民才难于统治。人民之所以会轻生冒死去触犯法律，是因为统治者为了奉养自己，把民脂民膏都搜刮净了，所以人民才轻生冒死。只有那些不去追求生活享受的人，才比奉养奢厚的人更胜一筹。

【解析】

这一章老子用具体的例子说明“无为而治”的好处和重要性。“无为”是一个大原则、大方法，具体运用上，则包括了不搞苛捐杂税、不搞烦琐的法令、收敛自己的欲望等一系列内容。我们知道，统治者和民众是一对矛盾体。如果统治者以人民的利益为重，那么人民就会生活富足，国家就会太平安定，统治者的地位也就会稳固。与此相反，如果统治者不以人民利益为重，只追求自身的安逸，不顾人民的死活，那么人民就会不惜一切地反抗统治者的压迫。统治者为了稳固自己的统治，便会采用武力手段镇压人民，国家就会慢慢走向衰亡。

“民之饥，以其上食税之多，是以饥。”在这句话中，老子直截了当地揭示了人民忍饥挨饿的原因：统治者征收赋税过多，人民被压榨得透不过气来，故而出现饥荒。人民忍饥挨饿，日子过得苦不堪言，因此他们起来反抗也就成了很自然的事。

“民之难治，以其上之有为，是以难治。”其中，这里的“治”是一个政治概念，它指的是人人各得其所、各遂其愿、相互合作、和睦相处、没有矛盾的和谐状态。如何理解“难治”呢？对于统治者而言，它指的是社会难于和谐、有序；对于人民而言，它指的是生活难以维持。人民的生活难以维持，就会流离失所，铤而走险，走上反抗的道路。面对人民的反抗，统治者会想尽各种方法来应对，这也就是老子所说的“以其上之有为”，这里的“有为”指的就是统治者肆意妄为，社会就很难达到和谐的状态。人民生活不安定，这主要是因为统治者的妄为和蛮横所致。一旦人民难以治理，国家就会秩序混乱，统治者的地位也就受到威胁了。老子在这里以简明易懂的语言对“民之难治”的情况作了细致入微的剖析，并为统治者敲响了警钟。

“民之轻死，以其上求生之厚，是以轻死。”“轻死”指的是不畏死亡，也就是根本不把死亡当回事。从消极的意义上说，轻视生死就是一种铤而走险的行为，这种行为对于整个社会和整个世界，都是悲剧性的、破坏性的。从积极的意义上说，轻视死亡就是一种与邪恶势力斗争的行为。“求生”指的是维持生命的活动。“求生之厚”有两层意思：一是把满足生活的需要或维持自己生命的存在这件事看得很重；一是为满足个人生活的需要或维持自己生命的存在付出了太多的财力。生命对于每个人而言，都是极其宝贵的。如果一个人对死亡不再重视了，那么他就不再惧怕死亡了，这个道理在上一章节已经论述过了。在这里，老子对“民之轻死”的原因作了进一步的分析，他说统治者过于注重自身的安逸和享受，必然会占有和利用大量的物质财富，那样人民就会缺衣少食，连基本的温饱都无法满足了。面对这种不公正的现象，人民实在不堪忍受，所以才不惜冒着生命危险去铤而走险。

“夫唯无以生为者，是贤于贵生。”其中，“无以生为”是对“求生之厚”和“有为”的否定，老子正是通过这种否定来说明一个贤明的统治者所应具备的品质和应有的作为。这句是本章的结尾句，老子在这里点出了统治者应坚持的人生态度：只有不厚养自己的生命而又有所作为的人，才比珍惜自己生命的人更胜一筹。

第七十六章　柔弱处上

【原文】

人之生也柔弱，其死也坚强。草木之生也柔脆，其死也枯槁。故坚强者死之徒①，柔弱者生之徒。是以兵强则灭，木强则折。强大处下②，柔弱处上③。

【注释】

① 徒：一类的人。② 下：劣势。③ 上：优势。

【译文】

当人活着的时候，他的身体十分柔软灵活，可是他死后身体就会变得枯槁僵硬。万物草木生长的时候形质是柔软脆弱的，死了之后就变得干枯残败了。所以坚强的东西属于死亡的一类，柔弱的东西属于生长的一类。因此用兵逞强就会招致失败，树木强大就会遭致砍伐摧折。因此凡是坚强的往往处于劣势，相反，柔弱的往往能处于优势。

【解析】

这一章老子以人和植物的生死状态来说明柔弱胜刚强的道理。任何事物强大了都会走向灭亡，这是自然法则。所以有道处柔弱而无道处刚强。

“人之生也柔弱，其死也坚强。草木之生也柔脆，其死也枯槁。”人活着的时候，面色红润，身体柔弱灵活，行动自如。人死了以后，身体就变得坚固僵硬了。死亡是任何人也无法摆脱的命运，有生就有死，这是自然规律，谁也不能免于死亡。接下来，老子从人的生死又谈到了植物的生死状态，万物草木有生命的时候形质是柔软脆弱的，死了就变得干枯残败了。不管是人还是花草树木，活着的时候是柔弱的，而死后就变得僵硬起来。

“故坚强者死之徒，柔弱者生之徒。”这句话所要表达的意思是，坚强的东西属于死亡的一类，柔弱的东西属于有生命的一类。

“是以兵强则灭，木强则折。强大处下，柔弱处上。”一支强暴不义的军队必然灭亡，一棵僵硬枯槁的树木必被折断，因此，强大位于下位，柔弱居于上位。

这一章老子以人和植物的生死状态来说明“柔弱胜刚强”的道理。任何事物强大了都会走向灭亡，这是自然法则。所以有道处柔弱而无道处刚强。

第七十七章　功成不处

【原文】

天之道，其犹张弓与？高者抑之，下者举之；有余者损之，不足者补之。天之道，损有余而补不足。人之道，则不然，损不足以奉有余。孰能有余以奉天下？唯有道者。是以圣人为而不恃，功成而不处[①]，其不欲见贤[②]。

【注释】

①处：有“占有”的意思。②见（xiàn）：通“现”，表现。

【译文】

自然的规律，不是很像张弓射箭吗？弦位高了就把它压低一些，低了就把它举高一些，弓弦拉得过满了就把它放松一些，拉得不足了就把它拉满一些。所以自然的规律是减少有余的补给不足的。可是社会的法则却不是这样，要剥夺不足的用来奉养有余的人。那么，谁能够把有余的拿来补给天下的不足呢？只有有道的人才可以做到。因此，有道的人有所作为而不自恃功高，有所成就而不居功自傲，他不愿表现出自己的贤能。

【解析】

这一章讲天道的法则是损有余而补不足，这和人类社会的情形恰好相反。圣人成功后不居其功，正是效法天道的法则，用自己的有余补天下的不足。

“天之道，其犹张弓与？高者抑之，下者举之；有余者损之，不足者补之。”在这句中，“损”与“抑”指的是节制的意思。“不足”与“下”可以理解为“因弱小而一无所有”。事实上，这里的抑、举、损、补，它们作为动词，都指的是为整体的和谐而作的一种协调工作。另外，这里的高、下、有余、不足都是一种不和谐的状态。在这几句中，老子以天之道与人之道作比较，突出天之道的博大和人之道的渺小，从而得出人之道要效仿天之道的结论。在阐述天之道的时候，老子把天之道比喻成张开的弓箭，人们张开弓箭目的是为了射捕猎物，所以箭头的方向要随着猎物位置的移动而改变，高了压低它，低了抬高它；有余的就减少，不足的加以补足。因此，天之道就是减少有余而补充不足的。

“天之道，损有余而补不足。人之道，则不然，损不足以奉有余。”阐述完天之道以后，老子又很自然地引出了人之道。什么是人之道呢？就是人类统治者所奉行的社会法则。人之道与天之道截然相反，人之道是“损不足以奉有余”。在老子看来，人之道是造成天下贫富不均和权利不平等的根源。而天之道则是为了追求平等，所以它能长久，能够使人心安宁，防止动乱的发生。

“孰能有余以奉天下？唯有道者。”“有道者”即得道者，指的是认识世界道德本质，自觉充当道德主体并能遵循道德行事的人。在这一句中，老子自问自答，进一步说明了有道之人的行为特征：有道之人会把自己多余的衣物、粮食和财物拿出来奉献给贫穷的人，以达到社会均等的目标，从而实现社会的安定。

“是以圣人为而不恃，功成而不处，其不欲见贤。”“为”指的是圣人统治人类社会的活动，这种活动与道统治世界的活动相一致，目的也是为了协调人与人的活动并使之保持和谐统一，所以它是超越个人意志的活动。“不欲见贤”意为不追求、不贪图他人更为优越的生活条件或生活待遇。换句话说，也就是与人民同甘共苦。在本章的末尾，老子以圣人的所作所为得出了一个结论：圣人有所作为而不自恃功高，会把自己多余的部分分给不足的人，绝不炫耀，绝不居功自傲，而是始终保持谦和、恭敬、卑下的德行。

第七十八章　柔之胜刚

【原文】

天下莫柔弱于水，而攻坚强者莫之能胜，以其无以易之。弱之胜强，柔之胜刚，天下莫不知，莫能行。是以圣人云：受国之垢①，是谓社稷主；受国不祥②，是为天下王。正言若反。

【注释】

①垢（gòu）：屈辱。②祥：吉利的。

【译文】

天下最柔软的莫过于水了，但攻坚克强没有什么东西能胜过水的，因而水是没有事物可以代替得了的。弱小的能战胜强大的，柔软的可以战胜刚强的，天下没有人不知道这个道理，但就是没有人能这样做。所以有道的人说：能够承担国家的屈辱，才称得上是国家的君主；能为国家承受祸患的人，才配做天下的君王。正面的话好像是在反说一样。

【解析】

这一章的内容分为两部分：前半部分讲柔弱胜刚强的道理。后半部分说如果一个人能够承担国家的污垢和不祥，那么他就会成为国家的主宰。

“天下莫柔弱于水，而攻坚强者莫之能胜，以其无以易之。”在前面的章节里，老子曾经介绍过水的特性，如柔弱、顺畅、坚韧，还有顺势而为、甘居下位等。在老子看来，天下的事物没有比水更柔弱的了，然而它却是最坚强的，所以没有事物可以代替它。为什么说“莫之能胜”呢？这是因为老子所处的时代，有很多自然现象，人们都无法对其作出科学的解释，所以常常用神化的力量进行曲解。例如，当洪水气势汹汹地袭扰人类的时候，人们就称洪水为“猛兽”，并认为这是上天在惩罚他们。

“弱之胜强，柔之胜刚，天下莫不知，莫能行。”在这里，老子说天下人都懂得了柔能胜刚的道理，却很难像水那样以弱胜强。究其原因，主要是因为人们从小就被灌输一种争先、争强的思想。在这种思想的支配下，人们变得争强好胜起来。然而，真正的强者是不争的，如果一味地争强好胜，就不会像水那样甘居下位、温顺坚韧，那么也就不算是真正的强者了。

“是以圣人云：受国之垢，是谓社稷主；受国不祥，是为天下王。”“受”意为主动接受，自觉承担。“垢”这里指的是外国的侵略。在这里，老子引用圣人的话来说明君主应具备的品德，即能够承受国家的耻辱和灾难。所以，只有做到不以自己的荣辱为荣辱，为了国家不惜忍辱负重，这样才配称为一国之君。例如，春秋末年勾践灭吴的故事，就很好地说明了这一点。

在本章的末尾，老子以“正言若反”作结论，这句话如何理解呢？老子在此说“正言若反”，与原文并不是割裂的，而是承接了上文所说的水的柔弱和刚强。在老子看来，人们所说的、所认定的东西，其结果恰好与事实相反，人们不能认识大智大慧，把大智大慧视作愚蠢，结果自己处在愚昧之中还自认聪明，以至于聪明反被聪明误。所以，这句话是老子对整部《道德经》中那些相反相成的言论的高度概括。

第七十九章　报怨以德

【原文】

和大怨，必有余怨，安可以为善？是以圣人执左契，而不责于人。有德司契①，无德司彻②。天道无亲，常与善人③。

【注释】

①司契：古代贵族所用的管账人。②彻：是周代田税法，指十一税。③与：给，赠。

【译文】

很大的仇怨虽经调解，总还是留有余怨，怎么说得上是最好的解决办法呢？因此，有道的人保存借据的存根，但并不以此强迫别人偿还债务。有德的人就像持有借据的人那样宽容不索取，没有德的人就像掌管税收的人那样苛刻刁诈。自然规律对任何人都没有偏爱，不分亲疏，而常常伴随有德行的善人。

【解析】

这一章老子依然就统治者与百姓之间的矛盾而展开论述。老子说道德是万事万物的根本，人们能够做到重道敬德，事情自然就会做好。如果人们不重道敬德，那么即使费尽心力，也不能把事情做完美。天道无所偏爱，但自然归向有道的人。

“和大怨，必有余怨，安可以为善？”“大怨”意为深刻重大的冤仇，即人与人之间结下的深仇大恨。“余怨”指的是难以消除的以至于长年累月沉积于心底的怨恨。“大怨”是如何出现的呢？在前面章节中，我们已经分析过老子所处的那个时代的特征，当时，统治者好大喜功，他们为了满足私欲，不惜穷兵黩武，发动大规模的兼并战争，致使人民流离失所。他们甚至还向人民收取大量的赋税，使人民深受其苦，不堪重负。这样，统治者与人民之间的矛盾不断激化，人民怨声四起。为了稳定民心，统治者就想通过和解的方式消除“大怨”，这就是所说的“和大怨”。“和大怨”的结果会怎样呢？老子认为，“和大怨必有余怨”，为什么会“有余怨”呢？这是因为统治者与人民之间的矛盾已经到了不可调和的地步，要想使“余怨”彻底消除，统治者就得摒除自己的私念，克制自己的欲望，从对个人利益的追求中解脱出来。如果统治者继续为了满足自己的欲望而损害人民的利益，那么不管他们怎样努力，都不可能消除人民心中的“余怨”。

“是以圣人执左契，而不责于人。有德司契，无德司彻。”“左契”指的是债券的左半部分，为债权人所有，它是债权人向债务人索债的凭证。“有德”即有德的人，他们是道德的主体，是自觉遵循道德并能从善如流的人。“彻”指的是古代的一种租税，在这里引申为连本带利一次性地清偿债务。如果债务人无力清偿债务，那么就剥夺其人身自由，并没收其所有财产。在这句话中，老子再次以圣人的行为作为参照，指出了“有德”和“无德”的区别，老子说“有德”的统治者按照契约的合同收取租税，而“无德”的统治者则根据田亩的数量任意地收取地租。

“天道无亲，常与善人。”其中，“善人”指的是道德的主体，他与道同在，与道创造的整个世界同在，所以整个世界都是他的支撑和依靠，只有这种人才是真正强大的人。在这句话中，老子指出，天道对于任何事物来说，都是无亲无疏的，但是它喜欢和善良的人站在一起。换句话说，天道鄙视无德的人，而那些苛刻的统治者必然会受到天道的责罚，这就为无德的统治者敲响了警钟。

第八十章　小国寡民

【原文】

小国寡民。使有什伯之器而不用①；使民重死而不远徙②。虽有舟舆③，无所乘之；虽有甲兵，无所陈之。使民复结绳而用之。甘其食，美其服，安其居，乐其俗。邻国相望，鸡犬之声相闻，民至老死，不相往来。

【注释】

①什：十。伯：百。②徙（xǐ）：迁移。③舆（yú）：车子。

【译文】

使国家变小，使人民稀少。即使有各种各样的器具也并不使用，使人民重视死亡而不向远方迁徙。虽然有船只车辆，却没有必要去乘坐；虽然有武器装备，却没有机会去布阵打仗；使人民再回到远古结绳记事的自然状态中去。使人民有香甜美味的饮食，漂亮华丽的衣服，安适稳定的住所，欢乐的风俗。国与国之间互相望得见，鸡犬的叫声都可以听得见，但人民从生到死，彼此也不互相往来。

【解析】

这一章老子提出了自己的“理想国”模式——小国寡民。在老子的“理想国”中，没有战争，人民安居乐业，不用智能，自得其乐。老子认为，理想的国家不宜过大，人口也不宜过多。

“小国寡民。使有什伯之器而不用；使民重死而不远徙。虽有舟舆，无所乘之；虽有甲兵，无所陈之。使民复结绳而用之。”其中，“小国寡民”指的是满足于地域有限和人口不多的现状，而不试图通过武力来建立一个地域广大、人口众多的国家。“什佰”为古代士卒部曲的名称。什，十人，是由十个人组成的军事单位，相当于现代军队编制中的“班”；佰，百人，是由一百个人组成的军事单位，相当于现代军队编制里两个“排”的规模。“重死”即不轻死，也就是不拿着生命作赌注去冒险。人们只有做到珍惜自己的生命，才不会任意伤害他人的性命。

从前面的诸多章节中，我们可以了解到老子所处的那个时代的特征：战乱、压迫、贫瘠、饥饿、荒淫、贪婪……面对这样一个时代，老子为我们设计出了一个“理想国”的模式：国家规模很小，就像一个安静的村落；国中的百姓很少，但是人人富足，生活安定，各种器具应有尽有，但是人们都不去使用这些器具；统治者清心寡欲，从不把自己的意志强加到人民的身上，也不干涉人民的生活，使人民重视自己的生命。此外，国中的人不向远方迁徙，他们虽然有船和车等交通工具，但是从不乘坐，而是徒步行走在路上；天下相安无事，即使拥有实力雄厚的甲兵，也没有用武之地；使人民回到使用结绳记事的远古的自然状态中去。结绳记事的时代是什么样的呢？那个时代没有战争，人们自由自在，和睦相处，都过着自然、纯朴的生活。这种单纯质朴的社会让每个人都心驰神往。即便在两千多年后的今天，我们依然能感觉到老子的“小国寡民”的美好。那么，小国寡民能不能实现呢？其实，这种社会曾在人类历史上存在过相当长的一段时期，只不过那时的社会发展水平还比较低，远远没有老子所说的那么富足罢了。

“甘其食，美其服，安其居，乐其俗。”“俗”指的是全部现实的生活方式，它是人们的社会政治、道德、法律、经济、社会、文化、生活的总和。在这里，老子以一连串的排比来描绘他心目中理想社会的场景：在这个社会里，有甘甜美味的食物可供食用，有华美舒适的衣服可供穿戴，有安适的住所可供居住，有令人愉悦的风俗可供享受。在一般人看来，这些都是些极其简单的生活需要，而老子曾说过，真正的富足就是知道满足，所以这种简单生活需求可以使人类生命的价值得以提高和升华。

“邻国相望，鸡犬之声相闻，民至老死，不相往来。”这是本章的末尾，在这里，老子通过描绘“小国”里的人们的生活和交际情况，道出了老子的处世观和生活态度。老子认为，相邻国家的百姓之间要“老死不相往来”。不过，这种态度也不是没有目的的，我们都知道，老子向来反对“多智”，他认为人民心智机巧过多就会导致祸乱，所以他不主张人们往来。

第八十一章　为而不争

【原文】

信言不美，美言不信。善者不辩[①]，辩者不善。知者不博，博者不知。圣人不积[②]，既以为人己愈有，既以与人己愈多。天之道，利而不害；人之道，为而不争。

【注释】

①辩：有口才，会申辩。②积：积蓄，储存。

【译文】

真实的话不漂亮，漂亮的话不真实。行为善良的人不善于用言语自辩，爱用言语自辩的人不一定善良。有真知灼见的人知识不一定广博，知识广博的人没有真知灼见。有道的人什么也不保留，他愈帮助别人，自己反而更加富有；他越是把自己的一切给予他人，自己就越加丰富。自然的规律是让万事万物都得到好处而不伤害它们，有道的人的法则是施惠于众人而不与人争夺。

【解析】

这一章的内容可以分为两部分：前半部分讲“言”和“知”。老子认为，真诚的言论听起来并不美，也不够雄辩。真正有智慧的人不一定知识广博，但是他们一定能抓住大道的根本。后半部分讲天的法则是“利而不害”。圣人效法天道，只做对他人有利的事情，而不做与人争利的事情。

“信言不美，美言不信。善者不辩，辩者不善。”这里的“美”并不是一般意义上的好和善，而是指华而不实。所以，“美言”指的就是花哨漂亮、夸大其辞、以取悦于人并骗取他人的信任为目的的言语。真正善良的人，绝不会与人争论是非，他们虽然在行为上表现得木讷，但是脑子十分清醒。他们看起来十分愚钝，既不善于评论别人，也不善于为自己争辩，但是他们的心灵清澈如水。老子认为，不善于用花言巧语来争辩的人才是完美的，其本质也是善良的。老子之所以这样说，绝不是要我们不说话，而只是想突出“善辩”的弊端。

对于获得知识的博与专，老子有他自己的见解，他说“知者不博，博者不知”。老子在这里强调的是对道的把握（真知）和多闻（广博）的辩证关系，他认为，多闻并不能真正地明白道，而明白道的人也不一定依靠博闻来获得真知灼见。

“圣人不积，既以为人己愈有，既以与人己愈多。”“不积”指的是没有必要为自己打算。“为人”与“为己”相对，以他人为目的，为了整个人类的普遍幸福与自由，而这正是道德的至高境界。“与人”和“与己”相对，指的是参与整个人类社会的活动，从事以实现整个人类的利益为目的的活动。这句话意思是说，尽量帮助别人，自己反而更富有；他尽量给予别人，自己反而更丰富。

“天之道，利而不害；人之道，为而不争。”在老子看来，人类就像是浩瀚大海里的游鱼一样，成群结队，但是每一个个体又有差异。在这个浩瀚的世界里，我们每个人都要成长、衰老和消亡，也都无一例外地喜欢生而厌恶死，这是因为生是幸福的。世界上的美丽事物是天地赠予我们的礼物，这些事物可以让我们尽情地享受着它们的美好而不要求回报，更不用说去伤害我们了。圣人也是如此，他们只默默地奉献而不要求我们的回报，没有欲望，也不妄为。圣人表面上看起来与常人无异，其实他们的境界是高深而幽远的，常人又怎么能与他们相比呢？

下篇

庄子

◎内　篇◎

逍遥游

【题解】

“逍遥游”是没有拘束、悠闲自得地畅游于自然和社会的意思。这是庄子哲学思想和人生观的一个方面。在庄子看来，天地万物都有其所依赖的东西，高飞的大鹏、浮游的尘埃、御风而行的列子，都不能做到真正的“逍遥游”。庄子理想的“逍遥游”是“无所待”，即如篇中所写的“乘天地之正，御六气之辨，以游于无穷”的“神人”。神人不受任何时空的限制，也不凭借任何外力而自由自在地在自然和社会中畅游。而做到不依赖于外物的根本又是“无已”，无所作为，即对他人无用，才能保全自己，消除物我对立，在“无何有之乡”获得绝对自由，达到“逍遥”的境界。这种哲学和人生观带有唯心的、虚幻的色彩。

【原文】

北冥有鱼①，其名为鲲。鲲之大，不知其几千里也。化而为鸟②，其名为鹏③。鹏之背，不知其几千里也；怒而飞，其翼若垂天之云④。是鸟也，海运则将徙于南冥。南冥者，天池也。

【注释】

①北冥：即北海。②化：变成。③鹏：即古“凤”字。④垂天之云：犹如边陲的云。

【译文】

北海有一条鱼，它的名字叫作鲲。鲲的体积巨大，不知道有几千里。变化成为鸟，它的名字叫作鹏。鹏的背，不知道有几千里；振翅奋飞，它的翅膀就像天边的云。这只鸟，海动风起时就要迁徙到南海。那南海，就是一个天然的大池。

【原文】

《齐谐》者①，志怪者也。《谐》之言曰：“鹏之徙于南冥也，水击三千里②，抟扶摇而上者九万里③。去以六月息者也。”野马也，尘埃也，生物之以息相吹也。天之苍苍④，其正色邪？其远而无所至极邪？其视下也，亦若是则已矣。

【注释】

①《齐谐》：书名。一说为人名。②水击：通水激，水激则波兴。③抟（tuán）：又作“搏”，

表示拍打。扶摇：海中回旋向上的飓风。④ 苍苍：深蓝色。

【译文】

《齐谐》这本书，是记载怪异之事的。《齐谐》中说："鹏在迁往南海的时候，振翼拍水，水花激起达三千里，翅膀拍打盘旋的飓风而直上九万里高空。它是乘着六月的大风而飞去的。"野马奔腾般的游气，飞扬的游尘，以及空气中活动的生物，都被风相吹拂而飘动着。天空苍茫湛蓝，那是它的本色吗？它的高远是无穷无尽的吗？大鹏往下看，大概也就是这样的光景吧。

【原文】

且夫水之积也不厚，则其负大舟也无力。覆杯水于坳堂之上①，则芥为之舟②；置杯焉则胶，水浅而舟大也。风之积也不厚，则其负大翼也无力。故九万里，则风斯在下矣，而后乃今培风；背负青天而莫之夭阏者③，而后乃今将图南。

【注释】

① 坳（ào）堂：堂上的低洼处。② 芥：小草。③ 夭阏（yù）：阻遏。夭，折。阏，塞，遏。

【译文】

水的积聚不深厚，那么负载大船就没有力量。倒一杯水在堂前低洼的地上，那么放一根小草可当作船；放上一个杯子就贴地了，这是水浅而船大的缘故。风积聚的强度不够，那么它负载巨大的翅膀就没有力量。所以鹏飞九万里是因为风在它的翅膀下面，然后才乘着风力飞行，由于背负着青天而没有阻碍，然后才能图谋飞往南海。

【原文】

蜩与学鸠笑之曰①："我决起而飞②，抢榆枋而止，时则不至而控于地而已矣③，奚以之九万里而南为④？"适莽苍者，三飡而反⑤，腹犹果然⑥；适百里者，宿舂粮；适千里者，三月聚粮。之二虫又何知！

【注释】

① 蜩（tiáo）：蝉。学鸠：斑鸠。学，一作"鸴"。② 决（jué）起：奋起而飞。③ 则：或。控：投。④ 奚以：哪里用。之：到。⑤ 飡：同"餐"。反：同"返"。⑥ 果然：饱的样子。

【译文】

蝉和学鸠讥笑大鹏说："我奋力而飞，碰到榆树和檀树就停下来，有时没飞上去投落到地上就是了，何必要飞九万里而往南海去呢？"到郊野去的，只需带三餐的粮食而当天返回，肚子还是饱饱的；到百里以外的地方去，要准备一宿的粮食；到千里以外的地方去，要准备三个月的粮食。这两种虫鸟又怎会知道呢！

【原文】

小知不及大知①，小年不及大年②。奚以知其然也？朝菌不知晦朔，蟪蛄不知春秋[③]，此小年也。楚之南有冥灵者，以五百岁为春，五百岁为秋；上古有大椿者，以八千岁为春，八千岁为秋，此大年也。而彭祖乃今以久特闻，众人匹之[④]，不亦悲乎！

【注释】

①知：同“智”。②年：寿命。③蟪蛄：寒蝉。④匹之：和他相比。匹，比。

【译文】

才智小的不如才智大的，寿命短的不如寿命长的。怎么知道是这样呢？朝菌不知道昼夜的更替，蟪蛄不知道四季的变化，这就是“小年”。楚国的南边有一只灵龟，以五百年为一个春季，五百年为一个秋季；上古时期有一棵大椿树，以八千年为一个春季，八千年为一个秋季，这就是“大年”。而彭祖到现在还以长寿闻名于世，众人都想和他相比，岂不是可悲吗！

【原文】

汤之问棘也是已：汤问棘曰：“上下四方有极乎？”棘曰：“无极之外，复无极也。穷发之北有冥海者[①]，天池也。有鱼焉，其广数千里，未有知其修者[②]，其名为鲲。有鸟焉，其名为鹏，背若太山，翼若垂天之云，抟扶摇羊角而上者九万里，绝云气，负青天，然后图南，且适南冥也。斥鴳笑之曰：‘彼且奚适也？我腾跃而上，不过数仞而下，翱翔蓬蒿之间，此亦飞之至也。而彼且奚适也？’”此小大之辩也[③]。

【注释】

①穷发：不毛之地。发，毛，此处指草木。②修：长。③辩：通“辨”，区别。

【译文】

商汤问棘也有这样的话：商汤问棘说：“上下四方有极限吗？”棘说：“无极之外，又是无极。在不毛之地的北方，有一个广漠无涯的大海，就是天然的大池。那里有一条鱼，它的宽度有几千里，没人知道它的身长，它的名字叫鲲。有一只鸟，它的名字叫鹏，鹏的脊背像泰山，翅膀像天边的云，乘着羊角般的旋风直上到九万里的高空，超绝云气，背负青天，然后向南飞翔，将要到达南海。小池泽里的小雀讥笑它说：‘它将飞到哪里去呢？我腾跃而上，不过几丈高便落下来，在蓬蒿丛中飞来飞去，这亦是飞翔的极限了，而它究竟要飞到哪里去呢？’”这就是小和大的区别。

【原文】

故夫知效一官[①]，行比一乡，德合一君而征一国者，其自视也亦若此矣。而宋荣子犹然笑之。且举世而誉之而不加劝[②]，举世而非之而不加沮，定乎内外之分，辩乎荣辱之境，斯已矣。彼其于世未数数然也[③]。虽然，犹有未树也。夫列子御风而行，泠然善也，旬有五日而后反。彼于致福者，未数数然也。此虽免乎行，犹有所待者也。

若夫乘天地之正，而御六气之辩，以游无穷者，彼且恶乎待哉！

故曰：至人无己[④]，神人无功，圣人无名。

【注释】

① 知效一官：才智能胜任一官之职。效，胜任。② 劝：勤勉，努力。③ 数数（shuò shuò）然：急切追求的样子。④ 无己：去除自我中心，没有偏执己见。

【译文】

故有些人才智能胜任一官之职，行为能合乎一乡人的心愿，德行能符合国君的心意，取得一国的信任，他们自以为不错，也就像小池泽里的小雀一样。而宋荣子嗤笑他们。宋荣子能够做到整个世界都赞誉他而他也不会更加勤勉，整个世界都非议他而他也不会沮丧。他能认定内我和外物的分别，能辨别光荣与耻辱的界限，就这样而已。他对于世俗的声誉并没有汲汲去追求。即便如此，他还有未曾树立的境界。列子乘风而行，样子轻妙极了，过了十五天才回来。他对于求福的事，并没有汲汲去追求。这样虽然可以免于步行，但还是有所依待。

如果能顺着自然的规律，把握六气的变化，以游于无穷的境域，他还有什么必须依待的呢！

所以说：至人无一己之私念，神人无功业的束缚，圣人无名声的牵累。

【原文】

尧让天下于许由[①]，曰："日月出矣，而爝火不息[②]，其于光也，不亦难乎！时雨降矣，而犹浸灌[③]，其于泽也，不亦劳乎！夫子立，而天下治，而我犹尸之[④]，吾自视缺然[⑤]。请致天下。"

许由曰："子治天下，天下即已治也。而我犹代子，吾将为名乎？名者实之宾也[⑥]。吾将为宾乎？鹪鹩巢于深林，不过一枝；偃鼠饮河，不过满腹。归休乎君，予无所用天下为！庖人虽不治庖[⑦]，尸祝不越樽俎而代之矣。"

【注释】

① 许由：传说中的隐士。② 爝（jué）火：火炬。③ 浸灌：浸润灌溉。④ 尸：古代替死者受祭的人称"尸"，此处意为主持。⑤ 缺然：欠缺的样子。⑥ 宾：从属，附庸。⑦ 庖人：厨师。

【译文】

尧要把天下让给许由，说："日月出来了，而小火把还不熄灭，它和日月之光相比，不是很难吗！及时雨降下了，而还在挑水灌溉，对于滋润土地，岂不是徒劳吗！夫子您一在位，天下便可安定，而我还占着这个位子，我自己觉得很惭愧，请让我把天下交给您。"

许由说："您治理天下，天下已经安定了。而我还来代替您，我这是为着名吗？名是从属于实的，我为着求取从属的东西吗？小鸟在深林里筑巢，所占不过一根树枝；偃鼠到河里饮水，所需不过喝满肚子。回去吧，君主，我要天下做什么呢！厨师虽不下厨，主祭的人也不越位去代替他下厨烹调。"

【原文】

肩吾问于连叔曰："吾闻言于接舆，大而无当，往而不返。吾惊怖其言，犹河汉而无极也；大有径庭①，不近人情焉。"

连叔曰："其言谓何哉？"

曰："'藐姑射之山，有神人居焉，肌肤若冰雪，绰约若处子②；不食五谷，吸风饮露；乘云气，御飞龙，而游乎四海之外。其神凝③，使物不疵疠而年谷熟④。'吾以是狂而不信也。"

连叔曰："然！瞽者无以与乎文章之观⑤，聋者无以与乎钟鼓之声。岂唯形骸有聋盲哉？夫知亦有之。是其言也，犹时女也⑥。之人也，之德也，将旁礴万物以为一⑦，世蕲乎乱⑧，孰弊弊焉以天下为事！之人也，物莫之伤，大浸稽天而不溺，大旱金石流、土山焦而不热。是其尘垢粃糠，将犹陶铸尧舜者也，孰肯分分然以物为事。"

宋人资章甫而适诸越，越人断发文身，无所用之。尧治天下之民，平海内之政，往见四子藐姑射之山，汾水之阳，窅然丧其天下焉⑨。

【注释】

①大有径庭：相隔太远，差别极大。径，门外面的路。庭，堂外面的地。两者远隔。②绰约：轻盈柔美的样子。③神凝：精神凝聚专一。④疵疠（cī lì）：灾害。⑤瞽（gǔ）者：盲人。⑥时女：时，通"是"；女，同"汝"。指肩吾。⑦旁礴：广被万物，无所不包。⑧蕲（qí）：求。乱：纷纷扰扰。⑨窅（yǎo）然：怅然若失的样子。

【译文】

肩吾问连叔说："我听接舆说话，大而无当，说出去的话不能得到印证，我对他的话感到惊骇，其所言好像银河一般漫无边际；和常人的差别极大，不合世情。"

连叔说："他说的是什么呢？"

肩吾说："他说：'在遥远的姑射山上，有一个神人居住着，肌肤像冰雪一样洁白，姿容像处女一样柔美；不吃五谷，吸清风饮露水；乘着云气，驾御飞龙，遨游于四海之外。他的精神凝聚，使万物不受灾害，谷物丰熟。'我认为这是诳言而不相信。"

连叔说："当然了。无法与盲人同赏文彩的美丽；无法与聋子同听钟鼓的乐声。岂止是形骸上有聋有盲吗？心智上也有啊。这个话，就是指你而言的呀。那个神人，他的德行，广被万物合为一体，人世喜纷扰，他怎么肯辛苦劳碌去管世间的俗事呢！他这样的人，外物伤害不了他，大水滔天而不会溺死，大旱使金石熔化、土山枯焦，而他不会感到热。他扬弃的尘垢糟糠，就可以造出尧、舜，他怎么肯纷纷扰扰以俗物为自己的事业呢。"

宋国人到越国贩卖殷冠，越国人不留头发，身刺花纹，用不着帽子。尧治理天下万民，安定海内的政事，到遥远的姑射山和汾水的北面，拜见四位得道的高士，不禁茫然而忘记自己是一国之君。

【原文】

惠子谓庄子曰："魏王贻我大瓠之种①，我树之成而实五石②，以盛水浆，其坚不能自举也；剖之以为瓢，则瓠落无所容。非不呺然大也③，吾为其无用而掊之④。"

庄子曰："夫子固拙于用大矣。宋人有善为不龟手之药者⑤，世世以洴澼絖为事⑥。客闻之，请买其方以百金。聚族而谋曰：'我世世为洴澼絖，不过数金；今一朝而鬻技百金⑦，请与之。'客得之，以说吴王。越有难⑧，吴王使之将，冬与越人水战，大败越人，裂地而封之。能不龟手，一也；或以封，或不免于洴澼絖，则所用之异也。今子有五石之瓠，何不虑以为大樽而浮乎江湖，而忧其瓠落无所容？则夫子犹有蓬之心也夫！"

【注释】

①贻：赠送。瓠（hù）：葫芦。②树：种植。③呺（xiāo）然：空虚巨大的样子。④掊（pǒu）：打破。⑤龟（jūn）：皮肤因寒冷或干燥而裂开如龟纹。⑥洴澼（píng pì）：漂洗。絖（kuàng）：通"纩"，丝絮，棉絮。⑦鬻（yù）：出售。⑧难：发难，此处指越国入侵吴国。

【译文】

惠子对庄子说："魏王送给我一粒大葫芦种子，我种植长成后结的葫芦有能装下五石粮食那么大；用来盛水，它的坚固程度却承受不了自己的容量；割开它来做瓢，则瓢太大无处可容。这葫芦不是不大，我认为它没有什么用，便把它打破了。"

庄子说："你真是不善于使用大的东西呀！宋国有个人善于制造不龟裂手的药，于是利用它，他家世世代代都以漂洗丝絮为业。有个客人听说了这种药，请求用百金买他的药方。他聚合家族人商量说：'我家世世代代漂洗丝絮，只得到很少的钱；现在一旦卖出这个药方就能得到百金，就卖给他吧。'那客人得到了药方，便去游说吴王。这时越国对吴国发难，吴王就派他将兵，冬天同越人水战，大败越人，吴王分封给他土地以为奖赏。同样一个让人不龟裂手的药方，有的因此得到封赏，有的却只是用来从事漂洗丝絮的劳动，这就是使用方法的不同。现在你有五石容量的大葫芦，何不系着当作腰舟而浮游于江湖之上，反而愁它太大无处可容呢？可见你的心还是茅塞不通呀！"

【原文】

惠子谓庄子曰："吾有大树，人谓之樗①。其大本拥肿而不中绳墨②，其小枝卷曲而不中规矩，立之塗③，匠者不顾。今子之言，大而无用，众所同去也。"

庄子曰："子独不见狸狌乎④？卑身而伏，以侯敖者；东西跳梁⑤，不辟高下⑥；中于机辟，死于网罟。今夫斄牛⑦，其大若垂天之云。此能为大矣，而不能执鼠。今子有大树，患其无用，何不树之于无何有之乡，广莫之野，彷徨乎无为其侧⑧，逍遥乎寝卧其下⑨。不夭斤斧，物无害者，无所可用，安所困苦哉！"

【注释】

①樗（chū）：臭椿树，木质差。②大本：主干。拥：通"臃"。③塗：通"途"，路上。④狸：

野猫。狌（shēng）：黄鼠狼。⑤跳梁：跳跃。梁，通“掠”。⑥辟：同“避”。⑦斄（lí）牛：即牦牛。⑧彷徨：徘徊，闲游自得。⑨逍遥：优游自在。

【译文】

惠子对庄子说：“我有一棵大树，人们叫它‘樗’。它的主干木瘤盘结而不合绳墨，它的小枝弯弯曲曲而不合规矩，生长在路上，匠人都不看它。现在你的这些言论，大而无用，大家都抛弃而去了。”

庄子说：“你没有看见猫和黄鼠狼吗？它们趴伏着身子，等待出游的小动物；东西跳跃掠夺，不避高低；常常踏中机关，死在罗网中。再看那牦牛，庞大的身躯像垂在天上的云，它的能力可做大事，但不能捉老鼠。现在你有这棵大树，发愁它没有用，何不把它种在虚寂的乡土，或广漠的旷野，随意地徘徊在树旁，优游自在地躺在树下。不因遭受斧头的砍伐而夭折，没有东西来伤害它，没有什么可用，又会有什么可困惑苦恼的呢！”

齐物论

【题解】

本篇是《庄子》一书的重点所在，体现了庄子哲学思想在本体论和认识论上的基本观点。所谓“齐物论”，就是讲论宇宙万物齐一和是非相对。庄子认为，客观存在的万物本是不分彼此的，也是虚无的，是由“真君”或“真宰”主宰着的。这是本体论上的一种主观唯心主义观点。与此相应，在认识论上，庄子认为事物的彼此、认识上的是非，都是相对的，并无根本的界限，因此应停止有关是非的争论，做到忘我，做到无是非，用明静之心去体认万物，达到万物与我为一的齐物境界。这是认识上的一种相对主义和不可知论的观点。基于这种本体论和认识论，庄子得出万物齐一、物我化一的主观唯心主义结论。

【原文】

南郭子綦隐机而坐，仰天而嘘[①]，荅焉似丧其耦[②]。颜成子游立侍乎前，曰：“何居乎[③]？形固可使如槁木，而心固可使如死灰乎？今之隐机者，非昔之隐机者也。”

子綦曰：“偃，不亦善乎，而问之也[④]！今者吾丧我，汝知之乎？汝闻人籁而未闻地籁，汝闻地籁而未闻天籁夫！”

子游曰：“敢问其方[⑤]。”

子綦曰：“夫大块噫气[⑥]，其名为风。是唯无作，作则万窍怒呺[⑦]。而独不闻之翏翏乎[⑧]？山林之畏佳[⑨]，大木百围之窍穴，似鼻，似口，似耳，似枅[⑩]，似圈，似臼，似洼者[⑪]，似污者；激者[⑫]，謞者[⑬]，叱者，吸者，叫者，譹者[⑭]，宎者[⑮]，咬者。前者唱于而随者唱喁。泠风则小和[⑯]，飘风则大和，厉风济则众窍为虚[⑰]。而独不见之调调之刁刁乎⑱？”

子游曰：“地籁则众窍是已，人籁则比竹是已。敢问天籁。”

子綦曰：“夫天籁者，吹万不同，而使其自己也，咸其自取，怒者其谁邪！”

【注释】

①嘘（xū）：缓缓地吐气。②荅（dá）焉：形体死寂的样子。③何居：何故。居，同“故”。④而：同“尔”，你。⑤方：术，道术。⑥大块：大地。噫（yī）气：吐气出声。⑦窍：洞穴。呺（háo）：吼叫。⑧翏翏（liù liù）：大的风声。⑨畏隹（wēi cuī）：通“嵔崔”，形容山势高大险峻的样子。⑩枅（jī）：房柱上用以承接栋梁的方木，一般称斗拱。⑪洼：池沼，指深窍。⑫激者：如水激之声。⑬谪（xiào）者：如飞箭声。⑭譹者：如嚎哭声。⑮宎（yǎo）者：如风吹深谷的声音。⑯泠（líng）风：小风。⑰厉风：烈风。济：停止。⑱调调：树枝摇动的样子。刁刁：树叶微动的样子。

【译文】

南郭子綦靠着几案静坐，仰头朝天缓缓地呼吸，好像遗忘了自我存在一样。颜成子游侍立在跟前，问道：“这是什么缘故呢？难道人的形体本来可以使它像枯槁的树木，而心神本来可以使它像死灰吗？您今天靠几静坐的神情，和往昔靠几静坐的神情不大相同啊。”

子綦说：“偃，你这个问题问得很好。今天我丢弃了以前的那个我，你知道这一点吗？你或许听说过人籁，但不一定听说过地籁；你或许听说过地籁，肯定没听说过天籁吧！”

子游说：“请问其中的道理。”

子綦说：“大地呼出的气，名字叫作风。这风不发作则已，一发作则万窍都怒号起来。你没有听过那长风呼啸的声音吗？山林高低险阻的地方，百围大树上的孔穴，有的像鼻孔，有的像嘴巴，有的像耳朵，有的像梁上的方孔，有的像牛栏猪圈，有的像舂臼，有的像深池，有的像浅塘；（这些孔窍发出声音）有的像湍水冲激的声音，有的像飞箭声，有的像叱咤的声音，有的像呼吸的声音，有的像叫喊的声音，有的像号哭的声音，有的像风吹深谷的声音，有的像哀叹的声音。前面的风呜呜地唱着，后面的风呼呼地和着。小风则相和的声音小，大风则相和的声音大。烈风停止后，则所有的孔窍都虚空无声了。你不见草木还在摇曳晃动吗？”

子游说：“地籁是众孔窍发出的声音，人籁是竹箫所吹出的声音。请问天籁是什么呢？”

子綦说：“风吹万种孔窍发出的声音各不相同，这些声音千差万别，乃是各种窍穴的自然状态造成的，既然各种不同的声音都是由其自身决定的，那么使其怒号发声的还有谁呢？”

【原文】

大知闲闲，小知间间①；大言炎炎，小言詹詹②。其寐也魂交③，其觉也形开④，与接为构⑤，日以心斗。缦者，窖者，密者⑥。小恐惴惴，大恐缦缦⑦。其发若机栝，其司是非之谓也；其留如诅盟，其守胜之谓也；其杀若秋冬，以言其日消也；其溺之所为之，不可使复之也；其厌也如缄，以言其老洫也[⑧]；近死之心，莫使复阳也[⑨]。喜怒哀乐，虑叹变慹，姚佚启态[⑩]；乐出虚，蒸成菌。日夜相代乎前，而莫知其所萌。已乎，已乎！旦暮得此，其所由以生乎！

【注释】

①闲闲：广博闲逸的样子。间间：细加分别，此处有计较的意思。②炎炎：火焰猛烈的样子，此处指气焰凌人。詹詹：喋喋不休。③魂交：精神交错，此处指睡觉多梦不宁。④形开：形体疲乏懒散，犹如说身体累得散了架。⑤与接为构：与外界接触，发生交构。构，同"构"。⑥缦（màn）：通"慢"，迟缓，散漫。窖：深沉，用心难测。⑦缦缦：茫然昏乱，惊魂失魄的样子。⑧老洫（xù）：洫，田间的水道、沟渠。老洫是指年久失修，虽有水而不流动的沟渠，此处指老朽枯竭。⑨复阳：恢复生机。⑩姚：轻浮躁动。

【译文】

大智广博，小智偏狭。大言盛气凌人，小言争辩不休。他们睡觉时心神交错不宁，醒来后形体疲乏懒散。他们和外界接触纠缠不清，天天钩心斗角。有的散漫不经，有的用心难测，有的谨密不露声色。遇到小恐惧忧惧不安，遇到大恐惧惊魂失魄。他们发言好像放出利箭一般，这就是说在专心窥伺别人的是非来攻击。他们不发言时像赌咒发过盟誓一般，这就是在默默等待时机以守取胜。他们衰败时如秋冬的景物，这就是说他们在一天天消损。他们沉溺在自已的所作所为中，不可能恢复到原状了。他们心灵闭塞如受绳索捆缚着，这就是说他们老朽枯竭了。走向死亡道路的心灵，没法使他们恢复生机了。他们喜怒哀乐，忧虑感叹，反复恐惧，轻浮躁动，放纵张狂，装模作态；像乐声从空虚的乐器中发出，又像地气蒸发长出菌类一样。这种情绪和心态日日夜夜在眼前更替出现，但不知道它们是怎样发生的。算了吧，算了吧！一旦知道了这些产生的道理，也就懂得了它们所以发生的根由了吧！

【原文】

非彼无我[①]，非我无所取。是亦近矣，而不知所为使。若有真宰[②]，而特不得其眹[③]。可行已信；而不见其形，有情而无形[④]。

百骸、九窍、六藏，赅而存焉，吾谁与为亲？汝皆说之乎？其有私焉[⑤]？如是皆有为臣妾乎？其臣妾不足以相治乎？其递相为君臣乎？其有真君存焉？如求得其情与不得，无益损乎其真。

一受其成形，不亡以待尽。与物相刃相靡，其行尽如驰，而莫之能止，不亦悲乎！终身役役而不见其成功，苶然疲役而不知其所归[⑥]，可不哀邪！人谓之不死，奚益！其形化，其心与之然，可不谓大哀乎？人之生也，固若是芒乎[⑦]？其我独芒，而人亦有不芒者乎？

夫随其成心而师之[⑧]，谁独且无师乎？奚必知代而心自取者有之[⑨]？愚者与有焉。未成乎心而有是非，是今日适越而昔至也。是以无有为有。无有为有，虽有神禹，且不能知，吾独且奈何哉！

【注释】

①彼：指上述的种种情态。②真宰：身心的主宰，真我。③眹（zhèn）：通“朕”，征兆，迹象。④情：实。⑤私：偏爱，偏重。⑥苶（nié）然：疲惫倦怠的样子。⑦芒：芒昧，糊涂，昏惑。⑧成心：主观成见。师：取法。⑨知代：知道事物发展的更替变化。

【译文】

没有它们（上述的种种情态）就没有我，没有我，它们也无从体现。它们和我是相近的，但不知道是由什么东西主使的。好像有真宰，而又找不着它的形迹。我们可从它的作用上得到凭信，虽然看不见它的形体，但它是真实存在而无形象的。

百骸、九窍、六脏，都完备地存在于我的身上，我和哪个最亲近呢？你都一样喜欢它们吗？还是有所偏爱呢？如果是同等看待它们，那么把它们当成臣妾吗？那臣妾之间就谁也不能统治谁吗？还是它们轮换着做君臣呢？或许有真宰存在着呢。无论是否求得真宰的实情，对它本身都是没有损减的。

人一旦禀受成形体，形体就一直存在着等待耗尽为止。人们和外物接触，相互伤害和摩擦，驰骋追逐于其中，而不能停止，不是可悲的吗！终生劳碌奔忙而不见成功，疲惫困苦而不知究竟为了什么，不是悲哀的吗！这样的人虽然不死，又有什么意思呢！人的形体逐渐消损，而心也跟它一样消损，这可不是莫大的悲哀吗？人生在世，固然就像这样昏昧吗？还是只有我一个人昏昧，而别人也有不昏昧的呢？

如果人以自己的成见作为取法的标准，那么谁没有一个标准呢？何必一定要知道事物发展的更替变化之理的智人才有呢？愚人也同样有。如果说心中还没形成成见前就已经存有是非，这就如同今天到越国去而昨天就已经到了。这种说法是把没有看成有。如果把没有看成有，即便是神明的大禹，尚且不能弄清楚，我又有什么办法呢！

【原文】

夫言非吹也，言者有言，其所言者特未定也①。果有言邪？其未尝有言邪？其以为异于鷇音②，亦有辩乎③，其无辩乎？

道恶乎隐而有真伪？言恶乎隐而有是非？道恶乎往而不存？言恶乎存而不可？道隐于小成④，言隐于荣华。故有儒墨之是非，以是其所非而非其所是。欲是其所非而非其所是，则莫若以明。

【注释】

①特未定：不能作为是非的标准。②鷇（kòu）音：雏鸟孵出时的叫声。③辩：通“辨”，辨别。④小成：片面认识所得的成果。

【译文】

言论不像风的自然吹动，发言的人都有自己的言辞，他们所说的不能作为是非的标准。他们果真有自己的言论呢？还是未曾有过自己的言论呢？他们以为所言不同于刚出壳小鸟的叫声，到底有分别吗？还是没有分别呢？

道是如何被隐蔽而有了真伪呢？言论是如何被隐蔽而有了是非呢？道去了哪里而不存在呢？言论为何存而不可呢？道被小的成就隐蔽，言论被浮华之词隐蔽。所以有了儒墨各家的是非争辩，他们各以对方所否定的为是，各以对方所肯定的为非。想要肯定对方所否定的而否定对方所肯定的，则不如用明静之心去观照事物的本然。

【原文】

物无非彼，物无非是。自彼则不见，自是则知之①。故曰：彼出于是，是亦因彼。彼是方生之说也，虽然，方生方死，方死方生；方可方不可，方不可方可。因是因非，因非因是。是以圣人不由，而照之于天，亦因是也。

是亦彼也，彼亦是也。彼亦一是非，此亦一是非。果且有彼是乎哉？果且无彼是乎哉？彼是莫得其偶，谓之道枢。枢始得其环中，以应无穷②。是亦一无穷，非亦一无穷也。故曰：莫若以明。

【注释】

①自彼则不见，自是则知之：从彼方则看不见此方之是，从此方则知此方之是。②枢始得其环中，以应无穷：合乎道枢才像入得圆环的中心，可以顺应无穷的变化。

【译文】

世界上的事物没有不是“彼”的，也没有不是“此”的。从彼方则看不见此方之是，从此方则知此方之是。所以说，彼方出自此方，此方也因着彼方。彼与此是相对共生的。即便如此，事物都是随生随灭、随灭随生；有被肯定的一面就有另一面被否定，有被否定的一面就有另一面被肯定。有是即有非，有非即有是，是与非皆因对方的相互关系而产生。所以圣人不走是非对立的路子，而观照于事物的本然，这也是顺应自然的道理。

“此”也是“彼”，“彼”也是“此”。彼有一个是非，此也有一个是非。果真有彼此之分别吗？果真无彼此之分别吗？彼与此没有对立面，就叫掌握了大道的枢要。合乎道枢才像入得圆环的中心，可以顺应无穷的变化。是的变化无穷尽，非的变化也无穷尽。所以说不如用明静之心去观照事物的本然。

【原文】

以指喻指之非指，不若以非指喻指之非指也；以马喻马之非马，不若以非马喻马之非马也。天地一指也，万物一马也。

可乎可，不可乎不可。道行之而成，物谓之而然。恶乎然？然于然。恶乎不然？不然于不然。恶乎可？可于可。恶乎不可？不可于不可。物固有所然，物固有所可。无物不然，无物不可。故为是举莛与楹①，厉与西施②，恢恑憰怪③，道通为一。其分也，成也；其成也，毁也。凡物无成与毁，复通为一。

唯达者知通为一，为是不用而寓诸庸；因是已。已而不知其然，谓之道。

劳神明为一，而不知其同也，谓之朝三。何谓朝三？狙公赋芧[④]曰："朝三而暮四。"众狙皆怒。曰："然则朝四而暮三。"众狙皆悦。名实未亏而喜怒为用，亦因是也。是以圣人和之以是非而休乎天钧[⑤]，是之谓两行。

【注释】

①莛（tíng）：草本植物的茎。楹：房屋的柱子。②厉：通"疠"（lì），癞病，此处指丑女。③恢恑憰怪：千形万状之怪异。恑（guǐ），通"诡"。憰（jué），通"谲"。④狙（jū）公：养猴的人。狙，猕猴。芧（xù）：橡子。⑤天钧：自然的均衡之道。

【译文】

用手指来说明手指不是手指，不如用不是手指的东西来说明手指不是手指；用一匹白马来说明白马不是马，不如用不是白马的东西来说明白马不是马。（就大道通观之，）天地就是一指，万物就是一马。

可以是可以，不可以是不可以。道路是人们行走而形成的，事物的称谓是人们叫出来的。为什么是这样的呢？它原本是这样的，所以人们就认为是这样的。为什么不是这样的呢？它原本不是这样的，所以人们就认为不是这样的。为什么是可以的呢？因为它原本就是可以的，所以人们就认为是可以的。为什么是不可以的呢？因为它原本就是不可以的，所以人们就认为是不可以的。事物本来有它是的地方，事物本来有它可的地方。没有什么事物不是，没有什么事物不可。所以就像草茎和房柱，丑陋的女子和美貌的西施，以及一切奇异古怪的东西，从道的观点来看都可以通而为一。事物有所分就有所成，有所成就有所毁。所以一切事物（从总体上来看）无所谓成与毁，都复归为一。

只有通达的人才知道万物通而为一的道理，因而不固执于自己的成见而寄寓于事物本身的自然规律。这就是顺应自然的道理。顺应自然而不知其所以然，这叫作"道"。

（辩者们）损耗心神去求一致，而不知道万物本来就是相同的，这就是所谓"朝三"。什么叫作朝三呢？有个养猕猴的人分橡子给猕猴，说："早上三升，晚上四升。"所有的猴子听了都很愤怒。他又说："那么早上四升而晚上三升吧。"所有的猴子都高兴了。名与实都没有亏损而猕猴喜怒却因而不同，也是顺应猴子的心理作用罢了。所以，圣人调和是非之争而保持自然均衡，这就叫作物我两行（各得其所）。

【原文】

古之人，其知有所至矣[①]。恶乎至？有以为未始有物者，至矣，尽矣，不可以加矣。其次以为有物矣，而未始有封也[②]。其次以为有封焉，而未始有是非也。是非之彰也，道之所以亏也[③]。道之所以亏，爱之所以成[④]。果且有成与亏乎哉？果且无成与亏乎哉？有成与亏，故昭氏之鼓琴也[⑤]；无成与亏，故昭氏之不鼓琴也。昭文之鼓琴也，师旷之枝策也[⑥]，惠子之据梧也[⑦]，三子之知，几乎皆其盛者也，故载之末年。唯其好之也，以异于彼；其好之也，欲以明之。彼非所明而明之，故以坚白之昧终。而其子又以文之纶终[⑧]，终身无成。若是而可谓成乎？虽我无成，亦可谓成矣。若是而不可谓成乎？物与我无成也。是故滑疑之耀，圣人之所图也[⑨]。为是不用而寓诸庸，此之谓以明。

【注释】

①至：至极，极高境界。②封：界限，疆域。③亏：亏损。④爱：偏爱，私好。⑤昭氏：姓昭，名文，善于弹琴。⑥师旷：名旷，字子野，春秋时晋平公的乐师，精通音律。枝策：举杖敲击乐器。⑦惠子：即惠施。据梧：倚靠着梧桐树。惠子善辩，累时靠着梧桐树休息。⑧其子：指昭文之子。纶：琴瑟的弦，指代琴。⑨图：革除，摒弃。

【译文】

古时候的人，他们的知识达到了极高的境界。是怎样的极高境界呢？宇宙初始未形成万物时，认识到原始本无万物的存在，这种认识可谓深刻透彻极了，是智识的极高境界，不可以增加了。智识次一等的人，认为有万物存在，而未曾有分界限定。再次一等的人，认为事物有界限之别，而不曾有是非之别。是非之别明显了，道也因此有了亏损。道之所以有亏损，是因为偏爱产生的。天下的万事万物，果真有成和亏吗？果真无成与无亏吗？有成和亏，犹如昭文的弹琴；无成和无亏，就像昭文的不弹琴。昭文弹琴，师旷持杖击节，惠施靠在梧桐树下与人雄辩，他们三人的才智，几乎都登峰造极了，所以他们一直从业到晚年。这三个人只是各自有自己的爱好，便想要以此炫异于别人，他们以自己的所好而想让别人明白了解。惠子不明白了解而非要让人明白了解，所以终身迷于“坚白论”的偏蔽。而昭文的儿子又终身从事昭文的弹琴事业，以致终身没有什么成就。像这样可以说有成就吗？那么即使是我，也算是有成就了。如果像这样不算有成就，那么万物与我都无所成就。所以迷乱人心的炫耀，是圣人所要摒弃的。所以圣人不用个人的才技辩说夸示于人，而是寄寓在事物的自然规律中，这就叫作“以明”。

【原文】

今且有言于此，不知其与是类乎？其与是不类乎？类于不类，相与为类，则与彼无以异矣。

虽然，请尝言之。有始也者，有未始有始也者，有未始有夫未始有始也者。有有也者，有无也者，有未始有无也者，有未始有夫未始有无也者。俄而有无矣，而未知有无之果孰有孰无也。今我则已有谓矣，而未知吾所谓之其果有谓乎，其果无谓乎？

天下莫大于秋豪之末①，而大山为小②；莫寿于殇子③，而彭祖为夭。天地与我并生，而万物与我为一。既已为一矣，且得有言乎？既已谓之一矣，且得无言乎？一与言为二，二与一为三。自此以往，巧历不能得④，而况其凡乎！故自无适有，以至于三，而况自有适有乎！无适焉⑤，因是已。

【注释】

①秋豪：禽兽入秋时新长出的细绒毛，喻指细微的东西。豪，通“毫”。②大山：即泰山。③殇（shāng）子：夭折的婴儿。④巧历：善于计算的人。不能得：不能算出这个结果。

⑤ 无适焉：不必再推算下去了。适，推算。

【译文】

现在在这里说一些话，不知这些话与其他人的是属于同一类呢，还是不属于同一类？同类与不同类，既然发了言都算是一类了，那么与其他人就没有什么分别了。

既然如此，请让我试着说说。宇宙万物有它的开始，有它未曾开始的开始，还有它未曾开始的那未曾开始的开始。宇宙万物的初始有它的“有”，有它的“无”，有它的未曾有“无”的“无”，还有它的未曾有的那未曾有的“无”。一下子产生了“有”和“无”，然而不知道这个“有”“无”果真是不是“有”和“无”。现在我已经说了这些话，但不知道我所说的果真是说了呢，还是没有说呢？

天下没有比秋毫的末端更大的东西，而泰山却是小的。没有比夭折的婴儿更长寿的，而活了八百岁的彭祖却是短命的。天地与我并生，而万物与我同为一体。既然已经合为一体了，那还需要言论吗？既然已经说了合为一体，怎能说没有言论呢？万物一体加上我所发的言论就成了“二”，“二”再加上“一”就成了“三”。由此推算下去，精于计算的人也不能得出最后的数目，何况一般人呢？所以，从“无”到“有”，已经推至三，更何况从“有”到“有”呢！不必再推算下去了，顺应自然就是了。

【原文】

夫道未始有封，言未始有常，为是而有畛也①，请言其畛：有左有右，有伦有义，有分有辩，有竞有争，此之谓八德。六合之外，圣人存而不论；六合之内，圣人论而不议。春秋经世先王之志，圣人议而不辩。故分也者，有不分也；辩也者，有不辩也。曰：何也？圣人怀之，众人辩之以相示也。故曰：辩也者，有不见也。

夫大道不称，大辩不言，大仁不仁，大廉不嗛②，大勇不忮③。道昭而不道，言辩而不及，仁常而不周，廉清而不信，勇忮而不成。五者无弃而几向方矣。

故知止其所不知，至矣。孰知不言之辩，不道之道？若有能知，此之谓天府④。注焉而不满，酌焉而不竭，而不知其所由来，此之谓葆光⑤。

【注释】

① 畛（zhěn）：井田沟上的小路，此处指界限、疆界。② 大廉不嗛（qiǎn）：大廉是不谦逊的。嗛，通“谦”，谦逊。③ 大勇不忮（zhì）：大勇是不伤害的。④ 天府：自然的府库，形容心灵广大，可以包容一切。⑤ 葆光：隐藏光明而不外露。

【译文】

道不曾有过界限，言论原本是没有固定的标准，为了争一个“是”字而妄加了种种界线。请让我说说这些界线。如有左，有右，有伦序，有等级，有分别，有论辩，有竞辩，有争持，这是世俗所谓的八种才能。天地以外的事，圣人是存而不论的；天地以内的事，圣人只论述而不评议。一切古史中先王治世的记载，圣人只评议而不争辩。故天下的事理有分别，就有不分别；有辩论，就有不辩论。这是为什么呢？圣人胸怀若谷，不去争辩，众人则争辩不休而竞相夸示。所以说，凡是争辩，就有看不见的地方。

大道是不可称谓的，大辩是不用言辞的，大仁是没有偏爱的，大廉是不谦逊的，大勇是不伤害人的。道一旦昭明了就不是道，言语争辩就有所不及，仁常固定在一方就不能周全，廉若露了行迹就不可信，勇有伤害到人就不能成为勇。这五者遵行不弃就几乎近于道了。

故一个人能止于他所不知的领域，就是极点了。谁知道不用言辞的辩论，不用称说的道呢？假若有谁能知道，他就能称为天然的府库。往里面注入多少也不会溢满，取出多少也不会枯竭，而且不知道它来自何处，这就叫作潜藏不露的光明。

【原文】

故昔者尧问于舜曰："我欲伐宗、脍、胥敖①，南面而不释然②。其故何也？"

舜曰："夫三子者，犹存乎蓬艾之间③。若不释然④，何哉？昔者十日并出，万物皆照，而况德之进乎日者乎⑤！"

【注释】

①宗、脍、胥敖：三个小国名，不见经传。②不释然：芥蒂在心，耿耿于怀。③蓬艾：蓬蒿、艾草，指偏荒之地。④若：汝、你，指尧。⑤进：胜过，超过。

【译文】

从前尧问舜说："我想讨伐宗、脍、胥敖这三个小国，临朝时总感到心里不安，这是什么原因呢？"

舜说："这三个小国的君主，犹如生存在蓬蒿艾草中间一样。你还心绪不安，为什么呢？从前十个太阳一起出来，普照万物，何况道德的光芒更胜于太阳的光芒呢！"

【原文】

啮缺问乎王倪曰①："子知物之所同是乎？"

曰："吾恶乎知之！"

"子知子之所不知邪？"

曰："吾恶乎知之！"

"然则物无知邪？"

曰："吾恶乎知之！虽然，尝试言之。庸讵知吾所谓知之非不知邪②？庸讵知吾所谓不知之非知邪？且吾尝试问乎汝：民湿寝则腰疾偏死，鳝然乎哉？木处则惴栗恂惧，猨猴然乎哉③？三者孰知正处？民食刍豢，麋鹿食荐④，蝍蛆甘带⑤，鸱鸦耆鼠⑥，四者孰知正味？猿猵狙以为雌⑦，麋与鹿交，鳝与鱼游。毛嫱、西施⑧，人之所美也；鱼见之深入，鸟见之高飞，麋鹿见之决骤⑨。四者孰知天下之正色哉？自我观之，仁义之端，是非之塗，樊然淆乱，吾恶能知其辩！"

啮缺曰："子不知利害，则至人固不知利害乎？"

王倪曰："至人神矣！大泽焚而不能热，河汉沍而不能寒，疾雷破山而不能伤，飘风振海而不能惊。若然者，乘云气，骑日月，而游乎四海之外。死生无变于己，而况利害之端乎！”

【注释】

①啮（niè）缺、王倪：皆为虚拟人物。②庸讵（jù）：何以，怎么，哪里。③猨（yuán）：同“猿”。④荐（jiàn）：甘草，美草。⑤蝍蛆（jí jū）：蜈蚣。带：蛇。⑥鸱（chī）：猫头鹰。耆（shì）：通“嗜”，喜欢吃，好吃。⑦猵狙（biān jū）：猕猴的一种，似猿。⑧毛嫱（qiáng）：古代美女，一说为越王的美姬。⑨决骤：疾速奔跑。

【译文】

啮缺问王倪说：“你知道万物有共同的标准吗？”

王倪说：“我怎么知道呢！”

“你知道你所不知道的事物吗？”

啮缺说：“我怎么知道呢！”

“那么万物就无法知道了吗？”

王倪说：“我怎么知道呢！即便如此，我还是试着说说：怎么知道我所说的‘知道’不是‘不知道’呢？怎么知道我所说的‘不知道’不是‘知道’呢？且让我问问你：人睡在潮湿的地方就会腰生疾病而半身不遂，泥鳅会这样吗？人在高树上就会惊怕不安，猿猴会这样吗？这三者谁知道住在什么地方才是最合适的呢？人吃家畜的肉，麋鹿吃草，蜈蚣爱吃蛇，猫头鹰和乌鸦喜欢吃老鼠，这四者谁知道吃什么东西才是最美味的呢？雌猿和猵狙成为配偶，麋与鹿交配，泥鳅和鱼交尾。毛嫱、西施，人们认为是最美的女子；但鱼见了她们会潜入水底，鸟见了她们会飞向高空，麋鹿见了她们会疾速奔跑；这四者谁知道什么美色才是天下真正的美色呢？依我看来，仁义的端倪，是非的途径，纷然错乱，我怎么能知道它们之间的分别呢？”

啮缺说：“你不知道利与害，难道至人也不知道利与害吗？”

王倪说：“至人神妙极了！山泽燃烧而不能使他感到热，黄河和汉水都封冻了而不能使他感到冷，疾雷震裂了山岳而不能使他身体受到伤残，狂风掀起海浪而不能使他感到震惊。像这样的至人，乘着云雾，骑着日月，而遨游于四海之外。生和死的变化都不能影响到他，何况利害这类事呢！”

【原文】

瞿鹊子问乎长梧子曰①：“吾闻诸夫子：‘圣人不从事于务，不就利，不违害，不喜求，不缘道；无谓有谓，有谓无谓，而游乎尘垢之外。’夫子以为孟浪之言，而我以为妙道之行也。吾子以为奚若②？”

长梧子曰：“是黄帝之所听荧也③，而丘也何足以知之！且汝亦大早计，见卵而求时夜④，见弹而求鸮炙⑤。

“予尝为女妄言之，女以妄听之奚？旁日月⑥，挟宇宙，为其吻合，置其滑涽，以隶相尊。众人役役，圣人愚芚⑦，参万岁而一成纯。万物尽然，而以是相蕴。

"予恶乎知说生之非惑邪！予恶乎知恶死之非弱丧而不知归者邪[8]！丽之姬，艾封人之子也，晋国之始得之也，涕泣沾襟；及其至于王所，与王同筐床，食刍豢，而后悔其泣也。予恶乎知夫死者不悔其始之蕲生乎！

"梦饮酒者，旦而哭泣；梦哭泣者，旦而田猎。方其梦也，不知其梦也。梦之中又占其梦焉，觉而后知其梦也。且有大觉而后知此其大梦也。而愚者自以为觉，窃窃然知之[9]。君乎，牧乎[10]，固哉！丘也与女，皆梦也；予谓女梦，亦梦也。是其言也，其名为吊诡[11]。万世之后而一遇大圣，知其解者，是旦暮遇之也。"

【注释】

① 瞿鹊子、长梧子：皆为杜撰的人物名。② 奚（xī）若：怎样，如何。③ 听荧：听了感到疑惑。④ 卵：指鸡蛋。时夜：司夜。五更时鸡鸣报晓，故古人称鸡为司夜。⑤ 鸮（xiāo）炙：烤鸮鸟肉。⑥ 旁：通"傍"，依傍。⑦ 愚芚（chūn）：浑然无知的样子。⑧ 弱丧：自幼流浪异乡。⑨ 窃窃然：明察的样子。⑩ 牧：养马人，此处指卑贱之人。⑪ 吊诡：怪异，荒诞。

【译文】

瞿鹊子问长梧子说："我听孔夫子说过：'圣人不去做尘世间的事情，不谋利益，不逃避危害，不喜追求，不拘泥于道。没有说等于说了，说了又等于没有说，而心神遨游于尘世之外。'孔夫子认为这些是轻率不当的言论，而我认为是通往美妙大道的途径。您认为怎么样呢？"

长梧子说："这些话黄帝听了都疑惑不解，孔丘又怎么能理解呢？而且你也太求之过急了，就像见到鸡蛋就想得到报晓的鸡，见到弹丸就想烤吃鸮鸟肉。

"我姑且对你说说，你也姑且听听，怎么样？圣人同日月并明，怀抱着宇宙，与天地万物混合为一体，任其淆乱纷杂而不顾，把世俗上的尊贵卑贱看作是一样的。众人忙忙碌碌，圣人则大智若愚，糅合古今事物为一体却精纯不杂。万物都是如此，互相蕴含着。

"我怎么知道贪生不是迷惑呢！我怎么知道怕死不是像自幼流浪在外而不知归家那样呢！丽姬是艾地戍守封疆人的女儿。晋国刚得到她的时候，哭得泪水湿透了衣襟；等她到了晋国的王宫，与国君同睡一床，同食美味的肉食，才后悔当初不该哭泣。我怎么能知道死了的人不后悔当初的贪生呢！

"梦中饮酒作乐的人，早上醒来或许会遇到不如意的事而哭泣；梦中哭泣的人，早上醒来后或许去打猎为欢。当人在梦中，不知道是在做梦。有时在梦中又做着梦，醒后才知道是做梦。只有彻底觉醒了的人才知道人生犹如一场大梦。而愚昧的人自以为清醒，显出明察的样子，似乎什么都知道。什么国君呀、臣仆呀，孔丘真是固执浅陋极了！孔丘和你，都在做梦；我说你在做梦，也是在做梦。这些言论，可以称作奇谈怪论。万年以后遇到一位大圣人，能了然这些道理，如同早晚遇着的一样。"

【原文】

"既使我与若辩矣[1]，若胜我，我不若胜，若果是也，我果非也邪？我胜若，若不吾胜，我果是也，而果非也邪？其或是也，其或非也邪？其俱是也，其俱非也邪？我与若不能相知也，则人固受黮暗[2]，吾谁使正之？使同乎若者正之，既与若同矣，恶能正之！使同乎我与若者正之？既同乎我与若矣，恶能正之！使异乎我与若者正之？既异乎我与若矣，恶能正之！使同乎我与若者正之？既同乎我与若矣，恶能正之！然则我与若与人俱不能相知也，而待彼也邪？"

【注释】

① 我与若：我和你。我，长梧子自称。若，汝、你。② 黮（dǎn）暗：昏暗不明。

【译文】

"假使我与你辩论，你胜了我，我没有胜你，你就果然对吗，我就果然错吗？我胜了你，你没有胜我，我就果然对吗，而你就果然错吗？这是我们两人中有一人对、有一人错呢，还是我们两人都对，或者都错呢？我和你都不知道，而他人本来都有偏见。我让谁来评判是非呢？如果请与你观点相同的人来评判，既然他和你观点相同，怎么评判呢？如果请与我观点相同的人来评判，既然他和我的观点相同，怎么评判呢？如果让不同于我和你的观点的人来评判，既然观点不同于我和你，怎么能评判呢？如果让观点与我和你相同的人评判，既然他的观点与我和你相同了，怎么能评判呢？那么我和你及他人都不能评判谁是谁非了，还等待谁来评判呢？"

【原文】

"化声之相待[1]，若其不相待。和之以天倪，因之以曼衍[2]，所以穷年也。何谓和之以天倪[3]？曰：是不是，然不然。是若果是也，则是之异乎不是也，亦无辩；然若果然也，则然之异乎不然也亦无辩。忘年忘义，振于无竟，故寓诸无竟。"

【注释】

① 化声之相待：是非之辩互相对立而成。② 曼衍：自在变化，不拘常规。③ 天倪：自然的分际。

【译文】

"是是非非变化的声音是互相对立而成的，若要使它们不相对立，就要用自然之道来调和，顺应其自在的变化，以此享尽天年。什么叫作用自然之道来调和天地万物呢？'是'也是'不是'，'然'也是'不然'。'是'若果真是'是'，就和'不是'有区别，这样也就不须辩论了；'然'若果真是'然'，就和'不然'有区别，这样也就不须辩论了。忘掉生死年岁，忘掉是非仁义，遨游于无穷的境地，由此也就能寄寓于这无穷的境地。"

【原文】

罔两问景曰[1]："曩子行[2]，今子止；曩子坐，今子起，何其无特操与[3]？"

景曰："吾有待而然者邪？吾所待又有待而然者邪？吾待蛇蚹蜩翼邪[4]？恶识所以然！恶识所以不然！"

【注释】

①罔两：影子的影子。景：古“影”字，影子。②曩（nǎng）：从前。③特操：独立的操守，即自己的独立性。④蛇蚹（fù）：蛇腹下的鳞皮。蜩翼：蝉翅。

【译文】

罔两问影子说：“刚才你行走，现在你停下；刚才你坐着，现在你起来，你怎么这样没有独立的操守呢？”

影子说：“我是有所待才这样吗？我所待的事物又有所待才这样的吗？我所待的就像蛇凭借腹下的鳞皮而行，蝉凭借翅膀而飞吗？我怎能知道为什么会这样！怎能知道为什么不会这样！”

【原文】

昔者庄周梦为胡蝶，栩栩然胡蝶也[①]，自喻适志与[②]！不知周也。俄然觉，则蘧蘧然周也[③]。不知周之梦为胡蝶与，胡蝶之梦为周与？周与胡蝶，则必有分矣。此之谓物化[④]。

【注释】

①栩栩（xǔ xǔ）然：翩翩飞舞的样子。②喻：觉得。适志：合乎心意，快意。③蘧蘧（qú qú）然：僵直卧着的样子。④物化：意为物我的界限消失，物与我融化为一。

【译文】

从前庄周梦见自己变成了蝴蝶，翩翩飞舞的一只蝴蝶，自我感觉快意极了，不知道自己是庄周了。忽然醒了，自己分明是僵直卧在床上的庄周。不知道是庄周做梦化为蝴蝶呢，还是蝴蝶梦中化为庄周呢？庄周与蝴蝶，必定是有分别的。这种物我的转变就叫作“物化”。

养生主

【题解】

本篇以阐述人生观为主旨。所谓“养生主”，即指养生之道。主，指主宰者，即道。庄子说的这个养生之道，就是“缘督以为经”，意思是不要为善去求名，不要因做不好的事而遭受惩罚，顺乎自然之中道，就可以“保身”“全生”“尽年”。他以庖丁解牛为喻，指出应当“以无厚入有间”，避开一切矛盾冲突，使自己在纷繁的社会中“游刃有余”。庄子的这种人生观强调的是精神上的自由，即顺乎自然天性，“安时处顺”，听任命运的安排，不要人为地做什么。这种人生哲学有一定的消极性。

【原文】

吾生也有涯[①]，而知也无涯。以有涯随无涯，殆已[②]；已而为知者，殆而已矣。为善无近名，为恶无近刑[③]。缘督以为经[④]，可以保身，可以全生，可以养亲[⑤]，可以尽年。

【注释】

① 涯：边涯，界限。② 殆（dài）：疲困。③ 为善无近名，为恶无近刑：做善事不要有求名之心，做恶事不要遭受刑害。④ 缘督以为经：顺着自然之道以为常法。缘，因循。督，人身前中部的脉络为任脉，人身后中部的脉络为督脉。任、督二脉为人体奇经八脉的主脉，主呼吸。⑤ 亲：精神。

【译文】

人的生命是有限的，而知识是无穷的。用有限的生命去追求无限的知识，会陷入疲困；既然这样还要汲汲追求知识，就会更加疲困不堪了！做善事不要有求名之心，做恶事不要遭受刑戮之苦。把顺应自然作为养生的常法，便可以保全身体，可以保全生命，可以培养精神，可以尽享天年。

【原文】

庖丁为文惠君解牛，手之所触，肩之所倚，足之所履，膝之所踦[①]，砉然响然[②]，奏刀騞然[③]，莫不中音；合于《桑林》之舞[④]，乃中《经首》之会。文惠君曰："譆[⑤]，善哉！技盖至此乎？"

庖丁释刀对曰[⑥]："臣之所好者道也，进乎技矣。始臣之解牛之时，所见无非全牛者也。三年之后，未尝见全牛也。方今之时，臣以神遇而不以目视，官知止而神欲行。依乎天理[⑦]，批大郤，导大窾[⑧]，因其固然。枝经肯綮之未尝微碍[⑨]，而况大軱乎[⑩]！良庖岁更刀，割也；族庖月更刀[⑪]，折也[⑫]。今臣之刀十九年矣，所解数千牛矣，而刀刃若新发于硎[⑬]。彼节者有间，而刀刃者无厚；以无厚入有间，恢恢乎其于游刃必有余地矣[⑭]。是以十九年而刀刃若新发于硎。虽然，每至于族[⑮]，吾见其难为，怵然为戒[⑯]，视为止，行为迟。动刀甚微，謋然已解[⑰]，牛不知其死也，如土委地。提刀而立，为之四顾，为之踌躇满志[⑱]，善刀而藏之[⑲]。"

文惠君曰："善哉！吾闻庖丁之言，得养生焉。"

【注释】

① 踦（yǐ）：通"倚"，屈膝抵住。② 砉（huò）：象声词，皮骨相离时的声音。③ 騞（huō）：刀解剖东西所发出的声音。④《桑林》：殷商时代的乐名。⑤ 譆（xī）：同"嘻"，赞叹声。⑥ 释：放。⑦ 天理：自然的纹理。⑧ 导：引刀而入。窾（kuǎn）：空处，指骨节间的空隙。⑨ 枝：枝脉。经：经脉。肯：附着在骨头上的肉。綮（qìng）：筋骨盘结处。⑩ 軱（gū）：大骨。⑪ 族庖：一般的厨师。⑫ 折：斫，劈砍。⑬ 硎（xíng）：磨刀石。⑭ 恢恢乎：宽绰的样子。⑮ 族：交错盘结处。⑯ 怵（chù）然：小心谨慎的样子。⑰ 謋（huò）：分离，解散。⑱ 踌躇（chóu chú）：从容自得的样子。⑲ 善：拭，擦。

【译文】

庖丁给文惠王宰牛，手接触的地方，肩倚着的地方，脚踩着的地方，膝抵住的地方，发出哗哗的或轻或重的响声，进刀时发出哗啦啦的响声，没有不合乎音律的。合乎《桑林》舞曲的节拍，又同于《经首》乐章的韵律。文惠王说："啊，好极了！您的技术怎么能达到这般高超的地步呢？"

庖丁放下刀回答说："我所爱好的是道，已经超越技术了。我刚开始宰牛的时候，所看到的无非是牛。三年以后，未尝看见整个的牛了。到了现在，我只用心神和牛接触而不用眼睛去看，耳目等感官的作用停止而心神在运行着。依照牛体的自然纹理，劈开筋骨间的空隙，引刀入骨节间的空隙，顺着牛体本来的结构动刀。那些经络相连、筋骨聚结的地方都不曾有什么妨碍，更何况大骨头呢！好的厨师一年更换一把刀，他们用刀割筋肉；一般的厨师一个月更换一把刀，他们用刀砍骨头。现在我这把刀已用了十九年，所宰过的牛有几千头了，而刀刃好像在磨刀石上新磨过的一样锋利。因为牛骨节是有间隙的，而这刀刃却薄得没有厚度，用没有厚度的刀刃切入有间隙的骨节，这其中宽宽绰绰的，当然会游刃有余了。所以这把刀子用了十九年还像新磨的一样。即便如此，每遇到筋骨聚结的地方，我见了知道不容易，小心谨慎，视线专注，动作慢下来，动刀很轻微，牛体哗啦啦就分解开了，牛还不知道自己已经死了呢，像土溃散在地。这时我提刀站立，环顾四周，感到心满意足，将刀擦净收好。"

文惠王说："好啊！我听了庖丁的这一番言语，得到了养生之道。"

【原文】

公文轩见右师而惊曰①："是何人也？恶乎介也②？天与，其人与？"曰："天也，非人也。天之生是使独也，人之貌有与也。以是知其天也，非人也。"

泽雉十步一啄③，百步一饮，不蕲畜乎樊中④。神虽王⑤，不善也。

【注释】

①公文轩：姓公文，名轩，宋国人。右师：官职名，这里指一个当过右师的人。②恶乎：何以。介：独，指仅一只脚。③泽雉：草泽中的野鸡。④蕲（qí）：求。樊（fán）：笼子。⑤王（wàng）：通"旺"，盛，饱满。

【译文】

公文轩看到一个当过右师的人不禁吃惊地说："这是什么人呢？怎么只有一只脚呢？是天生就这样，还是人为造成的呢？"他想了想自语说："是天生的，不是人为造成的。天生此人使他只有一脚，因为人的形貌是天赋予的。所以知道他这是天生的，不是人为造成的。"

草泽里的野鸡走十步才啄到一口食，走百步才饮到一口水，但它并不祈求被养在笼里。在笼中神态虽然旺盛，但并不自在。

【原文】

老聃死，秦失吊之，三号而出。

弟子曰："非夫子之友邪？"

曰："然。"

"然则吊焉若此，可乎？"

曰："然。始也吾以为至人也，而今非也。向吾入而吊焉[①]，有老者哭之，如哭其子；少者哭之，如哭其母。彼其所以会之，必有不蕲言而言，不蕲哭而哭者。是遁天倍情[②]，忘其所受，古者谓之遁天之刑。适来，夫子时也；适去，夫子顺也。安时而处顺，哀乐不能入也，古者谓是帝之县解。"

指穷于为薪[③]，火传也，不知其尽也。

【注释】

①向：刚才。②遁天：逃避自然。倍：通"背"，违背。③指：通"脂"。薪：柴。

【译文】

老聃死了，秦失去吊唁，号了三声就出来了。

弟子问说："他不是您的朋友吗？"

秦失说："是的。"

"那么像这样吊唁是待朋友之礼吗？"

秦失说："是的。开始我以为他是至人，但现在觉得并非如此。刚才我进去吊唁时，看见有老年人哭他，如同哭自己的孩子；有少年人哭他，如同哭自己的父母。这些人聚在这里吊唁，必定有不想来吊唁而来吊唁的，不想哭的而哭了的。这是逃避天意，违背实情，忘掉了人之生死寿夭皆禀受于自然，古时候称此为逃避自然的规范。正该来的时候，老聃应时而生；正该去的时候，老聃顺时而去。安心时运而顺乎自然变化，哀乐便不能侵入心灵，古时候把这种解脱称为天帝解除人的倒悬。"

油脂做成烛薪燃烧是有穷尽的，火却传续下去，没有穷尽的时候。

人间世

【题解】

"人间世"，即人间的社会。本篇讲的是人的处世哲学。庄子认为他所生活的是一个"仅免刑焉"的充满危险和灾难的社会，处在这样的社会，处世最要紧的是保全自身。为此通过颜回与孔子、孔子与诸梁、颜阖与蘧伯玉的对话及匠石见栎树等寓言，庄子提出"心斋"以忘我，主张游心、顺世代争，阐述了有用的害处和"无用才是大用"的道理。总体上说，庄子的处世哲学有逃避社会的消极色彩。

文中谈卫灵公太子一节，表现出庄子厌恶暴君强权的思想，具有批判社会现实的意义。

【原文】

颜回见仲尼，请行。

曰："奚之？"

曰："将之卫。"

曰："奚为焉？"

曰："回闻卫君，其年壮，其行独①；轻用其国，而不见其过；轻用民死，死者以国量乎泽，若蕉，民其无如矣②！回尝闻之夫子曰：'治国去之，乱国就之，医门多疾。'愿以所闻，思其所行，则庶几其国有瘳乎③！"

仲尼曰："譆！若殆往而刑耳④！夫道不欲杂，杂则多，多则扰，扰者忧，忧而不救。古之至人，先存诸己而后存诸人。所存于己者未定，何暇至于暴人之所行！

"且若亦知夫德之所荡而知之所为出乎哉？德荡乎名，知出乎争。名也者，相轧也；知也者，争之器也。二者凶器，非所以尽行也。

"且德厚信矼⑤，未达人气，名闻不争，未达人心。而强以仁义绳墨之言术暴人之前者⑥，是以人恶育其美也，命之曰菑人⑦。菑人者，人必反菑之，若殆为人菑夫！且苟为悦贤而恶不肖，恶用而求有以异？若唯无诏⑧，王公必将乘人而斗其捷。而目将荧之⑨，而色将平之，口将营之，容将形之，心且成之。是以火救火，以水救水，名之曰益多。顺始无穷，若殆以不信厚言，必死于暴人之前矣！

"且昔者桀杀关龙逢，纣杀王子比干，是皆修其身以下伛拊人之民⑩，以下拂其上者也，故其君因其修以挤之。是好名者也。昔者尧攻丛、枝、胥敖，禹攻有扈，国为虚厉⑪，身为刑戮，其用兵不止，其求实无已。是皆求名实者也。而独不闻之乎？名实者，圣人之所不能胜也，而况若乎！虽然，若必有以也⑫，尝以语我来！"

【注释】

①行独：行为独断专横。②无如：无处可去，无所归依。③则：法则。瘳（chōu）：病愈。④若：你。殆：恐怕，将要。⑤德厚信矼（gāng）：道德纯厚，信誉坚实。⑥术：通"述"，陈述。⑦菑："灾"的异体字。⑧诏：争辩，谏诤。⑨荧（yíng）：眩。⑩伛拊（yǔ fǔ）：爱养。⑪虚：通"墟"，废墟。厉：厉鬼。古时谓人无后而死则为厉鬼。⑫有以：有原因。以，原因。

【译文】

颜回拜见孔子，向他辞行。

孔子问："到哪儿去？"

颜回说："将到卫国去。"

孔子问："去做什么？"

颜回说："我听说卫国的君主，他年壮气盛，行为独断专横，他轻率地处理国事，而看不见自己的过错；他轻率地用兵而不惜百姓的生命，以国事的名义使死去的人填满了山泽，有如蕉之枕藉不可胜计，百姓真是无路可走了。我曾听先生说过：'安定的国家可以离开，危乱的国家应前往救助，就像医生的门前有很多病人一样。’我愿照先生所说的去想想办法，也许这个国家还有救吧！”

孔子说：“唉！你去了怕是要遭受刑戮啊！道是不能混杂的，混杂了就多事，多事就会受干扰，干扰就引起忧虑，忧虑时再自救也来不及了。古时的‘至人’，先充实自己而后才去扶助别人。如果自己还未立稳，哪有余暇去纠正暴君的行为呢？

“况且你知道‘德’之所以过分和‘智’之所以外露的原因吗？‘德’的过分是由于好名，‘智’的外露是由于争胜。‘名’这东西，是人们相互倾轧的原因；‘智’这东西，是人们相互争斗的器具。这两者都是凶器，是不可以尽行于世的。

“而且一个人德行淳厚、守信诚实，但未必能使别人了解，即使不和别人争名，也未必能达到别人的心意。如果强行用仁义规范的言论在暴君面前陈述，这样将被认为是以人之恶来炫耀自己的美德，这样将被认为是害人。害别人的人，别人必定会反过来害他，你恐怕要被人害了。况且，如果卫君喜欢贤人而厌恶不肖之人，何必用你去显示有异于人呢？除非你不向他谏诤，否则卫君一定钻你言论的空子而争取同你辩论的胜利。那时你的眼睛将会眩惑不清，面色平和下来，口里只顾得营救自己，卑恭的面容将会显露出来，内心也就顺着他了。这是用火去救火，用水去救水，叫作越救越糟。开始时就依从他，以后会没完没了，如果他不信忠厚之言的谏诤，你必定会死在暴君的面前了！

“从前夏桀杀关龙逢，商纣杀王子比干，都是因为他们修身蓄德，以臣下的身份去关爱人君的民众，以臣下的身份拂逆了在上的君主的心意，所以他们的君主因他们修身养德而排挤他们。这就是好名的结果。从前尧攻打丛、枝、胥敖三国，禹攻打有扈，使这些国家成为废墟，人成了厉鬼，国君被杀戮。这都是他们用兵不断、贪利不已所造成的，这都是因为求名贪利。你没有听说过吗？名利之心，有时连圣人都克制不了，何况你呢！虽然这样，你必定有你的想法，且说给我听听！”

【原文】

颜回曰：“端而虚，勉而一①，则可乎？”

曰：“恶！恶可！夫以阳为充孔扬，采色不定②，常人之所不违，因案人之所感③，以求容与其心。名之曰日渐之德不成，而况大德乎！将执而不化，外合而内不訾，其庸讵可乎！”

“然则我内直而外曲，成而上比。内直者，与天为徒。与天为徒者，知天子之与己皆天之所子，而独以己言蕲乎而人善之，蕲乎而人不善之邪？若然者，人谓之童子，是之谓与天为徒。外曲者，与人之为徒也。擎跽曲拳④，人臣之礼也，人皆为之，吾敢不为邪！为人之所为者，人亦无疵焉，是之谓与人为徒。成而上比者，与古为徒。其言虽教，谪之实也，古之有也，非吾有也。若然者，虽直而不病，是之谓与古为徒。若是则可乎？”

仲尼曰：“恶！恶可！大多政法而不谍，虽固亦无罪。虽然，止是耳矣，夫胡可以及化！犹师心者也⑤。”

【注释】

①勉而一：勤勉行事而心志专一。②采色不定：喜怒变化不定。采色，神采气色。③案人之所感：压抑别人的规劝。案，同“按”，压抑。④擎（qíng）：执，指执笏，即大臣上朝拿着手板。跽（jì）：跪拜。曲拳：鞠躬。⑤师心：以自心为师，执着于自己的成见。

【译文】

颜回说：“外表端肃而内心谦虚，勤勉行事而心志专一，这样可以吗？”

孔子说：“唉！怎么可以呢！卫君骄盛之气充满于内而张扬于外，喜怒变化不定，平常人都不敢违逆他，因而他压抑别人对他的劝谏，以求自己内心的畅快。这种人每天用小德渐渐感化都不成，何况用大德来规劝呢！他必定固执不化，即使表面附合而内心并不采纳，你用的办法怎么可行呢！”

颜回说：“那么我内心正直而外表恭顺，引用成说上比古人。所谓内心正直，就是和自然同类。和自然同类，就知道人君和我，都是天生的，这样我哪里会祈求别人称赞自己说的话为善，又哪里会管别人的指责为不善呢？像这样，人们便会说我有赤子之心，这就叫作与自然同类。所谓外表恭顺，是和一般人同样。上朝擎笏跪拜，鞠躬行礼，这是做人臣的礼节。别人都这样做，我敢不这样做吗？做大家都做的事，别人也就不会指责我了，这就叫作和世人同类。所谓引用成说上比古人，是和古人同类。所说的虽然是古人的教诲，其实是指责人君的过失，这种做法是古时就有的，并不是我创造的。像这样，言语虽直率但不会招祸，这就叫作与古人同类。这样可以吗？”

孔子说：“唉！怎么可以呢！纠正人君的方法太多而不妥当。这些方法虽然浅陋，但也不会获罪于卫君。然而，只不过如此而已，怎么能够感化他呢！你太执着自己的成见了。”

【原文】

颜回曰：“吾无以进矣，敢问其方。”

仲尼曰：“斋，吾将语若！有心而为之，其易邪？易之者，暭天不宜①。”

颜回曰：“回之家贫，唯不饮酒不茹荤者数月矣。如此，则可以为斋乎？”

曰：“是祭祀之斋，非心斋也。”

回曰：“敢问心斋。”

仲尼曰：“若一志，无听之以耳而听之以心，无听之以心而听之以气！耳止于听，心止于符②。气也者，虚而待物者也。唯道集虚。虚者，心斋也。”

颜回曰：“回之未始得使③，实有回也；得使之也，未始有回也；可谓虚乎？”

夫子曰：“尽矣。吾语若！若能入游其樊而无感其名，入则鸣，不入则止。无门无毒，一宅而寓于不得已④，则几矣。

“绝迹易，无行地难。为人使易以伪，为天使难以伪。闻以有翼飞者矣，未闻以无翼飞者也；闻以有知知者矣，未闻以无知知者也。瞻彼阕者，虚室生白，吉祥止止。夫且不止，是之谓坐驰⑤。夫徇耳目内通而外于心知⑥，鬼神将来舍，而况人乎！是万物之化也，禹、舜之所纽也，伏戏、几蘧之所行终，而况散焉者乎⑦！”

【注释】

①暤（hào）天不宜：与自然之理不合。②符：接合。③得使：得到教诲。④一宅：安心于一，了无二念。⑤坐驰：指形坐而心驰。⑥外于心知：排除心机智识。⑦散焉者：疏散无为的人，指一般人。

【译文】

颜回说：“我没有更好的办法了，请问先生的高见？”

孔子说：“你先斋戒，我再告诉你。你有诚心去做事，哪里有这么容易呢？如果认为容易，那就不合自然之理了。”

颜回说：“我家贫穷，我不饮酒、不吃荤已经好几个月了。这样子，可以算是斋戒吗？”

孔子说：“你这是祭祀的斋戒，不是心斋。”

颜回说：“请问什么是心斋？”

孔子说：“你心志专一，不用耳朵去听而是用心去听，进一步不用心听而用气去感应。耳的作用止于聆听外物，心的作用止于与外物接合。气这东西，是虚空而能容纳万物的。只有达到空明的虚境才能容纳道的聚集。这种虚境，就是心斋。”

颜回说：“我没有听到心斋这个道理的时候，实在感到我自身的存在；听到心斋这个道理后，就觉得未曾有我自身存在了，这可以叫作达到虚境吗？”

孔子说：“心斋的道理已尽于此。我告诉你！你进入卫国这樊笼中不要为名位而动心，他们能接受你的话就说，不能接受就不说。不走门路去营求，安心于一，了无二念，待人接物一切都不得已而为之，就差不多了。

“人不走路容易，走路不留行迹难。为人的欲望所驱使则容易作伪，为自然所驱使就难以作伪。听说过有翅膀才能飞，没有听说过没有翅膀而能飞的；听说过用心智去求得知识，没听说过不用心智而求得知识的。观照那个空明的心境，空明的心境就会生出光明，吉祥善福止在宁静之心。如果心境不能宁静，这就叫作形坐而心驰。使耳目感觉向内通达而排除心机智识，这样连鬼神也将会来依附，何况人呢！这样万物都可以感化，这是禹、舜处世的关键，也是伏羲、几蘧行为的准则，何况普通人呢！”

【原文】

叶公子高将使于齐，问于仲尼曰：“王使诸梁也甚重，齐之待使者，盖将甚敬而不急。匹夫犹未可动，而况诸侯乎！吾甚栗之。子常语诸梁也曰：‘凡事若小若大，寡不道以欢成。事若不成，则必有人道之患；事若成，则必有阴阳之患。若成若不成而后无患者，唯有德者能之。’吾食也执粗而不臧，爨无欲清之人①。今吾朝受命而夕饮冰，我其内热与②！吾未至乎事之情，而既有阴阳之患矣；事若不成，必有人道之患。是两也，为人臣者不足以任之。子其有以语我来！”

仲尼曰：“天下有大戒二③：其一，命也；其一，义也。子之爱亲，命也，不可解于心；臣之事君，义也，无适而非君也，无所逃于天地之间。是之谓大戒。是以夫事其亲者，不择地而安之，孝之至也；夫事其君者，不择事而安之，忠之盛也；自事其心者，哀乐不易施乎前④，知其不可奈何而安之若命，德之至也。为人臣子者，固有所不得已。行事之情而忘其身，何暇至于悦生而恶死！夫子其行可矣！

“丘请复以所闻：凡交，近则必相靡以信，远则必忠之以言。言必或传之。夫传两喜两怒之言，天下之难者也。夫两喜必多溢美之言，两怒必多溢恶之言。凡溢之类妄，妄则其信之也莫⑤，莫则传言者殃。故法言曰⑥：‘传其常情，无传其溢言，则几乎全。’

“且以巧斗力者，始乎阳，常卒乎阴，大至则多奇巧；以礼饮酒者，始乎治，常卒乎乱，大至则多奇乐。凡事亦然。始乎谅，常卒乎鄙；其作始也简，其将毕也必巨。

“言者，风波也；行者，实丧也⑦。夫风波易以动，实丧易以危。故忿设无由，巧言偏辞。兽死不择音，气息茀然⑧，于是并生心厉⑨。剋核大至⑩，则必有不肖之心应之，而不知其然也。苟为不知其然也，孰知其所终！故法言曰：‘无迁令，无劝成。过度益也⑪。’迁令劝成殆事，美成在久，恶成不及改，可不慎与！

“且夫乘物以游心，托不得已以养中，至矣。何作为报也！莫若为致命⑫，此其难者。”

【注释】

①爨（cuàn）：烧火做饭。②内热：内心焦灼。③大戒：人生足以为戒的大法。④易施：改变，转移。⑤莫：通“漠”，淡薄。⑥法言：格言。一说为古书名。⑦实丧：得失。⑧茀（bó）：通“勃”，气息急促。⑨心厉：狠戾之心。⑩剋（kè）核：苛刻，逼迫。⑪益：“溢”的古字，越轨，超限。⑫致命：传达君令。

【译文】

叶公子高将要出使齐国，问孔子说：“楚王交给我的使命很重大，齐国接待使者，总是表面上很恭敬而实际上很怠慢。普通人犹未可轻易打动，何况是诸侯呢！我很是害怕。您曾经对我说：‘凡事不论大小，很少有不依道而能畅快办成的。事情如果办不成，则必定有人君的惩罚；事情如果办成了，则必定会使身体阴阳失调而患病。无论成与不成都不会遭到祸患的，只有大德的人才能做到。’我饮食粗简而不求精美，烧火做饭的人不会因为热而求清凉。现在我早上接受使命而晚上就要喝冰水，我是内心焦灼了吧！我还没有了解事情的真相，就已经患了阴阳失调的病了；事情如果办不成，必定会遭人君的惩罚。这两种灾患临头，为人臣的实在承受不了。先生有什么办法告诉我吧！”

孔子说：“天下有两个足以为戒的大法则：一个是命，一个是义。子女爱父母，这是人的天性，永远也不能从心里解除。臣子事君，这是臣子应尽的职责，无论到哪里都不会没有君主，这是天地间无法逃避开的。这就叫作足以为戒的大法则。所以子女奉养父母，无论什么境地都要使他们安适，这是行孝的极点了。臣子事奉君主，不管什么事都要安然处之，这是尽忠的极点了。懂得调养自己心性的人，哀乐不会改变之前的心境，知道事情难为无可奈何而能安心去做，这是德的极点了。为人臣的，本来就有不得已的事。按实情去行事而忘记自身，哪有余暇去乐生怕死呢？你这样去做就可以了！

“我还要把所听到的再告诉你：大凡结交邻近的国家要以信用求得安顺，远方的国家要用言辞维系忠诚，言辞要靠使臣去传达。传达两国国君喜悦或怨怒的言辞，是天下最难的事。两国国君喜悦时的言辞必然多有溢美之辞，两国国君怨怒时的言辞必然多有溢恶之辞。凡是过分添加的话都是不实的，不实的东西没有诚信可言，不诚信就会让使者遭殃了。所以古语说：‘要传达真实不妄的话，不要传达过分的话，这样就差不多可以保全自己。’

“凭机巧斗力的人，开始是明斗，到最后常常是来阴谋，太过分时就诡计多端了；以礼节饮酒的人，开始时规规矩矩，到最后常常会迷乱昏醉，太过分时就狂态百出了。任何事情都是这样。开始时互谅互让，到最后常常互相欺诈了。许多事情开始做的时候很单纯，快要完成时就变得很艰巨。

“言语这东西，就像捉摸不定的风波；而传达的言语，会有得有失。风波容易兴动，得失之间容易出现危难。所以愤怒的发作没有别的原因，就是由花言巧语和片面言辞造成的。困兽死时狂吼乱叫，怒气勃然而发，于是产生伤人的恶念。苛刻太过，必然会让人兴起恶念来报复，而自己还不知道为什么会这样。如果自己都不知道为什么会这样，谁还会知道他终将遭到什么结果呢！所以古语说：‘不要改变所要传达的使令，不要强求成功。过度就是溢了。’改变使令，强求成功，会把事情变得危险，成就好事需要很久的时间，做糟了事情却来不及改过，这可以不谨慎吗？

“顺从事物的自然规律而悠然其心，寄托于不得已而保养心中精气，这是最好的了。何必刻意去报答君命呢？不如去如实传达君命，这是很困难的。”

【原文】

颜阖将傅卫灵公太子，而问于蘧伯玉曰：“有人于此，其德天杀①。与之为无方②，则危吾国；与之为有方，则危吾身。其知适足以知人之过，而不知其所以过。若然者，吾奈之何？”

蘧伯玉曰：“善哉问乎！戒之，慎之，正女身也哉③！形莫若就，心莫若和。虽然，之二者有患。就不欲入，和不欲出。形就而入，且为颠为灭，为崩为蹶。心和而出，且为声为名，为妖为孽。彼且为婴儿，亦与之为婴儿；彼且为无町畦④，亦与之为无町畦；彼且为无崖，亦与之为无崖。达之，入于无疵。

“汝不知夫螳螂乎？怒其臂以当车辙，不知其不胜任也，是其才之美者也。戒之，慎之！积伐而美者以犯之⑤，几矣。

“汝不知夫养虎者乎？不敢以生物与之，为其杀之之怒也；不敢以全物与之，为其决之之怒也；时其饥饱，达其怒心⑥。虎之与人异类，而媚养己者，顺也；故其杀者，逆也。

“夫爱马者，以筐盛矢⑦，以蜄盛溺。适有蚊虻仆缘⑧，而拊之不时⑨，则缺衔、毁首、碎胸⑩。意有所至而爱有所亡，可不慎邪！”

【注释】

①其德天杀：天性刻薄。②方：方圆，规矩。③女：通“汝”，你。④町（tǐng）畦（qí）：田界，此处引申为限制，界线。⑤积：多次。伐：夸耀。而：你。⑥达：引导，疏导。⑦矢：“屎”的假借字，指马粪。⑧仆缘：附着。仆，附。缘，攀。⑨拊：拍打。⑩缺衔、毁首、碎胸：马咬断口勒，毁坏笼头，挣碎胸上的络辔。

【译文】

颜阖将要做卫灵公太子的老师，他问蘧伯玉说：“现在有一个人，天性刻薄。如果不用法度去劝导他，就会危害国家；如果用法度来规劝他，就会危害我自身。他的智能只知道别人的过错，而不知道自己也有这样的过错。像这样的人，我怎么对他呢？”

蘧伯玉说：“你问得好！要警惕，要慎重，端正自身的行为吧！外貌不如表现出顺从之态，内心不如存着调和之意。即便如此，这两种做法仍会招来祸患。顺从他而不要太过分，引导他而不要太显露。外表顺从进而陷入太深，就要堕落毁灭。内心调和之意表露出来，他以为你是为了争声名，就会招致灾祸。他若是像天真无知的婴儿，你也姑且和他一样做个天真无知的婴儿。他如果做什么都没有界限，你也和他一样做什么都不分界限。他如果放荡无边际，你也和他一样放荡无边际。这样引导他到无过失的境界。

“你不知道螳螂吗？奋力举起臂膀来阻挡车轮，不知道自身不能胜任，这是因为它把自己的才能看得太高了。要警惕！要慎重！若常常夸耀自己的长处去冒犯别人，就跟挡车的螳螂差不多了。

“你不知道饲养老虎的人吗？不敢拿活物给它吃，因为它捕杀活物时会激发凶残的天性；不敢拿完整的食物给它，因为它撕扯食物时会激发凶残的天性。要了解它饥饱的时间，顺着它的喜怒去疏导。虎与人是异类，却驯服于饲养它的人，这是因为人能顺着它的性子。它所以要扑杀人，是因为人违逆了它的性子。

“爱马的人，用筐子盛马粪，用大蛤壳接马尿。赶上有蚊虻叮咬马，那爱马的人拍打的不是时候，马就会咬断口勒，毁坏笼头，挣碎胸上络辔。本意出于爱而结果适得其反，这可以不谨慎吗？”

【原文】

匠石之齐①，至于曲辕，见栎社树。其大蔽数千牛，絜之百围，其高临山十仞而后有枝，其可以为舟者旁十数。观者如市，匠伯不顾，遂行不辍。弟子厌观之②，走及匠石，曰：“自吾执斧斤以随夫子，未尝见材如此其美也。先生不肯视，行不辍，何邪？”

曰：“已矣，勿言之矣！散木也，以为舟则沉，以为棺椁则速腐③，以为器则速毁，以为门户则液樠④，以为柱则蠹⑤。是不材之木也，无所可用，故能若是之寿。”

匠石归，栎社见梦曰⑥：“女将恶乎比予哉？若将比予于文木邪？夫柤梨橘柚⑦，果蓏之属⑧，实熟则剥，剥则辱；大枝折，小枝泄⑨。此以其能苦其生者也，故不终其天年而中道夭，自掊击于世俗者也。物莫不若是。且予求无所可用久矣！几死，乃今得之，为予大用。使予也而有用，且得有此大也邪？且也，若与予也皆物也，奈何哉其相物也？而几死之散人，又恶知散木！”

匠石觉而诊其梦⑩。弟子曰："趣取无用⑪，则为社何邪？”

曰："密！若无言！彼亦直寄焉，以为不知己者诟厉也⑫。不为社者，且几有翦乎⑬！且也，彼其所保与众异，而以义喻之，不亦远乎！”

【注释】

①匠石：名叫石的木匠。之：往。②厌观：饱看。厌，通“餍”，饱。③棺椁（guǒ）：棺材。棺材外再有一层叫椁。④液樠（mán）：液体渗出。⑤蠹（dù）：蛀木虫。⑥见（xiàn）梦：托梦。⑦相（zhā）：通“楂”，山楂。⑧果蓏（luǒ）：树木所结的果实叫果，瓜类等在地上蔓生植物的果实叫作蓏。⑨泄：通“抴”（yè），牵引。⑩诊：通“畛”，告。⑪趣取：求取。趣，志趣，志向。⑫诟（gòu）厉：辱骂。⑬翦（jiǎn）：砍伐。

【译文】

有个名叫石的木匠到齐国去，走到曲辕，看见一棵被视为社神的栎树。这棵树大到可以给几千头牛遮阴，用绳子量一下有百尺粗，树身高达山头，八丈以上才有树枝，可以造船的旁枝就有十几枝。观看的人众多，好像赶集一样，匠伯不屑一顾，不住脚地往前行。弟子看了个饱，跑着赶上匠石，问道："自从我拿了斧头跟随师傅以来，还不曾见过有这么大的木材。师傅不肯看上一眼，行走不停，为什么呢？”

匠石说："算了，不要再说了！那是没用的散木啊！用它做船很快就会沉没，用它做棺材很快就会腐烂，用它做器具很快就会毁坏，用它做门户就会渗出脂液，用它做房柱会长蛀虫。这是棵不成材的树木，没有任何用处，所以才有这么长的寿命。”

匠石回到家，社神栎树托梦说："你要拿什么和我相比呢？你拿我和质纹细密的树木相比吗？山楂树、梨树、橘子树、柚子树，瓜果之类，果实熟了就被剥落下来，剥落的时候就会受到折损。大枝被折断，小枝被拽拉。这是由于它们的才能害苦了自己的一生，所以不能享其天年而中途就夭折了，这是自己招来世俗的打击。万物没有不是这样的。况且我追求无所可用的境地已经很久了，几乎被砍死，到现在才得以保全，这正是我的大用。假使我有用，能长到这么高大吗？而且你和我都是物，为什么要这样评议物呢？你是将要死的散人，又怎么能知道散木呢？”

匠石醒后把梦告诉弟子。弟子说："栎树的志趣既然是寻求无用，那它为什么要充当社神树呢？”

匠石说："停！你别说了！它不过是特意假借社神寄托形体罢了，这才被那些不了解它的人辱骂。它不充当社神，恐怕早就遭到砍伐了！况且它所保全自己的方法与众不同，以常理来评论它，不是相差太远了吗？”

【原文】

南伯子綦游乎商之丘，见大木焉，有异，结驷千乘，将隐芘其所藾[①]。子綦曰："此何木也哉？此必有异材夫！"仰而视其细枝，则拳曲而不可以为栋梁；俯而视其大根，则轴解而不可以为棺椁；咶其叶[②]，则口烂而为伤；嗅之，则使人狂酲[③]，三日而不已。

子綦曰："此果不材之木也，以至于此其大也。嗟呼神人，以此不材！"

宋有荆氏者[④]，宜楸柏桑[⑤]。其拱把而上者[⑥]，求狙猴之杙者斩之[⑦]；三围四围，求高名之丽者斩之；七围八围，贵人富商之家求樿傍者斩之[⑧]。故未终其天年，而中道之夭于斧斤，此材之患也。故解之以牛之白颡者与豚之亢鼻者[⑨]，与人有痔病者不可以适河[⑩]。此皆巫祝以知之矣，所以为不祥也。此乃神人之所以大为祥也。

【注释】

①将隐芘其所藾：在这棵树树荫的庇护下可隐蔽车辆千乘。芘，通"庇"。藾（lài），荫。②咶（shì）：同"舐"，舔。③酲（chéng）：醉酒。④荆氏：地名。⑤楸（qiū）：落叶乔木，树干高且直，木质细密坚实。⑥拱：两手合握。把：一手所握。⑦杙（yì）：小木桩，可用来拴狙猴。⑧樿（shàn）傍：独板棺木。⑨白颡（sǎng）：白额头。亢鼻：仰鼻，鼻孔向上翻。⑩适河：把人或牲畜沉入河中祭神。

【译文】

南伯子綦到商丘游玩，见到一棵大树，异乎寻常，即便集结一千辆四匹马拉的车，也可在它的树荫下隐蔽起来。子綦说："这是棵什么树呢？它必定有特异的材质吧！"仰头看看树的细枝，弯弯曲曲而不能做栋梁；低头看看树干的底部，树心松散而不能制作棺材；舔舔它的叶子，嘴巴便溃烂受伤；闻闻它，就使人如醉酒一样发狂，三天醒不过来。

子綦说："这果真是棵不成材的树，所以它能长到这么大。唉，神人也是这样显示自己的不材啊！"

宋国荆氏那个地方，适宜楸、柏、桑树生长。等它们长到一两把粗的时候，就被想用它做拴猕猴的木桩的人砍了去；等长到三四围粗的时候，就被寻求高大栋梁的人砍了；等长到七八围粗的时候，就被富贵人家寻求棺木的人给砍了。因此这些树都未能尽享天年，而中途便夭折于斧头之下，这就是有用之材的祸患。所以古时禳除的祭祀，凡是白额头的牛、鼻孔向上翻的小猪，以及长了痔疮的人不可以用来投河祭神。这是巫祝都知道的，认为这些是不吉祥的。但这正是神人认为最吉祥的。

【原文】

支离疏者，颐隐于脐，肩高于顶，会撮指天[①]，五管在上[②]，两髀为胁。挫针治繲[③]，足以餬口；鼓筴播精[④]，足以食十人。上征武士，则支离攘臂而游于其间；上有大役，则支离以有常疾不受功[⑤]；上与病者粟，则受三钟与十束薪[⑥]。夫支离其形者，犹足以养其身，终其天年，又况支离其德者乎！

【注释】

① 会撮（cuō）：发髻。驼背低头，故发髻朝天。② 五管：五脏的穴位。③ 挫针：即缝衣服。挫，同“剉”。治繲（xiè）：洗衣服。④ 鼓筴播精：以簸箕簸去米糠而得到精米。鼓，簸。筴，小箕。⑤ 不受功：不用当差。功，当差。⑥ 钟：六斛四斗为一钟。

【译文】

有个叫支离疏的人，面颊隐藏在肚脐下面，肩高过头顶，脑后的发髻朝天，五藏的穴位都在脊背上，两条大腿和胸旁两肋相并。他给人缝洗衣服，可以糊口；给人簸米筛糠，可以养活十口人。国家征兵时，支离疏甩着胳膊走来走去不用躲避。国家摊派徭役时，他便因长期残病不用当差；国家发赈救济贫病时，他可以领到三钟粮食和十捆柴。那些形体残缺不全的人，尚足以养身，享尽天年，更何况那忘记世俗德行的人呢？

【原文】

孔子适楚，楚狂接舆游其门曰①：“凤兮凤兮②，何如德之衰也！来世不可待，往世不可追也。天下有道，圣人成焉③；天下无道，圣人生焉④。方今之时，仅免刑焉。福轻乎羽，莫之知载；祸重乎地，莫之知避。已乎，已乎！临人以德！殆乎，殆乎！画地而趋！迷阳迷阳⑤，无伤吾行！郤曲郤曲⑥，无伤吾足！”

山木，自寇也⑦；膏火，自煎也。桂可食⑧，故伐之；漆可用，故割之。人皆知有用之用，而莫知无用之用也。

【注释】

① 接舆：楚国的隐士，姓陆，名通，字接舆。② 凤：凤鸟，此处喻指孔子。③ 成：成就事业。④ 生：全生，保全性命。⑤ 迷阳：荆棘。⑥ 郤曲郤曲：绕弯行走。据陈碧虚《阙误》引张君房本，作“郤曲郤曲”，与上文“迷阳迷阳，无伤吾行”的句法一致。⑦ 自寇：自讨砍伐。寇，砍伐。⑧ 桂可食：桂树皮可入药、调味。

【译文】

孔子到楚国，楚国狂人接舆路过孔子的门前唱道：“凤啊，凤啊，你的德行为什么衰微了呢？来世不可期待，往世不可追回。天下有道，圣人可以成就事业；天下无道，圣人只能保全生命。当今这个时代，只能求免遭刑戮。福比羽毛还轻微，不知道摘取；灾祸比大地还重，不知道躲避。罢了！罢了！在人面前以德来炫耀自己。危险啊！危险啊！在画定的地域里行走。荆棘啊，荆棘啊，别妨碍我走路！绕弯走啊，绕弯走啊，别伤了我的脚！”

山木是自己招致砍伐的；膏火是自己招来的煎熬。桂树可以食用，所以遭砍伐；漆树有用，所以遭刀割。人们都知道有用的用处，而不知道无用的用处。

德充符

【题解】

本篇是讨论道德问题的，所谓“德充符”，是指道德的充实完美。文中先后写了王骀、叔山无趾、申徒嘉、支离无脤、瓮盎大瘿等形体残缺而道德充实完美的人，说明人的外形的残与完整都是次要的，只要人内在的道德充实完美，即使形体残缺丑陋，也是有价值的、有吸引力的，人们要忘掉形骸而求取道德。这是其一。其二，庄子进而提出了“恶用德”的观点。他认为全德之人对外物要因顺，德并不依赖于外形而存在，而圣人不需要一切人为的东西。所以“恶用德”，只有如此才能做到“有人之形，无人之情”，即不让任何人为的东西侵入心灵，“常因自然”而已。这是庄子无为无己的哲学思想在道德问题上的体现。

【原文】

鲁有兀者王骀，从之游者与仲尼相若。常季问于仲尼曰：“王骀，兀者也，从之游者与夫子中分鲁。立不教，坐不议，虚而往，实而归。固有不言之教，无形而心成者邪①？是何人也？”

仲尼曰：“夫子，圣人也，丘也直后而未往耳。丘将以为师，而况不若丘者乎！奚假鲁国②！丘将引天下而与从之。”

常季曰：“彼兀者也，而王先生③，其与庸亦远矣④。若然者，其用心也独若之何？”

仲尼曰：“死生亦大矣，而不得与之变，虽天地覆坠，亦将不与之遗⑤。审乎无假而不与物迁⑥，命物之化而守其宗也⑦。”

常季曰：“何谓也？”

仲尼曰：“自其异者视之，肝胆楚越也；自其同者视之，万物皆一也。夫若然者，且不知耳目之所宜，而游心乎德之和。物视其所一而不见其所丧，视丧其足犹遗土也。”

常季曰：“彼为己⑧，以其知得其心，以其心得其常心⑨，物何为最之哉⑩？”

仲尼曰：“人莫鉴于流水而鉴于止水，唯止能止众止⑪。受命于地，唯松柏独也正，在冬夏青青；受命于天，唯尧舜独也正，在万物之首。幸能正生⑫，以正众生。夫保始之征⑬，不惧之实。勇士一人，雄入于九军。将求名而能自要者⑭，而犹若是，而况官天地，府万物，直寓六骸，象耳目⑮，一知之所知⑯，而心未尝死者乎！彼且择日而登假⑰，人则从是也。彼且何肯以物为事乎！”

【注释】

①无形而心成：无形之中心有所获，潜移默化之功。②奚假：何止。③王：胜，超过。④庸：常人，普通人。⑤不与之遗：不会随着遗落。⑥审：明辨。无假：无所假借，无所待。⑦命物之化而守其宗：顺任事物的变化却执守事物的根本。⑧彼：指王骀。为己：指修养自身。⑨常心：原始本然之心。此心无分别好恶的作用。⑩最：聚，归依。⑪唯

止能止众止：唯有静止的水面才能留住众人停下来去照鉴。⑫正生：使自己的心性纯正。生，通“性”。⑬保始之征：保全本始的特征。⑭自要（yāo）：自己要求自己，自求上进。⑮象耳目：把耳目视为表象。⑯一知之所知：天赋的智慧所能知道的领域。⑰登假：升到高远。假，通“遐”，高远。

【译文】

鲁国有个断足之人叫王骀，跟从他游学的人和跟从孔子学习的人相当。常季问孔子道：“王骀是断足之人，跟从他游学的人和先生的弟子在鲁国各占一半。他立不施教，坐不议论，向他游学的人脑中空空而去，回来却满载而归。果真有不言之教，在无形之中得到潜移默化的吗？这是一个什么样的人呢？”

孔子说：“这位先生，他是个圣人，我也落在后面还没来得及去请教他。我将拜他为师，何况不如我的人呢！何止鲁国，我将要引导天下的人去跟从他学习。”

常季说：“他是个断足之人，而能胜过先生您，他超出普通人也一定深远得多了。如果是这样，他运用起心智来将是怎样的呢？”

孔子说：“死生是极大的事，却不能影响到他，即使天地翻覆，他也不会随之遗落毁灭。他洞悉无所凭借的道理而不随外物的变化而变化，顺任万物的变化而固守万物的根本。”

常季说：“这是什么意思呢？”

孔子说：“从万物相异的角度看，肝和胆就像楚国和越国相距那样远。从万物相同的角度看，万物都是同一的。如果认识到这一点，就不会关心耳目适宜什么样的声音和颜色的问题，只求心畅游于德的和谐境地。万物只见其同一而不见其有什么丧失，看到断去一足就像丢掉一块泥土一样。”

常季说：“他是修养自身罢了，用他的智慧获得明理之心，用明理之心获得无所分别的平常心，那么众人为何会聚在他周围呢？”

孔子说：“人不会在流动的水面照自己的影子，而是在静止的水面照自己的影子，只有静止的水才能使众人停下来照自己的影子。植物从大地获得生命，唯有松柏禀自然之正，冬夏常青；众人从上天获得生命，唯有尧舜得自然之正，在万物之中为首领。幸而他们能自正心性，才能引导众生端正。保全本始的特征，具有无所畏惧的本质。即便是独自一人，也敢入千军万马之中。为了求名而能自己要求自己的人，尚且能这样，何况主宰天地，包藏万物，以身体六骸为寓所，以耳目为表象，天赋的智慧能观照所能知道的领域，心中未尝有死生变化的观念的人呢！他将指日达到高远的境界，这样的人，人们都愿意追从他。而他哪里肯把能吸引众人当回事呢？”

【原文】

申徒嘉，兀者也，而与郑子产同师于伯昏无人。子产谓申徒嘉曰：“我先出则子止，子先出则我止。”其明日，又与合堂同席而坐。子产谓申徒嘉曰：“我先出则子止，子先出则我止。今我将出，子可以止乎，其未邪？且子见执政而不违[①]，子齐执政乎？”

申徒嘉曰："先生之门，固有执政焉如此哉？子而说子之执政而后人者也[②]？闻之曰：'鉴明则尘垢不止[③]，止则不明也。久与贤人处则无过。'今子之所取大者，先生也，而犹出言若是，不亦过乎！"

子产曰："子既若是矣，犹与尧争善。计子之德，不足以自反邪？"

申徒嘉曰："自状其过以不当亡者众[④]，不状其过以不当存者寡。知不可奈何而安之若命，唯有德者能之。游于羿之彀中[⑤]。中央者，中地也；然而不中者，命也。人以其全足笑吾不全足者多矣，我怫然而怒；而适先生之所，则废然而反[⑥]。不知先生之洗我以善邪[⑦]？吾与夫子游十九年矣，而未尝知吾兀者也。今子与我游于形骸之内，而子索我于形骸之外，不亦过乎！"

子产蹴然改容更貌曰[⑧]："子无乃称[⑨]！"

【注释】

①执政：宰相。子产是郑国执政大臣，故自称执政。违：回避。②说：同"悦"。后人：瞧不起人。③鉴：镜子。④状：申辩。不当亡：不应当残形。⑤羿：上古时的射箭能手。彀（gòu）中：射程之中。⑥废然：怒气消除的样子。⑦洗我以善：用善道来教导我。⑧蹴（cù）然：惭愧不安的样子。⑨子无乃称：你不要再说了。

【译文】

申徒嘉是个断了脚的人，他和郑子产同是伯昏无人的弟子。子产对申徒嘉说："我先出去，你就留下来；你先出去，我就留下来。"到第二天，子产和申徒嘉又共堂同席坐在一起。子产对申徒嘉说：我先出去，你就留下；你先出去，我就留下。现在我要出去，你可以稍留一会儿吗？还是不能呢？你见到执政大臣而不知道回避，你要把自己当成执政大臣和我平起平坐吗？"

申徒嘉说："在老师门下，有这样的执政大臣吗？你炫耀你的执政身份而瞧不起别人吗？听过这样的话：'镜子明亮就不留下灰尘，留下灰尘镜子就不明亮。长久和贤人相处就没有过失。'现在你来先生这里是想求学修德，还说出这样的话，不是太过分吗？"

子产说："你已经是这样了，还要和尧争善。估量一下你的德行，还不够你自我反省吗？"

申徒嘉说："自己申辩自己的过错认为自己不应当断足残形的人众多，不为自己的过错辩说认为自己不应当存足全形的人很少。知道事情的无可奈何而能安然接受自然的命运，唯有有德的人能做到。正如我们走进羿的射程之中，那中央的地方，是箭矢必中的地方；然而也有没被射中的，那是命运。人们因自己双脚齐全而嘲笑我脚不全的很多，我听了很愤怒；等到了老师这里，我的怒气全消了。这不是先生用善来洗净了我的心吗？我跟随老师游学了十九年，从未感觉到我是断了脚的人。现在你和我交往于道德的修养之中，你却从形貌上来衡量我，不也是过错吗？"

子产惭愧不安，改变了态度说："请你不要再说了！"

【原文】

鲁有兀者叔山无趾，踵见仲尼[①]，仲尼曰："子不谨，前既犯患若是矣。虽今来，何及矣！"

无趾曰："吾唯不知务而轻用吾身[②]，吾是以亡足。今吾来也，犹有尊足者存，吾是以务全之也。夫天无不覆，地无不载，吾以夫子为天地，安知夫子之犹若是也！"

孔子曰："丘则陋矣。夫子胡不入乎，请讲以所闻！"

无趾出。孔子曰："弟子勉之！夫无趾，兀者也，犹务学以复补前行之恶，而况全德之人乎[③]！"

无趾语老聃曰："孔丘之于至人，其未邪？彼何宾宾以学子为[④]？彼且蕲以諔诡幻怪之名闻[⑤]，不知至人之以是为己桎梏邪[⑥]？"

老聃曰："胡不直使彼以死生为一条[⑦]，以可不可为一贯者，解其桎梏，其可乎？"

无趾曰："天刑之[⑧]，安可解！"

【注释】

①踵：脚跟，此处指用脚跟走路。②不知务：不懂世务。轻用吾身：做事不知深浅。一说意为好管闲事。③全德：全体，即形体健全。④宾宾：频频，常常。学子：学于子，子指老聃。⑤諔（chù）诡：奇异。⑥桎（zhì）梏（gù）：镣铐。⑦一条：齐一，同一。与下文"一贯"意思相同。⑧天刑之：天然刑罚，指孔子天生的根器如此。刑，刑罚。

【译文】

鲁国有个被砍断了脚趾的人叫叔山无趾，他用脚跟行走去见孔子。孔子说："你不谨慎，之前既然犯了这样的刑罚。现在虽然来这儿请教，怎么来得及呢！"

无趾说："我只因不懂世务而轻率地对待自己的身体，因此被断了脚趾。现在我来到这儿，还有比脚趾更可贵的东西存在，因此我要努力保全它。天是无所不覆的，地是无所不载的，我把先生视为天地，哪知先生是这样的啊！"

孔子说："我太浅陋了。你为什么不进来呢？请把您所听到的讲一讲。"

无趾走了。孔子说："弟子们，努力啊！无趾是个断了脚趾的人，还力求学习以弥补从前的过错，更何况是身体健全的人呢！"

无趾对老聃说："孔子没达到至人的境界吧？他为什么常常来求教于您呢？他还在求以奇异幻怪的名声传闻天下，不知道至人都把名声当作是束缚自己的枷锁吗？"

老聃说："为什么不直接使他认识到死生为齐一、可和不可不为同一的道理，解除他的枷锁，这样也就可以了吧！"

无趾说："那是上天加给他的刑罚，怎么可能解除呢？"

【原文】

鲁哀公问于仲尼曰："卫有恶人焉[①]，曰哀骀它[②]。丈夫与之处者，思而不能去也。妇人见之，请于父母曰：'与为人妻，宁为夫子妾'者，十数而未止也。未尝有闻其唱者也，常和人而矣。无君人之位以济乎人之死[③]，无聚禄以望人之腹[④]。又以恶骇天下，和而不唱，知不出乎四域，且而雌雄合乎前。是必有异乎人者也。寡人召而观之，果以恶骇天下。与寡人处，不至以月数，而寡人有意乎其为人也；不至乎期年，而寡人信之。国无宰，寡人传国焉[⑤]。闷然而后应[⑥]，氾然而若辞[⑦]，寡人丑乎[⑧]，卒授之国。无几何也，去寡人而行。寡人恤焉若有亡也[⑨]，若无与乐是国也。是何人者也？"

仲尼曰："丘也尝使于楚矣，适见㹠子食于其死母者[⑩]，少焉眴若[⑪]，皆弃之而走。不见己焉尔，不得类焉尔[⑫]。所爱其母者，非爱其形也，爱使其形者也。战而死者，其人之葬也不以翣资[⑬]；刖者之屦[⑭]，无为爱之。皆无其本矣。为天子之诸御，不爪翦[⑮]，不穿耳；取妻者止于外，不得复使。形全犹足以为尔，而况全德之人乎！今哀骀它未言而信，无功而亲，使人授己国，唯恐其不受也，是必才全而德不形者也[⑯]。"

哀公曰："何谓才全？"

仲尼曰："死生存亡，穷达贫富，贤与不肖，毁誉，饥渴寒暑，是事之变，命之行也。日夜相代乎前，而知不能规乎其始者也[⑰]。故不足以滑和[⑱]，不可入于灵府[⑲]。使之和豫通而不失于兑[⑳]；使日夜无隙而与物为春，是接而生时于心者也。是之谓才全。"

"何谓德不形？"

曰："平者，水停之盛也。其可以为法也，内保之而外不荡也。德者，成和之修也。德不形者，物不能离也。"

哀公异日以告闵子曰："始也吾以南面而君天下，执民之纪而忧其死，吾自以为至通矣。今吾闻至人之言，恐吾无其实，轻用吾身而亡其国。吾与孔丘，非君臣也，德友而已矣。"

【注释】

①恶人：此处是指形貌丑恶的人。②哀骀它：庄子虚拟的人名。③济：挽救，救济。④望：月满为望，此处指食饱、饱满。⑤传国：把国家政事委任给人。⑥闷然：淡漠的样子。⑦氾然：漫不经心的样子。氾，同"泛"。⑧丑：惭愧。⑨恤（xù）：忧虑，忧闷。⑩㹠（tún）：即"豚"，小猪。⑪眴（shùn）若：惊慌的样子。⑫不得类：不同一类，意即不像活着时的样子。⑬翣（shà）：棺材上的饰品。资：送，给。⑭刖（yuè）：古时一种把脚砍掉的酷刑。⑮爪翦：剪指甲。⑯才全：才质完备无损。德不形：德不显形外露。⑰知：同"智"。规：为"窥"字的省略，窥视。⑱滑和：扰乱本性的平和。滑，乱。⑲灵府：精神的府第，指心灵。⑳和豫：和顺豫乐。通：通畅，比喻心灵畅快自得。兑：喜悦。

【译文】

鲁哀公问孔子说："卫国有个形貌丑恶的人，叫哀骀它。男人和他相处，思慕他而不能离去。女人见到他，请求父母说：'与其做别人的妻子，不如做他的妾。'这样的女人有十多个而不止。未曾听到他倡导什么，只见他常常应和别人而已。他没有君王的权位去救济别人的死难，没有积聚的钱粮去使人肚腹饱满。而且相貌又丑恶得让天下人害怕，他只应和而不倡导，智慧也没超出人世，可是女人男人都到跟前亲近他。他必定有异于常人之处。我召他来一看，果然丑陋得让天下人惊骇。和我相处，不到一个月，而我已经感觉到他的为人的高明了；不到一年，我就很信任他了。国内没有宰相，我就把国事委托给他。他心不在焉地，又漫不经心如同推辞一般，我觉得很惭愧，最终还是把国事委托给了他。没过多久，他就离开我走了。我忧闷得若有所失，好像在这个国家没有人和我共快乐了。他是个什么样的人呢？”

孔子说：“我曾经出使到楚国，正巧看见一群小猪在刚死去的母猪身上吃奶，一会儿突然很惊慌，都抛开母猪逃走了。这是因为死去的母猪对小猪不再有任何感应，不像活着时的样子了。它们所爱自己母亲的，不是爱它的形貌，而是爱主宰其形体的精神。战斗死去的人，安葬时不用在棺材上加饰物；被砍断了脚的人，不会再去爱惜他的鞋子。都因为失去根本了。做天子嫔妃的，不剪指甲，不穿耳眼；娶妻的内侍留在宫外，不得再为役使。为保全形体的完整尚且要如此这般，何况保全德行完备的人呢？现在哀骀它不说话就能使人信任，没有功业而受人亲敬，能让人把国事委托给他，还担心他不接受，他必定是才全而德行不表露在外的人。”

鲁哀公说：“什么叫作‘才全’呢？”

孔子说：“像死生存亡、穷达贫富、贤与不肖、毁与誉、饥渴冷热，这些都是事物的变化、天命的运行。它们日夜交替着展现在人们眼前，而人们的智慧却不能窥伺这些变化的起始。所以这些变化不足以扰乱本性的平和，不能进入我们的心灵。使心灵和顺豫乐通畅而不失去怡悦的天性；使日夜没有间隙地保持着与万物相处的春和之气，使心灵和万物相接而产生和谐感应。这就叫作‘才全’。”

“什么叫作‘德不形’？”

孔子说：“平，是水静止的极端状态。它可以成为我们取法的准则，内心保持水的静止状态而不被外界变化所摇荡。德，是完满纯和的修养。德不露形迹，万物自然亲附不离。”

鲁哀公后来有一天告诉闵子说：“开始的时候，我居国君之位而统治天下，执掌着治理臣民的纲纪而忧虑百姓的死亡，我自以为十分通达了。现在我听闻了至人的言论，担心自己没有实绩，轻率地动用自己的身心而使国家陷入危亡的境地。我和孔子并不是君臣，而是以德相交的朋友。”

【原文】

闉跂支离无脤说卫灵公[①]，灵公说之，而视全人，其脰肩肩[②]。瓮㼜大瘿说齐桓公，桓公说之，而视全人，其脰肩肩。故德有所长而形有所忘，人不忘其所忘而忘其所不忘，此谓诚忘。

故圣人有所游，而知为孽，约为胶，德为接，工为商[③]。圣人不谋，恶用知？不斫[④]，恶用胶？无丧，恶用德？不货，恶用商？四者，天鬻也[⑤]。天鬻者，天食也。既受食于天，又恶用人！

有人之形，无人之情。有人之形，故群于人；无人之情，故是非不得于身。眇乎小哉，所以属于人也！謷乎大哉[⑥]，独成其天！

【注释】

①闉（yīn）跂支离无脤（chún）：庄子虚拟的人名。闉，曲。支离，伛背。无脤，缺唇，形容形残貌丑之人。②脰（dòu）：颈项。肩肩：细小的样子。③工为商：工巧是商人的行为。④斫：砍，削，此处指雕琢。⑤天鬻：自然的养育。鬻，养育。⑥謷（áo）：高大。

【译文】

有个跛脚、伛背、无唇叫闉跂支离无脤的人去游说卫灵公，卫灵公很喜欢他，而看到形体完整的人，反倒觉得他们的脖子长得太细小了。有个脖子上长了大瘤子的人叫瓮㼜大瘿去游说齐桓公，齐桓公很喜欢他，而再看形体完整的人，反倒觉得他们的脖子长得太细小了。所以只要道德出众，形体上的残缺就会被人忘记。人们不忘掉所该忘掉的（外形），而忘掉了所不该忘的（道德），这叫作真正的遗忘。

所以圣人能游心于逍遥之境，而智巧是灾祸，约定是束缚，恩惠是交往的手段，工巧是商人的作为。圣人不去谋划，哪里用得着智巧？不去砍削雕琢，哪里用得着胶合？没有丧失什么，哪里谈得上获得？不用货物，哪里用得着商贾？这四者都是自然的养育。自然的养育，就是自然供给的食物。既然受到自然的养育，又哪里用得着人为呢？

圣人只有人的形体，却没有人的性情。有了人的形体，所以和人群居相处；没有人的性情，所以一般人的是非不会纠缠于身。渺小啊，因为属于人类！伟大啊，独自与自然成为一体！

【原文】

惠子谓庄子曰："人故无情乎？"

庄子曰："然。"

惠子曰："人而无情，何以谓之人？"

庄子曰："道与之貌，天与之形，恶得不谓之人？"

惠子曰："既谓之人，恶得无情？"

庄子曰："是非，吾所谓情也。吾所谓无情者，言人之不以好恶内伤其身，常因自然而不益生也[①]。"

惠子曰："不益生，何以有其身？"

庄子曰："道与之貌，天与之形，无以好恶内伤其身。今子外乎子之神，劳乎子之精，倚树而吟，据槁梧而瞑[②]。天选子之形[③]，子以坚白鸣[④]！"

【注释】

①不益生：不（人为地）去增益生命。②据：依，靠。瞑：同"眠"。③选：授给。④坚白：即坚白论，为当时名家辩论的命题。详见《齐物论》注。

【译文】

惠子对庄子说："人本来是没有情的吗？"

庄子说：“是的。”

惠子说：“人若没有情，怎么能称为人呢？”

庄子说：“道给了人容貌，天给了人形体，怎么不能称为人呢？”

惠子说：“既然称为人，怎么能没有情呢？”

庄子说：“这不是我所说的情。我所说的无情，是说人不要以好恶损害自己内在的本性，要常常顺任自然而不用人为地去增益生命。”

惠子说：“不去增益生命，怎么能保有他的身体呢？”

庄子说：“道给人容貌，天给人形体，不让好恶损害自己内在的本性。现在你驰骋你的心神在外，劳费你的精力，倚在树下吟咏，靠着几案闭目休息，天授予你形体，你却以‘坚白论’来争鸣！”

大宗师

【题解】

本篇的中心是论道和真人体道的境界，所谓“大宗师”，有二解，一是宗大道为师，一是道是天地万物的主宰。庄子认为道生万物，道主宰天地万物，人与自然是合一的。道是“有情有信，无为无形；可传而不可受，可得而不可见；自本自根，未有天地，自古以存；神鬼神帝，生天生帝；在太极之先而不为高，在六极之下而不为深，先天地而生不为久，长于上古而不为老”，所以只有真人才能认识道。真人忘掉自身，忘掉死生变化，忘掉一切才智，和道融为一体，由此拥有“安化”的人生态度，达到相忘的生活境界，遵从命运的安排，融合于道中。庄子的这种本体论思想，在一定程度上否定了人改造自然与社会的主观能动作用。

【原文】

知天之所为，知人之所为者，至矣。知天之所为者，天而生也①。知人之所为者，以其知之所知，以养其知之所不知②。终其天年，而不中道夭者，是知之盛也。虽然，有患③。夫知有所待而后当，其所待者特未定也。庸讵知吾所谓天之非人乎④？所谓人之非天乎？且有真人而后有真知。

【注释】

①知天之所为者，天而生也：知道天的所为，是自然运化而产生的。②以其知之所知，以养其知之所不知：其中“其知之所知”是指人的智力所知道的。“其知之所不知”是指一般人的智力所不知道的，如自然的规律和生死变化的道理。③虽然，有患：即便如此，还是有问题。④庸讵：何以。

【译文】

知道天道自然的所为，也知道人的所为，这是认知的最高境界了。知道天道运行的自然之理，是由于顺应自然的道理而得知。知道人的所为，是用人的智力所能知道的道理，去顺应自己智力所不能知道的。由此尽享天年，而不致中途夭亡，这是智力的极致了。即便如此，还是有问题。认知要有所依赖的对象才能判断它是否得当，但它所依赖的对象是变化不定的。怎么知道我所说的天道自然所为不是人为的呢、所说的人为的不是天道自然所为的呢？只有有了真人而后才能有真知。

【原文】

何谓真人？古之真人，不逆寡，不雄成①，不谟士②。若然者，过而弗悔，当而不自得也。若然者，登高不栗，入水不濡③，入火不热。是知之能登假于道者也若此。

古之真人，其寝不梦，其觉无忧，其食不甘，其息深深。真人之息以踵，众人之息以喉。屈服者，其嗌言若哇④。其耆欲深者⑤，其天机浅⑥。

古之真人，不知说生⑦，不知恶死；其出不䜣⑧，其入不距⑨；翛然而往⑩，翛然而来而已矣。不忘其所始，不求其所终；受而喜之，忘而复之。是之谓不以心捐道⑪，不以人助天。是之谓真人。

若然者，其心忘⑫，其容寂，其颡頯⑬；凄然似秋，暖然似春，喜怒通四时，与物有宜而莫知其极。故圣人之用兵也，亡国而不失人心；利泽施乎万世，不为爱人。故乐通物，非圣人也；有亲，非仁也；天时，非贤也；利害不通，非君子也；行名失己，非士也；亡身不真，非役人也。若狐不偕、务光、伯夷、叔齐、箕子、胥馀、纪他、申徒狄，是役人之役，适人之适，而不自适其适者也。

【注释】

①雄成：自傲于成功。②谟士：为"谋事"的同音假借。③濡：沾湿。④嗌（ài）言若哇：说话言语吞吐。嗌，咽喉。哇，呕吐。⑤耆：通"嗜"，嗜好。⑥天机：天赋的灵机，灵性。⑦说：通"悦"。⑧䜣（xīn）：通"欣"。⑨距：通"拒"。⑩翛（xiāo）然：自然无拘的样子。⑪捐：多认为是"损"字写坏误作。⑫忘：原本形误写作"志"，今本多已订正为"忘"。⑬颡（sǎng）：额头。頯（kuí）：宽大的样子。

【译文】

什么叫作真人？古时候的真人，不违逆弱寡，不自傲于成功，不谋虑世事。像这样的人，错过时机而不懊悔，正当时机而不自得。像这样的人，登高不战栗，入水不沾湿，入火不觉热，这是认知达到道的境地才能这样。

古时候的真人，睡觉时不做梦，睡醒时不忧愁，饮食不求甘美，呼吸深沉舒缓。真人的呼吸直达脚跟，众人呼吸用的是咽喉。争辩中屈服的人，他的言语堵塞在咽喉中，像要呕吐般难受。嗜欲深的人，他天赋的灵机就浅。

古时候的真人，不知道悦生，不知道怕死。他出生到世间不欣喜，他死亡入土不拒绝。他们无拘束地去世，无拘束地来到世上而已。不忘记他生命的开始，不寻求他自己的归宿。欣然地接受生，忘掉死而复归自然。这就叫作不用心智去损害道，不用人为去辅助自然。这就是真人。

像这样的人，他心里忘怀了一切，他的容貌静寂淡然，他的额头宽大朴质。表情严肃时冷凄得像秋天一样，态度和蔼时温暖得像春日一般，喜怒与四时变化相通，和万物相适宜而不知他的终极。所以圣人用兵打仗，灭亡了别人的国家也不会失去民心；利益和恩泽施惠万世，不是为了偏爱人。所以有意与物相通，就不是圣人；有亲疏之分，就不是仁人；计较天时，就不是贤人；利害不能相通为一，就不是君子；追求名声而失却自身本性，就不是士人；丧失自身而失去真性，就不是役使之人。像狐不偕、务光、伯夷、叔齐、箕子、胥馀、纪他、申徒狄，都是被别人役使，使别人快意安适，而不是为自己的安适而求安适的人。

【原文】

古之真人，其状义而不朋，若不足而不承；与乎其觚而不坚也，张乎其虚而不华也；邴邴乎其似喜也①，崔崔乎其不得已也②，滀乎进我色也③，与乎止我德也；广乎其似世也④，謷乎其未可制也⑤；连乎其似好闭也⑥，悗乎忘其言也⑦。以刑为体，以礼为翼，以知为时，以德为循。以刑为体者，绰乎其杀也；以礼为翼者，所以行于世也；以知为时者，不得已于事也；以德为循者，言其与有足者至于丘也，而人真以为勤行者也。故其好之也一，其弗好之也一。其一也一，其不一也一⑧。其一与天为徒，其不一与人为徒。天与人不相胜也，是之谓真人。

【注释】

①邴（bǐng）邴：舒畅而喜悦的样子。②崔崔乎：被迫而动的样子。③滀（chù）：水蓄积，此处形容充实而颜色和泽的样子。④广：广大。⑤謷：通“敖”，高远。⑥连乎：形容沉默不语。⑦悗（mèn）乎：无心的样子。⑧其一也一，其不一也一：无论人认为天和人是合一的或不合一的，它们都是合一的。

【译文】

古时候的真人，神态巍峨而不畏缩，好像有所不足却无所承受；特立不群而不固执，心胸宽广冲虚而不浮华，舒畅自适好像很欢喜，行为举动好像出于不得已，面色和泽令人亲近，德行宽厚令人归依；气度宽宏如世界一般广大，高远超拔而不可限制；沉默不语好似封闭了感觉，无心的样子像是忘了要说的话。把刑法作为本体，把礼仪作为羽翼，把知识当作时变，把道德作为依据。以刑罚为主体，就是从宽对待杀人；把礼仪作为羽翼，以智力相时而动，不过是不得已而行事；以道德作为所遵循的原则，是说就像有脚就能登上山丘一样，而世人却认为是勤于行走的人才能到达。（天和人是合而为一，）人们喜好它们或不喜好它们，它们都是合而为一的。无论人认为天和人是合一的或不合一的，它们都是合一的。其认为合一的与天为同类，其认为不合一的与人为同类。把天和人看作是不相互对立的，这就叫作真人。

【原文】

死生，命也①，其有夜旦之常，天也。人之有所不得与，皆物之情也。彼特以天为父，而身犹爱之，而况其卓乎！人特以有君为愈乎己，而身犹死之，而况其真乎[②]！

泉涸，鱼相与处于陆，相呴以湿[③]，相濡以沫，不如相忘于江湖。与其誉尧而非桀也，不如两忘而化其道。

夫大块载我以形[④]，劳我以生，佚我以老，息我以死。故善吾生者，乃所以善吾死也。夫藏舟于壑，藏山于泽，谓之固矣[⑤]。然而夜半有力者负之而走，昧者不知也[⑥]。藏小大有宜，犹有所遁[⑦]。若夫藏天下于天下而不得所遁，是恒物之大情也[⑧]。特犯人之形而犹喜之[⑨]。若人之形者，万化而未始有极也，其为乐可胜计邪！故圣人将游于物之所不得遁而皆存。善夭善老，善始善终，人犹效之，又况万物之所系，而一化之所待乎！

【注释】

①命：自然而不可免者（释德清说)。②真：真宰，指道而言。③相呴（xǔ）以湿：用湿气互相呼吸。呴，呼气。④大块：天地。载：负载，寄托。⑤固：牢固。⑥昧者：睡觉的人。昧，通“寐”。⑦遁：亡失。⑧恒物：常物。大情：实情，性质。⑨犯：通“范”，模子，此处可理解为动词，作“铸造”。

【译文】

死与生是自然而不可避免的，它们如同黑夜和白天的永恒交替一样，是自然的规律。人在有些方面是无法干预的，这是事物的实情。人们认为天是生命之父，而终身敬爱它，更何况那卓越无比的道呢？人们认为君主的地位高出自己，而为之舍身效忠，何况那主宰万物的道呢？

泉水干了，鱼儿一同困在陆地上，相互用湿气吸嘘，相互用口沫湿润，不如在江湖里彼此相忘。与其赞美尧而非议桀，不如把二者的是非善恶都忘了而融化在大道之中。

天地赋予了我形体而让我有所寄托，给我生命从而使我操劳，用衰老使我安闲，用死亡来使我安息。所以把生视为好事，也应把死视为好事。把船藏在山谷里，把山藏在大泽中，可以说是牢固的了。然而半夜里有大力的人将它们背走了，睡觉的人都不知道。把小的东西藏在大的东西里面是很适宜的，但还是会有所丢失。如果把天下藏在天下之中就不会有所丢失了，这是万物的普遍实情。人们一旦获得了人的形体就欣喜。如果人的形体，千变万化而没有止境，这也可成为快乐的话那快乐就不可胜计了。所以圣人将游于不会亡失的境地而与大道共存。对于生老病死都要善于安顺的人，人们犹自仿效他，更何况是万物的本源、一切变化所依赖的道呢？

【原文】

夫道，有情有信[①]，无为无形[②]；可传而不可受，可得而不可见；自本自根，未有天地，自古以固存；神鬼神帝，生天生地；在太极之上而不为高[③]，在六极之下而不为深[④]，先天地生而不为久，长于上古而不为老。狶韦氏得之[⑤]，以挈天地[⑥]；伏戏氏得之，以袭气母[⑦]；维斗得之[⑧]，终古不忒[⑨]；日月得之，终古不息；堪坏得之[⑩]，以袭昆仑；冯夷得之[⑪]，以游大川；肩吾得之，以处大山[⑫]；黄帝得之，以登云天；颛顼得之，以处玄宫；禺强得之，立乎北极；西王母得之，坐乎少广，莫知其始，莫知其终；彭祖得之，上及有虞，下及五伯；傅说得之，以相武丁，奄有天下，乘东维，骑箕尾，而比于列星。

【注释】

① 有情有信：实在确凿的，即客观存在。信，真。② 无为无形：意即看不见摸不着的，是非物质的。③ 太极：天地没有形成以前，阴阳未分的混沌元气。④ 六极：六合，东西南北上下的极限。⑤ 狶（xī）韦氏：传说中的古代帝王。⑥ 挈（qiè）：提挈，引申为整顿。⑦ 袭：沿袭，调和。气母：元气之母，指阴阳。⑧ 维斗：即北斗。⑨ 忒（tè）：差错。⑩ 堪坏：昆仑山神。⑪ 冯夷：河神，又称河伯。⑫ “肩吾”二句：肩吾：泰山神。大山：泰山。大，通“太”。

【译文】

道，是真实有信验的，没有作为，没有形迹；可以心传而不可以教授，可以心得而不能目见；它自己就是自己的根本，在没有天地时，自古以来就一直存在着；是它产生了鬼神和上帝，是它产生了天和地；它在太极之上而不算高，在六合之下而不算深，先于天地存在而不算久，比上古还长远而不算老。狶韦氏得到它，用来整顿天地；伏羲氏得到它，用以调合元气；北斗得到它，就永远不出差错；日月得到它，就能永远运行不停；堪坏得到它，用来入主昆仑；冯夷得到它，以此游历大川；肩吾得到它，以此镇守泰山；黄帝得到它，以此登上云天；颛顼得到它，就住进了玄宫；禺强得到它，就能立身于北极；西王母得到它，就能坐居少广山，人们不知道它的始与终；彭祖得到它，寿数绵长，上自虞舜，下及春秋五霸；傅说得到它，可以做武丁的宰相，治理天下，（死后）乘骑着东维星和箕尾星，而与众星并列在一起。

【原文】

南伯子葵问乎女偊曰：“子之年长矣，而色若孺子，何也？”

曰：“吾闻道矣。”

南伯子葵曰：“道可得学邪？”

曰：“恶！恶可！子非其人也。夫卜梁倚有圣人之才而无圣人之道，我有圣人之道而无圣人之才。吾欲以教之，庶几其果为圣人乎！不然，以圣人之道告圣人之才，亦易矣。吾犹守而告之[①]，三日而后能外天下；已外天下矣，吾又守之，七日而后能外物；已外物矣，吾又守之，九日而后能外生；已外生矣，而后能朝彻[②]。朝彻，而后能见独[③]；见独，而后能无古今；无古今，而后能入于不死不生。杀生者不死，生生者不生。其为物，无不将也，无不迎也；无不毁也，无不成也。其名为撄宁[④]。撄宁也者，撄而后成者也。”

南伯子葵曰：“子独恶乎闻之？”

曰：“闻诸副墨之子，副墨之子闻诸洛诵之孙[⑤]，洛诵之孙闻之瞻明[⑥]，瞻明闻之聂许[7]，聂许闻之需役[8]，需役闻之於讴[9]，於讴闻之玄冥，玄冥闻之参寥[10]，参寥闻之疑始[11]。"

【注释】

①守：坚持，保守。②朝彻：如朝阳初生时普照豁然澄澈，指胸中豁然澄澈。③见独：洞见独立无改的大道。④撄（yīng）宁：扰乱之中而后见其宁定，即心神宁静，不被外界事物所扰。撄，干扰，拂扰。宁，定。⑤洛诵之孙：诵读。洛，通"络"，是同音假借，连络，反复。⑥瞻明：见解洞彻，此处指语言之流传得之于目见。瞻，见。⑦聂许：耳闻。⑧需役：实践，践行。需，须。役，行。⑨於讴：咏叹讴歌。於，音"乌"。讴，歌谣。⑩参寥：空寂。⑪疑始：似有始而又未尝有始，近于本源。

【译文】

南伯子綦问女偊："您的年岁很大了，而面色却如同小孩，为什么呢？"

女偊说："我得到了'道'。"

南伯子綦说："'道'可以学得到吗？"

女偊说："不！不可以！你不是那种可以学'道'的人。卜梁倚有圣人的才能而没有圣人的'道'，我有圣人的'道'而没有圣人的才能。我想用'道'去教化他，也许他真的能成为圣人吧！就是不能，用圣人的道告诉有圣人才能的人，也是容易的。我继续持守着，而后告诉他，三天后就能把天下置之度外了；已经置天下于度外了，我又持守，七天以后能把万物置之度外了；已经置物于度外了，我又持守，九天以后能把生死置之度外了；已经把生死置之度外了，而后心胸豁然澄澈。心胸豁然澄澈了，而后能洞见独立而不改的道；洞见独立而不改的道，而后能不受古今时间的限制；不受古今时间的限制了，而后能进入无生无死的境界。杀灭一切生命的道，它本身不死；产生一切生命的道，它本身不生。道对于万物，无时不在有所送，无时不在有所迎；无时不在有所毁，无时不在有所成。这就叫作'撄宁'，'撄宁'的意思，就是在万物生死、成毁的纷扰中保持宁静安定。"

南伯子綦说："您从哪儿学到的道呢？"

女偊说："我从文字那儿学到的，文字是从语言那儿得到的，语言是从目见那儿得到的，目见是从耳闻那儿得到的，耳闻是从修行那儿得到的，修行是从咏叹那儿得到的，咏叹是从静默那儿得到的，静默是从空寂那儿得到的，空寂是从疑似本源那儿得到的。"

【原文】

子祀、子舆、子梨、子来四人相与语曰[1]："孰能以无为首，以生为脊，以死为尻[2]，孰知死生存亡之一体者，吾与之友矣。"四人相视而笑，莫逆于心[3]，遂相与为友。

俄而子舆有病，子祀往问之。曰："伟哉！夫造物者，将以予为此拘拘也[4]！"曲偻发背[5]，上有五管[6]，颐隐于齐[7]，肩高于顶，句赘指天[8]。阴阳之气有沴[9]，其心闲而无事。跰䟴而鉴于井[10]，曰："嗟呼！夫造物者又将以予为此拘拘也！"

子祀曰："女恶之乎？"

曰："亡，予何恶！浸假而化予之左臂以为鸡⑪，予因以求时夜；浸假而化予之右臂以为弹，予因以求鸮炙⑫；浸假而化予之尻以为轮，以神为马，予因以乘之，岂更驾哉！且夫得者，时也；失者，顺也。安时而处顺，哀乐不能入也。此古之所谓县解也⑬。而不能自解者，物有结之⑭。且夫物不胜天久矣，吾又何恶焉！"

俄而子来有病，喘喘然将死，其妻子环而泣之。子犁往问之，曰："叱！避！无怛化⑮！"倚其户与之语曰："伟哉造化！又将奚以汝为⑯，将奚以汝适？以汝为鼠肝乎？以汝为虫臂乎？"

子来曰："父母于子，东西南北，唯命之从。阴阳于人，不翅于父母⑰。彼近吾死而我不听⑱，我则悍矣，彼何罪焉！夫大块载我以形，劳我以生，佚我以老，息我以死。故善吾生者，乃所以善吾死也。今之大冶铸金，金踊跃曰：'我且必为镆铘⑲！'大冶必以为不祥之金。今一犯人之形，而曰：'人耳！人耳！'夫造化者必以为不祥之人。今一以天地为大炉，以造化为大冶，恶乎往而不可哉！"成然寐⑳，蘧然觉㉑。

【注释】

①子祀、子舆、子犁、子来：均为庄子虚构的人物。②尻（kāo）：屁股，脊骨的末端。③莫逆于心：心中没有抵触，内心相契。④拘拘：屈曲不能伸展的样子。⑤曲偻（lóu）：伛偻，腰背弯曲。发背：背弯曲向上拱露。⑥五管：五脏的穴位。⑦颐隐于齐：面颊藏在肚脐下。颐，面颊。齐，通"脐"，肚脐。⑧句（gōu）赘：发髻。⑨沴（lì）：凌乱。⑩跰𨇤（pián xiān）：走路偏偏跌跌的样子。⑪浸假：假使。⑫鸮炙：烤鸮鸟肉。⑬县解：解除倒悬。县，同"悬"。⑭物有结之：被阴阳之气所束缚。⑮怛（dá）：惊恐。⑯将奚以汝为：将要把你变为何物。奚，何。⑰不翅：不啻。翅，同"啻"。⑱近：用作动词，意为"使……接近"。⑲镆铘：宝剑名。传说干将、镆铘为楚王铸雌雄二剑，三年成，雄剑名干将，雌剑名镆铘。也作"莫邪"。⑳成然寐：熟睡。㉑蘧（qú）然：喜悦自在的样子。

【译文】

子祀、子舆、子犁、子来四人互相谈论说："谁能把无当作头颅，把生当作脊梁，把死当作尾骨，谁能知道生死存亡是一体的，我们就与他做朋友了。"四人相视而笑，心意投合，于是互相结为朋友。

不久子舆病了，子祀前往问候他。子舆说："伟大啊！造物者，把我变成这样一个拘曲着身子的人啊！"子舆腰弯驼背，五脏的穴位向上，面颊藏在肚脐下，肩高过头顶，头后的发髻朝天。阴阳之气虽然凌乱失调，但子舆的心却安闲而若无其事。他步履蹒跚地走向水井照着身影，说："哎呀！造物者又把我变成这样一个拘曲着身子的人啊！"

子祀说："你厌恶这样吗？"

子舆说："不，我怎么会厌恶呢？假使把我的左臂变为鸡，我就用它来司夜报时；假使把我的右臂变为弹丸，我就用它打鸮鸟烤着吃；假使把我的尾骨变为车轮，把我的精神变为马，我就乘着这马车走，哪里还会变更再用别的马车呢！况且人们获得生命，乃是适时；失去生命，乃是顺应。安心于适时而处于顺应，哀乐的情绪就不能进入心中。

这就是古时所说的解除倒悬。而不能自我解脱的人，是因为被外物束缚住了。况且人力不能胜过自然规律是由来已久了，我又为什么要厌恶呢？”

不久子来生了病，气喘吁吁地快要死了，他的妻子儿女围着哭泣。子梨前往问候他，对子来的妻子、儿女们说：“去！走开！不要惊了将要变化的人！”他倚着门对子来说：“伟大啊！造化者！又要把你变为何物呢？要把你送到何处去呢？要把你变为老鼠的肝吗？要把你变为虫子的臂膀吗？”

子来说：“子女对父母，无论要到东西南北，都要听从父母的命令。人对于阴阳造化，不啻于父母。它让我死，而我不听从，我就是违逆不顺，它有什么罪过呢？大自然给了我形体，用生来使我劳作，用老来使我安逸，用死来使我安息。所以把我的生视为好的，也应把我的死视为好的。譬如现在有个铁匠铸造金属器具，那金属跳跃起来说：‘一定要把我铸成镆铘宝剑！’铁匠必定会认为这是不祥的金属。现在造化一旦造出一个人的形体，这个人就说：‘我是人！我是人！’造化者必定认为这是不祥的人。现在把天地当作大熔炉，把造化视为铁匠，往哪里去而不可呢！”子来说完酣然睡去，一会儿又自在地醒来。

【原文】

子桑户、孟子反、子琴张三人相与友，曰：“孰能相与于无相与，相为于无相为？孰能登天游雾，挠挑无极[①]；相忘以生，无所终穷[②]？”三人相视而笑，莫逆于心，遂相与为友。

莫然有间[③]，而子桑户死，未葬。孔子闻之，使子贡往侍事焉[④]。或编曲[⑤]，或鼓琴，相和而歌曰：“嗟来桑户乎！嗟来桑户乎！而已反其真[⑥]，而我犹为人猗[⑦]！”子贡趋而进曰：“敢问临尸而歌，礼乎？”

二人相视而笑曰：“是恶知礼意！”

子贡反，以告孔子，曰：“彼何人者邪？修行无有[⑧]，而外其形骸，临尸而歌，颜色不变，无以命之[⑨]。彼何人者邪？”

孔子曰：“彼，游方之外者也；而丘，游方之内者也。外内不相及，而丘使女往吊之，丘则陋矣。彼方且与造物者为人，而游乎天地之一气。彼以生为附赘县疣[⑩]，以死为决疣溃痈[⑪]。夫若然者，又恶知死生先后之所在！假于异物，托于同体；忘其肝胆，遗其耳目；反覆终始，不知端倪；芒然彷徨乎尘垢之外，逍遥乎无为之业。彼又恶能愦愦然为世俗之礼[⑫]，以观众人之耳目哉！”

子贡曰：“然则夫子何方之依？”

孔子曰：“丘，天之戮民也。虽然，吾与汝共之。”

子贡曰：“敢问其方。”

孔子曰：“鱼相造乎水，人相造乎道。相造乎水者，穿池而养给；相造乎道者，无事而生定[⑬]。故曰：‘鱼相忘乎江湖，人相忘乎道术。’”

子贡曰：“敢问畸人[⑭]。”

曰：“畸人者，畸于人而侔于天。故曰：‘天之小人，人之君子；人之君子，天之小人也。’”

【注释】

① 挠挑：登升。② 终穷：终止穷尽，死亡。③ 莫然有间：不知不觉顷刻间，没多久。莫然，即“漠然”。④ 侍事：帮助办丧事。⑤ 编曲：编作挽歌。⑥ 而：通“尔”，你。反其真：返归自然。⑦ 猗（yī）：语尾助词，相当于“兮”。⑧ 修行无有：修行却不讲礼仪。⑨ 命：名，形容。⑩ 附赘：附生的赘瘤。县疣：悬生的瘊子。两者比喻多余、无用的东西。⑪ 疣（huàn）：疽，毒疮。痈：恶性脓疮。⑫ 愦（kuì）愦然：烦乱的样子。⑬ 生定：心性静定安详。生，通“性”。⑭ 畸（jī）人：与众不同的人，奇人。

【译文】

子桑户、孟子反、子琴张三人互相结为朋友，说：“谁能相交在不相交之中，相助在没有相助痕迹之中？谁能登上天空游于云雾，跳跃于无极之中；忘了生死，没有穷尽？”三个人相视而笑，心意投合，于是互相结为朋友。

不知不觉间过了没多久，子桑户死了，还没有下葬。孔子听到了这事，派子贡前往助理丧事。子贡看见一个人在编挽歌，一个人在弹琴，相互唱和道：“哎呀桑户啊！哎呀桑户啊！你已经返本归真了，而我们还寄寓在人世啊！”子贡快步走上前说：“请问面对着尸体唱歌，合乎礼仪吗？”

孟子反和子琴张相互看了看，笑着说：“他哪里懂得礼的真意！”

子贡回去后，把这些告诉了孔子，说：“他们是什么样的人呢？修养德行却不讲礼仪，而把形骸置之度外，面对着尸体唱歌，脸色不变，真是无法来形容他们。他们是什么样的人呢？”

孔子说：“他们是游于天地四方之外的人，而我是生活在天地四方之内的人。天地四方的内外彼此不相及，而我让你前往吊唁，我太固陋了。他们正和造物者为友伴，而遨游于天地元气之中。他们把生视为附着的赘瘤，把死视为毒疮的溃败。像这样，又怎么明白死生先后的区别呢！假借着不同之物，寄托在同一形体中；忘却内在的肝胆，遗忘外在的耳目；让生死随着自然而反复循环，不知道它的头绪；无所牵系地神游于尘世以外，逍遥在自然无为的境地。他们又怎能不烦乱地拘守世俗的礼仪，以此让众人观看呢！”

子贡说：“那么先生您依从哪一方呢？”

孔子说：“我孔丘，是遭受天道惩罚的人。即便如此，我和你还是共同追求方外之道。”

子贡说：“请问有什么方法吗？”

孔子说：“鱼儿相与寻找水源，人们相与向往大道。相互寻找水源的，挖个池子来供养；相互向往大道的，泰然无事而心性自定。所以说：‘鱼在江湖中互相忘掉，人在大道中互相忘掉。’”

子贡说：“请问与众不同的异人是什么样的人？”

孔子说：“异人是与世俗之人不同而顺应自然的人。所以说：‘大自然的小人，是人世间的君子；人世间的君子，是大自然的小人。’”

【原文】

颜回问仲尼曰："孟孙才，其母死，哭泣无涕，中心不戚，居丧不哀。无是三者，以善处丧盖鲁国。固有无其实而得其名者乎？回壹怪之[①]。"

仲尼曰："夫孟孙氏尽之矣，进于知矣，唯简之而不得，夫已有所简矣。孟孙氏不知所以生，不知所以死；不知孰先，不知孰后；若化为物，以待其所不知之化已乎！且方将化，恶知不化哉？方将不化，恶知已化哉？吾特与汝，其梦未始觉者邪！且彼有骇形而无损心[②]，有旦宅而无情死[③]。孟孙氏特觉[④]，人哭亦哭，是自其所以乃。且也相与'吾之'耳矣，庸讵知吾所谓'吾之'非吾乎？且汝梦为鸟而厉乎天[⑤]，梦为鱼而没于渊。不识今之言者，其觉者乎，其梦者乎？造适不及笑[⑥]，献笑不及排[⑦]，安排而去化，乃入于寥天一[⑧]。"

【注释】

①壹：语助词，表强调。②骇：惊动。损：伤。③旦宅：通"怛咤"，惊惧。④特觉：独自觉醒。⑤厉：同"戾"，至，到达。⑥造适：达到适意的境界。造，达到。⑦献笑不及排：内心自得而发出的笑声，不待安排。排，安排。⑧寥天一：寂寥的道混为一体。即是指道。

【译文】

颜回问孔子说："孟孙才的母亲死了，他哭泣而没有眼泪，心中不悲戚，守丧不哀痛。没有这三点，却以善于处理丧事而闻名鲁国。难道有不具其实而博得名声的吗？我觉得很奇怪。"

孔子说："孟孙氏已尽了居丧之道了，超过了知道丧礼的人。丧事应该简化却因世俗沿袭而无法做到，他已经有所简化了。孟孙氏不知什么是生，不知什么是死；不知道迷恋生前，不知道惦念死后。他像是要化为物，以等待着他所不知的变化而已！再说方今将要变化，怎么知道不变化呢？方今将要不变化，怎么知道已经变化了呢？可我和你，恐怕都是在梦中还未觉醒啊！况且孟孙氏认为有形体的变化而没有心神的损伤，有惊恐而没有精神上的死亡。孟孙氏独自觉醒，别人哭他也哭，这就是他所以如此（苦而不哀）的缘故。众人看到自己的形体就相互称说'这是我'，哪里知道我所谓'这是我'果真是我呢？再且你梦见成为鸟飞到天空，梦见成为鱼潜入深渊。不知道现在说话的人，是醒着呢，还是在做着梦呢？突如其来的快意来不及笑出来，从内心自然流露出来的笑声来不及事先安排，顺任自然的安排而随之变化，就可以进入寂寥廓远之处的纯一境界。"

【原文】

意而子见许由[①]。许由曰："尧何以资汝[②]？"

意而子曰："尧谓我：'汝必躬服仁义而明言是非。'"

许由曰："而奚来为轵[③]？夫尧既已黥汝以仁义，而劓汝以是非矣[④]，汝将何以游夫遥荡恣睢转徙之涂乎[⑤]？"

意而子曰："虽然，吾愿游于其藩。"

许由曰："不然。夫盲者无以与乎眉目颜色之好，瞽者无以与乎青黄黼黻之观[⑥]。"

意而子曰："夫无庄之失其美[7]，据梁之失其力[8]，黄帝之亡其知，皆在炉捶之间耳。庸讵知夫造物者之不息我黥而补我劓，使我乘成以随先生邪[9]？"

许由曰："噫！未可知也。我为汝言其大略。吾师乎！吾师乎！䪠万物而不为义[10]，泽及万世而不为仁，长于上古而不为老，覆载天地、刻雕众形而不为巧。此所游已。"

【注释】

①意而子：庄子虚拟的人物。②资：资助，指教。③轵（zhǐ）：通"只"，语助词。④劓（yì）：古时一种割鼻子的刑罚。⑤恣睢（suī）：放纵，无所拘束。⑥黼黻（fǔ fú）：古时礼服上绣的花纹。⑦无庄：庄子虚拟的古代美女。⑧据梁：庄子虚拟的古代大力士。⑨乘成：载着完整的形体。成，完备，完整。⑩䪠（jī）：调和。

【译文】

意而子去见许由。许由说："尧用什么教导你呢？"

意而子说："尧对我说：'你一定要力行仁义而明辨是非。'"

许由说："你为什么还要到这里来呢？尧既然已经用仁义给你施行了墨刑，用是非给你施行了劓刑，你怎么能逍遥放荡、无拘无束地遨游于变化的境界呢？"

意而子说："即使如此，我还是愿意游于这个境界的边际。"

许由说："不可能这样。盲人无法欣赏眉目颜色的美好，盲人无法观赏礼服上绣的彩色花纹的华丽。"

意而子说："无庄忘掉了自己的美貌，据梁忘掉了自己的力量，黄帝忘掉了自己的智慧，都是经过造物者的熔炉陶冶锤炼成的。怎么知道造物者不会平息我受的墨刑，修补我受劓刑的伤残，使我载着完整的形体来追随先生呢？"

许由说："唉！这是不可知的呀。我给你说说大略：我的大宗师啊！调和万物而不认为是义，恩泽惠及万世而不认为是仁，长于上古却不算老，覆天载地、雕刻万物的形状而不认为是巧。这就是我所遨游的境界！"

【原文】

颜回曰："回益矣[1]。"

仲尼曰："何谓也？"

曰："回忘仁义矣。"

曰："可矣，犹未也。"

他日复见，曰："回益矣。"

曰："何谓也？"

曰："回忘礼乐矣。"

曰："可以，犹未也。"

他日复见，曰："回益矣。"

曰："何谓也？"

曰："回坐忘矣[2]。"

仲尼蹴然曰[③]："何谓坐忘？"

颜回曰："堕肢体，黜聪明[④]，离形去知，同于大通[⑤]，此谓坐忘。"

仲尼曰："同则无好也，化则无常也。而果其贤乎！丘也请从而后也。"

【注释】

①益：增益，进步。②坐忘：静坐而忘其身以至于道。③蹴（cù）然：因惊异而神情突变的样子。④黜（chù）：废弃，抛开。⑤大通：即大道。

【译文】

颜回说："我进步了。"

孔子说："指什么说的呢？"

颜回说："我忘掉仁义了。"

孔子说："好的，但是还不够。"

过了几天又见面，颜回说："我又进步了。"

孔子说："指什么说的呢？"

颜回说："我忘掉礼乐了。"

孔子说："好的，但是还不够。"

过了几天又见面，颜回说："我又进步了。"

孔子说："指什么说的呢？"

颜回说："我坐忘了。"

孔子惊奇地问："什么叫坐忘？"

颜回说："遗忘肢体，抛掉聪明，离弃形体忘掉智识，与化育万物的道融通为一，这就叫坐忘。"

孔子说："和同万物就没有偏好，参与万物的变化就没有偏执。你果真是贤人啊！请让我追随在你的身后。"

【原文】

子舆与子桑友[①]。而霖雨十日[②]，子舆曰："子桑殆病矣！"裹饭而往食之。至子桑之门，则若歌若哭，鼓琴曰："父邪！母邪！天乎！人乎！"有不任其声而趋举其诗焉[③]。

子舆人，曰："子之歌诗，何故若是？"

曰："吾思夫使我至此极者而弗得也。父母岂欲吾贫哉？天无私覆，地无私载，天地岂私贫我哉？求其为之者而不得也。然而至此极者，命也夫！"

【注释】

①子桑：即上文的子桑户，庄子虚拟的人物。②霖雨：连绵三天以上不停的雨。③不任其声：（心力交疲，）发出的声音极其微弱。任，胜任。趋举其诗：诗句急促，不成调。趋，急促。举，引起，此处指念诵。

【译文】

子舆和子桑是朋友。一连下了十天雨，子舆说："子桑恐怕要饿病了吧！"于是带着饭去给他吃。到了子桑的门口,就听到像是唱歌又像是哭泣的声音。子桑弹着琴唱道："父亲呀！母亲呀！天呀！人呀！"声音微弱而诗句急促。

子舆进到屋里，说："你吟唱诗，为什么这样不成调子？"

子桑说："我在思索使我到了这般窘困地步的原因而不得其解。父母难道想要我贫困吗？上天无私地覆盖一切，大地无私地承载着一切，天地岂会偏私而让我贫困呢？探求使我贫困的原因而得不到结果。然而我到了这样的绝境，是命吧！"

应帝王

【题解】

本篇谈的是帝王治理天下的问题，表现了庄子无为而治的政治观。文中的六个故事都是寓言，庄子借此以论理。"啮缺问于王倪""肩吾见狂接舆"部分，批评了君王以私愿制定法度统治人民的行为，指出为政当"顺物自然"，统治者当去除私念。"阳子居见老聃""郑有神巫曰季咸""无为名尸""南海之帝为倏"等部分论辩了无为的好处和有为对百姓的损害。庄子为政当无治的政治观，基本上是继承老子的"无为而无不为"的思想而来的，其消极性不言自明，但是这种政治观念在一定程度上也是针对当时日益膨胀的君王权力而发的，不无合理的因素。因为在有阶级的社会，以君主官僚为主体的政治本身就是天下的一大祸害，无论它打着什么旗号。

【原文】

啮缺问于王倪，四问而四不知。啮缺因跃而大喜，行以告蒲衣子。

蒲衣子曰："而乃今知之乎①？有虞氏不及泰氏②。有虞氏，其犹藏仁以要人③；亦得人矣，而未始出于非人④。泰氏，其卧徐徐，其觉于于⑤。一以己为马，一以己为牛。其知情信，其德甚真，而未始入于非人。"

【注释】

①而：通"尔"，你。②有虞氏：指舜。泰氏：传说中的上古帝王。③藏仁：心怀仁义。要（yāo）：结交。④出：超出。非人：指物。这句话的意思为有心要人，则犹系于物，是未能超然出于物。⑤于于：迂缓，安闲自得的样子。

【译文】

啮缺问王倪，问了四次而四次都答称不知道。啮缺因此欢喜得跳了起来，去把这事告诉蒲衣子。

蒲衣子说："你现在知道了吗？有虞氏不及泰氏。有虞氏，他还心怀仁义以结交人心，虽然也获得了人心，但是未能超脱外物的牵累。泰氏睡时舒缓平静，醒来时安闲自得。

任人把自己称作马，任人把自己称作牛。他的知见信实，他的德行纯真，而从来没有受到外物的牵累。”

【原文】

肩吾见狂接舆，狂接舆曰：“日中始何以语女？”

肩吾曰：“告我，君人者以已出经式义度①，人孰敢不听而化诸②！”

狂接舆曰：“是欺德也③。其于治天下也，犹涉海凿河，而使蚊负山也。夫圣人之治也，治外乎④？正而后行，确乎能其事者而已矣。且鸟高飞以避矰弋之害⑤，鼷鼠深穴乎神丘之下以避熏凿之患⑥，而曾二虫之无如⑦？”

【注释】

①君人者：指国君。经式义度：指法规、法度。②诸：语尾助词，相当于“乎”。③欺德：虚伪骗人的言行。④治外：指用上面所说的“经式义度”来治理人。⑤矰弋（zēng yì）：古时一种带有丝绳射鸟的短箭。⑥鼷（xī）鼠：小鼠。神丘：社坛。熏：烟熏。凿：挖掘。⑦无如：奚侗认为“知”当作“如”。“无如”就是说不如。

【译文】

肩吾见到狂接舆，狂接舆说：“日中始对你说了些什么？”

肩吾说：“他告诉我，国君凭自己的意愿定出法规，人们谁敢不听从而被教化呢！”

狂接舆说：“这是虚伪骗人的做法。这样去治理天下，就如同蹚着大海去凿河，使蚊虫背负大山一样。圣人治理天下，是用法度来约束人们吗？圣人是先端正自己而后感化他人，任人做一些能做的事罢了。鸟尚且知道高飞以躲避罗网弓箭的伤害，小鼠尚且知道在神坛下打洞以避开烟熏和挖掘之祸，难道人还不如这两种虫子吗？”

【原文】

天根游于殷阳①，至蓼水之上②，适遭无名人而问焉③，曰：“请问为天下④。”

无名人曰：“去！汝鄙人也，何问之不豫也⑤！予方将与造物者为人⑥，厌，则又乘夫莽眇之鸟⑦，以出六极之外，而游无何有之乡，以处圹埌之野⑧。汝又何帠以治天下感予之心为⑨？”

又复问。无名人曰：“汝游心于淡，合气于漠⑩，顺物自然而无容私焉，而天下治矣。”

【注释】

①天根：庄子虚拟的人物。殷阳：殷山的阳面，或以为庄子虚拟的地名。②蓼水：庄子虚拟的河名。③无名人：庄子虚拟的人物，或以为指圣人，《庄子》中有“圣人无名”的话。④为：治理。⑤不豫：不悦，不快。⑥方将：正要。为人：为友。⑦莽眇：轻盈虚渺之气。即以轻盈虚渺的之气为鸟，乘着遨游太空。⑧圹埌（kuàng làng）：空旷辽阔。⑨帠（yì）：为“臬”的坏字，即梦话，呓语。⑩游心于淡，合气于漠：游心于恬淡之领域，合形气于淡漠之乡。

【译文】

天根到殷阳游玩，来到蓼水边，恰巧碰到无名人，便问道：“请问治理天下的方法。”

无名人说：“走开！你这个鄙陋的人，为何问这使我不愉快的问题呢？我正要和造物者为伴，厌烦了，就乘着轻盈虚渺的气，飞出天地四方以外，畅游于无何有之乡，处在空旷辽阔的旷野。你又为什么用治理天下的梦话来干扰我的心呢？”

天根又再次询问。无名人说：“你要游心于恬淡的境界，形气要合于漠然无为，顺应事物自然的本性而不夹杂私意，天下就可以治理好了。”

【原文】

阳子居见老聃[①]，曰：“有人于此，向疾强梁[②]，物彻疏明[③]，学道不倦。如是者，可比明王乎？”

老聃曰：“是于圣人也，胥易技系[④]，劳形怵心者也[⑤]。且也虎豹之文来田[⑥]，猿狙之便、执斄之狗来藉[⑦]。如是者，可比明王乎？”

阳子居蹴然曰：“敢问明王之治？”

老聃曰：“明王之治，功盖天下而似不自己，化贷万物而民弗恃[⑧]；有莫举名[⑨]，使物自喜；立乎不测，而游于无有者也[⑩]。”

【注释】

①阳子居：庄子虚拟的人物。②向疾：敏捷如响，即反应像回声般快。向，通“响”，回声。强梁：强悍果决。③物彻疏明：观察事物洞彻，疏通明达。④胥：小吏。易：掌占卜的小官。技系：为技能所牵累。⑤劳形怵心：形体劳累，内心惊惧。⑥文：通“纹”，花纹。来：招致。田：田猎，狩猎。⑦猿狙：一种猕猴。便：便捷。执：捉。斄（lí）：狸。藉：系缚。⑧贷：施。恃：依赖。⑨有莫举名：有功德而不能用语言称说。⑩游于无有：游于至虚无为的境地。

【译文】

阳子居见到老聃，问说：“有这样一个人，敏捷果决，认识事物透彻明达，学道精勤不倦。像这样，可以和圣明的君王相比吗？”

老聃说：“这样的人在圣人看来，不过是像胥吏卜官被技能所牵累，劳苦形体，惊怵心神罢了。且虎豹因皮有花纹而招来人们田猎，猕猴因行动便捷、猎狗因能捉狸而招来人的捉系。像这样的人，可以和圣明的君王相比吗？”

阳子居脸色突变，惭愧地说：“请问圣明的君王怎样治理天下呢？”

老聃说：“圣明的君王治理天下，功绩覆盖天下却好像和自己不相干，教化施及万物而人民不觉得有所恃；虽有功德却不能用语言说出来，使万物欣然自得其所；自己立于不可测识的地位，而畅游于虚无的境地。”

【原文】

郑有神巫曰季咸[①]，知人之死生存亡、祸福寿夭，期以岁月旬日，若神[②]。郑人见之，皆弃而走。列子见之而心醉，归，以告壶子[3]，曰：“始吾以夫子之道为至矣，则又有至焉者矣。”

壶子曰：“吾与汝既其文，未既其实[4]，而固得道与？众雌而无雄，而又奚卵焉[5]！而以道与世亢[6]，必信[7]，夫故使人得而相汝。尝试与来，以予示之。”

明日，列子与之见壶子。出而谓列子曰：“嘻！子之先生死矣！弗活矣！不以旬数矣！吾见怪焉，见湿灰焉[8]。”

列子入，泣涕沾襟以告壶子。壶子曰：“乡吾示之以地文[9]，萌乎不震不止[10]。是殆见吾杜德机也[11]。尝又与来。”

明日，又与之见壶子。出而谓列子曰：“幸矣，子之先生遇我也！有瘳矣[12]，全然有生矣！吾见其杜权矣[13]。”

列子入，以告壶子。壶子曰：“乡吾示之以天壤[14]，名实不入，而机发于踵。是殆见吾善者机也[15]。尝又与来。”

明日，又与之见壶子。出而谓列子曰：“子之先生不齐[16]，吾无得而相焉。试齐，且复相之。”

列子入，以告壶子。壶子曰：“乡吾示之以太冲莫胜[17]。是殆见吾衡气机也[18]。鲵桓之审为渊[19]，止水之审为渊，流水之审为渊。渊有九名[20]，此处三焉。尝又与来。”

明日，又与之见壶子。立未定，自失而走。壶子曰：“追之！”列子追之不及。反，以报壶子曰：“已灭矣，已失矣，吾弗及已。”

壶子曰：“乡吾示之以未始出吾宗。吾与之虚而委蛇[21]，不知其谁何，因以为弟靡[22]，因以为波流，故逃也。”

然后列子自以为未始学而归，三年不出。为其妻爨[23]，食豕如食人[24]。于事无与亲，雕琢复朴[25]，块然独以其形立。纷而封哉[26]，一以是终[27]。

【注释】

①神巫：精于巫术、占卜灵验的巫者。季咸：人名。②期以岁月旬日，若神：预言年、月、旬、日，灵验如神。期，预言。③壶子：为列子的老师，名林，号壶子，郑国人。④吾与汝既其文，未既其实：我为你讲授的是道的名相，尚未讲授道之实。⑤众雌而无雄，而又奚卵焉：有众雌而无雄，又怎么生卵呢。这里是比喻道如果有文无实，就不得称为道。⑥亢：通“抗”，抗衡。⑦信：通“伸”，显露。⑧湿灰：湿灰不能复燃，比喻毫无生气，必死。⑨乡：通“向”，刚才。地文：大地寂静的样子，喻指心境寂静。⑩萌：通“芒”，喻昏昧的样子。震：动。止：通行本作“正”，属于形近而误，据《阙误》引江南古藏本改正。⑪杜：闭塞。德机：指生机。⑫瘳（chōu）：病愈。⑬杜权：闭塞中有转变，意谓有了点生机。权，变动。⑭天壤：天地，天地合则生育万物，故此处以天地喻指生气。⑮善者机：生机。善，生。⑯不齐：变化不定。⑰太冲：太虚。莫胜：没有朕兆，无迹可寻。胜，通“朕”，朕兆。⑱衡气机：气度持平的机兆。⑲鲵（ní）：大鲸鱼。桓：盘旋。审：借为“沈”，深意。⑳渊有九名：九渊为鲵桓、止水、流水、滥水、沃水、氿水、雍水、汧

水、肥水。成玄英注疏说："水体无心，动止随物，或鲸鲵盘桓，或凝湛止住，或波流湍激。虽多种不同，而玄默无心一也。"㉑委蛇（wēi yí）：随顺应变。㉒弟靡：茅草随顺的样子。弟，即"稊"，稗子一类的草，结实如小米。㉓爨（cuàn）：烧火做饭。㉔食豕（shǐ）如食人：饲养猪如同侍奉人。㉕雕琢复朴：去雕琢而复归于素朴。㉖纷而封哉：在纷纭的世事中持守真朴。㉗一以是终：终其身常如此，终生不变。一，常。

【译文】

郑国有个神巫叫季咸，能测知人的生死存亡及祸福寿夭，所预言的年、月、日，准确如神。郑国人见了他，都（因怕预闻到有凶祸的事）避开跑得远远的。列子见了，为他的神算所陶醉，回来把这件事告诉了壶子，说："原先我以为先生的道术是最高明的，现在才知道又有更高明的。"

壶子说："我为你讲授的是道的名相，尚未讲授道之实，你就以为得道了吗？有众多雌鸟而没有雄鸟，又如何能由卵化育呢？你用表面的道与世人较量，希望得到世人的信任，所以才让神巫窥测到你的心思。把他请来，让他看看我的相。"

第二天，列子和季咸一起来见壶子。季咸出来后对列子说："哎！你的先生快要死了！不能活了！不会超过十天了！我见他神色怪异，就像见到了不能复燃的湿灰。"

列子进入屋中，泪水沾湿了衣襟，把季咸的话告诉了壶子。壶子说："刚才我让他看到的是我大地般的寂静，茫然无迹，不动不止。这大概是他看到我闭塞了生机。试着再同他一起来看看。"

第二天，列子又和季咸一起来见壶子。季咸出来后对列子说："幸运啊，你的先生遇上了我！现在可以痊愈了，完全有生机了！我看到他闭塞的生机有了活动。"

列子进入屋里，把季咸的话告诉了壶子。壶子说："刚才我让他看了天地间的生气，名声实利皆不入心，生机从脚后跟升起。这大概是他看到我的这线生机了。试着再同他一起来看看。"

第二天，列子又和季咸一起来见壶子。季咸出来后对列子说："你的先生神情变化不定，我没法给他相面。等他神情安定了，我再给他相面。"

列子进入屋里，把季咸的话告诉了壶子。壶子说："刚才我显示给他看的是没有征兆可寻的太虚境界。这大概是他看到我的气机平和而不偏一端的状况。鲸鱼盘旋的地方成为深渊，水止的地方成为深渊，水流动的地方成为深渊。深渊有九种，我让他看了三种。试着再同他一起来看看。"

第二天，列子又和季咸一起来见壶子。季咸还没有站定，就惊慌地逃走了。壶子说："追上他！"列子追赶不及，回来告诉壶子说："已经无影无踪了，已经跑掉了，我追不上他。"

壶子说："刚才我显示给他看的是（万象俱空的境界，）未曾出示我的根本大道。我和他随顺应变，他不知究竟是谁，就像草遇风披靡，像水随波逐流，所以逃跑了。"

之后列子才认识到自己没有学到什么，便回家了，三年不出家门。他替妻子烧火做饭，饲养猪如同侍奉人一样。对事物无所偏私，扬弃浮华而复归素朴，不知不识的样子，犹如土块立在地上。在纷纭的世事中持守真朴，终身如此。

【原文】

无为名尸①，无为谋府②；无为事任③，无为知主④。体尽无穷，而游无朕⑤；尽其所受乎天而无见得⑥，亦虚而已。至人之用心若镜，不将不迎⑦，应而不藏⑧，故能胜物而不伤。

【注释】

①无为名尸：不做名的载体。尸，主，载体。②谋府：计谋的府库，出谋划策的地方。③事任：担当事物的责任。④知主：智慧的主谋。⑤无朕：没有朕兆，没有迹象。⑥尽其所受乎天：意谓承受着自然的本性。见：同“现”，显现。⑦将：送。迎：迎接。⑧不藏：不隐藏，来者即照。

【译文】

不要成为名声的载体，不要成为谋略的府库；不要强行任事，不要做智慧的主谋。体悟无穷无尽的大道，而游于虚无之境；承受着自然的本性，而不显露自己所得到的，也就达到了虚寂无为的心境。至人的用心像镜子，物去不送，物来不迎，如实反映而不隐藏，所以能胜物而不为物所伤害。

【原文】

南海之帝为儵①，北海之帝为忽，中央之帝为浑沌。儵与忽时相与遇于浑沌之地，浑沌待之甚善。儵与忽谋报浑沌之德，曰：“人皆有七窍以视听食息②，此独无有，尝试凿之。”日凿一窍，七日而浑沌死。

【注释】

①儵（shū）：与下文的“忽”“浑沌”，都是庄子假托的人名。②七窍：指一口、两耳、两目、两鼻孔等七个孔穴。息：呼吸。

【译文】

南海的帝王叫儵，北海的帝王叫忽，中央的帝王叫浑沌。儵和忽时常到浑沌的所在地相会，浑沌待他们甚好。儵与忽商量回报浑沌之德，说：“人都有七窍，用来看、听、饮食、呼吸，唯独他没有，我们试着给他凿开。”他们就每天凿一窍，凿到第七天浑沌就死了。

◎外　篇◎

骈拇

【题解】

《骈拇》以篇首二字名篇。外、杂篇的题目大多如此。本篇主旨阐扬人的行为应当合乎自然，顺应天性。而滥用聪明、矫饰仁义的做法，都如同生理上的"骈拇枝指"一样，并非出乎自然，而是道德上的邪门歪道。在作者看来，所谓的仁义智辩以及为名、为利、为家、为天下，虽然名目不同，却都是违反和伤害人的本性的，不但无益于人类社会，反而是有害的。人类应该摒弃仁智，回复自然，这样才能停止纷争和罪恶，从而实现老子自然无为、返朴归真的理想社会。

【原文】

骈拇枝指[①]，出乎性哉[②]，而侈于德[③]。附赘悬疣[④]，出乎形哉，而侈于性。多方乎仁义而用之者[⑤]，列于五藏哉，而非道德之正也。是故骈于足者，连无用之肉也；枝于手者，树无用之指也；骈枝于五藏之情者[⑥]，淫僻于仁义之行[⑦]，而多方于聪明之用也。

是故骈于明者，乱五色[⑧]，淫文章[⑨]，青黄黼黻之煌煌非乎[⑩]？而离朱是已[⑪]。多于聪者，乱五声，淫六律[⑫]，金、石、丝、竹、黄钟大吕之声非乎[⑬]？而师旷是已。枝于仁者，擢德塞性以收名声[⑭]，使天下簧鼓以奉不及之法非乎[⑮]？而曾、史是已[⑯]。骈于辩者，累瓦、结绳、窜句、棰辞[⑰]，游心于坚白同异之间[⑱]，而敝跬誉无用之言非乎[⑲]？而杨、墨是已[⑳]。故此皆多骈旁枝之道，非天下之至正也。

【注释】

① 骈（pián）拇：脚的大拇指与第二指连生。骈，并。枝指：手的大拇指旁歧生的一指。② 出乎性哉：出于自然本性吗。③ 侈：多，多余。德：通"得"，指人所固有。④ 附赘悬疣：附悬的赘疣。赘疣，是长在身上的肉瘤毒疮。《大宗师》："彼以生为附赘悬疣。"⑤ 多方：多端。⑥ 骈枝于五藏之情者："骈枝"前原本有"多方"两字，焦竑、宣颖等皆以为衍文，故删去。⑦ 淫僻：过于邪辟。过度为淫，过偏为僻。⑧ 五色：青、黄、赤、白、黑五种颜色。古人以此五色为正色，其余为间色。⑨ 淫文章：耽溺于文彩。文章，青与赤相交为文；赤与白相交为章。⑩ 黼黻（fǔ fú）：已见《大宗师》篇注，白与黑谓之黼；黑与青谓之黻。

煌煌：光耀眩目。⑪而：古与“如”通用。下文“而师旷”等并同。离朱：相传为黄帝时人，视力极佳，能在百步以外看清秋天野兽绒毛的末梢。⑫五声：古乐中的五音，即宫、商、角、徵（zhǐ）、羽。六律：律，定音器。相传黄帝时的乐官伶伦，截竹为管，以管的长短，分别声音的高低。乐律有十二种，阴阳各六，阴为吕，阳为律。六律为黄钟、太蔟、姑洗、蕤宾、夷则、无射。⑬金石丝竹：指以这些材料做成的乐器。黄钟大吕：分别为六律和六吕中的第一音，以代表全部乐音。⑭擢德塞性：标举德行和蔽塞本性。⑮簧鼓：簧，是乐器中振动发声的簧片。簧鼓用作动词表示笙簧鼓动，意指喧嚷。⑯曾、史：曾参和史鳝。曾指孔子弟子曾参，字子舆。史指史鳝，卫灵公臣子，字子鱼，二人皆以仁孝忠义闻名于世。⑰累瓦：比喻砌词之巧妙。结绳：比喻串说之工巧。窜句：穿凿文句。此处指辩者多言，连牵不已，累叠无穷却无意味。⑱游心：游荡心思。坚白同异：为当时著名的辩论命题，战国名家公孙龙的“离坚白”和惠施的“合同异”之说，可参阅《齐物论》有关注释。⑲跬（kuǐ）誉：一时的声誉。跬，半步为跬。⑳杨、墨：杨为杨朱，战国宋人，主张为我；墨为墨翟，主张兼爱，《墨经》中有“坚白同异”之说。

【译文】

并生的脚趾和歧长的六指，是出于自然本性，却超出了人体所固有。附生的肉瘤，是在形体上长出来的，却超过了自然本性。多方造作仁义来施行，比列于人的五脏，却不是道德的本然。因而并生在脚上的，只是连接着一块无用的肉；歧生在手上的，只是长了一个无用的指头；骈拇枝指地把仁义与五脏相比列而超出了五脏的实情，这种过于邪僻的施行仁义的行为，则是多方地滥用了聪明。

因而纵情视觉的人，会被五色所迷，耽溺文彩，彩色华丽花纹的服饰不就是光耀炫目的吗？离朱就是这类人的代表。纵情听觉的人，会被五声混淆，滥用六律，岂不像金、石、丝、竹和黄钟大吕等的音调吗？师旷就是这类人的代表。多余地施行仁义，高举德行和闭塞本性来沽名钓誉，不是使天下人喧嚷着去奉守不可企及的礼法吗？曾参和史鳝就是这类人的代表。多言善辩的，犹如累瓦、结绳般堆砌词语，穿凿文句，游荡心思于“离坚白”“合同异”的争论上，岂不是疲敝精神求一时的声誉而争执无用的言论吗？杨朱墨翟就是这类人的代表。所以这些都是旁门之道，不是天下的至道正理。

【原文】

彼至正者①，不失其性命之情。故合者不为骈，而枝者不为跂②；长者不为有馀，短者不为不足。是故凫胫虽短③，续之则忧；鹤胫虽长，断之则悲。故性长非所断，性短非所续，无所去忧也④。意仁义其非人情乎⑤！彼仁人何其多忧也？

【注释】

①至正：通行本误作“正正”，依据褚伯秀、宣颖等说改正。②跂：同“歧”，多生的六指。③凫（fú）胫：野鸭小腿。④无所去忧：没有什么可忧虑的。⑤意：同“噫”，叹息的声音。人情：即前文所言“性命之情”，人的本性。

【译文】

那些至道正理，不失其性命的实情。故而结合的不为骈连，分枝的不为有余，长的不为多余，短的不为不足。所以野鸭的腿虽然短，接长一截便会痛苦；野鹤的腿虽然长，截断一节便会悲哀。所以原本腿长的不能截断，原本腿短的不必接长，没有什么可忧虑的。噫！仁义不是人固有的真情吧！那些仁人为什么如此多忧（去追求）呢？

【原文】

且夫骈于拇者，决之则泣；枝于手者，龁之则啼①。二者，或有余于数，或不足于数，其于忧一也。今世之仁人，蒿目而忧世之患②；不仁之人，决性命之情而饕贵富③。故意仁义其非人情乎？自三代以下者，天下何其嚣嚣也④？

【注释】

① 龁（hé）：咬。② 蒿目：忧愁的目光，有独坐忧愁之意。③ 决：溃乱。饕（tāo）：贪。④ 嚣嚣：喧哗的样子。

【译文】

况且，并生的脚趾，割开它就会哭泣；歧生的手指，咬去它便要哀啼。这两种情况，要么比应有之数多，要么少于应有之数，其忧患却一样。如今的仁义之人，独坐忧虑世间的祸患；不仁义的人，溃乱生命实情贪图富贵。所以说，仁义不是人固有的真情吧？否则从夏、商、周三代依赖，天下怎么会有那么喧嚣多事呢？

【原文】

且夫待钩绳规矩而正者①，是削其性者也；待绳约胶漆而固者②，是侵其德者也；屈折礼乐③，呴俞仁义④，以慰天下之心者，此失其常然也。天下有常然。常然者，曲者不以钩，直者不以绳，圆者不以规，方者不以矩，附离不以胶漆⑤，约束不以纆索⑥。故天下诱然皆生而不知其所以生，同焉皆得而不知其所以得。故古今不二，不可亏也。则仁义又奚连连如胶漆纆索而游乎道德之间为哉！使天下惑也！

【注释】

① 钩绳规矩：古代木工工具。钩是用来画曲线的曲尺，绳用来画直线，规画圆，矩画方。② 绳约：绳索。③ 屈折：曲身折体，行礼乐时的体态。④ 呴（xǔ）俞：爱抚。⑤ 附离：附丽，粘合。离，通“丽”，附着。⑥ 纆（mò）：绳索。三股合成的绳曰纆。

【译文】

要待钩、绳、规、矩来加以修正的，是削损了事物的本性；需要绳索胶漆来进行加固的，是侵蚀事物的固然；用礼乐来周旋，用仁义来爱抚，以安慰天下人心的，这违背了事物的本然状态。天下万物各有本然状态。这本然状态就是，曲的不用钩，直的不靠绳，圆的不凭规，方的不需矩，粘合的不用胶漆，捆束的不必绳索。所以天下万物自然生长却不知怎样生长的，各得其所而不知怎样自选的。所以古今的道理一样，不能用外力去亏损（事物的本性）。那么仁义又何必连连不断地像胶漆绳索一样施加在道德之间，使天下人迷惑不解呢！

【原文】

夫小惑易方[①]，大惑易性。何以知其然邪？有虞氏招仁义以挠天下也[②]，天下莫不奔命于仁义，是非以仁义易其性与？故尝试论之，自三代以下者，天下莫不以物易其性矣。小人则以身殉利[③]，士则以身殉名，大夫则以身殉家[④]，圣人则以身殉天下。故此数子者[⑤]，事业不同[⑥]，名声异号，其于伤性以身为殉，一也。臧与谷[⑦]，二人相与牧羊而俱亡其羊[⑧]。问臧奚事[⑨]，则挟筴读书[⑩]；问谷奚事，则博塞以游[⑪]。二人者，事业不同，其于亡羊均也。伯夷死名于首阳之下[⑫]，盗跖死利于东陵之上[⑬]。二人者，所死不同，其于残生伤性均也，奚必伯夷之是而盗跖之非乎[⑭]！天下尽殉也，彼其所殉仁义也，则俗谓之君子；其所殉货财也，则俗谓之小人。其殉一也，则有君子焉，有小人焉；若其残生损性，则盗跖亦伯夷已，又恶取君子小人于其间哉[⑮]！

【注释】

①惑：迷惑。易方：改变方向，使东南西北错位。②有虞氏：即舜，传说为夏代以前的圣王之一。招仁义：以仁义作号召。挠：扰乱，搅乱。庄子认为，唐尧以前，即原始氏族时代社会民风还是比较朴质纯厚的，自虞舜开始推崇仁义，即进入夏、商、周三代以后，朴质纯厚的风气和民情受到人为的扰乱和残害，质朴之风逐渐泯灭。③小人：地位低下或品行低下之人，此处指前者，泛指地位低下，以技艺和劳动谋生的人。殉：为某一目的而献身。④家：这里指家族。⑤数子：指上述小人、士、大夫、圣人四种人。⑥事业：即从事的工作。⑦臧与谷：家奴和童仆。一说为庄子虚拟的两个人物。⑧亡：逃跑，丢失。⑨奚事：事奚，即做什么事情。⑩挟筴（cè）：挟，用胳膊夹持。筴："策"字的异体，这里指书简。一说筴为牧羊鞭。⑪博塞：亦作"簙簺"，古代一种类似掷骰子的游戏。⑫伯夷：商代末年孤竹君之长子。孤竹君爱次子叔齐，立之为君。孤竹君死后，叔齐让位于伯夷，伯夷不肯接受，于是二人一起逃位而去。听说周文王有贤德，善养老，便前往投奔，路遇武王伐纣，二人扣马而谏，不被听从，便避入首阳山中，采薇菜充饥，不食周粟，最后饿死山中。首阳山：在今山西省永济市南。死名：为名而死。⑬盗跖（zhí）：姓柳下名跖，春秋末年著名的平民起义领袖，先秦不少著作如《孟子》《商君书》《荀子》《韩非子》《吕氏春秋》等书中都提到过他。"盗"是诬蔑之词。死利：为利而死。东陵：山名，在今山东济南境内，一说即泰山。⑭是、非：这里引申为赞许和指责。⑮恶：何，从何。取：取舍，选择。其间：指在伯夷和盗跖两类人之间。

【译文】

小的迷惑会使人弄错方向，大的迷惑会使人改变本性。从哪里知道是这样的呢？自从虞舜拿仁义为号召而搅乱天下，天下人便没有谁不是在为仁义而争相奔走，这岂不是用仁义来改变人原本的真性吗？为此，让我们试着来谈论一下这一问题。自夏、商、周三代以来，天下人没有不借助于外物来改变自身本性的。平民百姓为了私利而舍弃生命，士人为了名声而舍弃生命，大夫为了家族的利益而舍弃生命，圣人则为了求取天下人的幸福而舍弃生命。所以这四种人，所从事的事业不同，名声也有各自的称谓，他们为所求舍弃生命、损害人的本性这一点却是一样的。臧与谷两个人一块儿放羊，都丢失了羊。问臧做什么事情了，臧说是在拿着书简读书；问谷做什么事情了，谷说是在和别人玩投骰子的游戏。这两个人所做的事不一样，却同样丢失了羊。伯夷为了求得贤名而饿死在首阳山下，盗跖为了求得私利而死在东陵山上，这两个人死的原因不同，他们在残害生命、损伤本性方面却是相同的。为什么一定要称赞伯夷而指责盗跖呢！天下的人都在为某种目的而舍弃生命，那些为仁义而死的，世俗之人称他为君子；那些为财货而死的，世俗之人称他为小人。同样是为了某一目的而舍弃生命，有的被称为君子，有的却被叫作小人。倘若就残害生命、损伤本性而言，那么盗跖也就是伯夷，又怎么能在他们中间区分君子和小人呢！

【原文】

且夫属其性乎仁义者①，虽通如曾史，非吾所谓臧也②；属其性于五味，虽通如俞儿③，非吾所谓臧也；属其性乎五声，虽通如师旷，非吾所谓聪也④；属其性乎五色，虽通如离朱，非吾所谓明也⑤。吾所谓臧者，非仁义之谓也，臧于其德而已矣；吾所谓臧者，非所谓仁义之谓也，任其性命之情而已矣；吾所谓聪者，非谓其闻彼也，自闻而已矣；吾所谓明者，非谓其见彼也，自见而已矣。夫不自见而见彼，不自得而得彼者，是得人之得而不自得其得者也，适人之适而不自适其适者也。夫适人之适而不自适其适，虽盗跖与伯夷，是同为淫僻也。余愧乎道德⑥，是以上不敢为仁义之操⑦，而下不敢为淫僻之行也。

【注释】

①属：从属，归向。一说“属”读 zhǔ，接连、缀系的意思。二说皆可通。②臧：善，好的意思。③俞儿：相传为齐人，味觉灵敏，善于辨别味道。④聪：听觉灵敏。⑤明：视觉明晰、敏锐。⑥道德：这里指对宇宙万物本体和事物变化运动规律的认识。⑦操：节操，操守。庄子以为仁义之操与淫僻之行，伯夷与盗跖，在丧失本性上都一样，所谓上下之分是沿用习惯说法，并不是真把它们分为上下。对这两种做法，庄子皆不取，而是要抛开它们，遗忘它们，任运自性。

【译文】

况且，把自己的本性缀连于仁义，即使如同曾参和史鳝那样精通，也不是我所认为的完美；把自己的本性缀连于甜、酸、苦、辣、咸五味，即使如同俞儿那样精通，也不是我所认为的完善；把自己的本性缀连于五声，即使如同师旷那样通晓音律，也不是我所认为的聪敏；把自己的本性缀连于五色，即使如同离朱那样通晓色彩，也不是我所认为的视觉敏锐。我所说的完美，绝不是仁义之类的东西，而是各有所得罢了；我所说的完善，绝不是所谓的仁义，而是放任天性、保持真情罢了。我所说的聪敏，不是说能听到别人什么，而是指能够内审自己罢了；我所说的视觉敏锐，不是说能看见别人什么，而是指能够看清自己罢了。不能看清自己而只能看清别人，不能安于自得而向别人索求的人，这就是索求别人之所得而不能安于自己所应得的人，也就是贪图达到别人所达到而不能安于自己所应达到的境界的人。贪图达到别人所达到而不安于自己所应达到的境界，无论盗跖与伯夷，都同样是滞乱邪恶的。我于道德行为很感惭愧，所以于上我不能奉行仁义的节操，于下我不敢从事滞乱邪恶的行径。

马蹄

【题解】

本篇的主旨是主张自然放任，无为而治。“马蹄”，就是马的蹄子，取篇首二字作为篇名。作者认为，仁义礼乐之类，是残害人类自然天性的罪魁祸首，原始时代的纯朴无识才是人的本性，应当恢复人的这种本性。这种观点带有复古倒退的色彩，但也含有反对人为礼教，崇尚自由天性的精神。

【原文】

马，蹄可以践霜雪，毛可以御风寒，龁草饮水①，翘足而陆②，此马之真性也。虽有义台路寝③，无所用之。及至伯乐④，曰：“我善治马⑤。”烧之，剔之，刻之，雒之⑥，连之以羁馽⑦，编之以皁栈⑧，马之死者十二三矣；饥之，渴之，驰之，骤之，整之，齐之⑨，前有橛饰之患⑩，而后有鞭筴之威⑪，而马之死者已过半矣。陶者曰：“我善治埴⑫，圆者中规⑬，方者中矩⑭。”匠人曰：“我善治木，曲者中钩⑮，直者应绳⑯。”夫埴木之性，岂欲中规矩钩绳哉？然且世世称之曰“伯乐善治马，而陶匠善治埴木”，此亦治天下者之过也⑰。

【注释】

①龁（hé）：咬、啃。②翘（qiáo）：举起。陆：跳。③义台：仪台，用来行礼的高台。路寝：正寝。古时君王接见臣下的宫室。④伯乐：姓孙名阳，伯乐是字，秦穆公时人，善于识马。⑤治：训练、调养之意。⑥烧：把铁烧红，在马身上打烙印。剔（tī）：剪修鬃毛。刻：削马蹄。雒（luò）：通“络”，兜头的网状物。《日出东南隅》有：“青丝系马尾，黄金络马头。”⑦羁（jī）：带嚼子的马笼头。馽（zhí）：绊住前足的绳索。⑧皁（zào）栈：马槽与马棚。⑨驰、骤：驱马快跑。整、齐：使马行进整齐，步调一致。⑩橛（jué）：马嚼子。饰：马铃铛、马缨之类的饰物。⑪鞭筴：驱马的用具，带皮条的为鞭，无皮条的马杖为筴。⑫埴（zhí）：黏土。⑬规：圆规，校正圆形的工具。中（zhōng）：符合。⑭矩（jǔ）：矩尺，测直角或方形的工具。⑮钩：测弧度的工具。⑯应：相应，符合。绳：拉直的墨线。⑰过：过失。

【译文】

马的蹄子可以践踏霜雪，皮毛能够抵御风寒，吃草喝水，撂蹶子撒欢，这才是马的真性情。纵使有高台大殿，对马来说也毫无用处。到了伯乐出现，说："我善于调教马。"于是他给马打烙印，给马剪鬃毛，给马钉铁掌，给马上笼头，再套上络头和绊索，关在槽枥棚厩之间，结果先把马折腾死了十分之二三。还要饿它们，渴它们，让它们驱驰奔跑，让它们行进整齐，步伐一致。前面是马嚼子、马铃铛的困扰，后面有马鞭、马策的威胁，这样一来，马已死去大半了。陶工说："我会捏制陶土。圆的合于圆规，方的中于矩尺。"木工也说："我善于削木头。弯木如钩，直木似绳。"那些陶土和木头的本性，难道是要符合规矩和钩绳这些工具的标准吗？然而，世世代代的人都说："伯乐善于调教马，陶工木匠善于整治黏土和木头"，这也是治理天下者所犯的过错呀。

【原文】

吾意善治天下者不然。彼民有常性①，织而衣，耕而食，是谓同德②；一而不党③，命曰天放④。故至德之世⑤，其行填填⑥，其视颠颠⑦。当是时也，山无蹊隧⑧，泽无舟梁⑨；万物群生，连属其乡⑩；禽兽成群，草木遂长⑪。是故禽兽可系羁而游⑫，乌鹊之巢可攀援而窥⑬。

夫至德之世，同与禽兽居，族与万物并⑭，恶乎知君子小人哉⑮！同乎无知⑯，其德不离；同乎无欲，是谓素朴⑰。素朴而民性得矣。及至圣人，蹩躠为仁⑱，踶跂为义⑲，而天下始疑矣；澶漫为乐⑳，摘僻为礼㉑，而天下始分矣。故纯朴不残㉒，孰为牺尊㉓！白玉不毁，孰为珪璋㉔！道德不废㉕，安取仁义㉖！性情不离，安用礼乐！五色不乱，孰为文采㉗！五声不乱，孰应六律！夫残朴以为器，工匠之罪也；毁道德以为仁义，圣人之过也。

【注释】

①常性：不会改变的、固有的本能和天性。②同德：德者，得也，民有恒常天性，顺此天性生活，所得亦同，如耕织而得衣食，即为同德。③党：偏私。④命：名，称作。天放：任其自然。⑤至德之世：人类天性保留最好的年代，即人们常说的原始社会。⑥填填：稳重的样子。⑦颠颠：专一的样子。⑧蹊（xī）：小路。隧：一般指在山中或地下开凿的通道，此处指道路。⑨梁：桥。⑩连属：连属即连接，乡为居处。人与禽兽居处相连接，浑然杂处，无有分界。⑪遂：顺也。草木顺着本性滋长，不受伤害。⑫系羁：用绳子牵引。⑬攀援：即攀缘。乌鹊之巢多在树上，须缘树攀登上去，才得窥视。人没有伤害禽兽之心，禽兽对人也不畏惧，彼此和谐共处。⑭族：聚合。并：比并。⑮君子、小人：传统观点认为分别指履道方正的人和殉物邪僻的人，有人认为当指统治者和被统治者。⑯同：通作"惷"（chǔn），愚蠢，这个意义后代写作"蠢"。⑰素：未染色的生绢。朴：未加工的木料。"素朴"在这里喻指本色。⑱蹩躠（bié xiè）：步履艰难、勉力行走的样子。⑲踶跂（zhì qǐ）：足尖点地，踮脚站立不安的样子，表现一种急迫企求的心情。⑳澶（dàn）漫：原义是大，

漫无边际的样子，此处引申义为放纵娱乐，无有节制。㉑摘僻：摘为选取，摘取；僻或与僻通，分析也。不断选取、分析，使礼之条文仪节日益烦琐。㉒纯朴：完整的、未曾加过工的木材。残：破开。㉓牺（xī）尊：雕刻精致的酒器。“尊”亦作“樽”。㉔珪璋：皆为名贵的玉器。为古代贵族参加朝聘、祭祀，丧葬等仪式时所持之礼器，珪司圭，为长条形，上尖下方，璋亦长条形，上斜尖下方。㉕道德：这里指人类原始的自然本性。㉖仁义：这里指人为的各种道德规范，与上句的“道德”形成对立。㉗文采：文彩，错杂华丽的色彩。

【译文】

我认为善于治理天下的人不是这样。黎民百姓有他们固有不变的本能和天性，他们织布而后穿衣，耕种而后吃饭，这就是人类共有的德行和本能。人们的思想和行为浑然一体没有一点儿偏私，这就叫作任其自然。所以在道德昌盛的上古时代，人们的行动总是那么持重自然，人们的目光又是那么专一而无所顾盼。在那个时代，山间没有开凿大大小小的道路，湖泊河流之上也没有舟船和桥梁。人与万物合群而生，住处相互连接，没有分界，禽兽成群结队，草木顺性滋长。因此，人可以牵引禽兽到处漫游，也可爬到树上窥视鸟鹊之巢。

在那至德之世，人与禽兽住在一起，人群与万物浑然不分，哪里知道什么是君子和小人的区别呢！人与无知之物一样，他的本性就不会离失；人同无欲之物一样，即为他的自然素质；自然素质不变即保持了人的本性。等到世上出了圣人，勉为其难地去倡导所谓仁，竭心尽力地去追求所谓义，于是天下开始出现迷惑与猜疑；放纵无度地追求逸乐的曲章，繁杂琐碎地制定礼仪和法度，于是天下开始分离了。所以，天然的木料不被剖开，谁能制作成牺尊之类酒器！白玉不被毁坏，谁能制作成珪璋之类玉器！大道不被废弃，哪里用得着仁义呢！自然本性不离失，哪里用得着礼乐呢！五色不相混相间，谁能制出美丽的图案花纹！五声不打乱重组，谁能制出与六律相应的乐曲！毁坏天然木料用以造成器具，是工匠的罪过；毁坏道德以推行仁义，这是圣人的罪过。

【原文】

夫马，陆居则食草饮水，喜则交颈相靡①，怒则分背相踶②。马知已此矣。夫加之以衡扼③，齐之以月题④，而马知介倪、闉扼、鸷曼、诡衔、窃辔⑤。故马之知而态至盗者⑥，伯乐之罪也。

夫赫胥氏之时⑦，民居不知所为，行不知所之，含哺而熙⑧，鼓腹而游⑨，民能以此矣。及至圣人，屈折礼乐以匡天下之形⑩，县跂仁义以慰天下之心⑪，而民乃始踶跂好知⑫，争归于利，不可止也。此亦圣人之过也。

【注释】

①靡（mó）：通作“摩”，以脖颈交互磨蹭。②分背：背对着背。踶（dì）：踢。形容马发怒时，调转屁股用后蹄相踢。③衡：车辕前面的横木。扼：亦作“轭”。缚于衡下，驾车时套在马颈部的人字形马具。④题：额。月题即马额上状如月形的佩饰。⑤介倪：犹睥睨，

斜视貌。形容马斜视御者不肯前行的样子。闉（yīn）：屈曲。扼：轭。扼指曲颈不伸，抗拒木轭。鸷（zhì）：抵、击。曼：与“幔”通，车之幔帐、篷盖之类。鸷曼，马发怒抵撞、碰击车子的篷盖。诡衔：狡猾地吐掉口勒。窃辔：意思是偷偷地想脱出马络头。⑥态：能。盗：与人对抗的意思。⑦赫胥氏：传说中的古代帝王。⑧哺：口里所含的食物。熙：通作“嬉”，嬉戏。⑨鼓腹：鼓着肚子，意指吃得饱饱的。⑩屈折：形容行礼乐时屈身折体的样子。匡：匡正，矫正。形：举止，行为。⑪县（xuán）：同“悬”。跂：通作“企”，企望。“县跂”意思是空悬而不可企及。⑫踶跂：用心力的样子。好知：崇尚智力。

【译文】

马生活在陆地上，吃草饮水，高兴时颈交颈相互摩擦，生气时背对背相互踢撞，马所知晓的就只是这样了。等到后来把车衡和颈轭加在它身上，把配着月牙形佩饰的辔头戴在它头上，这样一来，马就懂得斜视御者不肯前行，屈曲头颈抵抗马轭的限制，抵撞车子篷幔，狡猾地吐掉口勒，偷偷脱掉缰绳。所以马的机智而形成与人对抗的动作，这完全是伯乐的罪过啊！

上古赫胥氏的时代，百姓安居却不知道做些什么，走动也不知道去哪里，口里含着食物嬉戏，鼓着吃饱的肚子游玩，人们所能做的就只是这样了。等到圣人出现，矫造礼乐来匡正天下百姓的形象，用仁义作标榜来慰藉天下百姓的心，于是人们便开始千方百计地去寻求智力，争先恐后地去竞逐私利，而不可制止。这也是圣人的罪过啊！

胠箧

【题解】

本篇的主旨是主张绝圣弃智。“胠箧”是开箱的意思。作者认为，圣人与智慧都利于盗贼，盗贼利用圣智仁义去扰乱天下，所以要灭绝圣人，弃除智慧。这种观点否定了人类智慧与文明对社会进步的意义，是很片面的。文中对社会弊端的批评，不乏尖锐深刻之处。

【原文】

将为胠箧探囊发匮之盗而为守备①，则必摄缄縢、固扃鐍②，此世俗之所谓知也。然而巨盗至，则负匮揭箧担囊而趋③，唯恐缄縢扃鐍之不固也。然则乡之所谓知者④，不乃为大盗积者也⑤？

【注释】

①胠（qū）：撬开。箧（qiè）：小箱子。胠箧，把小箱子打开。探囊：掏布袋。发匮（guì）：开柜子。胠箧、探囊、发匮都是指偷盗行为。为守备：预先防备。②摄（shè）：绑紧。缄縢（jiān téng）：都是绑物的绳索。固：动词，使坚固。扃（jiōng）：从外关闭门户用的门闩。鐍（jué）：箱子上安锁的钮环。扃（jiōng）鐍，加在门窗或箱箧上的锁。以上两种方

法皆为防窃而设。③负：背。揭：高举。趋：快走。④乡（xiàng）：通“向”，早先。⑤不乃：不正是。

【译文】

为了防备那些撬箱子、掏口袋、开柜子的小偷，于是就一定会绑紧绳索，加固锁钥，这便是世俗所谓的聪明。谁知江洋大盗一来，却背上柜子、提起箱子、挑着口袋，抬腿就跑，唯恐绳子锁钥不够牢固。那么以前所谓的聪明，不正是为大盗积聚财宝吗？

【原文】

故尝试论之：世俗之所谓知者，有不为大盗积者乎？所谓圣者，有不为大盗守者乎？何以知其然邪？昔者齐国邻邑相望，鸡狗之音相闻，罔罟之所布①，耒耨之所刺②，方二千余里③。阖四竟之内④，所以立宗庙社稷⑤，治邑屋州闾乡曲者⑥，曷尝不法圣人哉⑦！然而田成子一旦杀齐君而盗其国⑧。所盗者岂独其国邪？并与其圣知之法而盗之。故田成子有乎盗贼之名，而身处尧舜之安，小国不敢非⑨，大国不敢诛⑩，专有齐国⑪。则是不乃窃齐国，并与其圣知之法以守其盗贼之身乎⑫？

【注释】

①罔：即“网”。罟（gǔ）：网的总称。布：设置。②耒（lěi）：犁。耨（nòu）：锄头。刺：插。此句谓可以耕作的土地。③方：方圆。④阖（hé）：同“合”，总合。竟：同“境”。⑤宗庙：古代祭祀祖先的处所。社稷：土地神与谷神的祠。宗庙社稷是每个国家必须设立的，所以作为国家的代称。此句谓建立国家。⑥治：统治，治理。邑屋州闾乡曲：古代大小不同的地方行政区域。各国不同，又时有变革，已难确指。据成玄英引《司马法》：“六尺为步，步百为亩，亩百为夫，夫三为屋，屋三为井，井田为邑。”有：“五家为比，五比为闾，五闾为族，五族为党，五党为州，五州为乡。”郑玄也谓：“二十五家为闾，二千五百家为州，万二千五百家为乡也。”乡曲，偏僻的乡村。⑦曷（hé）：何。法：效法。⑧田成子：春秋时齐国大夫陈恒。田、陈古音同。“成”是他死后的谥号。鲁哀公十四年（前481年），田成子杀齐简公，立简公之弟为齐君，是为平公，从此掌握齐国大政。⑨非：指责。⑩诛：讨伐。⑪专有齐国：今本作“十二世有齐国”。⑫守：守护。

【译文】

所以让我们试作论述：世俗所谓的智者，有不为大盗积聚财宝的吗？世俗所谓的圣人，有不为大盗守护财宝的吗？怎么知道是这个道理呢？当初齐国城邑相望，鸡鸣狗叫之声相闻，撒网捕鱼之水，耕地种田之野，方圆两千多里。统括四境之内，凡是立宗庙建社稷，治理各级行政区域的措施，何尝不是效法圣人所为呢！但是，一旦田成子杀了齐国君主就窃取了齐国。所窃取的又哪里仅仅是这个国家呢！连同治理这个国家的圣制之法也一起窃取了。因此，田成子虽然有盗贼的名声，其处境却如尧舜一样的安稳，小国不敢指责他，大国不敢讨伐他，擅据齐国。这岂不正是窃取了齐国及其圣制之法，用来守护他的盗贼之身吗？

【原文】

尝试论之：世俗之所谓至知者，有不为大盗积者乎？所谓至圣者，有不为大盗守者乎？何以知其然邪？昔者龙逢斩①，比干剖②，苌弘胣③，子胥靡④，故四子之贤而身不免乎戮。故跖之徒问于跖曰："盗亦有道乎？"跖曰："何适而无有道邪⑤？夫妄意室中之藏，圣也⑥；入先，勇也；出后，义也；知可否，知也；分均，仁也。五者不备而能成大盗者，天下未之有也。"由是观之，善人不得圣人之道不立，跖不得圣人之道不行；天下之善人少而不善人多，则圣人之利天下也少而害天下也多。故曰，唇竭则齿寒⑦，鲁酒薄而邯郸围⑧，圣人生而大盗起。掊击圣人⑨，纵舍盗贼⑩，而天下始治矣。

【注释】

① 龙逢：关龙逢，夏桀之贤臣，为桀所杀。参阅《人世间》篇注。② 比干：商纣王叔父，因多次直谏纣王，剖心而死。③ 苌（chāng）弘：（？—前 492 年），春秋时期周敬王大夫。晋国内讧，助晋大夫中行氏，晋卿赵鞅为此责周，周杀苌弘。胣（chǐ）：剖腹刳肠。④ 子胥：伍员，字子胥，楚人，投靠吴王夫差，因反对与勾践讲和，夫差赐剑，命其自尽，死后抛尸江中，任其糜烂。靡：通"糜"。⑤ 何适：何往。⑥ 妄意：凭空推测。圣：英明。⑦"唇竭"句：嘴唇没有了，牙齿就寒冷。竭，亡。⑧"鲁酒"句：楚宣公朝会诸侯，鲁恭公迟到，而且献的酒味不浓，楚兵于是伐鲁。梁惠王早想攻赵，因怕楚救赵而不敢动手。所以乘楚伐鲁的机会出兵包围了赵都邯郸。⑨ 掊（pǒu）击：抨击，打倒。⑩ 纵舍：放走。

【译文】

让我们试作论述：世俗所谓的最聪明的人，有不为大盗积聚财宝的吗？而所谓的最圣明的人，有不为大盗守护财宝的吗？怎么知道是这个道理呢？从前关龙逢被斩首，比干被剖心，苌弘被剖腹，伍子胥抛尸江中而糜烂，以这四个人的贤能尚且不免于杀身之祸。因此，跖的门徒问跖："强盗也有道可言吗？"跖回答道："做什么事情没有道呢？推测屋里的财物，就是英明；带头闯入，就是勇敢；最后退出，就是仗义；决策可否动手，就是智慧；分财合理，就是仁义。不具备这五条，而能成为大盗的，天下不会有这种人。"由此看来，善人不得圣人之道不能成其为善，盗跖不得圣人之道就不能行盗下去。而天下善人少而不善的人多，可知圣人对天下来说是利少而害多。所以说，唇亡则齿寒，鲁国的贡酒不醇，赵国的首都就被围，圣人出现，大盗蜂起。打倒圣人，放走盗贼，天下才可能太平无事。

【原文】

夫谷虚而川竭①，丘夷而渊实②。圣人已死，则大盗不起，天下平而无故矣③。

圣人不死，大盗不止。虽重圣人而治天下④，则是重利盗跖也⑤。为之斗斛以量之⑥，则并与斗斛而窃之；为之权衡以称之⑦，则并与权衡而窃之；为之符玺以信之⑧，则并与符玺而窃之；为之仁义以矫之⑨，则并与仁义而窃之。何以知其然邪？彼窃钩者诛⑩，窃国者为诸侯，诸侯之门而仁义存焉，则是非窃仁义圣知邪？故逐于大盗，揭诸侯[11]，窃仁义并斗斛权衡符玺之利者，虽有轩冕之赏弗能劝[12]，斧钺之威弗能禁[13]。此重利盗跖而使不可禁者，是乃圣人之过也。

故曰：鱼不可脱于渊，国之利器不可以示人[14]。彼圣人者，天下之利器也，非所以明天下也[15]。故绝圣弃知，大盗乃止；擿玉毁珠[16]，小盗不起；焚符破玺，而民朴鄙[17]；掊斗折衡[18]，而民不争；殚残天下之圣法[19]，而民始可与论议。擢乱六律[20]，铄绝竽瑟[21]，塞师旷之耳[22]，而天下始人含其聪矣[23]；灭文章[24]，散五采[25]，胶离朱之目，而天下始人含其明矣。毁绝钩绳而弃规矩，攦工倕之指[26]，而天下始人有其巧矣[27]。削曾、史之行，钳杨、墨之口，攘弃仁义[28]，而天下之德始玄同矣[29]。彼人含其明，则天下不铄矣；人含其聪，则天下不累矣[30]；人含其知，则天下不惑矣；人含其德，则天下不僻矣。彼曾、史、杨、墨、师旷、工倕、离朱，皆外立其德[31]，而以爚乱天下者也[32]，法之所无用也[33]。

【注释】

①虚：空旷。竭：干涸。②夷：平。渊：深潭。实：满。③无故：太平无事。庄子认为，天下没有了圣人，也就没有了仁义礼法，没有贪欲争竞之心，人人恬淡无为，按自性生活，从根本上消除盗贼滋生的条件。④重（zhòng）圣人：使圣人之法得到重视。⑤重利盗跖：使盗跖获得厚利。⑥斗斛（hú）：古代的两种量器，十斗为一斛。本句两个“之”字含意不一，前指天下之人，后指斗斛所量之物。⑦权：秤锤。衡：秤杆。⑧符玺（xǐ）：古代用做凭证的信物。“符”由两半组成，合在一起以验明真伪；“玺”就是印。信：取信。⑨矫：纠正。⑩钩：本指腰带钩，这里泛指各种细小的不值钱的东西。诛：刑戮，杀害。⑪“故逐于”二句：逐：竞逐，追随。揭：举。“揭诸侯”即高居于诸侯之位。⑫轩：古代大夫以上的人所乘坐的车子。冕：古代大夫或诸侯所戴的礼帽。“轩冕”连用，这里代指高官厚禄。劝：劝勉，鼓励。⑬钺（yuè）：大斧。“斧”和“钺”都常用作刑具，这里代指行刑。⑭国之利器不可以示人：此语出自《老子》三十六章。不可以示人，不能拿出来给人看，也就是根本没有什么方法的无为而治。这种没有具体方法的无为，便是治国的利器。因为，凡是可以显示给人的方法都可被人窃去干坏事，都不是好方法；唯独无为而治，不能被盗窃，所以是最好的方法。⑮明：显示，使人明白的意思。⑯擿（zhì）：投掷、丢弃之意。⑰朴：敦厚朴实。鄙：固陋无知。⑱掊（pǒu）：破，打碎。⑲殚（dān）：耗尽。残：毁坏。⑳擢（zhuó）：疑或为“搅”，搅乱也。㉑铄（shuò）：销毁。绝：折断。竽瑟：两种古乐器之名，这里泛指乐器。㉒师旷：因其眼瞎，所以又叫他“瞽旷”。㉓含：保全。㉔文章：错综华美的色彩、花纹。㉕五采：即五色。㉖攦（lì）：折断。工倕（chuí）：传说中的能工巧匠。㉗有：保有。此处“有”字很可能是“含”字之误。㉘攘：推开，排除。㉙玄同：道家所追求的与大道同一的神秘境界。也就是抛弃一切文化知识、道德礼法、工艺技巧，泯灭物我差别，回复到与自然一体的境界。㉚累：带累，使受害。㉛外立：在外表上树立，即对人炫耀之意。㉜爚（yuè）：炫耀。“爚乱”就是迷乱的意思。㉝法：这里指圣智之法，

一说“法”即“大道”。

【译文】

溪水干涸则山谷显得格外空旷，山丘夷平则深潭显得格外充实。圣人死了，那么大盗也就不会再兴起，天下就太平而没有变故了。

圣人不死，大盗也就不会停止。虽然是重用圣人来治理天下，却让盗跖获得最大的好处。给天下人制定斗斛来计量物品的多少，却连同斗斛一道给盗窃走了；给天下人制定秤锤秤杆来计量物品的轻重，却连同秤锤秤杆一道给盗窃走了；给天下人制定符玺来取信于人，却连同符玺一道给盗窃走了；给天下人制定仁义来规范人们的道德和行为，却连同仁义一道给盗窃走了。怎么知道是这样的呢？那些偷窃腰带环钩之类小东西的人受到刑戮和杀害，而窃夺了整个国家的人却成为诸侯。诸侯的门里就有仁义了，这不就是盗窃了仁义和圣智吗？所以，那些追随大盗，高居诸侯之位，窃夺了仁义以及斗斛、秤具、符玺之利的人，即使有高官厚禄的赏赐也不能劝阻他们，即使有行刑杀戮的威严也不能禁止他们。这些大大有利于盗跖而不能禁止的局面，都是圣人的过错。

因此说，鱼儿不能脱离深潭，治国的利器不能随便拿给人看。那些所谓的圣人，就是治理天下的利器，是不可以用来明示天下的。所以抛弃聪明智巧，大盗才能休止；弃掷玉器毁坏珠宝，小的盗贼就会消失；焚烧符记破毁玺印，百姓就会朴实浑厚；打破斗斛折断秤杆，百姓就会没有争斗；尽毁天下的圣人之法，百姓方才可以参与议论。搅乱六律，毁折各种乐器，并且堵住师旷的耳朵，天下人方能内敛他们的智慧；消除纹饰，离散五彩，粘住离朱的眼睛，天下人方能内藏他们的明敏；毁坏钩弧和墨线，抛弃圆规和角尺，弄断工倕的手指，天下人方能保有他们原本的智巧。削除曾参、史鳍的忠孝，钳住杨朱、墨翟善辩的嘴巴，摒弃仁义，天下人的德行方能混同而齐一。人人都内藏明慧，天下就不会乱了；人人都内敛聪敏，天下就不会出现忧患；人人都内含智巧，天下就不会出现迷惑；人人都保有原本的秉性，天下就不会出现邪恶。那曾参、史鳍、杨朱、墨翟、师旷、工倕和离朱，都外露并炫耀自己的德行，而且用来迷乱天下之人，这是正法所不取的。

【原文】

子独不知至德之世乎？昔者容成氏、大庭氏、伯皇氏、中央氏、栗陆氏、骊畜氏、轩辕氏、赫胥氏、尊卢氏、祝融氏、伏牺氏、神农氏[①]，当是时也，民结绳而用之[②]，甘其食，美其服，乐其俗，安其居，邻国相望，鸡狗之音相闻，民至老死而不相往来。若此之时，则至治已。今遂至使民延颈举踵曰[③]，“某所有贤者”，赢粮而趣之[④]，则内弃其亲而外去其主之事，足迹接乎诸侯之境，车轨结乎千里之外[⑤]。则是上好知之过也[⑥]。

上诚好知而无道，则天下大乱矣。何以知其然邪？夫弓弩毕弋机辟之知多[⑦]，则鸟乱于上矣；钩饵罔罟罾笱之知多[⑧]，则鱼乱于水矣；削格罗落罝罘之知多[⑨]，则兽乱于泽矣；知诈渐毒颉滑坚白解垢同异之变多[⑩]，则俗惑于辩矣。故天下每每大乱[⑪]，罪在于好知。故天下皆知求其所不知而莫知求其所已知者，皆知非其所不善而莫知非其

所已善者，是以大乱。故上悖日月之明⑫，下烁山川之精⑬，中堕四时之施⑭；惴耎之虫⑮，肖翘之物⑯，莫不失其性。甚矣，夫好知之乱天下也！自三代以下者是已，舍夫种种之民⑰，而悦夫役役之佞⑱，释夫恬淡无为而悦夫啍啍之意⑲，啍啍已乱天下矣。

【注释】

①容成氏、大庭氏、伯皇氏、中央氏、栗陆氏、骊畜氏、轩辕氏、赫胥氏、尊卢氏、祝融氏、伏牺氏、神农氏：传说中的古代帝王或部落首领，但多数不见经传。②结绳而用之：指文字产生之前的结绳记事。③遂：竟。延颈：伸长脖颈。举踵：踮起脚跟。延颈举踵：伸长脖子，踮起脚跟，形容焦急企盼的神态。④赢：裹，包着。趣：通作“趋”，快步走的意思。⑤结：往来交错。⑥上：这里指国君，也可泛指统治者。⑦弩（nǔ）：带有机关的连珠箭。毕：一种带柄的网。弋（yì）：系有丝绳可以回收的箭。机辟：即捕鸟兽的机关。⑧罾（zēng）：用竿子支撑形如伞状的鱼网。笱（gǒu）：用作捕鱼的竹笼。⑨削：竹桩。格：木桩。“削”“格”都是用来支撑兽网的桩子。罗落：用来关守野兽的网状篱笆。罝罘（jū fú）：捕兔网。⑩渐毒：欺诈。“知诈渐毒”指工于心计，欺骗伪诈。颉（jié）滑：奸黠狡猾。解诟：言辞诡曲。同异：战国名家的又一诡辩论题，认为事物的同与异是相对的，因而也就没有同异之别。变：权变，变诈。⑪每每：时常，往往，又。旧注多以每与昧音近而通，每每即昧昧，昏昧无知之意。但庄子主张人回复到蒙昧无知状态，反对人有知识智巧，不可能又讲昏昧而使天下大乱，故不取此说。⑫悖（bèi）：遮掩。⑬烁：通作“铄”，消解的意思。⑭堕（huī）：通作“隳”，毁坏的意思。施：推移。⑮惴耎（ruǎn）：蠕动的样子，这里指附地而生的小虫。⑯肖翘之物：飞在空中的小虫。⑰种种：淳朴的样子。⑱役役：钻营狡黠的样子。佞：巧言谄媚的小人。⑲释：放置，废弃。啍（tūn）啍：喋喋不休，不停地说教的样子。

【译文】

你不知道那盛德的时代吗？从前容成氏、大庭氏、伯皇氏、中央氏、栗陆氏、骊畜氏、轩辕氏、赫胥氏、尊卢氏、祝融氏、伏牺氏、神农氏，在那个时代，人民靠结绳的办法记事，把粗疏的饭菜认作美味，把朴素的衣衫认作美服，把纯厚的风俗认作欢乐，把简陋的居所认作安适，邻近的国家相互观望，鸡狗之声相互听闻，百姓直至老死也互不往来。像这样的时代，就可说是真正的太平治世了。可是当今竟然使人们盼望着说：“某个地方出了圣人。”于是带着干粮归向他，家里抛弃了双亲，外边离开了主上的事业，足迹交接于各国境域，车轮印迹往来交错于千里之外，而这就是统治者追求圣智的过错。

统治者一心追求圣智而不遵从大道，那么天下必定会大乱啊！怎么知道是这样的呢？弓弩、鸟网、弋箭、机关之类的智巧多了，上空的鸟就要被扰乱了；钩饵、鱼网、竹笼之类的智巧多了，那么鱼儿就只会在水里乱游；木栅、兽栏、兔网之类的智巧多了，那么野兽就只会在草泽里乱窜；伪骗欺诈、奸黠狡猾、言辞诡曲、坚白之辩、同异之谈等权变多了，那么世俗的人就只会被诡辩所迷惑。所以天下常常大乱，罪过就在于喜好智巧。所以天下人都只知道追求他所不知道的，却不知道探索他所已经知道的；都知道非难他所认为不好的，却不知道否定他认为好的，因此天下才大乱。所以对上而言遮掩了日月的光辉，对下而言消解了山川的精华，居中而言损毁了四时的交替；就连附生地上蠕动的小虫，飞在空中的蛾蝶，也没有不丧失本性的。追求智巧扰乱天下，竟然达到如此地步！自夏、商、周三代以来的情况就是这样啊，抛弃那众多淳朴的百姓而喜好那钻营狡诈的谄佞小人，废置那恬淡无为的引导而喜好那喋喋不休的说教，喋喋不休的说教已经搞乱了天下啊！

在宥

【题解】

本篇的主旨是反对人治，主张一种以人性自然论为基础的无为政治论，所谓“在宥”，即自在宽宥之意。作者认为，一切人为的治理天下的行为只会给天下人带来灾难，为君为政者应无为而治，如此才合于天道。

【原文】

闻在宥天下①，不闻治天下也。在之也者，恐天下之淫其性也②；宥之也者，恐天下之迁其德也③。天下不淫其性，不迁其德，有治天下者哉④！昔尧之治天下也，使天下欣欣焉人乐其性，是不恬也⑤；桀之治天下也，使天下瘁瘁焉人苦其性⑥，是不愉也⑦。夫不恬不愉，非德也。非德也而可长久者，天下无之。

人大喜邪，毗于阳⑧；大怒邪，毗于阴。阴阳并毗，四时不至⑨，寒暑之和不成，其反伤人之形乎！使人喜怒失位，居处无常，思虑不自得⑩，中道不成章⑪，于是乎天下始乔诘卓鸷⑫，而后有盗跖、曾、史之行。故举天下以赏其善者不足⑬，举天下以罚其恶者不给，故天下之大，不足以赏罚。自三代以下者，匈匈焉终以赏罚为事⑭，彼何暇安其性命之情哉！

【注释】

① 在宥天下：任天下自然发展，而不加人为的约束和促进。在宥，自在宽容。② 淫：过分。过分即背离本性。③ 迁：改变。④ 有：又。⑤ 恬：静。⑥ 瘁瘁焉：劳累疲病的样子。⑦ 愉：舒畅，惬意。⑧ 毗（pí）：偏。⑨ 四时不至：指人体由于阴阳失调而不能适应四季的变化，有四时不分的感觉。⑩ 不自得：不自得其性。⑪ 中道不成章：即做事半途而废。章，做成一件事或写好一篇文章都叫章。⑫ 乔诘：骄傲自大。卓鸷：孤傲凶猛。⑬ 举：尽。⑭ 匈匈焉：乱哄哄的样子。

【译文】

只听说使天下人自在安然地生活，没听说过要治理天下百姓的。所谓自在，就是怕天下人超出原有的本性；所谓安然，就是怕天下人改变了根本的德行。天下人不超出原有的本性，不改变根本的德行，哪里还需要什么治理天下呢？当初尧治理天下时，使天下人都兴高采烈地乐其本性，这是不安然守静；而桀治理天下时，使天下人都劳累疲病地苦其本性，这是不舒畅欢愉。不守静也罢，不欢愉也罢，都是违背德行的。违背德行而可以长久的，这是天下所没有的事。

人过于欢乐，就偏于阳；过于愤怒，则偏于阴。一旦阴阳失调，就会四时不顺，寒暑失调。这样岂不反过来伤害人的身体吗！使人喜怒无常，居无定所。思考问题丧失根本，做起事来半途而废，于是乎天下人开始狂妄自大，自命不凡，而后便有了盗跖、曾参、史鳍的行为。所以尽天下之物不足以劝善，尽天下之力不足以惩恶，因此，天下之大竟不足以赏罚。从夏、商、周以后，乱哄哄地只把赏罚当成能事，哪里还有功夫安于性命本来的情态呢！

【原文】

而且说明邪①，是淫于色也②；说聪邪，是淫于声也；说仁邪，是乱于德也；说义邪，是悖于理也③；说礼邪，是相于技也④；说乐邪，是相于淫也⑤；说圣邪，是相于艺也⑥；说知邪，是相于疵也⑦。天下将安其性命之情，之八者⑧，存可也，亡可也；天下将不安其性命之情，之八者，乃始脔卷獊囊而乱天下也⑨。而天下乃始尊之惜之，甚矣天下之惑也！岂直过也而去之邪⑩！乃齐戒以言之⑪，跪坐以进之，鼓歌以儛之，吾若是何哉！

故君子不得已而临莅天下⑫，莫若无为。无为也而后安其性命之情。故曰："贵以身为天下，则可以托天下⑬；爱以身为天下，则可以寄天下⑭。"故君子苟能无解其五藏⑮，无擢其聪明⑯；尸居而龙见⑰，渊默而雷声⑱，神动而天随⑲，从容无为而万物炊累焉⑳。吾又何暇治天下哉！

【注释】

①说：同"悦"。②淫：迷乱。③悖于理也：人为的仁义是违背天理的。悖（bèi），违背。④相：助。⑤淫：淫逸。⑥艺：技艺。⑦疵：毛病。⑧之：此。⑨脔（luán）卷：不伸展，受拘束的样子。獊（cāng）囊：纷乱烦扰。⑩直：就。过：过错，用作动词，把……当成过错。去：抛弃。⑪齐：同"斋"。⑫临莅天下：就天子之位。临莅（lì），到。⑬托：托付。⑭寄：同"托"。⑮解：散。藏：通"脏"。五脏是藏五性的。这里借指五性。无解其五脏，就是不可放纵五性。⑯擢（zhuó）：炫耀。⑰尸居：寂然不动。龙见（xiàn）：活龙活现。⑱渊默：像深渊一样静默。⑲神动而天随：精神才动而天机跟随。⑳炊累：尘埃的飘动。

【译文】

至于喜欢目明，就会沉迷于色彩；爱好耳聪，就会沉迷于声音；讲仁，就是惑乱于德；讲义，就是惑乱于理；提倡礼，便是助长技巧；提倡乐，便是助长淫逸；推崇圣，便会沉溺于技艺；推崇智，便会吹毛求疵。天下人如果能安于性命之情，这八者可有可无；天下人如果不能安于性命之情，这八者就会纠结迂曲、纷乱烦扰而把天下搞乱。天下人却反而推崇和珍惜它们，可见天下人所受的迷惑真是太过分了。这些人哪里是把它们当成错误而抛弃呢！他们简直是斋戒后去谈论它们，恭敬地去传授它们，手舞足蹈地去供奉它们，我对此又能怎么样呢？

所以说，君子一旦不得已而君临天下，最好是无为而治。无为之后才能安于性命之情，所以说以看重生命的态度看待天下，才可以让他管理天下，以爱惜生命的心情对待天下，才能够让他治理天下。所以君子如果能够不放纵情欲，不炫耀聪明，安然不动而神灵活现，深沉静默而孕育惊雷，心有所动而天随人愿，从容无为而万物如尘埃一般自然运动。我又何必多此一举地去治理天下呢！

【原文】

崔瞿问于老聃曰①："不治天下，安藏人心②？"

老聃曰："女慎，无撄人心③。人心排下而进上④，上下囚杀⑤，淖约柔乎刚彊⑥。廉刿彫琢⑦，其热焦火，其寒凝冰。其疾俛仰之间而再抚四海之外⑧。其居也渊而静⑨，其动也县而天⑩。偾骄而不可系者⑪，其唯人心乎！

"昔者黄帝始以仁义撄人之心，尧舜于是乎股无胈⑫，胫无毛，以养天下之形⑬，愁其五藏以为仁义，矜其血气以规法度⑭。然犹有不胜也。尧于是放讙兜于崇山⑮，投三苗于三峗⑯，流共工于幽都⑰，此不胜天下也。夫施及三王而天下大骇矣⑱。下有桀、跖，上有曾、史，而儒墨毕起。于是乎喜怒相疑，愚知相欺，善否相非⑲，诞信相讥⑳，而天下衰矣；大德不同，而性命烂漫矣㉑；天下好知，而百姓求竭矣㉒。于是乎釿锯制焉㉓，绳墨杀焉㉔，椎凿决焉㉕。天下脊脊大乱㉖，罪在撄人心。故贤者伏处大山嵁岩之下㉗，而万乘之君忧栗乎庙堂之上。

"今世殊死者相枕也㉘，桁杨者相推也㉙，刑戮者相望也，而儒墨乃始离跂攘臂乎桎梏之间㉚。噫，甚矣哉！其无愧而不知耻也甚矣！吾未知圣知之不为桁杨椄槢也㉛，仁义之不为桎梏凿枘也㉜，焉知曾、史之不为桀、跖嚆矢也㉝！故曰：'绝圣弃知，而天下大治。'"

【注释】

①崔瞿：作者虚构的人物。老聃：道家创始人老子。②藏："臧"字之误。臧，善。使动用法。③撄（yīng）：扰乱。④"人心"句：人心压抑它就消沉，推进它就高举。⑤"上下"句：形容心志上下不定，如同被囚禁伤杀。⑥淖（chuò）约：柔弱貌。柔：屈从。彊：同"强"。⑦廉刿雕琢：形容一个人在精神上饱受折磨。廉，棱。刿（guì），割伤。《老子》第五十八章："廉而不刿。"⑧"其疾"句：它的速度极快，片刻之间就能来往于四海之外。俛，同"俯"，抚，触及。⑨渊而静：深渊般静默。⑩县而天：悬浮于天。县，通"悬"。⑪偾（fèn）：骄矜。不可系：无法约束。⑫胈（bá）：股上小毛。⑬天下之形：天下人的形体。⑭矜：盛。规：建立。⑮放：放逐。讙兜（huān dōu）：传说是帝鸿氏之子，共工的同党，与其联合反对尧。崇山：在湖南张家界市西南。⑯投：流放。三苗：古国名。据说在洞庭湖

与彭蠡湖之间，其国君为缙云氏之子，名饕餮。三峗：在甘肃敦煌，一说在甘肃岷山西南。⑰共（gòng）工：尧的反对者。幽都：幽州。故址在今北京密云区境。⑱施：延。三王：夏、商、周之君王。骇：惊扰。⑲否（pǐ）：恶。⑳诞：荒诞。讥：讥讽。㉑烂漫：烂伤于火而漫伤于水。㉒求竭：即今之"纠葛"。㉓釿（jīn）：与"斤"通，大斧。㉔绳墨：法度。此句谓依法度杀死。㉕椎凿：穿凿木孔的用具。木工用斧锯、绳墨、椎凿对木料进行加工，就像君主用礼法管理人民。㉖脊脊：通"藉藉"，互相践踏，欺压。㉗嵁（kān）岩：深岩。㉘殊：身首异处。相枕：指尸体交加。㉙桁（héng）杨：绑在脚和颈上的刑具。相推：在道路上推挤，比喻受刑人很多。㉚离跂：翘足。攘臂：举臂。桎：脚镣。梏：手镣。㉛椄槢（jiē xí）：连接桎梏两孔的木梁。㉜凿枘（záo ruì）：凿为木孔，枘为入孔之本楔。有孔有楔，桎梏才牢固。㉝嚆（hāo）矢：响箭。发射时，声先于箭而到。因此比喻为事物的开端、先声。

【译文】

崔瞿问老子说："不治理天下，怎样使人心向善？"

老子回答："你必须谨慎，不要扰乱了人心。人心受压抑就消沉，受鼓舞就振奋，心志的消沉和振奋之间，犹如被囚禁、伤杀，柔美的心志表现可以柔化刚强。一个人饱受折磨时，心理上备受磨难，如火烤，如冰冻，水深火热。心绪变化之快，顷刻之间就能来往于四海之外。安定时深沉静默，激动时高悬九天。骄矜自傲而不受约束的，就是人心啊。

"当初，黄帝开始用仁义之说扰乱人心，使得后来的尧、舜奔波得连腿上的汗毛都磨光了。就是为了供养天下人的形体，为了施行仁义而愁劳心思，煞费苦心地建立法令制度，然而还是不能胜任。于是，只得把讙兜放逐到南方的崇山，把三苗流放到西方的三峗山，把共工也赶到了北方的幽州，就是这样也无法治理好天下。到了后来夏、商、周三代的时候，天下就大乱。下有暴桀、盗跖，上有仁曾、孝史，儒家墨家兴起，于是喜怒互相猜忌，愚智互相欺骗，好坏互相指责，真假互相讥讽，世道也就衰落了。不能同归于大德，人的性命也就被伤害了。天下崇尚心智，百姓就多纠葛。于是君主靠斧钺来制裁，以法律来杀伐，用刑具来处决。天下纷然大乱的根源就是君主扰乱了人心。所以，贤者隐居在高山深谷之中，而国君忧虑于朝廷之上。

"当今之世，身首异处的死人多得相互堆积，身戴刑具的犯人多得相互推挤，受刑被杀的人随处可见，而儒家墨家还踮脚举臂于刑徒之间。唉，真是太过分了！也太不知羞愧和可耻了！我不知道圣智不是刑具的开关，仁义不是枷锁的部件，怎么知道曾参、史鳍不是暴桀、盗跖的先声呢！所以说，断绝圣明，抛弃智巧，天下就会大治了。"

【原文】

黄帝立为天子十九年，令行天下，闻广成子在于空同之山①，故往见之，曰："我闻吾子达于至道②，敢问至道之精。吾欲取天地之精，以佐五谷，以养民人，吾又欲官阴阳③，以遂群生④，为之奈何？"

广成子曰："而所欲问者，物之质也⑤；而所欲官者，物之残也⑥。自而治天下，云气不待族而雨⑦，草木不待黄而落，日月之光益以荒矣⑧。而佞人之心翦翦者⑨，又奚足以语至道哉！”

【注释】

①广成子：作者虚拟的寓言人物。空同：亦为作者虚拟的山名。②吾子：敬称，相当于先生您。③官阴阳：调和阴阳。官，通“管”。④遂：成就。群生：各种生物。⑤“而所欲”二句：而：你。物之质：万物的本质。⑥物之残：万物的渣滓。⑦族：聚集。⑧荒：昏暗。⑨佞（nìng）人：智巧之人。翦翦：狭隘的样子。

【译文】

黄帝做天子十九年后，政令通行天下，听说广成子隐居在空同山上，特地前往拜见他，说：“我听说先生您的境界已经达于至道，冒昧地向您请教至道的精髓。我想用至道的精华，使五谷丰登，以养育万民。我还想调和阴阳，以成就万物，应当如何实施？”

广成子说：“你所问的，是万物的本质，而你想掌管的，却是万物的渣滓。自从你治理天下以来，云气没等积聚就下雨，草木不等发黄便凋零，日月之光越发昏暗。而你这位智巧之人心胸狭窄得很，又哪里配得上谈论至道！”

【原文】

黄帝退，捐天下①，筑特室②，席白茅③，闲居三月，复往邀之④。

广成子南首而卧，黄帝顺下风，膝行而进⑤，再拜稽首而问曰⑥：“闻吾子达于至道，敢问，治身奈何而可以长久？”广成子蹶然而起⑦，曰：“善哉问乎！来！吾语汝至道。至道之精，窈窈冥冥⑧；至道之极，昏昏默默⑨。无视无听，抱神以静，形将自正⑩。必静必清，无劳汝形，无摇汝精⑪，乃可以长生。目无所见，耳无所闻，心无所知，汝神将守形，形乃长生。慎汝内，闭汝外⑫，多知为败⑬。我为汝遂于大明之上矣⑭，至彼至阳之原也；为汝入于窈冥之门矣，至彼至阴之原也。天地有官⑮，阴阳有藏⑯，慎守汝身，物将自壮。我守其一以处其和⑰，故我修身千二百岁矣，吾形未常衰。”

【注释】

①捐：放弃。②特室：独居的房子。③席：铺、垫。白茅：白色茅草。古人祭祀时在祭器下垫白茅，以示洁净恭谨。④邀：通“要”，求。⑤“黄帝”二句：顺下风：即甘拜下风之意，表示谦恭。膝行：跪着用膝盖前行。⑥稽首：磕头到地。下风、膝行、稽首，都表示极大的尊重。⑦蹶（jué）然：迅速。⑧窈窈冥冥：深不可测。⑨昏昏默默：看不见听不到的状态。⑩形：形体。自正：自然正常，即健康。⑪精：精神。⑫“慎汝”二句：内：内心活动。外：感官，言行。⑬多知：好智。⑭遂：达到。庄子认为大明之上与至阳之原是天地、大道之一极，而另一极是窈冥之门和至阴之原。⑮天地有官：天地各有所管。⑯阴阳有藏：阴阳各有所藏。⑰一：大道。和：调和。

【译文】

黄帝回去之后，放弃治理天下的政事，盖了一间独居的屋子，地上铺着白茅，在里面闲居了三个月以后，又前去请教。

广成子头朝南边躺着，黄帝从下方跪着向前，再次磕头到地，然后问到："我听说先生的境界已经达于至道。冒昧地向您请教，如何修身才能活得长久？"广成子顿时起身说到："你的问题问得好。过来，我告诉你至道。至道的根本，深不可测；至道的极致难以触及。不用看不用听，凝神静默，形体自然正常健康。一定要心静神清，不要让肢体疲劳，不要使精神动荡，这样才可以长生。目不外视，耳不旁听，心不多想，你的精神就能守护你的形体，而形体也就能长生了。把持内心的淡泊，远离外界的纷扰，心智越多越难悟道。我帮你达到大明的境界和至阳的根源；帮你进入窈冥的门径和至阴的根源。天地各司其职，阴阳各居其所；谨慎地守护你的身体，万物将自行健壮成长。我执守大道而处于阴阳调和之境，所以我修身养性一千二百多年了，而形体未尝衰老。"

【原文】

黄帝再拜稽首曰："广成子之谓天矣①！"

广成子曰："来！余语汝。彼其物无穷，而人皆以为有终；彼其物无测，而人皆以为有极②。得吾道者，上为皇而下为王③；失吾道者，上见光而下为土④。今夫百昌皆生于土而反于土⑤，故余将去汝，入无穷之门，以游无极之野⑥。吾与日月参光⑦，吾与天地为常。当我，缗乎⑧！远我，昏乎！人其尽死，而我独存乎！"

【注释】

①"广成"句：广成子可谓与天合一了。②极：极限。③皇：上古人心淳朴，称皇；后世人心浅薄，称王。故王不及皇。④"上见"句：在地上看见光明，在地下化为泥土，与动物无异。⑤百昌：百物。⑥"入无穷"二句：无穷之门：至道境界的入口处。无极之野：大道在时空上都是无限的。⑦参光：同放光明。⑧缗（mín）：同"昏"。

【译文】

黄帝再次伏地磕头说："广成子真可谓天人合一了呀！"

广成子说："过来，我跟你说。至道是没有穷尽的，而人却都认为它有终结；至道是无法测知的，而人却都认为它有极限。获得我的道，上可成皇下可成王；丧失我的道，只能上见光明，下变泥土。现在万物都生于土而归于土，因此，我将离开你，入于无穷之门，遨游于无极之所。我会与日月同放光明，我将与天地永存。迎我而来的，背我而去的，与我都没有任何关系，绝不会为之所动。人都是要死的，而我却可以独存！"

【原文】

云将东游①，过扶摇之枝而适遭鸿蒙②。鸿蒙方将拊脾雀跃而游③。云将见之，倘然止，贽然立④，曰："叟何人邪？叟何为此？"

鸿蒙拊脾雀跃不辍⑤，对云将曰："游！"

云将曰："朕愿有问也[6]。"

鸿蒙仰而视云将曰："吁！"

云将曰："天气不和，地气郁结，六气不调[7]，四时不节[8]。今我愿合六气之精以育群生，为之奈何？"

鸿蒙拊脾雀跃掉头曰[9]："吾弗知！吾弗知！"

云将不得问。又三年，东游，过有宋之野而适遭鸿蒙[10]。云将大喜，行趋而进曰："天忘朕邪[11]？天忘朕邪？"再拜稽首，愿闻于鸿蒙。

鸿蒙曰："浮游[12]，不知所求；猖狂[13]，不知所往；游者鞅掌，以观无妄[14]。朕又何知！"

云将曰："朕也自以为猖狂，而民随予所往；朕也不得已于民，今则民之放也[15]。愿闻一言。"

鸿蒙曰："乱天之经[16]，逆物之情，玄天弗成[17]；解兽之群[18]，而鸟皆夜鸣；灾及草木，祸及止虫[19]。噫！治人之过也！"

云将曰："然则吾奈何？"

鸿蒙曰："噫，毒哉[20]！僊僊乎归矣[21]。"

云将曰："吾遇天难，愿闻一言。"

鸿蒙曰："噫！心养[22]。汝徒处无为，而物自化[23]。堕尔形体，黜尔聪明，伦与物忘[24]；大同乎涬溟[25]，解心释神，莫然无魂[26]。万物云云[27]，各复其根，各复其根而不知；浑浑沌沌，终身不离[28]；若彼知之，乃是离之[29]。无问其名，无窥其情[30]，物固自生。"

云将曰："天降朕以德，示朕以默[31]；躬身求之，乃今也得。"再拜稽首，起辞而行。

【注释】

① 云将：云之主帅。② 扶摇：神木。鸿蒙：自然元气。与云将同为虚构人物。③ 拊脾：拍大腿。脾，即"髀"，大腿。雀跃：欢蹦乱跳。④"倘然止"二句：倘然：惊疑的样子。贽（zhì）然：站着不动的样子。⑤ 辍：止。⑥ 朕：古人自称之辞。⑦ 六气：阴、阳、风、雨、晦、明。⑧ 不节：节令不正常。⑨ 掉头：摇头。⑩ 有宋之野：宋国土地之上。⑪ 天：对鸿蒙的敬称。⑫ 浮游：元气上下飘浮不定。⑬ 猖狂：元气随心所欲。二句皆为鸿蒙自谓。⑭"游者"二句：鞅掌：放任随便。无妄：真实。⑮ 放：仿效。⑯ 经：常则。⑰ 玄天弗成：老天不会使你有所成。⑱ 解：散。⑲ 止虫：昆虫。⑳ 毒：指人之毒深重。㉑ 僊僊乎：轻飘飘的样子。㉒ 心养：养心。㉓ 物自化：万物各依本性自会变化。㉔"堕尔"三句：堕：通"隳"，废。黜：通"杜"，绝。伦：理。㉕ 涬溟（xìng mǐng）：自然元气。㉖ 莫然：漠然。㉗ 云云：众多。㉘ 不离：不失本性。㉙"若彼"二句：如果他们意识到如何恢复本性，就是说明反而又失去了本性。㉚ 窥：窥测。㉛ 默：静默。

【译文】

云将到东方漫游，经过神木的枝头时，恰好遇上鸿蒙。鸿蒙正拍着大腿蹦跳游玩。云将看见了，立即停下来，恭敬地站好问："老人家是谁呀？老人家为什么到这里？"

鸿蒙一边继续拍腿跳跃，一边回答："遨游。"

云将说："我想请教您一些问题。"

鸿蒙抬起头来看着云将说："嗯。"

云将说："气候不调和，地气不通畅，六气不协调，四季不按时。现在我想融合六气的精华以化育万物，该怎样做呢？"

鸿蒙拍腿跳跃摇头说："我不知道，我不知道。"

云将没有得到回答。又过了三年，云将去东方漫游，经过宋国时又碰上了鸿蒙。云将大喜过望，快走上前说："您忘记我了吗？您忘记我了吗？"再次趴在地上磕头，愿意向鸿蒙请教。

鸿蒙说："我上下飘浮，无所贪求；随心所欲，无所不往；任意遨游，观察万物的真相。我又知道什么呢？"

云将说："我原来也很想随心所欲地游荡，然而民众总是跟着我前往；我也是迫不得已才君临天下的，现在民众都仿效我，所以想听听您的高见。"

鸿蒙说："扰乱了自然的常道，违反了万物的本性，上天就不会让你成功；群兽离散，禽鸟夜鸣；灾及草木，祸及昆虫。唉，这都是治人的过错呀！"

云将说："那么我该怎么办呢？"

鸿蒙说："唉！你受的毒太深了，还是轻飘飘地回去吧。"

云将说："我遇上您太不容易了，希望您千万不吝指教。"

鸿蒙说："唉！重在养心吧。你只要做到无为，万物自会变化。忘怀你的形体，闭塞你的聪明，物我两忘，与自然元气混为一体，心如止水，神似枯井，木然无知。万物纷纭，各自恢复本性而不自知。混混沌沌，本性就会终身不失。如果有意识地要恢复本性，反而会失去本性。不必追问万物之名，不要窥测万物的情况；万物本来就是自生自灭的。"

云将说："您赐我大德，教我以静默；由于我亲身求道，今天总算如愿以偿了。"再次磕头至地，起身辞别离去。

【原文】

世俗之人，皆喜人之同乎己而恶人之异于己也。同于己而欲之，异于己而不欲者，以出乎众为心也。夫以出乎众为心者，曷常出乎众哉①！因众以宁所闻②，不如众技众矣③。而欲为人之国者，此揽乎三王之利而不见其患者也④。此以人之国侥倖也，几何侥倖而不丧人之国乎！其存人之国也，无万分之一；而丧人之国也，一不成而万有余丧矣。悲夫，有土者之不知也⑤！

夫有土者，有大物也⑥。有大物者，不可以物⑦；物而不物⑧，故能物物⑨。明乎物物者之非物也，岂独治天下百姓而已哉！出入六合，游乎九州⑩，独往独来，是谓独有⑪。独有之人，是谓至贵。

大人之教⑫，若形之于影，声之于响⑬。有问而应之，尽其所怀，为天下配⑭。处乎无响，行乎无方。挈汝适复之挠挠⑮，以游无端；出入无旁⑯，与日无始；颂论形躯⑰，合乎大同，大同而无己。无己，恶乎得有有⑱！亲有者，昔之君子；亲无者，天地之友。

【注释】

① 曷常：即何尝。② 因：随顺，顺乎。宁：安。③ 众技：众人的技巧。④ 揽：把持，撮起。⑤ 有土者：拥有国土的人，指国君。⑥ 大物：指广大的土地人民。⑦ 不可以物：这句之“物”字用表被动，即“为物所用”之意。⑧ 物而不物：这句里有两个“物”字，前一个表主动，后一个表被动，“物而不物”是说用物而又不为外物所用。⑨ 物物：物使天下之物；前一“物”字用作动词。⑩ 九州：九州所指历来含义不定，这里可以理解为当时中原一带人们熟悉的地域。⑪ 独有：指不为外物所拘滞。⑫ 大人：即上句的“至贵”之人。⑬ 响：回声。⑭ 配：匹对，这里指应答；问话者为主，应答者则为匹对。⑮ 挈：提。适复：往返。挠挠：纷纷。⑯ 旁（bàng）：依。⑰ 颂：容。论：语。“颂论”犹言容颜、谈吐。⑱ “恶乎得有有”：这句里有两个“有”字，其中前一“有”字是动词，是据有、持有的意思；后一“有”字用如名词，指存在着的各种物象，包括自身的形躯。下一句之“有”字则同于本句后一“有”字的用法。

【译文】

世俗之人都喜欢别人跟自己的观点相同而讨厌别人跟自己的观点不同。跟自己观点一致的就喜欢，跟自己观点不一致的就不喜欢。这是内心想要出人头地的缘故。那些一心只想出人头地的人，何尝又能够真正超出众人呢！随顺众人之意当然能够得到安宁，可是个人的所闻总不如众人的技艺多。希图治理国家的人，必定是贪取夏、商、周三代帝王之利而又看不到这样做的祸害。这样做是把治国成功的希望寄托在侥幸上面，贪求个人的侥幸而不至于丧失国家统治权力的又有多少呢！他们中能够保存国家的，不到万分之一，而丧失国家的，自身一无所成还会留下许多祸患。可悲呀，拥有国家的人却不明白啊！

拥有国家的，就拥有土地人民。拥有土地人民的，不可以受外物所役使；使用外物而不为外物所役使，才能主宰天下万物。明白主宰外物的不是物，岂只是治理天下百姓而已啊！这样的人已经能往来于天地四方，游乐于整个世界，独自无拘无束地去，又自由自在地来。这样的人就叫作拥有万物而又超脱于万物。这样特立独行的人就称得上是至高无上的贵人了。

至贵之人的教诲，就好像形躯对于身影，传声对于回响一样。有提问就有应答，竭尽自己所能，为天下人的提问作出应答。处心于没有声响的境界，活动在变化不定的地方。引领着人们往返于纷扰的世界，从而遨游在无始无终的浩渺之境；或出或进都无须依傍，像跟随太阳那样周而复始而没有尽头；容颜、谈吐和身形躯体均和众人一样，大家都是一样也就无所谓自身。无所谓自身，怎会执着于形象！执着于形象，这是过去的君子；体悟着根源，这就跟永恒的天地结成了朋友。

天地

【题解】

本篇的主旨是讲为君之德。作者认为，君为万众之主，君德就是天德。为君者应以德为本，无心无为，让一切成于自然，从而成为天道的体现者。君德即天德。从这种观点出发，作者对后世以人力治世的君主如夏禹、周武王等进行了激烈的批评。

【原文】

天地虽大，其化均也①；万物虽多，其治一也②；人卒虽众，其主君也。君原于德而成于天③，故曰，玄古之君天下④，无为也，天德而已矣⑤。

以道观言，而天下之名正⑥；以道观分⑦，而君臣之义明，以道观能，而天下之官治；以道泛观，而万物之应备⑧。故通于天者，道也；顺于地者，德也；行于万物者，义也；上治人者⑨，事也；能有所艺者⑩，技也。技兼于事，事兼于义⑪，义兼于德，德兼于道，道兼于天，故曰：古之畜天下者⑫，无欲而天下足，无为而万物化⑬，渊静而百姓定⑭。《记》曰："通于一而万事毕⑮，无心得而鬼神服。"

【注释】

①均：均等。②治：条理。指循性自得。③原：本。德：自得。天：自然。④玄古：远古。⑤天德：自然之德。⑥"以道"二句：用天道来表示君主的名号，就很得当。言，名、称谓。⑦分：职分。⑧"以道泛观"二句：泛观：广泛地来看。应备：可供用者无不齐备。⑨上治人者：居于上位治理人的人。⑩艺：专长。⑪兼：统属。⑫畜：养。⑬化：生长，发展。⑭渊静：像深潭里的水一样平静。⑮《记》：古书名。一：道。毕：完成。

【译文】

天地虽然大，运动变化却是均匀的；万物种类虽多，循性自得的性质却是一样的。天下百姓虽然很多，主政的却是君主。君主治理天下本于德行，而成于自然，所以说，上古的君主治理天下，靠的是无为而治，顺应自然罢了。

从道的观点来看称谓，那么天下君主就名正言顺；从道的观点来看职分，那么君臣各自承担的道义就明确了；从道的观点来看才能，那么天下的官吏都尽职尽力；从道的观点广泛地考察，那么天下万物就应有尽有，无不齐备。所以，通达于天的，是道；通行于地的，是德；周行于万物的，是义；善于治理天下的，是使人们各尽其能，各任其事；能够让才能和技艺充分发挥的，是各种技巧。技巧归属于事务，事务归属于义理，义理归属于德，德归属于听任自然的道，道归属于事物的自然本性。所以说，古时养育万民的君主，没有贪欲而天下富足；无所作为而万物自行变化；深沉静默而百姓安定。《记》中说："通于大道而万事自然完满，心无欲求而鬼神敬服。"

【原文】

夫子曰："夫道，覆载万物者也①，洋洋乎大哉！君子不可以不刳心焉②。无为为之之谓天[③]，无为言之之谓德[④]，爱人利物之谓仁，不同同之之谓大[⑤]，行不崖异之谓宽[⑥]，有万不同之谓富[⑦]。故执德之谓纪[⑧]，德成之谓立，循于道之谓备[⑨]，不以物挫志之谓完[⑩]。君子明于此十者，则韬乎其事心之大也[⑪]，沛乎其为万物逝也[⑫]。若然者，藏金于山，沈珠于渊，不利货财，不近富贵；不乐寿，不哀夭；不荣通，不丑穷；不拘一世之利以为己私分[⑬]，不以王天下为己处显[⑭]。显则明，万物一府[⑮]，死生同状。"

【注释】

① 覆载：包容。覆从上面说，载从下面说。② 刳（kū）心：抛弃个人心智。刳，挖空。③"无为为之"句：不加外力干涉，而任其自然发展，就是符合天道。天，天道。④"无为言之"句：让万物用自身表明，而不用教化，就是顺应天性。德，天性。⑤"不同同之"句：把不同的万物等同对待，就是大。⑥ 崖异：与众不同。宽：宽容。⑦ 有万不同：包容不同的万物，就是说无所不有。⑧ 执：持守。纪：纲纪。⑨ 循：遵循。备：完备。⑩ 挫：扰乱。完：完美。⑪ 韬：借为"滔"，宽广。⑫ 沛：流动无碍。为（wèi）：与。逝：往。⑬ 拘：取。一世：全天下。私分（fèn）：私有。⑭ 王（wàng）天下：在天下称王。处（chǔ）显：处于显要的地位。⑮ 一府：一体。

【译文】

老子说过："道，是覆盖承载万物的，多么广阔盛大！君子不能不彻底抛弃个人心中的一切私智去效法。以无为的态度处世，就是顺应天道；以无为的方式表达，就是顺应天性；给人以爱或给物以利，就是仁；把不同的万物等同看待，就是大；行为不怪异离奇，就是宽；心中能包容万种差异，就是富。所以说持守德行就是纲纪，成就德行便是立身，遵循大道就是完备，不让外界干扰内心就是完美。君子明白这十个方面，那么就能包容万物心胸宽广，德泽充盈而为万物所归往。如能这样，就像黄金藏在深山，珠宝沉在深渊，不谋财货，不求富贵；就能不因长寿而喜，不因夭折而哀，不因通达而荣耀，不因困穷而感到羞耻，更不会聚敛天下之利而为己有，不以称王天下而觉得地位显赫。显赫就会彰明，万物一体，死和生一样。"

【原文】

夫子曰："夫道，渊乎其居也[①]，漻乎其清也[②]。金石不得，无以鸣。故金石有声，不考不鸣[③]。万物孰能定之[④]！

"夫王德之人，素逝而耻通于事[⑤]，立之本原而知通于神[⑥]。故其德广，其心之出，有物採之[⑦]。故形非道不生[⑧]，生非德不明。存形穷生，立德明道[⑨]，非王德者邪！荡荡乎[⑩]！忽然出，勃然动[⑪]，而万物从之乎！此谓王德之人。

"视乎冥冥[⑫]！听乎无声。冥冥之中，独见晓焉[⑬]；无声之中，独闻和焉[⑭]，故深之又深而能物焉[⑮]，神之又神而能精焉[⑯]；故其与万物接也，至无而供其求[⑰]，时骋而要其宿[⑱]。大小，长短，修远[⑲]。"

【注释】

①渊：幽深静默。②漻（liáo）：清澈透明。③考：敲击。④“万物”句：万物都是如此，谁能测定它呢？孰，谁。定，确定。⑤素逝：抱朴而行。素，本质。逝，往。耻通于事：不肯被事务牵累。⑥立之本原：立足于天道之根本。知：通“智”。⑦采：感应。⑧生：生成生命。⑨立德明道：确立德行，明晓大道。⑩荡荡：广阔辽远。⑪忽然、勃然：都是形容行动无心，随其自然。⑫冥冥：昏暗。⑬独见晓焉：道本无形，只有得道之人能够发觉。⑭独闻和焉：只有得道之人能够于无声处听到合谐之音。⑮“故深”句：道藏得很深，却能主宰万物。⑯“神之”句：道神秘莫测，却能显示微妙的作用。⑰“至无”句：道虽虚无至极，却能满足万物的需求。⑱“时骋”句：时刻运行，却能使万物有所归宿。⑲修远：久远。“大小、长短、修远”六字句义不全，或疑为郭象注文混入正文。

【译文】

老子说过：“道，幽深静默，澄澈清明。金石不得外力，便不能发声。所以金石虽然能发声，但不敲就不会响。天下万物谁能确定它的性质！

“盛德之人，抱朴而行，以通晓事务为羞耻，立身于天道根本而智慧通于神秘莫测的境界，所以他德行广大。他心思所动，是受外物的感应。所以，形体不凭借道就不能生成生命，生命不顺应德就无法彰明。保存形体以尽生性，树立德行，明晓大道，岂不就是盛德吗！浩浩荡荡，忽然而出，勃然而动，万物无不依从！这就是盛德之人。

“大道看上去幽深暗昧，听起来无声无息。昏暗之中，却能看见光亮；无声之中，却能听到和谐之音。所以大道深而又深却能主宰万物，神秘莫测却能显示微妙的作用；所以道与万物相接，虽然虚无却能满足万物的需求，时刻运行变化却能使万物有所归宿。可大可小，可长可短，直至久远。”

【原文】

黄帝游乎赤水之北①，登乎昆仑之丘而南望，还归，遗其玄珠②。使知索之而不得③，使离朱索之而不得④，使喫诟索之而不得也⑤。乃使象罔⑥，象罔得之。黄帝曰：“异哉！象罔乃可以得之乎？”

【注释】

①赤水：虚拟的河名。②玄珠：虚拟的宝珠名，比喻大道。③“使知”句：比喻不能用智慧去寻求天道。知，虚拟的人名，智慧的象征。④离朱：古代明目者，明察的象征。⑤喫诟（chī gòu）：虚拟的人名，巧辩的象征。⑥象罔：虚拟的人名，无心的象征。

【译文】

黄帝在赤水的北面游览，登上昆仑山向南眺望，返回的时候，丢失了玄珠。派知去找却没有找到，派离朱去找也没有找到，又派喫诟去找，还是没有找到。于是派象罔去找，结果象罔找到了。黄帝说：“真奇怪呀，象罔怎么可以找到呢？”

【原文】

尧之师曰许由[①]，许由之师曰啮缺，啮缺之师曰王倪，王倪之师曰被衣。

尧问于许由曰："啮缺可以配天乎[②]？吾藉王倪以要之[③]。"

许由曰："殆哉圾乎天下[④]！啮缺之为人也，聪明叡知[⑤]，给数以敏[⑥]，其性过人，而又乃以人受天[⑦]。彼审乎禁过[⑧]，而不知过之所由生。与之配天乎？彼且乘人而无天[⑨]，方且本身而异形[⑩]，方且尊知而火驰[⑪]，方且为绪使[⑫]，方且为物絯[⑬]，方且四顾而物应[⑭]，方且应众宜[⑮]，方且与物化而未始有恒[⑯]。夫何足以配天乎？虽然，有族，有祖[⑰]，可以为众父[⑱]，而不可以为众父父[⑲]。治，乱之率也[⑳]，北面之祸也[㉑]，南面之贼也[㉒]。"

【注释】

① 许由：上古时代的隐士。许由连同以下数句中的啮（niè）缺、王倪和被衣均为人名，除许由曾见于其他典籍外，其余三人都是作者杜撰的隐士，他们清廉洁己，不同于世俗。② 配天：做天子。③ 藉：借助。要：通作"邀"，请的意思。④ 圾：通作"岌"，危险的意思。⑤ 叡（ruì）："睿"字之异体，聪慧的意思。⑥ 给：捷。数（shuò）：频繁，引申为快捷的意思。⑦ 乃：竟。人：指人为。受：相应，调合。"受天"是说对应或调合自然的禀赋。⑧ 审：明察。⑨ 乘：趁，引申为借助。"乘人"即借助于人为。无天：抛弃自然的秉性。⑩ 本身：以自身为本，把自我当作万物归向的中心。异形：改变万物固有的形迹。⑪ 尊知：尊崇才智。火驰：像大火蔓延似的快速急骤，指急急忙忙地为求知和驭物而奔逐。⑫ 绪：端，这里喻指细末的小事。使：役使。⑬ 絯（gāi）：拘束。⑭ 物应：为外物而应接，即应接外物的意思。⑮ 应众宜：应接众多的外物而奢求处处适宜。⑯ 与（yù）：参与。"与物化"指参预外物的变化。恒：固定不变。"未始有恒"指从不曾有过定准。⑰ 祖：初始之人。⑱ 父：这里指同族人中的首领，也可以理解为统领一方的官长。⑲ 父父：前一"父"字同前一注，后一"父"字指统领众多首领或地方长官的国君，即前面所说的"天子"。⑳ 率：先导。㉑ 北面：古代帝王坐位向南，臣子面见国君时则面朝北方，因此"北面"乃是臣下和百姓的代称，而下句的"南面"则是国君的代称。㉒ 贼：这里指像《胠箧》中田成子那样杀死国君而自立为诸侯的窃国大盗。

【译文】

尧的老师叫许由，许由的老师叫啮缺，啮缺的老师叫王倪，王倪的老师叫被衣。

尧问许由说："这样啮缺可以做天子吗？我想请王倪来让他做天子。"

许由说："恐怕天下也就危险了！啮缺的为人，耳聪目明智慧超群，行动办事快捷机敏。他天赋过人，而又用人事来应对天然，他明了该怎样禁止过失，不过他并不知晓过失产生的原因。让他做天子，他将借助于人为而抛弃天然，将会以自身为本位来区分人我，将会尊崇才智而急急忙忙地为求知和驭物奔走驰逐，将会被细末的琐事役使，将会被外物拘束，将会环顾四方，目不暇接地跟外物应接，将会应接万物而又奢求处处合宜，将会参与万物的变化而从不曾有什么定准。他怎么能当天子呢？尽管如此，有人群的地方就应该有主事的人，他可以做百姓的长官，却不可以做一国的君主。治是导致乱的起因，是人臣的祸患，是君主祸害的根由。”

【原文】

尧观乎华①。华封人曰②：“嘻，圣人！请祝圣人。”

“使圣人寿。”尧曰：“辞③。”“使圣人富。”尧曰：“辞。”“使圣人多男子④。”尧曰：“辞。”

封人曰：“寿、富、多男子，人之所欲也。女独不欲，何邪？”

尧曰：“多男子则多惧，富则多事，寿则多辱。是三者，非所以养德也⑤，故辞。”

封人曰：“始也我以女为圣人邪，今然君子也⑥。天生万民，必授之职。多男子而授之职，则何惧之有？富而使人分之，则何事之有！夫圣人，鹑居而鷇食⑦，鸟行而无彰⑧，天下有道，则与物皆昌；天下无道，则修德就闲；千岁厌世，去而上僊⑨；乘彼白云，至于帝乡⑩；三患莫至⑪，身常无殃；则何辱之有！”

封人去之。尧随之，曰：“请问？”

封人曰：“退已！”

【注释】

①乎：于。华：地名。②封：守护疆界的人。③辞：谢绝，推辞。④男子：男孩子。⑤所以养德：调养无为之德的办法。⑥然：通作“乃”，竟然的意思。⑦鹑（chún）：鹌鹑，一种无固定居巢的小鸟。“鹑居”意思就是像鹌鹑那样没有固定的居所。鷇（kòu）：初生待哺的小鸟。“鷇食”意思是像初生待哺的小鸟那样无心觅求食物，这里喻指圣人随物而安。⑧无彰：不留下踪迹。⑨僊（xiān）：“仙”字之异体。⑩帝乡：旧注指天和地交接的地方。⑪三患：即前面谈到的寿、富、多男子所导致的多辱、多事和多惧。

【译文】

尧在华巡视。华地守护封疆的人说：“啊，圣人！请让我为圣人祝愿吧。”

“祝愿圣人长寿。”尧说：“免了吧。”“祝愿圣人富有。”尧说：“免了吧。”“祝愿圣人多男儿。”尧说：“免了吧。”

守护封疆的人说：“寿延、富有和多男儿，这是人们都想得到的。您偏偏不希望得到，这是为什么呢？”

尧说：“多男孩子就多了忧惧，多财物就多出了麻烦，寿命长就会多受些困辱。这三个方面都无助于培养无为的观念和德行，所以我谢绝你对我的祝愿。”

守护封疆的人说：“起初我把您看作圣人呢，如今发现您不过是个君子。苍天让万民降生人间，必定会授给他一定的差事，男孩子多而授给他们的差事也就一定很多，还有什么可忧惧的？富有了就把财物分给众人，有什么麻烦的！圣人随遇而安、居无常处，像待哺雏鸟一样觅食无心，就像鸟儿在空中飞行不留下一点踪迹。天下太平，就跟万物一同昌盛；天下纷乱，就修身养性趋就闲暇。寿延千年而厌恶活在世上，便离开人世而升天成仙；驾驭那朵朵白云，去到天与地交接的地方。寿延、富有、多男孩子所导致的多辱、多事、多惧都不会降临于我，身体也不会遭殃，那么还会有什么屈辱呢！”

守护封疆的人离开了尧，尧却跟在他的后面，说：“请问要怎样办？”

守护封疆的人说：“您还是回去吧！”

【原文】

尧治天下，伯成子高立为诸侯①。尧授舜，舜授禹，伯成子高辞为诸侯而耕。禹往见之，则耕在野。禹趋就下风②，立而问焉③，曰：“昔尧治天下，吾子立为诸侯。尧授舜，舜授予，而吾子辞为诸侯而耕。敢问，其故何也？”

子高曰：“昔尧治天下，不赏而民劝④，不罚而民畏。今子赏罚而民且不仁，德自此衰，刑自此立，后世之乱自此始矣。夫子阖行邪⑤？无落吾事⑥！”挹挹乎耕而不顾⑦。

【注释】

①伯成子高：杜撰的人名。②下风：下方。③焉：用法同“之”。④劝：劝勉。⑤阖（hé）：通作“盍”。怎么不的意思。⑥无：毋，不要的意思。落：荒废。⑦挹（yì）：用力耕地的样子。

【译文】

尧统治天下，伯成子高立为诸侯。尧把帝位让给了舜，舜又把帝位让给了禹，伯成子高便辞去诸侯的职位而去从事耕作。夏禹前去拜访他，伯成子高正在地里耕作。夏禹快步上前居于下方，恭敬地站着问伯成子高道：“当年尧统治天下，先生立为诸侯。尧把帝位让给了舜，舜又把帝位让给了我，可是先生辞去了诸侯的职位而来从事耕作，我冒昧地问您，这是为什么呢？”

伯成子高说：“当年帝尧统治天下，不须奖励而百姓自然勤勉，不须惩罚而人民自然敬畏。如今你施行赏罚的办法而百姓还是不仁不爱，德行从此衰败，刑罚从此建立，后世之乱也就从此开始了。先生为什么不走开呢？不要耽误我的事情！”于是低下头去耕地而不再理睬夏禹。

【原文】

泰初有无①，无有无名；一之所起②，有一而未形③。物得以生④，谓之德；未形者有分⑤，且然无间⑥，谓之命；留动而生物⑦，物成生理⑧，谓之形；形体保神，各有仪则⑨，谓之性。性脩反德⑩，德至同于初。同乃虚，虚乃大。合喙鸣⑪；喙鸣合，与天地为合。其合缗缗⑫，若愚若昏，是谓玄德，同乎大顺⑬。

【注释】

①泰：同“太”。初：始。在庄子的哲学观念中，宇宙产生于元气，元气萌动之初就叫

作太初，因而“泰初”也就是宇宙的初始。②一：混一的状态，指出现存在的初始形态。③未形：没有形成形体。④得：自得。“物得以生”是说万物从浑一的状态中产生，即所谓自得而生，外不借助于他物，内不借助于自我，不知所以产生而产生。⑤未形者：没有形成形体时。分：区别，指所禀受的阴阳之气不尽相同。⑥间（jiàn）：指两物之间的缝隙。⑦留：滞静，与“动”相对应。阴气静，阳气动，阴阳二气之滞留和运动便产生物。一说“留”讲作“流”，“留动”亦即运动。⑧生理：生命的样态。⑨仪则：轨迹和准则。⑩脩：同“修”，修养。⑪喙（huì）：鸟口。⑫缗（mín）缗：泯合无迹的样子。⑬大顺：指天下回返本真之后的自然情态。

【译文】

宇宙源起是“无”，一无所有，也没有称谓；混一的状态就是宇宙的初始，不过混一之时，还远未形成任何形体。万物从混一的状态中产生，这就叫作德；未形成形体时禀受的阴阳之气已经有了区别，不过阴阳的交合却是如此吻合而无缝隙，这就叫作天命；阴气滞留阳气运动而后生成万物，万物生成生命的肌理，这就叫作形体；形体守护精神，各有轨迹与法则，这就叫作本性。善于修身养性就会返归自得，自得的程度达到完美的境界就同于太初之时。同于太初之时，心胸就会无比虚豁，心胸无比虚豁就能包容广大。混同合一之时，说起话来就跟鸟鸣一样无心于是非和爱憎。说话跟鸟一样无别，则与天地融合而共存。混同合一是那么不露踪迹，好像蒙昧又好像是昏暗，这就叫作深奥玄妙的大道，也就如同返回本真而一切归于自然。

【原文】

夫子问于老聃曰[①]：“有人治道若相放[②]，可不可[③]，然不然[④]。辩者有言曰，‘离坚白若县寓’[⑤]。若是则可谓圣人乎？”

老聃曰：“是胥易技系，劳形怵心者也[⑥]。执留之狗成思[⑦]，猿狙之便自山林来[⑧]。丘，予告若，而所不能闻与而所不能言。凡有首有趾无心无耳者众[⑨]，有形者与无形无状而皆存者尽无[⑩]。其动止也，其死生也，其废起也，此又非其所以也[⑪]。有治在人，忘乎物，忘乎天，其名为忘己，忘己之人，是之谓入于天[⑫]。”

【注释】

①夫子：这里指孔丘。②放：背逆。③可不可：前“可”字是意谓性用法；全句是说，把不能认可的看作可以认可。④然不然：前一“然”字具有意谓含义，全句意思是，把不是这样认为是这样。⑤离：分。寓：“宇”字之异体。“县寓”是说高悬于天宇，清楚醒目。⑥“是胥”二句：胥：通作“谞”，指具有一定智巧的小吏。易：改，指供职。系：系累。怵（chù）：恐惧，害怕。⑦执留：即竹鼠。“执留之狗”指善于捕捉狐狸（或竹鼠）的狗。成思：指狗受到拘系而愁思。⑧猿狙：猿猴。便：轻便快捷。⑨有首有趾：头脚俱全，指业已成形。无心无耳：指无知无闻。⑩有形者：指人体。人体是人之外形，容易有所变化，因此不能和“无形无状”的道并存。⑪非其所以：意思是不可能知其所以然，即不可能知

其原委和始末。⑫ 入：会。入于天，即融合于自然。

【译文】

孔子向老聃请教："有人研修和体验大道却好像跟大道相背逆，把不能认可的看作是可以认可的，把不正确的认为是正确的。善于辩论的人说：'离析石的质坚和色白就好像高悬于天宇那样清楚醒目。'像这样的人可以称作圣人吗？"

老聃说："这样的人就像聪明的小吏供职时为技艺所拘系、劳苦身躯、担惊受怕一样。善于捕猎的狗被人拘束，猿猴因为行动便捷而被人从山林里捕捉来。孔丘，我告诉你的，都是你没听过而又说不出的道理。凡是具体的人，无知无闻的很多，有形体的人跟没有形体、没有形状的道并存的却完全没有。或是运动或是静止，或是死亡或是生存，或是衰废或是兴盛，这六种情况全都出于自然而不可能探知其所以然。有心于治，是在于人的。忘掉外物，忘掉自然，它的名字就叫作忘掉自己。忘掉自己的人，这就可以说是与自然融为一体。"

【原文】

将闾葂见季彻曰[①]："鲁君谓葂也曰：'请受教。'辞不获命[②]，既已告矣，未知中否[③]，请尝荐之[④]。吾谓鲁君曰：'必服恭俭[⑤]，拔出公忠之属而无阿私[⑥]，民孰敢不辑[⑦]！'"季彻局局然笑曰[⑧]："若夫子之言，于帝王之德，犹螳蜋之怒臂以当车轶[⑨]，则必不胜任矣。且若是，则其自为处危[⑩]，其观台多物[⑪]，将往投迹者众。"

将闾葂覤覤然惊曰[⑫]："葂也汒若于夫子之所言矣[⑬]。虽然，愿先生之言其风也[⑭]。"

季彻曰："大圣之治天下也，摇荡民心[⑮]，使之成教易俗[⑯]，举灭其贼心而皆进其独志[⑰]，若性之自为，而民不知其所由然[⑱]。若然者，岂兄尧舜之教民[⑲]，溟涬然弟之哉[⑳]？欲同乎德而心居矣[㉑]！"

【注释】

① 将闾葂（miǎn）、季彻：均为人名。② 获命：获得允诺。③ 中（zhòng）否：行还是不行，说对了还是没说对。今天方言中还有这种表达法。④ 荐：进献。这是对对方表示尊敬，意思同于陈述、说给你听。⑤ 服：亲身实践。⑥ 拔：举荐，提拔。公忠之属：公正、忠诚之类的人。阿：偏私。⑦ 辑：和睦。⑧ 局局然：俯身而笑的样子。⑨ 轶（zhé）：通作"辙"，车轮印。"车轶"在这里代指车轮。⑩ 自为处危：让自己处于高危的境地。⑪ 观（guàn）台：宫廷前面的观楼和高台。本句断句历来颇多分歧，这里未从旧注。⑫ 覤覤然：吃惊的样子。⑬ 汒（máng）：同"茫"，"汒若"亦即茫然。⑭ 风（fán）：凡。"言其风"意思就是说个大概。⑮ 摇荡：即遥荡，放纵自由的意思。⑯ 成教易俗：即成于教易于俗，在教化方面有所成，在陋俗方面有所改。⑰ 贼心：伤害他人之心。独志：自我教化的心志。⑱ 所由然：为什么这样。⑲ 兄：这里用作动词，相当于尊崇、重视、看重的意思。⑳ 溟涬（xìng）然：元气未分时混混沌沌的样子。弟：用法跟上句之"兄"字相同，意义与"兄"相反。㉑ 居：

心思安定，不竞逐于外。

【译文】

将闾葂拜见季彻说："鲁国国君对我说：'请让我接受您的指教。'我一再推辞，可是鲁君却不答应，我已经对他说了，不知道对还是不对，请让我试着说给您听。我对鲁国国君说：'您必须躬身实行恭敬和节俭，选拔出公正、忠诚的臣子管理政务而没有偏护与私心，这样百姓谁敢不和睦！'"季彻听了后俯身大笑说："按你所说的去做，想达到帝王的德业，恐怕就像是螳螂奋起臂膀企图阻挡车轮一样，必定不能胜任。果真这样，那一定会把自己置于高危的境地，朝廷多事，众多事物必将归往，投向那里的人也必然很多。"

将闾葂吃惊地说："我对于先生的谈话实在感到茫然。不过，还是希望先生谈个大概。"

季彻说："伟大的圣人治理天下，让民心纵放自由不受拘束，使他们在教化方面各有所成，在陋习方面各有所改，完全消除伤害他人的用心而增进自我教化的思想，好像一切都是本性在驱使他们活动，而人们并不知道为什么会是这样。像这样，难道还用得着尊崇尧舜对人民的教化，低头甘心跟随他吗？圣人是要人民同于天然之德而心境安定啊！"

【原文】

子贡南游于楚，反于晋，过汉阴①，见一丈人方将为圃畦②，凿隧而入井③，抱瓮而出灌④，滑滑然用力甚多而见功寡⑤。子贡曰："有械于此，一日浸百畦⑥，用力甚寡而见功多，夫子不欲乎？"

为圃者仰而视之曰⑦："奈何？"曰："凿木为机⑧，后重前轻，挈水若抽⑨；数如泆汤⑩，其名为槔⑪。"为圃者忿然作色而笑曰⑫："吾闻之吾师，有机械者必有机事，有机事者必有机心⑬。机心存于胸中，则纯白不备⑭；纯白不备，则神生不定⑮；神生不定者，道之所不载也⑯。吾非不知，羞而不为也。"

子贡瞒然惭⑰，俯而不对。

有间，为圃者曰："子奚为者邪？"

曰："孔丘之徒也。"

为圃者曰："子非夫博学以拟圣⑱，於于以盖众⑲，独弦哀歌以卖名声于天下者乎？汝方将妄汝神气，堕汝形骸，而庶几乎⑳！汝身之不能治，而何暇治天下乎！子往矣，无乏吾事㉑！"

子贡卑陬失色㉒，顼顼然不自得㉓，行三十里而后愈㉔。

【注释】

①汉阴：汉水南岸。②丈人：老者。圃畦：菜园为圃，稻田为畦。用作动词，指在园中劳作。③"凿隧"句：开凿隧道然后进入井底。④瓮：陶罐，是汲水的工具。⑤滑（gǔ）滑然：费力的样子。见功寡：功效少。⑥浸：浇灌。⑦仰：抬头。⑧机：机械。⑨挈（qiè）：提，抽。⑩数（shuò）：快。泆（yì）汤：流淌貌。⑪槔（gāo）：桔（jié）槔，是利用杠杆原理制作

的汲水工具。⑫忿然：发怒的样子。⑬机心：投机取巧之心。⑭纯白不备：淳朴清白的品质就不完备。⑮不定：不安定。⑯载：容。⑰瞒（mén）：惭愧的样子。⑱拟圣：以圣人自诩。⑲於（wū）于：夸耀。盖众：压倒众人。⑳“堕汝”二句：堕：通“隳”，毁坏。庶几：差不多。㉑乏：废，耽误。㉒卑陬（zōu）：惭愧不安。㉓顼（xù）顼然：失态的样子。㉔愈：恢复正常。

【译文】

子贡到南方的楚国游历，返回晋国，路过汉水南岸时，见到一位老者正在园子里劳作，他凿了一条通道下到井底，抱着陶罐装水，出来浇地，非常费力却功效很低。子贡说：“有一种器械，一天可以浇一百畦地，用力少而功效大，老先生您不愿意用吗？”

灌园者抬起头看着他说：“怎么回事？”子贡说：“用木头做成器械，后面重前头轻，提水就像从井里抽水，快得就像水漫溢出来一样，这种机械叫作桔槔。”灌园者面带怒容讥笑说：“听我老师讲，有了机械就一定会有机巧之事，而有了机巧之事就一定会有机巧之心。胸中一旦有了机巧之心，淳朴清白之心就不完备；淳朴清白之心不完备，精神就无法安定；精神不安定的人，必被大道抛弃。我不是不知道，而是为用桔槔感到羞愧。”

子贡满脸羞愧，低头无语。

过了一会儿，灌园者说：“你是干什么的呀？”

子贡说：“孔子的弟子。”

灌园者说：“你不就是那个因多读了几年书就自比圣人，自吹自擂盖过众人，自弹自唱哀歌于天下，卖弄名声的人吗？你的神气就要消散，形体也要毁坏，就快完蛋了！你对自己都不善于修养调理，哪还有工夫去治理天下！你快走开吧，别耽误了我的事情。”

子贡惭愧失色，垂头丧气，走了三十里路，神色才恢复正常。

【原文】

其弟子曰：“向之人何为者邪[①]？夫子何故见之变容失色，终日不自反邪[②]？”

曰：“始吾以夫子为天下一人耳[③]，不知复有夫人也[④]。吾闻之夫子，事求可，功求成[⑤]。用力少，见功多者，圣人之道。今徒不然[⑥]。执道者德全，德全者形全，形全者神全[⑦]。神全者，圣人之道也。托生与民并行而不知其所之[⑧]，汒乎淳备哉[⑨]！功利机巧必忘夫人之心。若夫人者，非其志不之[⑩]，非其心不为。虽以天下誉之，得其所谓[⑪]，謷然不顾[⑫]；以天下非之，失其所谓，傥然不受[⑬]。天下之非誉，无益损焉，是谓全德之人哉！我之谓风波之民[⑭]。”

反于鲁，以告孔子，孔子曰：“彼假修浑沌氏之术者也[⑮]，识其一，不知其二[⑯]；治其内，而不治其外。夫明白太素[⑰]，无为复朴，体性抱神[⑱]，以游世俗之间者，汝将固惊邪？且浑沌氏之术，予与汝何足以识之哉！”

【注释】

①向：刚才。何为者：干什么的。②反：通“返”，恢复。③“始吾”句：起初我以为天下只有孔子一个圣人。④复：还。夫人：那个人（指灌园者）。⑤事求可：做事要追求合理。功求成：功业要追求成功。⑥徒：却。⑦“执道”三句：执道：掌握了天道。全：完美。形：形体。⑧托生：寄生世上。并行：并存。之：往。⑨汒（máng）：茫昧深远。⑩之：往。⑪得其所谓：合于人们的赞扬。⑫謷（áo）：自得。不顾：不理会赞扬。⑬傥（tǎng）然：无心之貌。不受：不接受。⑭风波之民：易受毁誉影响、牵动的人。⑮假修：寄托修研。浑沌氏：虚构的人名，见《应帝王》篇注。⑯识其一，不识其二：只知天道，不知其他。⑰明白太素：心地明净，至于纯素境界。⑱“无为”二句：复朴：返归自然。体性抱神：体悟真性，执守精神。

【译文】

子贡的弟子问：“刚才那个人是做什么的呀？先生为什么见过他之后神色大变，整天都缓不过劲来呢？”

子贡答道：“开始我以为天下只有孔夫子一位圣人，不知道还有像他那样的人。我听孔夫子讲，行事要追求合理，功业要追求成功，费力少而功效高的，便是圣人之道。现在才知道并非如此，坚守大道的人德行才完备，德行完备的人形体才健全，形体健全的人精神才专注完全。精神专注完全，才是圣人之道。寄生世上，与百姓并存而不知道要去哪里，茫昧深沉而至德淳备呀！功利机巧肯定不放在这种人的心上。像这种人，不是他想做的，不会去干；不合他心愿的，不会去做。即使天下人都赞扬他，哪怕赞誉合于他的德行，他也会傲然不理会；哪怕天下人都责备他，只要不合他的心意，他也一样漠然不理睬！世上的毁誉，对他毫无影响，这就是道德完善的人呀！我只不过是随波逐流之辈罢了。”

回到鲁国，子贡把这件事告诉了孔子。孔子说：“他是寄托修研浑沌氏之道的人呀。只知天道，不知其他；执守内心，不顾外物。见到那心地明净，至于纯素，淡泊无为，返朴归真，体悟真性，执守专一，而逍遥于世俗之中的人，你当然会感到惊异呀！而且，浑沌氏之道，我与你怎么能了解呢！”

【原文】

谆芒将东之大壑[①]，适遇苑风于东海之滨[②]。苑风曰：“子将奚之？”

曰：“将之大壑。”

曰：“奚为焉？”

曰：“夫大壑之为物也，注焉而不满[③]，酌焉而不竭[④]。吾将游焉。”

苑风曰：“夫子无意于横目之民乎[⑤]？愿闻圣治。”

谆芒曰：“圣治乎？官施而不失其宜，拔举而不失其能[⑥]，毕见情事而行其所为[⑦]，行言自为而天下化[⑧]，手挠顾指[⑨]，四方之民莫不俱至，此之谓圣治。”

“愿闻德人。”

曰："德人者，居无思，行无虑，不藏是非美恶。四海之内共利之之谓悦，共给之之谓安；怊乎若婴儿之失其母也[⑩]，傥乎若行而失其道也[⑪]。财用有余而不知其所自来，饮食取足而不知其所从，此谓德人之容[⑫]。"

"愿闻神人。"

曰："上神乘光，与形灭亡[⑬]，此谓照旷[⑭]。致命尽情[⑮]，天地乐而万事销亡，万物复情，此之谓混冥[⑯]。"

【注释】

①谆芒：虚构的人名。大壑：大海。②苑风：虚构的人名。③注：流入。④酌：取。竭：干涸。⑤横目之民：平民百姓。横目，人的眼睛扁平，故称。⑥拔举：选拔推举。⑦毕见：完全看清。⑧行言自为：一言一行都出乎本性。⑨手挠顾指：挥手指示，举目顾盼。⑩怊(chāo)：惆怅。⑪傥：无心。⑫容：仪表，神态。⑬与形灭亡：不见形迹。⑭照旷：照彻空旷。⑮致命尽情：达到生命的极致，穷尽本身的情怀。⑯混冥：浑然一体，混沌没有差别。

【译文】

谆芒将东游大海，在东海之滨恰巧遇上了苑风。苑风问："您要去哪里？"

谆芒回答说："要去大海。"

苑风问："做什么？"

谆芒回答："大海作为一种物象，百川灌注而不会满，终日酌取也不会干。我将要去那里游览。"

苑风说："先生难道无意关心百姓吗？希望听听您有关圣人治世的高见。"

谆芒说："圣人治世嘛，官员施政得当，选拔任用不遗漏有真才实学的人，洞察物情而按需而为。一言一行，任情而为，天下百姓自然归化。举手示意，四方百姓没有不来投奔的，这就是圣人治世。"

"希望再听听有关德人的高见。"

谆芒说："德人嘛，安居而没有思考，行动而不去谋虑，不评论是非美恶。四海之内人人都得到好处就喜悦，人人都富足就安宁。惆怅的样子像婴儿失去了母亲，茫然的样子像走路时迷失了方向。财用有余却不知道从哪里来，饮食充足也不知道从何处出。这就是德人的风采。"

"希望听听有关神人的高见。"

谆芒说："至上神人驾乘光明，不见形迹，这是照彻空旷。达到生命的极致，穷尽物情，与天地同乐而不受万事牵累，万物返璞归真，这就是混同玄冥。"

【原文】

门无鬼与赤张满稽观于武王之师[①]。赤张满稽曰："不及有虞氏乎[②]！故离此患也[③]。"门无鬼曰："天下均治而有虞氏治之邪[④]？其乱而后治之与[⑤]？"

赤张满稽曰："天下均治之为愿，而何计以有虞氏为！有虞氏之药疡也[⑥]，秃而施髢[7]，病而求医。孝子操药以修慈父[8]，其色燋然[9]，圣人羞之。

"至德之世，不尚贤[10]，不使能；上如标枝[11]，民如野鹿。端正而不知以为义，相爱而不知以为仁，实而不知以为忠[12]，当而不知以为信，蠢动而相使[13]，不以为赐。是故行而无迹，事而无传。"

【注释】

①门无鬼、赤张满稽：皆为庄子虚拟人名。武王之师：周武王伐纣之军队。②不及有虞氏：是说武王以武力相争，不及尧舜禅让的方式好。有虞氏，指舜。③离：同"罹"，遭受。④天下均治：天下完全得到治理。⑤其乱而后治之与：天下动乱才去治理呢。⑥药疡：医治头疮。疡，头疮。⑦髢（dí）：假发。⑧修：治也。⑨燋（qiǎo）然：憔悴的样子。意为忧亲之病至于憔悴，不如养亲使不病更好。⑩尚贤：崇尚贤才。⑪标枝：树梢上的细枝，比喻地位虽高却不自以为高，任其自然而已。⑫实：诚实不欺，循性而行。⑬蠢动而相使：人们按自性无目的地活动而彼此相互依存，为对方提供生存条件。蠢动，虫类的蠕动，比喻任性而动，没有意识，没有目的。

【译文】

门无鬼与赤张满稽观看武王伐纣的部队。赤张满稽说："周武王还是比不上有虞氏啊！所以天下便遭遇了这种祸患。"门无鬼说："天下太平无事有虞氏才去治理，还是天下混乱才去治理呢？"

赤张满稽说："天下太平无事是人们的心愿，又为什么还要考虑有虞氏的盛德而推举他为国君呢！有虞氏替人治疗头疮，毛发脱落而成秃子方才装上假发，正如有了疾病方才会去求医。孝子操办药物用来调治慈父的疾病，累得面容憔悴，圣人却仍以此为羞。

"盛德的时代，不崇尚贤才，不任使能人；国君居于上位如同树巅高枝无心在上而自然居于高位，百姓却像无知无识的野鹿般无所拘束；行为端正却不知道把它看作道义，相互友爱却不知道把它看作仁爱，敦厚老实却不知道把它看作忠诚，办事得当却不知道把它看作信义，无心地活动而又相互支使却不把它看作恩赐。所以行动之后不会留下痕迹，事成之后不会留传后世。"

【原文】

孝子不谀其亲[1]，忠臣不谄其君[2]，臣子之盛也[3]。亲之所言而然，所行而善，则世俗谓之不肖子[4]；君之所言而然，所行而善，则世俗谓之不肖臣。而未知此其必然邪？世俗之所谓然而然之，所谓善而善之，则不谓之道谀之人也[5]。然则俗故严于亲而尊于君邪[6]？谓己道人[7]，则勃然作色；谓己谀人，则怫然作色[8]。而终身道人也，终身谀人也，合譬饰辞聚众也[9]，是终始本末不相罪坐[10]。垂衣裳，设采色，动容貌[11]，以媚一世，而不自谓道谀；与夫人之为徒[12]，通是非，而不自谓众人[13]，愚之至也。知其愚者，非大愚也；知其惑者，非大惑也。大惑者，终身不解；大愚者，终身不灵[14]。三人行而一人惑，所适者犹可致也[15]，惑者少也；二人惑则劳而不至，惑者胜也。而今也以天下惑，予虽有祈向[16]，不可得也。不亦悲乎！

大声不入于里耳[17]，折杨、皇荂[18]，则嗑然而笑[19]。是故高言不止于众人之心[20]，至言不出[21]，俗言胜也。以二垂踵惑[22]，而所适不得矣[23]。而今也以天下惑，予虽有祈向，其庸可得邪[24]！知其不可得也而强之，又一惑也，故莫若释之而不推[25]。不推，谁其比忧[26]？厉之人夜半生其子[27]，遽取火而视之[28]，汲汲然唯恐其似己也[29]。

【注释】

① 谀（yú）：巴结、讨好。② 谄：谄媚。③ 臣子之盛：臣子中品德最高的。盛，盛德。④ 不肖子：不贤之子。对父亲的言行，不分是非善恶，一律恭维顺从，不知正理所在，故为不贤。⑤ 道谀：谄谀，谄媚逢迎之意。⑥“然则”句：这句话的意思为，“难道世俗之人一定比父亲更威严，比君主更尊贵吗。”⑦ 道人：谄媚于人。⑧ 怫（fú）然：形容生气发怒的样子。⑨ 合譬：汇集各种比喻来阐述事理，使人易于明白。饰辞：修饰润色言辞，使人相信。聚众：争取民众。⑩“是终”句：谄谀世俗，有谄人谀人之实，而无连坐谄人谀人之罪，是始终本末不一。坐，连坐治罪之意。⑪“垂衣”三句：垂衣裳，上服为衣，下服为裳。垂示上衣下裳。设采色，为服装加上色彩文饰。动容貌，变动着仪态表情。⑫ 夫人：世俗之人。徒：同类。⑬ 不自谓众人：认为自己是出众的，与世俗之人不同。⑭ 不解：不觉悟。不灵：不知晓。⑮ 适：往也。致：达到。⑯ 祈向：祈求向往。⑰ 大声：高雅之音乐。里耳：市井里巷下层人之耳。⑱ 折杨、皇荂：通俗乐曲名，在下层社会流行并受到欢迎。⑲ 嗑（hé）然：笑声。⑳ 高言：异于世俗之言。㉑ 至言：至道之言。不出：不显也。至道之言无形无名，幽深玄远，暗昧难知，故不显。㉒ 以二垂踵惑：指因疑惑而无法辨别方向，裹足不前。垂踵，裹足不前。㉓ 所适不得：所合适的、得不到的。㉔ 庸：岂，怎么。㉕ 释：放弃。推：推究。㉖ 谁其比忧：谁又与你一起忧虑呢。比，与。㉗ 厉：丑陋。㉘ 遽：急速。㉙ 汲汲然：匆忙急迫的样子。

【译文】

孝子不奉承父母，忠臣不谄媚国君，这是忠臣、孝子尽忠尽孝的极致。凡是父母所说的都加以肯定，父母所做的都加以称赞，那就是世俗之人所说的不肖之子；凡是君王所说的都加以应承，君王所做的都加以奉迎，那就是世俗之人所说的不良之臣。可是人们不了解，世俗的看法就必定是正确的吗？而世俗之人所谓正确的便把它当作是正确的，世俗人所谓好的便把它当作是好的，却不称他们是谄谀之人。然而，世俗果然比父母更可敬，比君王更可尊吗？有人说你是个谗谄的人，就勃然大怒颜容顿改，说你是个阿谀的人，也定会愤恨填胸面色剧变。可是一辈子谗谄的人，一辈子阿谀的人，又只不过是用巧妙的譬喻和华丽的辞藻博取众人的欢心，却始终认不出过错。穿上华美的衣裳，绣制斑斓的纹彩，变动着仪态表情，讨好献媚于举世之人，却不认为那就是谗谄与阿谀。他就是这一类人，跟世俗是非观念相通，却又不把自己看作是普通人，这真是愚昧到了极点。知道自己愚昧的人，并不是大愚昧；知道自己迷惑的人，并不是大迷惑。大迷惑的人，一辈子也不会醒悟；大愚昧的人，一辈子也不会明白。三个人在一起行走，其中一个人迷惑，所要去的地方还是可以到达的，因为迷惑的人毕竟要少；三个人中，要是两人迷惑就徒劳而不能到达，因为迷惑的人多。如今天下人全都迷惑，我虽然祈求导向，也不可能对众人有所帮助，这不是可悲吗！

高雅的音乐世俗人不可能欣赏，民间小曲，世俗人听了都会欣然而笑。所以高雅的谈吐不可能留在世俗人的心里，而至理名言也不能从世俗人的口中说出，因为流俗的言谈占了优势。要是两个人迷惑而弄错方向，所要去的地方便不可能到达。如今天下人都大惑不解，我虽然寻求导向，又怎么可能会到达呢！明知不可能到达却要勉强去做，这又是一大迷惑，所以不如弃置一旁不予推究。不去寻根究底，还会跟谁一道忧愁？丑陋的人半夜里生下孩子，立即拿过火来照看，惶惶然唯恐生下的孩子像自己一样丑陋。

【原文】

百年之木，破为牺尊①，青黄而文之②，其断在沟中③。比牺樽于沟中之断④，则美恶有间矣⑤，其于失性一也⑥。桀跖与曾史，行义有间矣，然其失性均也⑦。且夫失性有五：一曰五色乱目，使目不明；二曰五声乱耳，使耳不聪；三曰五臭薰鼻⑧，困惾中颡⑨；四曰五味浊口⑩，使口厉爽⑪；五曰趣舍滑心⑫，使性飞扬⑬。此五者，皆生之害也⑭。而杨墨乃始离跂自以为得⑮，非吾所谓得也。夫得者困⑯，可以为得乎？则鸠鸮之在于笼也⑰，亦可以为得矣。且夫趣舍声色以柴其内⑱，皮弁鹬冠缙笏绅修以约其外⑲，内支盈于柴栅⑳，外重纆缴㉑，睆睆然在纆缴之中而自以为得㉒，则是罪人交臂历指而虎豹在于囊槛㉓，亦可以为得矣。

【注释】

①破：剖开。牺樽：古代酒器用作祭祀。上面刻有鸟兽等图案，是祭器中最贵重的。有木制和金属制，现今保存的皆为青铜制。②文之：用花纹来修饰。③断：断木，指截下不用丢弃沟中之断木。④比：比较。⑤间：差别，指牺樽和丢弃于沟中的断木相比较，二者在美丑上是有差别的。⑥其于失性一也：牺樽与弃木在丧失木之本性上是一样的。⑦均：同也。⑧五臭：五种气味。成玄英以为指膻、薰、香、腥、腐。《礼记·月令》则指膻、焦、香、腥、朽。⑨困惾（zōng）中颡（sǎng）：意为气味上逆，由鼻孔达于额头，伤害头脑。惾，气味上逆。颡，额。⑩五味：酸、辛、甘、苦、咸。浊：污染。⑪厉爽：使口腔得病受伤而不能辨别滋味。厉，病。爽，伤。⑫趣舍滑心：因思虑得失取舍而扰乱本心。趣舍，取舍。滑，扰乱。⑬使性飞扬：使本性轻浮躁动，不得执守。⑭生：即性也。⑮离跂：跷起脚跟。比喻用力显示自己，以超出众人。⑯困：为得失取舍所困扰。⑰鸠：班鸠。鸮：属鸠类，其肉可以烤食，称“鸮炙”。⑱柴其内：得失取舍之欲像柴草一样充塞于内，以滞碍扰乱本心。⑲皮弁（biàn）：古冠名，用白鹿皮制成，为大臣上朝时佩戴。鹬（yù）冠：鹬为翠鸟，羽毛很漂亮。鹬冠指用翠鸟羽毛装饰的帽子，一般认为为术士所戴。缙（jìn）：插于带间。笏（hù）：手板。古时大臣上朝时所持，有事记在上面以备忘，用玉、象牙和木

制成。绅：大带。⑳ 支盈：支撑充满。柴栅（zhàn）：用木柴编成之篱笆。㉑ 缨：绳索。缴：缠绕。㉒ 睆（huǎn）睆然：睁大眼睛。㉓ 交臂：背缚双臂。历指：古代刑罚，把手指用木棍夹起来。囊槛：关养猛兽的笼子。

【译文】

百年的大树，被伐倒剖开后雕刻成精美的酒器，再用青、黄二色彩绘出美丽的花纹，而余下的断木则弃置在山沟里。雕刻成精美酒器的一段木料比起弃在山沟里的其余木料，当然有美和丑的差别，不过从失去了原有的本性来说却是一样的。夏桀、盗跖与曾参、史鳝，行为和道义上存在着差别，然而他们从失却人所固有的真性来看却也是一样的。大凡丧失真性有五种情况：一是五种颜色扰乱视觉，使得眼睛看不明晰；二是五种乐音扰乱听力，使得耳朵听不真切；三是五种气味薰扰嗅觉，使得鼻腔受激扰；四是五种滋味秽浊味觉，使得味觉丧失；五是取舍的欲念迷乱心神，使得心性驰竞不息、轻浮躁动。这五种情况，都是生命的祸害。可是，杨朱、墨翟竟不停地奋力追求而自以为有所得，不过这却不是我所说的优游自得。得到什么反而为其所困，也可以说是有所得吗？那么斑鸠关于笼中，也可以算是优游自得了。况且取舍于声色的欲念像柴草一样堆满内心，皮帽羽冠、朝板、宽带和长裙捆束于外，内心里充满柴草栅栏，外表上被绳索捆了一层又一层，却瞪着大眼在绳索束缚中自以为有所得，那么罪犯反绑着双手，虎豹被关在圈栅、牢笼中，也可以算是优游自得了！

天道

【题解】

本篇从天道论及人道，旨在阐述虚静无为的思想。作者认为，虚静无为是“万物之本”，人世间的帝王应效法天道，无为而治。但同时，作者又认为天道和人道都有尊卑先后，人的伦理秩序有存在的合理性。其思想前后有些矛盾。

【原文】

天道运而无所积[①]，故万物成；帝道运而无所积，故天下归[②]；圣道运而无所积，故海内服。明于天，通于圣，六通四辟于帝王之德者[③]，其自为也，昧然无不静者矣[④]。圣人之静也，非曰静也善，故静也；万物无足以铙心者[⑤]，故静也。水静则明烛须眉[⑥]，平中准[⑦]，大匠取法焉[⑧]。水静犹明，而况精神！圣人之心静乎！天地之鉴也[⑨]，万物之镜也。夫虚静恬淡寂漠无为者，天地之本，而道德之至，故帝王圣人休焉[⑩]。休则虚，虚则实，实者备矣。虚则静，静则动，动则得矣[⑪]。静则无为，无为也，则任事者责矣[⑫]。无为则俞俞[⑬]，俞俞者忧患不能处[⑭]，年寿长矣。夫虚静恬淡寂漠无为者，万物之本也。明此以南乡[⑮]，尧之为君也；明此以北面，舜之为臣也。以此处上，帝王天子之德也；以此处下，玄圣素王之道也[⑯]。以此退居而闲游，则江海山林之士服[17]；以此进为而抚世[18]，则功大名显而天下一也。静而圣，动而王[19]，无为也而尊，朴素而天下莫能与之争美。

夫明白于天地之德者，此之谓大本大宗[20]，与天和者也；所以均调天下[21]，与人和者也。与人和者，谓之人乐；与天和者，谓之天乐。

庄子曰："吾师乎[22]！吾师乎！整万物而不为义[23]，泽及万世而不为仁，长于上古而不为寿[24]，覆载天地、刻雕众形而不为巧[25]，此之为天乐。故曰：'知天乐者，其生也天行[26]，其死也物化[27]。静而与阴同德，动而与阳同波[28]。'故知天乐者，无天怨，无人非，无物累，无鬼责。故曰：'其动也天，其静也地[29]，一心定而王天下[30]。其鬼不祟[31]，其魂不疲，一心定而万物服。'言以虚静推于天地，通于万物，此之谓天乐。天乐者，圣人之心，以畜天下也[32]。"

【注释】

①积：停滞。②归：归顺。③六通：六合（上下四方）通达。四辟：春夏秋冬四季顺畅。"六通四辟"比喻全面通晓。④昧然：不知不觉的样子。⑤铙：通"挠"，干扰。⑥烛：照。⑦平中（zhòng）准：平到可以成为标准。⑧取法：仿效。⑨鉴：镜。⑩休焉：休虑息心。⑪得：得其所宜。⑫任事者：指臣子。⑬俞俞：从容自得。⑭不能处：不能入于心。⑮南乡：即南向，君主之位。乡，向。⑯玄圣素王：具有帝王之德却无帝王之位的人。⑰江海山林之士：隐居之人。⑱进为：入仕做官。抚世：安抚天下百姓。⑲"静而圣"二句：静而圣：清静则为圣人。动而王：顺天而动则是王者。⑳大本大宗：根本。㉑均调：平均协调。㉒吾师乎：庄子以天道为师，重复表示心悦诚服。㉓整（jī）：调和。"吾师乎"以下数句已见《大宗师》篇，原为许由所言，与此处"庄子曰"不同。㉔长（zhǎng）：年长。道无始无终，故比上古还要年长。㉕刻雕众形：塑造万物。㉖天行：顺乎自然而运行。㉗物化：混同万物而变化。㉘同波：合流。㉙"其动"二句：动如天一样动，静如地一样静。即动静都是自然而然的。㉚一心定：整个心思安定专一。一，全。王（wàng）：动词，为天下王。㉛祟（suì）：鬼神给人带来的祸害。㉜以：用。畜：养。

【译文】

天道运行而不停滞，所以万物得以生成；帝王之道运行而不停滞，所以天下百姓都归顺；圣人之道运行而不停滞，所以四海之内都顺服。明白自然天道，通晓圣贤之道，又对帝王之德无所不通的人，任天下人随性自为，不知不觉而处心虚静。圣人心静，不是说静好才静，而是因为万物没有能乱其心神的，所以才静。水静便能照清人的胡须眉毛，水面平得符合水平测定的标准，就为高明的木匠所效法。水静下来尚且明澈，何况是精神。圣人内心清静，可以作为天地万物的镜子。虚静、恬淡、寂寞、无为，是天地的准则和道德的极致。所以，帝王与圣人都安心于此。安心于此就虚无，虚无就充实，充实就是完备。虚无就静止，静止然后才能运动，运动就是得其所宜。静止就无为，无为则百官各负其责。无为就能从容自得，从容自得就会无忧无虑，就能长命百岁。虚静、恬淡、寂寞、无为，是万物之本。明白这个道理而南面为君的，就能成为尧一样的明君；

明白这个道理而北面为臣的，就能成为舜一样的贤臣。以此道处上位的，就是帝王天子之德；以此道处下位的，便是布衣君子之道；以此道隐居闲游，山林的隐士就无不佩服；以此道入仕为官，就能功成名就天下一统。清静的是圣人，随天而动的是帝王，无为的受人尊崇。保持淳朴的天性之美，天下就没有可以与他媲美的。

明白天地之德的，就是大根本大本原，便是与天合一。用此来平衡协调天下之事，就是与人合一。与人合一，称为人乐；与天合一，称为天乐。

庄子说："我的宗师啊！调和万物不认为是义，泽及万代不认为是仁，比上古久远不认为长寿，覆盖上天，承载大地，雕刻万物也不称为智巧，这就是天乐。所以说：'知晓天乐的人，活着的时候顺应自然而运行，死了以后转化为其他物质。静与阴同德，动与阳合流。'所以知晓天乐的人，不怨天，不尤人，不受外物牵累，不怕鬼神责罚。所以说：'动时如天运转，静时似地安然，其心安定而为天下之王。鬼神不为害，精神不疲劳。其心安定而万物归附。'说的是以虚静推及天地，通达于万物，这就是天乐。所谓天乐，就是以圣人之心来养育善待天下。"

【原文】

昔者舜问于尧曰："天王之用心何如①？"

尧曰："吾不敖无告②，不废穷民，苦死者③，嘉孺子而哀妇人④。此吾所以用心已。"

舜曰："美则美矣，而未大也⑤。"

尧曰："然则何如？"

舜曰："天德而土宁⑥，日月照而四时行，若昼夜之有经⑦，云行而雨施矣。"

尧曰："胶胶扰扰乎⑧！子，天之合也⑨；我，人之合也。"

夫天地者，古之所大也，而黄帝尧舜之所共美也。故古之王天下者，奚为哉？天地而已矣⑩。

【注释】

①天王：天子。称天王而不称帝王，表明以天道为本。②敖：同"傲"，傲慢。无告：有苦无处诉的人。③"不废"二句：废：抛弃。苦：悲悯。④嘉：亲善。孺子：小孩。哀：哀怜。⑤大：完善。⑥"天德"句：天德运行，呈现一片安宁。⑦经：常则，规律。⑧胶胶扰扰：纠缠不清。指尧听了舜的话后，感到自己的做法其实是不必要的乱忙。⑨天之合：与天道合一。⑩天地而已矣：像天地一样无为罢了。

【译文】

当初，舜问尧说："天子的用心如何？"

尧说："我不怠慢孤苦无告的人，不抛弃穷人，悲悯死者，善待孩子，哀怜妇人。这就是我的用心所在。"

舜说："好虽然好，但不完善。"

尧问："那么应该怎样呢？"

舜说："天德运行，自然呈现安宁，日月照耀，四季变换，就像昼夜交替一样有规律，云聚来就降雨一样。"

尧说："我的做法真是庸人自扰，徒增困扰呀！你是与天道合一，我只是符合人事罢了。"

天与地，自古以来博大无际，为黄帝、尧舜之君共同赞美。所以古代的君主，还要干什么呢？不过像天地一样无为罢了。

【原文】

孔子西藏书于周室①。子路谋曰②："由闻周之征藏史有老聃者③，免而归居④，夫子欲藏书，则试往因焉⑤。"

孔子曰："善。"

往见老聃，而老聃不许，于是繙十二经以说⑥。老聃中其说⑦，曰："大谩⑧，愿闻其要。"

孔子曰："要在仁义。"

老聃曰："请问，仁义，人之性邪？"

孔子曰："然。君子不仁则不成，不义则不生⑨。仁义，真人之性也，又将奚为矣⑩？"

老聃曰："请问，何谓仁义？"

孔子曰："中心物恺⑪，兼爱无私，此仁义之情也。"

老聃曰："意，几乎后言⑫！夫兼爱，不亦迂乎⑬！无私焉，乃私也⑭。夫子若欲使天下无失其牧乎⑮？则天地固有常矣，日月固有明矣，星辰固有列矣，禽兽固有群矣，树木固有立矣⑯。夫子亦放德而行⑰，循道而趋，已至矣⑱。又何偈偈乎揭仁义⑲，若击鼓而求亡子焉⑳？意，夫子乱人之性也！"

【注释】

①书：指孔子编辑整理之书。孔子何以要藏书周王室，不可确知。或以为当时列国纷争，战祸连年，周天子还保持形式上的共主地位，可避免战火波及，书藏在那里较为安全。②子路：姓仲名由，孔子弟子。③征藏史：周王室管理藏书之官。④免而归居：去职归家隐居。据载老子见周室衰微，不可匡复，便辞官而去。⑤因：依靠。依靠老聃帮助联络藏书事宜。⑥繙（fán）：演绎发挥。十二经：有三种说法：一说指《诗》《书》《礼》《乐》《易》《春秋》六种经书加上相应的六种纬书；一说指《周易》上下经和十翼，共十二篇；一说指《春秋》十二公之经。三说皆不可信。严灵峰先生以为十二应为六，此说可从。说：说服。⑦中：中间。孔子解说过程中，老子插言。⑧大谩：太冗长，太烦琐。谩，或作"曼"，长。⑨"君子"两句：离开仁义君子便不能成长，以此推断仁义为人之本性。⑩又将奚为：舍弃仁义，又将何为呢。⑪中心物恺：心地中正无偏私，与物和乐而不使毁伤。恺，和乐。⑫"意"二句：意：同"噫"，叹词。几：接近。后言：泛指与上古先圣之言相对的后代言论，也就是抛弃天道无为根本，把仁义礼法放在首位的说法。⑬迂：迂远。庄子认为，行虚静无为之道，则无有不爱，何必又说兼爱，既讲兼爱，则有兼之所不及者，因此反而更为迂远。⑭"无私"二句：私与无私的区分与对立，正是私产生的根源。讲无

私即包含有私，只有混合私与无私，抹灭二者的对立，才能达到真正的无私。⑮ 牧：养。⑯ 立：树立。树木生长之所。⑰ 放德：循性。对自性不加约束，任其自然。⑱ 已至：已达，达到向往的理想境界。⑲ 偈（jié）偈：用力的样子。揭：举，引申为提倡、倡导。⑳ 亡子：丢失的孩子。

【译文】

孔子想把书保藏到西边的周王室去。子路出主意说："我听说周王室管理文典的史官老聃，已经引退回到家乡隐居，先生想要藏书，不妨试试找他帮帮忙。"

孔子说："好。"

孔子前往拜见老聃，老聃对孔子的要求不予承诺，孔子于是翻检众多经书反复加以解释。老聃中途打断了孔子的话，说："你说得太冗繁，希望能够听到要点。"

孔子说："要旨就在于仁义。"

老聃说："请问，仁义是人的本性吗？"

孔子说："是的。君子如果不仁就不能成长，如果不义就不能立身社会。仁义的确是人的本性，离开了仁义又能干些什么呢？"

老聃说："再请问，什么叫作仁义？"

孔子说："中正不偏而且和乐外物，兼爱而且没有偏私，这就是仁义的实质。"

老聃说："噫，危险啊，你后面所说的这许多话几乎都是浮华虚伪的言辞！兼爱天下，这不是太迂腐了吗！对人无私，其实正是希望获得更多的人对自己的爱。先生你是想让天下的人都不失去养育自身的条件吗？那么，天地原本就有自己的运动规律，日月原本就存在光亮，星辰原本就有各自的序列，禽兽原本就有各自的群体，树木原本就直立于地面。先生你还是仿依自然的状态行事，顺着规律去进取，这就是极好的了。又何必如此急切地标榜仁义，这岂不就像是打着鼓去寻找迷失的孩子，鼓声越大跑得越远吗？先生扰乱了人的本性啊！"

【原文】

士成绮见老子而问曰①："吾闻夫子圣人也，吾固不辞远道而来愿见，百舍重趼而不敢息②。今吾观子，非圣人也。鼠壤有余蔬而弃妹之者③，不仁也，生熟不尽于前④，而积敛无崖⑤。"

老子漠然不应⑥。

士成绮明日复见，曰："昔者，吾有刺于子⑦，今吾心正却矣，何故也？"

老子曰："夫巧知神圣之人，吾自以为脱焉⑧。昔者子呼我牛也而谓之牛，呼我马也而谓之马。苟有其实⑨，人与之名而弗受，再受其殃。吾服也恒服⑩，吾非以服有服⑪。"

士成绮雁行避影⑫，履行遂进而问⑬："修身若何？"

老子曰："而容崖然⑭，而目冲然⑮，而颡頯然⑯，而口阚然⑰，而状义然⑱，似系马而止也⑲。动而持⑳，发也机㉑，察而审㉒，知巧而睹于泰㉓，凡以为不信㉔。边竟有人焉㉕，其名为窃。"

【注释】

①士成绮：虚构的人名。②百舍：在路途上住宿了上百次，意为走了上百日。趼（jiǎn）：通“茧”。③鼠壤：老鼠生活的地方。余蔬：吃剩的菜食。弃妹：弃之不顾，不爱物。妹，犹“昧”。④生熟：生与熟的食品。⑤无崖：无边际。⑥漠然：冷淡、毫不介意。⑦刺：讽刺。⑧脱：超脱。⑨苟有其实：如果真有那些事实。指上文士成绮所言之事。⑩服：接受。⑪“吾非”句：我并非有意做世人所为之事。⑫雁行：大雁飞行时排成“人”字斜行。与长者同行，自己跟在斜后方，以示敬重。避影：避开长者的影子，以免踏到，表示尊敬。⑬履行遂进：穿着鞋子进屋。古人进屋要脱鞋，而士成绮内心不安，忘了规矩。⑭而：你。下同。崖然：岸然，庄重。⑮冲然：目光专注。⑯颡（sǎng）：额。頯（kuí）：高宽之状。⑰阚（kàn）然：虎怒貌。⑱义（é）然：高傲。义，通“峨”。⑲“似系”句：如同马被系住而不得不停下来。⑳持：约束。㉑发也机：发动如扳机般迅疾。机，弓弩上的机关。㉒察而审：明察而精审。㉓“知巧”句：自恃智巧而外露骄矜之态。㉔凡以为不信：不能相信这些就是人的真实本性。㉕竟：同“境”。

【译文】

士成绮拜见老子，问：“我听说先生是圣人，所以我才不辞远道而来求见您，旅途百日，脚上磨出了厚茧也不敢停歇。可据我现在观察，您并不是圣人。鼠洞边有剩余的粮食，却弃之不顾，这是不仁！生熟食物堆积于前，却还聚敛不止。”

老子听了十分冷淡，没有回答。

士成绮第二天又来见老子，说：“昨天，我冒犯了您，现在我心里有所醒悟，这是什么原因呢？”

老子说：“我自以为已经从智巧神圣的这类人中超脱出来了。先前，你说我是牛就是牛，你说我是马就是马。如果确有其事，别人加上罪名而我不承认，反而会再遭祸殃，我接受别人的称号就长久接受，并非是为了接受而故意接受。”

士成绮在斜后方跟从，避开老子的影子，穿着鞋进了老子的屋里，问道：“如何修身？”

老子说：“你的表情岸然，你的目光专注，你的额头高大宽阔，你的言论专横凶暴，你的举止自命不凡，好像马被拴住而不得不停下，想动又受到约束，发动迅疾如同放箭，明察而精审，自恃智巧而外露骄矜之态，不能相信这就是人的真实本地。边境上也有这种人，名为取巧。”

【原文】

夫子曰①：“夫道，于大不终②，于小不遗③，故万物备，广广乎其无不容也④，渊渊乎其不可测也⑤。形德仁义⑥，神之末也⑦，非至人孰能定之⑧！夫至人有世⑨，不亦大乎！而不足以为之累。天下奋棅而不与之偕⑩，审乎无假而不与利迁⑪，极物之真⑫，能守其本⑬，故外天地⑭，遗万物⑮，而神未尝有所困也。通乎道，合乎德，退仁义⑯，宾礼乐⑰，至人之心有所定矣。”

【注释】

① 夫子：指老聃。② 不终：没有穷尽。③ 不遗：没有遗漏，含有“其大无外，其小无内”的极限论意义。④ 广广乎：博大空阔。⑤ 渊渊乎：幽深玄远。⑥ 形德：形体之属性功能，如耳能听、目能视、鼻能嗅等，皆是这些形体器官之德。⑦ 神之末：精神之枝节末流。⑧ 至人：与大道合一，达到精神上绝对逍遥自由的人，是庄子追求的最高理想人格。定：区分判定。指对无为道体与其外在枝节末流的区分判定，非至人则不能做到。⑨ 有世：有天下，做天下之帝王。⑩ 奋棅：争夺统治权柄。棅，同“柄”，指治国治民之权力。⑪ 审：慎。无假：不凭借。⑫ 极：穷尽。真：物之本性。⑬ 本：虚静无为之天道也。⑭ 外天地：指至人行无为之治，任天下循性自治，至人不以为意，不加干预，不为牵累，有同于无，故称外天下。⑮ 遗万物：遗忘万物的具体形象和存在，只持守其本，能如此则精神就不会受到困扰。⑯ 退：黜退。⑰ 宾：同“摈”，抛弃。

【译文】

老子说：“道，从大的方面说它没有穷尽，从小的方面说它没有遗缺，所以说具备于万物之中。广大啊，道没有什么不包容；渊深啊，道不可以探测。推行刑罚德化与仁义，这是精神的枝节末流，不是道德修养高尚的至人谁能判定它！道德修养高尚的至人一旦居于统治天下的位置，责任不是很大吗！可是这不足以成为他的拖累。天下人争相夺取权柄，但至人不会随之趋赴，他审慎地不凭借外物而又不为私利所动，深究事物的本原，持守事物的根本，所以忘乎天地、忘怀万物，而精神世界不曾有过困扰。通晓于道，融合于德，辞却仁义，摈弃礼乐，至人的内心也就安定了。”

【原文】

世之所贵道者书也[①]，书不过语，语有贵也。语之所贵者意也，意有所随[②]。意之所随者，不可以言传也，而世因贵言传书[③]。世虽贵之，我犹不足贵也，为其贵非其贵也[④]。故视而可见者，形与色也；听而可闻者，名与声也。悲夫，世人以形色名声为足以得彼之情！夫形色名声果不足以得彼之情，则知者不言，言者不知[⑤]，而世岂识之哉！

【注释】

①“世之”句：世人之所以看重道，是根据书籍。贵，看重。② 意有所随：意有所从出，有所从来之本。③ 贵言传书：看重语言，把它记录于书，传之后世。④ 贵非其贵：被珍贵的并不真正值得珍贵。庄子认为，世上所珍贵的只是记录在书上的语言，语言是表达意的，而意所出之本又不可言说。语言既不能表达意之本，也就没有什么值得珍贵处。⑤“则知者”二句：真正知晓大道的不言说，讲说大道的不是真正知晓。庄子认为，因为道超越经验和理性，不能言说，只能玄观体悟。所以用语言表述出来的，并不是真正的道，表述者也不可能知晓道。在《知北游》中，知与无为畏、狂屈、黄帝的对话，形象地说明了这个道理。

【译文】

世人所看重的道载于书，书并没有超越言语，而言语确有可贵之处。言语所看重的就在于它的意义，而意义又有它的出处。意义的出处，是不可以用言语来表达的，然而世人却因为看重言语而传之于书。世人虽然看重书，我还是认为它不值得看重，因为它所看重的并不是真正珍贵的。所以，用眼睛看而可以看见的，是形和色；用耳朵听而可以听到的，是名和声。可悲啊，世人以为从形、色、名、声上就足以获得事物的实情！假如形、色、名、声实在不足以获得事物的实质，那么知道的人不说、说的人并不知道，世人又怎么能懂得这个道理呢！

【原文】

桓公读书于堂上①，轮扁斫轮于堂下②，释椎凿而上③，问桓公曰：“敢问，公之所读者何言邪？”

公曰：“圣人之言也。”

曰：“圣人在乎？”

公曰：“已死矣。”

曰：“然则君之所读者，古人之糟魄已夫④！”

桓公曰：“寡人读书，轮人安得议乎！有说则可，无说则死⑤。”

轮扁曰：“臣也以臣之事观之。斫轮，徐则甘而不固⑥，疾则苦而不入⑦，不徐不疾，得之于手而应于心⑧，口不能言，有数存焉于其间⑨。臣不能以喻臣之子⑩，臣之子亦不能受之于臣，是以行年七十而老斫轮。古之人与其不可传也死矣⑪，然则君之所读者，古人之糟魄已夫！”

【注释】

①桓公：齐桓公，春秋五霸之一，姓姜，名小白。②轮扁：制造车轮的人。斫（zhuó）：砍削。③释：放下。椎、凿：木匠工具。④魄：同“粕”。⑤说：说法，理由。⑥徐：缓。甘：松滑。固：坚固。轮上的榫眼做得宽了就会松滑而不牢固。⑦疾：紧。苦：涩滞。榫眼紧了就会涩滞而安不进去。⑧“得之”句：成语“得心应手”的出处。⑨数：术数、技术、窍门。⑩喻：使之明了。⑪其不可传：指古人心中不可言传的奥妙。

【译文】

齐桓公在堂上读书，轮扁在堂下砍制车轮，他放下椎和凿走到堂上，问桓公道：“请问，您所读的书讲的是什么呢？”

桓公回答：“是圣人之言。”

轮扁问：“圣人还活着吗？”

桓公回答：“已经死了。”

于是轮扁说：“那么，您所读的，不过是古人的糟粕罢了！”

桓公说：“寡人读书，做轮子的人怎么能随便议论！你能说出道理来就算了，说不出来就要处死你。”

轮扁说："我从我干的活儿中观察到了这个道理。砍制轮子，榫眼砍得宽了就会松滑而安不牢固，砍得紧了就会涩滞而装不进去，不松不紧，手上顺利而能应合于心，这种奥妙虽然嘴里说不出来，却有技巧在里面。可惜我却不能使我儿子明白这奥妙，我的儿子也不能从我这里掌握这个技巧。所以，我活了七十岁，如今老了还在自己砍轮子。古人与他心中难以言传的妙理一起死了，既然这样，那么您所读的书，不过是古人的糟粕罢了！"

天运

【题解】

本篇主旨在说明天道就是自然之道，所谓"天运"，即自然的运转。作者认为天道在不停地运行和发展变化，应当顺应之。而三皇五帝和忠孝仁义都是背离天道的陈旧之说，故不可取。这种强调发展变化、反对儒家等学派中保守落后一面的观点，带有朴素辩证法的特点。

【原文】

"天其运乎？地其处乎[①]？日月其争于所乎[②]？孰主张是[③]？孰维纲是[④]？孰居无事而推行是[⑤]？意者其有机缄而不得已邪[⑥]？意者其运转而不能自止邪？云者为雨乎？雨者为云乎？孰隆施是[⑦]？孰居无事淫乐而劝是[⑧]？风起北方，一西一东，有上彷徨[⑨]，孰嘘吸是[⑩]？孰居无事而披拂是[⑪]？敢问何故？"

巫咸祒曰[⑫]："来！吾语女。天有六极五常[⑬]，帝王顺之则治，逆之则凶。九洛之事[⑭]，治成德备，监照下土[⑮]，天下戴之，此谓上皇[⑯]。"

【注释】

①"天其"二句：运：运行。处：静止。②争于所：追赶着回到各自的地方。所，处所。③主张：主宰。④维纲：维系。⑤推：推动。⑥意者：或者。机：机关。缄：闭。⑦隆：兴（云）。施：降（雨）。⑧淫乐：古代神话常把云雨现象看作是天地的交媾，故称之。劝：助长、促成。⑨有上彷徨：又上升飘忽不定。⑩嘘：吹。⑪披拂：扇动。⑫巫咸祒（shào）：虚构的人名。⑬天：兼指天地。六极：上下四方。五常：金、木、水、火、土五行。⑭九洛：相传大禹治水时，有神龟出于洛水，背上有书，载有九种治理天下的方法，此书即为《洛书》。详见《尚书·洪范》。⑮监照：由上照下。下土：天下。⑯上皇：至上之君。

【译文】

"天在运行吗？大地静止吗？日月都在争着回到各自的处所吗？谁主宰着这些？谁维系着这些？谁闲着无事推动着它们运行？或者是有机关控制而出于不得已呢？或者是它们运行起来就不能停止呢？云是雨升腾而成的呢，还是雨是云降落形成的？谁在兴云降雨？又是谁闲着无事寻欢作乐而促成这种现象？风从北方吹来，一会儿西，一会儿东，又上升回旋，是谁在呼吸？又是谁闲居无事在扇动？请问这都是什么缘故？”

巫咸祒说：“来吧，我告诉你。天地有六极、五行，帝王顺应它就天下太平，违背它就天下大乱。遵照上天昭示和治国之法行事，使天下太平而道德完备，光辉照临人间，万民拥戴，这就是所说的至高至上的君主。”

【原文】

商大宰荡问仁于庄子[①]。庄子曰：“虎狼，仁也。”

曰：“何谓也？”

庄子曰：“父子相亲，何为不仁？”

曰：“请问至仁。”

庄子曰：“至仁无亲[②]。”

大宰曰：“荡闻之，无亲则不爱，不爱则不孝。谓至仁不孝，可乎？”

庄子曰：“不然。夫至仁尚矣，孝固不足以言之。此非过孝之言也，不及孝之言也[③]。夫南行者至于郢[④]，北面而不见冥山[⑤]，是何也？则去之远也。故曰：以敬孝易，以爱孝难[⑥]；以爱孝易，以忘亲难[⑦]；忘亲易，使亲忘我难；使亲忘我易，兼忘天下难[⑧]；兼忘天下易，使天下兼忘我难[⑨]。夫德遗尧舜而不为也[⑩]，利泽施于万世，天下莫知也，岂直大息而言仁孝乎哉[⑪]！夫孝悌仁义，忠信贞廉，此皆自勉以役其德者也[⑫]，不足多也[⑬]。故曰：至贵，国爵并焉[⑭]；至富，国财并焉[⑮]；至愿[⑯]，名誉并焉。是以道不渝[⑰]。”

【注释】

①商：指宋国。周灭殷后，分封其子孙于宋，宋为殷商后裔，故亦称商。大宰：殷周时官名。“掌邦建之六典，以佐王治邦国。”（《周礼·天官》）大宰为六官中天官之长，辅佐国王治理政事之重臣。荡：大宰之名。②至仁无亲：仁为慈爱，至仁则是爱之极致，天地万物一视同仁，无往而不亲爱，无所偏私。所谓民胞物与，泛爱无私。至此境界，一切皆任性自然，无私意亲近，故称无亲。③“此非”二句：过孝：以孝为过。不及孝：孝力未达未尽之义。此句意为，至仁无亲的说法，不是把孝看成过，而是把孝看成不及，即未达未尽至仁之义。至仁无亲的境界要比孝高得多。④郢（yǐng）：古地名，在今湖北江陵北部，春秋、战国时楚国都城。⑤冥山：北海山名，或出于虚拟。⑥以敬孝易，以爱孝难：由敬而孝容易做，而由爱而孝则很难。庄子认为，敬表现于外，有形迹可循，只须按一定的规范要求去做就够了。而爱须出自内心，真心诚意，表里如一，故难。⑦以爱孝易，以忘亲难：由爱而孝，还是有意为之，忘亲而孝，则是真情的自然流露，发自本性，出自自然，不是有意而为。忘亲，对亲行孝而不知为孝，已达忘孝之名的境界。⑧“忘亲易”四句：使亲忘：使亲亦不见我之孝。兼忘天下：将忘亲推而广之，对天下行无为之治。如老子讲：“天地不仁，以万物为刍狗；圣人不仁，以百姓为刍狗。”其“不仁”就是“兼忘天下”，任天下自生自成，自足其性，实为“至仁”也。⑨使天下兼忘我：“使亲忘我”之延伸，使天下人亦

不见我之仁，我之仁无形迹，达到物我两忘，混而为一，才为至仁。⑩ 遗：遗忘。遗忘尧舜之德而不去效法推行。此为“兼忘天下”也。⑪ 岂直：何须。大息：深自叹息。大，音同“太”。⑫ 役其德：为修德而被役使。即为达到孝、悌、仁、义、贞、廉、忠、信八种德行而勉力从事，舍己效人，疲劳身心，以修八德，实则为其所役使。⑬ 多：称道，崇尚之意。⑭ 国爵：国家赐予之爵位。并，音同“屏”，除却、舍弃之意。⑮ 国财：一国之财富。⑯ 至愿：愿望得到最大满足者。⑰ 渝：变。

【译文】

宋国的大宰荡向庄子请教仁爱的问题。庄子说：“虎和狼也具有仁爱。”

大宰荡说：“怎么说呢？”

庄子说：“虎狼也能父子相互亲爱，为什么不能叫作仁呢？”

大宰荡又问：“请教什么是最高境界的仁。”

庄子说：“最高境界的仁就是没有亲。”

大宰荡说：“我听说，没有亲就不会有爱，没有爱就不会有孝。说最高境界的仁就是不孝，可以吗？”

庄子说：“不是这样。最高境界的仁实在值得推崇，孝本来就不足以说明它。你所说的并没有超过孝，而是没有达到孝的境界。向南方走的人到了楚国都城郢，往北便看不到冥山，这是为什么呢？距离冥山越发远了。所以说，用恭敬的态度来行孝容易，以爱的本心来行孝困难；用爱的本心来行孝容易，用虚静淡泊的态度对待双亲困难；虚静淡泊地对待双亲容易，使双亲也能虚静淡泊地对待自己困难；使双亲虚静淡泊地对待自己容易，能一并虚静淡泊地对待天下人困难；一并虚静淡泊地对待天下之人容易，使天下之人能一并忘却自我困难。蔑视尧舜不足以为德，利益和恩泽施给万世，天下人却没有谁知道，难道需要深深慨叹而大谈仁孝吗！孝、悌、仁、义、忠、信、贞、廉，这些都被称为美德而劳苦德行的，却是不值得推崇的。所以说，最尊贵的，一国的爵位都可以弃之不顾；最富有的，一国的资财都可以弃之不顾；最显赫的，名声和荣誉都可以弃之不顾。所以，大道是永恒不变的。”

【原文】

北门成问于黄帝曰①：“帝张《咸池》之乐于洞庭之野②，吾始闻之惧，复闻之怠③，卒闻之而惑④；荡荡默默⑤，乃不自得⑥。”

帝曰：“汝殆其然哉⑦！吾奏之以人，征之以天⑧，行之以礼义⑨，建之以太清⑩。四时迭起⑪，万物循生⑫；一盛一衰⑬，文武伦经⑭；一清一浊⑮，阴阳调和，流光其声⑯；蛰虫始作⑰，吾惊之以雷霆⑱；其卒无尾⑲，其始无首；一死一生，一偾一起⑳；所常无穷㉑，而一不可待㉒。汝故惧也。

“吾又奏之以阴阳之和，烛之以日月之明㉓；其声能短能长，能柔能刚，变化齐一，不主故常㉔；在谷满谷，在阬满阬㉕；涂郤守神，以物为量㉖。其声挥绰，其名高明㉗。是故鬼神守其幽，日月星辰行其纪㉘。吾止之于有穷㉙，流之于无止。子欲虑之而不能知也，望之而不能见也，逐之而不能及也；傥然立于四虚之道㉚，倚于槁梧而吟㉛。心穷乎所欲知，目穷乎所欲见㉜，力屈乎所欲逐㉝，吾既不及，已夫㉞！形充空虚，乃至委蛇㉟。汝委蛇，故怠。

“吾又奏之以无怠之声㊱，调之以自然之命㊲，故若混逐丛生㊳，林乐而无形㊴；布挥而不曳㊵，幽昏而无声。动于无方，居于窈冥㊶。或谓之死，或谓之生；或谓之实，或谓之荣㊷。行流散徙，不主常声㊸。世疑之，稽于圣人㊹。圣也者，达于情而遂于命也㊺。天机不张而五官皆备㊻，无言而心说㊼，此之谓天乐。故有焱氏为之颂曰㊽：‘听之不闻其声，视之不见其形，充满天地，苞裹六极㊾。’汝欲听之而无接焉㊿，而故惑也。

“乐也者，始于惧，惧故祟[51]。吾又次之以怠，怠故遁[52]；卒之于惑，惑故愚[53]；愚故道[54]，道可载而与之俱也。”

【注释】

① 北门成：人名，姓北门名成。据说为黄帝之臣。② 张：开设、演奏。《咸池》：古代乐曲，传说为黄帝所作。洞庭之野：广漠之旷野，有影射之义，不是指洞庭湖边之原野。③ 怠：心情松弛。乐曲进入第二章，声调转为和谐流畅，空旷迷离而悠远，故心情由紧张恐惧而松弛下来。④ 卒：终。古代乐曲，诗歌的最末一章称卒章，表完成之意。惑：表现一种丧失自我，离形去智的心态。⑤ 荡荡：恍惚无所倚。默默：暗昧不可言。⑥ 不自得：自我消融在音乐的意境中，不能自已。⑦ 殆其然哉：大概就是这样吧。⑧ 征：证明，验证。此句意为我用人间的形式演奏，又用天道加以验证。⑨ 行之以礼义：乐曲发展演进遵循礼义。⑩ 太清：天之清气。太清如同《齐物论》讲的“天籁”，本身是听不见的，而一切声音皆发源于它。⑪ 迭起：更迭兴起。⑫ 循生：顺应天道而生。⑬ 一盛一衰：指乐舞节奏情绪的强弱转换。⑭ 文武：文指文舞，执羽箭；武指武舞，执干戚。伦经：舞蹈队列的纵横编排。⑮ 一清一浊：指一个声调高一个声调低。清，高扬；浊，低沉。⑯ “阴阳”二句：阴阳：音分五音十二律，十二律中六为阳声，称六律；六为阴声，称六间。演奏时六律间相间即是阴阳调和。流光：形容乐声之流动明快。⑰ 蛰（zhé）虫：冬眠之虫。作：活动，复苏。⑱ 雷霆：雷声与闪电。⑲ 其卒无尾：形容雷电之起，其来也骤，其去也疾，故不知其首尾。⑳ 偾（fèn）：仆倒。由这句以“生、死、偾、起”形容乐曲通过强烈的节奏、情绪转换，给人心灵以巨大震动。㉑ 所常无穷：以变化为常理，此常理与变化一体而无穷尽。㉒ 一不可待：想一成不变则不可得。㉓ 烛：照。此段讲乐曲第二章。㉔ 不主故常：不拘守固定不变之陈规。主，守。㉕ 阬（kēng）：同“坑”。“谷”与“坑”比喻大小不等的空间。满：为乐曲所充塞也。㉖ “涂郤”二句：涂郤守神：言乐曲入耳后，能堵塞人的感官通道，使人静守心性。涂，塞。郤，同“隙”，穴窍，指人之耳目等感官。以物为量：受益多少，因人而异。㉗ “其声”二句：挥绰：指乐器声悠扬悦耳。其名高明：演唱的歌声高亢明亮。㉘ “是故”二句：幽：暗昧之所，为鬼神所处。纪：轨迹。㉙ 有穷：有停止之处。㉚ 傥然：无心

的样子。四虚之道：四面空虚，无所用力之途。㉛ 槁梧：干枯之梧树。《齐物论》："惠子之据梧"，可与此互参。㉜ 知、目：知力与目力。㉝ 屈：竭。逐：追逐。㉞已夫：停下吧，算了吧。㉟"形充"二句：形充空虚：形体为空虚充满。形体亦同于空虚，有形与无形，有身与无身也就同一了。委蛇（yí）：从容自得的样子。㊱无怠之声：乐之第二章让人心情松弛，第三章为合乐，则让人忘却自我，连松弛心情也不存在，而与天道合一，即是无怠之声。㊲调：和。自然之命：天道流行之规律。㊳混逐丛生：混然相互追逐，丛杂并生。这是用万物生态形象比喻乐曲表现的生机勃勃的意境。㊴林乐：指多种乐器之合奏。林为树木丛生，有群义。故林乐即相与群乐的意思。无形：言众声和谐，混然天成，不辨其所出。㊵布挥：声音布散振扬。不曳：不受牵制，余音悠悠不绝。㊶窈冥：幽远暗昧之境。㊷"或谓"四句：实：结果。荣：开花。生死实荣，皆是对乐曲意境的形象比喻。㊸"行流"二句：行流散徙：形容乐曲旋律节奏的演进推移和舞蹈者队列之分合进退。不主常声：不固守不变之老调。㊹稽：查证。㊺达情遂命：通达万物之情，遂顺自然之规律。㊻天机：自然蕴含之机能。不张：不动。五官：指耳、目、口、鼻、舌。中医学认为五官分属五脏，《灵枢·五阅五使》："鼻者肺之官也，目者肝之官也，口唇者脾之官也，舌者心之官也，耳者肾之官也。"㊼心说："说"同"悦"。这句是说，无法用语言表达内心的愉悦。㊽有焱氏：即神农氏。㊾ 苞裹：包括、翼括之意。"苞"同"包"。六极：上下四方之极，指无限之空间。㊿ 接：承接。至乐无声，所以用耳朵不能听到，故欲听而不能承接。(51) 祟：警戒之意。如徐锴《说文系传》："祟，神出以警人。"即此义。(52) 遁：逃避之意。(53) 惑故愚：惑为遗失自我，连同形体聪明一并丢弃，故而浑沌愚昧。(54) 愚故道：混沌愚昧则与大道合一。

【译文】

北门成向黄帝问道："您在广漠的原野上演奏《咸池》乐曲，我起初听起来感到惊惧，再听下去就逐渐松缓下来，听到最后却又感到迷惑不解，神情恍惚无知无识，竟然消融在音乐的意境中，不能自已。"

黄帝说："你恐怕会有那样的感觉吧！我以人事来弹奏，以天理来伴演，以仁义来运行，以自然元气应和。四时相继而起，万物顺序而生；忽盛忽衰，生杀循序；一清一浊，阴阳调和，声光交流；冬眠的虫豸开始活动，我用雷霆使它们惊起；乐声终结却寻不到结尾，乐声开始却寻不到源头；一会儿消逝一会儿兴起，一会儿偃息一会儿亢进；变化的方式无穷无尽，全不可以有所期待，因此你会感到惊恐不安。

"我又用阴阳的交和来演奏，用日月的光辉来烛照；声调能短能长，能柔能刚；变化有规律，却能翻陈出新；乐声盈满坑谷；制约情欲，凝守精神，循任自然。音乐悠扬，节奏明朗。因此连鬼神也能持守幽暗，日月星辰也能运行在各自的轨道上。我演奏有时而止，回声却流泛无穷。你想思考它却不能知晓，要观看它却不能看见，要追赶它却总不能赶上；只得茫然地伫立在通达四方而无涯际的大道上，依着几案吟咏。内心穷竭于所要明了的，目光困窘于一心想要见到的，力气竭尽于一心想要追求的，你早已经赶不上了我啊！形体充盈而内心空明，方才能够随应变化。你随应变化，因此惊恐不安的情绪慢慢平息下来。

“我又演奏起忘情忘我的乐声，并且用自然的节奏来加以调和，因而乐声像是混同驰逐相辅相生，犹如风吹丛林自然成乐却又无有形迹，传播和振动均无外力引曳，幽幽暗暗又好像没有了一点儿声响。乐声启奏于不可探测的地方，滞留于深远幽暗的境界。有时候可以说它消逝，有时候又可以说它兴起；有时候可以说它实在，有时候又可说它虚华。流动不定，绝不固守一调。世人往往迷惑不解，向圣人问询查考。所谓圣，就是通达事理而顺应于自然。自然的枢机没有启张而五官俱全，没有说话却心里喜悦，这就是天乐。所以有焱氏颂扬它说：‘用耳听听不到声音，用眼看看不见形迹，充满大地，包容了六极。’你想听却无法听到，所以你到最后会迷惑不解。

“这样的乐章，初听时感到惶惶不安，因为恐惧而认为是祸患。我接着又演奏了使人心境松缓的乐曲，因为松缓而渐渐消除恐惧。乐声最后在迷惑不解中终结，因为迷惑不解才会淳和无识，心灵淳和无识就接近大道。到达这种境地，就可以与大道融合相通了。”

【原文】

孔子西游于卫。颜渊问师金曰①：“以夫子之行为奚如②？”

师金曰：“惜乎，而夫子其穷哉③！”

颜渊曰：“何也？”

师金曰：“夫刍狗之未陈也④，盛以箧衍⑤，巾以文绣⑥，尸祝齐戒以将之⑦。及其已陈也，行者践其首脊，苏者取而爨之而已⑧。将复取而盛以箧衍，巾以文绣，游居寝卧其下⑨，彼不得梦，必且数眯焉⑩。今而夫子，亦取先王已陈刍狗，聚弟子游居寝卧其下。故伐树于宋⑪，削迹于卫⑫，穷于商周⑬，是非其梦邪？围于陈蔡之间，七日不火食，死生相与邻⑭，是非其眯邪？

“夫水行莫如用舟，而陆行莫如用车。以舟之可行于水也而求推之于陆，则没世不行寻常⑮。古今非水陆与？周鲁非舟车与？今蕲行周于鲁⑯，是犹推舟于陆也，劳而无功，身必有殃。彼未知夫无方之传⑰，应物而不穷者也。

“且子独不见夫桔槔者乎⑱？引之则俯，舍之则仰⑲。彼，人之所引，非引人也，故俯仰而不得罪于人。故夫三皇五帝之礼义法度⑳，不矜于同而矜于治㉑，故譬三皇五帝之礼义法度，其犹柤梨桔柚邪㉒！其味相反而皆可于口㉓。

“故礼义法度者，应时而变者也㉔。今取猿狙而衣以周公之服㉕，彼必龁啮挽裂㉖，尽去而后慊㉗。观古今之异，犹猿狙之异乎周公也。故西施病心而膑其里㉘，其里之丑人见之而美之，归亦捧心而膑其里㉙。其里之富人见之，坚闭门而不出，贫人见之，挈妻子而去走㉚。彼知膑美，而不知膑之所以美。惜乎，而夫子其穷哉！”

【注释】

①师金：鲁国太师，名金。②夫子：孔子。之行：此行。奚如：怎么样。③穷：窘困。④刍（chú）狗：用茅草扎成的狗，用以祭神。刍，草。陈：陈列，摆设。⑤盛（chéng）：

装。箧（qiè）：竹箱。衍：箱子。⑥巾：用作动词，覆盖。文绣：绣有文饰的盖巾。⑦尸祝：古代祭祀时的主持人，即巫师之类。齐戒：斋戒。齐，通“斋”。古人祭祀前必先清心寡欲，沐浴更衣，不饮酒，不吃荤，单宿。将：奉。⑧苏者：打柴草的人。爨（cuàn）：烧火做饭。⑨寝卧其下：表示敬爱不离。⑩“彼不”二句：彼：指珍重已陈刍狗者。且：将。数（shuò）：屡次。眯（mì）：梦魇。⑪伐树于宋：孔子在宋国游说时，在一棵大树下讲学。宋司马桓魋欲杀孔子，孔子逃离。桓魋将树伐倒。⑫削迹：绝迹。孔子在卫国曾被围困于匡，脱身时，被警告不许再来。⑬商：宋。⑭邻：近。⑮没世：终生。寻常：都是古代的长度单位，即八尺为寻，二寻为常。⑯蕲（qí）：希望。行周于鲁：把当初周朝的政治措施推行于今日的鲁国。⑰无方：没有定向。传：驿车。⑱桔槔：古代抽水工具，见《天地篇》注。⑲“引之”二句：引：拉。舍：放。⑳三皇五帝：是传说中远古时代的帝王。三皇，伏羲、神农、黄帝。五帝，少昊、颛顼、高辛、尧、舜。㉑矜（jīn）：看重。㉒柤（zhā）：通“楂”，即山楂，味酸。㉓可于口：合于人的口味。㉔应：顺应。㉕猿狙（jū）：猴子。衣（yì）：用作动词，穿衣。㉖龁啮（hé niè）：用牙咬。挽裂：扯破。㉗慊（qiè）：满意。㉘西施：古代美女，春秋越人。病心：心口疼。矉（pín）：同“颦”，皱眉。里：邻里。㉙捧心：按着胸口。㉚挈（qiè）：带领。妻子：妻子儿女。去：逃离。

【译文】

孔子向西到卫国游说，颜渊问师金说：“您认为先生这次出行会怎么样呢？”

师金说：“可惜呀！你的先生将陷入困境！”

颜渊问：“为什么？”

师金说：“刍狗在摆上祭台之前，用筐子装起来，再用绣巾盖好，巫师们斋戒之后才用它来奉神。等到祭祀完之后，行人踩着它的头和背，拾草的人捡走它拿去烧火做饭罢了。如果将它再取来装回筐里，用绣巾盖上，游乐居处在它的下方，这种人即使不做恶梦，也会一再被鬼神惊吓。如今你的先生也拿着先王已经用过的刍狗，聚集弟子游乐居处于其下。所以在宋国遭遇砍树的屈辱，被卫国禁止入境，受困于宋、周，这难道不是那样的恶梦吗？在陈国、蔡国被围困，七天没有吃热饭，几乎丢了性命，这难道不是被鬼神惊吓？

“走水路莫过于乘船，走陆路莫过于坐车。船能在水中前行，但是想把它推到陆上行走，那么一辈子也走不了多远。古和今不就像水和陆吗？周朝和鲁国不就像船和车吗？现在，试图把周朝的做法施行于鲁国，就像是要把船推到陆地上，劳累却没有功效，自身肯定还要遭殃。他不懂只有不拘泥于一个固定方向，才能从容应付事物的无穷变化。

“而且你难道没见过桔槔吗？拉它它就低下来，放开手它就抬上去。桔槔，是由人牵引的，而不是牵引人的，所以或俯或仰都不会得罪人。所以三皇五帝的礼义法度，不贵于古今相同而贵于能使天下太平。所以三皇五帝的礼义法度，就如同山楂、梨、桔、柚，味道虽然不同，却都很可口。

“所以礼义法度，是顺应时代的变化而变化的。如今给猴子穿上周公的礼服，它一定嘴咬手扯，全部脱光才痛快。观察古今的不同，就像猴子不同于周公一样。西施心口疼，在邻里间皱着眉头行走，邻居中一个丑女人见到后觉得很美，回去也捧着胸口对邻居皱起眉头。邻居的富人看了，紧闭屋门而不肯出来，穷人看了，带着妻子孩子远远跑开。这个丑女人只知道皱眉美，却不知道皱眉为什么美。可惜呀，你的老师将陷于困境了！”

【原文】

孔子行年五十有一而不闻道，乃南之沛见老聃①。

老聃曰："子来乎？吾闻子，北方之贤者也，子亦得道乎？"

孔子曰："未得也。"

老子曰："子恶乎求之哉②？"

曰："吾求之于度数③，五年而未得也。"

老子曰："子又恶乎求之哉？"

曰："吾求之于阴阳④，十有二年而未得。"

老子曰："然。使道而可献⑤，则人莫不献之于其君；使道而可进⑥，则人莫不进之于其亲；使道而可以告人，则人莫不告其兄弟；使道而可以与人，则人莫不与其子孙。然而不可者，无佗也⑦，中无主而不止⑧，外无正而不行⑨。由中出者，不受于外，圣人不出⑩；由外入者，无主于中，圣人不隐⑪。名，公器也，不可多取⑫。仁义，先王之蘧庐也⑬，止可以一宿而不可久处，觏而多责⑭。

"古之至人，假道于仁⑮，托宿于义⑯，以游逍遥之虚⑰，食于苟简之田⑱，立于不贷之圃⑲。逍遥，无为也；苟简，易养也⑳；不贷，无出也。古者谓是采真之游㉑。

"以富为是者㉒，不能让禄；以显为是者，不能让名；亲权者㉓，不能与人柄。操之则慄，舍之则悲㉔，而一无所鉴㉕，以窥其所不休者㉖，是天之戮民也㉗。怨、恩、取、与、谏、教、生、杀，八者㉘，正之器也，唯循大变无所湮者为能用之㉙。故曰：正者，正也㉚。其心以为不然者，天门弗开矣㉛。"

【注释】

①之：往。沛：地名，在今江苏沛县。②恶乎：于何，从哪里。③度数：制度名数。④阴阳：阴阳变化规律。为什么求于度数要五年，而求于阴阳要十二年。一般认为"五年再闰，天道大成"，以历法解说。十二年则为岁星循环一周，标志阴阳变化经历一个周期性过程，给人系统认识。或以为度数简明具体，易于研究，故五年；阴阳无形，变化莫测难于把握，故费时较多，用十二年。此说较合理。⑤献：献出、献给。⑥进：奉送之意，与献意相近。⑦佗：同"他"。⑧中：指内心。主：主见。止：留住。这句话的意思为：内心没有与道相应之主见，道就不能留下来。⑨外无正而不行：内心之道得不到外界的肯定、认同，则不能实行。正，证，印证，肯定之意。⑩圣人不出：大道不得社会认同，无法推行，故圣人不把它拿出来宣扬。⑪圣人不隐：隐，藏，接纳。这句话的意思为：外面种种说法、理论，与内心主见不合，圣人就不接纳。⑫"名"三句：名，指事物之名称，亦指一个人的名誉、声誉，此处指后义。公器，众人所用之物。意为好声誉是众人所用之物，大家争着

要，所以不可多取，多取则相争受害。⑬蘧（qú）庐：用茅草搭成的有脊无柱的茅舍，如今天山民所说的马架子。这种简陋小屋只能暂留，不宜久住。⑭觏：见。此指把仁义显示于人。多责：招致众多从仁义方面来的责备。⑮假：借。⑯托宿：寄宿、暂住。“假道”与“托宿”都是比喻之词，表示圣人不执着于仁义，只是暂且利用一下，以达到更高的目标。⑰逍遥之虚：摆脱一切限制，无待无己，绝对自由自在的无限虚空。是庄子幻想的最高境界。⑱苟简之田：马虎简略加以耕种，即可获取收成之田。⑲不贷：指不借物于人，损己益人，只求自满自足。贷，借。⑳易养：容易养活自己。㉑采真之游：采取真意以遨游，不为形迹所役使。㉒是：谓正道。《荀子·劝学》：“使目非是无欲见也。”（杨谅注）㉓权：权力，权柄。㉔“操之”二句：慄：战栗，唯恐失掉。舍：丧失。㉕一无所鉴：对上述之危害都无所鉴戒。㉖窥：借为“规”，取。不休：不止。虽富有、名高、权重，仍不满足，仍争夺不止。㉗天之戮民：指这些人为名利权势相互争夺不止，受无穷困扰摧残，这是违背自然本性的自杀，不是外加之刑戮，故称天之戮民。天，自然。㉘怨：憎恶。恩：慈爱。取：剥夺。与：赐予。谏：劝止。教：教诲。㉙大变：天道变化。湮（yān）：滞塞。㉚正者，正也：意思为，自己正，合于天道，方能正物、正人。㉛天门：心。指与天道合一，随天道运化之心。

【译文】

孔子活了五十一岁还没有领悟大道，于是往南到沛地拜见老聃。

老聃说：“你来了吗？我听说你是北方的贤者，你恐怕已经领悟了大道吧？”

孔子说：“还未能得到。”

老子说：“你是怎样寻求大道的呢？”

孔子说：“我在规范、名数方面寻求大道，用了五年的时间还未得到。”

老子说：“你又怎样寻求大道呢？”

孔子说：“我又从阴阳的变化来寻求，十二年了还是未能得到。”

老子说：“会是这样的。假使道可以用来进献，那么人臣没有谁不会向国君进献的；假使道可以用来奉送，那么人子没有谁不会向自己的双亲奉送的；假使道可以传告他人，那么人们没有谁不会告诉给兄弟；假使道可以给予人，那么人们没有谁不会给予子孙。然而不可以这样做的原因，没有别的，内心不能自持因而大道不能停留，对外不能印证则大道不能推行。从内心发出的东西，倘若不能为外者所接受，圣人也就不会有所传教；从外部进入内心的东西，倘若心中无所领悟而不能自持，圣人也就不会有所怜惜。名声，乃是人人都可使用的器物，不可过多猎取。仁义，乃是前代帝王的馆舍，可以住上一宿而不可以久居，形迹昭彰必然会生出许多责难。

“古代道德修养高的至人，假道于仁，托足于义而游乐于自由自在、无拘无束的境域，生活于粗疏简单、无奢无华的境地，立身于从不施与的园圃。自由自在、无拘无束，便是无为；粗疏简单、无奢无华，就易于生存；从不施与，就不会使自己受损，也无裨益于他人。古代称这种情况叫作神采真实的遨游。

“把贪图财富看作正道的人，不会让出利禄；把追求显赫看作正道的人，不会让出名声；迷恋权势的人，不会授人权柄。掌握了利禄、名声和权势便唯恐丧失而整日战栗不安，而放弃上述东西又会悲苦不堪，而且心中全无一点鉴识，眼睛只盯住自己无休止追逐的东西。从自然的道理来看，这样的人只能算是被刑戮的人。怨恨、恩惠、获取、施与、谏诤、教化、生存、杀戮，这八种做法全是用来端正他人的工具，只有遵循自然的变化而无所阻塞滞留的人才能够运用它。所以说，自正的人，才能正人。如果心里认为不是这样，那么心灵的门户就永远不可能打开。”

【原文】

孔子见老聃而语仁义。老聃曰：“夫播糠眯目①，则天地四方易位矣；蚊虻噆肤②，则通昔不寐矣③。夫仁义憯然乃愤吾心④，乱莫大焉。吾子使天下无失其朴⑤，吾子亦放风而动，总德而立矣⑥，又奚杰杰然揭仁义，若负建鼓而求亡子者邪⑦？夫鹄不日浴而白，乌不日黔而黑⑧。黑白之朴，不足以为辩⑨；名誉之观，不足以为广⑩。泉涸⑪，鱼相与处于陆，相呴以湿，相濡以沫⑫，不若相忘于江湖！”

孔子见老聃归，三日不谈，弟子问曰：“夫子见老聃，亦将何规哉⑬？”

孔子曰：“吾乃今于是乎见龙⑭！龙，合而成体⑮，散而成章⑯，乘云气而养乎阴阳。予口张而不能嗋⑰，予又何规老聃哉！”

子贡曰：“然则人固有尸居而龙见，渊默而雷声，发动如天地者乎⑱？赐亦可得而观乎⑲？”遂以孔子声见老聃⑳。

老聃方将倨堂而应㉑，微曰㉒：“予年运而往矣㉓，子将何以戒我乎？”

子贡曰：“夫三皇五帝之治天下不同㉔，其系声名一也㉕。而先生独以为非圣人，如何哉？”

老聃曰：“小子少进㉖！子何以谓不同？”

对曰：“尧授舜，舜授禹，禹用力而汤用兵㉗，文王顺纣而不敢逆，武王逆纣而不肯顺，故曰不同。”

老聃曰：“小子少进！余语汝三皇五帝之治天下。黄帝之治天下，使民心一㉘，民有其亲死不哭而民不非也。尧之治天下，使民心亲，民有为其亲杀其杀而民不非也㉙。舜之治天，使民心竞㉚，孕妇十月而生子，子生五月而能言，不至乎孩而始谁㉛，则人始有夭矣㉜。禹之治天下，使民心变，人有心而兵有顺㉝，杀盗非杀人㉞，自为种而天下耳㉟。是以天下大骇，儒墨皆起。其作始有伦㊱，而今乎妇女㊲，何言哉！余语汝，三皇五帝之治天下，名曰治之，而乱莫甚焉。三皇之知，上悖日月之明㊳，下睽山川之精㊴，中堕四时之施㊵，其知憯于蛎虿之尾㊶，鲜规之兽㊷，莫得安其性命之情者，而犹自以为圣人，不亦可耻乎，其无耻也？”

子贡蹴蹴然立不安㊸。

【注释】

①播：播扬。糠：谷物皮屑也。眯（mǐ）目：灰尘入眼，难以视物。②虻（méng）：似蝇

而稍大的会飞昆虫，生于野草丛中，雄的吸食植物津液，雌的刺吸人畜血液。噆（zǎn）：叮，咬。③ 通昔：整夜，通宵。昔，同“夕”，夜。④ 憯然：惨毒。“憯”同“惨”。愤：应作“愦”。⑤ 吾子：谈话时对对方的亲切称呼，相当于您、先生之类。朴：本性，本来状态。⑥“吾子”二句：放：作“仿”解，仿效之意。总德：执守自性。⑦“又奚”二句：杰杰然：用力的样子。建鼓：大鼓。⑧“夫鹄”二句：鹄：天鹅。黔（qián）：黑色，这里作动词，染黑。⑨“黑白”二句：黑白各足其性，无须辨别区分它们的美丑好坏。辩，同“辨”。⑩ 广：增大、扩充之意。⑪ 涸：干涸。⑫ 濡：沾湿。⑬ 规：劝说，规劝。⑭ 乃今：现在。于是：于此，在这里。指老子之处。⑮ 合而成体：李时珍《本草纲目》引王符言龙，“其形有九似，头似驼，角似鹿，眼似兔，耳似牛，项似蛇，腹似蜃，鳞似鲤，爪似鹰，掌似虎”。龙是古人综合多种动物特征，创造出来的一种神奇生物。合而成体或指此。⑯ 章：花纹。言龙飞腾时，身躯伸展舒散开，鳞甲闪闪发光，形成炫目的文彩。⑰ 不能嗋：形容由于过度惊诧连嘴都合不拢的神态。嗋（xuē），合拢嘴。⑱ 尸居而龙见，渊默而雷声：见《在宥》篇注。如天地：像天地那样变幻莫测。⑲ 赐：子贡姓端木，名赐。⑳“遂以”句：用孔子名声为中介，使老聃对来人身份有所了解。㉑ 倨：同“踞”，伸开腿坐着。㉒ 微：小声、轻声。㉓ 年运而往：意为年岁很高了。运，行；往，老迈。㉔ 皇：原作“王”，依《续古逸丛书》校改。㉕ 系：连系。㉖ 小子：老年人对年轻晚辈之称呼，相当于现在说的小伙子、年轻人之类。少进：稍稍往前来。㉗ 禹用力：禹带领民众治水很是辛苦劳累，故称用力。汤用兵：商汤战胜夏桀而有天下，凭借武力。㉘ 心一：心淳朴专一，无分别。把亲人与天下人同等看待。㉙ 亲：爱亲人。杀其杀：按亲疏程度依次降等。杀，降等之意。㉚ 竞：竞争。㉛ 孩：婴儿之笑声。始谁：开始辨别人与物。㉜ 夭：夭亡。㉝ 兵有顺：人有机变诈伪之心，则用武力使之顺从天理。㉞杀盗非杀人：盗贼有罪该杀，杀盗顺乎天理，与一般意义的杀人不同，故曰非杀人。㉟“自为”句：人们本来是为各自同伙谋私利，却说成是为天下人。种，指同类、同党、同伙。㊱伦：伦理。㊲妇女：像女人一样去取悦于人。㊳悖：搞乱。㊴睽（kuí）：违背。㊵堕：毁坏。㊶蛎虿（lì chài）：蝎子一类用尾部毒刺刺人的毒虫。㊷鲜规之兽：指未经驯化，保存野性之猛兽。规，规正，引申为驯化之意。㊸蹴（cù）蹴：惊恐不安的样子。

【译文】

孔子拜见老聃谈论仁义。老聃说：“播扬的糠屑进入眼睛，天地四方看来便颠倒了；蚊虻之类的小虫叮咬皮肤，就会通宵不能入睡。仁义给人的毒害就更为惨痛乃至令人昏愦糊涂，对人的祸乱没有什么比仁义更为厉害。你应该让天下人不要丧失淳厚质朴，你也可顺化而行，执德而立了，又何必那么卖力地去宣扬仁义，好像是敲着鼓去寻找迷失的孩子呢？天鹅不需要天天沐浴而毛色自然洁白，乌鸦不需要每天用黑色颜料渍染而毛色自然乌黑。乌鸦的黑和白鹤的白都是出于本然，不值得分辨谁优谁劣；名声和荣誉那样的外在东西，更不足以播散张扬。泉水干涸了，鱼儿相互依偎在陆地上，大口出气来取得一点儿湿气，靠唾沫来相互得到一点儿润湿，倒不如将过去江湖里的生活彻底忘怀！”

孔子拜见老聃回来，整整三天不讲话。弟子问道：“先生见到老聃，对他作了什么规劝吗？”

孔子说：“我直到如今才见到了真正的龙！龙，合在一起便成为一个整体，分散开来又成为华美的文采，乘驾云气而养息于阴阳之间，我大张着口久久不能合拢，我又哪能对老聃作出规劝呢！”

子贡说：“这样说，那么人难道有像尸体一样安稳不动而又像龙一样神情飞扬地显现，像疾雷一样震响而又像深渊那样沉寂，一旦发生和运动就犹如天地运动变化的情况吗？我也能见到他并亲自加以体察吗？”于是借助孔子的名义前去拜见老聃。

老聃正伸腿坐在堂上，轻声地应答说：“我年岁老迈，你将用什么来告诫我呢？”

子贡说：“远古时代三皇五帝治理天下各不相同，却都有好的名声，唯独先生您不认为他们是圣人，这是为什么呢？”

老聃说：“年轻人，你稍稍进前些！你凭什么说他们各自有所不同？”

子贡回答：“尧让位给舜，舜让位给禹，禹用力治水而汤用力征伐，文王顺从商纣不敢有所背逆，武王背逆商纣而不顺服，所以说各不相同。”

老聃说：“年轻人，你再稍微靠前些！我对你说说三皇五帝治理天下的事。黄帝治理天下，使人民心地淳厚保持本真，有人死了亲人并不哭泣，人们也不会加以非议。尧治理天下，使百姓相亲，有人为了亲近亲人亲疏有别，人们同样也不会非议。虞舜治理天下，使百姓心存竞争，怀孕的妇女十个月生下孩子，孩子生下五个月就张口学话，不等到成儿童就开始识人问事，于是开始有夭折短命的人。夏禹治理天下，使百姓心怀变诈，人人存有机变之心因而动刀动枪成了理所当然之事，认为杀死盗贼不算杀人，原来是为了同伙的私利却说是为了天下。所以天下大受惊扰，儒家、墨家都纷纷而起。他们初始时也还有伦有理，时至今日却变成这样，还有什么可言呢！我告诉你，三皇五帝治理天下，名义上叫作治理，而扰乱人性真情没有什么比他们更严重的了。三皇的心智，对上而言遮掩了日月的光明，对下而言违背了山川的精粹，就中而言毁坏了四时的运行。他们的心智比蛇蝎之尾还毒，就连小小的兽类，也不可能使本性真情获得安宁，却还自以为是圣人，不是很可耻吗，他们是这样无耻啊！”

子贡听了惊惶不定，心神不安地站着。

【原文】

孔子谓老聃曰：“丘治《诗》《书》《礼》《乐》《易》《春秋》六经，自以为久矣，孰知其故矣[①]；以奸者七十二君[②]，论先王之道而明周召之迹[③]，一君无所钩用[④]。甚矣夫！人之难说也[⑤]！道之难明邪？”

老子曰：“幸矣子之不遇治世之君也！夫《六经》，先王之陈迹也，岂其所以迹哉[⑥]！今子之所言，犹迹也。夫迹，履之所出，而迹岂履哉？夫白鶂之相视[⑦]，眸子不运而风化[⑧]；虫，雄鸣于上风[⑨]，雌应于下风而风化；类自为雌雄[⑩]，故风化。性不可易，命不可变，时不可止，道不可壅。苟得于道，无自而不可；失焉者[11]，无自而可。”

孔子不出三月，复见曰：“丘得之矣。乌鹊孺[12]，鱼傅沫[13]，细要者化[14]，有弟而兄啼[15]。久矣夫丘不与化为人[16]！不与化为人，安能化人[17]！”

老子曰：“可。丘得之矣！”

【注释】

①孰：同“熟”，熟知，熟悉。故：故事。②奸：假借为“干”。干为干谒、因有所求而请见之意。七十二君：泛言孔子干谒诸侯之多。③周召之迹：周为周公旦，召为召公奭，都是周文王之子、武王之弟，因辅佐武王、成王建功立业而负盛名。“周召之迹”即指他们的功业治绩。④钩用：引用、取用之意。⑤说：说服。⑥所以迹：决定治绩的背后原因，指道。⑦白鶂（yì）：一种水鸟。⑧“眸子”句：动物之雌雄凭借相互注视或鸣叫，不须交配而受孕生子。这是古人的误解。眸子，瞳孔。运，动。风化，相待风气而化生。⑨上风：与下风相对，指风流动方向之上方。⑩类：同类。同类动物之雌雄才能相互感应而风化，不同类则不可。⑪焉：代指道。⑫乌：乌鸦。鹊：喜鹊。孺：孵化而生子。⑬傅：付出。鱼付出口沫而受孕。鱼为体外受精，雌鱼产卵，雄鱼追随其后，把精子排在上面，古人误以为是付出口沫以相交配。⑭要：同“腰”。细腰即细腰蜂，为土蜂之一种，又称果裸。在其制成蜂巢后，将卵产在里面，然后叼来青虫，麻醉后封在蜂巢里，待蜂卵孵成幼虫，即以青虫为食物，食尽青虫后破巢而出。古人误以为是青虫所化，细腰蜂不会生子，以青虫育成己子。《诗经·小雅》有：“螟蛉有子，果蠃负之”，即讲此意，实为误解。⑮有弟而兄啼：有了弟弟，哥哥怕失去父母之爱而啼哭。⑯不与化：不能与变化相一致。⑰安：何。

【译文】

孔子对老聃说：“我研修《诗》《书》《礼》《乐》《易》《春秋》六部经书，自认为很久很久了，熟悉了旧时的各种典章制度，以此求见七十二个国君，论述先王（治世）的方略和彰明周公、召公的政绩，可是一个国君也没有取用我的主张。实在难啊！是人难以规劝，还是大道难以彰明呢？”

老子说：“幸运啊，你不曾遇到过治世的国君！六经，乃是先王留下的陈旧遗迹，哪里是先王遗迹的本原呢！如今你所谈论的东西，就好像是足迹。足迹是鞋踩出来的，然而足迹难道就是鞋吗！白鶂相互而视，眼珠子一动也不动便相诱而孕；虫，雄的在上方鸣叫，雌的在下方相应而诱发生子；同类生物，雌雄相吸，不待交合而生子。本性不可改变，天命不可变更，时光不会停留，大道不会壅塞。假如真正得道，无论去到哪里都不会受到阻遏；而失道的人，无论去到哪里都行不通。”

孔子三月闭门不出，再次见老聃说：“我终于懂得了。乌鸦喜鹊在巢里交尾孵化，鱼儿借助水里的泡沫生育，蜜蜂自化而生，生下弟弟，哥哥就常常啼哭。很长时间了，我没有能跟万物的自然变化相识为友，不能跟自然的变化相识为友，又怎么能教化他人！”

老子听了后说：“好。孔丘得道了！”

刻意

【题解】

本篇的主旨论养神，所谓“刻意”，即雕砺心志之意。作者对世间游学、为官等人格形态进行了尖锐批评，指出理想的圣人之德是“淡然无极而众美从之”，只有保持心性的纯朴，才可以达到真人的精神境界。

【原文】

刻意尚行①，离世异俗②，高论怨诽③，为亢而已矣④。此山谷之士，非世之人⑤，枯槁赴渊者之所好也⑥。语仁义忠信，恭俭推让为修而已矣⑦。此平世之士，教诲之人⑧，游居学者之所好也⑨。语大功，立大名，礼君臣，正上下，为治而已矣。此朝廷之士，尊主强国之人⑩，致功并兼者之所好也⑪。就薮泽⑫，处闲旷⑬，钓鱼闲处，无为而已矣。此江海之士，避世之人，闲暇者之所好也。吹呴呼吸⑭，吐故纳新，熊经鸟申⑮，为寿而已矣。此道引之士⑯，养形之人，彭祖寿考者之所好也⑰。

若夫不刻意而高，无仁义而修，无功名而治，无江海而闲，不道引而寿，无不忘也⑱，无不有也⑲，澹然无极而众美从之⑳。此天地之道，圣人之德也。

【注释】

① 刻意：雕砺心志。尚行：使行为高尚。② 离世异俗：与世俗相离相异，与众不同。③ 怨诽：怨愤讥刺世之无道。④ 亢（kàng）：高。⑤“此山谷”二句：山谷之士：隐居深山穷谷之隐士。非世：以世道为非。⑥ 枯槁：身体被烧成焦枯状。如鲍焦、介之推等人，为坚持一己之见，自命清高，隐居不出而被烧死。赴渊：投水而死。如申徒狄，务光、卞随等，有关他们的记载，可参阅《让王》《盗跖》等篇。⑦ 修：修身。⑧“此平”二句：平世之士：与世道相安并处之人。教诲之人：专门以讲学著述为业之人。⑨ 游居学者：有到处游说，有定居讲学之人。如孔子、子夏等。⑩ 尊主强国：使君主尊显，使国家强大。⑪ 致功并兼者：建立功业兼并他国之人。⑫ 就薮（sǒu）泽：到湖泊沼泽之地去。⑬ 处闲旷：居住在空旷无人之处。⑭ 吹呴（xǔ）：皆指吐气，深者为呴，浅者为吹，为练功调息呼吸的方法。⑮ 熊经：经为悬吊起来，此指熊攀到树上，使身体悬空。鸟申：“申”同“伸”，伸展之意，鸟飞行时身体伸展。此处指古人模仿动物编出的练功套路，如华陀之五禽戏之类。⑯ 道引：“道”同“导”，为舒通气血，柔和肢体的系统功法。原为古代强身祛病的养生之术，后为中医、气功所广泛应用，对增进人的健康很有价值。⑰ 彭祖：见《逍遥游》注。寿考：长寿之意。考，老。⑱ 无不忘：一切无心，不有意追求。即忘记前面所说的刻意尚行，修仁义，求功名，隐江海，习导引等。⑲ 无不有：无心于上述五者，反而得五者之全，无一不有。⑳ 澹（dàn）然：淡

漠无心，不在意。

【译文】

磨砺心志崇尚修养，超脱尘世不同流俗，谈吐不凡，抱怨怀才不遇而讥评世事无道，算是孤高卓群罢了，这样做乃是避居山谷的隐士，是愤世嫉俗的人，正是那些洁身自好、宁可以身殉志的人所一心追求的。宣扬仁爱、道义、忠贞、信实和恭敬、节俭、辞让、谦逊，算是注重修身罢了。这样做乃是意欲平定治理天下的人，是对人施以教化的人，正是那些游说各国而后退居讲学的人所一心追求的。宣扬大功，树立大名，用礼仪来划分君臣的秩序，并以此端正和维护上下各别的地位，算是投身治理天下罢了，这样做乃是身居朝廷的人，尊崇国君强大国家的人，正是那些醉心于建立功业、开拓疆土的人所一心追求的。走向山林湖泽，处身闲暇旷达，垂钩钓鱼来消遣时光，算是无为自在罢了，这样做乃是闲游江湖的人，是逃避世事的人，正是那些闲暇无事的人所一心追求的。嘘唏呼吸，吐却胸中浊气吸纳清新空气，像黑熊攀缘引体，像鸟儿展翅飞翔，算是善于延年益寿罢了，这样做乃是舒活经络气血的人，善于养身的人，正是像彭祖那样寿延长久的人所一心追求的。

若不需磨砺心志而自然高洁，不需倡导仁义而自然修身，不需追求功名而天下自然得到治理，不需避居江湖而心境自然闲暇，不需舒活经络气血而自然寿延长久，没有什么不忘于身外，而又没有什么不据于自身，宁寂淡然而且心智从不滞留一方，而世上一切美好的东西都汇聚在他的周围。这才是像天地一样的永恒之道，这才是圣人无为的无尚之德。

【原文】

故曰，夫恬惔寂漠，虚无无为，此天地之本而道德之质也①。故圣人休焉②，休则平易矣，平易则恬惔矣。平易恬惔，则忧患不能入，邪气不能袭，故其德全而神不亏。

故曰：圣人之生也天行③，其死也物化④；静而与阴同德，动而与阳同波⑤；不为福先，不为祸始；感而后应⑥，迫而后动，不得已而后起。去知与故⑦，循天之理。故曰无天灾，无物累，无人非，无鬼责。不思虑，不豫谋⑧。光矣而不耀，信矣而不期⑨。其寝不梦，其觉无忧。其生若浮，其死若休⑩。其神纯粹，其魂不罢⑪。虚无恬惔，乃合天德。

故曰，悲乐者，德之邪⑫；喜怒者，道之过⑬；好恶者，心之失。故心不忧乐，德之至也；一而不变⑭，静之至也；无所于忤⑮，虚之至也；不与物交，惔之至也⑯；无所于逆，粹之至也⑰。

故曰，形劳而不休则弊，精用而不已则竭⑱。水之性，不杂则清，莫动则平；郁闭而不流⑲，亦不能清，天德之象也⑳。故曰，纯粹而不杂，静一而不变，惔而无为，动而天行，此养神之道也。

【注释】

①本：准则。质：本质。②休焉：宽容的样子。③天行：天道的运行，自然发展。④物化：

像万物一样变化。⑤同波：合流。⑥感：感发。⑦去：抛弃。知：智巧。故：巧诈，世故。⑧豫谋：事先谋划。⑨期：约定。⑩“其生”二句：浮：泡沫。休：休息。⑪罢：通“疲”。⑫邪：邪僻。⑬过：过错。⑭一：纯一之道。⑮忤（wǔ）：抵触。⑯惔：淡漠。⑰粹：纯粹。⑱“形劳”二句：形：形体。弊：困乏。精：精力。⑲郁闭：积滞闭塞。⑳象：反映。

【译文】

所以说，恬淡寂漠，虚无无为，这是天地的准则和道德的本质。所以说，圣人总是停留在这一境域中，停留在这一境域就安然无难，安然无难就会恬淡。安然恬淡，那么忧患就无法侵入，邪气就无法侵袭，所以就能道德完善而精神充沛。

所以说，圣人活着就顺应自然而行，死去便像万物一样幻化而去。他静时与阴气一样宁寂，动时与阳气一同波动。不会成为幸福的先兆，也不会成为灾祸的开始，有所感发才有所应和，受到逼迫才有所行动，不得已才兴起。抛弃智巧和世故，遵循天理。所以没有天灾，不受外物牵累，无人非议，没有鬼神谴责。活着时就像浮萍，死了的时候像在休息。不思考，不谋划。光亮但不耀眼，信实却不期求。熟睡无梦，醒来无忧，精神纯粹，魂魄不劳。虚无恬淡，才合乎自然本性。

所以说，悲伤与欢乐，是德的邪僻；欢喜与愤怒，是道的过错；喜好和厌恶，是心的过失。因而，心中不存忧乐，是德的最高境界；持守纯一不变，是静的最高境界；不与外物相抵触，是虚的最高境界；不跟外物交接，是淡的最高境界；不与外物相违逆，是粹的最高境界。

所以说，形体劳而不止则疲惫不堪，精神使用过度就会心劳神倦。水的本性，没有杂物就清澈，不动则平静；但是郁塞而不流通，也不会清澈，这是自然本质的反映。所以说，纯粹而不驳杂，虚静专一而不改变，恬淡无为，行动顺应自然，这是养神之道。

【原文】

夫有干越之剑者①，柙而藏之②，不敢轻用也，宝之至也。精神四达并流③，无所不极，上际于天，下蟠于地④，化育万物，不可为象，其名为同帝⑤。

纯素之道，唯神是守⑥；守而勿失，与神为一；一之精通，合于天伦⑦。野语有之曰⑧：“众人重利，廉士重名，贤人尚志，圣人贵精⑨。”故素也者，谓其无所与杂也；纯也者，谓其不亏其神也。能体纯素，谓之真人⑩。

【注释】

①干越：干为吴国，越即越国，为春秋时东南方两个强国。因以铸剑闻名于世，故其剑为人所珍视。②柙（xiá）：盛物的匣子。③四达并流：形容精神四面八方通达并流而无滞碍。④“无所”三句：极，极点、尽头。际，交会，会合。蟠（pán），遍及。⑤同帝：同于天帝。⑥“纯素”二句：庄子认为，要执守这纯一之道，唯在持守精神，使精神专一，不为外物牵流，本性之道也就得以持守了。纯素，与纯粹义近，只是更强调素质、本性之纯一不杂。⑦天伦：自然之理。⑧野语：谚语。⑨精：精神。⑩“能体”二句：体纯素：以纯素为体。

真人：得道者，与至人、神人相近。《大宗师》篇对真人有较详细描述，可参看。

【译文】

今有吴越地方出产的宝剑，用匣子秘藏起来，不敢轻意使用，因为是最为珍贵的。精神可以通达四方，没有什么地方不可到达，上接近苍天，下遍及大地，化育万物，却又不可能捕捉到它的踪迹，它的功用如同天帝。

纯粹素朴的道，就是持守精神；持守精神而不失却本真，就跟精神融合为一；浑一就使精智畅通无碍，也就合于自然之理。俗语有这样的说法："普通人看重利益，廉洁的人看重名声，贤能的人崇尚志向，圣哲的人重视素朴的精神。"所以，素就是说没有什么与它混杂，纯就是说自然赋予的东西没有亏损。能够体察纯和素，就可叫他"真人"。

缮性

【题解】

本篇主旨论修心养性，所谓"缮性"，即修心养性之意。作者认为，社会发展之后，道德日益沦丧，所以要进行道德上的修养。人要"以恬养知"，即以内心的恬静来涵养生命的智慧，而不要步俗学之后，"丧己于物"。

【原文】

缮性于俗学①，以求复其初；滑欲于俗思②，以求致其明；谓之蔽蒙之民③。

古之治道者，以恬养知④；知生而无以知为也⑤，谓之以知养恬。知与恬交相养，而和理出其性⑥。"夫德，和也；道，理也。德无不容⑦，仁也；道无不理，义也；义明而物亲⑧，忠也；中纯实而反乎情⑨，乐也；信行容体而顺乎文⑩，礼也。礼乐偏行，则天下乱矣。"彼正而蒙己德⑪，德则不冒⑫，冒则物必失其性也。

【注释】

①缮（shàn）性：修治本性。俗学：指当时流行的儒学、法家等。②滑（gǔ）：借为"汩"，治理。欲：情。俗思：追求名利等世俗观念。③蔽蒙：即"蒙蔽"，被百家学说与世俗观念所蒙蔽。④恬：恬淡。养知：保养。知，通"智"。⑤无以知为：无须凭智慧行事。⑥和理：道理。见下两句。⑦容：包容。"夫德……则天下乱矣"一段与庄子思想相违，似可删，今略加注释，不译，备考。⑧义明：义理明白。物亲：与物相亲。⑨中：心中。纯实：朴实。反乎情：仁义发乎中而与外物和应，再返回自身。⑩信行：以信为行。容体：以宽容为体。⑪彼：他人。蒙：蒙盖。⑫冒：外露。

【译文】

用世俗之学修治性情，以复归本性；靠世俗之念规范欲望，以明达事理，这真是蒙昧之民。

古时修道的人，是用恬淡涵养智慧；虽有大智却不凭智慧行事，这就叫以智慧涵养恬淡。智慧与恬淡相互调治，就可形成中和顺理之性。各人能自我端正又能收敛自己的德行，德行就不会外露，德行外露，那么就必然会失去其本性。

【原文】

古之人，在混芒之中①，与一世而得澹漠焉②。当是时也，阴阳和静，鬼神不扰，四时得节③，万物不伤，群生不夭④，人虽有知，无所用之，此之谓至一⑤。当是时也，莫之为而常自然⑥。

逮德下衰⑦，及燧人伏羲始为天下⑧，是故顺而不一。德又下衰，及神农黄帝始为天下，是故安而不顺。德又下衰，及唐虞始为天下，兴治化之流⑨，澆淳散朴⑩，离道以为，险德以行⑪，然后去性而从于心⑫。心与心识知⑬，而不足以定天下，然后附之以文，益之以博⑭。文灭质，博溺心，然后民始惑乱，无以反其性情而复其初。

由是观之，世丧道矣⑮，道丧世矣。世与道交相丧也，道之人何由兴乎世⑯，世亦何由兴乎道哉！道无以兴乎世，世无以兴乎道，虽圣人不在山林之中，其德隐矣。

隐，故不自隐⑰。古之所谓隐士者，非伏身而弗见也⑱，非闭其言而不出也，非藏其知而不发也，时命大谬也⑲。当时命而大行乎天下⑳，则反一无迹㉑；不当时命而大穷乎天下㉒，则深根宁极而待㉓。此存身之道也。

【注释】

①混芒：混沌茫昧。②与：相处。得：能。澹漠：淡漠，指恬淡无为，互不交往。③得节：气候变化与节令相适应。得，亦作“应”。④夭：夭折。⑤至一：最纯粹的状态。⑥莫之为：无为。常自然：常合乎自然。⑦逮：及。⑧燧人：燧人氏，相传为远古部落领袖，发明钻木取火。伏羲：伏羲氏，传说中是晚于燧人氏的部落领袖，画八卦，织鱼网，驯野兽。⑨兴：开始。治化：治理，教化。⑩澆（xiāo）：扰乱。⑪险：通“俭”，缺乏。⑫去性：舍弃天性。从于心：从于各自的心智。⑬“心与”句：彼此以私心互相窥测。⑭“然后”二句：附，加。文，粉饰。益，增加。博，广征博引。⑮丧：丧失。⑯道之人：明道之人。何由：何以，凭什么。兴：复兴。⑰“隐故”句：圣人之隐，不是将自己隐藏起来。⑱伏：隐藏。弗：不。见：通“现”。⑲时命：世运。谬：背离天道。⑳当：合。大行：天道盛行。㉑反一无迹：返归于至一之道，而不留痕迹。㉒穷：困顿。㉓深根：使根深长。宁：不动。极：本。

【译文】

古代的人，处于混沌茫昧之中，与世相处而能淡漠无为。那时，阴阳调和宁静，鬼神不搅扰生活，气候变化与季节相应，万物不受伤害，生命不会夭折，人虽有智慧，却无处可用，这就是最纯粹的时代。那时，人们无所作为而一切都合于自然。

及至道德衰落，到燧人氏、伏羲氏时就开始治理天下了，所以只能顺从人心而不能与天道合一了。德行又衰落，到神农氏、黄帝开始治理天下时，只能安定天下而不能顺从民心了。德行更衰落，到唐尧、虞舜来治理天下时，开始兴起教化之风，扰乱、破坏了淳朴之心，背离道而作为，危害德而行事，这样一来，舍弃了天性而听从心智。彼此以私心窥测对方，然而仍然无法安定天下，只好用文采来粉饰，以广博来增益。文采破坏质朴，博学沉溺心灵，从此以后，人们开始迷惑动乱，而无法返回本性，恢复自然的本初了。

由此来看，世运丧失了大道，大道也就丧失了世运。两者相互丧失，明道之人还凭什么复兴世运呢，世运又如何复兴大道呢！道无法复兴世运，世运也无法复兴道，圣人虽然不退居山林之中，他们的道德也自行隐匿了。

这种隐匿，本不是有意的。古代所谓的隐士，不是藏起来不见人，不是闭口不说话，不是隐其智慧而不外露，而是世运与天道大相背离呀。当世运与天道合一而盛行时，圣人当然返归于至一之道而了无痕迹；当世运不济而天下困顿时，圣人就会保持宁静至极之性来等待时机。这就是保全自身的方法。

【原文】

古之存身者①，不以辩饰知，不以知穷天下，不以知穷德②，危然处其所而反其性已③，又何为哉！道固不小行，德固不小识④。小识伤德，小行伤道。故曰，正己而已矣⑤。乐全之谓得志⑥。

古之所谓得志者，非轩冕之谓也⑦，谓其无以益其乐而已矣⑧。今之所谓得志者，轩冕之谓也。轩冕在身，非性命也，物之傥来⑨，寄者也⑩。寄之，其来不可圉，其去不可止⑪。故不为轩冕肆志，不为穷约趋俗⑫，其乐彼与此同⑬，故无忧而已矣。今寄去则不乐⑭，由是观之，虽乐，未尝不荒也⑮。故曰，丧己于物⑯，失性于俗者⑰，谓之倒置之民⑱。

【注释】

① 存身：保全自己。② 穷德：使心性困惑。穷，困顿。③ 危然：独立貌。处其所：处在应处的地位。反：通“返”。④“道固”二句：固：本来。小行：与道违背的行为。小识：与道违背的见识。⑤ 正己：培养自己以合于道。⑥ 乐全：忘哀忘乐，保全本真之性。⑦ 轩冕：士大夫所乘之车、所戴之冠，借指地位高贵之人。⑧ 益：增加。⑨ 傥（tǎng）：偶然。⑩ 寄者：暂时寄存之物。⑪ 止：留。⑫“故不”二句：肆志：放纵心志。穷约：穷困。趋俗：随波逐流，趋炎附势。⑬ 彼：轩冕。此：穷约。⑭ 寄：指轩冕之类。去：失去。⑮ 荒：通“慌”，迷乱。⑯ 丧己于物：为追求外物，而丧失自我。⑰ 失性于俗：为附和世俗而丧失本性。⑱ 倒置：本末倒置。

【译文】

古代善于保全自身的人，不用辩解来文饰智慧，不用智巧使天下人困窘，也不用心智困扰心性。独立自处而返归自然的本性，又何必要有所作为呢！道不是世俗之行，德不是世俗之见。世俗之见危害德，世俗之行危害道。所以说，端正自身就可以了。保全内在纯朴的心性就是得志。

古时所说的得志，不是指获得高官厚禄，而是指得到无以复加的快乐而已。现在所说的得志，就是指得到高官厚禄。高位在身，不是与生俱来的，而是偶然得到的外物，暂寄于此的。暂时得来的东西，来时无法阻挡，离时不可挽留。因而，能够不为高位而放纵心志，不为穷困而趋炎附势，富也好穷也罢，其间快意相同，自然也就无忧无虑了。现在暂寄的东西一旦失去就闷闷不乐。这样看来，虽然看上去很快乐，但内心未尝不是心慌意乱的。所以说，因追求外物而丧失自我，为附和世俗而丧失本性的，就叫作本末倒置的人。

秋水

【题解】

本篇与《逍遥游》的意旨有一致处，认为人应听命于自然，认识宇宙的宏大和无限，认识一切事物的贵贱、是非的相对性，由此获得自由。其思想基调仍是消极无为的哲学，但其中“物无贵贱”“道无终始”以及物质世界在时空上有相对性、多样性的观点，多少具有一些朴素的辩证法色彩。

【原文】

秋水时至，百川灌河①，泾流之大②，两涘渚崖之间③，不辨牛马。于是焉河伯欣然自喜④，以天下之美为尽在己。顺流而东行，至于北海⑤，东面而视，不见水端，于是焉河伯始旋其面目⑥，望洋向若而叹曰⑦：“野语有之曰⑧‘闻道百，以为莫己若者⑨’，我之谓也。且夫我尝闻少仲尼之闻而轻伯夷之义者⑩，始吾弗信；今我睹子之难穷也，吾非至于子之门，则殆矣⑪，吾长见笑于大方之家⑫。”

北海若曰：“井蛙不可以语于海者，拘于虚也⑬；夏虫不可以语于冰者，笃于时也⑭；曲士不可以语于道者⑮，束于教也。今尔出于崖涘，观于大海，乃知尔丑⑯，尔将可与语大理矣⑰。天下之水，莫大于海，万川归之，不知何时止而不盈⑱；尾闾泄之⑲，不知何时已而不虚；春秋不变，水旱不知⑳。此其过江河之流，不可为量数㉑。而吾未尝以此自多者，自以比形于天地而受气于阴阳㉒，吾在天地之间，犹小石小木之在大山也，方存乎见少㉓，又奚以自多㉔？计四海之在天地之间也，不似礨空之在大泽乎㉕？计中国之在海内，不似稊米之在大仓乎㉖？号物之数谓之万㉗，人处一焉；人卒九州㉘，谷食之所生，舟车之所通，人处一焉㉙；此其比万物也，不似豪末之在于马体乎㉚？五帝之所连㉛，三王之所争㉜，仁人之所忧，任士之所劳㉝，尽此矣。伯夷辞之以为名㉞，仲尼语之以为博㉟，此其自多也，不似尔向之自多于水乎㊱？”

【注释】

①百川：许多河流。灌：注入。河：黄河。②泾（jīng）流：水流。③涘（sì）：水边，岸边。渚（zhǔ）：水中的小块陆地。崖：岸。④河伯：黄河水神。⑤北海：此处指黄河注入的渤海。⑥旋其面目：改变欣然自喜的面目。旋，改变。⑦若：海神。⑧野语：俗语。⑨莫己若：莫若己，没有比得上自己的。⑩尝闻：曾经听说。少：贬低。仲尼：孔子字仲

尼，以博学多识著称于世。轻：轻视。伯夷：殷末孤竹君的长子，曾劝阻武王伐纣。后避居首阳山，不食周粟而死。⑪ 殆：危险。⑫ 长：永远。见：被。大方之家：修养极高的得道之人。⑬ 拘：局限。虚：同“墟”，指井蛙生活的地方。⑭ 笃（dǔ）：限制。时：季节。⑮ 曲士：乡曲之士，即《天下》篇所云“一曲之士”，见识短浅的人。⑯ 丑：鄙陋。⑰ 大理：大道。⑱ 盈：满。⑲ 尾闾：传说中泄海水的地方。⑳ 不知：没有感觉。㉑ 为量数：进行估量和计算。㉒ 比形：寄形。受气：禀受。㉓ 方：正。存：看到。见（xiàn）少：显得太少。㉔ 奚以自多：哪里会自认为多呢。㉕ 礨（lěi）空：石块上的小孔。大泽：大湖。㉖ 稊（tí）米：像稗籽一样的小米。大仓：储粮的大仓库。㉗ 号：称。㉘ 人卒：人众。㉙ 人处一焉：此以个人对众人而言；上文“人处一焉”，以人类对万物而言。㉚ 豪末：毛发之端。豪，通“毫”。㉛ 连：续，继承。㉜ 争：武力相争。㉝ 任士：以天下为己任的人。㉞辞：辞让。指不当孤竹国之君。㉟以为博：以显示学识渊博。㊱向：从前。

【译文】

秋汛按时而至，千百条河流注入黄河，水面之宽阔，两岸和洲渚之间放眼望去，看不清对岸的牛马。于是，河伯沾沾自喜，以为天下的壮美之景都在自己这儿了。河伯顺流东下，到了渤海，往东望去，看不见水的边际。于是，河伯才改变了沾沾自喜的表情，望着汪洋大海对海神若感叹说：“俗话说‘听到许多道理之后，就以为没有人能比得上了’的人，就是说的我呀。而且，我曾经听说有贬低孔子的学识、轻视伯夷的义举的人，开始我还不相信；现在我看到您这样浩瀚无边，我如果不是来到您这里，可真危险了。我将会被明道之人永久地耻笑。”

海神若说：“井底之蛙无法跟它谈论大海，因为受到狭小的井底的局限；只生活在夏天的虫子不可以和它谈论冰雪，因为受到生存时间的限制；孤陋寡闻的人不能和他谈论大道，因为他被所受的教育束缚了。现在你摆脱了河道的约束，见到了大海，于是认识了自己的不足，这就可以和你谈论大道了。天下的水流，没有比海更大的了，万条江河归流其内，没有休止却不会满溢；从尾闾泄走，无休无止却不见减少。春天、秋天都没有变化，旱灾、涝灾也不会有所察觉，它大大超过了江河的水量，无法估量和计算。然而，我从未因此而自夸的原因，是因为大海寄形于天地之间，禀受了阴阳之气，我在天地之间，好比是大山中的小石头、小树木，正觉得自己很渺小，哪里会自认为很多呢？估计大海在天地之间，不就像蚁穴在大湖旁边吗？估计中国在四海之内，不就像米粒在粮仓中吗？物的种类数以万计，人不过是万物之一而已；人们聚集在九州，谷物所生之地，舟车所通之处，个人只不过是其中的一员而已。人与万物相比，不就像毫毛生在马身上一样渺小吗？五帝所禅让的，三王所争夺的，仁人所担忧的，贤才所操劳的，全在这里了。伯夷辞让它是为了取得好名声，孔丘谈论它是为了显示博学，这就是他们的自满和骄傲，不就像你之前在河水暴涨时的自夸吗？”

【原文】

河伯曰：“然则吾大天地而小毫末①，可乎？”

北海若曰："否，夫物，量无穷[②]，时无止[③]，分无常[④]，终始无故[⑤]。是故大知观于远近[⑥]，故小而不寡，大而不多[⑦]，知量无穷；证向今故[⑧]，故遥而不闷[⑨]，掇而不跂[⑩]，知时无止；察乎盈虚[⑪]，故得而不喜，失而不忧，知分之无常也；明乎坦涂[⑫]，故生而不说，死而不祸，知终始之不可故也[⑬]。计人之所知，不若其所不知；其生之时，不若未生之时；以其至小求穷其至大之域[⑭]，是故迷乱而不能自得也。由此观之，又何以知毫末之足以定至细之倪[⑮]！又何以知天地之足以穷至大之域！"

河伯曰："世之议者皆曰'至精无形，至大不可围[⑯]，'是信情乎[⑰]？"

北海若曰："夫自细视大者不尽，自大视细者不明。故异便[⑱]，此势之有也[⑲]。夫精，小之微也；垺，大之殷也[⑳]；夫精粗者，期于有形者也[㉑]；无形者，数之所不能分也[㉒]；不可围者，数之所不能穷也。可以言论者，物之粗也；可以意致者[㉓]，物之精也；言之所不能论，意之所不能致者，不期精粗焉[㉔]。

"是故大人之行，不出乎害人，不多仁恩[㉕]；动不为利，不贱门隶[㉖]；货财弗争，不多辞让；事焉不借人[㉗]，不多食乎力[㉘]，不贱贪污；行殊乎俗[㉙]，不多辟异[㉚]；为在从众[㉛]，不贱佞谄[㉜]；世之爵禄不足以为劝[㉝]，戮耻不足以为辱[㉞]；知是非之不可为分，细大之不可为倪。闻曰：'道人不闻[㉟]，至德不得[㊱]，大人无己[㊲]。'约分之至也[㊳]。"

【注释】

① 大天地而小毫末：以天地为大，以毫末为小。② 量无穷：物有无穷大和无穷小。③ 时无止：时间是没有止境的。④ 分（fèn）无常：得失变化无常。⑤ 故：通"固"，固定。⑥ 大知：得道之人。观于远近：指观察事物的各个方面而不局限于一点。⑦ 小而不寡，大而不多：小的事物从近看也不小，大的事物从远看也不大。⑧ 向今：古今。故：事。⑨ 遥：遥远。闷：纳闷。⑩ 掇（duō）：拾取，表示相距很近，随手可取。跂（qǐ）：企求。⑪ 盈虚：盈满与空虚。⑫ 坦涂：平坦的大道。涂，通"途"。⑬ 故：通"固"。⑭ 至小：极小，此处指人有限的生命及其智力。穷：尽。至大之域：无穷大的宇宙。⑮ 倪：端倪，限度。⑯ 至精无形，至大不可围：最细微的东西是没有形体的，最大的东西是没有范围的。⑰ 信情：实情。⑱ 异便：不同的方便。⑲ 势：情势。⑳"垺"二句：垺（fú）：同"郛"，城外城。殷：盛大。㉑ 期：待，依赖。㉒"数之"句：不是能用数字划分的。㉓ 意致：运用意识可以达到。㉔ 不期精粗：不限于精粗，指玄妙的天道。㉕ 不多：不夸耀。㉖ 贱：鄙视。门隶：守门的仆隶。㉗"事焉"句：行事无须借助他人。㉘ 食乎力：自食其力。㉙ 行殊乎俗：行事与世俗不同。㉚ 辟异：邪辟怪异。㉛ 从众：随俗。㉜ 佞谄：用花言巧语向人献媚。㉝ 劝：勉励。㉞戮耻：刑罚，耻辱。辱：羞耻。㉟ 闻：闻名。㊱不得：不求有得。不得也就不会失，无得失，才是至德。㊲"大人"句：即《逍遥游》篇中的"至人无己"。㊳ 约分之至：缩小分别到了极致，即在精神上消灭了一切区分和对立。约，约束，缩小。

【译文】

河伯说："那么我以天地为大，以毫末为小，可以吗？"

海神若说："不可以。事物在量上是没有穷尽的，在时间上也是没有止境的，得与失没有不变的常规，事物的终结和起始没有定因。所以具有大智慧的人明察远近，小的不以为少，大的也不以为多，是因为知道事物的量是无穷的；求证于古今之事，因而对遥远的事不感到纳闷儿，对就近的事也不强求，因为知道时间是没有止境的；洞察盈亏规律，所以得到了也不欢喜，失去也不难过，因为知道得失是变化无常的；明白生命大路，所以生于世间而不喜悦，死去了也不认为是灾祸，因为知道终了和起始不会一成不变。估计人所知道的东西，不如他不知道的东西多；他活在世上的时间，比不上他不在世上的时间多；以其有限的智力、短暂的生命去穷尽无限的境域，所以会陷入迷惑混乱而终无所得。这样看来，又怎能知道毫毛之末就足以确定为最细微的限度呢？天地就足以包括最大的领域呢？"

河伯问："世间的议论者都说'最细微的东西没有形体，最大的东西无法确定范围'，这是真的吗？"

海神若说："从小的方面看大的方面看不全面，从大的方面看小的方面看不分明。精，是小中之小。垺，是大中之大；因而大小各有不同的方便，这是情势如此。所谓的精与粗，是就有形之物而言的；至于小到无形，不能用数字划分；大到没边，无法用数字穷尽。可以谈论的，是粗重的物体；只可意会的，是精微的物体；而言语无法论及，意识不能察觉的，就不限于精粗的范围了。

"因而明道之人的行为，无意害人，也不夸耀仁义恩惠；举动不为谋利，也不小看门童；不争货物财富，也不有意推辞谦让；行事不求人，不赞扬自食其力，也不鄙视贪污；行为与世俗不同，也不标新立异；从俗随众，却不指责谄媚；世上的高官厚禄不足以让他去追求，世上的刑罚耻辱也不足以使他感到羞辱；明白是非是不能划分界限的，小大没有划分的标准。我听说：'得道之人不求功名于世，大德之人一无所得，至人忘却自我。'这就是把一切区分和对立都缩小到了极致的境界呀！"

【原文】

河伯曰："若物之外，若物之内①，恶至而倪贵贱②？恶至而倪小大？"

北海若曰："以道观之，物无贵贱；以物观之，自贵而相贱③；以俗观之④，贵贱不在己⑤。以差观之，因其所大而大之，则万物莫不大；因其所小而小之，则万物莫不小⑥；知天地之为稊米也⑦，知毫末之为丘山也，则差数睹矣⑧。以功观之⑨，因其所有而有之，则万物莫不有；因其所无而无之，则万物莫不无⑩。知东西之相反而不可以相无⑪，则功分定矣⑫。以趣观之⑬，因其所然而然之⑭，则万物莫不然；因其所非而非之⑮，则万物莫不非；知尧桀之自然而相非⑯，则趣操睹矣⑰。

"昔者尧、舜让而帝，之、哙让而绝⑱；汤、武争而王，白公争而灭⑲。由此观之，争让之礼，尧桀之行，贵贱有时，未可以为常也⑳。梁丽可以冲城㉑，而不可以窒穴㉒，言殊器也㉓；骐骥、骅骝，一日而驰千里㉔，捕鼠不如狸狌㉕，言殊技也；鸱鸺夜撮蚤㉖，察毫末，昼出瞋目而不见丘山㉗，言殊性也。故曰，盖师是而无非㉘，师治而无乱乎？是未明天地之理，万物之情者也㉙。是犹师天而无地，师阴而无阳，其不可行明矣。然且语而不舍[30]，非愚则诬也[31]。帝、王殊禅[32]，三代殊继[33]。差其时，逆其俗者[34]，谓之篡夫[35]；当其时，顺其俗者，谓之义之徒[36]。默默乎河伯[37]！女恶知贵贱之门[38]，小大之家。"

【注释】

①若：或者。②恶（wū）至：从何。倪：划分。③自贵而相贱：自以为贵，视他人、他物为贱。④以俗观之：从世俗的立场来看。⑤贵贱不在己：贵贱由别人决定。⑥"因其"四句：从事物大的方面来说（即与小的相比），万物都可以说是大的；反之，也可以说是小的。⑦稊米：小米。⑧差数睹：差别程度就可以看清了。⑨功：功效。⑩"因其"四句：从有效方面说，样样都有效；从无效方面说，样样都无效。⑪"知东"句：明白东与西是相反的，但两者又是相互依存、缺一不可的。⑫功分：功能，职分。⑬趣：通"趋"，倾向、走向。⑭然：肯定。⑮非：否定。⑯自然：自以为然。相非：互相以对方为非。⑰趣操：趣向与操守。⑱"之、哙"句：燕王哙十分信任燕相子之，把王位让给子之，燕人不服，国家大乱，齐国乘机伐燕，杀死哙与子之，燕国几乎被灭。⑲争：武力相争。白公：名胜，楚平王之孙，太子建之子。曾起兵杀令尹子西与司马子西而一度占领楚都，后被叶公打败，逃至山中自杀。⑳常：恒常不易的法则。㉑梁丽：粗大的木料。丽，通"欐"，屋梁。冲：冲撞。㉒窒穴：堵塞孔穴。㉓殊器：不同器物有不同的作用。㉔骐骥、骅骝：都是指骏马。骐，青黑色花纹如棋盘。骥，河北产的名马。骅，桃花马。骝，紫黑色的马。㉕狸：野猫。狌（shēng）：同"鼪"，黄鼠狼。㉖鸱鸺（chī xiū）：即鸱鸮，猫头鹰。撮蚤：抓跳蚤。㉗瞋目：瞪大眼睛。㉘盖：通"盍"，何不、怎么。师：师法。无：抛弃。㉙情：本性。㉚然且：然而还是。语而不舍：说个不停。㉛诬：欺骗。㉜帝：五帝。王：三王。殊禅：禅让的方式不同。㉝三代：夏、商、周。殊继：继承的方式不同。㉞逆其俗：违背世态人情。㉟篡夫：篡权的家伙。㊱义之徒：合乎正义的人。㊲默默乎：静一静吧。㊳恶知：怎么知道。

【译文】

河伯说："或在万物之外，或在万物之内，从哪里区别它们的贵贱？又从哪里区分它们的大小呢？"

海神若说："用道来观察，万物就没有贵贱之分。从万物自身看，万物都自以为贵而轻贱他物。从世俗观念来看，贵与贱由他人决定。说起事物之间的差别，就事物大的方面来看，那么万物就没有什么不是大的；而就其小的方面来看，那么万物也就没有什么不是小的。明白天地虽大，跟更大的事物相比就像米粒一样小；毫毛之末虽小，跟更小的事物相比则像山丘一样大，这样就能看清万物之间的差别了。说起事物的功效，从有效的方面来看，那么万物就没有无效的；从无效的方面来看，那么万物也就没有有效的。知道了东与西的方向虽然截然相反，二者却不可或缺的道理，那么万物的功用和地位就可以确定了。从趋向来看，顺着肯定的理由而肯定，那么万物没有不对的；顺着否定的理由而否定，那么万物就没有不错的。明白了尧和桀的自以为是和互相指责，那么不同的趣向和操守就看得很清楚了。

“当初尧舜禅让而称帝，燕王哙和燕相子之禅让却几乎亡国；商汤周武以武力相争而称王，白公胜用武力争权却灭亡。由此看来，争夺与禅让的礼制，唐尧和夏桀的做法，好与坏是因时而异的，不能看作是一成不变的。粗木可以冲撞城门，却不能用来堵耗子洞，这是说不同的器物有不同的作用。骐骥和骅骝日行千里，抓老鼠却不如野猫和黄鼠狼，这是说它们的技能不同。猫头鹰夜里捉跳蚤，能明察秋毫，白天出来即使睁大眼睛却连山丘都看不见，这是说性能的不同。所以说，怎么能只取法对的而抛弃错的，师法治理的而抛弃动乱的呢？这是因为不明白天地之理与万物之情。这就好比只师法天而放弃地，只效法阴而放弃阳，这样做行不通是很明显的。却仍有人对此不停地鼓吹，这如果不是愚蠢，就是说谎了。帝王禅让的方式不同，三代继承的方式也不同。不合时宜、违背世俗，就是篡夺者，而合乎时代、顺应世俗的，就是明义之人。河伯，你还是别说了吧，你怎么懂得贵贱的分野、小大的区别呢。”

【原文】

河伯曰：“然则我何为乎，何不为乎？吾辞受趣舍①，吾终奈何？”

北海若曰：“以道观之，何贵何贱，是谓反衍②；无拘而志③，与道大蹇④。何少何多，是谓谢施⑤；无一而行⑥，与道参差⑦。严严乎若国之有君⑧，其无私德；繇繇乎若祭之有社⑨，其无私福；泛泛乎其若四方之无穷，其无所畛域⑩。兼怀万物⑪，其孰承翼⑫？是谓无方⑬。万物一齐，孰短孰长？道无终始，物有死生，不恃其成⑭；一虚一盈，不位乎其形⑮。年不可举⑯，时不可止；消息盈虚⑰，终则有始。是所以语大义之方⑱，论万物之理也。物之生也，若骤若驰⑲，无动而不变，无时而不移⑳。何为乎？何不为乎？夫固将自化㉑。”

河伯曰：“然则何贵于道邪㉒？”

北海若曰：“知道者必达于理，达于理者必明于权㉓，明于权者不以物害己。至德者，火弗能热，水弗能溺，寒暑弗能害，禽兽弗能贼。非谓其薄之也㉔，言察乎安危㉕，宁于祸福，谨于去就㉖，莫之能害也。故曰，天在内，人在外，德在乎天㉗。知乎人之行，本乎天，位乎得㉘；蹢躅而屈伸㉙，反要而语极㉚。”

河伯曰：“何谓天？何谓人？”

北海若曰：“牛马四足，是谓天；落马首㉛，穿牛鼻，是谓人。故曰：无以人灭天，无以故灭命㉜，无以得殉名㉝。谨守而勿失，是谓反其真㉞。”

【注释】

①辞：推辞。受：接受。趣舍：取舍。②反衍：反复衍化。③无：通“毋”。拘：固守。而：你。④蹇（jiǎn）：妨碍，阻塞。⑤谢：代谢，衰减。施：移，转。⑥无：通“毋”。一：与上文“拘”对举成文。拘一，固守之意。⑦参差：长短不齐。⑧严：通“俨”，庄重的样子。有：语助词，无义。⑨繇（yóu）繇：通“悠悠”，自得的样子。社：土地神。⑩畛（zhěn）域：界限。⑪怀：包容。⑫孰：谁。承：受。翼：庇护。⑬无方：无所偏向。⑭恃：凭依。

⑮位：守。⑯年不可举：年岁不能留守。⑰消：消亡。息：生长，生息。盈：充实，盈满。虚：虚空。⑱大义之方：大道的方向。⑲骤、驰：车马快跑，比喻生息发展之快。⑳移：推移。㉑自化：自行变化。㉒何贵于道：道有什么可贵的地方呢？㉓权：应变，权变。㉔薄：迫，触犯。㉕察乎安危：明察安危。㉖去就：进退去留。㉗德在乎天：道德体现在天性上。德，高尚的修养。㉘“本乎天”二句：以天性为根本，处于自得的境地。㉙蹢躅（zhí zhú）：进退不定。㉚反要而语极：返归道的中心而谈论道的极致。㉛落马首：给马戴上笼头。落，同“络”，马笼头。㉜无：通“毋”。故：造作。命：天命。㉝得：得失。殉：求取。㉞反其真：复归真性。

【译文】

河伯问：“那么我该做什么，又不该做什么？我对事物的推辞接受取舍，到底该怎么办？”

海神若说：“从道的角度观察，是无所谓贵贱的，因为贵贱是互相转化的；不要拘束你的心志，否则会与大道相抵触。无所谓多少，多少是互相变换的；不要固执你的行为，否则会与大道不一致。庄重威严得如同国君一样，对谁都没有过多的恩德；悠闲自在得好似受祭的土神，对谁都没有偏心的保佑；像天地四方般广阔而无边无际。包容万物，又有谁受到特殊的照顾庇护？这就叫没有偏向。万物原本是齐一的，哪个短、哪个长呢？大道无始无终，万物有死有生，其生成不足凭依。时而空虚，时而盈满，不能固守不变的形态。年岁不能留存，时间不可停止，消亡生息，盈满空虚，终而复始。这就是说大道的方向，讲万物的事理。万物的生息，快如马奔，没有一个动作不在变化，没有一刻光阴不在推移。做什么？不做什么？万物本来是会自行变化的。”

河伯问：“那么道又有什么可贵之处呢？”

海神若说：“明道的人肯定通达事理，通达事理的人肯定明了权变，明了权变的人不会让外物伤害自己。有最高道德的人，火不能烧他，水不能淹他，严寒酷暑无法损伤他，凶禽猛兽也不能伤害他。这不是说至德之人迫近它们而能不受伤害，而是说他能明察安危之情，安于福祸，谨慎地对待进退去留，所以就没有能加害他的。所以说，天性蕴藏于内心，人事表现于外在行动，而道德体现在天性上。知道天性与人为，就能以天性为根本，而处于自得的地位，或进或退，随时屈伸，返归道的中心而谈论道的极致。”

河伯问：“什么是天性？什么是人为？”

海神若回答：“牛马生下来有四只脚，这就是天性；套马笼头，穿牛鼻子，这就是人为。所以说，不要用人为破坏天性，不要用造作妨害天命，不要患得患失以求取功名，谨守天命而不失，就叫作返归真性。”

【原文】

夔怜蚿[①]，蚿怜蛇，蛇怜风，风怜目，目怜心。

夔谓蚿曰：“吾以一足趻踔而行[②]，予无如矣[③]。今子之使万足，独奈何[④]？”

蚿曰：“不然。子不见夫唾者乎[⑤]？喷则大者如珠，小者如雾，杂而下者不可胜数也。今予动吾天机[⑥]，而不知其所以然[⑦]。”

蚿谓蛇曰：“吾以众足行，而不及子之无足，何也？”

蛇曰：“夫天机之所动，何可易邪[⑧]？吾安用足哉[⑨]！”

蛇谓风曰：“予动吾脊胁而行，则有似也[⑩]。今子蓬蓬然起于北海[⑪]，蓬蓬然入于南海，而似无有，何也？”

风曰：“然。予蓬蓬然起于北海而入南海也，然而指我则胜我，鰌我亦胜我[⑫]。虽然，夫折大木，蜚大屋者[⑬]，唯我能也，故以众小不胜为大胜也[⑭]。为大胜者，唯圣人能之。”

【注释】

① 夔（kuí）：远古传说中一只脚的怪兽。怜：羡慕。蚿（xián）：多足虫。② 趻踔（chěn chuō）：跳着走。③ 无如：不如，比不上。④ 独奈何：将怎么办呢。⑤ 唾者：吐唾沫或打喷嚏的人。⑥ 天机：天生的机能。⑦ 不知其所以然：即像喷唾一样自然而动，并不知道为什么会这样。⑧ 易：变换。⑨ 安用足：哪里用得着脚呢？ ⑩ 有似：像有脚似的。⑪ 蓬蓬然：风动声。⑫ 鰌（qiū）：又作“蹭”，踢，踩踏。⑬ 蜚：通“飞”，刮起。⑭ 众小不胜：不胜众小。

【译文】

一只脚的夔羡慕多足的蚿，蚿羡慕蛇，蛇羡慕风，风羡慕眼，眼羡慕心。

夔对蚿说：“我用一只脚跳着走，再也没有比我更简单的了，现在您使用一万只脚，怎么走法呢？”

蚿说：“不是这个理。您没见过打喷嚏的人吗？喷出的唾沫大的如珠子，小的像雾气，乱喷下来的数也数不清。现在我行动只是出于天生的机能而已，而不知道为什么能这样。”

蚿对蛇说：“我用许多脚运动而不如您没有脚，这是为什么呢？”

蛇说：“各自用天生的机能而运动，怎么可以变换呢？我哪里用得着脚呢！”

蛇对风说：“我运用我的脊背和肋部爬行，是有形可见的；现在您呼呼地从北海吹起，呼呼地刮到南海，却好像是无形的，这是为什么呢？”

风回答说：“是啊。我呼呼地从北海刮到南海。然而用手指，用脚踏，都能胜过我。虽然如此，刮断大树，吹倒大屋的，却只有我能做到，所以不能在许多小的方面取胜的，却反而能在大的方面取胜。能够取得大胜的，只有圣人才能办到。”

【原文】

孔子游于匡[①]，宋人围之数帀[②]，而弦歌不惙[③]。子路入见，曰：“何夫子之娱也[④]？”

孔子曰：“来！吾语女。我讳穷久矣[⑤]，而不免，命也；求通久矣，而不得，时也[⑥]。当尧舜之时而天下无穷人[⑦]，非知得也；当桀纣之时而天下无通人，非知失也；时势适然[⑧]。夫水行不避蛟龙者，渔父之勇也；陆行不避兕虎者[⑨]，猎夫之勇也；白刃交于前，视死若生者，烈士之勇也[10]；知穷之有命；知通之有时，临大难而不惧者，圣人之勇也。由处矣[11]，吾命有所制矣[12]。”

无几何[13]，将甲者进[14]，辞曰[15]：“以为阳虎也[16]，故围之。今非也，请辞而退。”

【注释】

①匡：春秋时地名，位于宋、卫、郢三国之间。②帀：同“匝”周。③惙（chuò）：通“辍”，止。④娱：快乐。⑤讳：忌。穷：困穷。⑥时：时势。⑦穷人：不得志的人。⑧时势适然：碰上时运。适，遇。⑨兕（sì）：犀牛。⑩烈士：坚贞不屈的人。⑪处矣：安处。⑫有所制：被天命限制。制，支配，限制。⑬无几何：不一会儿。⑭将：率。甲：甲士，军士。⑮辞：道歉。⑯以为阳虎也：以为是阳虎呢。阳虎，原鲁国季孙氏家臣，后专鲁政三年，曾带兵侵略匡地，故与匡人结怨。

【译文】

孔子周游到宋、卫、郢国之间的匡地，被宋国人团团包围，但他还是不停地弹琴吟唱。子路进见老师说：“先生您为什么还这样快乐呢？”

孔子说：“过来，我告诉你原因。我忌讳困穷已经很久了，可仍然无人任用我，这就是命该如此；我追求通达也很久了，可照样潦倒，这就是时运不济。处在尧舜的时代，天下没有不得志的人，不是靠他们的智慧得志；处在桀纣的时代，天下没有得志的人，也不是他们的才智不足。一切都是时势造成的。在水中行走而不躲避蛟龙，是渔夫的勇敢。在陆上行走而不躲避犀牛老虎，是猎人的勇敢。在刀光剑影中视死如归，是烈士的勇敢。知道困穷是由于命运，通达需等待时机，临危而不惧，是圣人的勇敢。仲由，你安心待着吧，我的命运是由上天决定的。”

没多久，带兵的人进来，道歉说：“以为是阳虎呢，所以把你们包围了。现在知道弄错了，请允许我表示歉意而退兵。”

【原文】

公孙龙问于魏牟曰[1]：“龙少学先王之道，长而明仁义之行；合同异，离坚白；然不然，可不可[2]；困百家之知[3]，穷众口之辩[4]；吾自以为至达矣[5]。今吾闻庄子之言，汒焉异之[6]。不知论之不及与[7]，知之弗若与？今吾无所开吾喙[8]，敢问其方[9]。”

公子牟隐机大息[10]，仰天而笑曰：“子独不闻夫坎井之蛙乎[11]？谓东海之鳖曰：‘吾乐与！出跳梁乎井干之上[12]，入休乎缺甃之崖[13]；赴水则接腋持颐[14]，蹶泥则没足灭跗[15]；还视虷蟹与科斗[16]，莫吾能若也[17]。且夫擅一壑之水[18]，而跨跱坎井之乐[19]，此亦至矣，夫子奚不时来入观乎[20]！’东海之鳖左足未入，而右膝已絷矣[21]。于是逡巡而却[22]，告之海曰：‘夫千里之远，不足以举其大[23]；千仞之高，不足以极其深。禹之时十年九潦[24]，而水弗为加益；汤之时八年七旱，而崖不为加损[25]。夫不为顷久推移[26]，不以多少进退者[27]，此亦东海之大乐也。’于是坎井之蛙闻之，适适然惊[28]，规规然自失也[29]。

“且夫知不知是非之竟[30]，而犹欲观于庄子之言[31]，是犹使蚊虻负山，商蚷驰河也[32]，必不胜任矣，且夫知不知论极妙之言而自适一时之利者[33]，是非坎井之蛙与？且彼方跐黄泉而登大皇[34]，无南无北，奭然四解[35]，沦于不测[36]；无东无西，始于玄冥[37]，反于大通[38]。子乃规规然而求之以察[39]，索之以辩，是直用管窥天，用锥指地也，不亦小乎！子往矣！且子独不闻夫寿陵馀子之学行于邯郸与[40]？未得国能[41]，又失其故行矣，直匍匐而归耳[42]。今子不去，将忘子之故，失子之业。”

公孙龙口呿而不合[43]，舌举而不下，乃逸而走[44]。

【注释】

①公孙龙：战国时期名家代表人物，赵国人，著有《坚白论》《白马论》等，在诸子百家中有重要地位，“白马非马”便是他的著名论辩。魏牟：魏国公子。②“合同异”四句：见《齐物论》篇注。③知：见解。④辩：口才。⑤至达：极其通达明理。⑥汒：同“茫”。异：惊异。⑦论：口才。与：通“欤”，语气词。下同。⑧喙（huì）：嘴。⑨方：办法，方法。⑩公子牟：即魏牟。隐机：背靠几案。机，同“几”。大（tài）息：叹息。⑪坎井：浅井。⑫跳梁：同“跳踉”，跳跃。井干：井栏。⑬缺甃（zhòu）之崖：砖头脱落的井壁。甃，砌井壁的砖。⑭腋：腋窝。颐：腮帮。⑮蹶（jué）：践踏。跗（fū）：脚背。⑯还视：回顾看看。虷（hán）：井中赤虫。蟹：小螃蟹。科斗：即蝌蚪。⑰莫吾能若：没有能像我这样的。⑱擅：独占。壑：坑。⑲跨跱（zhì）：盘踞。⑳夫子：对东海之鳖的尊称。奚：何。时来：时常来。㉑絷（zhí）：绊住。㉒逡（qūn）巡：迟疑徘徊。㉓举：形容。㉔潦：同“涝”，指雨大水多。㉕崖：同“涯”，水边。加损：越来越少。损，减少。㉖顷：暂。推移：改变。㉗多少：雨水的多少。进退：水位的升降。㉘适（tì）适：惊视自失貌。㉙规规：局促。自失：自己感到不如人。㉚知不知：前一“知”通“智”，后一“知”，意为通晓。竟：通“境”。㉛观：观察。㉜商蚷（jù）：即马蚿，生活在陆地的小虫。㉝极妙之言：指庄子的高论。适：快意，满足。㉞彼：指庄子。跐（cǐ）：踏。黄泉：地下泉水。大（tài）皇：天之极高处。㉟奭（shì）然：消解，释然自在。四解：四通八达。㊱沦：入。不测：不可测的深度。㊲始：开头。玄冥：幽深玄妙的境界。㊳大通：无所不通。㊴子：公孙龙。规规然：浅陋拘泥的样子。㊵寿陵：燕国地名。馀子：少年。邯郸：赵国都城。㊶国能：未学得赵国人走路的本领。㊷直：只能。匍匐：爬行。㊸呿（qū）：张口。㊹逸：逃。走：跑。

【译文】

公孙龙问魏公子牟：“我年轻时学习先王之道，长大后明白仁义的行为；能把事物的相同相异混为一谈，能把白石头的坚硬与洁白一分为二；把不对的说成对的，把不可以的说成可以的；困窘百家的才智，而使善辩者理屈词穷。我自认为已经极其通达明理了。现在我听了庄子的言论，深感茫然与惊异。不知是我的口才不如他呢，还是我的知识不如他？我现在都不知道从何谈起了，请问这是什么缘故？”

公子牟靠着几案一声长叹，仰天大笑说：“你难道没听说过浅井之蛙的故事吗？它对东海之鳖说：‘我快乐极了！在井栏边跳上跳下，在井壁缝里休息；浮在水上，水托着我的胳肢窝和腮帮子，跳到泥里，泥没过我的脚丫子和脚面，回头看看周围的小虫子、小螃蟹和小蝌蚪，谁也比不上我。而且独占了一坑水，盘据了一口井，这也是快乐的最高境界了。您为什么不时常到井里来光顾一下呢？’东海之鳖的左脚还没有进去，右腿就被绊住了。于是迟疑地退了出来，便告诉井蛙大海的情况：‘千里的长远，不足以形容海的大；八千尺的高度，不足以穷尽海的深。大禹时十年九涝，而海水不见多；商汤时八年七旱，而海水也不向后退。它不因时间的长短而推移，不为雨水的多少而升降，这便是东海的大乐趣。’井蛙听了这话，目瞪口呆，怅然若失。

“如果智力达不到明白是非的境界，就想了解庄子的言论，这就如同让蚂蚁背山，让商蚷过河一样，必定无法胜任。再说智力不能够论述玄妙言论而只自足于口舌之辩的一时胜利，这不是和浅井之蛙一般的见识吗？况且庄子的学识上天入地，不分南北，四通八达，深不可测；无东无西，始于玄妙幽昧，归于无所不通。你却只会鼠目寸光地从常理考察，还想和庄子辩论，这简直就是用竹管看天，以锥子指地一样，不是显得太渺小了吗？你赶快走吧！难道你就没听说过寿陵少年邯郸学步的故事吗？不但没有学会邯郸人走路的样子，连自己原来的走法也丢掉了，只好爬着回去。现在你要是还不快走，将忘却你原来的本事，失去你的学业了。”

公孙龙听了不禁张口结舌，灰溜溜地逃走了。

【原文】

庄子钓于濮水①，楚王使大夫二人往见焉②，曰：“愿以境内累矣③！”

庄子持竿不顾，曰：“吾闻楚有神龟，死已三千岁矣，王以巾笥而藏之庙堂之上④。此龟者，宁其死为留骨而贵乎？宁其生而曳尾于涂中乎⑤？”

二大夫曰：“宁生而曳尾塗中。”

庄子曰：“往矣！吾将曳尾于塗中。”

【注释】

①濮（pú）水：河名，在河南范县。②楚王：楚威王。往见：往见之，先述其意。有试探的意思。③累：拖累，麻烦。此句意为请庄子为楚相，以国事相累。④巾笥（sì）：装进竹箱，蒙上巾被。笥，盛物的竹器。庙堂：宗庙明堂。古代国有大事，告于宗庙，议于明堂。宗庙是古代帝王议事或祭祀的地方。⑤宁：宁可。曳：拖。涂：泥。

【译文】

庄子在濮水边钓鱼，楚威王派了二位大夫先行转达要他担任楚相的意思，说：“愿意把楚国交给您管理！”

庄子手持钓竿，头也不回，说：“我听说楚国有一只神龟，已经死了三千年了，楚王把它装在竹箱子里，蒙上巾被，而藏在太庙明堂里。对这只龟来说，是宁可死后留下龟骨而被人珍贵呢，还是宁可活着在泥里拖着尾巴爬行呢？”

二位大夫说：“当然愿意活着拖着尾巴爬行泥中。”

庄子说：“你们请回吧！我也将拖着尾巴在泥中爬行。”

【原文】

惠子相梁[①]，庄子往见之。或谓惠子曰[②]："庄子来，欲代子相。"于是惠子恐，搜于国中三日三夜。

庄子往见之，曰："南方有鸟，其名为鹓鸲[③]，子知之乎？夫鹓鸲，发于南海而飞于北海，非梧桐不止[④]，非练实不食[⑤]，非醴泉不饮[⑥]。于是鸱得腐鼠[⑦]，鹓鸲过之，仰而视之曰：'吓[⑧]！'今子欲以子梁国而吓我邪？"

【注释】

①惠子：惠施，宋人，名家代表人物，曾为梁惠王相。②或：有的人。③鹓鸲（yuān chú）：传说中凤凰一类的神鸟。此为庄子自喻。④梧桐：高大落叶乔木。止：栖息。⑤练实：竹子的果实。⑥醴（lǐ）泉：味如甜酒的泉水。醴，甜酒。⑦鸱（chī）：猫头鹰。此喻惠施。腐鼠：喻相位。⑧吓：惊怕之声。

【译文】

惠子在魏国为相，庄子前去拜访他。有人对惠子说："庄子这次来，是想代替您做宰相。"于是惠子很害怕，在都城中搜捕庄子，整整三天三夜。

庄子前去见惠子，对他说："南方有一种鸟，叫作鹓鸲，您知道吗？这种鸟从南海出发，而飞往北海，不是梧桐树不肯在上面栖息，不是竹子的果实不肯吃，不是甘美的泉水不喝。在这时，猫头鹰得到一只腐烂的老鼠，见鹓鸲飞过，连忙抬起头来看着鹓鸲，喊：'吓！'现在您也想用您的魏国来吓唬我吗？"

【原文】

庄子与惠子游于濠梁之上[①]。庄子曰："儵鱼出游从容[②]，是鱼之乐也。"

惠子曰："子非鱼，安知鱼之乐？"

庄子曰："子非我，安知我不知鱼之乐？"

惠子曰："我非子，固不知子矣；子固非鱼也，子之不知鱼之乐，全矣[③]。"

庄子曰："请循其本[④]。子曰'汝安知鱼乐'云者，既已知吾知之而问我，我知之濠上也[⑤]。"

【注释】

①濠梁：濠水桥上。濠河在安徽凤阳县境内。梁，桥。②儵（tiáo）鱼：白鱼。从容：自得。③全矣：完全如此。④循：顺，追溯。本：起源。⑤"汝安知鱼乐"数句：惠施原意为"你怎么知道鱼的快乐"，庄子却偷换概念，理解为"您（在）哪儿知道鱼的快乐"，所以他回答说："我在濠水桥上知道的。"

【译文】

庄子与惠子在濠水桥上游玩。庄子说："白鱼悠闲自在地游水，这是鱼儿的乐趣呀。"

惠子说："您不是鱼，哪知道鱼的乐趣呢？"

庄子说："您不是我，怎么知道我不知道鱼的乐趣？"

惠子说："我不是您，当然不知道您的想法；您原本也不是鱼，所以您也不知道鱼的乐趣，是完全可以肯定的。"

庄子说："还是让我们从开头的话题说起吧。您所说：'您（在）哪儿知道鱼的乐趣'这句话，就是已经知道我晓得鱼的乐趣才问我的，（我告诉您吧，）我是在濠水桥上知道鱼的乐趣的呀。"

至乐

【题解】

本篇论述的是有关人生快乐和生死态度的问题，所谓"至乐"，即最大快乐之意。作者通过若干事例说明生老病死是自然变化，不以人的忧乐为转移，只要将这些统统看破，摒弃世俗的忧伤，安于所化，就能达到至乐的境地。

【原文】

天下有至乐无有哉？有可以活身者无有哉①？今奚为奚据？奚避奚处②？奚就奚去？奚乐奚恶？

夫天下之所尊者，富贵寿善也；所乐者，身安厚味美服好色音声也；所下者③，贫贱夭恶也；所苦者，身不得安逸，口不得厚味，形不得美服，目不得好色，耳不得音声；若不得者，则大忧以惧④，其为形也亦愚哉⑤！

夫富者，苦身疾作⑥，多积财而不得尽用，其为形也亦外矣⑦。夫贵者，夜以继日，思虑善否⑧，其为形也亦疏矣⑨。人之生也，与忧俱生，寿者惛惛⑩，久忧不死，何苦也！其为形也亦远矣⑪。烈士为天下见善矣⑫，未足以活身。吾未知善之诚善邪，诚不善邪？若以为善矣，不足活身；以为不善矣，足以活人⑬。故曰："忠谏不听⑭，蹲循勿争⑮。"故夫子胥争之以残其形⑯，不争，名亦不成。诚有善无有哉？

今俗之所为与其所乐，吾又未知乐之果乐邪，果不乐邪？吾观夫俗之所乐，举群趣者⑰，诠诠然如将不得已⑱，而皆曰乐者，吾未之乐也⑲，亦未之不乐也。果有乐无有哉？吾以无为诚乐矣，又俗之所大苦也。故曰："至乐无乐，至誉无誉。"

天下是非果未可定也。虽然，无为可以定是非。至乐活身，唯无为几存⑳。请尝试言之。天无为以之清㉑，地无为以之宁㉒，故两无为相合，万物皆化。芒乎芴乎㉓，而无从出乎㉔！芴乎芒乎，而无有象乎㉕！万物职职㉖，皆从无为殖㉗。故曰天地无为也而无不为也，人也孰能得无为哉！

【注释】

①活身者：保全生命的方法。②"今奚"二句：奚：何。为：作为。据：依据。避：回避。处：居。③下：认为卑贱。④以：而。⑤为（wèi）形：保养身体。⑥苦身：使身体劳苦。

疾作：拼命干。⑦ 外：外行。⑧ 否（pǐ）：与善相对。⑨ 疏：远。⑩ 惛（hūn）惛：神志不清。⑪ 远：远离。⑫ 为：被。⑬ 活人：使他人活。⑭ 忠谏：以忠诚之心劝谏。⑮ 蹲循：通"逡巡"，迟疑退却。⑯ 子胥：伍子胥。吴国大将，谏夫差不许勾践求和，夫差不听，后被赐死。已见《胠箧》篇注。⑰ 举：全，都。趣：通"趋"。⑱ 誙（kēng）誙：争先恐后向前的样子。⑲ 未之乐：即未乐之。⑳ 几存：最有可能容身。几，近。㉑ 清：清明。㉒ 宁：安宁。㉓ 芒芴（hū）：同"恍惚"，无为之象。㉔ 无从出：不知从何产生。㉕ 无有象：没有迹象。㉖ 职职：繁多。㉗ 殖：繁衍生殖。

【译文】

天下到底有没有至极的快乐？有没有可以保全生命的方法？现在应当做什么，以什么为依据？回避什么？安于什么？怎样趋就？怎样舍弃？喜欢什么？厌恶什么？

天下人所崇尚的，是富有、尊贵、长寿、善名；所喜欢的，是身体安逸、山珍海味、华美服饰、娇艳容貌、悦耳音乐；而所卑贱的，是贫穷下贱、短命恶名；所痛苦的，是身体不得安逸，吃不着山珍海味，穿不上华美服饰，看不到娇艳容貌，听不见悦耳音乐。如果得不到这些，就会大为忧虑恐惧，这对养生来说，也太愚蠢了！

富有之人，身体劳苦，拼命工作，多积财富却不能尽情享用，这对养生来说，不也太外行了！高贵之人，夜以继日，权衡利弊，这对养生来说也太疏忽了！人一出生，与忧并存。长寿的人昏昏沉沉，长期忧愁而不死去，这是何等痛苦呀！这对养生来说，真是离得太远了！烈士被天下人赞扬，却无法保全自己的生命。我真的不知道这种善到底是真的善呢，还是真的不善？如果以为是善，却不能够保全自己的生命；以为不善，却足以使他人存活。俗语说："忠言进谏如不听从，闭口不言而不强争。"当初伍子胥因为强谏而遭杀戮，但是不谏争，他又不会成名。到底是有善还是没有呢？

现在世俗的所作所为以及他们的快乐，我也不知道是真的快乐呢，还是根本不快乐？我观察世俗的快乐，所有的人趋之若鹜，争先恐后好像身不由己似的，却都异口同声地说是快乐，而我却不知道这些是快乐还是不快乐。到底有没有快乐呢？我以为无为才是真正的快乐，而世俗却知道是极大的痛苦。所以说："最大的快乐就是无乐，最高的荣誉就是无誉。"

天下的是是非非实在是没法确定的。即便如此，无为却可以定是非。寻求极乐，保全生命，唯有无为差不多可以达到目的。请让我尝试着分析一下：天因无为而清明，地因无为而安宁，天地无为相结合，万物由此而化生。恍恍惚惚，不知从何产生！恍恍惚惚，没有迹象可寻！万物繁多，都是出自无为。所以说，天地虽然无为，而实际上无所不为也，而世俗之人，又有谁能够达到无为的境界呢！

【原文】

庄子妻死，惠子吊之，庄子则方箕踞鼓盆而歌①。

惠子曰："与人居，长子、老、身死②，不哭，亦足矣，又鼓盆而歌，不亦甚乎！"

庄子曰："不然。是其始死也③，我独何能无概④！然察其始而本无生⑤，非徒无

生也而本无形⑥，非徒无形也而本无气。杂乎芒芴之间⑦，变而有气，气变而有形，形变而有生，今又变而之死，是相与为春秋冬夏四时行也⑧。人且偃然寝于巨室⑨，而我噭噭然随而哭之⑩，自以为不通乎命，故止也。”

【注释】

①箕踞（jī jù）：盘腿而坐，其形如簸箕，故而得名，古人是屈膝跪地，臀部坐在脚跟上，为标准坐态。盘腿而坐是比较随便的坐式。鼓盆：敲击瓦盆作歌唱之拍节。②长子、老、身死：长养子孙，妻老死亡。历来多以“长子老身”为句，“死”字属下读。③是：此，指庄子之妻。始死：刚刚死的时候。④概：借为“慨”，慨叹、哀伤之意。⑤无生：未曾生。庄子认为生死不过是物象幻化，本没有什么分别，生也是未曾生。⑥形：形体。⑦杂乎芒芴：一种恍惚迷离、亦真亦幻的神秘状态，是从无到有转化的中间环节，也是天地万物的起点。⑧“是相”句：此句比喻死生如同四时运行一样自然。⑨且：假如。偃然：安息的样子。巨室：比喻天地之间。⑩噭（jiào）噭然：哀哭声。

【译文】

庄子的妻子死了，惠子前往吊唁，庄子却一边分开双腿像簸箕一样坐着，一边敲打着瓦缶唱歌。

惠子说：“你跟死去的妻子生活了一辈子，生儿育女直至衰老而死，人死了不伤心哭泣也就算了，又敲着瓦缶唱起歌来，这岂不太过分了吗？”

庄子说：“不是这样。她刚死之时，我怎么能不感慨伤心呢？然而仔细考察，她原本就不曾出生，不只是不曾出生，而且本来就不曾具有形体；不只是不曾具有形体，而且原本就不曾形成元气。夹杂在恍恍惚惚的境域之中，变化而有了元气，元气变化而有了形体，形体变化而有了生命，如今变化又回到死亡，这就跟春夏秋冬四季运行一样。死去的那个人将安安稳稳地寝卧在天地之间，而我却呜呜地围着她啼哭，我认为这样做不能通达天命，所以也就停止了哭泣。”

【原文】

支离叔与滑介叔观于冥伯之丘①，昆仑之虚②，黄帝之所休。俄而柳生其左肘③，其意蹶蹶然恶之④。

支离叔曰：“子恶之乎？”

滑介叔曰：“亡⑤，予何恶！生者，假借也⑥；假之而生生者，尘垢也。死生为昼夜。且吾与子观化而化及我⑦，我又何恶焉！”

【注释】

①支离叔、滑介叔：皆虚拟人名。支离表示忘形，滑介表示忘智。冥伯之丘：喻音冥之境。②昆仑之虚：遥远渺茫神秘的去处，凡人难于到达。虚，同“墟”，土丘。③俄而：不久、随即。表示时间很短暂。柳：通“瘤”。④蹶（jué）蹶然：惊动的样子。恶：厌恶。⑤亡：同“无”，表否定。⑥假借：人之生是借助二气五行，四肢百体合和而成。如《大宗

师》说：“假于异物，托于同体。”故称假借。⑦观化：观察造化之运行。

【译文】

支离叔和滑介叔在冥伯的山丘上和昆仑的旷野里游乐观赏，那里曾是黄帝休息的地方。忽然间，滑介叔的左肘上长出了一个瘤子，他感到十分吃惊并且厌恶这东西。

支离叔说：“你讨厌这东西吗？”

滑介叔说：“没有，我怎么会讨厌它！生命的形体，不过是借助外物凑合而成；一切假借他物而生成的东西，就像是灰土微粒一时间的聚合和积累。人的死与生也就犹如白天与黑夜交替运行一样。况且我跟你一道观察事物的变化，如今这变化来到了我身上，我又怎么会讨厌它呢！”

【原文】

庄子之楚，见空髑髅①，髐然有形②，撽以马捶③，因而问之，曰：“夫子贪生失理，而为此乎④？将子有亡国之事⑤，斧钺之诛，而为此乎？将子有不善之行，愧遗父母妻子之丑⑥，而为此乎？将子有冻馁之患，而为此乎？将子之春秋故及此乎⑦？”

于是语卒，援髑髅⑧，枕而卧。夜半，髑髅见梦曰⑨：“子之谈者似辩士⑩。视子所言，皆生人之累也⑪，死则无此矣。子欲闻死之说乎⑫？”

庄子曰：“然。”

髑髅曰：“死，无君于上，无臣于下；亦无四时之事，从然以天地为春秋⑬，虽南面王乐，不能过也。”

庄子不信，曰：“吾使司命复生子形⑭，为子骨肉肌肤，反子父母、妻子、闾里、知识⑮，子欲之乎？”

髑髅深矉蹙頞曰⑯：“吾安能弃南面王乐而复为人间之劳乎！”

【注释】

①髑髅（dú lóu）：骷髅，死人的头骨。②髐（xiāo）然：尸骨干枯的样子。有形：有似生人头颅之形状。③撽（qiào）：敲打旁击。马捶：马鞭。“捶”，同“箠”。④“夫子”二句：贪生：贪图享乐，纵欲无度。失理：背弃养生之理。为此：成为这样，即死亡。⑤将：抑或，表推测。⑥遗：遗留、留下之意。⑦春秋故：年事已高。享尽天年，本应如此。春秋，年纪。故，同“固”，本来。⑧援：牵到，拉过来之意。⑨见：现，显现。⑩辩士：名辩之士、善辩之人。⑪累：牵累、负担。⑫说：同“悦”，愉悦、快乐。⑬从然：放纵自如的样子。从，同“纵”。以天地为春秋：与天地同寿同在，一样恒久。⑭司命：主管人生死之神。⑮反：通“返”，归还。知识：朋友。⑯矉（pín）：通“颦”，皱眉头。蹙（cù）：蹙为皱。頞：同“额”。蹙頞，愁苦的样子。

【译文】

庄子到楚国去，途中见到一个骷髅，枯骨突露呈现出原形，庄子用马鞭从侧旁敲了敲，问道：“先生是贪求生命、失却真理，因而成了这样呢？抑或是遇上了亡国的大事，遭受刀斧的砍杀，因而成了这样呢？抑或有了不好的行为，担心给父母、妻子儿女留下耻辱，羞愧而死成了这样呢？抑或是遭受寒冷与饥饿的灾祸而成了这样呢？抑或是享尽天年而死去成了这样呢？”

庄子说罢，拿过骷髅，当作枕头睡去。到了半夜，骷髅给庄子显梦说：“你先前谈话的样子真像一个善于辩论的人。看你所说的那些话，全属于活人的拘累，人死了就没有上述的忧患了。你愿意听听人死后的快乐吗？”

庄子说：“好。”

骷髅说：“人一旦死了，在上没有国君的统治，在下没有官吏的管辖；也没有四季的操劳，从容安逸地把天地的长久看作是时令的流逝，即使南面为王的快乐，也不可能超过。”

庄子不相信，说：“我让主管生命的神来恢复你的形体，为你重新长出骨肉肌肤，归还你的父母、妻子儿女、左右邻里和朋友故交，你愿意这样吗？”

骷髅皱眉蹙额，深感忧虑地说：“我怎么能抛弃南面称王的快乐而再次经历人世的劳苦呢！”

【原文】

颜渊东之齐，孔子有忧色，子贡下席而问曰①：“小子敢问②，回东之齐，夫子有忧色，何邪？”

孔子曰：“善哉汝问！昔者管子有言③，丘甚善之，曰：‘褚小者不可以怀大，绠短者不可以汲深④。’夫若是者，以为命有所成而形有所适也⑤，夫不可损益。吾恐回与齐侯言尧舜黄帝之道，而重以燧人神农之言⑥。彼将内求于己而不得⑦，不得则惑，人惑则死。

“且女独不闻邪？昔者海鸟止于鲁郊⑧，鲁侯御而觞之于庙⑨，奏《九韶》以为乐⑩，具太牢以为膳⑪。鸟乃眩视忧悲⑫，不敢食一脔⑬，不敢饮一杯，三日而死。此以己养养鸟也，非以鸟养养鸟也。夫以鸟养养鸟者，宜栖之深林，游之坛陆⑭，浮之江湖，食之鳅鲦⑮，随行列而止⑯，委虵而处⑰。彼唯人言之恶闻，奚以夫譊譊为乎⑱！咸池九韶之乐，张之洞庭之野⑲，鸟闻之而飞，兽闻之而走，鱼闻之而下入，人卒闻之⑳，相与还而观之㉑。鱼处水而生，人处水而死。彼必相与异㉒，其好恶故异也。故先圣不一其能㉓，不同其事。名止于实㉔，义设于适㉕，是之谓条达而福持㉖。”

【注释】

①下席：离开座位，表示尊敬。②小子：对师长表示尊敬的谦称。敢问：请问。③管子：管仲，春秋齐国人，为相四十年，助齐桓公成就霸业。④“褚小”二句：褚（zhǔ）：盛衣物的袋子。怀大：装大的东西。绠（gěng）：汲水的井绳。汲深：从深井中汲水。⑤成：定。适：合适，适宜。⑥重：重视，推崇。言：主张。⑦彼：指齐侯。⑧海鸟：当指爰居。《国语·鲁语上》：“海鸟曰爰居，止于鲁东之外三日，臧文仲使国人祭之。”形似凤凰，古人视为神鸟。⑨御（yà）：迎。觞（shāng）：酒器，用作动词，指设酒宴招待。⑩《九韶》：舜

时的乐曲，共有九章，只有在隆重场合才演奏。⑪ 太牢：牛羊猪三牲齐备的祭祀规格。膳：所供饭食。⑫ 眩视：看得眼花。⑬ 脔（luán）：切成小块的肉。⑭ 坛陆：广阔的原野。坛，通“坦”。⑮ 鳝：泥鳅。鲦（tiāo）：白条鱼，小鱼。⑯ 行列：飞行时的行列。⑰ 委蛇（wēi yí）：通“逶迤”，从容自得的样子。⑱ 奚：何。譊（náo）譊：喧闹之声。⑲ “咸池”二句：咸池：黄帝时的乐曲。张：演奏。洞庭之野：广漠的原野。⑳ 人卒：众人。㉑ 还：同“环”，环绕。㉒ 彼：鱼与人。相与异：相互不同。㉓ 一其能：以为众人的才能都一样。㉔ 名止于实：名义要与实际相符。㉕ 义设于适：义理要适宜。㉖ 条达：条理通达。福持：长久保持福分。

【译文】

颜渊东去齐国，孔子面有忧色。子贡离开座位，问道：“学生请问老师，颜渊东去齐国，老师您面有忧色，这是为什么呢？”

孔子说：“你问得很好。当初管仲有句话，我认为说得很好，他说：‘小袋子不能装大东西，短绳子汲不了深井水。’之所以如此，是因为命运各有所定，形体各有所宜，不能够随意增加或减少。我担心颜渊向齐侯谈论黄帝与尧舜之道，又推崇燧人氏、神农氏的主张。齐侯听了就会反思自己，而无法做到，做不到就会产生疑惑，而使人疑惑就可能被置于死地。

“况且，你难道没有听说过吗？从前有一只海鸟停留在鲁都郊外，鲁侯把它迎进庙堂，设酒宴招待，并演奏《九韶》之乐助兴，备太牢之膳为食。海鸟却眼花缭乱，忧愁悲伤，不敢吃一块肉，不敢饮一杯酒，三天就死了。这是用养人的方法养鸟，不是以养鸟的方法养鸟。用养鸟的方法养鸟，就应该让鸟栖息在深林里，漫游在原野中，浮沉于江湖之上，捕食小鱼小虾，结队飞行，自由自在地生活。鸟类最讨厌听到人的声音，为什么还要对它大声喧闹不止呢！那些《咸池》《九韶》一类的乐曲，演奏在旷野之上，鸟听了高飞，兽听了远走，鱼听了潜入水底，而众人听了，就会围上来观赏。鱼在水里就能生存，人在水里却要淹死。人与鱼秉性各异，好恶也就不同。所以古代圣人不认为众人的才能都是一样的，也就不让众人承担相同的事务。名义要与实际相符，义理讲求适宜，这就叫条理畅达而保持福分。”

【原文】

列子行食于道从[①]，见百岁髑髅[②]，攓蓬而指之曰[③]：“唯予与汝知而未尝死，未尝生也[④]。若果养乎？予果欢乎？[⑤]”

【注释】

① 列子：见《逍遥游》注。行食：出行途中造饭而食。道从：道旁。此段与《列子·天瑞》篇所载基本相同。② 百岁髑髅：形容骷髅年代很久。③ 攓（qiān）：同“搴”，拔取。蓬：蒿草。骷髅隐于草下，列子拔去蒿草，指而言之。④ “唯予”二句：予：列子自称。汝：指髑髅。未尝死，未尝生：从列子地位看骷髅是死，自己是生；而从骷髅地位看，列子是死，自己是生。实则生死是无穷转化过程，推至极处，本无生死。所以从根本上说，死亦

未曾死，生亦未曾生。⑤“若果”二句：若：你，指骷髅。养：俞樾认为“养”读为“恙”，作“优”解。从上下句看，养与欢对，亦当为忧义。予：列子自称。

【译文】

列子外出游玩，在道旁吃东西，看见一个上百年的死人的头骨，便拔掉周围的蓬草指着骷髅说：“只有我和你知道你是不曾死，也不曾生的道理。你果真忧愁吗？我又果真快乐吗？”

【原文】

种有几[①]，得水则为继[②]，得水土之际则为蛙蠙之衣[③]，生于陵屯则为陵舄[④]，陵舄得郁栖则为乌足[⑤]。乌足之根为蛴螬[⑥]，其叶为胡蝶。胡蝶胥也化而为虫[⑦]，生于灶下，其状若脱[⑧]，其名为鸲掇[⑨]。鸲掇千日为鸟，其名为乾余骨[⑩]。乾余骨之沫为斯弥[⑪]，斯弥为食醯[⑫]。颐辂生乎食醯[⑬]，黄軦生乎九猷[⑭]，瞀芮生乎腐蠸[⑮]。羊奚比乎不箰[⑯]，久竹生青宁[⑰]；青宁生程[⑱]，程生马，马生人，人又反入于机[⑲]。万物皆出于机，皆入于机。

【注释】

①种：物种。几：精微。指物种包含的精微本质，潜存着运动变化的因由。②：同“继”，水中断续如丝的低级生物。③蛙蠙之衣：生长在水边，覆盖在水面上的水藻、浮萍之类。因蛙蚌常隐蔽于其下，故名蛙蠙之衣。蠙（pín），能产珍珠的蚌类。衣，覆盖之物。④陵屯：高爽之地。陵舄（xì）：车前草，一种生长在路边的野草，俗称车轱辘菜。上面是说含有同等精微本质的物种，因所遇条件不同而化生不同形态，有、有蛙蠙之衣、有陵舄等。⑤郁栖：栖息于粪土之中。乌足：草名。⑥蛴螬（qí zāo）：俗称地蚕，金龟子幼虫，生在粪壤中，并非乌足根所化。⑦胥：须臾，形容时间甚短。⑧脱：同“蜕”，蜕皮。⑨鸲掇（qú duō）：虫名，其状柔嫩，像刚刚脱皮的样子。⑩乾余骨：鸟名，不知何鸟。⑪斯弥：虫名，未详。⑫食醯（xī）：食醋。⑬颐辂（lú）：醋放久了，孳生出的一种小飞虫，称蠛蠓，与蚋相似。故《荀子·劝学》篇有“醯酸而蚋聚焉”之说。⑭黄軦：虫名。九猷：虫名。⑮瞀芮（mào ruì）：蠓虫之类。腐蠸：《列子》张湛注以为：“瓜中黄甲虫也。”成玄英疏以为萤火虫。⑯羊奚：钟泰《庄子发微》：“羊奚疑即竹蓐，一名竹菰。”《本草》云：“竹茸生枯竹根节上，似木耳而色赤，可作食用及药用。”此说较为可信。比：并连。不箰：不生笋之竹。⑰久竹：老竹。青宁：竹根虫。⑱程：赤虫名。殷敬顺《列子释文》引《尸子》：“程，中国谓之豹，越人谓之模。”解程为豹，亦属推测。⑲机：同“几”，即“种有几”之“几”。万物由精微之本质化生出来，因环境条件不同而表现为千差万别，最后化而成人，人又复归于几。

【译文】

物类千变万化，源起于微细状态的“几”，有了水的滋养便会逐步相继而生，处于陆地和水面的交接处就形成青苔，生长在山陵高地就成了车前草，车前草获得粪土的滋养长成乌足，乌足的根变化成土蚕，乌足的叶子变化成蝴蝶。蝴蝶很快又变化成为虫，生活在灶下，那样子就像是蜕皮，它的名字叫作鸲掇。鸲掇一千天以后变化成为鸟，它的名字叫作乾余骨。乾余骨的唾沫长出虫子斯弥，斯弥又生出蠛蠓。颐辂从蠛蠓中形成，黄軦从九猷中长出，蠓子则产生于萤火虫。羊奚草跟不长笋的老竹相结合，老竹又生出青宁虫，青宁虫生出赤虫，赤虫生出马，马生出人，而人又返归造化之初的浑沌中。万物都产生于自然的造化，又全都回返自然的造化。

达生

【题解】

本篇的主旨是养生，所谓“达生”，乃养身以畅达生命之意。作者认为生命为自然所赋予，人对它无可奈何，所能做的是使自己“形全精复，与天为一”，也就是说要看破生死，去除功名等杂念，调节饮食色欲，以求心地纯净，达到“神全”的境界，这样才算得上达生。

【原文】

达生之情者[①]，不务生之所无以为[②]；达命之情者，不务命之所无奈何[③]。养形必先之以物，物有余而形不养者有之矣；有生必先无离形[④]，形不离而生亡者有之矣[⑤]。生之来不能却[⑥]，其去不能止。悲夫！世之人以为养形足以存生；而养形果不足以存生，则世奚足为哉[⑦]！虽不足为而不可不为者[⑧]，其为不免矣。

夫欲免为形者[⑨]，莫如弃世[⑩]。弃世则无累，无累则正平[⑪]，正平则与彼更生[⑫]，更生则几矣[⑬]。事奚足弃而生奚足遗？弃事则形不劳，遗生则精不亏[⑭]。夫形全精复，与天为一。天地者，万物之父母也，合则成体，散则成始[⑮]。形精不亏，是谓能移[⑯]；精而又精[⑰]，反以相天[⑱]。

【注释】

①达：明白。生：养生。情：情理。②务：求，努力去做。生：性。无以为：无以为用，无法用。③无奈何：无能为力。④无：毋。离形：脱离形体，即死。⑤形不离而生亡：形体虽未离去而心已死，即是生亡。⑥却：推却，拒绝。⑦奚足为：何足为，不足为。⑧不可不为：如果不顾，难以活命，故说不可不为。⑨为形：为形体操劳。⑩弃世：摒弃世俗事物。⑪正平：心性纯正平和。⑫彼：形体。更生：新生。⑬几：庶几，差不多。这里指接近“免为形”。⑭精不亏：精神不会受到损耗。⑮“合则”二句：天地相合生成万物的形体，天地分离成为宇宙之本初。⑯能移：能随天地的变化而变化。⑰精而又精：使精神上不断完美。⑱相：辅佐。

【译文】

明白养生情理的人，不追求生命所不必要的东西；通达性命实情的人，不追求命运所无可奈何的事。保养形体必须先有物质保证，不过物资绰绰有余却保养不了身体的人也是有的；保存生命必须不脱离形体，然而形体虽未脱离而生命却死亡了的人也是有的。生命来临不能推却，生命离去也无法阻留。可悲呀！世上的人以为保养好身体就足以保全性命，然而只保养身体确实不足以保全性命，那么世人养性保命的方法也就不值得去干了。但是，即使不值得干却又不得不干的原因，是因为它们实在是不可避免的！

要想免除养形的劳累，最好是摒弃世俗的一切。摒弃一切就没有牵累，没有牵累就会心性纯正平和，心性纯正平和就会和形体一起获得新生，获得新生也就接近了免除养形劳累的境界了。世事为什么值得抛弃？人生为什么值得忘怀？抛弃世事则形体不劳累，忘怀人生则精神不消耗。形体健全，精神复元，就能与天道合为一体。天地是万物的父母，天地阴阳结合就生成万物的形体，天地消散则回归到宇宙之本初。形体与精神不亏损，就叫能与天地一起变化推移。精益求精，反过来能辅助天道。

【原文】

子列子问关尹曰[①]："至人潜行不窒[②]，蹈火不热，行乎万物之上而不慄[③]。请问何以至于此？"

关尹曰："是纯气之守也[④]，非知巧果敢之列。居[⑤]，予语女。凡有貌象声色者，皆物也，物与物何以相远？夫奚足以至乎先[⑥]？是形色而已。则物之造乎不形而止乎无所化[⑦]，夫得是而穷之者[⑧]，物焉得而止焉[⑨]！彼将处乎不淫之度[⑩]，而藏乎无端之纪[⑪]，游乎万物之所终始，一其性，养其气[⑫]，合其德，以通乎物之所造[⑬]。夫若是者，其天守全[⑭]，其神无郤，物奚自入焉[⑮]！

"夫醉者之坠车，虽疾不死[⑯]。骨节与人同而犯害与人异[⑰]，其神全也[⑱]，乘亦不知也，坠亦不知也，死生惊惧不入乎其胸中，是故遻物而不慴[⑲]。彼得全于酒而犹若是，而况得全于天乎[⑳]？圣人藏于天[㉑]，故莫之能伤也。

复仇者不折镆干[㉒]，虽有忮心者不怨飘瓦[㉓]，是以天下平均[㉔]。故无攻战之乱，无杀戮之刑者，由此道也。不开人之天，而开天之天[㉕]，开天者德生[㉖]，开人者贼生[㉗]。不厌其天，不忽于人[㉘]，民几乎以其真[㉙]！"

【注释】

①子列子：即列子，名御寇。见《逍遥游》《列御寇》诸篇，古人称谓老师时，在姓氏前加子，如子墨子、子华子之类，以表示恭敬。关尹：为春秋时函谷关令，以官职为姓，称关尹，又称关令尹。据《史记》载，老子西去至关，关令尹让其著书上下篇五千言。在本书《天下》篇，将关尹、老聃列为同一学派，对其思想理论有所评介，可参看。《神仙传》亦有关尹的一些记载，多属无稽之谈。②潜行不窒：潜入水底行走而不窒塞。③慄：恐惧。④纯气之守：保守纯和之气，使心志专一。⑤居：坐下。⑥奚：何。至乎先：在他物之先、之上。这句话的意思是，凡有形象声色之物，都是同等的，谁有资格处先居上呢？⑦不形：无形，指道。无所化：虚静无为之道体。万物都复归于它，终止于它。

⑧是：此，指万物生化之理。穷：穷尽。⑨止：限定，留止。通达万物生化之理，就不会以具体事物为意，不会受其限定。⑩彼：指得道之至人。不淫之度：恰到好处的界限。⑪藏：冥合，暗中相合之意。无端之纪：指大道循环无穷而又推移日新之纲纪。纪，纪纲。⑫养其气：涵养存养其精神。⑬物之所造：物之创造者，指自然。因万物皆由天地自然所创生。⑭天守全：持守自然之道完备无亏缺。⑮物奚自入：世俗事物从何处能入侵于心。⑯疾：快。言其快速从车上摔下来。⑰犯害：受害、受伤。⑱神全：精神凝聚完备、不分散。⑲遻（wǔ）：同"迕"，逆。慴（shè）：惊惧。⑳得全于天：与天守全意同，持守完备之自然之道。㉑藏于天：持守自性与天道冥合。㉒折：折断、损坏。镆干：干将、镆铘之简称。传说为楚国一对善于铸剑的夫妻，男名干将，女名镆铘。后来变为宝剑的代名。此句意思是说：仇人用宝剑伤我，我只找仇人报仇，不会罪及宝剑，要把它折断，因为剑是无意的。㉓忮（zhì）心：忌恨之心。飘瓦：被风吹落的瓦片。这句的意思是，即使忌恨报复心极重的人，被风吹落的瓦片砸伤，他也不会报怨瓦片，因为瓦片是无心的。㉔平均：平等无争心。无心故不相怨而无争。㉕不开人之天，而开天之天：不开启人之智慧，运用智巧去处理事务。而开启自性，不运用思虑智巧，循性而动，顺乎自然而无心。㉖德生：循性而动，则能培养出好道德。㉗贼生：运用智巧，则生贼害之心。㉘"不厌"二句：厌：满足。不满足于对自性的修养，还要坚持不懈。不忽于人：不忽略人对天理之认识。忽，忽略、忽视。㉙以其真：按本性行事。真，自性、本性。

【译文】

列子问关尹说："道德修养臻于完善的至人潜行水中却不会感到窒塞，跳入火中却不会感到灼热，行走于万物之上也不会感到恐惧。请问为什么能达到这样的境界？"

关尹回答说："这是持守纯和之气的缘故，并不是智巧、果敢所能做到的。坐下，我告诉你，大凡具有面貌、形象、声音、颜色的东西，都是人，那么人与人之间又为什么差异很大，区别甚多？同样是具有形色的东西，有些人怎能超在他人前面呢？而至人能达到不显露形色而留足于无所变化的境界，懂得这个道理而且深明内中的奥秘，他物又怎么能控制或阻遏住他呢！至人要处在本能所为的限度内，藏身于无端无绪的混沌中，游乐于万物或灭或生的变化环境里，本性专一不二，元气保全涵养，德行相融相合，从而使自身与自然相通。像这样的人，他的禀性持守保全，他的精神没有亏损，外物又从什么地方侵入呢！

"醉酒的人坠落车下，虽然满身是伤却没有死去。他的骨骼关节跟别人一样而受到的伤害却跟别人不同，是因为他的神思高度集中，乘坐在车子上也没有感觉，即使坠落地上也不知道，死、生、惊、惧全都不能进入到他的思想中，所以遭遇外物的伤害却完全没有惧怕之感。那个人从醉酒中获得保全完整的心态尚且能够如此忘却外物，何况从自然之道中忘却外物而保全完整心态的人呢？圣人藏身于自然，所以没有什么能够伤害他。

"复仇的人并不会去折断曾经伤害过他的宝剑，即使常存忌恨之心的人也不会怨恨那偶然飘来无心地伤害到他的瓦片，这样一来天下也就太平安宁。没有攻城野战的祸乱，没有残杀戮割的刑罚，全因为遵循了这个道理。不要开启人为的思想与智巧，而要开发自然的真性，开发了自然的真性则随遇而安，获得生存，开启人为的思想与智巧，就会处处使生命受到残害。不要厌恶自然的禀赋，也不忽视人为的才智，人们也就几近纯真无伪了！”

【原文】

仲尼适楚，出于林中①，见痀偻者承蜩②，犹掇之也。

仲尼曰：“子巧乎！有道邪③？”

曰：“我有道也。五六月累丸二而不坠④，则失者锱铢⑤；累三而不坠，则失者十一；累五而不坠，犹掇之也。吾处身也⑥，若橛株枸⑦；吾执臂也⑧，若槁木之枝；虽天地之大，万物之多，而唯蜩翼之知。吾不反不侧⑨，不以万物易蜩之翼⑩，何为而不得！”

孔子顾谓弟子曰：“用志不分，乃凝于神⑪，其痀偻丈人之谓乎！”

【注释】

①出：经过。②痀偻（jū lóu）：驼背。承蜩：捕蝉。在竹竿顶部粘胶，把蝉粘住。③巧：熟练。道：窍门。④五六月：练习的时间五到六个月。累：重叠。⑤锱铢（zī zhū）：比喻极少。古代六铢为一锱，四锱为一两。⑥处身：立定身体。⑦橛：木桩，用作动词。枸：止。⑧执臂：控制手臂。⑨不反不侧：不回头，不斜视，形容心神专一。反、侧，指变动。⑩易：改变。⑪凝：凝聚，专注。

【译文】

孔子前往楚国，经过一片树林，见到一位驼背老人从树上粘蝉，就像从地上拾取东西一样轻而易举。

孔子问：“您真灵巧呀，有什么窍门吗？”

老人回答：“当然有。我经过五六个月的练习，在竹竿梢上可以垒二个丸子而不落地，粘蝉的时候，失手就很少了；垒三个丸子不掉，失手不过十分之一；垒五个丸子不掉，粘蝉就像从地上捡一样容易了。当粘蝉时，我立定身体，像树桩一样纹丝不动；我举起胳膊，像枯树枝一样。虽然天地广大，万物繁多，我却只看见蝉的翅膀。我头也不回，目不斜视，不因任何事物转移我对蝉翅膀的注意力，为什么会粘不到蝉！”

孔子回过头来对弟子们说：“心不二用，精神凝聚专一，就是说的驼背老人呀！”

【原文】

颜渊问仲尼曰：“吾尝济乎觞深之渊，津人操舟若神①。吾问焉②，曰：‘操舟可学邪？’曰：‘可。善游者数能③。若乃夫没人④，则未尝见舟而便操之也。’吾问焉而不吾告，敢问何谓也？”

仲尼曰：“善游者数能，忘水也。若乃夫没人之未尝见舟而便操之也，彼视渊若陵，视舟之覆犹其车却也⑤。覆却万方陈乎前而不得入其舍，恶往而不暇⑥！以瓦注者巧⑦，以钩注者惮⑧，以黄金注者殙⑨。其巧一也⑩，而有所矜⑪，则重外也⑫。凡外重者内拙⑬。"

【注释】

①津人：在渡口上撑船之人。②焉：于此，指"操舟若神"之事。③善游者：擅长游水的人。数能：多次练习则可学会。④若乃：至于。没人：能长时间潜入水中，精通水性之人。⑤却：退却。⑥暇：闲暇，悠闲、从容不迫。⑦注：睹注。巧：碰巧、恰巧。瓦片为轻贱之物，输赢皆不在意，没有思想负担，听其自然，反而常常碰巧命中。⑧钩：腰带环，以银或铜制，比瓦稍贵重。惮：担心害怕。这句的意思是，以钩为赌注，想胜怕负而又心中无底，故心虚气馁，反而易负。⑨殙（hūn）：同"惛"，心绪昏乱。⑩其巧一也：碰巧得胜的机会都是一样的。⑪矜（jīn）：危惧。⑫外：身外之物，如带环、黄金之类。⑬拙：笨拙。

【译文】

颜渊问孔子说："我曾经在觞深渊渡河，摆渡人驾船的技巧实在神妙。我问他：'驾船可以学习吗？'摆渡人说：'可以的。善于游泳的人很快就能驾船。假如是善于潜水的人，即使他不曾见到船也会熟练地驾船。'我进而问他怎样学习驾船而他却不再回答我。请问他的话是什么意思呢？"

孔子回答说："善于游泳的人很快就能学会驾船，这是因为他忘了对水的恐惧。至于那善于潜水的人不曾见到过船也能熟练地驾驶船，是因为在他眼里深渊就像是陆地上的小丘，其看待船翻犹如车子倒退一样。船的覆没和车的倒退以及各种景象展现在他眼前，也不能扰乱他的内心，他到哪里不从容自得！用瓦器作为赌注的人心地坦然而格外技高，用金属带钩作为赌注的人而心存疑惧，用黄金作为赌注的人则头脑发昏内心迷乱。各种赌注碰巧得胜的机会都是一样的，而有所顾惜，便重视外物。大凡对外物看得过重的人，其内心就笨拙。"

【原文】

田开之见周威公①。威公曰："吾闻祝肾学生②，吾子与祝肾游，亦何闻焉？"

田开之曰："开之操拔篲以侍门庭③，亦何闻于夫子！"

威公曰："田子无让④，寡人愿闻之。"

开之曰："闻之夫子曰：'善养生者，若牧羊然，视其后者而鞭之。'"

威公曰："何谓也？"

田开之曰："鲁有单豹者⑤，岩居而水饮，不与民共利⑥，行年七十而犹有婴儿之色，不幸遇饿虎，饿虎杀而食之。有张毅者，高门县薄⑦，无不走也，行年四十而有内热之病以死。豹养其内而虎食其外，毅养其外而病攻其内⑧，此二子者，皆不鞭其后者也⑨"。

仲尼曰："无入而藏⑩，无出而阳⑪，柴立其中央⑫。三者若得，其名必极。夫畏涂者[13]，十杀一人[14]，则父子兄弟相戒也，必盛卒徒而后敢出焉[15]，不亦知乎！人之所取畏者[16]，衽席之上[17]，饮食之间；而不知为之戒者，过也！”

祝宗人玄端以临牢筴[18]，说彘曰：“汝奚恶死？吾将三月豢汝[19]，十日戒，三日齐[20]，藉白茅[21]，加汝肩尻乎彫俎之上[22]，则汝为之乎？”为彘谋，曰不如食以糠糟而错之牢筴之中[23]，自为谋，则苟生有轩冕之尊，死得于腞楯之上、聚偻之中则为之[24]。为彘谋则去之，自为谋则取之，所异彘者何也[25]？

【注释】

①田开之：人名，姓田，名开之，事迹不详。周威公：《史记·周本纪》：“考王封其弟于河南，是为桓公，以续周公之官职。桓公卒，子威公代立。”当即指此人。考王在位时间是公元前440年—前426年，为战国初期。②祝肾：人名。学生：学练养生之道。③操拔篲：作洒扫之杂务。④让：推辞、谦让。⑤单豹：人名，鲁国隐者。⑥共利：同利。利同则相争，不同利则无争。⑦高门：富贵之家。县薄：悬垂帘以代门，为贫寒之家。县，同“悬”，薄，垂帘。⑧外：形体。内：精神心性。庄子认为，这两个人各有一偏，单豹注重修养内心精神，不注重使形体远害，而为老虎吃掉。张毅广交富贵与贫寒之家，可使身体远害，却又用心太过而病故。⑨鞭其后：如对二人不足的方面加以鞭策，则有助于养生。⑩入而藏：进入而又深藏，则是过分注重隐藏。⑪出而阳：出外而又显露，则过分张扬。⑫柴：枯木，比喻无心无欲之物。像枯木一般无知无欲地立于中道。⑬畏塗：危险的道路，路上有强盗杀人越货，人不敢行。塗，同“途”。⑭十杀一人：指从此路经过，十人中就有一人被杀。⑮盛卒徒：聚集众人一块，方敢通行。卒徒，徒众、众人。⑯取畏：自取祸患。⑰衽（rèn）席：卧席。衽席之上男女色欲过度，足以害身。⑱祝宗人：掌管祭祀祝祷之官。玄端：掌管祭祀之官穿的斋服，黑色，端正。牢筴：猪栏，猪圈。⑲豢（huàn）：用谷物饲养。⑳戒、齐：祭前洁净身心的仪式。齐，同“斋”。㉑藉白茅：如《在宥》篇的“席白茅”，把白茅草铺在神座和祭物下面，以示洁净。㉒尻（kāo）：臀部，即猪后鞧肉。彫俎（zǔ）：在俎上雕有图案花纹之类。俎，祭祀时盛肉的礼器，有青铜制和木制漆饰的。㉓错：放置。㉔腞楯（zhuàn xún）：送葬载灵柩之车。聚偻：棺椁上面放的众多装饰物。㉕所异彘者何也：与猪不同处又在哪里呢。

【译文】

田开之拜见周威公。周威公说：“我听说祝肾在学习养生，你跟祝肾交游，从他那儿听到过什么呢？”

田开之说：“我只不过拿起扫帚来打扫门庭，又能从先生那里听到什么！”

周威公说：“先生不必谦虚，我希望能听到这方面的道理。”

田开之说：“听先生说：‘善于养生的人，就像是牧羊似的，看到落后的便用鞭子赶一赶。’”

周威公问：“这话说的是什么意思呢？”

田开之说："鲁国有个叫单豹的，山居而饮水，不跟任何人争利，活了七十岁还有婴儿一样的面容，不幸遇上了饿虎，饿虎扑杀并吃掉了他。另有一个叫张毅的，大户小家，没有不往来的，活到四十岁便患内热病而死去。单豹注重内心世界的修养，可是老虎却吞食了他的身体，张毅注重身体的调养，可是疾病攻入体内，这两个人，都不能弥补自己的不足。"

孔子说："不要进入荒山野岭把自己深藏起来，也不要投进世俗而使自己处处显露，要像槁木一样站立在两者中间。倘若以上三种情况都能做到，可称至人。要是路有劫贼行人怯畏，十个行人有一个人被杀害，那么父子兄弟便会相互提醒戒备，必定要使随行的徒众多起来方敢外出，这不是很聪明吗！人自取祸患的，还是男女之事、口腹之欲，却不知道警戒，这实在是过错！"

主持宗庙祭祀的官吏穿好礼服戴上礼帽来到猪圈边，对着栅栏里的猪说："你为什么要怕死呢？我将喂养你三个月，用十天为你上戒，用三天为你作斋，铺垫上白茅，然后把你的肩胛和臀部放在雕有花纹的祭器上，你愿意这样吗？"为猪打算，就不如吃糠咽糟而关在猪圈里；为自己打算，就希望活在世上有高贵荣华的地位，死后则能盛装在绘有文彩的柩车上和棺椁中。为猪打算就会舍弃白茅、彫俎之类的东西，为自己打算却想求取这些东西，这和猪有什么不同呢？

【原文】

桓公田，于泽，管仲御，见鬼焉。公抚管仲之手曰："仲父何见？"对曰："臣无所见。"

公反，诶诒为病[①]，数日不出。齐士有皇子告敖者曰："公则自伤，鬼恶能伤公！夫忿滀之气[②]，散而不反，则为不足；上而不下[③]，则使人善怒；下而不上，则使人善忘；不上不下，中身当心，则为病。"

桓公曰："然则有鬼乎？"

曰："有。沈有履[④]，灶有髻。户内之烦壤[⑤]，雷霆处之[⑥]；东北方之下者，倍阿鲑蠪跃之；西北方之下者，则泆阳处之。水有罔象[⑦]，丘有峷[⑧]，山有夔[⑨]，野有彷徨，泽有委蛇。"

公曰："请问，委蛇之状何如？"

皇子曰："委蛇，其大如毂[⑩]，其长如辕，紫衣而朱冠。其为物也，恶闻雷车之声[⑪]，则捧其首而立。见之者殆乎霸[⑫]。"

桓公辴然而笑曰[⑬]："此寡人之所见者也。"于是正衣冠与之坐，不终日而不知病之去也[⑭]。

【注释】

①诶诒（éi dài）：因惊吓失魂出呓语，自言自笑。②忿滀（xù）：怒气郁结。滀为水停聚的样子，引申为蓄愤，郁结。③上：怒气滞留在身体上部，不能上下贯通。④沈：污水聚积之处。履：污水聚集处之鬼名。⑤烦壤：打扫房间积下之灰尘垃圾等。⑥雷霆：鬼名。

⑦罔象：又作“无伤”，水神名，状如小儿，黑色、赤爪，大耳、长臂。⑧崒（xīn）：怪兽，状如狗，有角，身上有五彩花纹。⑨夔（kuí）：一足兽，见《秋水》注。⑩毂（gǔ）：车轮中心套轴的圆木，又代表车轮。⑪恶：丑陋。雷车：田猎之战车奔跑轰鸣，响声如雷，故名雷车。⑫殆乎霸：近于成为霸主。殆，近。⑬辴（zhèn）然：欢笑之态。⑭不终日：不满一日。

【译文】

齐桓公在野泽中打猎，管仲替他驾车，桓公见到了鬼。桓公拉住管仲的手说：“仲父，你见到了什么？”管仲回答：“我没有见到什么。”

桓公打猎回来，受惊吓而生了病，好几天都不出门。齐国有个士人叫皇告敖的对齐桓公说：“您是自己伤害了自己，鬼怎么能伤害您呢！身体内部郁结着气，精魂就会离散而不返归于身，对来自外界的骚扰也就缺乏足够的精神力量。郁结着的气上通而不能下达，就会使人易怒；下达而不能上通，就会使人健忘；不上通又不下达，郁结内心而不离散，那就会生病。”

桓公说：“那么有鬼吗？”

告敖回答：“有。水中污泥里有叫履的鬼，灶里有叫髻的鬼。门户内的各种烦攘，是雷霆之鬼待的地方；东北的墙下，有名叫倍阿鲑蠪的鬼在跳跃；西北方的墙下，有名叫泆阳的鬼住在那里。水里有水鬼罔象，丘陵里有山鬼崒，大山里有山鬼夔，郊野里有野鬼彷徨，草泽里还有一种名叫委蛇的鬼。”

桓公接着问：“请问，委蛇的形状怎么样？”

告敖回答：“委蛇，身躯大如车轮，长如车辕，身紫而头红。这种鬼，最怕听到雷车的声音，一听见就两手捧着头站着。见到了他的人恐怕也就成了霸主了。”

桓公听了后开怀大笑，说：“这就是我所见到的鬼。”于是整理好衣帽跟皇告敖坐着谈话，不到一天时间病也就不知不觉地消失了。

【原文】

纪渻子为王养斗鸡。

十日而问：“鸡可斗已乎①？”曰：“未也，方虚憍而恃气②。”

十日又问，曰：“未也，犹应向景③。”

十日又问，曰：“未也，犹疾视而盛气。”

十日又问，曰：“几矣，鸡虽有鸣者，已无变矣④，望之似木鸡矣，其德全矣⑤，异鸡无敢应⑥，见者反走矣⑦。”

【注释】

①已：训练好了。②方：正是。虚憍：色厉内荏。憍，同“骄”。恃气：凭意气办事。③犹：还。应向景：听到别的鸡的声响，看到别的鸡的影子还有反应。向，同“响”。景，同“影”。④无变：没有变化。⑤德全：德行完美。⑥异鸡：其他的鸡。应：应战。⑦走：跑。

【译文】

纪渻子为齐宣王训练斗鸡。

十天以后宣王来问："鸡训练好了吗？"纪渻子回答："没有，眼下还色厉内荏，自恃意气。"

十天后又问，回答说："还没有，对其他鸡的声响和影子还有反应。"

十天后再问，回答说："仍没有，还整日怒目而视，气焰嚣张。"

十天后再来问，回答说："差不多了，虽然听见别的鸡叫，却已毫无反应，看上去就像是一只木鸡，它的德行已经完善了。其他的鸡见了不敢应战，掉头就跑了。"

【原文】

孔子观于吕梁，县水三十仞①，流沫四十里②，鼋鼍鱼鳖之所不能游也。见一丈夫游之，以为有苦而欲死也，使弟子并流而拯之③。数百步而出，被发行歌而游于塘下④。

孔子从而问焉，曰："吾以子为鬼⑤，察子则人也。请问，蹈水有道乎⑥？"

曰："亡，吾无道。吾始乎故⑦，长乎性，成乎命。与齐俱入，与汩偕出⑧，从水之道而不为私焉⑨。此吾所以蹈之也。"

孔子曰："何谓始乎故，长乎性，成乎命？"

曰："吾生于陵而安于陵⑩，故也；长于水而安于水，性也；不知吾所以然而然，命也。"

【注释】

①县水：瀑布。仞：古代长度单位，周制八尺为仞，汉制七尺为仞。②流沫：瀑布泻下溅起的水沫。③并：傍。拯：援救。④被发：披散着头发。行歌：边走边哼着歌谣，显出潇洒悠闲的样子。塘下：岸边。⑤以子为鬼：孔子以为那个人一定淹死了，故而把他当成鬼。⑥蹈水：踩水、游水。⑦故：习惯。⑧汩（gǔ）：涌出之漩涡。⑨不为私：顺水之性，不按己之私意妄动。⑩陵：山地。

【译文】

孔子在吕梁观赏，瀑布高悬二三十丈，冲刷而起的激流和水花远达四十里，鼋、鼍、鱼、鳖都不敢在这一带游水。只见一个壮年男子游在水中，还以为是有痛苦想寻死的，便派弟子顺着水流去拯救他。忽见那壮年男子游出数百步远而后露出水面，披着头发吟歌游到岸下。

孔子紧跟在他身后问他，说："我还以为你是鬼，仔细观察你却是个人。请问，游水也有什么特别的门道吗？"

那人回答："没有什么特别的方法。我起初是故常，长大是习性，有所成就在于自然。我跟水里的漩涡一块儿下到水底，又跟向上的涌流一道游出水面，顺着水势而不作任何违拗。这就是我游水的方法。"

孔子说："什么叫作'起初是故常，长大是习性，有所成就在于自然'呢？"

那人又回答："我出生于山地就安于山地的生活，这就叫作故常；长大了又生活在水边就安于水边的生活，这就叫作习性；不知道为什么会这样而这样生活着，这就叫作自然。"

【原文】

梓庆削木为鐻[①]，鐻成，见者惊犹鬼神。鲁侯见而问焉，曰："子何术以为焉[②]？"

对曰："臣工人，何术之有！虽然，有一焉。臣将为鐻，未尝敢以耗气也[③]，必齐以静心[④]。齐三曰，而不敢怀庆赏爵禄[⑤]；齐五日，不敢怀非誉巧拙[⑥]；齐七日，辄然忘吾有四枝形体也[⑦]。当是时也，无公朝[⑧]，其巧专而外滑消[⑨]；然后入山林，观天性；形躯至矣，然后成见鐻，然后加手焉；不然则已。则以天合天[⑩]，器之所以疑神者[⑪]，其由是与！"

【注释】

①鐻（jù）：悬挂钟鼓之木架，形似虎，上面雕刻有精美生动的图案。②术：技艺、方法。③耗气：气指精神心神，耗气就是精神分散，心神不能凝注专一。④齐：同"斋"，斋戒。静心：使心志安静专一。⑤怀：思。庆赏：奖赏。⑥非誉：非为非难、指责，誉为赞誉。巧拙：精巧与笨拙。⑦辄然：不动的样子。枝：同"肢"。⑧无公朝：心中不存朝见君主之念。⑨外滑消：外界之扰乱完全排除。滑，乱。⑩以天合天：以己之自然天性与木之自然天性相合。⑪疑神：比如鬼神所造。疑，同"拟"。

【译文】

梓庆能削刻木头做鐻，鐻做成以后，看见的人无不惊叹好像是鬼神的功夫。鲁侯见到便问他，说："你用什么办法做成的呢？"

梓庆回答道："我是个做工的人，哪会有什么特别高明的技术！虽说如此，我还是有一种本事。我准备做鐻时，从不敢随便耗费精神，必定斋戒来静养心思。斋戒三天，不再怀有庆贺、赏赐、获取爵位和俸禄的思想；斋戒五天，不再心存非议、夸誉、技巧或笨拙的杂念；斋戒七天，已不为外物所动，仿佛忘掉了自己的四肢和形体。正当这个时候，我的心里已不存在见君主之念，智巧专一，而外界的扰乱全都消失。然后我便进入山林，观察各种木料的质地；选择好外形与体态最与鐻相合的，这时业已形成的鐻的形象便呈现于我的眼前，然后动手加工制作；不是这样我就不做。这就是用我木工的纯真本性融合木料的自然天性，制成的器物疑为神鬼功夫的原因，恐怕也就出于这一点吧！"

【原文】

东野稷以御见庄公，进退中绳，左右旋中规[①]。庄公以为文弗过也，使之钩百而反[②]。

颜阖遇之[③]，入见曰："稷之马将败[④]。"公密而不应[⑤]。

少焉，果败而反。公曰："子何以知之？"

曰："其马力竭矣。而犹求焉[⑥]，故曰败。"

工倕旋而盖规矩，指与物化而不以心稽[⑦]，故其灵台一而不桎[⑧]。忘足，屦之适也；忘要[⑨]，带之适也；忘是非，心之适也；不内变，不外从，事会之适也。始乎适而未尝不适者，忘适之适也。

【注释】

① 中：合于。绳为直线，规为弧线。言东野稷驾车前进后退，左右转弯，都能合于标准。② 钩百：驾驭车马兜一百个圈子。③ 颜阖：鲁之贤人。遇之：遇见东野稷驾车表演。④ 败：仆倒。⑤ 密：默。⑥ 求：驱赶不停。⑦ 稽：存留。⑧ 灵台：心。桎：通"窒"，滞塞之意。⑨ 要：同"腰"。忘记腰的粗细，带子就都合适。

【译文】

东野稷因为善于驾车而得见鲁庄公，他驾车时进退能够在一条直线上，左右转弯形成规整的弧形。庄公认为画圆也不过如此，于是要他转上一百圈后再回来。

颜阖遇上了这件事，入内会见庄公，说："东野稷的马一定会疲困的。"庄公默不作声。

不多久，东野稷果然马疲困而回。庄公便问颜阖："你怎么知道的？"

颜阖回答说："东野稷的马力气已经用尽，可是还要它转圈奔走，所以说必定会疲困的。"

工倕随手画来就胜过用圆规与矩尺画出的，手指跟随事物一道变化而不须用心留意，所以他心灵深处专一凝聚而不曾受过拘束。忘掉了脚，便是鞋子的舒适；忘掉了腰，便是带子的舒适；忘掉是非，便是内心的安适；不改变内心的持守，不顺从外物的影响，便是遇事的安适。本性常适而从未有过不适，也就是忘掉了安适的安适。

【原文】

有孙休者，踵门而诧子扁庆子曰[①]："休居乡不见谓不脩[②]，临难不见谓不勇[③]；然而田原不遇岁[④]，事君不遇世[⑤]，宾于乡里[⑥]，逐于州部[⑦]，则胡罪乎天哉[⑧]？休恶遇此命也？[⑨]"

扁子曰："子独不闻夫至人之自行邪？忘其肝胆，遗其耳目，芒然彷徨乎尘垢之外，逍遥乎无事之业，是谓为而不恃，长而不宰。今汝饰知以惊愚[⑩]，脩身以明污，昭昭乎若揭日月而行也[⑪]。汝得全而形躯[⑫]，具而九窍，无中道夭于聋盲跛蹇而比于人数亦幸矣[⑬]，又何暇乎天之怨哉！子往矣！"

孙子出。扁子入，坐有间，仰天而叹。弟子问曰："先生何为叹乎？"

扁子曰："向者休来，吾告之以至人之德，吾恐其惊而遂至于惑也[⑭]。"

弟子曰："不然。孙子之所言是邪？先王之所言非邪？非固不能惑是。孙子所言非邪？先生所言是邪？彼固惑而来矣，又奚罪焉！"

扁子曰："不然。昔者有鸟止于鲁郊，鲁君说之，为具太牢以飨之，奏九韶以乐之，鸟乃始忧悲眩视，不敢饮食。此之谓以己养养鸟也。若夫以鸟养养鸟者，宜栖之

深林，浮之江湖，食之以鳍鲦，委蛇而处，则安平陆而已矣[15]。今休，款启寡闻之民也[16]，吾告以至人之德，譬之若载鼷以车马，乐鴳以钟鼓也[17]。彼又恶能无惊乎哉！”

【注释】

①踵门：亲至其门，不经人引见。诧：诧异而发问。②谓：说。不脩：没有修养，品格不高。脩，同“修”。③临难：面临危难。不勇：不勇敢，不能见义勇为。④田原：田地，指在田间耕作。岁：好年景。⑤世：好世道，君主圣明之朝代。⑥宾：同“摈”，摈弃、抛弃。⑦逐：放逐，驱逐。⑧胡：可。⑨恶：怎么。⑩饰知：修饰自己的智慧。惊愚：惊醒愚昧之人。⑪昭昭乎：光明、明亮的样子。揭：举。⑫全而形躯：保全你的身体，使不遭杀害。而，同“尔”，你。⑬夭：夭折。跛蹇（jiǎn）：瘸腿。比：列。幸：侥幸。⑭遂：因。惑：迷惑。担心孙休听了关于至人的议论而震惊，因而更迷惑。⑮平陆：平地，荒野。⑯款启：仅仅开一个孔，言其为一孔之见，所见甚少。⑰鴳（yàn）：一种小鸟。

【译文】

有个名叫孙休的人，直接叩门求见扁庆子，惊诧地问道：“我安居乡里没人说过道德修养差，面临危难也没有人说过不勇敢；然而我的田地里却从未遇上过好年成，为国家出力也未遇上圣明的国君，被乡里所摈弃，受地方官放逐，而我对上天有什么罪过呢？我怎么会遇上如此的命运？”

扁子说：“你不曾听说过那道德修养极高的人的事迹吗？忘却自己的肝胆，也遗弃了自己的耳目，无心地纵放于世俗尘垢之外，自由自在地生活在不求建树的环境中，这就叫作有所作为而不自恃，做万物之长又不支配万物。如今你把自己打扮得很有才干用以惊吓众人，用修养自己的办法来突出他人的污秽，毫不掩饰地炫耀自己就像举着太阳和月亮走路。你得以保全你的身躯，具备了九窍，没有中道上夭折于聋、盲、跛、瘸而处于寻常人的行列，也真是万幸了，又有什么闲暇抱怨上天呢！你还是走吧！”

孙休走出屋子，扁子回到房里。不多一会儿，扁子仰天长叹，弟子问道：“先生为什么长叹呢？”

扁子说：“刚才孙休进来，我把道德修养极高的人的德行告诉给他，我真担心他会吃惊以至迷惑更深。”

弟子说：“不是这样。孙休所说的话是正确的吗？先生所说的话是错误的吗？错误的本来就不可能迷惑正确的。孙休所说的话是错误的吗？先生所说的话是正确的吗？他本来就因迷惑而来请教，又有什么过错呀！”

扁子说：“不是这样的。从前有只海鸟飞到鲁国都城郊外，鲁国国君很喜欢它，用太牢来宴请它，奏《九韶》乐来让它快乐，海鸟竟忧愁悲伤，眼花缭乱，不敢吃喝。这叫作按自己的生活习性来养鸟。假若是按鸟的习性来养鸟，就应当让它栖息于幽深的树林，浮游于大江大湖，让它吃泥鳅和小鱼，自由自在地生活在原野而已。如今的孙休，乃是管窥之见、孤陋寡闻的人，我告诉给他道德修养极高的人的德行，就好像用马车来托载小老鼠，用钟鼓的乐声来取悦小鴳雀一样。他又怎么会不感到吃惊啊！”

山木

【题解】

本篇由若干寓言故事组成，主要论述生逢乱世的避祸之道。作者认为乱世多患，动辄受害，因此要淡泊名利，有忍让屈从之心，顺从天道，只有如此才能避开祸患。这样的人生观和处世哲学，与庄子生逢战乱多难的时代环境有密切关系，带有消极避世的倾向。

【原文】

庄子行于山中，见大木①，枝叶盛茂，伐木者止其旁而不取也。问其故，曰："无所可用。"庄子曰："此木以不材得终其天年夫②！"

出于山，舍于故人之家。故人喜，命竖子杀雁而烹之③。竖子请曰："其一能鸣，其一不能鸣，请奚杀？"主人曰："杀不能鸣者。"

明日，弟子问于庄子曰："昨日山中之木，以不材得终其天年；今主人之雁，以不材死；先生将何处④？"

庄子笑曰："周将处乎材与不材之间。材与不材之间，似之而非也，故未免乎累⑤。若夫乘道德而浮游则不然⑥。无誉无訾⑦，一龙一蛇⑧，与时俱化，而无肯专为⑨；一上一下，以和为量⑩，浮游乎万物之祖⑪。物物而不物于物⑫，则胡可得而累邪！此神农、黄帝之法则也。若夫万物之情，人伦之传⑬，则不然。合则离，成则毁⑭，廉则挫，尊则议⑮，有为则亏，贤则谋⑯，不肖则欺，胡可得而必乎哉！悲夫！弟子志之，其唯道德之乡乎⑰！"

【注释】

①大木：大树。②不材：不成材。天年：按自然规律应有的寿命。③竖子：童仆。雁：鹅。④何处：何以自处。⑤未免乎累：不免于受牵累。因处于材与不材之间也不合天道。⑥若夫：至于。乘：顺应。浮游：随意漫游。不然：不会受拖累。⑦訾（zǐ）：诋毁。⑧一龙一蛇：或如龙般腾达，或如蛇般潜伏。⑨无肯：不愿。专为：固守一端。⑩和：和顺。量：量度。引申为标准。⑪万物之祖：未曾有物之前的虚无境界。⑫物物：主宰外物。不物于物：不为外物主宰。⑬人伦之传：人类的习俗。⑭成则毁：有成就有毁。⑮廉则挫，尊则议：廉，方正。议，非议。⑯谋：暗算。⑰乡：通"向"，归向。

【译文】

庄子在山中行走，看到一棵大树枝叶茂盛，伐木的人却停在树边而不去砍伐。问其原因，回答说："没有地方可用。"庄子说："这棵树以不成材而得以享其天年。"

庄子从山中走出，借宿于友人家中。友人很高兴，叫童仆杀鹅款待客人。童仆请示："一只鹅会叫，一只鹅不会叫，请问杀哪只？"主人说："杀不会叫的。"

第二天，弟子问庄子："昨天山里的大树，以不成材而得以享其天年；现在主人家的鹅，却以不成材而丧命。请问先生您将如何做人呢？"

庄子笑着说："我庄周将处于材与不材之间。处于材与不材之间，实际上似是而非，所以仍不免会受牵累。若是顺应道德随意漫游就不一样了，既无称誉也无诋毁，时而如龙腾达，时而似蛇潜藏，随时变化，而不固守一端。或上或下，以顺应自然为原则，游心于虚无缥缈的混沌之境。主宰外物而不被外物主宰，怎么还会受牵累呢！这是神农、黄帝处世的法则。至于万物的情理、人类的习俗就不一样了。有聚合就有离散，有成功就有毁坏，有刚正就有挫伤，有尊贵就有非议，有作为就有损亏，贤能遭暗算，不肖被欺侮，怎么可能尽如人意呢！可悲呀！弟子们记住，只有道德才是唯一应当归向的！"

【原文】

市南宜僚见鲁侯，鲁侯有忧色。市南子曰："君有忧色，何也？"

鲁侯曰："吾学先王之道，脩先君之业；吾敬鬼尊贤，亲而行之，无须臾离居①；然不免于患，吾是以忧。"

市南子曰："君之除患之术浅矣②！夫丰狐文豹③，栖于山林，伏于岩穴，静也；夜行昼居，戒也；虽饥渴隐约④，犹且胥疏于江湖之上而求食焉⑤，定也⑥；然且不免于罔罗机辟之患⑦。是何罪之有哉？其皮为之灾也。今鲁国独非君之皮邪？吾愿君刳形去皮⑧，洒心去欲⑨，而游于无人之野。南越有邑焉，名为建德之国。其民愚而朴，少私而寡欲；知作而不知藏，与而不求其报；不知义之所适，不知礼之所将；猖狂妄行，乃蹈乎大方⑩；其生可乐，其死可葬。吾愿君去国捐俗⑪，与道相辅而行⑫。"

君曰："彼其道远而险，又有江山，我无舟车，奈何？"

市南子曰："君无形倨⑬，无留居，以为君车。"

君曰："彼其道幽远而无人，吾谁与为邻？吾无粮，我无食，安得而至焉？"

市南子曰："少君之费，寡君之欲，虽无粮而乃足。君其涉于江而浮于海，望之而不见其崖，愈往而不知其所穷。送君者皆自崖而反，君自此远矣！故有人者累，见有于人者忧。故尧非有人，非见有于人也。吾愿去君之累，除君之忧，而独与道游于大莫之国⑭。方舟而济于河⑮，有虚船来触舟⑯，虽有惼心之人不怒⑰。有一人在其上，则呼张歙之⑱；一呼而不闻，再呼而不闻，于是三呼邪，则必以恶声随之⑲。向也不怒而今也怒，向也虚而今也实。人能虚己以游世，其孰能害之！"

【注释】

①须臾：片刻。②浅：肤浅。指只停留在世俗有形层而寻求治道，故言肤浅。③丰狐：皮毛丰厚之狐。文豹：皮毛有美丽花纹之豹。④隐约：困穷。⑤胥疏：且前且却，犹豫不进的样子。⑥定：知止审慎。⑦罔罗：捕野兽之网。罔，同"网"。机辟：捕捉野兽之机关。⑧刳（kū）形去皮：比喻舍弃鲁国的权力和财富。刳，剖空。⑨洒心：把心洗涤干净。⑩蹈：踏。大方：大道。⑪去：舍去。捐俗：抛弃世俗观念之约束。⑫相辅：相辅相成。⑬形：势，指鲁君所处之地位。倨（jū）：傲慢。⑭大莫之国：广漠空虚之境。⑮方舟：两舟相并曰方舟。济：渡。⑯虚船：无人驾驶的空船。⑰惼（biǎn）：心地狭窄。⑱张歙（xì）：撑开或靠拢。歙，

退。⑲恶声：责骂之声。

【译文】

市南宜僚拜见鲁侯，鲁侯正面带忧色。市南宜僚说："您面呈忧色，为什么呢？"

鲁侯说："我学习先王治国的办法，承继先君的事业；我敬仰鬼神尊重贤能，身体力行，没有片刻懈怠，可是仍不能免除祸患，我因为这个缘故而忧虑。"

市南宜僚说："您消除忧患的办法太浅薄了！皮毛丰厚的大狐和斑斑花纹的豹子，栖息于深山老林，潜伏于岩穴山洞，这是静心；夜里行动，白天居息，这是警惕；即使饥渴也隐形潜踪，还要远离各种足迹到江湖上觅求食物，这又是审慎。然而还是不能免于罗网和机关的灾祸。这两种动物有什么罪过呢？是它们自身的皮毛给它们带来灾祸啊！如今的鲁国不就是为鲁君您带来灾祸的皮毛吗？我希望您能剖空身形舍弃皮毛，荡涤心智摈除欲念，进而逍遥于没有人迹的地方。遥远的南方有个城邑，名字叫作建德之国。那里的人民淳厚而又质朴，很少有私欲；知道耕作而不知道储备，给与别人从不希图酬报；不明白义的归宿，不懂得礼的去向；随心所欲任意而为，竟能各自行于大道；他们生时自得而乐，他们死时安然而葬。我希望国君您也能舍去国政捐弃世俗，从而跟大道相辅而行。"

鲁侯说："那里道路遥远而又艰险，又有江河山岭阻隔，我没有可用的船和车，怎么办呢？"

市南宜僚说："国君只要不以势傲人，不贪恋权位，便可以此作为您的车子。"

鲁侯说："那里道路幽暗遥远而又无人居住，我跟谁为伴呢？我没有米粮，无外求食，怎么能够到达那里呢？"

市南宜僚说："减少您的耗费，节制您的欲念，虽然没有粮食也是充足的。您渡过江河浮游大海，一眼望去看不到涯岸，越向前行便越发不知道它的穷尽。送行的人都从河岸边回去，您从此就远离尘世之患了！所以说统治他人的人必定受劳累，受制于别人的人必定会忧心。所以唐尧从不役使他人，也从不受制于人。我希望能减除您的劳累，除去您的忧患，而独自跟大道一同遨游于太虚之境。并合两条船来渡河，突然有条空船碰撞过来，即使心地最偏狭、性子最火急的人也不会发怒；倘若有一个人在那条船上，那就会人人大呼：'撑开，后退。'呼喊一次没有回应，呼喊第二次也没有回应，于是喊第三次，那就必定会骂声不绝。刚才不发脾气而现在发起怒来，那是因为刚才船是空的而今却有人在船上。一个人倘能听任外物、处世无心而自由自在地遨游于世，又有谁能够伤害他呢！"

【原文】

北宫奢为卫灵公赋敛以为钟，为坛乎郭门之外①，三月而成上下之县。

王子庆忌见而问焉，曰："子何术之设②？"

奢曰："一之间，无敢设也。奢闻之，'既彫既琢，复归于朴③。'侗乎其无识④，傥乎其怠疑⑤；萃乎芒乎⑥，其送往而迎来；来者勿禁，往者勿止；从其强梁⑦，随其曲傅[⑧]，因其自穷，故朝夕赋敛而毫毛不挫，而况有大塗者乎[⑨]！”

【注释】

①坛：铸钟之处。②术：方法。设：施行、使用之意。这句是说，庆忌见北宫奢募捐铸钟，完成很快，问其使用何种方法。③朴：质朴。既经雕琢，还要复归质朴。质朴纯一则能动人。④侗（tǒng）：形容淳朴的样子。⑤傥（tǎng）乎：无心之状。怠疑：呆滞的样子。⑥萃：聚集。芒：茫然不辨。论者聚集而来，茫然不知分辨。⑦从：同“纵”，听任。强梁：强横不肯合作者。⑧曲傅：曲意相附者。⑨大塗：大路。塗，同“途”。

【译文】

北宫奢替卫灵公征集捐款铸造钟器，在外城门设下祭坛，三个月就造好了钟并编组在上下两层钟架上。

王子庆忌见到这种情况便向他问道：“您是用了什么方法啊，这么快就完工了？”

北宫奢说：“精诚专一而又顺其自然，除此之外没有好的办法。我曾听说：‘既然已细细雕刻细细琢磨，就又要返归事物的本真。’我无知无识不加分辨，淡漠无心而又呆滞；人们聚集而来我却茫然不识，只是送走去的人，迎接来的人；来的人不禁止，去的人不挽留；不愿捐献的任他自去，不赞助我的随他自便，依照各自的情况而竭尽力量，所以早晚征集捐款而民力丝毫不受损伤，更何况有大道的人呢？”

【原文】

孔子围于陈蔡之间，七日不火食。

大公任往吊之曰：“子几死乎？”曰：“然”。

“子恶死乎？”曰：“然。”

任曰：“予尝言不死之道。东海有鸟焉，其名曰意怠。其为鸟也，翂翂翐翐[①]，而似无能；引援而飞[②]，迫胁而栖[③]；进不敢为前，退不敢为后；食不敢先尝，必取其绪[④]。是故其行列不斥[⑤]，而外人卒不得害，是以免于患。直木先伐，甘井先竭。子其意者饰知以惊愚，修身以明污，昭昭乎如揭日月而行，故不免也。昔吾闻之大成之人曰：‘自伐者无功，功成者堕[⑥]，名成者亏。’孰能去功与名而还与众人[⑦]！道流而不明居[⑧]，得行而不名处[⑨]；纯纯常常[⑩]，乃比于狂[⑪]；削迹捐势[⑫]，不为功名。是故无责于人，人亦无责焉。至人不闻，子何喜哉？”

孔子曰：“善哉！”辞其交游，去其弟子，逃于大泽；衣裘褐[⑬]，食杼栗；入兽不乱群，入鸟不乱行。鸟兽不恶，而况人乎！

【注释】

①翂（fēn）翂翐（zhì）翐：形容鸟飞又低又慢的样子。②引援：引导协助。③迫胁：偎依在一起。④绪：残余。⑤斥：排斥。⑥堕：同“隳”，毁败。⑦还与众人：还和普通人相同。⑧道流：道之变化流行。不明居：不居于显露之处。⑨得：通“德”。不名处：处于被赞扬的地位。⑩纯纯常常：纯朴而又平常。⑪狂：循性无心而行。⑫削迹：消除一切形迹。捐势：

抛弃一切权势。⑬ 裘褐（qiú hè）：裘为皮衣，褐为用兽毛或粗麻制成之短衣，贫贱之人所服。裘褐泛指粗陋之服。

【译文】

孔子被围困在陈、蔡两国之间，七天七夜不能生火就食。

大公任前去看望他，说：“先生快要饿死了吧！”孔子说：“是的。”

大公任又问：“先生怕死吗？”孔子回答：“是的。”

大公任说：“我来谈谈不死的方法。东海里生活着一种鸟，它的名字叫意怠。意怠作为一种鸟啊，飞得很慢，好像不能飞行似的；它们总是要有其他鸟引领而飞，栖息时又都跟别的鸟挤在一起；前进时不敢飞在最前面，后退时不敢落在最后面；吃食时不敢先动嘴，总是吃别的鸟所剩下的。所以它在鸟群中从不受排斥，人们也终究不会去伤害它，因此能够免除祸患。长得很直的树木总是先被砍伐，甘甜的井水总是先枯竭。先生用心装扮得很有才干惊醒愚顽，注重修养以便彰明别人的浊秽，毫不掩饰地炫耀自己就像是举着太阳和月亮走路，所以总不能免除灾祸。从前我听有大成的人说过：‘自吹自擂的人不会成就功业；功业成就了而不知退隐的人必定会毁败，名声彰显而不知韬光隐晦的必定会遭到损伤。’谁能够摈弃功名而还原成普通人一样！大道广为流传而不显山露水；德行出众而不求声名。纯朴而又平常，好似无所顾虑；消除形迹捐弃权势，不求取功名。因此不责求于人，别人也不会责求于我。道德修养极高的人不求闻名于世，您为什么偏偏喜好名声呢？”

孔子说：“说得实在好啊！”于是辞别朋友故交，离开众多弟子，逃到山泽旷野；穿着粗布衣服，吃柞树和栗树的果实；进入兽群而兽不乱群，进入鸟群而鸟不乱行。连鸟兽都不讨厌他，何况是人呢！

【原文】

孔子问子桑雽曰：“吾再逐于鲁，伐树于宋，削迹于卫，穷于商周，围于陈蔡之间。吾犯此数患，亲交益疏，徒友益散，何与？”

子桑雽曰：“子独不闻假人之亡与①？林回弃千金之璧，负赤子而趋②。或曰：‘为其布与？赤子之布寡矣；为其累与③？赤子之累多矣；弃千金之璧，负赤子而趋，何也？’林回曰：‘彼以利合，此以天属也④。’夫以利合者，迫穷祸患害相弃也⑤；以天属者，迫穷祸患害相收也⑥。夫相收之与相弃亦远矣。且君子之交淡若水，小人之交甘若醴⑦；君子淡以亲，小人甘以绝。彼无故以合者，则无故以离。”

孔子曰：“敬闻命矣！”徐行翔佯而归⑧，绝学捐书，弟子无挹于前，其爱益加进。

异日，桑雽又曰：“舜之将死，乃命禹曰：‘汝戒之哉！形莫若缘⑨，情莫若率⑩。缘则不离，率则不劳⑪；不离不劳，则不求文以待形⑫；不求文以待形，固不待物。’”

【注释】

① 假：国名，为晋之属国，后为晋所灭。亡：逃亡。② 负：背负着。趋：小步疾走。③ 累：拖累。④ 天属：以天性相连属。⑤ 迫：迫近遭遇之意。穷祸患害：困穷灾祸危难。⑥ 收：

收留、容纳。⑦醴（lǐ）：甜酒。⑧翔佯：与“徜徉”义近，逍遥自在的样子。⑨形：仪容举止。缘：随顺物性。⑩率：直率，真诚。⑪率则不劳：任真情自然坦率表露，不加文饰，故不须劳神。⑫文：文饰。不须对仪容举止进行文饰。

【译文】

孔子问子桑雽道：“我两次被鲁国驱逐，在宋国受到伐树的惊辱，在卫国被禁止居留，在宋、周之地穷愁潦倒，在陈国和蔡国间受到围困。我遭逢这么多的灾祸，亲朋故交越发疏远了，弟子友人更加离散了，这是为什么呢？”

子桑雽回答说：“先生难道没有听说过假国之人逃亡的故事吗？林回舍弃了价值千金的璧玉，背着婴儿就跑。有人议论：‘他是为了钱财吗？初生婴儿的价值太少了；他是为了怕拖累吗？初生婴儿的拖累太多了。舍弃价值千金的璧玉，背着婴儿就跑，这是为了什么呢？’林回说：‘价值千金的璧玉与我是以利益相合，而孩子与我则是以天性相连。’以利益相合的，遇上困厄、灾祸、忧患与伤害时就会相互抛弃；以天性相连的，遇上困厄、灾祸、忧患与伤害时就会相互包容。相互收容与相互抛弃差别也就太远了。而且君子的交情淡得像清水一样，小人的交情甜得像甜酒一样；君子淡泊却心地亲近，小人甘甜却容易断绝。大凡没有缘分故结合的，也就没有缘故而离散了。”

孔子说：“我会由衷地听取您的指教！”于是慢慢地离去，闲放自得地走了回来，终止了学业，丢弃了书简，弟子无须行揖拜的礼节，可是他们对老师的敬爱反而更加深厚了。

有一天，桑雽又说：“舜将死的时候，告诉禹说：‘你要警惕啊！行动不如随缘，情感不如率真。随缘就不会背离，率真就不会劳苦；不背离不劳苦，那么也就不需要用纹饰来修整举止，当然也就不必有求于外物了。’”

【原文】

庄子衣大布而补之①，正縻系履而过魏王②。魏王曰：“何先生之惫邪③？”

庄子曰：“贫也，非惫也。士有道德不能行，惫也；衣弊履穿，贫也，非惫也，此所谓非遭时也④。王独不见夫腾猿乎？其得柟梓豫章也⑤，揽蔓其枝而王长其间，虽羿、蓬蒙不能眄睨也⑥。及其得柘棘枳枸之间也⑦，危行侧视⑧，振动悼栗⑨；此筋骨非有加急而不柔也⑩，处势不便，未足以逞其能也。今处昏上乱相之间⑪，而欲无惫，奚可得邪？此比干之见剖心征也夫！”

【注释】

①衣（yì）：动词，穿。大布：粗布。②縻（xié）：通“絜”，腰带。系履：鞋子已坏，用麻绳扎牢。过：拜访。魏王：魏惠王。③惫（bèi）：疲乏困顿。④非遭时：生不逢时。⑤柟（nán）：楠树。梓：楸树。豫章：樟树。三者皆为高大乔木。⑥眄睨（miàn nì）：斜视，看不起。⑦柘（zhè）：桑科灌木。棘：小型枣树，带刺。枳（zhǐ）：如桔而小，多刺。枸（jǔ）：枸橼，枝间有刺。⑧危行：小心翼翼地走，行动谨慎。⑨悼栗：因恐惧而战栗。⑩加急：

过分紧张。⑪ 昏上：昏庸的君主。乱相：乱国之相。

【译文】

庄子穿着打补丁的粗布衣，扎好腰带，系紧鞋子去拜访魏惠王。魏惠王问："先生为什么如此困顿？"

庄子回答："这是贫穷而不是困顿。士有道德而不得实施，是困顿；衣破鞋烂，是贫穷而不是困顿，这就是所谓的生不逢时。君王难道没有见过善于腾跃的猿猴吗？当它们活动于高大的楠、梓、豫、樟树之间时，在树枝间牵引腾跃，称王称霸，善射如后羿、蓬蒙连斜眼看它们一眼都不能。可当它们一旦处于多刺的柘、棘、枳、枸之类的灌木丛中，只好谨慎行动，左顾右盼，提心吊胆了，并不是此时由于过度紧张而使筋骨不柔软，而是因为所处的环境不利，不足以施展它的本领了。现在处于主上昏庸、宰臣乱国的世道而想不困顿，怎么可能呢？这就是由忠臣比干被剖心所证明的真理呀！"

【原文】

孔子穷于陈蔡之间，七日不火食，左据槁木，右击槁枝①，而歌猋氏之风，有其具而无其数，有其声而无宫角，木声与人声，犂然有当于人之心②。

颜回端拱还目而窥之③。仲尼恐其广己而造大也④，爱己而造哀也，曰："回，无受天损易，无受人益难。无始而非卒也，人与天一也。夫今之歌者其谁乎？"

回曰："敢问无受天损易。"

仲尼曰："饥渴寒暑，穷桎不行⑤，天地之行也，运物之泄也⑥，言与之偕逝之谓也⑦。为人臣者，不敢去之。执臣之道犹若是，而况乎所以待天乎！"

"何谓无受人益难？"

仲尼曰："始用四达，爵禄并至而不穷，物之所利，乃非己也⑧，吾命其在外者也。君子不为盗，贤人不为窃。吾若取之，何哉！故曰，鸟莫知于鷾鸸⑨，目之所不宜处，不给视⑩，虽落其实，弃之而走。其畏人也，而袭诸人间⑪，社稷存焉尔。"

"何谓无始而非卒？"

仲尼曰："化其万物而不知其禅之者⑫，焉知其所终？焉知其所始？正而待之而已耳⑬。"

"何谓人与天一邪？"

仲尼曰："有人，天也⑭；有天，亦天也。人之不能有天⑮，性也，圣人晏然体逝而终矣⑯！"

【注释】

① 槁枝：以枯枝为击节之策。② 犂然：释然、悠然。③ 端拱：端立拱手。还目：转眼。④ 广己：扩大自己之德。造大：造作夸大。⑤ 穷桎不行：困穷滞碍不能通达。桎，通"窒"，滞碍。⑥ 运物之泄：品物的发动。⑦ 与之偕逝：与天地万物一起变化。⑧ 非己：物之所利，非关于己，乃是本性之外的附带之物。⑨ 知：同"智"。鷾鸸（yì ér）：燕子。⑩ "目之"二句：目之：看一眼。不宜处：不适宜停留。不给视：不再多看即离去。⑪ 袭：

人。这句的意思是，燕子畏惧于人，而又进入人宅筑巢以免害。⑫化其万物：万物生灭变化无穷。禅：相互更代。⑬正而待之：持守正道以待其变化。⑭有人，天也：人事变化莫不受天道支配。⑮不能有天：指人不能支配天道。⑯晏然：安然。体逝而终：体悟天道常行不息之性而终其天命。

【译文】

孔子受困于陈国、蔡国之间，整整七天不能生火就食，左手拿着木杖，右手敲击枯枝，而且还唱起了神农时代的歌谣，有了敲击的声响却没有符合五音的音阶，敲木声和咏歌声悠然地使人心里感到舒适。

颜回恭敬地在一旁侍立，掉过脸去偷偷地看了看。孔子真担心他把自己的道德看得过于高远而至于夸大，因为爱戴自己而过度悲伤，便说："颜回，不受自然的损害容易，不接受他人的利禄则较困难。没有哪个起点不同时又是终点的，人与自然原本也是同一的。至于现在唱歌的人又是谁呢？"

颜回说："我冒昧地请教什么叫作不受自然的损害容易？"

孔子说："饥饿、干渴、严寒、酷暑、穷困的束缚使人事事不能通达，这是天地的运行、万物的变迁，说的是要随着天地、万物一块儿变化呀！做臣子的，不敢违拗国君的旨意，做臣子的道理尚且如此，何况是用这样的办法来对待自然呢！"

颜回又问："什么叫作不接受他人的利禄则较困难呢？"

孔子说："初被任用办什么事都觉得顺利，爵位和俸禄一齐到来没有穷尽，外物带来的好处，本不属于自己，只不过是我的机遇得到这些外物罢了！君子不会做劫盗，贤人也不会去偷窃，我又为何要追求这些非己之物呢？所以说，没有比燕子更聪明的鸟，看见不适宜居住的地方，绝不投出第二次目光，即使掉落了食物，也会舍弃不顾而飞走。燕子很害怕人，却进入到人的生活圈子，不过只是将它们的巢穴暂寄于人的房舍罢了。"

颜回又问："什么叫作没有什么起点不同时又是终点的？"

孔子说："变化无穷的万物不可能知道是谁替代了谁而谁又为谁所替代，这怎么能知道它们的终了？又怎么能知道它们的开始？顺其自然的变化就是了。"

颜回又问："什么叫作人与自然原本也是同一的呢？"

孔子说："人类的出现，是由于自然；自然的出现，也是由于自然。人不可能支配天道，也是人固有的天性所决定的，只有圣人能安然地随着自然而变化！"

【原文】

庄周游于雕陵之樊①，睹一异鹊自南方来者，翼广七尺，目大运寸②，感周之颡③，而集于栗林④。庄周曰："此何鸟哉，翼殷不逝⑤，目大不睹⑥？"蹇裳躩步⑦，执弹而留之⑧。睹一蝉，方得美荫而忘其身；螳螂执翳而搏之，见得而忘其形；异鹊从而利之，见利而忘其真⑨。庄周怵然曰⑩："噫！物固相累，二类相召也！"捐弹而反走⑪，虞人逐而谇之⑫。

庄周反入，三日不庭⑬。蔺且从而问之："夫子何为顷间甚不庭乎⑭？"

庄周曰："吾守形而忘身，观于浊水而迷于清渊。且吾闻诸夫子曰：'入其俗，从其令。'今吾游于雕陵而忘吾身，异鹊感吾颡，游于栗林而忘真，栗林虞人以吾为戮⑮，吾所以不庭也。"

【注释】

①雕陵：园名。樊：篱笆。②运寸：径寸。③感：触。颡（sǎng）：额。④集：止。⑤殷：大。逝：往，指飞走。⑥不睹：看不见。指触庄子额。⑦蹇（qiān）：同"搴"，拔取。躩（jué）步：疾步，快走。⑧执弹：拿着弹弓。留之：等待发弹的机会。⑨真：本性。可飞而不飞。⑩怵（chù）：惊觉。⑪反走：返身跑走。⑫虞人：管园之人。谇（suì）：责骂。⑬不庭：不出门庭。⑭顷间：近来。⑮戮：辱，指逐而谇之。

【译文】

庄子到雕陵的栗园里游玩，看见一只奇异的鹊从南边飞来，翅膀展开有七尺长，眼睛的直径有一寸宽，碰到庄周的额头之后，落在栗树林里。庄周说："这是什么鸟呀！翅膀很大却不飞走，眼睛很大却看不见人。"便提起衣裳，快步靠上前去拿着弹弓，等待机会射它。这时却看到一只蝉正躲在浓荫下而忘了自身的危险，一只螳螂正举起前臂准备搏杀它，只想到捕蝉却忘了自身的危险。那只怪鹊见有利可图，也忘记了自身的危险。庄周见此不由得吃了一惊，说："唉！真是万物相互牵累，福祸相互招致呀！"于是扔下弹弓转身就跑，看栗园人的人追赶着把他骂了一顿。

庄子回去以后，三天不出门。弟子蔺且因而询问："先生为什么最近不爱出门了？"

庄子回答："我原本虚静而守形，却因外物而忘却了自身的危险；只能看到他人逐利忘形的危险，自己却不免同样糊涂。而且，我听先生说过：'入乡就要随俗。'现在我游雕陵而忘了自身，怪鸟碰了我的头；在栗林中游逛而忘记了真性，看栗林的人还把我骂了一顿。所以我闭门不出了。"

【原文】

阳子之宋①，宿于逆旅②。逆旅人有妾二人，其一人美，其一人恶③，恶者贵而美者贱。阳子问其故，逆旅小子对曰④："其美者自美⑤，吾不知其美也；其恶者自恶，吾不知其恶也。"

阳子曰："弟子记之！行贤而去自贤之心⑥，安往而不爱哉！"

【注释】

①阳子：杨朱，见《应帝王》篇注。②逆旅：旅店。③恶：丑陋。④小子：此处指旅店主人。⑤自美：自以为美。⑥去：抛弃。自贤：自以为贤。

【译文】

杨朱到宋国去，寄宿在旅店里。店主人有两个妾，一个漂亮，一个丑陋。丑陋的尊贵而漂亮的低贱。杨朱问其中的缘故，店主人说："漂亮的自以为漂亮，我不晓得她有什么漂亮；丑陋的自以为丑陋，我也不知道她哪儿丑陋。”

杨朱说：“弟子们记住，行为贤良而抛弃自以为贤的念头的人，哪里会不受爱戴呢！”

田子方

【题解】

本篇以倡导“人貌而天虚，缘而葆真，清而容物”的人生哲学为主旨，提倡纯真自然、无为寡欲的生活方式，同时对儒家学派推崇的圣智礼义进行了深刻地批评。

【原文】

田子方侍坐于魏文侯，数称谿工①。

文侯曰：“谿工，子之师邪？

子方曰：“非也，无择之里人也②；称道数当③，故无择称之。”

文侯曰：“然则子无师邪？”

子方曰：“有。”

曰：“子之师谁邪？”

子方曰：“东郭顺子。”

文侯曰：“然则夫子何故未尝称之？”

子方曰：“其为人也真，人貌而天虚④，缘而葆真⑤，清而容物⑥。物无道，正容以悟之⑦，使人之意也消⑧。无择何足以称之！”

子方出，文侯傥然终日不言⑨，召前立臣而语之曰：“远矣，全德之君子！始吾以圣知之言仁义之行为至矣。吾闻子方之师，吾形解而不欲动⑩，口钳而不欲言。吾所学者直土梗耳⑪，夫魏真为我累耳！”

【注释】

①数（shuò）：多次。②里人：邻人。③称道：论道。数当：常常恰当。④天虚：像天空一样空虚。⑤缘：顺。葆真：保持真性。⑥清：心性清净。容物：容纳万物。⑦正容：端正仪态。悟之：使之悟。⑧意：惑乱之心。消：消亡。⑨傥然：若有所失的样子。⑩形解：形体懒散。⑪直：只不过。土梗：泥做的偶像，喻指不真实的东西。

【译文】

田子方陪坐在魏文侯身边，再三地称赞谿工。

文侯说：“谿工是您的老师吗？”

子方回答：“不是，是我的邻居。他论道恰当有理，所以我称赞他。”

文侯问：“那么您没有老师吗？”

子方回答：“有呀。”

问："那么您的老师是谁呢？"

子方回答："是东郭顺子。"

文侯问："那么您为什么没有称赞过他呢？"

子方回答："我的老师为人纯真，与常人容貌相同，心灵却像上天一样虚静，随缘而保持真性，心性清净而包容万物。对于无道之人，他只是端正自己的仪容使其感悟，消除其邪念，我哪里有资格称赞他呀！"

田子方走了以后，魏文侯若有所失，一整天都没有说话。后来，才把站在近旁的侍臣召至面前说："德行完美的君子真是高远呀！当初，我以为圣智者的言论和仁义者的行为就是最高尚的了。现在我听说了子方老师的所作所为以后，身体懒散而不想动弹，嘴巴像被钳住一样不想说话。我过去所学的东西就像土偶人一样粗陋啊，魏国可真是我的大拖累呀！"

【原文】

温伯雪子适齐，舍于鲁。鲁人有请见之者，温伯雪子曰："不可。吾闻中国之君子，明乎礼义而陋于知人心①，吾不欲见也。"

至于齐，反舍于鲁，是人也又请见。温伯雪子曰："往也蕲见我②，今也又蕲见我，是必有以振我也③。"

出而见客，入而叹。明日见客，又入而叹。其仆曰："每见之客也④，必入而叹，何耶？"

曰："吾固告子矣'中国之民，明乎礼义而陋乎知人心，'昔之见我者，进退一成规一成矩，从容一若龙一若虎⑤，其谏我也似子，其道我也似父⑥，是以叹也。"

仲尼见之而不言。子路曰："吾子欲见温伯雪子久矣，见之而不言，何邪？"

仲尼曰："若夫人者⑦，目击而道存矣，亦不可以容声矣。"

【注释】

①陋：浅陋。②蕲（qí）：通"祈"，请求。③振：启发，或作"救"解，救己之失。④每见之客也：见客时行礼无不合乎规矩。⑤若龙、若虎：形容动作仪态蕴含不可抵御的威武气势。⑥道：同"导"，引导、指导。⑦若：如。夫人：此人、这个人。

【译文】

温伯雪子到齐国去，途中在鲁国歇宿。鲁国有人请求拜会他，温伯雪子说："不行。我听说中原国家的读书人，明了礼义却不了解人心，我不想见他们。"

到了齐国，返回途中又在鲁国歇足，那个人又请求会见。温伯雪子说："先前要求会见我，如今又要求会见我，那个人一定是有什么可以打动我的。"

温伯雪子于是出来接见了客人，可是回到屋里叹息不已。第二天再次会见客人，回到屋里又再次叹息不已。他的仆从问道："您每次会见这个客人，必定回到屋里就叹息不已，这是为什么呢？"

温伯雪子说："我原先就告诉过你'中原国家的人，明了礼义却不了解人心，'前几天会见我的那个人，进退全都那么循规蹈矩，动容犹如龙虎，他劝告我时那样子就像是个儿子，他开导我时那样子又像是个父亲，因此我总是叹息不已。”

孔子见到温伯雪子时却一言不发。子路问：“先生想会见温伯雪子已经很久了，可是见到了他却一句话也不说，为什么呢？”

孔子说：“像他那样的人，目光方才投出，大道就已经在那里存留，也就无须再用言语了。”

【原文】

颜渊问于仲尼曰：“夫子步亦步，夫子趋亦趋[①]，夫子驰亦驰；夫子奔逸绝尘[②]，而回瞠若乎后矣[③]！”

仲尼曰：“回，何谓邪？”

曰：“夫子步，亦步也；夫子言，亦言也；夫子趋，亦趋也；夫子辩，亦辩也；夫子驰，亦驰也；夫子言道，回亦言道也；及奔逸绝尘而回瞠若乎后者，夫子不言而信，不比而周[④]，无器而民滔乎前[⑤]，而不知所以然而已矣”。

仲尼曰：“恶！可不察与！夫哀莫大于心死，而人死亦次之。日出东方而入于西极[⑥]，万物莫不比方[⑦]，有首有趾者，待是而后成功，是出则存，是入则亡。万物亦然，有待也而死，有待也而生。吾一受其成形，而不化以待尽[⑧]，郊物而动，日夜无隙[⑨]，而不知其所终；薰然其成形[⑩]。知命不能规乎其前[⑪]，丘以是日徂[⑫]。

“吾终身与汝交一臂而失之，可不哀与！女殆著乎吾所以著也[⑬]。彼已尽矣，而女求之以为有，是求马于唐肆也[⑭]。吾服女也甚忘[⑮]，女服吾也亦甚忘。虽然，女奚患焉！虽忘乎故吾，吾有不忘者存[⑯]。”

【注释】

①趋：小步疾行。②奔逸：快跑。绝尘：跑得极快，好像脚掌与土地分隔开一样。③瞠（chēng）：瞪大眼睛看。④周：普遍。⑤器：权势利禄。滔：聚。⑥极：尽头。⑦比方：言人顺从太阳的方向动作。比，顺从。方，方向。⑧不化：不会化作他物。待尽：等待穷尽其天年。⑨无隙：变化日新不息，没有间隙。⑩薰然：形容气自动聚合之状。⑪知命：知命之人。规：测度。⑫日徂（cú）：日日与变化俱往。徂，往。⑬殆：仅、只。女殆著乎吾所以著也：前“著”作“着眼”讲，后“著”作“显著”讲。⑭唐肆：空的集市。唐，空。肆，集市。⑮服：思存。甚忘：全都遗忘。⑯不忘者：指与化俱往，日日更新之道。

【译文】

颜渊向孔子问道：“先生缓步我也缓步，先生快走我也快走，先生奔跑我也奔跑；若先生脚不沾地迅疾飞奔，学生只能干瞪着眼落在后面了！”

孔子说：“颜回，你这些话是什么意思呢？”

颜回说：“先生行走，我也跟着行走；先生说话，我也跟着说话；先生快步，我也跟着快步；先生辩论，我也跟着辩论；先生奔跑，我也跟着奔跑；先生谈论大道，我也跟着谈论大道；等到先生快步如飞、脚不沾地迅速奔跑，而学生干瞪着眼落在后面，是说先生不说什么却能够取信于大家，不偏私却能使情意传遍周围所有的人，不居高位、不获权势却能让人民像滔滔流水那样涌聚于身前，而我却不懂得先生为什么能够这样。”

孔子说："唉，这怎么能够不加审察呢！没有比心灵的僵死更悲哀的了，而人的躯体死亡还是次一等的。太阳从东方升起而隐没于最西端，万物没有什么不遵循这一方向，有头有脚的人，期待着太阳的运行而获取成功，太阳升起便劳作，太阳隐没便休息。万物全都是这样，等候太阳的隐没而逐步消亡，仰赖太阳的升起而逐步生长。我一旦禀受大自然赋予我的形体，就不会变化成其他形体而等待最终的衰亡，随应外物的变化而相应有所行动，日夜不停从不会有过间歇，而不知道变化发展的终结所在；是那么温和而又自然地铸就了现在的形体，我知道命运的安排不可能预先窥测，所以我只是每天随着变化而变化。

"我一直与你过从甚密，而你却不能了解这个道理，能不悲哀吗？你大概只是看到了我那些显著的方面。其实它们全都已经逝去，可是你却不停追寻，就好像它们还存在一样，这就像是在空市上寻求马匹一样。我对你形象的思存很快就会遗忘，你对我的形象的思存也会很快成为过去。既然如此，你还忧患什么呢！即使忘掉了旧有的我，而我仍会有不被遗忘的东西存在。”

【原文】

孔子见老聃，老聃新沐[①]，方将被发而干[②]，慹然似非人[③]。孔子便而待之[④]，少焉见，曰："丘也眩与[⑤]，其信然与？向者先生形体掘若槁木[⑥]，似遗物离人而立于独也。”

老聃曰："吾游心于物之初。”

孔子曰："何谓邪？”

曰："心困焉而不能知[⑦]，口辟焉而不能言[⑧]，尝为汝议乎其将[⑨]。至阴肃肃[⑩]，至阳赫赫[⑪]；肃肃出乎天，赫赫发乎地；两者交通成和而物生焉[⑫]，或为之纪而莫见其形[⑬]。消息满虚[⑭]，一晦一明，日改月化，日有所为，而莫见其功。生有所乎萌，死有所乎归，始终相反乎无端而莫知乎其所穷。非是也，且孰为之宗！”

孔子曰："请问游是。”

老聃曰："夫得是，至美至乐也，得至美而游乎至乐，谓之至人。”

孔子曰："愿闻其方[⑮]。”

曰："草食之兽不疾易薮[⑯]，水生之虫不疾易水，行小变而不失其大常也[⑰]，喜怒哀乐不入于胸次[⑱]。夫天下也者，万物之所一也[⑲]。得其所一而同焉[⑳]，则四支百体将为尘垢[㉑]，而死生终始将为昼夜而莫之能滑[㉒]，而况得丧祸福之所介乎[㉓]！弃隶者若弃泥涂[㉔]，知身贵于隶也，贵在于我而不失于变。且万化而未始有极也，夫孰足以患心[㉕]！已为道者解乎此[㉖]。”

孔子曰："夫子德配天地，而犹假至言以修心[㉗]，古之君子，孰能脱焉[㉘]？”

老聃曰："不然。夫水之于汋也[㉙]，无为而才自然矣。至人之于德也，不修而物不能离焉，若天之自高，地之自厚，日月之自明，夫何修焉！”

孔子出，以告颜回曰："丘之于道也，其犹醯鸡与[30]！微夫子之发吾覆也[31]，吾不知天地之大全也。"

【注释】

①沐：洗头。②方将：正在。被发：披散开头发。干：使之干燥。③慹（zhé）然：木然不动，形体僵直的样子。慹，假借为"蛰"，蛰伏不动。④便：借为"屏"，屏蔽之意，指孔子见老聃新沐后之神态，觉得直接去不妥，蔽于隐处等待。⑤眩：眼花。⑥掘：同"倔"，独立的样子。⑦困：困惑。⑧口辟：口开而不能合，大道是不可知不可言的。能心知、言说之道亦非其真。⑨将：粗略，大略。庄子认为，道不可言，又不得不借助语言表述，语言所表述之道，只是大略而已，并非道之大全。⑩至阴：阴之极致，代表地之凝缩、精粹。肃肃：阴冷之气。⑪至阳：阳之极致，代表天之精粹。赫赫：炎热之气。⑫交通成和：天地阴阳二气相互交通，和合而生成万物。⑬或：谁，指自然天道。纪：纲纪。⑭消息：消为消亡，息为生息。⑮方：道。指达于至美至乐境界之道。⑯疾：担忧、害怕。易：改变、改换。薮（sǒu）：水草丛生之沼泽。⑰小变：小的改变，指生活地点迁移之类。大常：基本生存条件，如水草之类。⑱胸次：胸中。⑲所一：万物共同生息之所。⑳同：混同。与万构混同合一。㉑支：同"肢"。尘垢：比喻无用之废物。㉒滑：乱。㉓介：际、分际。㉔隶者：指隶同于己之物，如官爵俸禄、财产之类。泥涂：泥土，比喻轻贱之物。㉕孰：何。患心：忧心，使心忧。㉖为道者：得道之人。㉗假：借助。至言：至道之言。㉘脱：免。如老聃这样德配天地之圣人，还要借助至言修养心性，古之君子更不能免于修养。㉙汋（zhuó）：水澄澈透明。㉚醯（xī）鸡：醋变质生出的小飞虫，为蠓之类。用以比喻极端渺小。㉛微：没有。发吾覆：揭开我被蒙蔽的。

【译文】

孔子拜见老聃，老聃刚洗了头，正披散着头发等待吹干，那凝神寂志、一动不动的样子好像木头人一样。孔子在门下屏蔽之处等候他。不一会儿见到老聃，说："是孔丘眼花了吗，抑或真是这样的呢？刚才先生的身形体态一动不动地真像是枯槁的树桩，好像遗忘了外物、脱离于人世而独立自存一样。"

老聃说："我是处心遨游于浑沌鸿濛宇宙初始的境域。"

孔子问："这说的是什么意思呢？"

老聃说："你心中困惑而不能理解，嘴巴封闭而不能谈论，还是让我为你说个大概吧。最为阴冷的阴气是那么肃肃寒冷，最为灼热的阳气是那么赫赫炎热；肃肃的阴气出自苍天，赫赫的阳气发自大地；阴阳二气相互交通融合因而产生万物，有时候还会成为万物的纲纪却不会显现出具体的形体。消逝生长，满盈虚空了，时而晦暗时而显明，一天天地改变一月月地演化，每天都有所作为，却不能看到它造就万物、推演变化的功绩。生长有它萌发的初始阶段，死亡也有它消退败亡的归向，但是开始和终了相互循环，没有开端也没有谁能够知道它们变化的穷尽。倘若不是这样，那么谁又能是万物的本源！”

孔子说："请问游心于宇宙之初、万物之始的情况。”

老聃回答："达到这样的境界，就是‘至美’‘至乐’了，体察到‘至美’也就是遨游于‘至乐’，这就叫作‘至人’。”

孔子说："我希望能听到达此境界的方法。”

老聃说："食草的兽类不担忧更换生活的草泽，水生的虫豸不害怕改变生活的水域，这是因为只进行了小小的变化而没有失去惯常的生活环境。这样喜怒哀乐的各种情绪就不会进入到内心。天下的万物都有共通性。了解它们的共通性而同等看待，那么人的四肢以及众多的躯体都将视如尘垢，而死亡、生存终结、开始也将像昼夜更替一样没有什么力量能够扰乱它，更何况那些得失祸福的分际呢！舍弃得失祸福之类附属于己的东西就像丢弃泥土一样，懂得自身远比这些附属于自己的东西更为珍贵，珍贵在于我自身而不因外在变化而丧失。况且宇宙间的千变万化从来就没有过终极，又有什么值得忧患的呢！已经通晓大道的人便能明白这个道理。”

孔子说："先生的德行合于天地，却仍然需要借助于至理真言来修养心性，古时候的君子，又有谁能够超过呢？”

老聃说："不是这样的。水激涌而出，不借助于人力方才自然。道德修养高尚的人对于德行，无须加以培养而万物也不会脱离他的影响，就像天自然的高，地自然的厚，太阳与月亮自然光明，又哪里用得着修饰呢！”

孔子从老聃那儿走出，把见到老聃的情况告诉给了颜回，说："我对于大道，就好像瓮中的小飞虫对于瓮外的广阔天地一样啊！不是老聃的启迪揭开了我的蒙昧，我还真不知道天地的大全呀。”

【原文】

庄子见鲁哀公。哀公曰："鲁多儒士，少为先生方者①。”

庄子曰："鲁少儒。”

哀公曰："举鲁国而儒服，何谓少乎？”

庄子曰："周闻之，儒者冠圜冠者②，知天时；履句屦者③，知地形；缓佩玦者，事至而断。君子有其道者，未必为其服也④；为其服者；未必知其道也。公固以为不然，何不号于国中曰：‘无此道而为此服者，其罪死！’”

于是哀公号之五日，而鲁国无敢儒服者，独有一丈夫儒服而立乎公门。公即召而问以国事，千转万变而不穷。

庄子曰："以鲁国而儒者一人耳，可谓多乎？”

【注释】

①先生方：指庄子道家方术。②圜：同“圆”。③履：作动词，穿。句：音“矩”，方形。屦（jù）：葛、麻制成之单底鞋。泛指鞋子。④为其服：穿戴同样服饰。

【译文】

庄子拜见鲁哀公。鲁哀公说："鲁国多儒士，很少有信仰先生道学的人。"

庄子说："鲁国的儒士很少。"

鲁哀公说："全鲁国的人都穿着儒士的服装，怎么能说儒士很少呢？"

庄子说："我听说，儒士戴圆帽的，知晓天时；穿着方鞋的，熟悉地形；佩带用五色丝绳系着玉玦的，遇事能决断。君子身怀那种学问和本事的，不一定要穿儒士的服装；穿上儒士服装的人，不一定具有相应的学问和本事。您如果认为一定不是这样，何不在国中号令：'没有儒士的学问和本事而又穿着儒士服装的人，定处以死罪。'"

于是哀公号令五天，鲁国国中差不多没有再敢穿儒士服装的人了，只有一个男子穿着儒士服装站立于朝门之外。鲁哀公立即召他进来以国事征询他的意见，无论多么复杂的问题都能作出回答。

庄子说："鲁国这么大而儒者只有一人，怎么能说是很多呢？"

【原文】

百里奚爵禄不入于心，故饭牛而牛肥①，使秦穆公忘其贱，与之政也②。有虞氏死生不入于心，故足以动人。

【注释】

①饭牛：养牛。②与之政：委以国政。

【译文】

百里奚从不把爵位和俸禄放在心上，所以饲养牛时将牛喂得很肥，使秦穆公忘记了他地位的卑贱，而把国事交给他。有虞氏从不把死生放在心上，所以能够打动人心。

【原文】

宋元君将画图①，众史皆至，受揖而立②；舐笔和墨③，在外者半。有一史后至者，儃儃然不趋④，受揖不立，因之舍⑤。公使人视之，则解衣槃礴蠃⑥。君曰："可矣，是真画者也。"

【注释】

①画图：画国中山川大地之图画。②受揖而立：受君命拜揖而立。③舐（shì）笔：用唾润笔。舐，以舌舔物。④儃（tǎn）儃：舒缓闲适的样子。趋：小步疾行。⑤之舍：向馆舍走去。⑥解衣：脱掉上衣。槃礴：盘腿而坐。蠃：裸，赤着上身。

【译文】

宋元公打算画几幅画，众多画师都赶来了，接受了旨意便在一旁恭敬地拱手站着；舔着笔，调着墨，站在门外的还有半数人。有一位画师后到，神态自然，一点也不慌急，接受了旨意也不恭候站立，随即回到馆舍。宋元公派人去看，这个画师已经解开了衣襟、裸露身子、叉腿而坐。宋元公说："好呀，这才是真正的画师。"

【原文】

文王观于臧，见一丈人钓，而其钓莫钓；非持其钓有钓者也，常钓也。

文王欲举而授之政，而恐大臣父兄之弗安也；欲终而释之①，而不忍百姓之无天也②。于是旦而属之大夫曰③："昔者寡人梦见良人④，黑色而頿⑤，乘驳马而偏朱蹄⑥，号曰：'寓而政于臧丈人⑦，庶几乎民有瘳乎⑧！'"

诸大夫蹴然曰⑨："先君王也。"

文王曰："然则卜之。"

诸大夫曰："先君之命，王其无它⑩，又何卜焉！"

遂迎臧丈人而授之政。典法无出，偏令无出。三年，文王观于国，则列士坏植散群，长官者不成德⑪，斔斛不敢入于四竟。列士坏植散群，则尚同也⑫；长官者不成德，则同务也⑬；斔斛不敢入于四竟，则诸侯无二心也。

文王于是焉以为大师⑭，北面而问曰⑮："政可以及天下乎？"臧丈人昧然而不应⑯，泛然而辞⑰，朝令而夜遁，终身无闻。

颜渊问于仲尼曰："文王其犹未邪⑱？又何以梦为乎？"

仲尼曰："默，汝无言！夫文王尽之也⑲，而又何论刺焉⑳！彼直以循斯须也㉑。"

【注释】

① 释之：舍弃不举用。② 无天：失去荫庇、保护之意。文王把那个人看得德高如天，让他掌政，就会使百姓得到荫庇、保护。③ 旦：早晨。属：集合。④ 昔者：夜里。良人：善人，君子。⑤ 頿（rán）：同"髯"，两颊上的长须。⑥ 驳马：杂色的马。偏朱蹄：一蹄赤色。⑦ 号：号令、命令。寓：托付。臧丈人：臧地之老者，即文王所遇之垂钓者。⑧ 庶几：差不多，大概。民有瘳（chōu）：民可以解除病痛了。瘳，病愈。⑨ 蹴（cù）然：惊惧不安的样子。⑩ 无它：没有其他可疑之处，不必占卜。⑪ 不成德：不建立个人之功德。⑫ 尚同：境内无私党，皆服务于同一君主。⑬ 同务：同以国事为务。⑭ 大师：尊敬的老师。⑮ 北面而问：古代君主坐北面南，臣立在君对面，现在文王站南面北，是对臧丈人的尊重。⑯ 昧然：犹"默然"，沉默不语。⑰ 泛然：淡漠无心的样子。⑱ 犹未：还未足以取信。⑲ 尽之：做得很完善。⑳ 刺：讥刺。㉑ 循斯须：在短暂时间内顺应众心罢了。斯须，顷刻之间。

【译文】

文王在臧地游览，看见一位老人在水边垂钓，手里虽然握着鱼竿，心思却不在钓鱼上，不是手拿钓竿而有心钓鱼，只是钓竿常在手上而已。

文王一心要起用他并把朝政委托给他，可是又担心大臣和宗族放心不下；打算就此作罢，却又不忍心天下的百姓得不到荫庇。于是大清早便召来诸大夫嘱咐说："昨晚我梦见了一位非常贤良的人，他黑黑的面孔长长的胡须，骑着一匹杂色马，四只马蹄半侧是红的，他对我大声呼喊说：'把你的朝政托付给那位臧地的老人，这样你的百姓也就差不多解除痛苦啦！'"

诸位大夫惊恐不安地说："这个显梦的人就是君王的父亲！"

文王说："既然如此，那么我们还是占卜问这件事吧。"

诸位大夫说："这是先君的命令，君王还是不必多虑，又哪里用得着再行占卜呢！"

于是文王便迎来了这位臧地老人并且把朝政委托给他。典章法规不更改，政令一篇也未发。三年以后，文王在国内遍访考察，见到各地的地方势力集团全都纷纷离散，各级长官不再建立夸耀自己的功德，不同的度量衡不再能进入国境使用。地方势力集团全都纷纷离散，也就是政令通达上下同心；各级长官不再树立夸耀个人的功德，也就是政务相当、劳绩统一；不同的度量衡不再进入国境使用，诸侯也就不会生出异心。

文王于是把臧地老人拜为老师，以臣下的礼节恭敬地向他问道："这样的政事可以推行于天下吗？"臧地老人默默地不作回应，漫漫然不作答，早上还行使政令而夜晚他就逃跑了，从那以后就再也听不到他的消息。

颜渊向孔子问道："文王难道还未能达到圣人的境界吗？为什么还要假托于梦呢？"

孔子说："别做声，你不要再说！文王已经做得很完善了，你怎么能随意评论和指责他呢？他也只不过是短时间内顺应众情罢了。"

【原文】

列御寇为伯昏无人射，引之盈贯①，措杯水其肘上②，发之，适矢复沓③，方矢复寓④。当是时，犹象人也⑤。

伯昏无人曰："是射之射，非不射之射也。尝与汝登高山，履危石，临百仞之渊，若能射乎？"

于是无人遂登高山，履危石，临百仞之渊，背逡巡⑥，足二分垂在外⑦，揖御寇而进之⑧。御寇伏地，汗流至踵⑨。

伯昏无人曰："夫至人者，上窥青天，下潜黄泉⑩，挥斥八极⑪，神气不变。今汝怵然有恂目之志⑫，尔于中也殆矣夫⑬！"

【注释】

①引之：拉弓弦。盈贯：弓拉满，箭头已靠近弓背。②措：放置。③适矢复沓（tà）：言箭射出后，又有第二支搭于弦上。适，往。沓，合。④方矢复寓：刚刚发射一矢，复有一矢寄于弦上。言其一支接一支，连续发射。寓，寄。⑤象人：木雕泥塑之人，形容其精神高度集中，身体纹丝不动的样子。⑥背逡巡：背对深渊却退。逡巡，却退。⑦垂：悬空。后退至悬崖深渊边，脚下有三分之二悬空于石崖之外，惊险至极。⑧揖：揖请。进：让。这句是说，让列御寇退到相同位置表演射箭。⑨踵：脚跟。这句意思是吓得冷汗流到脚跟，可见惊骇之极。⑩窥、潜：皆为"探测"之意。黄泉：地下之泉水，比喻地底极深暗处。⑪挥斥：纵放自如。八极：八方。⑫怵然：惊惧的样子。恂目：心惊目眩。志：意。⑬中：心，即精神。殆：无。

【译文】

列御寇为伯昏无人表演射箭的本领，他拉满弓弦，又放置一杯水在手肘上，发出第一支箭，箭还未至靶的紧接着又搭上了一支箭，刚射出第二支箭而另一支箭又搭上了弓弦。在这个时候，列御寇真像是一动也不动的木偶。

伯昏无人看后说："这只是有心射箭的射法，还不是无心射箭的射法。我想跟你登上高山，脚踏危石，面对百丈的深渊，那时你还能射箭吗？"

于是伯昏无人便登上高山，脚踏危石，身临百丈深渊，然后再背转身来慢慢往悬崖退步，直到部分脚掌悬空，这才拱手恭请列御寇跟上来射箭。列御寇伏在地上，吓得汗水直流到脚后跟。

伯昏无人说："一个修养高尚的至人，上能窥测青天，下能潜入黄泉，精神自由奔放达于宇宙八方，神情始终不会改变。如今你胆战心惊，眼花恐惧，想要射中靶就不可能了！"

【原文】

肩吾问于孙叔敖曰："子三为令尹而不荣华①，三去之而无忧色②。吾始也疑子③，今视子之鼻间栩栩然④，子之用心独奈何？"

孙叔敖曰："吾何以过人哉！吾以其来不可却也⑤，其去不可止也，吾以为得失之非我也⑥，而无忧色而已矣。我何以过人哉！且不知其在彼乎，其在我乎⑦？其在彼邪？亡乎我⑧；在我邪？亡乎彼。方将踌躇⑨，方将四顾，何暇至乎人贵人贱哉！"

仲尼闻之曰："古之真人，知者不得说⑩，美人不得滥⑪，盗人不得劫，伏戏黄帝不得友⑫。死生亦大矣，而无变乎己，况爵禄乎！若然者，其神经乎大山而无介⑬，入乎渊泉而不濡⑭，处卑细而不惫⑮，充满天地，即以与人，己愈有。"

楚王与凡君坐，少焉，楚王左右曰凡亡者三⑯。凡君曰："凡之亡也，不足以丧吾存。夫'凡之亡不足以丧吾存'，则楚之存不足以存存。由是观之，则凡未始亡而楚未始存也。"

【注释】

①令尹：楚国官名，相当于宰相。荣华：光彩，用作动词，感到光彩。②去：去职，指被免职。③疑：怀疑。④鼻间：呼吸之间。栩（xǔ）栩然：轻松的样子。⑤却：推却。⑥非我：非我所有。⑦其：得失。⑧亡：无。⑨方将：正在。踌躇（chóu chú）：从容自得。⑩说（shuì）：说服。⑪滥：淫，使动用法，使之淫。⑫伏戏：即伏羲氏。⑬介：障碍。⑭濡（rú）：溺，湿。⑮卑细：贫贱。惫：困顿。⑯三：多次。

【译文】

肩吾问孙叔敖："您三次任楚令尹而不炫耀，三次去职而面无忧色。我开始听说时怀疑您怎么会这样，现在看到您呼吸轻松、表情自在，您心里到底是怎么想的呢？"

孙叔敖说："我哪里有什么过人之处呢！我认为凡事要来就无法推却，要去也无法阻止。我以为得与失都是身外之物，所以不必忧愁而已。我又哪里有什么过人之处，而且我也不知道这些得与失是因为令尹的职位呢，还是由于我个人的原因？如果是因为令尹的职位，那么与我无关；如果是因为我个人的原因，又与令尹的职位无关。我只顾踌踌满志，四望自得，哪有工夫在乎别人以为我是尊贵还是卑贱呢！”

孔子听了说：“古代的真人，智者无法说服他，美色不会使他淫乱，强盗不能使他屈服，帝王也难以使他亲服。死生也算得关系重大了，却不能使他有所改变，何况爵位利禄呢！像这样的人，他的精神穿越大山而无障碍，潜入深渊也不会沾湿衣裳，处于贫贱而安之若素，德充天地，哪怕全部给予别人，自己反而更加充实。”

楚王与凡国之君同坐，没过一会儿，楚王手下的人几次来说“凡国已经灭亡了”。凡国之君说：“凡国的灭亡，不足以丧失我的存在。如果凡国灭亡不足以丧失我的存在，那么楚国的存在也不足以以存在为存在。由此看来，凡国未曾灭亡而楚国也未曾存在。”

知北游

【题解】

“知北游”，意为知向北方游历。知，是假托人名。本篇以论道为主。作者认为道是万物的本体，它是虚无的、无处不在的；它产生万物，又支配万物。这是一种关于宇宙本体的客观唯心主义哲学思想。

【原文】

知北游于玄水之上[①]，登隐弅之丘而适遭无为谓焉[②]。知谓无为谓曰：“予欲有问乎若：何思何虑则知道？何处何服则安道[③]？何从何道则得道[④]？”三问而无为谓不答也。非不答，不知答也[⑤]。

知不得问，反于白水之南[⑥]，登狐阕之上[⑦]，而睹狂屈焉。知以之言也问乎狂屈。狂屈曰：“唉！予知之，将语若。”中欲言而忘其所欲言。

知不得问，反于帝宫，见黄帝而问焉。黄帝曰：“无思无虑始知道，无处无服始安道，无从无道始得道。”

知问黄帝曰：“我与若知之，彼与彼不知也[⑧]，其孰是邪？”

黄帝曰：“彼无为谓真是也，狂屈似之；我与汝终不近也[⑨]。夫知者不言，言者不知，故圣人行不言之教[⑩]。道不可致[⑪]，德不可至[⑫]。仁可为也[⑬]，义可亏也[⑭]，礼相伪也[⑮]。故曰：‘失道而后德，失德而后仁，失仁而后义，失义而后礼。礼者，道之华而乱之首也[⑯]。’故曰：‘为道者日损，损之又损之以至于无为，无为而无不为也。’今已为物也[⑰]，欲复归根，不亦难乎！其易也，其唯大人乎[⑱]！

“生也死之徒[⑲]，死也生之始，孰知其纪[⑳]！人之生，气之聚也；聚则为生，散则为死。若死生为徒，吾又何患！故万物一也，是其所美者为神奇，其所恶者为臭腐[㉑]；臭腐复化为神奇，神奇复化为臭腐。故曰：‘通天下一气耳[㉒]。’圣人故贵一[㉓]。”

知谓黄帝曰：“吾问无为谓，无为谓不应我，非不我应，不知应我也。吾问狂屈，狂屈中欲告我而不我告，非不我告，中欲告而忘之也。今予问乎若，若知之，奚故不近[㉔]？”

黄帝曰："彼其真是也，以其不知也；此其似之也，以其忘之也[25]；予与若终不近也，以其知之也。"

狂屈闻之，以黄帝为知言[26]。

【注释】

① 知（zhì）：虚构的人名。玄水：虚构的河流。② 隐弅（fén）：虚构的地名。适：刚好。遭：遇。无为谓：虚构的人名，取其无所为、无所谓的意思。③ 处：居住。服：行。安：持守。④ 从：由。道：路。⑤ 不知答：不知道需要回答，因道是不能用语言表述的。⑥ 反：通"返"。白水：神话中的河流，与玄水相对。⑦ 狐阕：虚构的山。⑧ 彼与彼：指无为谓和狂屈。⑨ 不近：距道甚远。⑩ 行：实行。不言之教：不用言语的教化。⑪ 致：获得。⑫ 至：达。⑬ 仁：儒家的仁义。可为：可以做到。⑭ 义：义理。亏：损弃。⑮ 礼相伪：礼是人为制定的表现形式，有一定的虚伪性。⑯ 华：同"花"，外在装饰。首：开始。⑰ 为物：与前文"为道"相对，指追求外物。⑱ 大人：至人。⑲ 徒：后继者，同类。⑳ 纪：规律。㉑ 恶（wù）：厌恶。㉒ 通：贯通。㉓ 贵一：重视事物的同一性。㉔ 奚：何。不近：距道甚远。㉕"彼其"四句：彼：指无为谓。此：指狂屈。㉖ 知言：懂得知者不言、言者不知的道理。

【译文】

知向北游历到玄水，登上隐弅的山丘，刚好碰到无为谓。知对无为谓说："我想问问你，如何思索、如何考虑才会懂得道？怎样居处、怎样行事才能持守道？从什么途径、用什么方法才可获得道？"可是，一直问了三遍，无为谓也不回答。不是不回答，而是不认为需要回答。

知得不到回答，返回到白水的南边，登上狐阕的山丘，又看见了狂屈。知问他那三个问题，狂屈说："唉！我知道，这就告诉你。"正想说而半途中忘了要说的话。

知得不到回答，返回帝宫。遇到黄帝又问那三个问题，黄帝说："不思索、不考虑才会懂得道，无所处身无所作为才能持守道，不需任何途径和方法便可获得道。"

知问黄帝说："我和你知道这些，无为谓和狂屈不知道这些，那么哪个是对的呢？"

黄帝说："那个无为谓真合于道，狂屈近似于道，我和你始终与道相距很远。知道者不说，说的不知道，所以圣人实行不言的教化。道不能有心地获得，德不能有心地达到。仁可以有意识地去做，义是可以损弃的，礼是可以互相欺骗的。所以说：'失去道以后才有德，失去德以后才讲仁，失去仁以后才行义，失去义以后才施礼。所谓礼，只不过是道的华丽外表和祸乱的开端。'所以说：'修道的人要天天减损贪欲，损而又损，直至无为的境界，无为之后就能无所不为了。'现在只知追求外物了，再想返朴归真，不也太难了吗！轻易做到这一点的，大概只有圣人才行了！

"生是死的延续，死是生的开始，谁知道其间的规律！人生的开始，是气的聚汇；气聚则生，气散则死。如果生死互相延续，我又有什么可担忧的！所以，万物原本是一般无二的。觉得美的便认为是神奇，觉得丑的便视为腐朽。腐朽又可以转化为神奇，神奇也可以转化为腐朽。所以说：'贯通天下万物的只是一气而已。'所以圣人看重同一。"

知对黄帝说："我问无为谓，无为谓不回答我，不是不回答我，而是不认为需要回答；我问狂屈，狂屈想告诉我半途又不告诉我了，不是不告诉我，而是想告诉半途又忘记要说什么了；现在我问你，你知道，为什么还说与道相去甚远呢？"

黄帝说："无为谓是真正合于道的，因为他不认为需要回答；狂屈近似于道，因为他忘记了想说的道；我和你终究距道甚远，因为认为知道了道。"

狂屈听到后，认为黄帝懂得了知者不言、言者不知的道理。

【原文】

天地有大美而不言①，四时有明法而不议②，万物有成理而不说③。圣人者，原天地之美而达万物之理④，是故至人无为，大圣不作，观于天地之谓也。

合彼神明至精，与彼百化，物已死生方圆，莫知其根也，扁然而万物自古以固存⑤。六合为巨⑥，未离其内⑦；秋豪为小，待之成体。天下莫不沉浮⑧，终身不故⑨；阴阳四时运行，各得其序。惛然若亡而存⑩，油然不形而神⑪，万物畜而不知⑫。此之谓本根，可以观于天矣⑬。

【注释】

①大美：指天地覆载万物，生养万物而又不自居其功，具有最大美德。②明法：明确的规律。③成理：万物生成之理。④原：归本、推究之意。达：通达。⑤扁然：翩然。⑥六合：上下四方的无限空间。巨：巨大。⑦其：指道。这句话是说，六合虽巨大，亦在大道中。⑧沉浮：升降、往来。表示万物的相互作用与无穷变化。⑨不故：言其新故相除，永葆生机。故，陈旧。⑩惛然：暗昧之状。形容大道暗昧模糊、似亡而存的样子。⑪油然：流动变化无所系着之状。⑫万物畜：万物为其畜养。⑬观于天：观见自然之道。

【译文】

天地具有伟大的美德却不言语，四时运行具有显明的规律却不评议，万物的变化具有现成的定规却不说话。圣哲之人，探究天地伟大的美德而通晓万物生长的道理，所以至人顺应自然无所作为，大圣也不会妄加行动，这是说取法于天地的缘故。

大道神明精妙，参与宇宙万物的各种变化，万物或死、或生、或方、或圆，却没有谁知晓变化的根本，万物蓬勃生长，自古以来就自行存在。六合算是十分巨大的，却始终不能超出道的范围；秋天的毫毛算是最小的，也得仰赖于道才能成就其细小的形体。宇宙万物无时不在发生变化，始终保持着变化的新姿；阴阳与四季不停地运行，各有自身的序列。大道是那么浑沌昧暗，仿佛并不存在却又无处不在，生机盛旺、神妙莫测却又不留下具体的形象，万物被它养育却一点也未觉察。这就称作本根，可以用它来观察自然之道了。

【原文】

啮缺问道乎被衣①，被衣曰："若正汝形，一汝视，天和将至②；摄汝知，一汝度，神将来舍。德将为汝美，道将为汝居③，汝瞳焉如新生之犊而无求其故④！"

言未卒，啮缺睡寐⑤。被衣大说，行歌而去之，曰："形若槁骸，心若死灰，真其实知，不以故自持，媒媒晦晦⑥，无心而不可与谋。彼何人哉⑦！"

【注释】

① 被衣：虚拟之人名。据《天地》篇，被衣是王倪的老师，啮缺是王倪的弟子。啮缺还见于《齐物论》等篇。② 天和将至：天然之和气就会到来。③ 居：居处。④ 瞳（tóng）：无知直视的样子。犊：小牛。无求其故：不追究事物原由，漠然置之，听其自然。⑤ 睡寐：睡着了。⑥ 媒媒晦晦：懵懂无知的样子。媒，作"昧"。⑦ 彼何人哉：他是个什么人啊！表示惊叹赞许之意。

【译文】

啮缺向被衣请教道，被衣说："你得端正你的形体，集中你的视线，自然的和气便会到来；收敛你的心智，集中你的思虑，精神就会来你这里停留。德将为你而显得美好，大道将居处于你的心中。你纯真无邪的样子就像初生的小牛犊而不去探求外在的事物！"

被衣话还没说完，啮缺便已睡着。被衣见了十分高兴，唱着歌儿离去，说："身形静定犹如枯骸，内心沉静犹如死灰，朴实的心思返归本真，而且并不因为这个缘故而有所矜持，蒙蒙昧昧，没有心计而不能与之共谋。他是什么样的人啊！"

【原文】

舜问乎丞曰①："道可得而有乎？"

曰："汝身非汝有也，汝何得有夫道？"

舜曰："吾身非吾有也，孰有之哉？"

曰："是天地之委形也②；生非汝有，是天地之委和也③；性命非汝有，是天地之委顺也④；子孙非汝有，是天地之委蜕也⑤。故行不知所往，处不知所持，食不知所味⑥。天地之强阳气也⑦，又胡可得而有邪！"

【注释】

① 丞：古之得道者，舜之师。有说为官名。② 委形：寄托给你一个形体。委，寄托。③ 和：和气。④ 委顺：寄托给你顺任自然之性，于是乃有性命。顺，顺任自然。⑤ 蜕：蜕变，指生物之脱皮生新。此处比喻人的子孙繁衍能力，也是天托寄给人的。⑥"故行"三句：人的行、住、食都不属于自己，而受天支配。持，持守。⑦ 强阳气：强健运动之气。即天地阴阳二气聚合运动主宰支配一切。

【译文】

舜向丞请教说："道可以获得而保有吗？"

丞说："你的身体都不是你所据有，又怎么能获得并占有大道呢？"

舜说："我的身体不是由我所有，那谁拥有我的身体呢？"

丞说："是天地赋予了你形体；降生人世并非你所据有，这是天地给予的和顺之气凝积而成；性命也不是你所据有，这也是天地把和顺之气凝聚于你；即使是你的子孙也不是你所据有的，而是天地所给予你的蜕变之形。所以，行走不知去哪里，居处不知持守什么，饮食不知什么滋味。行走、居处和饮食都不过是天地之间气的运动而已，又怎么可以获得并保有呢！”

【原文】

孔子问于老聃曰："今日晏闲①，敢问至道。"

老聃曰："汝齐戒，疏瀹而心，澡雪而精神②，掊击而知③！夫道，窅然难言哉④！将为汝言其崖略⑤。

"夫昭昭生于冥冥⑥，有伦生于无形⑦，精神生于道⑧，形本生于精⑨，而万物以形相生，故九窍者胎生，八窍者卵生。其来无迹，其往无崖⑩，无门无房，四达之皇皇也。邀于此者⑪，四肢强，思虑恂达⑫，耳目聪明，其用心不劳，其应物无方⑬。天不得不高，地不得不广，日月不得不行，万物不得不昌，此其道与！

"且夫博之不必知⑭，辩之不必慧⑮，圣人以断之矣⑯。若夫益之而不加益⑰，损之而不加损者，圣人之所保也⑱。渊渊乎其若海，魏魏乎其若山⑲，终则复始也，运量万物而不匮⑳。则君子之道，彼其外与㉑！万物皆往资焉而不匮㉒，此其道与！

"中国有人焉，非阴非阳，处于天地之间，直且为人㉓，将反于宗㉔。自本观之，生者，喑醷物也㉕。虽有寿夭，相去几何？须臾之说也㉖。奚足以为尧桀之是非！果蓏有理㉗，人伦虽难，所以相齿。圣人遭之而不违㉘，过之而不守㉙。调而应之，德也；偶而应之，道也；帝之所兴，王之所起也。

"人生天地之间，若白驹之过郤，忽然而已。注然勃然㉚，莫不出焉；油然漻然，莫不入焉㉛。已化而生，又化而死，生物哀之㉜，人类悲之。解其天弢㉝，堕其天袠㉞，纷乎宛乎㉟，魂魄将往，乃身从之，乃大归乎㊱！不形之形，形之不形，是人之所同知也，非将至之所务也㊲，此众人之所同论也。彼至则不论，论则不至。明见无值㊳，辩不若默。道不可闻，闻不若塞。此之谓大得。"

【注释】

①晏闲：安闲。②澡雪：清洗干净。③掊（pǒu）击：打破。知：同"智"。④窅（yǎo）然：深远莫测。⑤崖略：概要，大致轮廓。⑥昭昭：昭明显著。冥冥：暗昧混沌。⑦有伦：有伦类可分辨之物，指有形万物。⑧精神：指精微的流动变化的精气。⑨精：精气。⑩崖：边际。⑪邀：顺。⑫恂（xún）达：通达。⑬应物无方：应接外物，不执滞于成法，能与时变通。⑭且夫：况且。博：博学。这句的意思是，博学的人不必真知，真知在守约默识，不在广博。⑮辩：善于辩论。⑯断之：断弃、抛弃博学善辩之聪明。⑰益：增加。这句是说，道充满天地，无所不在，不能增加和减少。⑱保：保守，信守。⑲魏魏：同"巍巍"，高大的样子。⑳运量：运用计量。匮：穷。㉑彼其外与：彼指君子之道，言其岂能自外于大道。㉒资：取。㉓直且：只是暂且。㉔宗：本，指其发生之处，即大道。㉕喑醷（yīn yì）：气之聚集。㉖须臾：片刻。㉗果蓏（luǒ）：瓜果之总称，分而言之则是木实曰果，草实曰蓏。

有理：二者各有区分之条理。㉘不违：不逃避。㉙不守：不拘守，不留恋。㉚注然：如水之涌流。勃然：如苗之茁壮生长。㉛油然漻（liú）然：形容变化消失之状。㉜生物哀之：人之外的动物，为其同类之死而悲哀。㉝天弢（tāo）：天然的弓袋。弢，弓袋。㉞堕：毁坏。袠（zhì）：剑袋。弢、袠都有束缚、约束之义。㉟纷乎宛乎：形容散失之状。㊱大归：最大的复归，即死亡。㊲将至：将至于道之人。务：从事。㊳值：遇。

【译文】

孔子对老聃说："今天安居闲暇，我冒昧地向你请教至道。"

老聃说："你先得斋戒静心，再疏通你的心灵，清洗你的精神，除去你的才智！大道，真是深奥神妙难以言表啊！不过我将为你说个大概。

"明亮的东西产生于昏暗，有形体的东西产生于无形，精神产生于道，形质产生于精微之气，万物全都凭借形体而诞生。所以，具有九窍的动物是胎生的，具有八窍的动物是卵生的。它的来临没有踪迹，它的离去没有边界，不知从哪儿进出、在哪儿停留，通向广阔无垠的四面八方。遵循天道的人，四肢强健，思虑通达，耳目灵敏，不劳思不费神，顺应外物不拘定规。天不得道便不会高远，地不得道便不会广大，太阳和月亮不得道便不会运行，万物不得道便不会昌盛，这就是道！

"博读经典的人不一定懂得真正的道理，善于辩论的人不一定就格外聪明，圣人因而断然割弃上述种种做法。至于增多了却不像是有所增加，减少了却不像是有所减少，那便是圣人所要持守的东西。道渊深似海，高大如山，周而复始地循环运行，运载容纳万物而没有穷尽。然而，世俗君子所谈论的大道，当然不会与它相左。万物全都从它那里获取生命的资助，而且从不匮乏，这就是道啊！

"国中有人，不偏于阴也不偏于阳，处在天地的中间，只不过姑且具备了人的形体罢了，而人终将返归他的本原。从道的观点来看，人的诞生，乃是气的聚合。虽然有长寿与短命之分，但相差又有多少呢？人的一生，说起来只不过是顷刻之间而已。又哪里用得着区分唐尧和夏桀的是非呢！果树和瓜类各不相同却有共同的生长规律，人们的次第关系即使难以划分，也还可以用年龄大小相互为序。圣人遇上这些事从不违拗，事过境迁也不会滞留。调和而顺应，这就是德；无心却适应，这就是道。而德与道便是帝业兴盛的凭借，王侯兴起的规律。

"人生于天地之间，就像白马掠过空隙，瞬间而过罢了。万物自然而然地，全都蓬勃而生；自然而然地，全都顺应变化而死。业已变化而生长于世间，又变化而死离人世。兔死狐悲，人伤其亲。可是人的死亡，也只是解脱了自然的捆束，毁坏了自然的拘束，纷纷扰扰地，魂魄必将消逝，于是身形也将随之而去，这就是最终归向宗本啊！从无形到有形，又从有形到无形，这是人们所共同了解的，却不是体察大道的人所追求的，只是人们所共同谈论的。体悟大道的人就不会去议论，议论的人就没有真正体悟大道。显明昭露地寻找不会真正有所体察，宏辞巧辩不如闭口不言。道不可能通过传言而听到，听闻不如塞耳不听，这就叫真正懂得了玄妙之道。"

【原文】

东郭子问于庄子曰[①]："所谓道，恶乎在？"

庄子曰："无所不在。"

东郭子曰："期而后可。"

庄子曰："在蝼蚁。"

曰："何其下邪？"

曰："在稊稗[②]。"

曰："何其愈下邪？"

曰："在瓦甓[③]。"

曰："何其愈甚邪？"

曰："在屎溺。"

东郭子不应。庄子曰："夫子之问也，固不及质[④]。正获之问于监市履豨也，每下愈况。汝唯莫必[⑤]，无乎逃物[⑥]。至道若是，大言亦然[⑦]。周遍咸三者[⑧]，异名同实，其指一也。

"尝相与游乎无何有之宫[⑨]，同合而论，无所终穷乎！尝相与无为乎！澹而静乎[⑩]！漠而清乎[⑪]！调而闲乎[⑫]！寥已吾志[⑬]，无往焉而不知其所至[⑭]，去而来而不知其所止，吾已往来焉而不知其所终；彷徨乎冯闳[⑮]，大知入焉而不知其所穷[⑯]。物物者与物无际，而物有际者，所谓物际者也；不际之际，际之不际者也。谓盈虚衰杀[⑰]，彼为盈虚非盈虚[⑱]，彼为衰杀非衰杀，彼为本末非本末，彼为积散非积散也。"

【注释】

①东郭子：人名，因住在东郭，故名。②稊、稗：杂草。③甓（pì）：砖头。④固：本来。质：道的实质。⑤必：绝对化。⑥无乎逃物：物不可能脱离道。⑦大言：表现至道的言论。⑧周、遍、咸：都是指的全体、全部。⑨尝：尝试。无何有之宫：什么都没有的地方，即虚无的境界。⑩澹而静：恬淡而清静。⑪漠而清：漠然而清虚。⑫调而闲：调和而闲逸。⑬寥：虚寥。⑭无往：无所不往。⑮彷徨：自由放任。冯闳（píng hóng）：空虚开阔貌。⑯穷：际。⑰盈虚衰杀：盈满、空虚、衰败、消杀。⑱彼：道。为盈虚非盈虚：使万物盈虚而自身无盈虚。

【译文】

东郭子问庄子说："所谓的道，到底在什么地方？"

庄子说："道是无所不在的。"

东郭子说："必须指出具体在什么地方才可以。"

庄子说："道在蝼蛄、蚂蚁里。"

问："怎么会在这么卑下的地方呢？"

庄子又说："道在杂草中。"

东郭子说："怎么更卑下了呢？"

庄子再说："道在砖头、瓦块上。"

东郭子说："怎么越来越卑下呢？"

庄子干脆说："道在屎尿里。"

东郭子不再说话了。庄子这才说："先生所问的，本来就没有接触道的本质。管理市场的官员问下属踩猪脚以判断肥瘦的窍门，回答是越往腿下部踩越真实。你不可将道绝对化,所有的物都不可能脱离道。大道如此,阐述道的言论也一样。'周''遍''咸'三个字，名异而意思相同，指的都是同一的概念。

"试着共同遨游于虚无的境界，将你自己的言论混同于大道的言论中，就不会有穷尽之时！试着共同无所作为！恬淡而清静啊！漠然而清虚啊！调和而闲逸啊！我的心志空寂，无所不往而不知要到哪里，来来去去而不知哪里是终点，我已经来来往往而不知何处是终结；自由放任，虽有大智之人进入其中，也不能得知大道的止境。主宰万物的道与万物没有分界，而物与物之间的分界，只是叫作物界而已。由无际的道转为有际的物，又从有际的物复归于无际的道。所谓的盈满、空虚、衰败、消杀，是道使万物盈满空虚而自身并不盈满空虚，是道使万物衰败消杀而自身并不衰败消杀，是道使万物有本有末而自身无本无末，是道使万物积聚消散而道本身不会积聚消散。"

【原文】

婀荷甘与神农同学于老龙吉[①]。神农隐几阖户昼瞑[②]，婀荷甘日中奓户而入曰[③]："老龙死矣！"神农拥杖而起[④]，嚗然放杖而笑[⑤]，曰："天知予僻陋慢訑[⑥]，故弃予而死。已矣！夫子无所发予之狂言而死矣夫！"

弇堈吊闻之曰[⑦]："夫体道者，天下之君子所系焉[⑧]。今于道，秋豪之端万分未得处一焉，而犹知藏其狂言而死，又况夫体道者乎！视之无形，听之无声，于人之论者，谓之冥冥，所以论道，而非道也。"

于是泰清问乎无穷曰[⑨]："子知道乎？"

无穷曰："吾不知。"

又问乎无为。无为曰："吾知道。"

曰："子之知道，亦有数乎[⑩]？"

曰："有。"

曰："其数若何？"

无为曰："吾知道之可以贵，可以贱，可以约，可以散，此吾所以知道之数也。"

泰清以之言也问乎无始曰[⑪]："若是，则无穷之弗知与无为之知，孰是而孰非乎？"

无始曰："不知深矣，知之浅矣；弗知内矣，知之外矣。"

于是泰清中而叹曰："弗知乃知乎！知乃不知乎！孰知不知之知？"

无始曰："道不可闻，闻而非也；道不可见，见而非也；道不可言，言而非也。知形形之不形乎！道不当名。"

无始曰："有问道而应之者，不知道也。虽问道者，亦未闻道。道无问，问无应。无问问之，是问穷也；无应应之，是无内也[⑫]。以无内待问穷，若是者，外不观乎宇宙，内不知乎大初[13]，是以不过乎昆仑[14]，不游乎太虚[15]”。

【注释】

①妸（ē）荷甘、神农、老龙吉：都是虚拟之人名。②隐几：凭靠小几。阖户：关门。瞑：同“眠”。③奓（zhà）：推开。④拥杖：抱持手杖。指因过度震惊，突然抱杖而立。⑤曝（bó）然：手杖掉地发出之声。笑：不哭而笑，言其已悟生死齐一之道。⑥天：指老龙吉，言其有自然之德。僻陋：孤陋寡闻。慢訑（dàn）：怠慢荒唐。⑦弇堈（yǎn gāng）吊：虚拟人名。⑧“夫体”二句：体道者：与道相合之人。系：凭依、归依。⑨泰清、无穷、无为、无始：皆为虚拟之人名。⑩数：道理，规律。⑪之言：此言，指无为讲说道数之语。⑫无内：没有内容。⑬大初：天地分前的混沌状态，万物之本始，即指大道。⑭昆仑：地之极高处，比喻有形与无形的分界处。⑮太虚：广漠的虚空。

【译文】

妸荷甘和神农一同在老龙吉处学习。神农大白天靠着几案、关着门睡觉，中午时分，妸荷甘推门而入说：“老龙吉死了！”神农抱着拐杖站起身来，“啪”地一声丢下拐杖而笑起来，说：“老龙吉知道我见识短浅心志不专，所以丢下了我而死去。完了，先生没有用至道的言论来启发教导我就死去了啊！”

弇堈吊知道了这件事，说：“体悟大道的人，天下一切有道德修养的人都将归附于他。如今老龙吉对于道，连秋毫之末的万分之一也未能得到，尚且懂得深藏至言而死去，又何况真正体悟大道的人呢！大道看上去没有形体，听起来没有声音，人们对于所谈论的道，称它是昏昧而又晦暗的，所以用来加以谈论的道，实际上并不是真正的道。”

这时，泰清向无穷请教：“你知晓道吗？”

无穷回答：“我不知晓。”

又问无为。无为回答说：“我知晓道。”

泰清又问：“你知晓道，道也有名数吗？”

无为说：“有。”

泰清说：“道的名数怎么样呢？”

无为说：“我知道道可以处于尊贵，也可以处于卑贱；可以聚合，也可以离散，这就是我所了解的道的名数。”

泰清用上述谈话去请教无始，说：“像这样，那么无穷的不知晓和无为的知晓，谁对谁错呢？”

无始说：“不知晓是深奥玄妙，知晓是浮泛浅薄；不知晓处于深奥玄妙之道的范围内，知晓却刚好与道相背。”

于是泰清仰起头来有所醒悟而叹息，说：“不知晓就是真正的知晓啊！知晓就是真正的不知晓啊！有谁懂得不知晓就是知晓呢？”

无始说：“道不可能听到，听到的就不是道；道不可能看见，看见了就不是道；道不可以言传，言传的就不是道。要懂得有形之物之所以具有形体正是因为产生于无形的道啊！因此大道不可以称述。”

无始又说：“有人询问大道便随口回答的，乃是不知晓道。就是询问大道的人，也不曾了解过道。道无可询问，问了也无从回答。无可询问却一定要问，这是在询问空洞无形的东西；无从回答却勉强回答，这是没有内容的。内心无所得却回答空洞无形的提问，像这样，对外不能观察广阔的宇宙，对内不能了解自身的本原，所以不能越过那有形的昆仑，也不能遨游于清虚宁寂的太虚之境。”

【原文】

光曜问乎无有曰①：“夫子有乎？其无有乎？”

无有弗应也。光曜不得问，而孰视其状貌②，窅然空然③，终日视之而不见，听之而不闻，搏之而不得也④。”

光曜曰：“至矣！其孰能至此乎！予能有无矣，而未能无无也；及为无有矣⑤，何从至此哉！”

【注释】

① 光曜、无有：皆虚拟之名。② 孰视：仔细观察。孰，通“熟”。③ 窅（yǎo）然：隐晦不明之状，亦为空寂之意。④ 搏：触摸。⑤ 为无有：既不执着于无，也不执着于有，而是有无双遗，超越二者，达到一个更高境界。此种境界一般人是无从达到的。

【译文】

光曜问无有：“先生您是存在呢，还是不存在呢？”

无有不吭声。光曜得不到回答，便仔细地观察它的形状和容貌，它是那么深远那么空虚，整天看它看不见，整天听它听不到，整天捕捉它却摸不着。

光曜说：“这是最高的境界啊，谁能够达到这种境界呢！我能够做到‘无’，却未能达到‘无无’，等到做到了‘无’却仍然是基于‘有’，从哪儿能够达到这种境界啊！”

【原文】

大马之捶钩者，年八十矣，而不失豪芒⑰。大马曰：“子巧与，有道与？”

曰：“臣有守也②。臣之年二十而好捶钩，于物无视也，非钩无察也。是用之者，假不用者也以长得其用③，而况乎无不用者乎④！物孰不资焉！”

【注释】

① 豪芒：锋利有光芒。② 守：持守，毕生专心持守于此。③ 假：借助、凭借。不用者：指平时于物无视，专注于此道。长：长期。④ 无不用：于物皆不用心，而至于无无之境，达于至道之域，则万物无不资取于它。

【译文】

大司马家有个锻制钩带的老人，年纪虽然已经八十，却一点也不会出现差误。大司马说：“您是技艺高超呢，还是有道呀？”

锻制钩带的老人说："我遵循着道。我二十岁时就喜好锻制钩带，其他外在的事物都看不见，不是钩带就不会引起我的关注。锻制钩带这是得用心专一的事，借助这一工作便不再分散自己的用心，而锻制出的钩带就会得以长期使用，更何况对于那些无可用心之事啊！能够这样，外物有什么能不为所用呢？"

【原文】

冉求问于仲尼曰："未有天地可知邪？"

仲尼曰："可。古犹今也。"

冉求失问而退[①]，明日复见，曰："昔者吾问：'未有天地可知乎？'夫子曰：'可。古犹今也。'昔日吾昭然，今日吾昧然[②]，敢问何谓也？"

仲尼曰："昔之昭然也，神者先受之[③]；今之昧然也，且又为不神者求邪[④]！无古无今，无始无终。未有子孙而有子孙，可乎？"

冉求未对。仲尼曰："已矣，未应矣[⑤]！不以生生死[⑥]，不以死死生。死生有待邪？皆有所一体。有先天地生者物邪？物物者非物。物出不得先物也，犹其有物也。无已[⑦]。圣人之爱人也，终无已者，亦乃取于是者也[⑧]"。

【注释】

①失问：失去问意。心有所悟，不想再问。②"昔日"二句：昭然：明白。昧然：糊涂。③神者先受之：用空虚的心神先接受领会。④不神者求："不神者"指外界事物及道理。向外界事物道理去寻求验证，所以变得糊涂了。⑤未应：不要应答，待继续讲说下去。⑥不以生生死：死者自行死去，新生者并不是使已死者复生。⑦无已：没有止境。⑧取于是：圣人即是取法于自然之理，故其爱人类无止境。是，指上面所说自然之理。

【译文】

冉求向孔子请教："天地产生以前的情况可以知道吗？"

孔子说："可以，古时候就像今天一样。"

冉求心有所悟，不想再问，便退出屋来，第二天再次见到孔子，说："昨天我问：'天地产生以前的情况可以知道吗？'先生回答说：'可以，古时候就像今天一样。'昨天我心里还很明白，今天就糊涂了，请问先生说的是什么意思呢？"

孔子说："昨天你心里明白，是因为心神先有所领悟；今天你糊涂了，是因为又拘滞于具体形象而有所疑问啦！没有古就没有今，没有开始就没有终结。不曾有子孙而存在子孙，可以吗？"

冉求不能回答。孔子说："算了，不必再回答了！不会为了生而使死者复生，不会为了死而使生者死去。人的死和生相互有所依赖吗？其实全存在于一个整体。有先于天地而产生的东西吗？化生万物的道不是物象。万物的产生不可能先于道，由道而有了天地万物。有了天地万物之后，这才连续不断繁衍生息。圣人对于人的怜爱始终没有终结，也就是取法于万物的生生相续。"

【原文】

颜渊问乎仲尼曰："回尝闻诸夫子曰：'无有所将，无有所迎①。'回敢问其游②。"

仲尼曰："古之人，外化而内不化；今之人，内化而外不化。与物化者，一不化者也。安化安不化，安与之相靡③，必与之莫多④。狶韦氏之囿，黄帝之圃，有虞氏之宫，汤武之室。君子之人，若儒墨者师，故以是非相鳌也，而况今之人乎！圣人处物不伤物。不伤物者，物亦不能伤也。唯无所伤者，为能与人相将迎。山林与！皋壤与⑤！使我欣欣然而乐与！乐未毕也，哀又继之。哀乐之来，吾不能御，其去弗能止。悲夫，世人直为物逆旅耳⑥！夫知遇而不知所不遇⑦，能能而不能所不能⑧。无知无能者，固人之所不免也。夫务免乎人之所不免者，岂不亦悲哉！至言去言，至为去为。齐知之所知⑨，则浅矣。"

【注释】

①"无有"二句：将：送。这二句意思是，不送不迎，听其自然。②游：指精神之出入自在。③靡：顺。④莫多：不增益。循物之性，顺其自然，不予增减。⑤皋壤：平原。⑥直：但。逆旅：旅舍。⑦遇：遭遇，接触。这句意思是，遇到则知，不遇则不知。遇有限，知亦有限。⑧能能：能做到力所能及的。⑨齐：齐一。知之所知：靠主体与外界接触所得之知，是靠学习和教化所得有形迹之知，这种知是浅陋的。

【译文】

颜渊问孔子说："我曾听先生说过：'不要有所送，也不要有所迎。'请问它的道理。"

孔子说："古时候的人，外表适应环境变化但内心世界却持守凝寂；现在的人，内心游移而外表不变。随应外物变化的人，必定内心纯一凝寂而不离散游移。对变化与不变化都能安然听任，安闲自得地跟外在环境相顺应，必定会与外物一道变化而不会有所偏移。狶韦氏的苑囿，黄帝的果林，虞舜的宫室，商汤、周武王的房舍，都是他们养心任物的好处所。那些称君子的人，如儒家、墨家之流，以是非好坏来相互诋毁，何况现时的人呢！圣人与外物相处却不损伤外物。不伤害外物的人，外物也不会伤害他。正因为无所伤害，因而能够与他人自然相送或相迎。山林啊！旷野啊！这都使我感到无限欢乐啊！可是欢乐还未消逝，悲哀又接着到来。悲哀与欢乐的到来，我无法阻挡，悲哀与欢乐的离去，我也不可能制止。可悲啊！世上的人们只不过是外物临时栖息的旅舍罢了！人们知道遇上了什么却不知道遇不上什么，能够做自身能力所及的事却不能做自身能力所不及的事。不知道与不能够，本来就是人们所不可回避的。一定要避开自己所不能避开的事，难道不可悲吗！最好的言论是什么也没说，最好的行动是什么也没做，要想把每个人所知道的各种认识全都等同起来，那就实在是浅陋了。"

◎杂 篇◎

庚桑楚

【题解】

本篇的主旨是谈“道”。作者通过庚桑楚行道、南荣趎求道和老子讲道，阐述了“无有”“无为”的观点。作者认为，功名是有害之物，举贤任知就会导致人与人相食，所以尧舜的有为政治是万恶之源。他提出“至人之道”是要清静、弃智、诚已、无名、虚心，一切以“无有”为出发点和最终归宿，达到天地万物的通而为一。因此，学道首先就要返归天性，像婴儿一样无知无虑、无得无失。一切顺随自然而不由自主，直至达到一种无我的境界，这样就可无所为而无所不为了。

【原文】

老聃之役[1]，有庚桑楚者[2]，偏得老聃之道[3]，以北居畏垒之山[4]，其臣之画然知者去之[5]，其妾之挈然仁者远之[6]；拥肿之与居[7]，鞅掌之为使[8]。居三年，畏垒大壤[9]。畏垒之民相与言曰：“庚桑子之始来，吾洒然异之[10]。今吾日计之而不足，岁计之而有余[11]。庶几其圣人乎[12]！子胡不相与尸而祝之[13]，社而稷之乎[14]？”

庚桑子闻之，南面而不释然[15]。弟子异之[16]。庚桑子曰：“弟子何异于予[17]？夫春气发而百草生，正得秋而万宝成[18]。夫春与秋，岂无得而然哉[19]？天道已行矣[20]。吾闻至人，尸居环堵之室[21]，而百姓猖狂不知所如往[22]。今以畏垒之细民[23]，而窃窃焉欲俎豆予于贤人之间[24]，我其杓之人邪[25]！吾是以不释于老聃之言[26]。”

弟子曰：“不然。夫寻常之沟[27]，巨鱼无所还其体[28]，而鲵鳅为之制[29]；步仞之丘陵[30]，巨兽无所隐其躯[31]，而孽狐为之祥[32]。且夫尊贤授能，先善与利[33]，自古尧舜以然[34]，而况畏垒之民乎[35]！夫子亦听矣[36]！”

庚桑子曰：“小子来！夫函车之兽[37]，介而离山[38]，则不免于网罟之患[39]；吞舟之鱼，砀而失水[40]，则蚁能苦之。故鸟兽不厌高，鱼鳖不厌深。夫全其形生之人[41]，藏其身也，不厌深眇而已矣[42]。且夫二子者[43]，又何足以称扬哉！是其于辩也[44]，将妄凿垣墙而殖蓬蒿也[45]。简发而栉[46]，数米而炊，窃窃乎又何足以济世哉！举贤则民相轧[47]，任知则民相盗[48]。之数物者[49]，不足以厚民[50]。民之于利甚勤[51]，子有杀父，臣有杀君，正昼为盗[52]，日中穴阫[53]。吾语女[54]，大乱之本，必生于尧舜之间，其末存乎千世之后[55]。千世之后，其必有人与人相食者也！”

【注释】

①役：门徒，弟子。古代做门徒或弟子的要为师父干杂活，所以称为“役者”。②庚桑楚：人名，老聃弟子，姓庚桑，名楚。③偏：独。偏得，独得。④畏垒：高峻不平。一说为山名。⑤画然：炫耀的样子。知：通“智”。⑥挈（qiè）然：高举的样子，引申为标榜。⑦拥肿：糊涂无知的人。⑧鞅掌：不恭、随便的人。为使：为庚桑楚的役使之人。⑨大壤：指大丰收。壤，通“穰”，丰收。⑩洒（xiǎn）然：见所未见，耳目一新的样子。异之：认为他奇异。⑪“今吾”二句：意为以日计其功而无所作为，以岁计其功而有大成就。⑫庶几：差不多。⑬胡：何，为何。尸：主，指古代代表死者受祭的活人，后为神主牌位。祝：祠庙中主持祭礼的人。尸而祝之，意为尊奉他为祖先。⑭社而稷之：为他建立社稷，意为尊奉他为神。社稷，古代帝王所祭的土神和谷神。⑮南面：面朝南。不释然：不愉快的样子。⑯弟子异之：弟子对庚桑楚感到奇怪。⑰何异于予：为什么对我感到奇怪。⑱“夫春”二句：意为春气勃发而百草丛生，时至秋季而果实成熟。万宝，指各种果实。⑲无得：无故。然：这样。⑳天道已行矣：意为是自然之道在运行呢。㉑尸居：像神主牌位一样地寂静而居。环：四周。堵：一丈长的墙。㉒猖狂：肆意，狂妄。㉓细民：小民，百姓。㉔窃：私。俎豆：祭祀时放祭品的器具，这里指奉祀。㉕其：岂，难道。杓（dú）：众人注目的对象。㉖不释：不安。㉗寻常：八尺为寻，一丈六尺为常。㉘还（xuán）：通“旋”，旋转。㉙鲵鳅：小鱼。制：折，曲折回旋。㉚步仞：六尺为步，八尺为仞。㉛隐：藏。躯：身躯。㉜孽（niè）狐：妖孽的狐狸。祥：善，如意。㉝先善与利：倡导善行，施与利益。㉞以：通“已”。㉟而况畏垒之民乎：意为何况畏垒的人民更是由于庚桑楚的贤能与善行而尊奉他的。㊱夫子：老师。听：听任，顺从。㊲函：包含，包容。函车之兽，口能含车的大兽。“含车”与“吞舟”对文。㊳介：个，独。㊴罟（gǔ）：网的总名。㊵砀（dàng）而失水：因动荡而离水。砀，同“荡”。㊶生：性。㊷眇（miǎo）：通“渺”，高远。㊸二子：指尧、舜。㊹辩：通“辨”，指分辨贤能善利。㊺垣墙：矮墙。殖：种植。蓬蒿：茼蒿的俗称。㊻简：通“柬”，选择。栉（zhì）：梳篦的总称，此处指梳头发。㊼轧：倾轧。㊽盗：欺诈。㊾数物：指举贤、任知等事。㊿厚民：利民。(51)勤：勤劳，努力。(52)正昼：白日。(53)日中：中午。穴阫（péi）：在墙上打洞。阫，墙。(54)女：通“汝”，你。(55)末：末流。

【译文】

老聃的弟子，有个名叫庚桑楚的，独得老聃之道，去北方居住在畏垒山上，他的仆人中有炫耀聪明的被他辞去，他的侍女中有标榜仁义的也被他疏远；糊涂无知的人和他住在一起，随便无礼的人被他使唤。住了三年，畏垒山区获得大丰收。畏垒山区的百姓互相议论说：“庚桑子刚来时，我们感到很惊奇。现在，我们以每日来看他的功绩感到不足，而以三年的岁月来看他的功绩便感到有余。他差不多是圣人吧！你们为什么不一齐尊奉他为神，为他建立祠庙祭拜他呢？”

庚桑子听到这种议论，面朝南方而心中感到十分不快。弟子们觉得很奇怪。庚桑子说：

"你们对我有什么可奇怪的呢？春天阳气勃发而百草生长，时至秋日而果实成熟。春季与秋季，难道无故就能这样吗？这是自然之道在运行呢。我听说，至德之人，寂静地居住在一丈见方的小屋之中，而百姓肆意迷妄地不知要到哪里去。现在畏垒的这些小民们，私下里想把我敬奉于贤人之间，我难道是那种众人注目的人吗！因此，我面对老聃的教诲而感到不安。"

弟子说："不是这样，深八尺、长一丈六尺的小水沟，大鱼无法转身，而小鱼却回旋自如；六尺、八尺高的小土丘，巨兽无法藏身，而妖狐却很如意。况且尊重贤人，授权能人，推举善行，施予利益，自古尧、舜就是这样，何况畏垒的百姓呢？先生就听他们的吧！"

庚桑子说："小子们，过来。可以吞车的巨兽，单独离开山林，就不免受到罗网的祸患；可以吞船的大鱼，因潮汐动荡而离水，就会受蝼蚁的伤害。所以鸟兽不厌山高，鱼鳖不厌水深。要全形养性的人，隐身之所，也应是不厌深远的。况且，尧舜这两个人，又有什么值得称赞的呢？像他们那样分辨贤能善利，如同妄自凿毁垣墙而种植蒿蒿一样。选择头发来梳理，数着米粒来煮饭，这样斤斤计较又怎能济世呢？荐举贤能则使人民互相倾轧，任用智者则使人民互相欺诈。这些所为不足以使人民淳厚。人民贪利之心切，于是有子杀父，臣杀君，白日偷盗，正午挖墙之事出现。我告诉你们，大乱的根源，必定起自尧舜，而其流弊将存于千年之后。千年之后，必定有人吃人的事情了！"

【原文】

南荣趎蹴然正坐曰[①]："若趎之年者已长矣，将恶乎托业以及此言邪[②]？"

庚桑子曰："全汝形[③]，抱汝生[④]，无使汝思虑营营[⑤]。若此三年，则可以及此言矣。"

南荣趎曰："目之与形，吾不知其异也，而盲者不能自见；耳之与形，吾不知其异也，而聋者不能自闻；心之与形，吾不知其异也，而狂者不能自得。形之与形亦辟矣[⑥]，而物或间之邪[⑦]，欲相求而不能相得？今谓趎曰：'全汝形，抱汝生，勿使汝思虑营营。'趎勉闻道达耳矣[⑧]！"

庚桑子曰："辞尽矣。曰奔蜂不能化藿蠋[⑨]，越鸡不能伏鹄卵[⑩]，鲁鸡固能矣[⑪]。鸡之与鸡，其德非不同也[⑫]，有能与不能者，其才固有巨小也。今吾才小，不足以化子。子胡不南见老子[⑬]！"

南荣赢粮[⑭]，七日七夜至老子之所。

老子曰："子自楚之所来乎？"

南荣趎曰："唯。"

老子曰："子何与人偕来之众也？"

南荣趎惧然顾其后。

老子曰："子不知吾所谓乎？"

南荣趎俯而惭，仰而叹曰："今者吾忘吾答，因失吾问。"

老子曰："何谓也？"

南荣趎曰："不知乎？人谓我朱愚[⑮]。知乎？反愁我躯。不仁，则害人；仁，则反愁我身。不义，则伤彼；义，则反愁我己。我安逃此而可？此三言者，趎之所患也。

愿因楚而问之⑯。”

老子曰：“向吾见若眉睫之间⑰，吾因以得汝矣。今汝又言而信之⑱。若规规然若丧父母⑲。揭竿而求诸海也⑳。女亡人哉㉑！惘惘乎㉒！汝欲反汝情性而无由入，可怜哉！”

南荣趎请入就舍㉓，召其所好，去其所恶。十日自愁㉔，复见老子。

老子曰：“汝自洒濯㉕，熟哉郁郁乎㉖！然而其中津津乎犹有恶也㉗。夫外韄者不可繁而捉㉘，将内揵㉙；内韄者不可缪而捉㉚，将外揵；外内韄者，道德不能持，而况放道而行者乎！”

南荣趎曰：“里人有病，里人问之，病者能言其病，然其病，病者犹未病也。若趎之闻大道㉛，譬犹饮药以加病也，趎愿闻卫生之经而已矣㉜。”

老子曰：“卫生之经，能抱一乎㉝？能勿失乎？能无卜筮而知吉凶乎㉞？能止乎？能已乎？能舍诸人而求诸已乎㉟？能翛然乎㊱？能侗然乎㊲？能儿子乎㊳？儿子终日嗥而嗌不嗄㊴，和之至也；终日握而手不掜㊵，共其德也；终日视而目不瞚㊶，偏不在外也。行不知所之，居不知所为，与物委蛇㊷，而同其波。是卫生之经已。”

南荣趎曰：“然则是至人之德已乎？”

曰：“非也。是乃所谓冰解冻释者㊸，能乎？夫至人者，相与交食乎地，而交乐乎天㊹，不以人物利害相撄㊺，不相与为怪㊻，不相与为谋㊼，不相与为事㊽，翛然而往，侗然而来。是谓卫生之经已㊾。”

曰：“然则是至乎？”

曰：“未也。吾固告汝曰：‘能儿子乎！’儿子动不知所为，行不知所之，身若槁木之枝，而心若死灰。若是者，祸亦不至，福亦不来。祸福无有，恶有人灾也！”

【注释】

① 南荣趎（chú）：庚桑楚的弟子，姓南荣名趎。蹴（cù）然：恭敬不安的样子。正坐：正容端坐，以示敬畏。② 恶（wū）：何。托：凭托，凭借。此言：指上文庚桑楚对弟子们的教导之言。③ 全汝形：指不伤其身体。④ 抱汝生：指不失其天性。⑤ 思虑：智慧。营营：劳累奔波不止。⑥ 形：形体。辟：通“譬”，比类，相同类。⑦ 物：外物。间：间隔，分别。⑧ 勉：勉强。达耳：达于耳而未入于心。⑨ 奔蜂：细腰土蜂，小蜂。藿（huò）：豆叶。蠋（zhú）：豆虫。⑩ 越鸡：荆鸡，体小。鹄（hú）：水鸟，天鹅，体大。⑪ 鲁鸡：蜀鸡，体大。固：必。⑫ 德：物性。⑬ 胡：何。⑭ 赢（yíng）：担。⑮ 朱愚：铢愚，愚钝，愚昧无知。⑯ 因楚：通过庚桑楚。⑰ 向：方才，刚才。若：你。眉睫之间：眼神，引申为表情。⑱ 信：证实。⑲ 若：你。规规然：惊视自失的样子。若：如。⑳ 揭竿：举竿。诸：之于。㉑ 女：汝，你。亡人：流亡之人。㉒ 惘（wǎng）惘：心中若有所失而迷惘的样子。㉓ 请入就舍：就居弟子之舍。㉔ 自愁：自觉愁苦。㉕ 洒濯（zhuó）：洗涤。㉖ 熟：通“孰”，何。郁郁：忧郁不乐的样子。㉗ 津津：水自然外溢的样子。㉘ 韄（hù，又读 huò）：通“护”。㉙ 揵（jiàn）：同“闭”，堵塞，闭塞。㉚ 缪（miù）：通“缪”，纰缪，错误。㉛ 若：如，像。㉜ 卫生：卫护生命，保身全生。㉝ 抱一：合一，抱朴。㉞卜筮：占卜。㉟舍：舍弃。㊱翛（xiāo）

然：自由自在、无拘无束的样子。㊲侗（dòng）然：无牵无挂的样子。㊳儿子：婴儿。㊴嗥（háo）：嗥哭。嗌（ài）：咽喉哽塞。嗄（shà）：嘶哑。㊵挩（yì）：拳曲，攥。㊶瞚（shùn）：眨眼。㊷委蛇（yí）：随便应付。㊸者：犹"之"。㊹交：通"邀"，顺，循。天：自然。㊺撄（yīng）：纠缠，扰乱。㊻怪：责怪。㊼谋：谋划。㊽事：做事。㊾是：此。经：常道，道理。

【译文】

南荣趎局促不安，正容端坐说："像我的年龄已经这样大了，要怎样学习才能达到您所说的那种境界呢？"

庚桑子说："保全你的身体，护养你的天性，不要让你的思虑为求取私利而奔波劳苦。像这样三年时间，就可以达到我所说的那种境界了。"

南荣趎说："盲人和普通人的眼睛，从外形上我看不出有什么差异，而盲人的眼睛却看不见东西；聋人和普通人的耳朵，从外形上我看不出有什么区别，而聋人的耳朵却听不见声音；疯狂的人与普通人的样子，我看不出有什么不同，而疯狂人却不能把持自己。形体与形体之间原本是相通的，对外物的感受却不相同，想相互求得心灵相通却不可得。如今您对我说：'保全你的身体，护养你的天性，不要让你的思虑为求取私利而奔波劳苦。'我只能勉强听到耳朵里罢了！"

庚桑子说："我的话已说尽了。土蜂不能孵化出豆叶虫，越鸡不能孵化天鹅蛋，而鲁鸡却能够做到。鸡与鸡，它们的禀赋并没有什么不同，有的能做到，有的不能做到，是因为它们的才能原本就有大有小。现在我的才能就很小，不足以使你受到教化，你为何不到南方去拜见老子呢？"

南荣趎带足干粮，走了七天七夜来到老子的住处。

老子说："你是从庚桑楚那儿来的吧？"

南荣趎说："是的。"

老子说："跟你一块儿来的人为何如此多呢？"

南荣趎惊恐地回过头来看自己的身后。

老子说："你不懂我所说的意思吗？"

南荣趎低下头，满脸羞愧之色，仰天叹息："现在我已忘了应该怎样回答，因而也忘掉了我的提问。"

老子说："什么意思呢？"

南荣趎说："不明白道理吧，人们说我愚昧迟钝。明白道理吧，反而给身体带来愁苦。不仁德，就会伤害他人；实行仁德，反而给自己带来愁苦。不讲信义，便会伤害他人；推广信义，又会给自己带来愁苦。这三句话所说的情况，正是我所担忧的事，希望借助庚桑楚的引介而向您请教。"

老子说："刚才我观察你眉宇之间的神色，借此了解了你的心思。如今你的谈话更证明了我的观察。你失神的样子像是失去了父母，又像是举着竹竿探测深不可测的大海。你确实是一个丧失了真性的人啊，是那么迷惘而又昏昧！你想要返归你的真情与本性却不知道从哪里做起，实在是可怜啊！"

南荣趎请求到弟子的馆舍住下，求取自己所喜好的东西，舍弃自己所厌恶的东西，整整十天愁思苦想后，又去拜见老子。

老子说："你作了自我反思，为什么还如此郁郁不乐！可见你心中的恶念仍然在不断地流露出来。受到外物的束缚便难免繁杂急促，于是内心必将堵塞不通；内心受到束缚便难免杂乱急促，于是外部感知必定会闭塞不通；外部感知和内心世界都被束缚，即使是道德高尚的人也不能持守，何况是不依于道而放任行事的人呢！"

南荣趎说："村里的人生了病，村民问候他，生病的人能够说明自己的病情，而能够把自己的病情说清楚的人，就算不上是生了重病。像我这样听闻大道，就好比饮用药物却加重了病情，我只希望能听到养护生命的道理罢了。"

老子说："养护生命的道理，能够使身体与精神浑然合一吗？能够不丧失真性吗？能够不占卜而知晓吉凶吗？能够安守自己的本分吗？能够不追求已经失去的东西吗？能够舍弃仿效他人而追求自我的完善吗？能够无拘无束、自由自在吗？能够心神安宁、无所执着吗？能够像初生的婴儿那样纯真质朴吗？婴儿整天啼哭咽喉却不会哽塞嘶哑，这是因为达到了谐和自然的境界；婴儿整天握着小手而手不卷曲，这是因为符合了婴儿的天性与常态；婴儿整天瞪着小眼睛而不眨眼睛，这是因为婴儿的内心不滞留于外物。出行时不知道去哪里，平日居处不知道做什么，接触外物如同随波逐流，听其自然。这就是养护生命的道理。"

南荣趎："那么这就是至人的最高境界吗？"

老子回答："不是的。这只是所谓像冰冻消解那样消除心中症结的本能吧！所谓至德之人，顺从自然之道而求食于地，与天同乐，不因外在的人物利害而扰乱自己，不相互嗔怪，不相互图谋，不参与尘俗的事务，无拘无束、自由自在地走了，又心神安宁、无所执着地到来。这就是所说的养护生命的道理。"

南荣趎说："那么这就达到了最高的境界吗？"

老子说："还没有。我开始就告诉过你：'能够像初生的婴儿那样纯真质朴吗？'婴儿活动却不知道干什么，行走却不知道去哪里，身形像枯槁的树枝而心境像完全熄灭了的死灰。像这样的人，灾祸不会降临，幸福也不会到来。祸福都不存在，哪里还会有人间的灾祸呢！"

【原文】

宇泰定者①，发乎天光②。发乎天光者，人见其人③，物见其物④。人有修者⑤，乃今有恒⑥；有恒者，人舍之⑦，天助之。人之所舍，谓之天民⑧；天之所助，谓之天子⑨。

学者，学其所不能学也；行者，行其所不能行也；辩者⑩，辩其所不能辩也。知止乎其所不能知，至矣；若有不即是者，天钧败之⑪。

【注释】

①宇：眉宇，与前文"眉睫之间"相对应。泰定：大定，宁静，与前文"思虑营营"相反。②天光：自然流露的智慧之光。③见：通"现"，显现。④物：事物，与"人"相对。

⑤修：修行，修炼，自修。⑥恒：常。⑦舍：住所，住宿，引申为依附。⑧天民：指自然之民。⑨天子：自然之子，天以子畜之。《人世间》有“与天为徒者，知天子之与己，皆天之所子”。⑩辩：通“辨”，辨别。⑪天钧：亦作“天均”，指自然均齐的状态。《齐物论》及《寓言》皆有此概念。

【译文】

眉宇间安泰镇定的人，就会发出天然的光芒。发出天然光芒的，人各自显其为人，物各自显其为物。注重修养的人，才能恒久保持天性；恒久保持天性，人们就会归附他，上天也会帮助他。人们所归附的，被称为天民；上天辅助的，称之为天子。

学习，要学习那些不能学的东西；实行，要实行那些不能做到的事情；分辨，要分辨那些不能辨别的事物。知道停留于所不知道的境域，便达到了认知的极点。假如有人不是这样，自然的本性就要受到亏损。

【原文】

备物以将形①，藏不虞以生心②，敬中以达彼，若是而万恶至者，皆天也，而非人也，不足以滑成③，不可内于灵台④。灵台者，有持而不知其所持，而不可持者也。

不见其诚己而发⑤，每发而不当；业入而不舍⑥，每更为失。为不善乎显明之中者，人得而诛之；为不善乎幽闇之中者⑦，鬼得而诛之。明乎人，明乎鬼者，然后能独行。

券内者⑧，行乎无名；券外者，志乎期费⑨。行乎无名者，唯庸有光⑩；志乎期费者，唯贾人也⑪，人见其跂⑫，犹之魁然⑬。与物穷者，物入焉；与物且者⑭，其身之不能容，焉能容人！不能容人者无亲，无亲者尽人。兵莫憯于志⑮，莫邪为下⑯；寇莫大于阴阳⑰，无所逃于天地之间。非阴阳贼之⑱，心则使之也。

【注释】

①备：具备。物：指形成耳目之物。将：养。备物以将形，即指“全汝形”。②虞：臆度，思虑。③滑（gǔ）：乱。④内（nà）：通“纳”，纳入。灵台：指心，与《德充符》中说的“灵府”意相同，而角度不同，灵府指聚众理之心，灵台指高临万物之上的心。⑤诚己：诚于己，内心至诚。发：发作，表现。⑥业：指习已成性。舍：舍弃，制止。⑦幽闇：隐避的地方。闇，同“暗”。⑧券：同“契”，契合。⑨期：求，要。费：显用。⑩唯：但，必然。庸：常。⑪贾（gǔ）人：商人。⑫跂：跂足。⑬魁：高大。⑭与物且：与外物格格不入。且，借为“阻”。⑮憯（cǎn）：同“惨”，毒。⑯莫邪：吴国的名剑。⑰寇：敌寇。⑱贼：害，伤害。

【译文】

具备造化的事物而顺应成形，深敛外在情感而修养心神，谨慎地持守内心以通达外在事物，像这样做而各种灾祸仍然纷至沓来，那就是上天安排的结果，而不是人为所造成，因而不足以扰乱成性，也不可以纳入灵台。灵台，就是有所持守却不知道持守什么，并且无法刻意持守的地方。

不能表现真诚的自我而任情感外发，每次外发却总是不合适宜；习以成性之后而不舍弃，就每每错上加错。在光天化日下做了坏事，人人都会谴责和惩罚他；在昏暗处暗地里做下坏事，鬼神也会谴责和惩罚他。对人能光明清白，对鬼神也能光明清白，这样就能独行于世。

契合内心，行事就不显于名声；契合外物，心思则会求取显用。行事不显名声的人，即使平庸也有光辉；心思在于求取显用的人，只不过是商人而已，人人都能看清他们在踮脚追求外在的东西，还自以为很高大。与外物顺应相通的人，外物必将归附于他；跟外物相互阻隔的人，他们连自身都不能相容，又怎么能容纳他人！不能容人的人无法与人亲近，无法与人亲近的人也就为人们所弃。没有比人心更厉害的武器了，即使是名剑莫邪也只能算是下等兵器；没有敌寇比阴阳造化更为巨大，所以任何人都无法逃出天地之间。其实并非阴阳造化伤害人们，而是人们心神自扰不能顺应阴阳造化而使自身受到伤害。

【原文】

道通①，其分也成也②，其成也毁也③。所恶乎分者④，其分也以备⑤；所以恶乎备者⑥，其有以备。故出而不反⑦，见其鬼；出而得⑧，是谓得死。灭而有实⑨，鬼之一也。以有形者象无形者而定矣⑩。

出无本⑪，入无窍⑫。有实而无乎处，有长而无乎本剽⑬，有所出而无窍者有实⑭。有实而无乎处者，宇也⑮。有长而无本剽者，宙也⑯。有乎生，有乎死，有乎出，有乎入。入出而无见其形⑰，是谓天门⑱。天门者，无有也，万物出乎无有，有不能以有为有⑲，必出乎无有，而无有一无有⑳。圣人藏乎是㉑。

【注释】

①道通：道通为一，即道。②成：形成。分而后形成。③毁：毁掉，毁灭。④恶（wù）乎：厌恶于何处，即因何厌恶。⑤备：全。⑥恶：讨厌，憎恨。⑦出而不反：出而不知返。学道的大忌是精神外驰而不返。⑧出而得：出而自以为有所得。⑨有实：形骸的实体。⑩有形：指人、物。象：效法。无形：指道。定：即前文“宇泰定”的定。⑪出无本：无本犹无始。⑫无窍：指无终。窍，通“徼”，边际。⑬剽：同“标”，末、终。⑭有实：充实。⑮宇：上下四方，指空间。⑯宙：古往今来，指时间。⑰见：现。⑱天门：与天光、天钧等相对应，指自然出入之门。⑲为：形成，产生。⑳一：统一。㉑藏乎是：藏心于道，藏心于无。

【译文】

大道通达于万物。万物有分才有成，有成才有毁。厌恶分离的原因，就在于对分离求取完备；厌恶完备的原因，又在于对完备进一步求取完备。所以心神离散外逐欲情而不能返归，就会徒具形骸而显于鬼形；心神离散外逐欲情而能有所得，这就叫作接近死亡。迷灭本性而徒有外形，也就跟鬼一样。把有形的东西看作是无形，那么内心就会得到安宁。

道的产生没有开始，消失没有踪迹。具有实在的形体却看不见确切的处所，有成长却见不到成长的始末，有所产生却没有孔隙却又实际存在着。具有实在的形体而看不见确切的处所，是因为处在上下四方没有边际的空间中。有成长却见不到成长的始末，是因为处在古往今来没有极限的时间里。存在着生，存在着死，存在着出，存在着入，入与出都没有具体的形迹，这就叫作自然之门。所谓“自然之门”，就是不存在一个确切的门，万事万物都出自这一自然之门。“有”不可能用“有”来产生“有”，必定要出自“无有”，而“无有”就是一切都没有。圣人就藏身于这样的境界中。

【原文】

古之人，其知有所至矣。恶乎至①？有以为未始有物者，至矣，尽矣，弗可以加矣。其次以为有物矣②，将以生为丧也③，以死为反也④，是以分已⑤。其次曰始无有，既而有生，生俄而死⑥；以无有为首，以生为体，以死为尻⑦；孰知有无死生之一守者⑧，吾与之为友。是三者虽异⑨，公族也；昭景也⑩，著戴也，甲氏也⑪，著封也，非一也⑫。

有生，黬也⑬，披然⑭，曰移是⑮。尝言移是⑯，非所言也⑰。虽然，不可知者也⑱。腊者之有膍胲⑲，可散而不可散也。观室者周于寝庙⑳，又适其偃焉，为是举移是㉑。

请尝言移是。是以生为本㉒，以知为师。因以乘是非㉓，果有名实㉔；因以己为质㉕，使人以为己节㉖，因以死偿节㉗。若然者，以用为知㉘，以不用为愚，以彻为名㉙，以穷为辱，移是，今之人也㉚，是蜩与学鸠同于同也㉛。

【注释】

①恶乎至：指“何为最高境界”。②“有以”五句：以上数句参见《齐物论》。③丧：丧失。④反：通“返”。⑤以：通“已”，已经。已：犹“矣”。⑥俄：时间很短，突然间。⑦尻（kāo）：屁股。⑧守：持。⑨三者：指以为未始有物、以为有物、始无有。⑩昭景：昭氏、景氏，皆为楚国王族的姓氏。⑪甲氏：楚国王族的姓氏。⑫非一：不一致，有区别。⑬黬（àn）：黑疵。⑭披然：分散的样子。黑疵有蔓延的性质，所以称披然。⑮移是：移此而达彼，指是非之不齐而齐，是非不定。⑯尝言：试言。⑰非所言：言之所不能及。⑱不可知者也：不能为常人所理解。⑲腊：腊祭。膍（pí）：牛肚。胲（gāi）：牛蹄，一说牛颊肉。⑳观室者：观居室的形状。周于寝庙：室有东西厢为庙，无东西厢为寝，都是人的住处。㉑举：皆，一说举例。㉒以生为本：指生死方面的事情。㉓乘：驾驭。㉔果：果真。名实：指名实相符。㉕质：质正，衡量。㉖节：符合，符节。㉗偿：犹“殉”。㉘知：通“智”。㉙彻：犹“通”。名：名声。㉚今之人：与古之人对应，指现在的人。㉛蜩与学鸠：见《逍遥游》注。同于同：同于所同，指个人之见与蜩鸠相同，知同之为同，不知集异则为大同。

【译文】

古时候的人，他们的才智达到很高的境界。什么样的境界呢？有认为宇宙初始是不曾有物的，这种观点是最高明的、最完美的了，不可以再添加什么了。低一等的认为宇宙初始已经存在事物，他们把产生看作是另一种事物的丧失，他们把消失看作是返归自然，而这样的观点已经对事物有了区分。再次一等认为宇宙初始确实不曾有过什么，不久就产出了生物，有生命的东西又很快地死去；他们把虚空看作是头，把生命看作是躯体，把死亡看作是尾脊。谁能明白有、无、死、生原本就是一体，我就与他交结为朋友。以上三种认识虽然各有不同，却属于一个类别，犹如楚国王族中昭、景二姓以世代为官而著显，甲姓以世代封赏而著显，只不过是姓氏不同罢了。

世上存在的生命，乃是从昏暗中产生出来，生命一旦产生彼与此、是与非就在不停地转移而不易分辨。让我来谈谈转移和分辨，其实这本不足以谈论。即便如此，谈论了也是不可以明了的。譬如说，年终时大祭备有牛牲的内脏和四肢，可以分别陈列却又不可以离散整体牛牲。又譬如说，游观王室的人看了住人的寝室，还要去厕所看一看。像这些例子全都可以说明彼与此、是与非在不停地转移。

请让我再谈谈是非的转移和不定。这全是因为把生存看作根本，把才智看作老师。于是以这样的观点来驾驭是与非，便果真分辨出次要、主要的区别；于是把自我看作是主体，并且让人把这一点当作神圣的节操，于是又用死来殉偿这一节操。像这样的人，以举用为才智，以晦迹为愚昧，以通达为荣耀，以困厄为羞耻。是非、彼此的不定，是现今人们的认识，这就跟蜩与学鸠共同讥笑大鹏那样，其实是同样的无知。

【原文】

蹍市人之足①，则辞以放骜②，兄则以妪③，大亲则已矣④。故曰，至礼有不人⑤，至义不物⑥，至知不谋⑦，至仁无亲⑧，至信辟金⑨。

【注释】

①蹍（zhǎn）：踩，踹，踏。市人：集市上不相识的人。②辞：辞谢。放骜：放肆，失礼。骜，通“敖”。③妪（yù）：出声的问慰。④大亲：父母。⑤至礼有不人：不区分亲疏，视人如己。⑥至义不物：最大的义是不区别物我。⑦知：智。不谋：无须谋虑。⑧无亲：无须亲近。⑨辟：摒弃。金：指贵重的东西。

【译文】

踩了集市上行人的脚，就要道歉说对不起，兄长踩了弟弟的脚就要怜惜安慰，父母踩了子女的脚就算了。因此说，最好的礼仪就是不分彼此视人如已，最好的道义就是不分物我各得其宜，最高的智慧就是无须谋虑顺其自然，最大的仁爱就是对任何人也不表示亲近，最大的诚信就是无须用贵重的东西作为凭证。

【原文】

彻志之勃①，解心之谬②，去德之累③，达道之塞④。贵富显严名利六者⑤，勃志也。容动色理气意六者⑥，谬心也。恶欲喜怒哀乐六者⑦，累德也。去就取与知能六者⑧，塞道也。此四六者⑨，不荡胸中则正，正则静，静则明，明则虚，虚则无为而无不为也。道者，德之钦也⑩；生者，德之光也；性者，生之质也。性之动，谓之为；

为之伪，谓之失。知者，接也[11]；知者，谟也[12]；知者之所不知，犹睨也[13]。动以不得已之谓德，动无非我之谓治[14]，名相反而实相顺也。

【注释】

①勃：一作“悖”，乱。②谬：一作“缪”，“悖”与“谬”对文。③累：累赘。④塞：不通，堵塞。⑤显：荣显。严：尊严。⑥容：容貌。理：辞理。气：气息。⑦恶欲：好恶。⑧去：舍弃。就：趋从。取：取来。⑨四六者：指勃志、谬心、累德、塞道四个方面中的六者。⑩钦：尊。⑪接：应接，感性认识。⑫谟：理性认识。⑬睨：寻找规律。⑭治：不乱，顺心。

【译文】

排除意志的干扰，解脱心灵的束缚，遗弃道德的牵累，打通大道的阻碍。高贵、富有、尊显、威严、声名、利禄六种情况，全是扰乱意志的因素。容貌、举止、美色、辞理、气调、情意六种情况，全是束缚心灵的因素。憎恶、欲念、欣喜、愤怒、悲哀、欢乐六种情况，全是牵累道德的因素。离去、靠拢、贪取、施与、智虑、技能六种情况，全是堵塞大道的因素。这四个方面各六种情况不在胸中震荡，内心就会平正，内心平正就会宁静，宁静就会明澈，明澈就会虚空，虚空就能顺其自然，无所作为而又无所不为。大道，是自然之主；生命，是盛德的光华；禀性，是生命的根本。合乎本性的行动，称之为率真的作为；受伪情驱使而行动，称之为失却本性。知识，出自与外物的应接；智慧，出自内心的谋划；具有智慧的人也会有不了解的知识，就像斜着眼睛看，所见必定有限。有所举动却出于不得已叫作德，有所举动却不是为了自我叫作治，追求名声必定适得其反，而讲求实际就会事事顺应。

【原文】

羿工乎中微而拙乎使人无己誉[1]。圣人工乎天而拙乎人。夫工乎天而俍乎人者[2]，唯全人能之。唯虫能虫[3]，唯虫能天[4]。全人恶天[5]，恶人之天[6]，而况吾天乎人乎[7]！

一雀适羿[8]，羿必得之，威也；以天下为之笼，则雀无所逃。是故汤以胞人笼伊尹[9]，秦穆公以五羊之皮笼百里奚[10]。是故非以其所好笼之而可得者，无有也。

介者拸画[11]，外非誉也；胥靡登高而不惧[12]，遗死生也。夫复谐不馈而忘人[13]；忘人，因以为天人矣。故敬之而不喜，侮之而不怒者，唯同乎天和者为然[14]。出怒不怒[15]，则怒出于不怒矣；出为无为，则为出于无为矣。欲静者平气[16]，欲神则顺心。有为也欲当[17]，则缘于不得已[18]。不得已之类，圣人之道。

【注释】

①羿：古代善射的人。工：善，能。中微：射中微小的目标。拙：笨拙，不善于。无己誉：不赞誉自己。②俍（liáng）：同“良”，善。③唯：只有。④唯：解同前。⑤恶：厌恶。⑥人之天：人为形成的状态。⑦天乎人乎：天人对立。⑧适：通过，经过。⑨胞：通“庖”，厨师。笼：笼络。⑩五羊之皮：五张羊皮。百里奚：春秋时秦国的大夫。他从秦逃到苑，

为楚国拘留，秦穆公用五张羊皮将他赎回，任其为相，因称五羖大夫。⑪ 介者：断脚的人。拸（chǐ）：离弃。画：规则，规矩礼法。拸画，不拘法度。⑫ 胥靡：囚徒，犯人。⑬ 复谐：熟习。谐（xí），同“习”。馈：同“愧”。⑭ 同乎天和：同于天德。⑮ 出：超出。⑯ 欲：要，打算。⑰ 当：允当，合乎天道。⑱ 缘：因顺。不得已：无心应事。

【译文】

羿精于射中微细之物而拙于不让人们赞誉自己。圣人精于顺应自然而拙于人事。精于顺应自然而又善于周旋人事，只有“全人”能够这样。只有虫豸能够像虫豸一样地生活，只有虫豸能够秉承于自然。“全人”厌恶自然，是厌恶人为的自然，更何况用自我的尺度将自然与人事对立起来呢！

一只小雀迎着羿飞来，羿一定会射中它，这是羿的威力；把整个天下当作雀笼，那么鸟雀没有一只能够逃脱。因此商汤用庖厨来笼络伊尹，秦穆公用五张羊皮来笼络百里奚。所以说，不用其所好来笼络人心而可以成功的，从不曾有过。

砍断了脚的人不图修饰，因为已把毁誉置之度外；服役的囚徒登上高处不存恐惧，因为已经忘掉了生死。对于谦卑的言语不愿做出回报而忘掉了他人，能够忘掉他人的人，就可称作合于自然之理又忘却人道之情的“天人”。所以，敬重他却不感到欣喜，侮辱他却不会愤怒的人，只有混同于自然顺和之气的人才能够这样。发出了怒气但不是有心发怒，那么怒气也就出于不怒；有所作为但不是有心作为，那么作为也就出于无心作为。想要宁静就得平和气息，想要振奋精神就要顺应心志，即使有所作为也须处置适宜，事事顺应不由自主。事事不由自主的做法，就是圣人之道。

徐无鬼

【题解】

本篇由十余个各不相关的故事组成，并夹带少量的议论。全篇内容很杂，中心不明朗，故事之间也缺乏关联，但多数是倡导无为思想的，语言上保持了一贯的犀利潇洒。

作者通过各个故事，讥讽诗、书、礼、乐的无用，指出当世国君的作法实质上是在害民，只有“应天地之情”，才真正是“社稷之福”；指摘为政者的迷乱，批评了事事“皆囿于物”的人；认为天下并没有共同认可的是非标准；阐述无为而治的主张；告诫人们不应有所自恃，哀叹世人的迷误；强调不用言语、返归无为的功效，指斥仁义是贪婪者的工具；批判了三种不同的错误心态，并最终阐明了顺任自适的思想。

【原文】

徐无鬼因女商见魏武侯①，武侯劳之曰②：“先生病矣③！苦于山林之劳④，故乃肯见于寡人⑤。”

徐无鬼曰：“我则劳于君⑥，君有何劳于我！君将盈耆欲⑦，长好恶⑧，则性命之情病矣⑨；君将黜耆欲⑩，掔好恶⑪，则耳目病矣⑫。我将劳君，君有何劳于我⑬！”

武侯超然不对[14]。

少焉，徐无鬼曰："尝语君[15]，吾相狗也[16]。下之质[17]，执饱而止[18]，是狸德也[19]；中之质，若视日[20]；上之质，若亡其一[21]。吾相狗，又不若吾相马也。吾相马，直者中绳[22]，曲者中钩[23]，方者中矩[24]，圆者中规[25]，是国马也[26]，而未若天下马也[27]。天下马有成材[28]，若恤若失[29]，若丧其一[30]。若是者[31]，超轶绝尘[32]，不知其所[33]。"武侯大说而笑[34]。

徐无鬼出，女商曰："先生独何以说吾君乎[35]？吾所以说吾君者，横说之则以《诗》《书》《礼》《乐》，从说之则以《金板》《六韬》[36]。奉事而大有功者不可为数[37]，而吾君未尝启齿[38]。今先生何以说吾君，使吾君说若此乎[39]？"

徐无鬼曰："吾直告之吾相狗马耳。"

女商曰："若是乎？"

曰："子不闻夫越之流人乎[40]？去国数日[41]，见其所知而喜[42]；去国旬月[43]，见所尝见于国中者喜；及期年也[44]，见似人者而喜矣[45]；不亦去人滋久[46]，思人滋深乎[47]？夫逃虚空者[48]，藜藋柱乎鼪鼬之径[49]，踉位其空[50]，闻人足音跫然而喜矣[51]，又况乎昆弟亲戚之謦欬其侧者乎[52]！久矣夫，莫以真人之言謦欬吾君之侧乎！"

【注释】

①徐无鬼：人名，姓徐名无鬼，缗山人，战国时魏国的隐士。因：通过。女（rǔ）商：魏国大臣，姓女名商，春秋时期晋大夫女叔齐之后。魏武侯：名击，魏文侯的儿子。②劳：慰劳。下文"劳于君""劳于我"之劳，与此同义。③病：同"惫"。④劳：劳苦。⑤寡人：古代国君的自称。⑥君：指国君，魏武侯。⑦盈：满足。耆欲：爱好和欲望。耆，同"嗜"。⑧长（zhǎng）：增长，增加。好恶：爱憎。⑨性命之情：性命的实质。病：伤害，损害。⑩黜（chù）：减损，废弃。⑪掔（qiān）：通"牵"，引申为除去。⑫病：困苦。⑬有何：有什么。⑭超然：若有所失的样子。超，通"怊"。⑮尝：尝试。语君：告诉君主。⑯相（xiàng）：观察相貌。⑰质：材，材质，质地。⑱执饱而止：捕兽得饱则止。执，捕。⑲狸：山猫。德：德行。⑳视日：看得高，望得远。㉑亡：指亡失。一：指身体。㉒直者中（zhòng）绳：直的合于绳墨。中，符合。㉓曲者中钩：曲的如钩那样弯曲。㉔方者中矩：方的部分合于角尺。㉕圆者中规：圆的部分合于圆规。㉖国马：全国之冠的好马。㉗天下马：天下之冠的好马。㉘成材：天生的材质。㉙若恤：若有忧思的意思。恤，忧。㉚若丧其一：情性静寂专一。㉛是：这。㉜超轶（yì）：超越。绝尘：不知其所止。㉝不知其所：不知去向。㉞说（yuè）：通"悦"。㉟何以：以什么。㊱从：通"纵"。《金板》《六韬》：兵书名称，一说为太公兵法。㊲数（shǔ）：计算。㊳启齿：开口微笑。㊴说：通"悦"。㊵流人：流放的人。㊶去国：离开本国。去，离。㊷知：见过面的人。㊸旬：一旬十日。㊹期（jī）年：周年。㊺似人：似自己国家的人。㊻滋：益，越。㊼思人：思念故人。㊽逃虚空者：逃到无人之地的人。㊾藜藋（lí diào）：杂草。柱：塞。鼪鼬（shēng yòu）：黄鼠狼。径：往来。㊿踉：踉跄。空：空地。51足音：走路的声音。跫（qióng）然：脚步声。52謦欬（qǐng kài）：指音容笑貌。

【译文】

徐无鬼由女商引荐去见魏武侯，武侯慰问他说："先生一定是疲惫了！隐居山林劳累困苦，所以才肯前来见我。"

徐无鬼说："我是来慰问你的，你有什么可慰问我的呢！你要是满足嗜好和欲望，增加喜好和憎恶，那么性命的实质就会受到损害；你要是废弃嗜好和欲望，去除喜好和憎恶，那么耳目的享受就会遭受困厄。我正打算来慰问你，你有什么可慰问我的呢！"武侯听了怅然若失，不能应答。

过了一会儿，徐无鬼说："我来告诉你我的相狗之术。下等品类的狗只求填饱肚子，这是跟野猫一样的德行；中等品类的狗总是凝视上方，意气高远；上等品类的狗总是像忘掉了自身的存在。我的相狗之术，又不如我的相马之术。我观察马的体态，直的部分要合于墨线，弯的部分要合于钩弧，方的部分要合于角尺，圆的部分要合于圆规。这样的马就是国马，不过还比不上天下最好的马。天下最好的马具有天生的材质，或缓步似有忧虑，或奔逸神采奕奕，总是像忘记了自身的存在，这样的马能够超越马群，疾如狂风，奔逸绝尘，不知所终。"魏武侯听了高兴地笑了。

徐无鬼走出宫廷，女商说："先生究竟是用什么办法使国君这样高兴呢？我用来使国君高兴的办法是，横说用《诗》《书》《礼》《乐》，纵说用《金板》《六韬》等兵书兵法。侍奉国君而大有功绩的不可计数，而国君从不曾开口笑过。现在先生究竟用什么办法来取悦国君，使国君如此高兴呢？"

徐无鬼说："我只是告诉他我的相狗、相马之术罢了。"

女商说："就是这样吗？"

徐无鬼说："你没有听说过越地流亡之人的故事吗？离开都城几天，见到故交旧友便十分高兴；离开都城十天整月，见到在国都中曾经见过的人便大喜过望；等到过了一年，见到好像是同乡的人便欣喜若狂；不就是离开故人越久，思念故人的感情越深吗？流落空旷原野的人，在野草丛生、黄鼠狼出没的小路上，踉踉跄跄停处于空野，听到人的脚步声就高兴起来，更何况是兄弟亲戚在身边说笑呢？很久了，没有人用真诚纯朴的话语在国君身旁谈笑了啊！"

【原文】

徐无鬼见武侯，武侯曰："先生居山林，食芧栗①，厌葱韭②，以宾寡人③，久矣。夫今老邪④？其欲干酒肉之味邪⑤？其寡人亦有社稷之福邪⑥？"

徐无鬼曰："无鬼生于贫贱，未尝敢饮食君之酒肉，将来劳君也⑦。"

君曰："何哉，奚劳寡人？"

曰："劳君之神与形。"

武侯曰："何谓邪？"

徐无鬼曰："天地之养也一⑧，登高不可以为长⑨，居下不可以为短⑩。君独为万乘之主，以苦一国之民，以养耳目鼻口，夫神者不自许也⑪。夫神者，好和而恶奸⑫。夫奸，病也，故劳之⑬。唯君所病之⑭，何也？"

武侯曰："欲见先生久矣。吾欲爱民而为义偃兵⑮，其可乎？"

徐无鬼曰："不可。爱民，害民之始也⑯；为义偃兵，造兵之本也。君自此为之，则殆不成⑰。凡成美⑱，恶器也；君虽为仁义，几且伪哉⑲！形固造形⑳，成固有伐㉑，变固外战㉒。君亦必无盛鹤列于丽谯之间㉓，无徒骥于锱坛之宫㉔，无藏逆于得㉕，无以巧胜人，无以谋胜人，无以战胜人。夫杀人之士民，兼人之土地，以养吾私与吾神者㉖，其战不知孰善？胜之恶乎在？君若勿已矣，修胸中之诚，以应天地之情而勿撄㉗。夫民死已脱矣㉘，君将恶乎用夫偃兵哉！"

【注释】

①芧（xù）栗：小栗。《齐物论》有"狙公赋芧"。《山木》芧作"杼"。②厌：通"餍"，饱食。③宾寡人：摈弃我，不做官。宾，通"摈"，弃。④夫今老邪：犹"其今老邪"。⑤干：求。⑥社稷之福：这句话是说如果徐无鬼能出来做官，参与国政，一定对国家有利，是国家的福分。⑦将来劳君：要来慰劳君主。⑧天地之养也一：天地养育万物是一视同仁的。⑨登高：指住在上。⑩居下：指住在下。⑪不自许：不自得。⑫和：平和，指和于德。奸：乱，指与道相悖。⑬劳：劳其形。⑭所：所以。病之：病在这里。⑮偃兵：放下兵器，停止战争。⑯害民之始：指将古代战争说成是爱民，实际就成了害民的开始。⑰殆：危险。⑱成美：指建立爱民为义的好名声。⑲几且：近乎。伪：虚伪不实。⑳形固造形：前"形"指仁义的形迹，后"形"指造成作伪的形态。固，必。㉑成固有伐：有成就就会有夸耀。有伐，夸耀。㉒变：变乱。外战：公开战争。㉓丽谯：高楼。㉔徒骥：步、骑兵。锱坛：宫名。㉕无藏：不要私藏。逆：矛盾。得：通"德"。㉖私：私利。㉗撄：扰乱。㉘脱：免除。

【译文】

徐无鬼拜见魏武侯，武侯说："先生居住在山林里，吃的是橡栗，食用的是葱韭之类的菜蔬，以此摒弃于我，已经很久了！现在是年老了吗？是为了寻求酒肉之类的美味呢，还是有什么治国的良策要造福于国家吗？"

徐无鬼说："我出身贫贱，不敢奢望能够获得国君的高官厚禄，只是打算来慰问您。"

武侯说："为什么呢？怎样来慰问我呢？"

徐无鬼说："慰问您的精神和形体。"

武侯说："你说的是什么意思？"

徐无鬼说："天地对于人们的养育之功是同样的，身居高位不可以自认为高人一等，身处低下的地位不可以自认为矮人三分。您作为大国的国君，使全国的百姓劳累困苦，以人民的劳苦来满足眼耳口鼻的私欲，弄得自己的心神不得安宁。人的心神喜欢与外物和顺而厌恶为自己求取私利。为个人求取私利，这是一种严重的病，所以我特地前来慰问。只有国君您患有这种病症，为什么呢？"

武侯说："我希望见到先生已经很久了。我想爱护人民并为了道义而停止战争，这样就可以了吧？"

徐无鬼说："不可以。所谓爱护人民，正是残害人民的开始；为了道义而停止战争，正是制造战争的祸根；您如果从这些方面来着手治理，恐怕不会取得任何成效。大凡成就了美好的名声，也就有了作恶的工具；您虽然是在推行仁义，却更接近于虚伪和作假啊！有了仁义和形迹必定会出现作伪的形态，有了成功必定会自我夸耀，有了变故也必定会再次挑起战争。您千万不要将庞大的军队像鹤群一样排列在高楼之前，不要陈列步卒骑士于锱坛的宫殿之内，不要包藏贪求之心，不要用智巧去战胜别人，不要用阴谋去打败别人，不要用战争去征服别人。屠杀他人的士卒和百姓，兼并他人的土地，用来满足自己的私欲，这样的战争有什么好处？胜利又存在哪里？您不如停止争战，修养心中的诚意，顺应自然的真性而不去搅扰其规律。这样百姓就得以摆脱死亡的威胁，您哪里还用得着什么平息战争呢！”

【原文】

黄帝将见大隗乎具茨之山①，方明为御②，昌寓骖乘③，张若、謵朋前马④，昆阍、滑稽后车⑤；至于襄城之野⑥，七圣皆迷⑦，无所问涂⑧。

适遇牧马童子⑨，问涂焉，曰：“若知具茨之山乎⑩？”曰：“然。”

“若知大隗之所存乎？”曰：“然。”

黄帝曰：“异哉小童！非徒知具茨之山⑪，又知大隗之所存。请问为天下。”

小童曰：“夫为天下者，亦若此而已矣，又奚事焉！予少而自游于六合之内⑫，予适有瞀病⑬，有长者教予曰：‘若乘日之车而游于襄城之野。’今予病少痊⑭，予又且复游于六合之外。夫为天下亦若此而已。予又奚事焉！”

黄帝曰：“夫为天下者，则诚非吾子之事⑮。虽然，请问为天下。”小童辞⑯。

黄帝又问。小童曰：“夫为天下者，亦奚以异乎牧马者哉！亦去其害马者而已矣！”黄帝再拜稽首⑰，称天师而退⑱。

【注释】

① 大隗（dà wěi）：指喻大道，一说神名或人名。具茨：山名。又名大隗山，在今河南新密市东。② 方明：虚设人名，指明白的人。御：驾车，赶车。③ 昌寓：虚设人名，指盛美的人。骖乘：坐在车后面的陪乘者。④ 张若：虚设人名，指张大的人。謵朋：虚设人名，指知识广博的人。⑤ 昆阍：虚设人名，指守混同的人。滑稽：虚设人名，指言辞雄辩不穷的人。后车：指在车后相从。⑥ 襄城：今河南襄城县。野：远郊为野。⑦ 七圣：指前述六人加黄帝为七圣。迷：迷途不知返。⑧ 涂：路。⑨ 适：时逢，恰巧。⑩ 若：你。⑪ 徒：只。⑫ 六合之内：指人世之间。⑬ 瞀（mào）：眼花，目眩。⑭ 痊：病愈。⑮ 诚：诚然，当然。⑯ 辞：推辞不答。⑰ 稽（qǐ）首：叩头点地。⑱ 天师：天道的老师。退：退回，返还。

【译文】

黄帝到具茨山去拜见大隗，方明赶车，昌寓陪乘，张若、謵朋在马前导引，昆阍、滑稽在车后跟随。来到襄城的原野，七位圣人都迷失了方向，而且没有地方可以问路。

正巧遇上一位牧马的少年，便向牧马少年问路，说：“你知道具茨山吗？”少年回答：

“知道。”

又问：“你知道大隗居住在什么地方吗？”少年回答：“知道。”

黄帝说：“真是奇怪啊，这位少年！不只是知道具茨山，而且知道大隗居住的地方。请问怎样治理天下。”

少年说：“治理天下，也就像牧马一样罢了，又何必多事呢！我小的时候独自在天地之间游玩，碰巧生了头眼眩晕的病，有位长者教导我说：‘你还是乘坐太阳车去襄城的旷野里游玩。’如今我的病有了一些好转，我又将到天地之外去游玩。至于治理天下，恐怕也就像牧马一样罢了，我又何必去多事啊！”

黄帝说：“治理天下，固然不是你操心的事。即便如此，我还是要向你请教怎样治理天下。”少年听了不予回答。

黄帝又问。少年说：“治理天下，跟牧马有什么不同呢！也就是去除害马罢了！”黄帝听了再三叩头拜谢，口称“天师”而返回。

【原文】

知士无思虑之变则不乐①，辩士无谈说之序则不乐②，察士无凌谇之事则不乐③，皆囿于物者也④。

招世之士兴朝⑤，中民之士荣官⑥，筋力之士矜难⑦，勇敢之士奋患⑧，兵革之士乐战⑨，枯槁之士宿名⑩，法律之士广治⑪，礼教之士敬容⑫，仁义之士贵际⑬。

农夫无草莱之事则不比⑭，商贾无市井之事则不比⑮。庶人有旦暮之业则劝⑯，百工有器械之巧则壮⑰。

钱财不积则贪者忧，权势不尤则夸者悲⑱。势物之徒乐变⑲，遭时有所用⑳，不能无为也。此皆顺比于岁㉑，不易于物者也㉒。驰其形性㉓，潜之万物㉔，终身不反㉕，悲夫！

【注释】

①知士：有智谋的人。思虑之变：思考问题的灵活多变。②辩士：善于言谈的人。谈说之序：论说的条理性。③察士：善于观察的人。凌谇（suì）：通“零碎”，指斤斤分辨。④囿（yòu）：局限，束缚。⑤招世：招摇于世，指要在世上留名。兴朝：要立于朝政。⑥中民：即治民。荣官：以任官职为荣耀。⑦筋力：身强有力。矜（jīn）：自夸，自豪。⑧奋患：奋力除患。⑨兵革：拿兵器穿战袍。⑩枯槁之士：隐士。宿名：守名，保持名声。⑪广治：扩大法治。⑫敬容：注重仪表。⑬贵际：注重交际。⑭草莱之事：指除草、耕地等农事。比：和乐。⑮市井之事：指买卖。⑯旦暮之业：指一日的工作。劝：努力。⑰百工：指各种手工业。巧：技巧。壮：气壮，自豪。⑱尤：异，出众。夸者：自以为是的人。⑲势物：势利。⑳遭时：遇到时机。㉑顺比：顺附，顺合。岁：时。㉒不易于物：囿于外物，不能相易。易，变化。㉓形性：指身心。㉔潜：沉溺，沉没。㉕反：同“返”，指恢复本性。

【译文】

善用智谋的人没有思虑的变换就不快乐，善于言谈的人没有论说的条理就不高兴，善于观察的人没有零碎细小的事物就不高兴，这都是局限于外物的人。

要在世上留名的人立志于朝政，善于治民的人以官职为荣耀，身强有力的人以克服阻难而自豪，勇敢的人奋起除患，拿兵器穿战袍的人乐于作战，隐居的人在意名声，讲求法律的人推广法治，讲究礼教的人注重仪表，崇尚仁义的人注重交际。

农民没有除草耕田等农事就不能安乐，商人没有买卖之事就不能安乐。老百姓有一日要干的事就努力去做，手艺人有器械的技能就声高气壮。

钱财不能积聚，贪心的人就很忧愁；权势不能显赫，自以为是的人就很悲哀。势利之人善变，遇到时机就有所用，不能无所作为。这些都是顺附于时机，不能在变化中主宰外物的人。放纵他们的身心，沉溺于各种外物，终身不能恢复本性，可悲啊！

【原文】

庄子曰："射者非前期而中①，谓之善射，天下皆羿也②，可乎？"

惠子曰："可。"

庄子曰："天下非有公是也③，而各是其所是④，天下皆尧也，可乎？"

惠子曰："可。"

庄子曰："然则儒、墨、杨、秉四⑤，与夫子为五，果孰是邪⑥？或者若鲁遽者邪⑦？其弟子曰：'我得夫子之道矣，吾能冬爨鼎而夏造冰矣⑧。'鲁遽曰：'是直以阳召阳，以阴召阴，非吾所谓道也。吾示子乎吾道。'于是为之调瑟，废一于堂，废一于室，鼓宫宫动，鼓角角动，音律同矣。夫或改调一弦，于五音无当也，鼓之，二十五弦皆动，未始异于声，而音之君已。且若是者邪？"

惠子曰："今夫儒、墨、杨、秉，且方与我以辩，相拂以辞⑨，相镇以声⑩，而未始吾非也⑪，则奚若矣⑫？"

庄子曰："齐人蹢子于宋者⑬，其命阍也不以完⑭，其求钘钟也以束缚⑮，其求唐子也而未始出域⑯，有遗类矣⑰！夫楚人寄而谪阍者⑱，夜半于无人之时而与舟人斗，未始离于岑而足以造于怨也⑲。"

【注释】

① 前期：预定目标。② 羿：人名，即后羿，著名的射手。③ 公是：共同认可的是非标准。④ 各是其所是：各人肯定自己所认为的是对的。⑤ 秉：公孙龙的字。⑥ 孰：谁。⑦ 鲁遽：人名，周初人。⑧ 爨（cuàn）：烧。⑨ 相拂：相互指责，相互反驳。拂，违戾。⑩ 镇：压。⑪ 吾非：非吾，非难我。⑫ 奚若：怎么样，如何。⑬ 蹢（zhí）：通"擿"，投，放。一说通"谪"，责。子：儿子。宋：宋国。⑭ 命：命令，任命。阍：看守大门的人。⑮ 钟：乐器。⑯ 唐子：失亡之子，丢掉的儿子。域：借为"阈"，门限之内。⑰ 遗类：遗失伦类，违反一般的道理。⑱ 寄：寄居。⑲ 岑（cén）：岸。

【译文】

庄子说："射箭的人不是预先瞄准而误中靶，这样就称他善于射箭，那么全天下都是羿那样善射的人，可以这样说吗？"

惠子说："可以。"

庄子说："天下本没有共同认可的正确标准，却各以自己认定的标准为正确，那么全天下都是唐尧那样圣明的人，可以这样说吗？"

惠子说："可以。"

庄子说："那么儒、墨、杨朱、公孙龙四家，跟先生你一道便是五家，到底谁是正确的呢？或者都像是鲁遽那样吗？鲁遽的弟子说：'我学得了先生的学问，我能够在冬天生火烧饭，在夏天制出冰块。'鲁遽说：'这只不过是用阳气来招引出具有阳气的东西，用阴气来招引出具有阴气的东西，不是我所倡导的学问。我把我所主张的道理告诉给你。'于是当众调整好瑟弦，放一张瑟在堂上，放一张瑟在内室，弹奏起这张瑟的宫音而那张瑟的宫音也随之应合，弹奏那张瑟的角音而这张瑟的角音也随之应合，音律相同。如果其中任何一根弦改了调，五个音不能合谐，弹奏起来，二十五根弦都发出震动，在声调上没有差别，只是以音为主而已。你们恐怕就是像鲁遽那样的人吧？"

惠子说："如今儒、墨、杨朱、公孙龙，他们正跟我一同辩论，用言辞相互进行指责，用声望相互压制对方，而这未必是我的错误，那么怎会与他们相似呢？"

庄子说："齐国有个人把自己的儿子放在宋国，让他像残疾人一样守大门，他获得一只小钟唯恐破损而包了又包，捆了又捆，他寻找遗失的儿子却不曾走出村子去寻找，这就像相互辩论的各家！楚国有个人寄居别人家而怒责守门人，半夜无人时走出门来又跟船家打了起来，船还没有靠岸却已经结下了仇怨。"

【原文】

庄子送葬，过惠子之墓，顾谓从者曰："郢人垩漫其鼻端①，若蝇翼，使匠石斫之②。匠石运斤成风③，听而斫之④，尽垩而鼻不伤，郢人立不失容⑤。宋元君闻之⑥，召匠石曰：'尝试为寡人为之。'匠石曰：'臣则尝能斫之。虽然，臣之质死久矣⑦。'自夫子之死也，吾无以为质矣！吾无与言之矣！"

【注释】

①郢（yǐng）：楚国的国都。垩（è）：白灰。漫：涂。②匠石：匠人名石。斫（zhuó）：砍。③斤：斧。④听：任意。⑤不失容：脸不变色，不害怕。⑥宋元君：宋国的国君。⑦质：对象。

【译文】

庄子送葬，经过惠子的坟墓，回头对跟随他的人说："有位郢人用白灰涂一点儿在他的鼻尖上，像苍蝇的翅膀那样薄，让一位名叫石的工匠把它砍掉。匠石挥动斧头成风，很随意地就砍下来了，白灰没有了而鼻子没受一点伤，郢人站着面不改色。宋元君听说此事，召来匠石说：'试试为我砍一次看看。'匠石说：'我曾经能够砍，但是，我的对手死了很久了。’自从先生死后，我没有对手了，我没有辩论的对象了！”

【原文】

管仲有病[①]，桓公问之，曰：“仲父之病病矣[②]，可不讳云！至于大病[③]，则寡人恶乎属国而可[④]？”

管仲曰：“公谁欲与？”

公曰：“鲍叔牙[⑤]。”

曰：“不可。其为人，洁廉善士也，其于不己若者不比之[⑥]，又一闻人之过，终身不忘。使之治国，上且钩乎君[⑦]，下且逆乎民[⑧]。其得罪于君也，将弗久矣！”

公曰：“然则孰可？”

对曰：“勿已，则隰朋可[⑨]。其为人也，上忘而下不畔[⑩]，愧不若黄帝而哀不己若者[⑪]。以德分人谓之圣，以财分人谓之贤。以贤临人[⑫]，未有得人者也；以贤下人，未有不得人者也。其于国有不闻也[⑬]，其于家有不见也。勿已，则隰朋可。”

【注释】

① 管仲：春秋时期齐桓公的佐相，著名政治家。② 仲父：齐桓公对管仲的尊称。病病：病重。③ 大病：病危。④ 恶（wū）：怎么，何。属国：委任国政。⑤ 鲍叔牙：人名，齐国大夫。⑥ 不已若：即不若己，不如自己。比：亲近。⑦ 钩：曲，违背。⑧ 逆：违逆。⑨ 隰（xí）朋：人名，齐国贤臣。⑩ 忘：意为不计较。畔：通“伴”，意为友善。⑪ 哀：怜爱。⑫ 临：居高临下。⑬ 不闻：不过问，意为不干涉。下句“不见”同此意。

【译文】

管仲有病时，桓公向他说：“仲父的病很重了，可以不忌讳地说，如到了病危时，我把国政委任给谁才行呢？”

管仲说：“您要给谁呢？”

桓公说：“鲍叔牙。”

管仲说：“不可以。他是为人清廉的善良之士，他不亲近不如自己的人，并且一听到别人的过错，就终身不忘。让他治理国政，对上要违背君主，对下要违逆百姓。他得罪国君，将不会有很长时间了！”

桓公说：“那么谁可以呢？”

回答说：“要不然，就是隰朋可以。他的为人是对上不计较，对下友善，自愧不如黄帝而怜爱不如自己的人。把德施于人就叫作圣，把财施于人就叫作贤。以贤自居而傲视别人，没有能得人心的；以贤而甘居人下，没有不得人心的。他对国政有不过问之处，对家事有不察看之处。要不然，就是隰朋可以。”

【原文】

吴王浮于江[①]，登乎狙之山[②]。众狙见之，恂然弃而走[③]，逃于深蓁[④]。有一狙焉，委蛇攫搔[⑤]，见巧乎王[⑥]。王射之，敏给博捷矢[⑦]。王命相者趋射之[⑧]，狙执死[⑨]。

王顾谓其友颜不疑曰[10]："之狙也，伐其巧[11]，恃其便以敖予[12]，以至此殛也[13]！戒之哉！嗟乎，无以汝色骄人哉[14]！"颜不疑归而师董梧[15]，以锄其色[16]，去乐辞显[17]，三年而国人称之[18]。

【注释】

①吴王：吴国的君主。浮：泛舟。②狙（jū）：猕猴。《齐物论》有狙公赋芧的故事。③恂（xún）：恐惧、害怕。弃：弃地。走：跑，逃跑。④蓁：通"榛"。⑤委蛇（yí）：同"委佗"，庄重而又从容自得的样子。一说作曲行解，亦通。攫搔（jué sào）：攀搏抓取。⑥见：通"现"。⑦敏给：敏捷。博捷：接取。矢：箭头。⑧相（xiàng）者：随从打猎的人。⑨执死：抱树而死。一作"既死"。⑩颜不疑：人名。⑪伐：夸，矜。⑫恃：依靠。便：轻便。敖：通"傲"。予：我。⑬殛（jǐ）：死。⑭汝：你。色骄：骄傲的态度。人：指别人。⑮董梧：人名，吴国的贤人，一说吴国的有道之士。⑯锄：锄草一样。⑰去乐：去掉享乐。辞显：辞谢显贵。⑱称：称赞。

【译文】

吴王泛舟于长江，登上猕猴聚居的山岭。猴群看见吴王打猎的队伍，惊惶地四散奔逃，躲进了荆棘丛林的深处。有一只猴子，它从容自得地腾身而起抓住树枝跳来跳去，在吴王面前显示它的灵巧。吴王用箭射它，它敏捷地接过飞速射来的利箭。吴王下令叫来随从打猎的人一起上前射箭，猴子躲避不及抱树而死。

吴王回头对他的朋友颜不疑说："这只猴子夸耀它的灵巧，自恃它的敏捷而蔑视于我，以致受到这样的惩罚而丧命！要引以为戒啊！唉，不要用傲气对待他人啊！"颜不疑回来后便拜贤士董梧为师，用以去除自己的傲气，弃绝淫乐，辞别显荣，三年之后国人都称赞他。

【原文】

南伯子綦隐几而坐[1]，仰天而嘘[2]。颜成子入见曰[3]："夫子，物之尤也[4]。形固可使若槁骸[5]，心固可使若死灰乎？"

曰："吾尝居山穴之中矣，当是时也，田禾一睹我[6]，而齐国之众三贺之[7]。我必先之[8]，彼故知之；我必卖之，彼故鬻之[9]。若我而不有之，彼恶得而知之？若我而不卖之，彼恶得而鬻之？嗟乎！我悲人之自丧者[10]，吾又悲夫悲人者，吾又悲夫悲人之悲者，其后而日远矣。"

【注释】

①南伯子綦：人名，《齐物论》作"南郭子綦"。隐：靠。几：几案。②嘘：吐气。③颜成子：人名，《齐物论》作"颜成子游"。④物之尤：人物之中出类拔萃的人。尤，突出。⑤形：形体，身体。槁骸：枯骨，《齐物论》作"槁木"。⑥田禾：齐王姓名，即齐太公和。睹：看。⑦贺之：祝贺他。⑧我必先之：我的名声必先于他。⑨鬻（yù）：卖。⑩悲：悲伤，哀怜。

【译文】

南伯子綦靠着几案静静地坐着，然后又仰起头缓缓地吐气。颜成子进屋来看见后说："先生，您真是出类拔萃的人物！人的形体固然可以变成枯槁的骸骨一样，心灵难道也可以像死灰一样吗？"

南伯子綦说："我曾在山林洞穴里居住。正在这个时候，齐太公田禾曾来看望我，因而齐国的民众再三向他表示祝贺。我必定是名声在先，他才能够知道我；我必定是声名显扬，所以他才能找到我。假如我没有名声，他怎么能够知道我呢？假如我不是声名显扬于外，他又怎么能够找到我呢？唉！我悲悯迷乱自我真性的人，又悲悯那些悲悯别人的人，我还悲悯那些悲悯人们的悲悯者，从那以后我便一天天远离人世沉浮而达到心如死灰的境界。"

【原文】

仲尼之楚①，楚王觞之②，孙叔敖执爵而立③，市南宜僚受酒而祭曰④："古之人乎！于此言已。"

曰："丘也闻不言之言矣⑤，未之尝言，于此乎言之。市南宜僚弄丸而两家之难解⑥，孙叔敖甘寝秉羽而郢人投兵⑦，丘愿有喙三尺⑧！"

彼之谓不道之道⑨，此之谓不言之辩⑩，故德总乎道之所一⑪。而言休乎知之所不知⑫，至矣。道之所一者，德不能同也；知之所不能知者，辩不能举也⑬；名若儒墨而凶矣⑭。故海不辞东流，大之至也；圣人并包天地，泽及天下，而不知其谁氏。是故生无爵，死无谥⑮，实不聚⑯，名不立⑰，此之谓大人⑱。狗不以善吠为良，人不以善言为贤，而况为大乎！夫为大不足以为大，而况为德乎！夫大莫若天地⑲，然奚求焉而大备矣⑳。知大备者，无求，无失，无弃，不以物易己也。反己而不穷，循古而不摩㉑，大人之诚。

【注释】

①之：去，往。②觞：酒器。作动词用，指敬酒。③孙叔敖：人名，据《左传》记载，他是楚庄王相，此时孔子尚未出生，此处应是庄子的寓言。④市南宜僚：即熊宜僚，居市南，故称市南宜僚，亦号市南子，是楚国的勇士。⑤不言之言：无言的言论。⑥弄丸：玩弄丸铃，玩弄弹丸。两家之难：指楚白公胜要作乱，想杀令尹子西，去请勇士市南宜僚，宜僚不答应，使者用剑威胁他，他仍然玩弄弹丸既不害怕，也不从命，于是白公胜欲作乱未成，此为弄丸解两家之难。⑦甘寝：安寝。秉：执。羽：羽毛扇。郢人：指楚人。郢，楚国的都城。投兵：投弃兵器，不用兵器，不打仗。⑧丘愿有喙三尺：孔子自己愿意有三尺长的嘴不能说话。喙，鸟嘴。鸟喙长不能鸣叫。⑨彼：指孙叔敖和市南宜僚。⑩此：指孔子。⑪总：归根结底。一：齐一。⑫休：停止，休止。⑬举：遍举，并举。⑭名：名声。凶：危险。⑮谥：谥号。帝王死后送的号。⑯实：实质。⑰名：概念。⑱大人：指圣人。⑲莫若：莫过于。⑳奚：何。㉑摩：模拟，矫饰。

【译文】

孔子到楚国去，楚王宴请他，孙叔敖拿着酒器站立一旁，市南宜僚把酒洒在地上祝祭，说："古时候的人啊！在这种情境下一定要讲话。"

孔子说："我听说有不用言谈的言论，但从不曾说过，在这里说一说。市南宜僚从容不迫地玩弄弹丸，而使两家的危难得以解除，孙叔敖安寝摇扇而卧，使楚国得以免除征战。我孔丘希望有三尺长的嘴而不说话！"

市南宜僚和孙叔敖可以称为不言之道，孔子可以称为不言之辩，所以循道所得归结到一点就是道的原始浑一的状态。言语停留在才智所不知晓的境域，这就是顶点了。大道是混沌同一的，而体悟大道却各不相同；才智所不能通晓的知识，辩言也不能一一列举；名声像儒家、墨家那样，就会招致灾祸。所以，大海不拒绝向东的流水，这是因为大到了极点；圣人包容天地，恩泽施及天下百姓，而百姓却不知道他们的姓名。因此生前没有爵禄，死后没有谥号，财物不曾汇聚，名声不曾树立，这才可以称作是伟大的人。狗不因为善于狂吠便是好狗，人不因为善于说话便是贤能，何况是修养道德的人呢？有心求取伟大不足以算是伟大，又何况是修养道德啊！伟大莫过于天地。天地无所求，却是最完备的。伟大而又完备的人，没有追求，没有丧失，没有舍弃，不因外物而改变自己的本性。返归自己的本性就不会有穷尽，遵循亘古不变的规律而不矫饰，这就是伟大的人的真性。

【原文】

子綦有八子①，陈诸前②，召九方歅曰③："为我相吾子，孰为祥？"

九方歅曰："梱也为祥④。"

子綦瞿然喜曰⑤："奚若⑥？"

曰："梱也将与国君同食以终其身。"

子綦索然出涕曰⑦："吾子何为以至于是极也！"

九方歅曰："夫与国君同食，泽及三族⑧，而况父母乎！今夫子闻之而泣，是御福也。子则祥矣，父则不祥。"

子綦曰："歅，汝何足以识之，而梱祥邪？尽于酒肉入于鼻口矣，而何足以知其所自来？吾未尝为牧⑨，而牂生于奥⑩；未尝好田⑪，而鹑生于宎⑫，若勿怪，何邪？吾所与吾子游者，游于天地。吾与之邀乐于天⑬，吾与之邀食于地；吾不与之为事，不与之为谋，不与之为怪；吾与之乘天地之诚而不以物与之相撄，吾与之一委蛇而不与之为事所宜⑭。今也，然有世俗之偿焉！凡有怪征者，必有怪行，殆乎，非我与吾子之罪，几天与之也！吾是以泣也。"

无几何而使捆之于燕，盗得之于道，全而鬻之则难⑮，不若刖之则易，于是乎刖而鬻之于齐，适当渠公之街⑯，然身食肉而终。

【注释】

① 子綦：即南伯子綦。这里是承上文南郭子綦说的。② 陈：排列站着，列队站着。③ 九方

歅（yīn）：人名，伯乐的弟子，善于相面。《淮南子》作“九方皋”。④ 梱（kǔn）：人名，子綦的儿子名梱。⑤ 瞿然：惊喜的样子，兴奋的样子。⑥ 奚若：何如，为何。⑦ 索然：空尽的样子，承前文瞿然而来，惊喜空尽。解作黯然亦通。⑧ 三族：父族、母族、妻族。⑨ 牧：放牧，畜牧。⑩ 牂（zāng）：母羊。奥：屋的西南角。⑪ 田：狩猎。⑫ 宎（yǎo）：屋的东南角。⑬ 邀：要求。下同。⑭ 委蛇：随顺。⑮ 鬻（yù）：卖。⑯ 渠公之街：街名。

【译文】

子綦有八个儿子，排列在子綦身前，叫来九方歅说：“给我八个儿子看看相，谁最有福气。”

九方歅说：“梱最有福气。”

子綦惊喜地说：“何以如此呢？”

九方歅回答：“梱将会跟国君一同饮食而终了一生。”

子綦黯然流泪说：“我的儿子为什么会到这种绝境呢！”

九方歅说：“跟国君一同饮食，恩泽将普及三族，何况是父母啊！如今先生听了却泣不成声，这是拒绝要降临的福禄。你的儿子倒是有福气，你做父亲的却没有福分了。”

子綦说：“歅，你怎么会知道，梱真的是有福吗？享尽酒肉，只不过从口鼻进到肚腹里，又哪里知道这些东西从什么地方来。我不曾牧养而羊却出现在我屋子的西南角，不曾打猎而鹌鹑却出现在我屋子的东南角，你对此不觉得奇怪，为什么呢？我和我的儿子所游乐的地方，乃是天地之间。我跟他一道与天同乐，我跟他一道在大地上求食；我不跟他求取建功立业，不跟他思虑图谋，不跟他标新立异；我只和他一道随顺天地的实情而不与外物相互搅扰，我只和他一道顺任自然而不是认为事情适宜才去做。如今我却得到了世俗的回报啊！大凡有了怪异的征兆，必定会有怪异的行为，实在是危险啊，并不是我和我儿子的罪过，大概是上天降下的罪过！我因此才泣不成声。”

没过多久梱被派遣到燕国去，强盗在半道上劫持了他，想要保全其身形卖掉又担心他跑掉，不如砍断他的脚容易卖些，于是砍断他的脚卖到齐国，正好齐国的富人渠公买了去给自己看守街门，这样一辈子吃肉而终了一生。

【原文】

啮缺遇许由①，曰：“子将奚之②？”

曰：“将逃尧。”

曰：“奚谓邪？”

曰：“夫尧畜畜然仁③，吾恐其为天下笑。后世其人与人相食与④！夫民，不难聚也；爱之则亲，利之则至，誉之则劝，致其所恶则散⑤。爱利出乎仁义，捐仁义者寡⑥，利仁义者众。夫仁义之行，唯且无诚，且假夫禽贪者器⑦。是以一人之断制利天下，譬之犹一覕也⑧。夫尧知贤人之利天下也，而不知其贼天下也，夫唯外乎贤者知之矣！”

【注释】

① 啮（niè）缺：庄子假拟人名。《齐物论》有“啮缺问乎王倪曰：‘子知物之所同是乎’”。

《天地》有“啮缺之师王倪”。许由：人名。尧时贤人。《大宗师》有“意而子见许由”。《天地》有“尧之师曰许由，许由之师曰啮缺”。《让王》有“尧以天下让许由，许由不受”。②子：你。奚：什么地方。之：去。③畜畜然：恤爱勤劳的样子。④与：同“欤”。⑤恶（wù）：厌恶。⑥捐：舍弃。⑦禽贪：禽兽那样贪婪的人。器：工具。⑧觋（piē）：借为“邲”，宰割。一说借为“瞥”，作暂见解。

【译文】

啮缺遇见许由，问道：“你准备去哪里呢？”

许由回答：“打算逃避尧。”

啮缺说：“这话怎么说呢？”

许由说：“尧，孜孜不倦地推行仁的主张，我担心他要被天下人耻笑。后世人与人一定会相互残食啊！百姓，并不难以聚集，给他们爱护就会亲近，给他们好处就会来到，给他们奖励就会勤勉，给他们所厌恶的东西就会离散。爱护和利益出自仁义，无视仁义的少，利用仁义的多。仁义的推行，只会导致没有诚信，而且还会被禽兽一般贪婪的人借用为工具。所以，一个人的裁断与决定给天下人带来好处，就好像是短暂的一瞥。唐尧知道贤人能给天下人带来好处，却不知道他们对天下人的残害，而只有身处贤者之外的人才能明白这个道理。”

【原文】

有暖姝者①，有濡需者②，有卷娄者③。

所谓暖姝者，学一先生之言，则暖暖姝姝而私自说也④，自以为足矣，而未知未始有物也，是以谓暖姝者也。

濡需者，豕虱是也⑤，择疏鬣自以为广宫大囿⑥，奎蹏曲限⑦，乳间股脚⑧，自以为安室利处，不知屠者之一旦鼓臂布草操烟火⑨，而已与豕俱焦也⑩。此以域进⑪，此以域退，此其所谓濡需者也。

卷娄者，舜也。羊肉不慕蚁，蚁慕羊肉，羊肉膻也⑫。舜有膻行，百姓悦之，故三徙成都，至邓之虚而十有万家⑬。尧闻舜之贤，举之童土之地⑭，曰冀得其来之泽。舜举乎童土之地，年齿长矣，聪明衰矣，而不得休归，所谓卷娄者也。

是以神人恶众至，众至则不比⑮，不比则不利也。故无所甚亲，无所甚疏，抱德炀和以顺天下⑯，此谓真人。于蚁弃知，于鱼得计，于羊弃意。

以目视目，以耳听耳，以心复心。若然者，其平也绳⑰，其变也循⑱。古之真人，以天待人，不以人入天。古之真人，得之也生，失之也死；得之也死，失之也生。

【注释】

①暖姝（shū）：自美自得的样子。②濡需：苟且偷安的样子。③卷娄：犹“拘挛”，腰弯背曲，劳形自苦所致。④说：通“悦”。⑤豕虱：猪身上的虱子。⑥择：选择。鬣：（liè）：猪颈上的长毛。广宫：大宫殿。大囿：大园子。⑦奎：两腿之间。蹏（tí）：同“蹄”。曲

隈（wēi）：猪身上皱褶的深曲处。⑧乳间股脚：乳房和腿脚间的夹缝。⑨屠者：屠夫，杀猪的人。鼓：摇动。操：拿起。⑩焦：烧焦。⑪域：界域，境域。⑫膻（shān）：羊肉气味。⑬邓：地名。虚：通“墟”。而：则。有：又。⑭童土：荒地。⑮不比：不和。⑯煬和：温和。⑰绳：直。⑱循：随顺。

【译文】

有沾沾自喜的人，有偷安自得的人，有劳苦不堪的人。

所谓沾沾自喜的人，只懂得了一家之言，就沾沾自喜地私下里暗自得意，自诩为饱学之士，却不知道从未曾有过丝毫所得，所以称他为沾沾自喜的人。

所谓偷安自得的人，就像猪身上的虱子一样，选择居处稀疏的鬃毛当中，自以为就是广阔的宫殿与园林；居处在后腿和蹄子间弯曲的地方、乳房和腿脚间的夹缝，就认为是安宁的居室和美好的处所，殊不知屠夫一旦挥动双臂布下柴草生起烟火，便跟随猪身一块儿烧焦。这就是依靠环境而安身，又因为环境而毁灭，这就是所说的偷安自得的人。

所谓劳苦不堪的人，就是舜那样的人。羊肉不会爱慕蚂蚁，蚂蚁则喜爱羊肉，因为羊肉有膻腥味。舜有膻腥的行为，百姓都十分喜欢他，所以他多次搬迁居处都聚成都邑，到邓的废址就聚合了十万人家。尧听说了舜的贤能，从荒芜的土地上举荐了他，说是希望他能把恩泽布施百姓。舜从荒芜的土地上被举荐出来，年岁逐渐老了，敏捷的听力和视力衰退了，还不能回家休息，这就是所说的弯腰驼背、勤苦不堪的人。

所以超凡脱俗的神人讨厌众人跟随，众人跟随就不会亲密和睦，不亲密和睦也就不会带来好处。因此没有什么特别的亲密，没有什么格外的疏远，持守德行、温暖和气以顺应天下，这就叫作真人。这就好比蚂蚁不再追慕膻腥，如鱼得水般地悠闲自在，去掉像羊一样的腥膻气味。

用眼睛来看眼睛所应看的东西，用耳朵来听耳朵所应听的声音，用心灵领悟心灵所能领悟的事物。像这样的人，他们内心的平静就像墨线一样正直，他们的行为变化总是处处顺应。古时候的真人，用顺任自然的态度来对待人事，不会用人事来干扰自然。古时候的真人，获得生存就听任生存，失掉生存就听任死亡；获得死亡就听任死亡，失掉死亡就听任生存。

【原文】

药也，其实堇也，桔梗也，鸡廱也[①]，豕零也，是时为帝者也[②]，何可胜言！

勾践也以甲循三千栖于会稽[③]，唯种也能知亡之所以存[④]，唯种也不知其身之所以愁[⑤]。

故曰：鸱目有所适[⑥]，鹤胫有所节[⑦]，解之也悲。

故曰：风之过，河也有损焉；日之过，河也有损焉；请只风与日相与守河，而河以为未始其撄也，恃源而往者也。故水之守土也审[⑧]，影之守人也审，物之守物也审。

故目之于明也殆，耳之于聪也殆，心之于殉也殆。凡能其于府也殆[⑨]，殆之成也不给改。祸之长也兹萃[⑩]，其反也缘功，其果也待久。而人以为己宝，不亦悲乎！故有亡国戮民无已[⑪]，不知问是也。

【注释】

①鸡雍：或作“壅”，鸡头草。②帝：指主药。③勾（gōu）践：越国的国君。甲楯：披甲执盾，这里指士兵。会稽：山名，在今浙江省境内。④种：人名，即文种，越国大夫，助勾践灭吴。⑤愁：忧愁。⑥鸱（chī）：猫头鹰。⑦胫：小腿。节：节度，分寸。⑧审：安定。⑨府：指脏腑。⑩兹：通“滋”。萃：集。⑪无已：不止。

【译文】

药物，乌头也好，桔梗也好，鸡头草也好，猪苓根也好，这几种药在用到时，都可以作为贵重的主药，怎么可以说得完呢！

勾践率领三千士兵困守于会稽，只有文种能够知道越国复国的办法，也只有文种不知道复国后将要遭受杀戮的祸害。

所以说，猫头鹰的眼睛只有在夜晚才适宜看视，仙鹤具有修长的双腿，截断就会感到悲哀。

所以说，风儿吹过了河面河水就会有所减损，太阳照射河面河水也会有所减损。假如风与太阳总是盘桓在河的上空，而河水却不曾为之减损，就要靠河水源头不断地流水。所以，水保持住了泥土也就安定下来，影子留住了是因为人体安定下来，事物固守着事物因而相互安定下来。

所以，眼睛一味地追求超人的视力就危险了，耳朵一味地追求超人的听力就危险了，心思一味地追求外物就危险了。才能从内心深处显露出来就会危险，危险一旦形成就来不及悔改。灾祸滋生并逐渐地增多与聚集，返归本性就需要修养的功夫，要想获得成功便须持续很久。可是人们觉得这些很可贵，不是很可悲吗！因此国家败亡、人民受戮从没有中断，这是不知道探讨事情根由的原因。

【原文】

故足之于地也践[①]，虽践，恃其所不蹍而后善博也[②]；人之于知也少，虽少，恃其所不知而后知天之所谓也。知大一[③]，知大阴[④]，知大目[⑤]，知大均[⑥]，知大方[⑦]，知大信[⑧]，知大定[⑨]，至矣！大一通之，大阴解之，大目视之，大均缘之，大方体之，大信稽之，大定持之。

尽有天，循有照，冥有枢，始有彼。则其解之也似不解之者，其知之也似不知之也，不知而后知之。其问之也，不可以有崖，而不可以无崖。颉滑有实[⑩]，古今不代[⑪]，而不可以亏，则可不谓有大扬搉乎[⑫]！阖不亦问是已，奚惑然为！以不惑解惑，复于不惑，是尚大不惑。

【注释】

①践：通“浅”。②蹍：践。善博：安善广博。③大一：贯通为一，绝对同一性。

④ 大阴：绝对的静止。⑤ 大目：以认大道为眼目，大道的观点。⑥ 大均：大道的同而不殊。⑦ 大方：大道无所不包容。⑧ 大信：大道的本性不妄。⑨ 大定：大道安定。⑩ 颉滑：万物纷扰。⑪ 不代：不相代换。⑫ 大扬搉：大体轮廓。

【译文】

所以，脚走在地上是很浅的，虽然很浅，却依赖所不曾践踏的地方而后才可以去到更为博大旷远的地方；人对于各种事物的了解也很少很少，虽然很少，却依赖所不知道的知识而后才能够知道自然的道理。知道绝对的同一，知道绝对的静止，知道绝对的广博，知道大道的均衡，知道大道的包容，知道大道的取信不妄，知道大道的安定，这就达到了认识的极限。以绝对的同一加以贯通，以绝对的静止加以化解，以大道的观点加以观察，以大道的均衡加以随顺，以大道的包容加以体现，以大道的诚信加以契合，以大道的安宁加以持守。

极尽中有自然，遵循中有明晓，混沌中有枢要，初始中有彼端。那么，自然的理解好像是没有理解，自然的知晓好像是没有知晓，但这不知之后方才会有真知。深入地追问，不可以有界限，然而又不可以没有界限。万物虽然纷扰杂乱却有其根本，古今不能相互替换，但是无古无今、无今无古，谁也不能缺少，这能不说是仅只显露其概略吗！何不再深入一步探问这博大玄妙的道理，为什么会迷惑呢？用不迷惑去解除迷惑，再回到不迷惑的境界，这恐怕还是当初的不迷惑。

则阳

【题解】

本篇的主旨是谈“道”，反映了庄子以道为核心的世界观。庄子认为天地万物变化万千，然而都是遵循着一定的自然规律运行的，这就是道。因此，道德纯正的圣人可以无心、无言、无为，只要返归本性，顺应自然，就可“得其环中以随成”。而当今的君主们，却往往丧失本性，追逐俗事，使作伪之风盛行于世，成为百姓犯罪的根源，为人所不齿。那么究竟如何理解和阐述道呢？作者认为世上万物“合异以为同，散同以为异”。道则包容了同与异。因此它反映在事物上是多样的、具体的、实的、可为也可说的，而它在本质上则是同一的、抽象的、虚的、不可为也不可说的。可见道无处不在，却无法言明，真可谓“玄学”。

【原文】

则阳游于楚[①]，夷节言之于王[②]，王未之见，夷节归。

彭阳见王果曰[③]：“夫子何不谭我于王[④]？”

王果曰：“我不若公阅休[⑤]。”

彭阳曰：“公阅休奚为者邪？”

曰：“冬则擉鳖于江[⑥]，夏则休乎山樊[⑦]。有过而问者，曰：‘此予宅也[⑧]。’夫夷节已不能[⑨]，而况我乎！吾又不若夷节[⑩]。夫夷节之为人也，无德而有知[⑪]，不自许[12]，以之神其交[13]，固颠冥乎富贵之地[14]，非相助以德[15]，相助消也[16]。夫冻者假衣于春[17]，暍者反冬乎冷风[18]。夫楚王之为人也，形尊而严；其于罪也，无赦如虎[19]；非夫佞人正德[20]，其孰能桡焉[21]！

“故圣人，其穷也使家人忘其贫；其达也使王公忘爵禄而化卑[22]。其于物也[23]，与之为娱矣[24]；其于人也[25]，乐物之通而保己焉。故或不言而饮人以和[26]，与人并立而使人化[27]。父子之宜[28]，彼其乎归居[29]，而一间其所施[30]。其于人心者，若是其远也[31]。故曰：待公阅休。”

【注释】

①则阳：人名，姓彭名阳，字则阳，以下皆称彭阳。楚：楚国。②夷节：人名，楚国大臣。言：介绍。王：楚王。③王果：人名，楚国大夫。④谭：通“谈”，推荐。⑤公阅休：人名，姓公阅名休，楚国的隐士。⑥擉（chuò）：通“戳”，刺。⑦休：休息。樊：樊圃。⑧予宅：我的住处。⑨不能：不能用。⑩不若：不如。⑪知：通“智”。⑫不自许：不以德自许。⑬神：神奇，神化。⑭颠冥：神情颠倒。为颠狂，冥为妄行。意为把富贵看成是什么也没有。⑮非：不能。相助：帮助。⑯消：消除鄙贱吝惜的心意。⑰冻者：受冻的人。假：借助。春：春天的温暖。⑱暍（yē）：中暑，伤暑。⑲赦：赦免，宽恕。如虎：像虎一样凶狠。⑳佞人：有口舌才辩的小人。㉑桡（náo）：通“挠”，屈，屈服，矫正。㉒化卑：与卑贱同化。㉓物：事物。㉔娱：快乐。㉕人：人事。㉖饮人以和：以中和之道对待人。㉗与人并立：与人相处不用多长时间。㉘父子之宜：父亲与儿子相处相宜。㉙彼其：叠词，即他。归居：隐居。㉚一间：一切出于闲暇清虚。间，同“闲”。施：为事，施物。㉛远：深远。

【译文】

则阳到楚国游历，夷节向楚王推荐他，楚王没有接见则阳，夷节只得回家。

则阳见到王果，说：“先生怎么不在楚王面前谈谈我呢？”

王果说：“我不如公阅休。”

则阳问：“公阅休是做什么的呢？”

王果说：“他冬天到江河里刺鳖，夏天到山脚下休息。有人经过而问他，他就说：‘这就是我的住宅。’夷节尚且不能做到，何况是我呢？我又比不上夷节。夷节的为人，缺少德行却有世俗人的智巧，不能约束自己做到清虚恬淡，用他特有的巧妙办法跟人交往与结识，在富贵的圈子里神魂颠倒、内心迷乱，无助于德行的修养，反而有损于德行。受冻的人盼着温暖的春天，中暑的人求助冬天的冷风。楚王的为人，外表高贵而又威严。他对有过错的人，像老虎一样毫不宽恕。不是极有才辩的小人或者德行端正的人，谁能够说服他！

“所以圣人，当他隐居世外时能使家人忘却生活的清苦，他们身世显赫能使王公贵族忘却爵禄而变得谦卑。他们对外物，与之和谐欢娱；他们对别人，乐于沟通而又能保持自己的真性。有时候一句话不说也能用中和之道给人以满足，跟人在一起就能使人受到感化。父亲和儿子都各得其宜，各自安于自己的位置，能以清虚无为的态度对待周围的人。圣人的恬淡想法跟一般人的竞逐心思，相比起来差距是那么远。所以说，要使楚王信服还得等待公阅休啊。”

【原文】

圣人达绸缪①，周尽一体矣②，而不知其然③，性也④。复命摇作⑤，而以天为师⑥，人则从而命之也⑦。忧乎知⑧，而所行恒无几时⑨，其有止也，若之何⑩！

生而美者，人与之鉴⑪，不告则不知其美于人也。若知之，若不知之，若闻之，若不闻之，其可喜也终无已，人之好之亦无已，性也。圣人之爱人也，人与之名，不告则不知其爱人也。若知之，若不知之，若闻之，若不闻之，其爱人也终无已，人之安之亦无已，性也。

旧国旧都，望之畅然，虽使丘陵草木之缗⑫，入之者十九⑬，犹之畅然，况见见闻闻者也⑭，以十仞之台县众间者也⑮。

【注释】

①达：通达。绸缪（móu）：纠葛、缠绵。②周尽一体：调和万物为一体。③不知其然：不知道它的所以然，因出于自然。④性：本性，自然本性。⑤复命：复归于无命。摇作：摇动而作。⑥以天为师：以天为宗，即以道为大宗师，以自然为主。⑦命：命名。⑧忧乎知：忧心于智巧和谋虑。⑨恒：常。无几时：没有多少时间。恒无几时：没有少许间歇时间。⑩其有止也，若之何："若之何，其有止也"的倒文。⑪鉴：鉴别，评估。原意为镜子。⑫缗（mín）：茫昧不清。⑬十九：十分之九，十人中有九人。⑭见见闻闻：见所见的，闻所闻的，无所不见，无所不闻。⑮以十仞之台县众间者：指圣人的德行就像十仞高台悬立在众人之间一样无人不知。间，同"间"。

【译文】

圣人通达于人世间的各种纷扰和纠葛，了解调和万物混同一体的状态，却并不知道为什么会这样，这是出于自然的本性。为回返真性而有所动作也总是把师法自然作为榜样，人们称呼他为圣人。为智巧和谋略忧虑，所行常不持久，没有间歇，时或中止不能行，将奈它何！

生来就漂亮的人，别人给了他一面镜子，如果不告诉他就不知道自己比别人漂亮。好像知道，又好像不知道；好像听见了，又好像没有听见，他内心的喜悦不会有所终止，人们对他的好感也不会有所终止，这就是出于自然的本性。圣人爱护众人，是因为人们给予了他相应的称号，如果人们不这样称誉他，圣人也不知道自己怜爱他人。好像知道，又好像不知道；好像听见了，又好像没有听见，他给予人们的爱就不会有所终止，人们安于这样的爱护也不会有所终止，这就是出于自然的本性。

祖国与家乡，一看到它就分外喜悦；即使是丘陵草木使它显得面目不清，甚至掩没了十之八九，心里还是十分欣喜。更何况亲身见闻到它的真面目，就像是数丈高台高悬于众人之间让人崇敬仰慕啊！

【原文】

冉相氏得其环中以随成[①]，与物无终无始[②]，无几无时[③]。日与物化者[④]，一不化者也[⑤]，阖尝舍之[⑥]！夫师天而不得师天[⑦]，与物皆殉[⑧]，其以为事也若之何？夫圣人未始有天，未始有人，未始有始，未始有物，与世偕行而不替[⑨]，所行之备而不洫[⑩]，其合之也若之何？汤得其司御门尹登恒[⑪]，为之傅之[⑫]，从师而不囿[⑬]，得其随成。为之司其名；之名嬴法[⑭]，得其两见[⑮]，仲尼之尽虑，为之傅之。容成氏曰[⑯]："除日无岁[⑰]，无内无外[⑱]。"

【注释】

①冉相氏：传说中远古时代的帝王。环中：指虚空。《齐物沦》有"枢始得环中，以应无穷"。随成：随道而成。②与物无终无始：指环中。③无几无时：指随成。④日与物化：指外物随时变化。⑤一不化者：指内心灵明不变化。⑥阖：通"盍"，何。⑦师天：效法自然。而：则。⑧殉：为追求而不惜殉身。⑨不替：无偏废。替，废。⑩洫：借作"恤"。⑪司御：官名，一说非官名，指主天下御万物。门尹：官名，一说人名。登恒：人名，一说登于恒道。⑫傅：师傅。⑬囿：局限，限制。⑭之名嬴法：名法是多余的东西。⑮得其两见：此指仲尼而言，两见犹两端。⑯容成氏：古代圣人，作历数的人。《汉书·艺文志》有《容成子》十四篇。⑰除日无岁：除掉每一天就没有年。⑱无内无外：就像没有内就没有外一样。

【译文】

冉相氏体察了道的精髓因而能听任外物自然发展，跟外物契合相处没有终始，也显不出时日。时时随外物而变化，而其虚空的心境却丝毫不会改变。何尝舍弃过大道的精髓？有心去效法自然却得不到效法自然的结果，跟外物一道相追逐，对所修的事业又能够怎样呢？圣人心目中从不曾有过天，从不曾有过人，从不曾有过开始，从不曾有过外物，跟随世道一块儿发展变化而没有废止，有所行动也是那么完备因而不会受到败坏。他与外物的契合与融洽又将是怎样的呢？商汤得到他的司御门尹登恒做他的师傅，而他随从师傅学习却从不拘泥于所学；能够随顺而成，为此而察其名迹；对待这样的名迹又无心寻其常法，因而君臣、师徒能各得其所、各安其分。仲尼最后弃绝了谋虑，因此对自然才有所辅助。容成氏说："摒弃了每一天就不会累积成年，这就像离开内就没有外一样。"

【原文】

魏莹与田侯牟约[①]，田侯牟背之。魏莹怒，将使人刺之。

犀首公孙衍闻而耻之[②]，曰："君为万乘之君也，而以匹夫从仇。衍请受甲二十万[③]，为君攻之，虏其人民，系其牛马，使其君内热发于背，然后拔其国。忌也出走[④]，然后抶其背[⑤]，折其脊。"

季子闻而耻之[⑥]，曰："筑十仞之城，城者既十仞矣，则又坏之，此胥靡之所苦也[⑦]。今兵不起七年矣，此王之基也[⑧]。衍，乱人也，不可听也。"

华子闻而丑之[9]，曰："善言伐齐者，乱人也；善言勿伐者，亦乱人也；谓'伐之与不伐乱人也'者，又乱人也。"

君曰："然则若何？"

曰："君求其道而已矣。"

惠子闻之[10]，而见戴晋人[11]。戴晋人曰："有所谓蜗者[12]，君知之乎？"

曰："然。"

"有国于蜗之左角者，曰触氏；有国于蜗之右角者，曰蛮氏。时相与争地而战，伏尸数万，逐北旬有五日而后反[13]。"

君曰："噫！其虚言与[14]？"

曰："臣请为君实之[15]。君以意在四方上下有穷乎[16]？"

君曰："无穷。"

曰："知游心于无穷，而反在通达之国，若存若亡乎？"

君曰："然。"

曰："通达之中有魏，于魏中有梁[17]，于梁中有王，王与蛮氏有辩乎[18]？"

君曰："无辩。"

客出而君惝然若有亡也[19]。

客出，惠子见。君曰："客，大人也，圣人不足以当之。"

惠子曰："夫吹管也，犹有嗃也[20]；吹剑首者[21]，吷而已矣[22]。尧、舜，人之所誉也。道尧、舜于戴晋人之前，譬犹一吷也。"

【注释】

①魏莹：魏惠王的名字。田侯牟：指齐威王。②犀首：武官名。公孙衍：人名，姓公孙，名衍。③受甲：领兵。④忌：田忌，齐国将军。⑤抶（chì）：鞭打。⑥季子：魏国贤臣。⑦胥靡：服役的犯人。⑧王之基：统治的基础。⑨华子：魏臣。⑩惠子：惠施。⑪见（xiàn）：引见。戴晋人：魏国贤人，姓戴，字晋人。⑫蜗：蜗牛。⑬北：败兵。旬有五日：十五天。有，通"又"。反：通"返"。⑭虚言：谎言，假话。⑮实之：证实它。⑯意：想要。⑰梁：魏国国都。⑱辩：通"辨"，区别。⑲惝（chǎng）然：怅然，恍惚不定。亡：亡失。⑳嗃（xiāo）：吹管的声音，声音大而长。㉑剑首：剑环上的小孔。㉒吷（xuè）：吹气声，声音小而短。

【译文】

魏莹与田侯牟盟约，田侯牟背弃盟约。魏莹大怒，要派人去刺杀他。

公孙衍将军听了感到这种做法很可耻，说："君主是万乘大国的国君，而用匹夫的手段去报仇。我请求领兵二十万，为君主攻打他，俘虏他的人民，掠夺他的牛马，使他的国君内心起火而直发于背，然后夺取他的国土。让田忌也逃走，然后鞭打他的后背，折断他的脊骨。"

季子听了公孙衍的说法而感到可耻，说："建筑十仞高的城墙，城墙已建了十仞高了，然后又破坏它，这是徒役者所苦的事。现在不打仗已经七年了，这是统治的基础。公孙衍是好乱的人，不可听从。”

华子听了而讥笑他们两人，说：“巧言伐齐的人是好乱的人，巧言不伐齐的人也是好乱的人，说‘伐齐与不伐齐是好乱的人’的人，又是好乱的人。”

国君说：“那怎么办呢？”

华子说：“您求大道就行了。”

惠子听说了，引见戴晋人。戴晋人说：“有所谓蜗牛，您知道吗？”

回答说：“知道。”

“有个国家在蜗牛的左角，叫触氏；有个国家在蜗牛的右角，叫蛮氏。时常互相争夺地盘而战，横尸数万，追逐败兵十五日而后返回。”

国君说：“噫！这是虚假的话吗？”

答道：“我请为君主证实它。君主认为四方上下有穷尽吗？”

君主说：“无穷。”

说：“知道游心于无穷，而返于通达的国土，好像存在又好像不存在吗？”

君主说：“是的。”

说：“通达的国土中有魏国，魏国中有梁都，梁都中有君王，君王与蛮氏有区别吗？”

君主说：“没有区别。”

客人辞出，君主怅然，若有所失。

客人走了，惠子进见。君主说：“这位客人是伟大人物，圣人也不足以与他相提并论。”

惠子说：“吹管乐，还有大而长的声音；吹剑环，只有小而短的声音。尧、舜是人所称誉的。在戴晋人面前称道尧、舜，就好比一点小声了。”

【原文】

孔子之楚①，舍于蚁丘之浆②。其邻有夫妻臣妾登极者③，子路曰：“是稯稯何为者邪④？”

仲尼曰：“是圣人仆也⑤。是自埋于民⑥，自藏于畔⑦。其声销⑧，其志无穷⑨，其口虽言，其心未尝言，方且与世违而心不屑与之俱⑩。是陆沉者也⑪，是其市南宜僚邪⑫？”

子路请往召之。

孔子曰：“已矣！彼知丘之著于已也，知丘之适楚也，以丘为必使楚王之召已也，彼且以丘为佞人也⑬。夫若然者，其于佞人也羞闻其言，而况亲见其身乎！而何以为存⑭？”

子路往视之，其室虚矣。

【注释】

①之：往，去。楚：楚国。②舍：止，住。蚁丘：山丘名。浆：卖浆的店铺。③登极：登上屋顶。④是：这。稯（zōng）稯：一作“总总”。群众有秩序地聚集在一起。⑤仆：仆役、

学徒。⑥自埋于民：甘愿隐居在民间，埋没为耕民。⑦自藏于畔：甘愿隐居在田间。⑧其声销：他的名声消失。⑨无穷：无穷大。⑩不屑：认为不值得，不愿意接受。⑪陆沉：在陆地上如沉在水中，指隐者。⑫市南宜僚：人名，姓熊，字宜僚，因居于市南故称市南宜僚，楚国的隐者。⑬佞人：媚世的人，取巧的人。⑭而：汝，你。存：存留。

【译文】

孔子到楚国去，寄宿在蚁丘的卖浆人家。卖浆人家的邻居夫妻奴仆全都登上了屋顶观看孔子的车骑，子路说："这么多人聚集在一起是干什么呢？"

孔子说："这些人都是圣人的仆从。这个圣人把自己隐藏在百姓之中，藏身于田园生活。他的声音从世上消失了，他的志向却是伟大的，他嘴里虽然在说着话，心里却好像不曾说过什么，处处与世俗相违背而且内心不屑与世俗为伍。这是隐遁于世俗中的隐士，这个人恐怕就是楚国的市南宜僚吧？"

子路请求前去召他前来。

孔子说："算了吧！他知道我对他十分了解，又知道我到了楚国，认为我必定会让楚王来召见他，他将把我看成是巧言献媚的人。如果真是这样，他一定会羞于听巧言献媚的人言谈，更何况是亲自见到其人呢！你凭什么认为他还会留在那里呢？"

子路前往察看，市南宜僚的居室已经空无一人了。

【原文】

长梧封人问子牢曰①："君为政焉勿卤莽②，治民焉勿灭裂③。昔予为禾④，耕而卤莽之，则其实亦卤莽而报予⑤；芸而灭裂之⑥，其实亦灭裂而报予。予来年变齐⑦，深其耕而熟耰之⑧，其禾蘩以滋⑨，予终年厌飧⑩。"

庄子闻之曰："今人之治其形，理其心，多有似封人之所谓，遁其天⑪，离其性，灭其情，亡其神，以众为。故卤莽其性者，欲恶之孽为性⑫，萑苇蒹葭⑬，始萌以扶吾形⑭，寻擢吾性⑮；并溃漏发⑯，不择所出，漂疽疥痈⑰，内热溲膏是也⑱。"

【注释】

①长梧封人：即长梧子，《齐物论》有"瞿鹊子问乎长梧子"。长梧，地名。封人，守封疆之人。子牢：即琴牢，孔子弟子。②卤莽：同"鲁莽"，草率。③灭裂：胡乱。④为禾：种庄稼。⑤实：果实。⑥芸：除草。⑦变齐（jì）：改变耕作方法。齐，通"剂"，制作，耕作方法。⑧熟耰（yōu）：细致地反复除草。⑨蘩：繁盛。滋：茂盛。⑩厌飧（sūn）：吃得饱。厌，通"餍"，吃饱。飧，晚饭。⑪遁：失。⑫欲：喜好。恶：厌恶。孽（niè）：孽生枝杈。⑬萑（huán）：荻草，似苇。苇：芦苇。蒹（jiān）：没有出穗的荻草。葭（jiā）：没有出穗的芦苇。⑭扶：扶养，保养。⑮擢（zhuó）：拔，助长。⑯溃：溃烂。漏：流脓不止的疮口。⑰漂：本作"瘭"，脓疮。疽：脓疮。疥：疥疮。痈：毒疮。⑱溲（sōu）膏：排泄带有白泡沫的尿。

【译文】

长梧地方守护封疆的人对子牢说："你处理政事不要太鲁莽，治理百姓不要太草率。从前我种庄稼，耕地时粗率马虎，而庄稼就用粗疏马虎的态度来回报我；锄草时轻率马虎，而庄稼也用轻率马虎的态度来回报我。我来年改变了耕作的方式，深耕细种，禾苗繁茂，果实累累，我一整年都有足够的粮食吃。"

庄子听到后说："如今人们治理自己的形体，修养自己的心神，很多人都像这守护封疆的人所说的情况，逃避自然，背离天性，泯灭真情，丧失精神，以此从众而追逐俗事。所以对待本性真情粗疏鲁莽的人，欲念与邪恶的祸根，就像萑苇蒹葭遮蔽禾黍那样危害人的本性，开始时似乎还可以用来扶养人的形体，逐渐地就拔除了自己的本性；身体上溃下漏，遍布全身，毒疮流脓，内热便浊就是这样。"

【原文】

柏矩学于老聃①，曰："请之天下游②。"

老聃曰："已矣！天下犹是也③。"

又请之，老聃曰："汝将何始？"

曰："始于齐。"

至齐，见辜人焉④，推而强之⑤，解朝服而幕之⑥，号天而哭之曰："子乎子乎！天下有大灾，子独先离之⑦，曰莫为盗！莫为杀人！荣辱立，然后睹所病⑧；货财聚，然后睹所争。今立人之所病，聚人之所争，穷困人之身使无休时，欲无至此，得乎！

"古之君人者，以得为在民⑨，以失为在己；以正为在民⑩，以枉为在己⑪；故一形有失其形者⑫，退而自责。今则不然。匿为物而愚不识⑬，大为难而罪不敢⑭，重为任而罚不胜，远其途而诛不至。民知力竭⑮，则以伪继之⑯。日出多伪，士民安取不伪！夫力不足则伪，知不足则欺，财不足则盗。盗窃之行，于谁责而可乎？"

【注释】

①柏矩：人名，老子的学生。②之：往。游：游历。③犹是：像这里一样。④辜人：死刑后用以示众的尸体。⑤强：借为"僵"，倒卧的意思。⑥幕：覆盖。⑦离：通"罹"，遭受。⑧病：忧患。⑨得：所得，成功。在民：归于人民。⑩正：正确。⑪枉：错误。⑫一形：指一人。失其形：指损害其形体。⑬匿：隐藏。不识：不懂的人。⑭大为难：加大困难。⑮知：通"智"。⑯以伪继之：以虚伪来应付。

【译文】

柏矩求学于老聃，说："请求去天下游历。"

老聃说："算了吧，天下像这里一样。"

柏矩再一次请求，老聃说："你将要从什么地方开始呢？"

回答说："从齐国开始。"

到了齐国，看到一个死刑后示众的尸体，便把尸体摆正，解下朝服盖上他，仰天号哭说："你呀！你呀！天下有大灾，唯独你先遭受了，说什么不要做强盗！不要杀人！

荣辱确立，然后可看到忧患之处；财货积聚，然后可看到争夺之处。现在积聚人诟病的，积聚人所争攘的，人的身体穷困而无休止的时候，想不走到这种地步，做得到吗？

“古时为人君主的人，把成功归于人民，把失败归于自己；把正确归于人民，把错误归于自己。所以有一个人损害了他的形体，就退而责备自己。现在就不是这样了。隐藏事物的真相愚弄不懂的人，加大困难归罪不敢做的人，加重任务惩罚不胜任的人，加远路途诛杀走不到的人。人民的智力竭尽了，就用虚伪来对付。每天表现出很多虚伪，士民怎么能不虚伪呢？力不足就行伪，智不足就欺骗，财不足就偷盗。盗窃的行为，应该责备谁呢？”

【原文】

蘧伯玉行年六十而六十化①，未尝不始于是之②，而卒诎之以非也③，未知今之所谓是之非五十九非也。万物有乎生而莫见其根④，有乎出而莫见其门⑤。人皆尊其知之所知⑥，而莫知恃其知之所不知而后知，可不谓大疑乎⑦！已乎！已乎！且无所逃⑧。此所谓然与然乎⑨？

【注释】

①蘧伯玉：人名，姓蘧，名瑗，字伯玉，卫国的大夫。行年：历年。六十而六十化：指六十年之中每年都在变化。此语在《寓言》中说的是孔子。②是：肯定，正确，对的。③卒：最终，最后。诎：通“黜”。非：否定，不正确，不对的。④根：根本，万物的根源。⑤门：门径。⑥知之所知：前一“知”通“智”，后一“知”当知道讲。⑦大疑：极糊涂。⑧无所逃：没有能逃避得了的。⑨然与然：这样与那样。

【译文】

蘧伯玉活了六十岁而六十年来每年都有所变化，与日俱新，何尝不是开始时认为是对的而后来又转过来认为是错的，不知道现今所认为是对的又不是五十九岁时所认为是错的。万物有其产生却看不见它产生的本根，有其出现却寻不见它出现的门径。人人都尊崇自己才智所了解的知识，却不懂得凭借自己才智所不知道的而后知道的道理，这难道不是最大的疑惑吗？罢了！罢了！没有什么办法可以避免这样的错误。这就是所谓你说这样他说那样吗？

【原文】

仲尼问于大史大弢、伯常骞、狶韦曰：“夫卫灵公饮酒湛乐①，不听国家之政②；田猎毕弋③，不应诸侯之际，其所以为灵公者，何也？”

大弢曰：“是因是也。”

伯常骞曰：“夫灵公有妻三人，同滥而浴④。史鳝奉御而进所，搏币而扶翼⑤。其慢若彼之甚也⑥，见贤人若此其肃也⑦，是其所以为灵公也。”

狶韦曰：“夫灵公也死，卜葬于故墓不吉⑧，卜葬于沙丘而吉。掘之数仞，得石椁焉⑨，洗而视之，有铭焉，曰：‘不冯其子，灵公夺而里之⑩。’夫灵公之为灵也久矣！

之二人何足以识之⑯！”

【注释】

①湛乐：过分地享乐。湛（dān），通“耽”。②听：管理，处理。③毕：大网。弋：系绳的箭。④滥：大浴盆。⑤搏币：接取币帛。扶翼：扶掖，即扶臂。⑥慢：傲慢，放纵。彼：指与三妻同沐那样的事。⑦肃：敬畏。⑧故墓：生前挖好的寿穴。⑨石椁（guǒ）：石造的棺椁。⑩里：居。

【译文】

孔子向太史大弢、伯常骞、狶韦请教：“卫灵公饮酒作乐，不处理国家政务；打猎捕兽，不参与诸侯间的盟会；他死之后为什么还追谥为‘灵公’呢？”

大弢说：“这样的谥号就是因为他具有这样的德行。”

伯常骞说：“那时候卫灵公有三个妻子，他们在一个澡盆里洗澡。卫国的贤臣史鳕奉召来到卫灵公的寓所，灵公让人接过他手上的东西，并使人扶着他。他在生活中是多么散漫，而他对贤人又是如此的尊敬，这就是他死后追谥为灵公的原因。”

狶韦则说：“当年卫灵公死了，占卜问葬说是葬在原墓地不吉利，而葬在沙丘上就能吉利。于是挖掘沙丘数丈,发现有一个石制外棺,洗去泥土一看,上面还刻有一段文字,说：‘不靠子孙，灵公将得此为冢。’灵公被叫作‘灵’看来已经很久了，大弢和伯常骞怎么能够知道呢！”

【原文】

少知问于大公调曰：“何谓丘里之言①？”

大公调曰：“丘里者，合十姓百名而以为风俗也②，合异以为同，散同以为异。今指马之百体而不得马，而马系于前者③，立其百体而谓之马也。是故丘山积卑而为高，江河合小而为大，大人合并而为公。是以自外入者，有主而不执；由中出者，有正而不距。四时殊气，天不赐④，故岁成；五官殊职，君不私，故国治；文武殊能，大人不赐，故德备；万物殊理，道不私⑤，故无名。无名故无为，无为而无不为。时有终始，世有变化。祸福淳淳⑥，至有所拂者而有所宜⑦；自殉殊面⑧，有所正者有所差。比于大泽⑨，百材皆度⑩；观于大山，木石同坛，此之谓丘里之言。”

【注释】

①丘里：乡里。四井为邑，四邑为丘；五家为邻，五邻为里。②十姓百名：指群众。③系：悬。④赐：偏私。⑤道：大道，天道。⑥淳淳：茫昧难测的样子。⑦拂：违背。⑧殉：通“徇”，营求。面：向。⑨比于：譬如。⑩百材皆度：各种木材都有用处。度，用度。

【译文】

少知向大公调求教：“什么叫作‘丘里’之言？”

大公调说：“所谓‘丘里’，就是聚合群众而形成共同的风气习俗，组合不同的个体就形成混同的整体，离散混同的整体又成为不同的个体。如今指称马的上百个部位却不能指称马的整体，而马是根据前者合并而成，只有集合了马的各个部位并组合成整体才能称之为马。所以说山丘积聚卑小的土石才成就其高，江河汇聚细小的流水才成就其大，伟大的人物并合了众多的意见才成就其公。所以，从外界反映到内心里的东西，自己虽有定见却并不执着己见；由内心里向外表达的东西，即使是正确的也不愿跟他人相违逆。四季具有不同的气候，大自然并没有对某一节令给予特别的恩赐，因此年岁的序列得以形成；各种官吏具有不同的职能，国君没有偏私，因此国家得以治理；文臣武将具有各不相同的才能，国君没有偏爱，因此各自德行完备；万物具有各自的规律，大道对它们也都没有偏爱，因此不去授予名称以示区别。没有称谓因而也就没有作为，没有作为因而也就无所不为。时序有终始，世代有变化。祸福在不停地流转，出现违逆的一面同时也就存在相宜的一面；各自追逐其不同的侧面，有所端正的同时也就有所差误。就拿山泽来比方，生长的各种材质全都有自己的用处；再看看大山，树木与石块盘结在一起。这就叫作‘丘里’的言论。”

【原文】

少知曰：“然则谓之道，足乎？”

大公调曰：“不然。今计物之数，不止于万，而期曰万物者[①]，以数之多者号而读之也。是故天地者，形之大者也；阴阳者，气之大者也；道者为之公。因其大而号以读之，则可也，已有之矣，乃将得比哉？则若以斯辩，譬犹狗马，其不及远矣。”

少知曰：“四方之内，六合之里，万物之所生恶起？”

大公调曰：“阴阳相照，相盖相治；四时相代，相生相杀。欲恶去就，于是桥起；雌雄片合，于是庸有。安危相易，祸福相生，缓急相摩[②]，聚散以成。此名实之可纪，精微之可志也[③]。随序之相理，桥运之相使[④]，穷则反，终则始。此物之所有。言之所尽，知之所至，极物而已。睹道之人[⑤]，不随其所废，不原其所起，此议之所止。”

少知曰：“季真之莫为，接子之或使，二家之议，孰正于其情，孰偏于其理？”

大公调曰：“鸡鸣狗吠，是人之所知；虽有大知，不能以言读其所自化[⑥]，又不能以意测其所将为。斯而析之[⑦]，精至于无伦[⑧]，大至于不可围，或之使，莫之为，未免于物，而终以为过。或使则实，莫为则虚。有名有实，是物之居；无名无实，在物之虚。可言可意，言而愈疏。未生不可忌[⑨]，已死不可徂[⑩]。死生非远也，理不可睹。或之使，莫之为，疑之所假。吾观之本，其往无穷；吾求之末，其来无止。无穷无止，言之无也，与物同理；或使莫为，言之本也，与物终始。道不可有，有不可无。道之为名，所假而行[⑪]。或使莫为，在物一曲[⑫]，夫胡为于大方[⑬]？言而足[⑭]，则终日言而尽道；言而不足，则终日言而尽物。道物之极，言默不足以载[⑮]；非言非默，议有所极。”

【注释】

①期：限定。②相摩：相互摩擦。③志：记。④桥运：桥起而运行，指做起伏运动。相使：相互作用。⑤睹：目睹，认识。⑥读：称，表达。⑦斯：如此。⑧精：精细。无伦：无与伦比。⑨忌：禁。⑩徂：通“阻”，止。⑪假：借。行：运行。⑫一曲：一方面、一个侧面。

⑬胡：何，怎么。⑭言而足：言谈之多。⑮言默：语言沉默。载：表达。

【译文】

少知问："既然如此，那么称之为道，可以吗？"

大公调说："不可以。现在计算一下物的种数，不止于万，而只限于称作万物，是用数目最多的来称述它。所以，天地是形体中最大的；阴阳是元气中最大的；而大道却把天地、阴阳贯通。因为它大就用'道'来称述它是可以的，已经有了'道'的名称，还能够用什么来与它相提并论呢？假如用这样的观点来寻求区别，就好像狗与马相比，其间的差别也就太大了！"

少知问："四方之内，六合之中，万物从哪里产生？"

大公调说："阴阳互相辉映、互相伤害又互相调治，四季互相更替、互相产生又互相衰减。欲念、憎恶、离弃、靠拢，于是像桥梁一样相互连接兴起，雌性、雄性的分开交合，于是相互为常具有。安全与危难相互变易，灾祸与幸福相互产生，疏缓与急骤相互摩擦，聚集离散是以形成。随时序相治理，起落运动相作用。物极则反，终而复始，这都是万物所共有的规律。言语所能致意的，智巧所能达到的，只限于人们所熟悉的少数事物罢了。体察大道的人，不追逐事物的消亡，不探究事物的源起，这就是言语评说所限止的境界。"

少知又问："季真的'莫为'观点，接子的'或使'主张，两家的议论，谁最合乎事物的真情，谁又偏离了客观的规律？"

大公调说："鸡鸣狗叫，这是人人都能了解的现象，可是，即使是具有超人的才智，也不能用言语来说明它们能叫的原因，同样也不能臆断它们将会怎么样。用这样的道理来加以推论和分析，精妙达到了无以伦比，浩大达到了不可限量，事物的产生有所支持，还是事物的产生全出于虚无，两种看法各持一端均不能免于为物所拘滞，因而最终只能是过而不当。'或使'的主张过于拘泥，'莫为'的观点过于虚空。有名有实，这就构成物的存在范围。无名无实，事物的存在也就没有界限。可以言谈也可以意会，可是越是言谈离事物的真性也就越疏远。没有产生的不能禁止其产生，已经死亡的不能阻挡其死亡。死与生并不相距很远，其中的规律却是不易察见。事物的产生有所支使，还是事物的产生全都出于虚无，两者都是因为疑惑而借此生出的偏执之见。我观察事物的原本，事物的过去没有穷尽；我寻找事物的末绪，事物的将来不可限止。没有穷尽又没有限止，是言语无法表达的，这就跟事物具有同一的规律；而'或使''莫为'的主张，用言谈各持一端，又跟事物一样有了外在的终始。道不可以执着于有形，也不可以执着于无象。大道之所以称为'道'，只不过是借用了'道'的名称。'或使'和'莫为'的主张，各自偏执于事物的一隅，怎么能称述于大道呢？言语圆满周全，那么整天说话也能符合于道；言语不能圆满周全，那么整天说话也都局限于物。道是阐释万物的最高原理，言语和沉默都不足以称述；既不说话也不沉默，评议有极限而大道却是没有极限的。"

外物

【题解】

本篇以“外物”为名，其主旨在于表达一切顺应自然之道而抛弃外物之累的主张。作者首先以“忠未必信”“孝未必爱”的事例，说明外物无一定标准，因此不可强求，强求则有害。接着在“庄周家贫”“任公子为大钩巨缁”“儒以诗礼发冢”“老莱子之弟子出薪”等段落中，又说明外物往往是虚伪的，不可企求于它，得道者无心于外物反而成功，因此“与其誉尧而非桀，不如两忘而闭其所誉”。最后庄子阐述了“知有所困，神有所不及”“无用之为用”的道理，告诉人们顺应自然，“心有天游”，无心于天下，无心于名利，以达到“得鱼忘荃”“得兔忘蹄”“得意忘言”的境界。

【原文】

外物不可必①，故龙逢诛，比干戮，箕子狂，恶来死，桀纣亡。人主莫不欲其臣之忠，而忠未必信，故伍员流于江，苌弘死于蜀，藏其血三年而化为碧。人亲莫不欲其子之孝；而孝未必爱，故孝己忧而曾参悲。木与木相摩则然②，金与火相守则流。阴阳错行，则天地大绫③，于是乎有雷有霆，水中有火④，乃焚大槐⑤。有甚忧两陷而无所逃⑥，螴蜳不得成⑦，心若悬于天地之间⑧，慰暋沈屯⑨，利害相摩，生火甚多⑩，众人焚和，月固不胜火⑪，于是乎有僓然而道尽⑫。

【注释】

①不可必：不能有必然的标准。②然：通“燃”。③绫（hài）：通“骇”，惊动。④水中有火：指雨中有电。⑤焚：焚烧。大槐：大树。⑥甚：过分。忧：忧伤。两陷：陷于阴阳，指人心陷于阴阳。⑦螴（chén）：不安。蜳（chún）：忧虑。螴蜳，不安宁。⑧悬：古作“县”。⑨慰（yù）：通“郁”。暋（mǐn）：闷。沈：沉。屯：难。⑩生火甚多：指心火甚多。⑪月：人心的清明。⑫僓（tuí）：通“隤”，败坏。道尽：天性丧失，中途夭折，不能尽天年。

【译文】

外在事物不可能有个定准，所以忠良之士关龙逢被斩杀，比干遭杀害，箕子被迫装疯，而谀臣恶来同样不能免于一死，暴君夏桀和殷纣也同样身毁国亡。国君无不希望他的臣子效忠于己，可是竭尽忠心未必能够取得信任。所以伍子胥被赐死而浮尸江上，苌弘被流放西蜀而见杀，西蜀人珍藏他的血液三年后竟化作碧玉。做父母的无不希望子女孝顺，可是竭尽孝心未必能够得到怜爱，所以孝己愁苦而死，曾参悲切一生。木与木相互摩擦就会燃烧，金属跟火相互厮守就会熔化。阴与阳错乱不顺，天与地都会大受惊骇，于是雷声隆隆，雷雨中夹着闪电，甚至烧毁高大的树木。有人忧虑过度陷入利害两端而没有办法逃避，小心翼翼、恐惧不安而又一无所成，心像高悬在天地之间，忧郁沉闷，利害得失在心中碰撞，于是内心烦乱焦躁万分；世俗之人内热如火烧毁了中和之气，清虚淡泊的心境抑制不住内心如火的焦虑，于是便精神颓然而玄理丧失。

【原文】

庄周家贫，故往贷粟于监河侯。监河侯曰："诺。我将得邑金，将贷子三百金，可乎？"

庄周忿然作色曰[①]："周昨来，有中道而呼者。周顾视车辙中[②]，有鲋鱼焉。周问之曰：'鲋鱼来！子何为者邪？'对曰：'我，东海之波臣也。君岂有斗升之水而活我哉？'周曰：'诺。我且南游吴越之王，激西江之水而迎子[③]，可乎？'鲋鱼忿然作色曰：'吾失我常与，我无所处。吾得斗升之水然活耳，君乃言此，曾不如早索我于枯鱼之肆[④]！'"

【注释】

①忿（fèn）然：生气的样子。②顾视：回头看。③激：引。④曾：就，乃。

【译文】

庄周家贫困，所以去向监河侯借粮食。监河侯说："可以，等我得到封地内的税赋，到时借你三百金，可以吗？"

庄周不高兴了，脸色一变说："我昨天来时，途中有叫我的声音，我回头看车辙，里面有条鲫鱼。我问它说：'鲫鱼，你为什么在这里呢？'回答说：'我是东海的水中之臣。你有斗升的水而救活我吗？'我说：'可以，我将到南边去游说吴国、越国的国君，引西江之水来迎救你，可以吗？'鲫鱼生气变色说：'我失去了与我常在一起的水，没有容身的地方，得到斗升的水就可以活。你说这样的话，还不如早点到干鱼市场去找我呢！'"

【原文】

任公子为大钩巨缁，五十犗以为饵[①]，蹲乎会稽，投竿东海，旦旦而钓[②]，期年不得鱼[③]。已而大鱼食之[④]，牵巨钩铭没而下[⑤]，骛扬而奋鬐[⑥]，白波若山，海水震荡，声侔鬼神[⑦]，惮赫千里[⑧]。任公子得若鱼，离而腊之[⑨]，自制河以东，苍梧已北，莫不厌若鱼者[⑩]。已而后世辁才讽说之徒[⑪]，皆惊而相告也。夫揭竿累[⑫]，趣灌渎[⑬]，守鲵鲋，其于得大鱼难矣。饰小说以干悬令[⑭]，其于大达亦远矣[⑮]。是以未尝闻任氏之风俗[⑯]，其不可与经于世亦远矣[⑰]。

【注释】

①犗（xiá）：阉牛。②旦旦：天天。③期（jī）年：一周年。④已而：不久，以后。⑤铭：通"陷"，陷没。⑥骛（wù）：奔驰，乱驰，一本作"惊"。鬐（qí）：鱼脊、腹之鱼鳍。⑦侔（móu）：齐，同。⑧惮（dàn）：通"怛"，震撼。⑨离：剖开。⑩厌：通"餍"，饱食。⑪辁才：小才，才浅。辁，无辐的车轮。讽说：诵说，传说。⑫揭：举。累：细绳。⑬趣（qū）：通"趋"。灌渎：灌溉的小沟渠。⑭小说：闲言碎语。干悬令：求取高显的名声。⑮大达：显达。⑯风俗：传闻。⑰经于世：治理社会。

【译文】

任国公子做了个大鱼钩，系上粗大的黑绳，用五十头牛做钓饵，蹲在会稽山上，把钓竿投向东海，每天都这样钓鱼，整整一年，一条鱼也没钓到。不久大鱼食吞鱼饵，牵着巨大的钓钩，急速沉没海底，又迅急地扬起脊背腾身而起，掀起如山的白浪，海水剧烈震荡，吼声犹如鬼神，震惊千里之外。任公子钓得这样一条大鱼，将它剖开制成鱼干，从浙江以东，到苍梧以北，没有谁不饱食这条鱼的。后世那些浅薄之人和喜好品评议论之士，都大为吃惊而奔走相告。他们举着钓竿细绳，来到山沟小溪旁，守候小鱼上钩，至于想得到大鱼那就很难了。修饰浅薄的言辞以求得高显的美名，那就与通晓大道的境界相距太远了，因此说不曾了解过任公子有所大成的志趣，恐怕就不会善于治理天下，其间的差距也很远了。

【原文】

儒以诗礼发冢①。大儒胪传曰："东方作矣，事之何若？"

小儒曰："未解裙襦②，口中有珠。《诗》固有之曰：'青青之麦，生于陵陂③。生不布施④，死何含珠为！'"

"接其鬓⑤，压其颁，儒以金椎控其颐⑥，徐别其颊⑦，无伤口中珠！"

【注释】

①儒：儒生。发：发掘。冢（zhǒng）：坟墓。②襦（rú）：短上衣。③陵陂（bēi）：山坡。④布施：把财物施舍给别人。⑤接：抓。鬓：鬓发。⑥儒：疑是错字，应为"而"。金椎：金属做的锤子。控：敲打。颐（yí）：面颊。⑦徐：慢。别（biè）：别开，撬开。

【译文】

儒士用诗礼盗墓。大儒士从上向下传话说："东方亮了，事情办得怎么样了？"

小儒士说："还没解下衣裙，口中有珍珠。《诗》中有一首说：'青青的麦苗，生在山坡上，生时不施舍人，死后何必含珠。'"

"抓着他的鬓发，按着他的下巴，你用铁锤敲他的面颊，慢慢地撬开他的两颊，不要损伤了口中的珍珠。"

【原文】

老莱子之弟子出取薪，遇仲尼，反以告①，曰："有人于彼②，修上而趋下③，末偻而后耳，视若营四海④，不知其谁氏之子。"

老莱子曰："是丘也。召而来。"

仲尼至。曰："丘！去汝躬矜与汝容知⑤，斯为君子矣。"

仲尼揖而退，蹙然改容而问曰⑥："业可得进乎⑦？"

老莱子曰："夫不忍一世之伤而骜万世之患⑧，抑固窭邪⑨，亡其略弗及邪⑩？惠以欢为骜，终身之丑，中民之行进焉耳，相引以名，相结以隐⑪。与其誉尧而非桀，不如两忘而闭其所非誉。反无非伤也⑫，动无非邪也⑬。圣人踌躇以兴事⑭，以每成功。奈何哉其载焉终矜尔⑮！"

【注释】

①反：通“返”。②彼：那里。③修上：上身长。趋下：下身短小。④视：目光。营：充满。四海：指天下。⑤汝：你。躬矜：行为矜持。容知：智者的容貌。知，通“智”。⑥蹙（cù）然：局促不安的样子。⑦业：学业。⑧骜：通“傲”，轻视。⑨抑：抑或，还是。窭（jù）：陋，不足。⑩亡其：还是，或是。略：谋略。⑪隐：私。⑫反：反己，违反本性。⑬动：用世。⑭踌躇：不得已而为之。⑮载：从事，有意从事。

【译文】

老莱子的弟子外出打柴，遇上了孔丘，打柴归来告诉老莱子，说：“那里有个人，上身长下身短，脊背微曲而两耳后贴，目光四射，不知道他是什么人。”

老莱子说：“这个人是孔丘。快去叫他来见我。”

孔丘来了。老莱子说：“孔丘，去掉你仪态上的矜持和容颜上的机智之态，那就可以成为君子了。”

孔丘听后谦恭地作揖而退，面容顿改而心悸不安地问道：“我所追求的仁义之学可以修进并为世人所用吗？”

老莱子说：“不能忍受一世的伤害而轻视了后世的祸患，你是本来就孤陋蔽塞，还是才智不及呢？布施恩惠以博取欢心并因此自命不凡，这是终身的耻辱，是庸人的行为罢了，这样的人总是用名声来相互招引，用私利来相互勾结。与其称赞唐尧非议夏桀，不如把两种情况都遗忘而且放弃一切称誉。背逆事理与物性定会受到损伤，心性被搅乱就会邪念顿起。圣人顺应事理稳妥行事，因而总是事成功就。你为什么执意推行仁义而且以此自矜呢？”

【原文】

宋元君夜半而梦人被发窥阿门，曰：“予自宰路之渊①，予为清江使河伯之所②，渔者余且得予③。”

元君觉，使人占之④，曰：“此神龟也。”

君曰：“渔者有余且乎？”

左右曰：“有。”

君曰：“令余且会朝。”

明日，余且朝，君曰：“渔何得？”

对曰：“且之网得白龟焉，其圆五尺。”

君曰：“献若之龟。”

龟至，君再欲杀之，再欲活之，心疑，卜之，曰：“杀龟以卜吉。”乃刳龟⑤，七十二钻而无遗筴。

仲尼曰：“神龟能见梦于元君⑥，而不能避余且之网；知能七十二钻而无遗筴，不能避刳肠之患。如是，则知有所困，神有所不及也。虽有至知⑦，万人谋之。鱼不畏网而畏鹈鹕。去小知而大知明，去善而自善矣。婴儿生无石师而能言⑧，与能言者处也。”

【注释】

①宰路：渊名。②清江：江名。使：出使。河伯：河神。③余且：人名。④占：占卜。⑤刳（kū）：剖开而挖空。⑥见（xiàn）梦：托梦。⑦知：通“智”。⑧石师：大师。

【译文】

宋元君半夜梦见一个人披头散发地在侧门窥视，说：“我来自宰路之渊，我为清江出使到河伯那里去，打鱼人余且捉到了我。”

元君醒来，让人占卜这个梦，说：“这是神龟。”

元君说：“打鱼人有叫余且的吗？”

左右说：“有。”

元君说：“令余且来朝见。”

第二天，余且来朝，元君说：“你捕鱼得到了什么？”

回答说：“我网到了一个白龟，它圆五尺。”

元君说：“献上你的龟。”

龟献来，元君想杀它，又想养活它，心里犹豫，占卜它，说：“杀龟的卜卦吉。”于是剖开挖空龟，钻了七十二个孔而没有不应验的。

仲尼说：“神龟能托梦于元君，而不能逃避余且的网；其智慧能钻七十二孔而无不准确，却不能逃避剖肠的祸患。像这样，就是智慧有所困，神有所不能。即便有很高的智慧，也有上万人谋算他。鱼不怕网而怕鹈鹕。去除小智而大智明，去除善而自有善。婴儿生下来没有大师教导也能说话，因为他和会说话的人在一起。”

【原文】

惠子谓庄子曰：“子言无用。”

庄子曰：“知无用而始可与言用矣①。天地非不广且大也②，人之所用容足耳。然则厕足而垫之③，致黄泉④，人尚有用乎？”

惠子曰：“无用。”

庄子曰：“然则无用之为用也亦明矣。”

【注释】

①始：才。②天地：一本作“夫地”。③厕：通“侧”。④致：到。黄泉：本为地下水，又指人死葬地或阴间。

【译文】

惠子对庄子说：“你的言论没有用处。”

庄子说：“懂得没有用处方才能够跟他谈论有用。天地不能不说是既广且大了，人所用的只是脚能踩踏的一小块罢了。既然如此，那么只留下脚踩踏的一小块地方而把其余的全都挖掉，一直挖到黄泉，这块立足之地对人来说还有用吗？”

惠子说：“当然没有用处。”

庄子说："如此说来，没有用处的用处也就很明白了。"

【原文】

庄子曰："人有能游[①]，且得不游乎[②]？人而不能游，且得游乎？夫流遁之志[③]，决绝之行[④]，噫，其非至知厚德之任与[⑤]！覆坠而不反[⑥]，火驰而不顾[⑦]，虽相与为君臣[⑧]，时也[⑨]，易世而无以相贱。故曰至人不留行焉。

"夫尊古而卑今，学者之流也。且以狶韦氏之流观今之世，夫孰能不波[⑩]？唯至人乃能游于世而不僻[⑪]，顺人而不失己。彼教不学，承意不彼。

"目彻为明[⑫]，耳彻为聪，鼻彻为颤[⑬]，口彻为甘，心彻为知，知彻为德。凡道不欲壅[⑭]，壅则哽[⑮]，哽而不止则跈[⑯]，跈则众害生。物之有知者恃息[⑰]，其不殷[⑱]，非天之罪。天之穿之[⑲]，日夜无降[⑳]，人则顾塞其窦[㉑]。胞有重阆[㉒]，心有天游[㉓]。室无空虚，则妇姑勃谿；心无天游，则六凿相攘[㉔]。大林丘山之善于人也，亦神者不胜。

"德溢乎名，名溢乎暴，谋稽乎誸[㉕]，知出乎争，柴生乎守[㉖]，官事果乎众宜。春雨日时，草木怒生，铫鎒于是乎始修[㉗]，草木之到植者过半，而不知其然。"

【注释】

① 能游：能优游自乐。② 不游：不能自得自适。③ 流遁：流亡逃遁。④ 决绝：弃绝尘世。⑤ 至知：真智。厚德：大德。任：以天下为己任。⑥ 覆坠：陷落，沉溺。⑦ 火驰：火速奔逐。顾：返顾。⑧ 虽：即使。相与为君臣：相互调换君臣的位置。⑨ 时：一时间。⑩ 波：偏颇。⑪ 游于世：与世俗同游。僻：偏僻。⑫ 彻：通，贯通，透彻。下同。⑬ 颤（shàn）：通"膻"。⑭ 壅：壅阻，阻塞。⑮ 哽：哽咽，哽塞。⑯ 跈（zhěn）：通"抮"，违背。⑰ 息：天地自然的气息。⑱ 其：若，假使。殷：盛。⑲ 穿：通。⑳ 无降：无减。㉑ 顾：回看。窦：孔穴。㉒ 胞：胎胞。重：多。阆（làng）：空旷，空隙的地方。㉓ 天游：游天，游于自然。㉔ 六凿：六孔，指耳、目、口、鼻、身、意。相攘：相扰攘。㉕ 誸（xián）：急。㉖ 柴（zhài）：通"寨"，防守的篱障。㉗ 铫（yáo）鎒：除草的农具。

【译文】

庄子说："人若能随心而游，难道不会悠然自得吗？人假如不能随心而游，难道还能悠然自得吗？流荡忘返于外物的心思，顽固不化弃世孤高的行为，唉，恐怕不是真知厚德之人的行为吧！沉溺于世事而不知悔悟，心急如焚地追逐外物而不愿反顾，即使相互间有的为君有的为臣，也只是一时的事情，时世变化后就没有谁会认为自己地位低下了。所以说道德修养极高的人不会有偏执的行为。

"崇尚古代鄙薄当今，这是未能通达事理之人的观点。用儒墨之流的角度来观察当今的世事，谁能不产生偏颇之见呢？只有道德修养极高的人才能够混迹于世而不出现邪偏，顺随于众人之中却不会失却自己的真性。那些学者们的教条不值得学习，要承受真意而不认同他们的观点。

"眼光敏锐叫作明，耳朵灵敏叫作聪，鼻子灵敏叫作膻，口感灵敏叫作甘，心灵透彻叫作智，智慧通透叫作德。大凡道德总不希望有所壅塞，壅塞就会出现梗阻，梗阻而不能排除就会相互践踏，相互残踏各种祸害就会随之而起。物类有知觉靠的是气息，假如气息不盛，那么绝不是自然禀赋的过失。自然的真性贯穿万物，日夜不停，可是人们却反而堵塞自身的孔窍。腹腔有许多空旷之处，内心虚空便能顺应自然而自在游乐。屋里没有空间，婆媳之间就会争吵不休；内心不能游心于自然，那么各种官能就会相互搅扰。森林与山丘之所以适宜人，也是因为人们在这些地方心神舒畅。

“德行的外溢是由于名声，名声的外溢是由于张扬，谋略的产生是由于危急，才智的运用是由于争斗，闭塞的出现是由于执滞，官府事务处理果决是由于顺应了民众。春雨应时而降，草木勃然而生，于是开始整修锄地的农具，而过后草木倒生的仍有过半，但人们并不知道为什么会这样。”

【原文】

静然可以补病①，眦𡟰可以休老②，宁可以止遽③。虽然，若是④，劳者之务也⑤，佚者之所未尝过而问焉⑥。圣人之所以駴天下⑦，神人未尝过而问焉；贤人所以駴世，圣人未尝过而问焉；君子所以駴国，贤人未尝过而问焉；小人所以合时⑧，君子未尝过而问焉。

演门有亲死者，以善毁爵为官师⑨，其党人毁而死者半⑩。尧与许由天下，许由逃之；汤与务光⑪，务光怒之，纪他闻之，帅弟子而踆于窾水⑫，诸侯吊之，三年，申徒狄因以踣河。

荃者所以在鱼⑬，得鱼而忘荃⑭；蹄者所以在兔，得兔而忘蹄⑮；言者所以在意⑯，得意而忘言。吾安得夫忘言之人而与之言哉⑰！

【注释】

①静然：人静，心静的样子，一本“然”作“默”。②眦（zì）：眼角。𡟰（miè）：通“搣”，按摩，作“闭目养神”解实误。休老：养老。③宁：安宁，安定。遽：剧变。④若是：指以上三者。⑤劳者：劳神劳形。务：从事。⑥佚者：佚通“逸”，安闲的人。所：所为。⑦駴（xiè）：通“骇”，惊骇，震动。⑧合时：顺应时令。⑨毁：哀毁。爵：封爵。官师：官长。⑩党人：是党中的人，五百家为党。⑪务光：夏朝的贤人，汤伐桀得胜后把帝位让给务光，务光不接受，自沉于庐水。⑫帅：带领。踆（cún）：通“遁”，隐。窾水：地名。⑬荃：诸本多作“筌”，捕鱼工具。⑭忘：遗忘。下同。⑮蹄：捕兔的网。⑯言：语言。意：思想意识。⑰安：怎么，哪里。

【译文】

心静可以调养病体，按摩可以延缓衰老，宁定可以平息急躁。虽然如此，乃是劳神劳形的人所要做的，闲逸的人却从不予以过问。圣人用来惊动天下的办法，神人不曾过问；贤人用来惊动时世的办法，圣人不曾过问；君子用来惊动国人的办法，贤人不曾过问；小人用来苟合于一时的办法，君子也不曾过问。

演门有个死了亲人的人，由于善于哀伤毁容而被封为官师，他的同乡仿效他也消瘦毁容却死了过半。尧要禅让天下给许由，许由因而逃到山中；商汤想把天下禅让给务光，务光大发脾气；纪他知道了这件事，率领弟子隐居在窾水一带，诸侯纷纷前往慰问，过了三年，申徒狄仰慕其名而投河自溺。

竹笼是用来捕鱼的，捕到鱼后就忘掉了竹笼；兔网是用来捕兔的，捕到兔子后就忘掉了兔网；言语是用来表达思想的，领会了意思就忘掉了言语。我到哪里能找到忘掉言语的人而跟他交谈呢！

寓言

【题解】

本篇阐述了寓言、重言、卮言的作用、特点及其运用的原因，这都是庄子论述自己观点的重要手法。在寓言、重言、卮言三者之中，作者认为只有无言之言的卮言是最符合自然的，因为世上的一切“然于然”“可于可”“无物不然”“无物不可”，所以只有忘言，才有自然之理。而要达到这种境界，就要潜心修道。作者例举了五个寓言故事，说明修道要抛弃“勤志服知”之心，要“心无所悬”，要看破生死，要一切任之自然而不问其所以然，要态度谦虚，不可傲慢。这样就能达到与万物齐一，无所为，无所谓的至善境地。

【原文】

寓言十九①，重言十七②，卮言日出，和以天倪③。

寓言十九，藉外论之④。亲父不为其子媒。亲父誉之⑤，不若非其父者也；非吾罪也，人之罪也。与己同则应，不与己同则反；同于己为是之⑥，异于己为非之。

重言十七，所以已言也⑦，是为耆艾。年先矣⑧，而无经纬本末以期年耆者⑨，是非先也。人而无以先人，无人道也⑩；人而无人道，是之谓陈人⑪。

卮言日出，和以天倪，因以曼衍⑫，所以穷年⑬。不言则齐⑭，齐与言不齐，言与齐不齐也，故曰言无言。言无言，终身言，未尝言；终身不言，未尝不言。有自也而可⑮，有自也而不可；有自也而然，有自也而不然。恶乎然？然于然。恶乎不然，不然于不然。恶乎可？可于可。恶乎不可？不可于不可。物固有所然，物固有所可，无物不然，无物不可。非卮言日出，和以天倪，孰得其久！万物皆种也⑯，以不同形相禅⑰，始卒若环⑱，莫得其伦⑲，是谓天均。天均者，天倪也。

【注释】

①寓言：有所寓意的言论。十九：十分之九。②重言：借重先哲时贤的言论。③和：合。天倪：自然的分际。④藉：通“借”。外：外人，别人。⑤誉之：称赞儿子。⑥为：则。⑦已：止。⑧先：长。⑨经纬：纵横。本末：始终。经纬本末：合指知识见解。期：符合。⑩人道：为人之道。⑪陈人：陈腐的人。⑫曼衍：发挥。⑬穷：终。⑭齐：齐一，齐同。⑮有自也：有所由来。⑯种：种子。⑰禅（shàn）：传接。⑱始卒：始终。⑲伦：端倪。

【译文】

有寓意的言论占十分之九，借重先贤的言论占十分之七，无心的言论天天讲，合乎自然的边际。

寓言十分之九,借别人来论说。亲生父亲不为自己的儿子做媒。亲生父亲称赞儿子，不如不是他父亲的人的赞美；不是自己的过错，而是别人的过错。和自己意见相同就应和，不和自己相同就反对；同于自己的意见就肯定它，不同于自己的意见就否定它。

重言十分之七，所用的自己的言论，是年长者的言论。年长了，而没有知识见解符合年长者的身份，这不算是年长。做人不能为人之长，就没有做人的道理。做人没有做人的道理，就叫作陈腐的人。

卮言天天讲，合乎自然的边际，因此发挥，因而终年。不说话就齐一，这种齐一与说话不相同，说话与齐一无言也不相同，所以说，要发没有主观成见的言论。发出没有主观成见的言论，即使终身在说，也不一定是说；即使终身不说话，也不一定没有说。可有可的原因，不可有不可的原因，对有对的原因，不对有不对的原因。怎么是对呢？对就在于它对。怎么是不对呢？不对就在于它不对。怎么可以呢？可以就在于它可以。怎么不可以呢？不可以就在于它不可以。事物本来就有对的地方，事物本来就有可以之处；没有事物不对的，没有事物不可以的。不是卮言天天讲，合乎自然，谁能得到这种恒久呢？万物都是种子，以不同的形态相传接，由始自终像一个圆环，没有端倪，这就叫自然的均衡。自然的均衡就是自然的边际。

【原文】

庄于谓惠子曰：“孔子行年六十而六十化，始时所是，卒而非之，未知今之所谓是之非五十九年非也。”

惠子曰：“孔子勤志服知也①。”

庄子曰：“孔子谢之矣②，而其未之尝言。孔子云：‘夫受才乎大本③，复灵以生④。鸣而当律⑤，言而当法⑥。利义陈乎前⑦，而好恶是非直服人之口而已矣⑧。使人乃以心服，而不敢蘁立⑨，定天下之定。’已乎已乎！吾且不得及彼乎⑩！”

【注释】

① 勤志：勤行励志。服：役使心智。② 谢之：犹“过之”。③ 大本：指天道。④ 复灵：复为恢复，灵为灵善。生：生气。⑤ 鸣：声。而：通“则”。当（dàng）：符合。律：乐律。⑥ 法：礼法。⑦ 陈：摆。⑧ 直：只是。⑨ 蘁（wù）：违逆。⑩ 彼：指孔子。

【译文】

庄子对惠子说：“孔子活了六十岁而六十年来与时俱化，当初所肯定的，最终又作了否定，不知道现今所认为是对的，不就是五十九岁时所认为是不对的。”

惠子说：“孔子勤于励志用智学习。”

庄子说：“孔子励志用智的精神已经大为减退，不再妄自多言了。孔子说过：‘禀受才智于自然，回复灵性以全生。发出的声音合于音律，说出的话语合于法度。利与义同时陈列于人们的面前，进而分辨好恶与是非，仅仅只能使人口服罢了。要使人们能够内心诚服，而且不敢违逆，还得确立天下的定规。'算了算了，我还比不上他呢！"

【原文】

曾子再仕而心再化，曰："吾及亲仕，三釜而心乐；后仕，三千钟而不洎亲[①]，吾心悲。"

弟子问于仲尼曰："若参者，可谓无所县其罪乎[②]？"

曰："既已县矣。夫无所县者，可以有哀乎？彼视三釜三千钟[③]，如观鸟雀蚊虻相过乎前也。"

【注释】

①钟：古代量器，六斛四斗为一钟。三千钟，说明官位很高。洎（jì）：及。②县其罪：指心受利禄牵制的过错。县，通"悬"，系。③彼：指无心利禄的人。

【译文】

曾子再做官时心境又有变化，说："我在父母双亲在世时做官，三釜的俸禄而心里很高兴。后来做官，有三千钟的俸禄但不能奉养双亲，我心里很悲伤。"

弟子问孔子说："像曾参那样，可以说是没有内心受到利禄牵制的过错了吧？"

孔子说："还是已经悬系了。如果没有悬系，还会有悲伤吗？那些无心利禄的人看三釜、三千钟，就像看鸟雀蚊虻飞过面前一样。"

【原文】

颜成子游谓东郭子綦曰："自吾闻子之言，一年而野[①]，二年而从[②]，三年而通[③]，四年而物[④]，五年而来[⑤]，六年而鬼入[⑥]，七年而天成[⑦]，八年而不知死，不知生[⑧]，九年而大妙[⑨]。"

生有为，死也。劝公[⑩]，以其死也，有自也[⑪]；而生阳也[⑫]，无自也。而果然乎？恶乎其所适[⑬]？恶乎其所不适？天有历数[⑭]，地有人据[⑮]，吾恶乎求之？莫知其所终[⑯]，若之何其无命也？莫知其所始[⑰]，若之何其有命也？有以相应也[⑱]，若之何其无鬼邪？无以相应也，若之何其有鬼邪？

【注释】

①野：质朴。②从：顺从。③通：通于一，通达为一。④物：物化，与物混同。⑤来：神明大来。⑥鬼入：神会理物。⑦天成：合于自然，独成其天。⑧不知死，不知生：进入不死不生的境界，生死齐一。⑨大妙：大道的神妙。⑩劝：劝勉。公：天道，即"道通为一"的一。⑪自：由，因。⑫生：生长，生成。阳：阳气。⑬恶（wū）：何。适：适意。⑭历数：季节与节气。⑮人据：人所占据之地，有鬼无鬼之论。⑯终：指死。⑰始：指生。⑱以：与之。相应：相感应。

【译文】

颜成子游对东郭子綦说："自从我听了你的话，一年之后就返归质朴，两年之后就顺从世俗，三年豁然贯通，四年与物混同，五年神情自得，六年灵会神悟，七年融于自然，八年就忘却生死，九年之后便达到了玄妙的境界。"

生前驰逐外物恣意妄为，必然要走向死亡，劝诫人们生命的终结，一定有它的原因；而生命的产生却是感于阳气，并没有什么显明的迹象。果真能够这样认识吗？那么生与死何处算是适宜？何处又算是不适宜呢？天有四季节气的变化，地有人们居住区域的划分，我又去哪里追求什么呢？没有人能够真正懂得生命的终归，怎么能说没有命运安排？没有人能够真正懂得生命的起始，又怎么能说存在命运的安排？有时候可以跟外物形成相应的感召，怎么能说没有鬼神主使呢？有时候又不能跟外物形成相应的感召，又怎么能说存在鬼神的驱遣呢？

【原文】

众罔两问于景曰①："若向也俯②，而今也仰；向也括③，而今也被发④；向也坐，而今也起；向也行，而今也止。何也？"

景曰："搜搜也⑤，奚稍问也⑥！予有而不知其所以⑦。予，蜩甲也⑧？蛇蜕也？似之而非也。火与日，吾屯也⑨；阴与夜，吾代也⑩。彼⑪，吾所以有待邪？而况乎以无有待者乎！彼来则我与之来，彼往则我与之往，彼强阳则我与之强阳。强阳者，又何以有问乎！"

【注释】

①罔两：影子外的暗影。景：通"影"。②若：你。向：以前，过去。俯：低头。③括：指束发。④被：通"披"。⑤搜搜："区区"的意思。⑥奚：何。稍：借作"屑"。⑦予：我。⑧蜩（tiáo）甲：蝉蜕。蜩，蝉。⑨屯：聚。⑩代：谢，消失。⑪彼：指火与日，阴与夜。

【译文】

众多影子的暗影向影子说："你以前是低头，现在是仰头；以前是束发，现在是披发；以前是坐着，现在是站起；以前是行走，现在是停止。为什么呢？"

影子说："区区小事，何屑于问呢！我有变化而不知为什么这样。我是蝉蜕吗？是蛇皮吗？好像是而又不是。有火光和日光时，我就聚现；阴暗和夜晚时，我就消失了。它们是我所依赖的吗？何况哪有依赖的东西呢！它们来我就随之来，它们去我就随之去，它们运动我就随之运动。运动，又有什么可问的呢！"

【原文】

阳子居南之沛，老聃西游于秦①，邀于郊②，至于梁，而遇老子。老子中道仰天而叹曰："始以汝为可教，今不可也。"

阳子居不答。至舍，进盥漱巾栉③，脱屦户外④，膝行而前⑤，曰："向者弟子欲请夫子，夫子行不闲⑥，是以不敢。今闲矣，请问其过。"

老子曰："而睢睢盱盱⑦，而谁与居⑧？大白若辱，盛德若不足。"

阳子居蹴然变容曰⑨："敬闻命矣⑩！"其往也，舍者迎将其家⑪，公执席，妻执巾栉，舍者避席，炀者避灶⑫。其反也⑬，舍者与之争席矣。

【注释】

①秦：秦国。②邀：通"要"，约定。③盥（guàn）：洗脸，洗手。漱：漱口。巾：毛巾。栉（zhì）：梳子。④屦（jù）：葛麻做的鞋子。⑤膝行：跪着走，表示尊敬。⑥闲：同"闲"。⑦睢（suī）睢：仰目而视，骄傲。一本作"睢睢"。盱（xū）盱：张目而视，亦指傲慢。⑧居：相处。⑨蹴然：紧迫的样子。蹴（cù），通"蹙"。⑩命：教。⑪迎将：迎送。家：旅店。⑫炀（yáng）：烘，炙，烤火。⑬其反：送老子走后再来时。反，通"返"。

【译文】

阳子居往南到沛地去，正巧老子到西边的秦地闲游，约好在郊外见面，可是到了梁城方才见到老子。老子在半路上仰天长叹说："当初我把你看作是可以教诲的人，如今看来你是不可受教的。"

阳子居一句话也没说。到了旅店，阳子居奉上各种盥洗用具，把鞋子脱在门外，跪着上前说道："刚才弟子正想请教先生，正赶上先生旅途中没有空闲，所以不敢冒然。如今先生闲暇下来，恳请先生指出我的过错。"

老聃说："你仰头张目傲慢跋扈，你还能够跟谁相处？最洁白的好像总觉得有什么污垢，德行最为高尚的好像总觉得有什么不足之处。"

阳子居听了脸色大变，羞惭不安地说："弟子由衷地接受先生的教导。"阳子居刚来旅店的时候，店里的客人都得迎来送往，那个旅舍的男主人亲自为他安排坐席，女主人亲手拿着毛巾梳子侍候他盥洗，旅客们见了他都得让出座位，烤火的人见了也就远离炉灶。等到他再次回到旅店的时候，旅店的客人已经无拘无束地跟他争席而坐了。

让王

【题解】

"让王"，是辞让王位的意思。在本篇中，作者讲述了一系列辞让的故事，用以阐明其轻物养生、安贫乐道、洁身自好的思想。在"尧以天下让许由""大王亶父居邠""越人三世弑其君""韩魏相与争侵地"等段落中，作者提出"道之真以治身，其诸余为国家，其土苴以治天下"的观点，说明为权和利而危害身心，是一种不明轻重、本末倒置的表现。通过颜阖、列子、屠羊说、颜回等人不受接济、辞谢奖赏、拒绝为官的事例，作者宣扬了得道者的安贫乐道，又通过原宪、曾子、孔子等人在穷困境地中不同凡俗的表现，表明"养志者忘形，养形者忘利，致道者忘心"。最后以北人无择、卞随、瞀光、伯夷、叔齐等宁死不参与政事的故事，说明对无道的社会、不义的君主，应洁身自好，不能同流合污，表现出作者对当时政治的强烈不满。

【原文】

尧以天下让许由，许由不受。又让于子州支父，子州支父曰：“以我为天子，犹之可也[①]。虽然，我适有幽忧之病[②]，方且治之[③]，未暇治天下也[④]。”夫天下至重也，而不以害其生[⑤]，又况他物乎！唯无以天下为者，可以托天下也。

舜让天下于子州支伯。子州支伯曰：“予适有幽忧之病，方且治之，未暇治天下也。”故天下大器也，而不以易生[⑥]，此有道者之所以异乎俗者也。

舜以天下让善卷，善卷曰：“余立于宇宙之中[⑦]，冬日衣皮毛，夏日衣葛絺[⑧]；春耕种，形足以劳动；秋收敛，身足以休食；日出而作，日入而息，逍遥于天地之间而心意自得。吾何以天下为哉！悲夫，子之不知余也！”遂不受。于是去而入深山，莫知其处。

舜以天下让其友石户之农[⑨]，石户之农曰：“捲捲乎后之为人[⑩]，葆力之士也[⑪]！”以舜之德为未至也，于是夫负妻戴[⑫]，携子以入于海[⑬]，终身不反也[⑭]。

【注释】

① 犹：还。② 适：刚才。幽忧：隐忧。病：患。③ 方：刚。治：治疗，医治。④ 未暇：没有闲暇。⑤ 生：性。⑥ 易：改换，改变。生：性。⑦ 余：我。⑧ 葛絺（chī）：细葛布。㉑ 石户：地名。农：农民。⑩ 捲（quán）捲：同“卷卷”，用力的样子。⑪ 葆（bǎo）：也作“保”，勤苦用力。⑫ 负：背着。戴：顶着。⑬ 入于海：隐居海上。⑭ 反：通“返”。

【译文】

尧把天下让给许由，许由不接受。又让给子州支父，子州支父说：“让我来做天子，也是可以的。不过，我正患有隐忧的病症，正打算认真治疗，没有空闲时间来治理天下。”统治天下是地位最高、权力最重的了，却不能因此而妨碍自己的生命，更何况是其他的事物呢？只有忘却天下而无所作为的人，才可以把统治天下的重任托付给他。

舜让天下给子州支伯，子州支伯说：“我正患有隐忧的病症，正打算认真治疗，没有空闲时间来治理天下。”因此，天下应当是最为贵重的大器物了，可是不能用它来替代生命，这就是有道之人对待天下跟世俗中人不一样的地方。

舜要把天下让给善卷，善卷说：“我身处宇宙之中，冬天穿厚实的皮毛，夏天穿细细的葛布；春天下地耕种，身体能够承受这样的劳作；秋天收割粮食，完全能够满足给养；太阳升起时就下地劳动，太阳下山了就回家休息，无拘无束地生活在天地之间，心情快活而悠然自得。我何必去统治天下呢！可悲啊，你真不了解我！”因而就没有接受。于是善卷离开了家而隐居深山，没有人知道他的去向。

舜要把天下让给他的朋友、石户的一位农夫，石户的这位农夫说：“国君的为人实在是尽心尽力了，真是个勤苦劳累的人！”他认为舜的德行还未能达到最高的境界，于是夫妻二人背驮肩扛着家当，带着子女隐居在海上的荒岛，终身没有返回。

【原文】

大王亶父居邠，狄人攻之；事之以皮帛而不受[①]，事之以犬马而不受，事之以珠玉而不受，狄人之所求者土地也。大王亶父曰：“与人之兄居而杀其弟[②]，与人之父居而杀其子，吾不忍也。子皆勉居矣[③]！为吾臣与为狄人臣奚以异[④]！且吾闻之：'不以所用养害所养[⑤]。'"因杖筴而去之[⑥]，民相连而从之，遂成国于岐山之下[⑦]。夫大王亶父，可谓能尊生矣[⑧]。能尊生者，虽贵富不以养伤身[⑨]，虽贫贱不以利累形[⑩]。今世之人居高官尊爵者，皆重失之[⑪]，见利轻亡其身[⑫]，岂不惑哉[⑬]！

【注释】

①事：侍奉。皮帛：毛皮和布帛。②居：住在一起。③子：你们，指臣民。勉居：勉强留下。④奚：什么。异：不同。⑤所用养：指土地。所养：指人，即臣民。⑥杖筴：执鞭。杖，通"仗"，执，持。筴，同"策"，马鞭。⑦岐山：山名，在今陕西岐山县东北六十里，今名箭括岭，亦称箭括山。⑧尊生：贵生。⑨以：因。养：供养。⑩累形：牵累形体。⑪重：重视。失：失掉。之：指高官尊爵。⑫轻：轻易。亡：伤亡。⑬惑：迷惑，糊涂。

【译文】

大王亶父居住在邠地，狄人前来攻打，敬献兽皮和布帛狄人不接受，敬献猎犬和马匹狄人也不接受，敬献珠宝和玉器狄人仍不接受，狄人所希望得到的是邠地的土地。大王亶父说："跟别人的兄长住在一起却杀死他的弟弟，跟别人的父亲住在一起却杀死他的子女，我不忍心这样做。你们都去和狄人勉强居住在一块儿吧！做我的臣民跟做狄人的臣民有什么不同！而且我还听说，不要为争夺用以养育百姓的土地而伤害养育的百姓。"于是拿起马鞭离开了邠地。邠地的百姓推着车跟随他，在岐山之下建立起一个新的国家。大王亶父，可以说是最能珍重生命的了。能够珍视生命的人，即使富贵也不会贪恋俸养而伤害身体，即使贫贱同样也不会追逐私利而累害形体。当今世上的人们，居于高官显位的，都非常看重并担忧失去它们，见到利禄就轻率地为之丧失自己的生命，这难道不很糊涂吗？

【原文】

越人三世弑其君，王子搜患之，逃乎丹穴[①]。而越国无君，求王子搜不得，从之丹穴。王子搜不肯出，越人熏之以艾[②]。乘以王舆[③]。王子搜援绥登车[④]，仰天而呼曰："君乎，君乎，独不可以舍我乎！"王子搜非恶为君也，恶为君之患也。若王子搜者，可谓不以国伤生矣！此固越人之所欲得为君也。

【注释】

①丹穴：山洞名。一说为南山洞。②熏之以艾：用艾蒿烟熏丹穴。③王舆：王或作"玉"，玉舆，亦称玉辂、玉辇，国君坐的车子。④援：拉，攀。绥：上车时拉的绳子、拉手。

【译文】

越人先后杀掉自己的三代国君，王子搜对此十分忧患，逃到丹穴里去。越国没有了君主，到处找寻王子搜都没能找到，便追踪来到洞穴。王子搜不肯出洞，越人便点燃艾草用烟薰，还为他准备了国王的乘舆。王子搜拉过登车的绳索，仰天大呼说："国君之位啊，就是不能够放过我啊！"王子搜并不是讨厌做国君，而是憎恶做了国君难免会招来杀身的祸患。像王子搜这样的人，可说是不以国君之位而伤害自己生命的了，这正是越人一心想要让他做国君的原因。

【原文】

韩魏相与争侵地①。子华子见昭僖侯②，昭僖侯有忧色。子华子曰："今使天下书铭于君之前③，书之言曰：'左手攫之则右手废④，右手攫之则左手废，然而攫之者必有天下。'君能攫之乎？"

昭僖侯曰："寡人不攫也。"

子华子曰："甚善！自是观之，两臂重于天下也，身又重于两臂⑤。韩之轻于天下亦远矣，今之所争者，其轻于韩又远。君固愁身伤生以忧戚之不得也！"僖侯曰："善哉！教寡人者众矣，未尝得闻此言也。"子华子可谓知轻重矣。

【注释】

①韩：韩国。魏：魏国。侵地：侵夺地盘。②子华子：华子，道家学派的学者，魏国的贤人。昭僖侯：指昭侯，韩国的国君。③铭：誓约。④攫（jué）：取，夺。废：废弃，砍掉。⑤又：或作"亦"。

【译文】

韩国和魏国相互争夺侵占土地。子华子拜见昭僖侯，昭僖侯正面带忧色。子华子说："如今让天下所有人都来到您面前写下誓约，誓约写道：'左手抓取东西那么右手就砍掉，右手抓取东西那么左手就砍掉，不过抓取东西的人一定会拥有天下。'君侯会抓取吗？"

昭僖侯说："我是不会去抓取的。"

子华子说："很好！这样说来，两只手臂比天下更为重要，而身体又比两只手臂重要。韩国比起整个天下轻微多了，如今两国所争夺的土地，比起韩国来又轻微得多。您又何苦愁坏身体、损害生命而担忧得不到土地呢！"昭僖侯说："好啊！劝导我的人很多，却不曾听到过如此高明的言论。"子华子可以称得上是懂得轻重了。

【原文】

鲁君闻颜阖得道之人也，使人以币先焉①。颜阖守陋闾②，苴布之衣而自饭牛③。鲁君之使者至，颜阖自对之④。使者曰："此颜阖之家与？"颜阖对曰："此阖之家也。"使者至币，颜阖对曰："恐听谬而遗使者罪⑤，不若审之⑥。"使者还，反审之，复来求之，则不得已⑦。故若颜阖者，真恶富贵也。

故曰，道之真以治身，其绪余以为国家⑧，其土苴以治天下。由此观之，帝王之功，圣人之余事也，非所以完身养生也。今世俗之君子，多危身弃生以殉物，岂不悲哉！

凡圣人之动作也，必察其所以之与其所以为⑨。今且有人于此⑩，以随侯之珠弹千仞之雀⑪，世必笑之。是何也？则其所用者重而所要者轻也。夫生者，岂特随侯之重哉⑫！

【注释】

①币：币帛，一说赠物。先焉：先通其意。②守：居，住。陋闾：穷巷。③苴（jū）布：

粗麻布。饭牛：喂牛。④对：应对，接待。⑤遗（wèi）：给。⑥审：审核，复查。之：指鲁君的命令。⑦已：通“矣”。⑧绪余：残余。⑨所以之：所追求的目的。之，往。⑩今且：假设之辞。⑪随侯之珠：古代的名珠，因被随国国君得到而得名。⑫特：但。随侯：指随侯之珠。

【译文】

鲁国国君听说颜阖是得道之人，派人带着币帛先去致意。颜阖居住在穷巷中，穿着粗麻布的衣服自己喂牛。鲁国国君的使者到了，颜阖亲自接待他。使者说：“这是颜阖的家吗？”颜阖回答说：“这就是颜阖的家。”使者送上币帛，颜阖回答说：“恐怕听错了而给你带来罪过，不如再审核一下鲁君的命令。”使者返还，反复审核，再来找他，就找不到了。所以像颜阖这样的人，真是厌恶富贵。

所以说，道的本质用来修身，它的残余用来治理国家，它的无用的土渣可以用来治理天下。由此看来，帝王的功业是圣人的余事，并不是用来完身养生的。现在世俗的君子，多是危害身体抛弃生命为物欲牺牲，岂不是可悲吗？

凡是圣人的行为，必定察看他所追求的目的以及他所以这样做的原因。现在假如有人在这里，用随侯之宝珠弹射千仞高的雀鸟，世上的人必定嘲笑他，这是为什么呢？这是因为他所用的贵重而所得到的轻贱。生命，岂像随侯的宝珠那样贵重呢！

【原文】

子列子穷①，容貌有饥色②。客有言之于郑子阳者，曰：“列御寇，盖有道之士也，居君之国而穷③，君无乃为不好士乎④？”郑子阳即令官遗之粟⑤。子列子见使者，再拜而辞⑥。

使者去，子列子入，其妻望之而拊心曰⑦：“妾闻为有道者之妻子，皆得佚乐⑧，今有饥色。君过而遗先生食⑨，先生不受，岂不命邪！”

子列子笑，谓之曰：“君非自知我也。以人之言而遗我粟，至其罪我也又且以人之言⑩，此吾所以不受也。”其卒，民果作难而杀子阳。

【注释】

①穷：穷困，困难。②容貌有饥色：穷困到极点，饥饿的颜色已表现在面貌上。③君：你，指子阳。④好士：爱好人才，重视人才。好（hào），爱好。⑤遗（wèi）：送，给与。⑥辞：辞退，辞谢，不接受。⑦拊心：搥胸，表示愤惋。拊（fǔ），拍，击，搥。⑧佚乐：安逸享乐。佚，通“逸”。⑨君：指子阳。过：过问。⑩至：等到。

【译文】

列子生活贫困，面容常有饥色。有人对郑国的相国子阳说起这件事：“列御寇是一位有道的人，住在你的国家却如此贫困，你恐怕不是很重视人才吧？”子阳立即派官吏送给列子粮食。列子见到派来的官吏，再三辞谢不接受子阳的赐予。

官吏离去后，列子走进屋里，列子的妻子埋怨他，拍着胸脯伤心地说：“我听说作为有道的人的妻子儿女，都能够享受安逸快乐，可是如今我们却面有饥色。郑相子阳过问此事并赠送食物给先生，先生却不接受，难道是命里注定要忍饥挨饿吗！”

列子笑着对她说：“郑相子阳自己并不了解我，而是听别人说才赠送我粮食的，等到他要加罪于我时，也会听信别人的话，这就是我不接受的原因。”后来，百姓果然发难而杀死了子阳。

【原文】

楚昭王失国，屠羊说走而从于昭王①。昭王反国，将赏从者，及屠羊说，屠羊说曰：“大王失国，说失屠羊。大王反国，说亦反屠羊。臣之爵禄已复矣，又何赏之有？”

王曰：“强之②！”

屠羊说曰：“大王失国，非臣之罪，故不敢伏其诛③，大王反国，非臣之功，故不敢当其赏。”

王曰：“见之④！”

屠羊说曰：“楚国之法，必有重赏大功而后得见，今臣之知不足以存国而勇不足以死寇。吴军入郢，说畏难而避寇，非故随大王也。今大王欲废法毁约而见说，此非臣之所以闻于天下也。”

王谓司马子綦曰：“屠羊说居处卑贱而陈义甚高⑤，子綦为我延之以三旌之位⑥。”

屠羊说曰：“夫三旌之位，吾知其贵于屠羊之肆也⑦；万钟之禄⑧，吾知其富于屠羊之利也。然岂可以贪爵禄而使吾君有妄施之名乎⑨！说不敢当，愿复反吾屠羊之肆。”遂不受也。

【注释】

①屠羊：宰羊人。说：通“悦”，屠羊者名字。②强（qiǎng）之：强令他受赏。③伏其诛：甘心受诛杀。④见（xiàn）之：引见他。⑤陈义：讲道理。⑥延：引而上进，提拔。三旌之位：三卿之位。⑦肆：市，买卖。⑧万钟之禄：卿的俸禄为万钟。⑨妄施：随便行赏。

【译文】

楚昭王失去国土，屠羊说跟着昭王出逃。昭王返国，要奖赏跟从的人，赏到屠羊说时，屠羊说说：“大王失去国土，我失去了宰羊的工作。大国回国，我也回来宰羊。我的爵禄已经恢复了，又有什么可奖赏的呢？”

昭王说：“强令赏他！”

屠羊说说：“大王失去国土，不是我的罪过，所以不敢甘心受诛杀；大王回国，不是我的功劳，所以不敢承当奖赏。”

昭王说：“让他来见我！”

屠羊说：“楚国的法律，一定要有重赏大功而后才能见国王，现在我的智慧不足以保存国家，勇敢不足以杀死敌寇。吴国的军队侵入郢都，我畏惧危难而逃避敌寇，并不是有意跟随大王。现在大王要废法毁约而召见我，这不是我要传闻于天下的事。”

昭王对司马子綦说：“屠羊说身处卑贱之位而讲述的道理非常高明，你替我提拔他到三卿之位。”

屠羊说说：“三卿之位，我知道它比宰羊的买卖高贵；万钟的俸禄，我知道它比宰羊的得利丰厚。然而我岂能贪图爵禄而使我的国君有随意行赏的名声呢？我不敢当，愿意返回我宰羊的地方。”于是没有接受。

【原文】

原宪居鲁，环堵之室①，茨以生草②；蓬户不完，桑以为枢③；而瓮牖二室④，褐以为塞⑤；上漏下湿，匡坐而弦歌⑥。

子贡乘大马，中绀而表素⑦，轩车不容巷⑧，往见原宪。原宪华冠縰履，杖藜而应门。

子贡曰：“嘻！先生何病？”

原宪应之曰：“宪闻之，无财谓之贫，学而不能行谓之病。今宪贫也，非病也。”

子贡逡巡而有愧色⑨。

原宪笑曰：“夫希世而行⑩，比周而友⑪，学以为人，教以为己，仁义之慝⑫，舆马之饰⑬，宪不忍为也。”

【注释】

①环堵：一丈为堵。环堵即室之四周墙各一丈。②茨：房盖。草：青草。③“蓬户”二句：蓬户：蓬草编的门户。桑：桑条。枢：门轴。④瓮牖：简陋的窗户。⑤褐：粗布衣服，一说毡。塞：蔽。⑥匡坐：正坐。弦歌：边弹琴边诵诗歌。⑦中绀（gàn）：里边穿青红色衣服。表素：外面穿白色衣服。⑧轩车：古代大夫乘的车。不容巷：车大巷小不容出入。⑨逡巡：进退不得，进也不是退也不是。⑩希世而行：观望世俗的好恶而行事。希，通“睎”，观望。⑪比周：结党营私。⑫慝（tè）：奸邪。⑬饰：装饰。

【译文】

原宪住在鲁国，家居方丈小屋，盖着新割下的青草；蓬草编成的门四处透光，折断桑条作为门轴，用破瓮做窗隔出两个居室，再将粗布衣堵在破瓮口上；屋子上漏下湿，而原宪却端端正正地坐着弹琴唱歌。

子贡驾着高头大马，穿着青红色的内衣，外罩素雅的大褂，巷子容不下高大华贵的马车，前去看望原宪。原宪戴着破旧的帽子穿着破了后跟的鞋，拄着藜杖应声开门。

子贡说：“哎呀！先生得了什么病吗？”

原宪回答：“我听说，没有财物叫作贫，学习了却不能付诸实践叫作病。如今我原宪，是贫困，而不是生病。”

子贡听了进退不得，面有羞愧之色。

原宪又笑着说：“观望世俗而行事，结党营私而交结朋友，勤奋学习用以求取别人的夸赞，教导他人是为了炫耀自己，用仁义作为奸恶勾当的掩饰，讲求高车大马的华贵装饰，这样的事情我是不愿去做的。”

【原文】

曾子居卫，缊袍无表[①]，颜色肿哙[②]，手足胼胝[③]。三日不举火[④]，十年不制衣，正冠而缨绝[⑤]，捉衿而肘见[⑥]，纳屦而踵决[⑦]，曳縰而歌《商颂》[⑧]，声满天地，若出金石。天子不得臣，诸侯不得友。故养志者忘形，养形者忘利，致道者忘心矣。

【注释】

①缊（yùn）袍：用麻絮充丝棉做的袍子。无表：没有外罩。②肿哙（kuài）：浮肿，肿而有病色。③胼胝（pián zhī）：老趼。④不举火：不举烟火，指不做饭。⑤冠：帽子。缨：帽缨子。绝：断绝。⑥捉：抓、拉。衿：领子。见：通“现”，露。⑦纳屦（jù）：穿的麻鞋。踵决：后跟裂开。⑧曳縰：拖拉着鞋。曳，拖。

【译文】

曾子居住在卫国，用乱麻充做絮里的袍子没有外罩，破破烂烂，满脸浮肿，手和脚都磨出了厚厚的老茧。他三天没有生火做饭，十年没有添制新衣，整理帽子帽带就会断掉，提起衣襟臂肘就会外露，穿着麻鞋而后跟裂开。他还拖拉着旧鞋吟咏《商颂》，声音洪亮充满天地，就像金石乐器发出的声响。天子不能把他当作臣仆，诸侯不能跟他结交为友。所以，修养心志的人能够忘却形体，调养身形的人能够忘却利禄，得道的人能够忘却心机智巧。

【原文】

孔子谓颜回曰：“回，来！家贫居卑[①]，胡不仕乎[②]？”

颜回对曰：“不愿仕。回有郭外之田五十亩[③]，足以给饘粥[④]；郭内之田十亩[⑤]，足以为丝麻；鼓琴足以自娱；所学夫子之道者足以自乐也。回不愿仕。”

孔子愀然变容[⑥]，曰：“善哉，回之意！丘闻之：‘知足者，不以利自累也；审自得者[⑦]，失之而不惧；行修于内者，无位而不怍[⑧]。’丘诵之久矣，今于回而后见之，是丘之得也[⑨]。”

【注释】

①居卑：地位卑下贫贱。②胡：何。仕：做官。③郭：外城。④给：供给。饘（zhān）粥：黏粥，稠粥。⑤郭内：城内。⑥愀（qiǎo）然：神色改变的样子。一本作“欣然”。⑦审自得者：审视自己得失清楚的人。⑧无位：没有官位。不怍（zuò）：不惭愧。⑨得：获得，收获。

【译文】

孔子对颜回说：“颜回，你过来！你家境贫寒处境卑微，为什么不出去做官呢？”

颜回回答说：“我不愿做官，城郭之外我有五十亩地，足以供给我稠粥；城郭之内我有十亩地，足够用来种麻养蚕；弹琴足以使我欢娱，学习先生所教给的道理足以使我快乐。因此我不愿做官。”

孔子听了神色改变，说："好啊，颜回的心愿！我听说：'知道满足的人不会因为利禄而使自己受到牵累，真正安闲自得的人遭受损失也不会忧郁焦虑，注意内心修养的人没有官职也不会因此惭愧。'我诵读这样的话已经很久了，如今在你身上才算真正看到了它，这是我的收获啊。"

【原文】

中山公子牟谓瞻子曰："身在江海之上①，心居乎魏阙之下②，奈何？"

瞻子曰："重生③。重生则轻利。"

中山公子牟曰："虽知之，未能自胜也④。"

瞻子曰："不能自胜则从之⑤，神无恶乎⑥？不能自胜而强不从者，此之谓重伤⑦。重伤之人，无寿类矣。"

魏牟，万乘之公子也⑧，其隐岩穴也，难为于布衣之士；虽未至乎道，可谓有其意矣！

【注释】

①江海：指江湖，广阔天地，喻指地位普通。②魏阙：宫殿高大的门庭，喻指朝廷。③重生：重视生命。④自胜：自我克制。⑤从：顺从，任从。⑥神：精神。无：毋。恶：厌恶。⑦重（chóng）伤：双重伤害。⑧万乘：本为天子之称，战国时诸侯大国也称万乘。

【译文】

中山公子牟对瞻子说："我虽身居江湖之上，心思却时常留在朝廷里，怎么办呢？"

瞻子说："重视生命。重视生命的存在就会看轻名利。"

中山公子牟说："虽然我也知道这个道理，可总是不能克制自己。"

瞻子说："不能克制自己就听任其自然，这样你的心神会不厌恶吗？不能克制自己而又要勉强管束自己，这就叫作双重损伤。心神受到双重损伤的人，就不能长寿了。"

魏牟，是万乘大国的公子，他隐居在山洞中，比起平民百姓来这就难为得多了；虽然未能达到体悟大道的境界，也可说是有了体悟大道的心意了。

【原文】

孔子穷于陈蔡之间①，七日不火食②，藜羹不糁③，颜色甚惫④，而犹弦歌于室。颜回择菜于外⑤，子路、子贡相与言曰："夫子再逐于鲁，削迹于卫，伐树于宋，穷于商周，围于陈蔡，杀夫子者无罪，藉夫子者无禁⑥。弦歌鼓琴，未尝绝音，君子之无耻也若此乎⑦？"

颜回无以应，入告孔子。孔子推琴，喟然而叹曰⑧："由与赐，细人也⑨。召而来⑩，吾语之。"

子路、子贡入。子路曰："如此者，可谓穷矣！"

孔子曰："是何言也！君子通于道之谓通，穷于道之谓穷。今丘抱仁义之道以遭乱世之患，其何穷之为⑪！故内省而不穷于道⑫，临难而不失其德，大寒既至，霜雪既降，吾是以知松柏之茂也。陈蔡之隘[⑬]，于丘其幸乎！”

孔子削然反琴而弦歌，子路扢然执干而舞[⑭]。子贡曰：“吾不知天之高也，地之下也[⑮]。”

古之得道者，穷亦乐，通亦乐，所乐非穷通也[⑯]，道德于此[⑰]，则穷通为寒暑风雨之序矣。故许由娱于颖阳，而共伯得乎共首。

【注释】

① 穷：困。陈蔡：陈国和蔡国。② 火食：生火煮饭。③ 藜：灰菜。糁（sǎn）：米粒。④ 惫：疲惫，疲乏。⑤ 择：选择。⑥ 藉：欺凌、凌辱。无禁：没有人禁止。⑦ 君子：指孔子。无耻：没有羞耻之心。⑧ 喟然：叹气的样子。⑨ 细人：见识浅的人。⑩ 而：通“尔”。这里指“他们”。⑪ 何穷之为：何谓之穷。为，通“谓”。⑫ 内省（xǐng）：反省，自己检查。⑬ 隘（è）：同“阸”，危险，困厄。⑭ 扢（xì）然：威武的样子，一说喜悦的样子。干：盾，古代的兵器。⑮ 地之下：地之深。⑯ 非：无关。⑰ 德：得。

【译文】

孔子在陈、蔡之间遭受困厄，七天不能生火做饭，野菜汤里没有一粒米，脸色疲惫不堪，可是还在屋里不停地弹琴唱歌。颜回在室外择菜，子路和子贡相互谈论：“先生两次被赶出鲁国，在卫国遭受禁止居留的污辱，在宋国受到砍掉大树的羞辱，在商、周之地弄得走投无路，如今在陈、蔡之间又陷入困厄，图谋杀害先生的没有治罪，凌辱先生的没有禁绝，可是先生还不停地弹琴吟唱，乐声不断，君子没有羞辱之心竟达到这样的地步吗？”

颜回没有应声，进入内室告诉了孔子。孔子推开琴长叹说：“子路和子贡，真是见识浅薄的小人。叫他们进来，我有话对他们说。”

子路和子贡来到屋里。子路说：“像现在这样的处境真可以说是走投无路了！”

孔子说：“这是什么话！君子通达于道叫作贯通，不能通达于道叫作穷困。如今我信守仁义之道而遭逢乱世带来的祸患，怎么能说成是穷困呢！所以说，善于反省就不会不通达于道，面临危难就不会丧失德行，严寒到来，霜雪降临，这才真正看到了松柏仍是那么郁郁葱葱。陈、蔡之间的困厄，对于我来说正是幸事啊！”

孔子说完安详地拿过琴来弹奏，随着琴声继续唱歌，子路兴奋而又勇武地拿着盾牌跳起舞来。子贡说：“我真是不知道天有多高，地有多厚啊！”

古时候得道的人，在困厄的环境里也能快乐，在通达的情况下也能快乐。心境快乐的原因不在于困厄与通达，大道存于心中，那么困厄与通达就像是寒与暑、风与雨那样有规律地变化了。所以，许由能够自娱于颍水的岸边，而共伯则悠然自得地生活在丘首山上。

【原文】

舜以天下让其友北人无择，北人无择曰：“异哉，后之为人也[①]，居于畎亩之中[②]，而游尧之门！不若是而已[③]，又欲以其辱行漫我[④]。吾羞见之。”因自投清泠之渊。

汤将伐桀，因卞随而谋[⑤]，卞随曰：“非吾事也。”汤曰：“孰可[⑥]？”曰：“吾不知也。”汤又因瞀光而谋[⑦]，瞀光曰：“非吾事也。”汤曰：“孰可？”曰：“吾不知也。”汤曰：“伊尹何如？”曰：“强力忍垢[⑧]，吾不知其他也。”汤遂与伊尹谋伐桀，克之[⑨]，以让卞随。卞随辞曰：“后之伐桀也谋乎我，必以我为贼也[⑩]；胜桀而让我，必以我为贪也。吾生乎乱世，而无道之人再来漫我以其辱行[⑪]，吾不忍数闻也[⑫]！”乃自投椆水而死[⑬]。

汤又让瞀光曰：“知者谋之[⑭]，武者遂之[⑮]，仁者居之[⑯]，古之道也。吾子胡不立乎[⑰]？”瞀光辞曰：“废上[⑱]，非义也；杀民，非仁也；人犯其难，我享其利，非廉也。吾闻之曰：‘非其义者，不受其禄；无道之世，不践其土。’况尊我乎[⑲]！吾不忍久见也。”乃负石而自沉于庐水。

【注释】

①后：指君主。②畎（quǎn）亩：指田间。畎，田间水沟。③若：但，不如。是：如此，这。已：止。④辱行：可耻的行为。漫：污弄。⑤因：就，从事。卞随：人名，姓卞名随，当时的隐者。⑥孰：谁。⑦瞀光：即务光，夏人。⑧强力：自勉顽强。忍垢：忍受耻辱。⑨克：胜。⑩贼：残忍。⑪辱行：耻辱的行为。⑫数（shuò）：屡次。闻：搅扰。⑬椆（zhōu）水：即桐水，在颍川。⑭知者谋之：指伊尹。知，通“智”。⑮遂：完成。⑯仁者：指瞀光。居之：居天子的地位。⑰吾子：你。胡：何。立：古“位”字，作动词用，即位。⑱废上：指汤伐桀。⑲尊我：推我为君。

【译文】

舜把天下让给他的朋友北人无择，北人无择说：“舜的为人真奇怪啊，原本在历山从事农耕却要结识唐尧并且接受禅让！不仅如此，又想要用那样的丑行来玷污我。我真是为见到他而感到羞辱。”于是跳入清泠之渊而死。

商汤打算讨伐夏桀，跟卞随商量这件事，卞随说：“这不是我的事。”商汤问：“谁可以呢？”卞随回答：“我不知道。”商汤又拿这件事跟瞀光商量，瞀光说：“这不是我的事。”商汤问：“谁可以呢？”瞀光回答：“我不知道。”商汤说：“伊尹怎么样？”瞀光说：“伊尹这个人毅力坚强而且能够忍受耻辱，至于其他方面我就不知道了。”商汤于是跟伊尹商量讨伐夏桀的事，打败桀之后，商汤又想把天下让给卞随。卞随推辞说：“君主讨伐夏桀曾经跟我商量，必定是把我看作凶残的人；战胜桀之后想要禅让天下给我，必定是把我看作贪婪的人。我生活在天下大乱的年代，而且不明大道的人两次用他的丑行玷污我，我不能忍受屡次的搅扰。”于是跳入椆水而死。

商汤又打算禅让给瞀光，说：“智慧的人谋取天下，勇武的人加以完成，仁德的人居于君位，这是自古以来的道理。先生怎么不即位呢？”瞀光推辞说：“废除国君，不合于道义；征战杀伐，不合于仁爱；别人冒着危难，我却坐享其利，不合于廉洁。我听说，不合乎道义的人，不能接受他赐予的利禄；不合乎大道的社会，不能踏上那样的土地。

何况是把我尊称为君呢！我不忍长久地见到这种情况。”于是背着石块沉入庐水而死。

【原文】

昔周之兴[①]，有士二人处于孤竹，曰伯夷、叔齐。二人相谓曰：“吾闻西方有人[②]，似有道者[③]，试往观焉。”至于岐阳，武王闻之，使叔旦往见之，与之盟曰：“加富二等[④]，就官一列[⑤]。”血牲而埋之。

二人相视而笑，曰：“嘻，异哉！此非吾所谓道也。昔者神农之有天下也，时祀尽敬而不祈喜[⑥]；其于人也，忠信尽治而无求焉[⑦]。乐与政为政，乐与治为治。不以人之坏自成也[⑧]，不以人之卑自高也[⑨]，不以遭时自利也[⑩]。今周见殷之乱而遽为政[⑪]，上谋而行货[⑫]，阻兵而保威[⑬]，割牲而盟以为信，扬行以说众[⑭]，杀伐以要利[⑮]。是推乱以易暴也。吾闻古之士，遭治世不避其任，遇乱世不为苟存。今天下暗[⑯]，周德衰，其并乎周以涂吾身也，不如避之，以絜吾行[⑰]。”二子北至于首阳之山，遂饿而死焉。若伯夷、叔齐者，其于富贵也，苟可得已，则必不赖[⑱]，高节戾行[⑲]，独乐其志，不事于世，此二士之节也。

【注释】

①昔：过去。周：周朝。②西方：指周。③似有道者：指周文王。④富：俸禄。⑤就：任。一列：一品位。⑥祈：求。喜：通“禧”，福。⑦尽治：尽心治理。无求：无求利禄报答。⑧坏：失败，败坏。⑨卑：卑下。自高：抬高自己。⑩遭时：遇到时机。自利：自谋私利。⑪遽：急速。⑫上谋：高深的计谋。上，通“尚”。行货：用爵禄收买人心。⑬阻兵：靠武力。⑭说众：取得民众的欢心，哗众取宠。说，通“悦”。⑮要利：追求利益。⑯暗：昏暗。⑰絜：通“洁”。⑱赖：取。⑲戾：通“厉”。

【译文】

过去周朝兴起的时候，孤竹国有两位贤人，名叫伯夷和叔齐。两人商量说：“听说西方有个人，好像是有道的人，我们前去看看。”他们来到岐山的南面，周武王知道了，派他的弟弟姬旦前去拜见，并且跟他们誓盟，说：“加赐二等俸禄，授予一等官职。”然后用牲血涂在盟书上埋入祭坛下面。

伯夷、叔齐二人相视而笑说：“咦，真是奇怪啊！这不是我们所谈论的道啊。从前神农氏治理天下，按时祭祀竭尽虔诚而不祈求赐福；他对百姓，忠实诚信尽心治理而不向他们索取。乐于参与政事就让他们参与政事，乐于从事治理就让他们从事治理，不以别人的失败为自己的成功，不因别人地位卑下而显示自己的高贵，不因遭逢机遇而图谋私利。如今周人看见殷商朝政混乱就急速夺取统治天下的权力，崇尚谋略收买人心，依靠武力保持威势，宰牲结盟作为信誓，宣扬德行取悦众人，凭借征战求取私利，这是用推动祸乱的办法替代已有的暴政。我听说上古时候的贤士，遭逢治世不回避责任，遇上乱世不苟且偷生。如今天下昏暗，周人这样的做法说明德行已经衰败，与其跟周人一起而使自身受到污辱，不如逃离他们保持品行的高洁。”两人向北来到了首阳山，最后饿死在那里。像伯夷、叔齐这样的人，他们对富贵，即使有机会得到，也决不会去获取。高尚的气节，不同流俗的行为，自适自乐，而不追逐于世事，这就是二位贤士的节操。

盗跖

【题解】

本篇通过三段故事揭露了名与利的虚伪与危害。在孔子说盗跖一段中，作者借盗跖之口猛烈而尖锐地抵制了儒家的仁义学说，说明圣人和盗贼是没有区别的，历史上的所谓圣贤忠孝之士都是诈巧虚伪的名利之徒，为沽名钓誉而身遭祸患，以至丧失性命，可羞可笑。他认为人活在世上就应放任心性，享受人生，“不能说其志意，养其寿命者，皆非通道者也”。在子张与满苟得、无足与知和的对话中，作者阐述了同样的道理，指出君子为名、小人为利，君子与小人都是一路货色。追名逐利，不但不能身心愉悦，反而会带来大灾大难。而顺应本性“就其利，辞其害”，自然可为天下称贤。知足无争，保养心性，才是安乐长生之道。

【原文】

孔子与柳下季为友，柳下季之弟，名曰盗跖。盗跖从卒九千人，横行天下，侵暴诸侯，穴室枢户①，驱人牛马，取人妇女，贪得忘亲，不顾父母兄弟，不祭先祖。所过之邑，大国守城，小国入保②，万民苦之。

孔子谓柳下季曰：“夫为人父者，必能诏其子③；为人兄者，必能教其弟。若父不能诏其子，兄不能教其弟，则无贵父子兄弟之亲矣④。今先生，世之才士也，弟为盗跖，为天下害，而不能教也，丘窃为先生羞之。丘请为先生往说之⑤。”

柳下季曰：“先生言‘为人父者必能诏其子，为人兄者必能教其弟’。若子不听父之诏，弟不受兄之教，虽今先生之辩⑥，将奈之何哉！且跖之为人也，心如涌泉⑦，意如飘风⑧，强足以拒敌，辩足以饰非，顺其心则喜，逆其心则怒，易辱人以言。先生必无往。”

孔子不听，颜回为驭⑨，子贡为右，往见盗跖。

盗跖乃方休卒徒大山之阳⑩，脍人肝而餔之⑪。孔子下车而前，见谒者⑫，曰：“鲁人孔丘，闻将军高义⑬，敬再拜谒者。”

谒者入通。盗跖闻之，大怒，目如明星，发上指冠，曰：“此夫鲁国之巧伪人孔丘，非邪？为我告之：‘尔作言造语，妄称文武，冠枝木之冠⑭，带死牛之胁，多辞缪说，不耕而食，不织而衣，摇唇鼓舌，擅生是非，以迷天下之主，使天下学士不反其本，妄作孝弟，而侥幸于封侯富贵者也。子之罪大极重，疾走归！不然，我将以子肝益昼餔之膳⑮！’”

孔子复通曰：“丘得幸于季，愿望履幕下。”

谒者复通。盗跖曰：“使来前！”

孔子趋而进，避席反走⑯，再拜盗跖。盗跖大怒，两展其足，案剑瞋目，声如乳虎，曰："丘，来前！若所言，顺吾意则生，逆吾心则死！"

孔子曰："丘闻之，凡天下有三德：生而长大，美好无双，少长贵贱见而皆说之[17]，此上德也；知维天地，能辩诸物，此中德也；勇悍果敢，聚众率兵，此下德也。凡人有此一德者，足以南面称孤矣。今将军兼此三者，身长八尺二寸，面目有光，唇如激丹[18]，齿如齐贝[19]，音中黄钟[20]，而名曰盗跖，丘窃为将军耻不取焉。将军有意听臣，臣请南使吴、越，北使齐、鲁，东使宋、卫，西使晋、楚，使为将军造大城数百里，立数十万户之邑，尊将军为诸侯，与天下更始[21]，罢兵休卒，收养昆弟，共祭先祖。此圣人才士之行，而天下之愿也。"

盗跖大怒曰："丘，来前！夫可规以利而可谏以言者，皆愚陋恒民之谓耳[22]。今长大美好，人见而悦之者，此吾父母之遗德也。丘虽不吾誉，吾独不自知邪？且吾闻之，好面誉人者，亦好背而毁之。今丘告我以大城众民，是欲规我以利而恒民畜我也[23]，安可久长也！城之大者，莫大乎天下矣。尧、舜有天下，子孙无置锥之地；汤、武立为天子，而后世绝灭；非以其利大故邪？

"且吾闻之，古者禽兽多而人少，于是民皆巢居以避之，昼拾橡栗，暮栖木上，故命之曰有巢氏之民。古者民不知衣服，夏多积薪，冬则炀之[24]，故命之曰知生之民。神农之世，卧则居居[25]，起则于于[26]，民知其母，不知其父，与麋鹿共处，耕而食，织而衣，无有相害之心，此至德之隆也。然而黄帝不能致德，与蚩尤战于涿鹿之野，流血百里。尧、舜作，立群臣，汤放其主，武王杀纣，自是以后，以强陵弱，以众暴寡。汤、武以来，皆乱人之徒也。

"今子修文、武之道，掌天下之辩，以教后世，缝衣浅带，矫言伪行，以迷惑天下之主，而欲求富贵焉，盗莫大于子。天下何故不谓子为盗丘，而乃谓我为盗跖？子以甘辞说子路而使从之[27]。使子路去其危冠，解其长剑，而受教于子，天下皆曰孔丘能止暴禁非。其卒之也，子路欲杀卫君而事不成，身菹于卫东门之上[28]，子教子路菹此患，上无以为身，下无以为人，是子教之不至也。子自谓才士圣人邪？则再逐于鲁，削迹于卫，穷于齐，围于陈、蔡，不容身于天下。子之道岂足贵邪？

"世之所高，莫若黄帝，黄帝尚不能全德，而战涿鹿之野，流血百里。尧不慈，舜不孝，禹偏枯[29]，汤放其主，武王伐纣，此六子者，世之所高也，孰论之，皆以利惑其真而强反其情性，其行乃甚可羞也。

"世之所谓贤士，伯夷、叔齐。伯夷、叔齐辞孤竹之君而饿死于首阳之山，骨肉不葬。鲍焦饰行非世，抱木而死。申徒狄谏而不听，负石自投于河，为鱼鳖所食。介子推至忠也，自割其股以食文公，文公后背之，子推怒而去，抱木而燔死。尾生与女子期于梁下，女子不来，水至不去，抱梁柱而死，此六子者，无异于磔犬流豕[30]，操瓢而乞者，皆离名轻死，不念本养寿命者也。

"世之所谓忠臣者，莫若王子比干、伍子胥。子胥沉江，比干剖心，此二子者，世谓忠臣也，然卒为天下笑。自上观之，至于子胥、比干，皆不足贵也。

"丘之所以说我者，若告我以鬼事，则我不能知也；若告我以人事者，不过此矣，皆吾所闻知也。今吾告子以人之情，目欲视色，耳欲听声，口欲察味，志气欲盈。人上寿百岁，中寿八十，下寿六十，除病瘦、死丧、忧患，其中开口而笑者，一月之中不过四五日而已矣。天与地无穷，人死者有时，操有时之具而托于无穷之间，忽然无异骐骥之驰过隙也。不能说其志意，养其寿命者，皆非通道者也。

“丘之所言，皆吾之所弃也，亟去走归，无复言之！子之道，狂狂汲汲㉛，诈巧虚伪事也，非可以全真也，奚足论哉！”

孔子再拜趋走，出门上车，执辔三失㉜，目芒然无见，色若死灰，据轼低头，不能出气。归到鲁东门外，适遇柳下季。柳下季曰：“今者阙然数日不见，车马有行色，得微往见跖邪㉝？”孔于仰天而叹曰：“然。”柳下季曰：“跖得无逆汝意若前乎？”孔子曰：“然。丘所谓无病而自灸也，疾走料虎头㉞，编虎须㉟，几不免虎口哉！”

【注释】

①穴：作动词，穿。枢：一作“抠”，破。②保：通“堡”，城堡。③诏：教导。④贵：尊贵，贵重。⑤说（shuì）：说服。⑥辩：善于言辞，辩才。⑦涌泉：向上冒的泉水，形容极为旺盛。⑧飘风：暴风，形容难以把握。⑨颜回：人名，孔子的得意弟子。驭：驾驭，驾车。⑩休：休整。大山：太山，即泰山。阳：山的南面。⑪脍（kuài）：细切。餔（bū）：食，吃。⑫谒（yè）者：负责接待和通报的人。⑬高义：高尚的义气。⑭枝木之冠：装饰得像树枝一样的帽子。⑮益：增加。⑯避席：离开席位。反走：倒退着走，表示恭敬。⑰说：通“悦”。⑱激丹：鲜红的丹砂。激，鲜明。⑲齐贝：排列的贝珠。⑳中（zhòng）：合，符合。黄钟：十二律中的首律，引申为宏亮。㉑更始：除旧布新，变更，变化一新。㉒恒民：一本作“顺民”，常人，平民。㉓畜：养，对待。㉔炀（yàng）：焚烧，烧火。㉕居居：安静的样子。㉖于于：行动舒缓自得的样子。㉗甘辞：一作“甘言”，甜言蜜语。㉘菹（zū）：剁成肉酱。㉙偏枯：亦作“半枯”，偏瘫，半身不遂。㉚磔（zhé）：分尸，裂体。流豕：飘流于江河的死猪，一作“沉豕”。㉛狂狂：狂妄无度，形容诈巧。汲汲：心情急切，形容虚伪。㉜辔：驾驭牲口为缰绳。㉝得微：莫非。微，无。㉞疾走：急跑。料（liáo）：通“撩”，挑弄。㉟编：通“揙”，抚弄。

【译文】

孔子和柳下季结为朋友。柳下季的弟弟，名叫盗跖，盗跖的随从士卒有九千人，横行天下，侵害诸侯，穿室破户，赶走人家的牛马，夺取人家的妇女，贪得而忘亲，不顾父母兄弟，不祭祀祖先。所经过的地方，大国守护城池，小国躲入城堡，万民受苦。

孔子对柳下季说：“做人父亲的，一定能教导他的儿子；做人兄长的，一定能教育他的弟弟。如果父亲不能教导他的儿子，兄长不能教育他的弟弟，那么父子兄弟的亲属关系就没有尊贵了。现在先生是当世的有才之士，弟弟是盗跖，是天下的祸害，而你不能教育他，我私下为先生羞愧。我请求替先生去说服他。”

柳下季说：“先生说‘做人父亲的一定能教导他的儿子，做人兄长的一定能教育他的弟弟。’如果儿子不听父亲的教导，弟弟不接受兄长的教育，虽然现在有先生这样的辩才，又能拿他怎么样呢？而且跖的为人是心血如泉涌一样的旺盛，心意如暴风一样的难测，强悍足以抗拒敌人，善辩足以掩饰过错，顺从他的心意就高兴，违背他的心意就发怒，容易用语言侮辱人。先生一定不要去。”

孔子不听，让颜回驾车，子贡陪乘，去见盗跖。

盗跖正在泰山的南面休整士卒，细切人肝而食。孔子下车走上前，见了通报的人说：“鲁国人孔丘，听说将军义气高尚，恭敬地前来拜见。”

通报的人进去通报。盗跖听到此事大怒，眼睛像发光的星星，头发直立顶着了帽子，说：“此人不是鲁国的狡猾虚伪之人孔丘吗？替我告诉他：‘你编造言语，假称文、武，头戴装饰得像树枝一样的帽子，腰缠死牛胁皮做的皮带，整天说一些荒谬的话，不耕而食，不织而衣，摇唇鼓舌，专生是非，以迷惑天下的君主，使天下的读书人不务正业，假作孝弟，而侥幸得到封侯富贵。你的罪恶极大极重，快回去吧！不然，我将用你的肝增加我的午餐。’”

孔子再次通报说：“我有幸认识柳下季，希望能到帐幕中拜见。”

通报者再次通报。盗跖说：“让他到前面来！”

孔子快步前行，离开席位退步而走，再次拜见盗跖。盗跖大怒，伸开双脚，握剑瞪眼，声音像哺乳的母虎，说：“孔丘到前面来，你所说的话，顺从我的心意就活，违背我的心意就死。”

孔子说：“我听说，大凡天下人都有三种美德：生就魁梧高大，容貌漂亮无双，无论老幼贵贱见到他都十分喜欢，这是上等的德行；智慧能够包罗天地，能力足以分辨各种事物，这是中等的德行；勇武、强悍、果决、勇敢，能够聚合众人统率士兵，这是下一等的德行。大凡人们有此一种德行，便足以南面称王了。如今将军同时具备了上述三种美德，你高大魁梧身长八尺二寸，面容和双眼熠熠有光，嘴唇鲜红犹如朱砂，牙齿犹如排列的贝珠，声音洪亮好似黄钟，然而名字却叫盗跖，我私下为将军感到羞耻而不可取。将军如果有意听从我的劝告，我将南边出使吴国、越国，北边出使齐国、鲁国，东边出使宋国、卫国，西边出使晋国、楚国，为将军建造数百里的大城，设立数十万户人家的封邑，尊将军为诸侯，跟天下各国除旧布新，停战休兵，收养兄弟，供祭祖先。这才是圣人贤士的作为，也是天下人的心愿。”

盗跖大怒说：“孔丘上前来！凡是可以用利禄来规劝、用言语来谏正的人，都只能称作愚昧浅陋的顺民。如今我身材高大魁梧，面目英俊漂亮，人人见了都喜欢，这是我的父母给我留下的德行。孔丘你即使不当面吹捧我，我难道不知道吗？而且我听说，喜好当面夸奖别人的人，也喜好背地里诋毁别人。如今你把建造大城、会聚众多百姓的意图告诉给我，这是用利禄来诱惑我，而且是用对待顺民的态度来对待我，怎么可以长久呢！城池最大的，莫过于整个天下。尧舜拥有天下，子孙却没有立锥之地；商汤与周武王立为天子，后代却遭灭绝，这不是因为他们贪求占有天下的缘故吗？

“况且我还听说，古时候禽兽多而人少，于是人们都在树上筑巢而居躲避野兽，白天拾取橡子，晚上住在树上，所以称他们为有巢氏之民。古时候人们不知道穿衣，夏天多多存积柴草，冬天就烧火取暖，所以称他们为懂得生存的人。到了神农时代，闲居是多么安静舒适，行动是多么舒缓自得，人们只知道母亲，不知道父亲，跟野兽生活在一起，自己耕地吃饭，自己织布穿衣，没有伤害别人的心思，这就是道德的极盛时代。然而到了黄帝就不再具备这样的德行，跟蚩尤在涿鹿的郊野上争战，流血百里。尧舜称帝设置群臣，商汤放逐了他的君主，武王杀死了纣王。从此以后，世上总是依仗强权欺凌弱小，依仗势众侵害寡少。商汤、武王以来，就都是祸害人民的人了。

“如今你修习文王、武王的治国之道，掌握天下的舆论，想用你的主张教化后世子孙，穿着宽衣博带的服装，说话与行动矫揉造作，用以迷惑天下的诸侯，想用这样的办法求取高官厚禄,要说大盗再没有比你大的了。天下为什么不叫你为‘盗丘’,反而称我是‘盗跖’呢？你用甜言蜜语说服了子路让他死心塌地地跟随你，使子路去掉了勇武的高冠，解除了长长的佩剑，受教于你的门下，天下人都说孔子能够制止暴力禁绝不轨。可是后来，子路想要杀掉篡逆的卫君却不能成功，而且还在卫国东门被剁成了肉酱，你让子路被剁成肉酱，对上无法保身，对下无法做人，这就是你那套说教的失败。你不是自称有才智的学士、圣哲吗？却两次被逐出鲁国，在卫国被人铲平足迹，在齐国走投无路，在陈国蔡国之间遭受围困，不能容身于天下，你的那套主张有什么可贵之处呢？

“世上所尊崇的，莫过于黄帝，黄帝尚且不能保全德行，而征战于涿鹿的郊野，流血百里。唐尧不慈爱，虞舜不孝顺，大禹半身不遂，商汤放逐了他的君主，武王出兵征讨商纣，以上这六个人，都是世人所尊崇的，但是仔细评论起来，都是因为追求功利丧失真性而强迫自己违反了性情，他们的做法乃是极为可耻的。

“世人所称道的贤士，就如伯夷、叔齐。伯夷、叔齐辞让了孤竹国的君位，却饿死在首阳山，尸体都未能埋葬。鲍焦行为矫饰，非议世事，竟抱着树木而死去。申徒狄多次进谏不被采纳，背着石块投河而死，尸体被鱼鳖吃掉。介子推算是最忠诚的了，割下自己大腿上的肉给晋文公吃，文公返国后却背弃了他，介子推一怒之下逃走隐居山林，也抱着树木焚烧而死。尾生跟一位女子在桥下约会，女子没有如期赴约，河水来到尾生却不离去，竟抱着桥柱而淹死。以上这六个人，跟分尸的狗、飘在河面的猪以及拿着瓢到处乞讨的乞丐没有什么不同，都是重视名节轻生赴死，不顾念身体和寿命的人。

“世人所称道的忠臣，没有超过王子比干和伍子胥的了。伍子胥被抛尸江中，比干被剖心而死,这两个人,世人都称作忠臣,然而最终被天下人讥笑。从以上看来,伍子胥、比干之流，都是不值得推崇的。

“你孔丘来说服我,假如告诉我关于鬼神的事,那我不知道；假如告诉我人世间的事,不过如此而已,都是我所听说过的事。现在让我来告诉你人之常情：眼睛想要看到色彩，耳朵想要听到声音，嘴巴想要品尝滋味，志气想要充分满足。人生在世高寿为一百岁，中寿为八十岁，低寿为六十岁，除掉疾病、死丧、忧患的岁月，其中开口欢笑的时光，一月之中不过四五天罢了。天与地是无穷尽的，人的死亡却是有时限的，拿有时限的生命托付给无穷尽的天地之间，迅速地消逝就像是骏马良驹从缝隙中骤然驰过一样。

凡是不能够使自己心境获得愉快而保养寿命的人，都不能算是通晓常理的人。

“孔丘你所说的，全都是我想要废弃的，你赶快离开这里滚回去，不要再说了！你的那套主张，狂妄急切，全都是巧诈虚伪的东西，不可能用来保全真性，有什么好谈论的呢！”

孔子再三拜谢快步离去，走出帐门登上车子，拿在手里的缰绳三次脱手，眼睛失神模糊不清，脸色犹如死灰，低垂着头靠在车前的横木上，颓丧地不能喘气。回到鲁国东门外，正巧遇上柳下季。柳下季说：“近来多日不见，看你的车马好像外出过的样子，恐怕是前去见到盗跖了吧？”孔子仰天长叹道：“是的。”柳下季说：“盗跖是不是像先前我所说的那样违背了你的意愿呢？”孔子说：“正是这样。我此举就像没有生病而自行针灸一样，急匆匆地跑去撩拨虎头、抚弄虎须，差点被虎一口吞掉啊！”

【原文】

子张问于满苟得曰：“盍不为行[①]？无行则不信[②]，不信则不任[③]，不任则不利。故观之名[④]，计之利，而义真是也[⑤]。若弃名利，反之于心，则夫士之为行，不可一日不为乎！”

满苟得曰：“无耻者富，多信者显[⑥]。夫名利之大者，几在无耻而信。故观之名，计之利，而信真是也。若弃名利，反之于心，则夫士之为行，抱其天乎[⑦]！”

子张曰：“昔者桀、纣贵为天子，富有天下。今谓臧聚曰[⑧]，汝行如桀、纣，则有怍色[⑨]，有不服之心者，小人所贱也[⑩]。仲尼、墨翟，穷为匹夫，今谓宰相曰，子行如仲尼、墨翟。则变容易色称不足者，士诚贵也。故势为天子，未必贵也；穷为匹夫，未必贱也。贵贱之分，在行之美恶。”

满苟得曰：“小盗者拘，大盗者为诸侯，诸侯之门，仁义存焉。昔者桓公小白杀兄入嫂，而管仲为臣；田成子常杀君窃国，而孔子受币。论则贱之，行则下之，则是言行之情悖战于胸中也，不亦拂乎[⑪]！故《书》曰：‘孰恶孰美，成者为首[⑫]，不成者为尾。’”

子张曰：“子不为行，即将疏戚无伦[⑬]，贵贱无义，长幼无序。五纪六位，将何以为别乎？”

满苟得曰：“尧杀长子，舜流母弟，疏戚有伦乎？汤放桀，武王杀纣，贵贱有义乎？王季为適，周公杀兄，长幼有序乎？儒者伪辞[⑭]，墨子兼爱[⑮]，五纪六位将有别乎？

“且子正为名[⑯]，我正为利。名利之实，不顺于理，不监于道[⑰]。吾日与子讼于无约曰[⑱]：‘小人殉财[⑲]，君子殉名，其所以变其情，易其性，则异矣[⑳]；乃至于弃其所为而殉其所不为[㉑]，则一也。’故曰，无为小人，反殉而天；无为君子，从天之理。若枉若直[㉒]，相而天极[㉓]。面观四方[㉔]，与时消息。若是若非，执而圆机[㉕]；独成而意[㉖]，与道徘徊。无转而行[㉗]，无成而义[㉘]，将失而所为[㉙]。无赴而富[㉚]，无殉而成[㉛]，将弃而天。

“比干剖心，子胥抉眼[㉜]，忠之祸也；直躬证父，尾生溺死，信之患也；鲍子立干，申子自埋，廉之害也；孔子不见母，匡子不见父，义之失也。此上世之所传，下世之所语，以为士者[33]，正其言[34]，必其行，故服其殃，离其患也[35]。”

【注释】

①盍：何。为行：进行品行修养。②无行：没有品行。不信：不被信用，不取信。③不任：不被任用。④观：观察，考虑。⑤真：真实。⑥显：显贵，显达。⑦抱：一作“拂”，保持。⑧臧：奴仆。聚：更夫。⑨怍（zuò）色：愤怒变色。⑩小人：地位卑贱的人。⑪拂：乱。⑫成者为首：成功者居上。⑬疏戚：疏亲，亲疏。伦：伦次。⑭伪辞：巧辞。⑮兼爱：墨子爱无差等的主张。⑯名：功名。⑰监：一本作“鉴”，明，察。⑱日：昔日，异日。讼：争论，断是非。无约：假托人名，意指无拘束。⑲殉：死，牺牲，追求名利而不顾其身。⑳异：不同。㉑所为：本所当为。㉒枉：曲。㉓相：视。而：你。天极：天则，自然规律。㉔面观：面向。四方：东西南北。㉕圆机：天体圆而运行不息。圆，圆转。机，枢机。㉖独成：独自顺遂。意：主意，意愿。㉗无：毋。下三“无”字同。转：通“专”。㉘成：一成不变。㉙失：失去，失掉。所为：所实践的自然之道，即本能。㉚赴：奔赴，追求。㉛成：成功，指利。㉜抉眼：剜出眼睛。㉝以为：认为。㉞正：端正。㉟服其殃：受其祸。离其患：遭其害。离，通“罹”。

【译文】

子张问满苟得：“为什么不修养仁义的德行呢？没有德行就不能取信于人，不能取信于人就不会得到任用，不能得到任用就不会得到利禄。所以，从名誉的角度来观察，从利禄的角度来考虑，仁义才是最要紧的。假如抛弃名利，只在内心反思，那么士大夫的所作所为，也不能一天不修仁义啊！”

满苟得说：“没有羞耻的人才会富有，善于吹捧的人才会显贵。大凡获得名利最大的，几乎全在于无耻而多言。所以，从名誉的角度来观察，从利禄的角度来考虑，无耻多言才是最要紧的。假如弃置名利，只在内心反思，那么士大夫的所作所为，也就只有保持他的天性了啊！”

子张说：“当年桀与纣贵为天子，富有天下，如今对地位卑贱的奴仆说，你的品行如同桀纣，那么他们定会惭愧不已，产生不服气的想法，这是因为桀纣的行为连地位卑贱的人也瞧不起。仲尼和墨翟穷困到跟贫民一样，如今对官居宰相地位的人说，你的品行如同仲尼和墨翟，那么他一定会改变容色谦恭地说自己比不上，这是因为士大夫确实有可贵的品行。所以说，权势如天子，未必就尊贵；穷困为贫民，未必就卑贱。尊贵与卑贱的区别，取决于德行的美丑。”

满苟得说：“小的盗贼被拘捕，大的强盗却成了诸侯，只要在诸侯的门内，就有了所谓仁义。当年齐桓公小白杀了兄长、娶了嫂嫂而管仲却做了他的臣子，田成子常杀了齐简公自立为国君而孔子却接受了他赠予的钱币。谈论起来总认为桓公、田常之流的行为卑下，做起来又总去做这些卑下的事情，这就是说言语和行动在胸中相互矛盾和斗争，岂不是与情理极不相合吗！所以古书上说过：谁坏谁好？成功的居于尊上之位，失败的沦为卑下之人。”

子张说：“你不修养仁义的德行，将会使亲疏没有伦常，贵贱没有准则，长幼失去序列。这样一来五伦和六位，又拿什么加以区别呢？”

满苟得说：“尧杀了亲生的长子，舜流放了同母的兄弟，亲疏之间还有伦常可言吗？商汤放逐夏桀，武王杀死商纣，贵贱之间还有准则可言吗？王季被立为长子，周公杀了哥哥，长幼之间还有序列可言吗？儒家伪善的言辞，墨家兼爱的主张，‘五纪’和‘六位’的序列关系还能有区别吗？

“而且你心里所想的在于名，我心里所想的为了利。名与利的实情，不合于理，也不明于道。我曾经跟你在无约面前争论不休：‘小人为财而死，君子为名献身。他们变换真情、更改本性的原因有所不同，而舍弃该做的事而为不该寻求的东西而丧命却是一样的。’所以说，不要去做小人，要反过来追寻天性；不要去做君子，要顺从自然的规律。或曲或直，顺其自然；观察四方，顺随四时变化而消长。是是非非，牢牢掌握循环变化的中枢；独自顺遂你的心意，跟随大道往返进退。不要执着于你的德行，不要成就于你所说的仁义，那将会丧失你的天性。不要为了富有而劳苦奔波，不要为了成功而不惜献身，那将会舍弃自然的真性。

“比干被剖心，子胥被挖眼，这是忠的祸害；直躬证实父亲偷羊，尾生被水淹死，这是信的祸患；鲍焦抱树而死，申生宁可投河自沉，这是廉的毒害；孔子不能为母送终，匡子发誓不见父亲，这是义的过失。这些现象都是上代的传闻、后代的话题，认为士大夫要言论正直，并用行为去实践，所以他们才会遭到灾殃，遭受如此的祸患。”

【原文】

无足问于知和曰[①]：“人卒未有不兴名就利者[②]。彼富则人归之[③]，归则下之[④]，下则贵之。夫见下贵者，所以长生安体乐意之道也。今子独无意焉，知不足邪，意知而力不能行邪[⑤]！故推正不忘邪[⑥]？”

知和曰：“今夫此人以为与己同时而生[⑦]，同乡而处者，以为夫绝俗过世之士焉；是专无主正[⑧]，所以览古今之时，是非之分也，与俗化[⑨]。世去至重，弃至尊，以为其所为也。此其所以论长生安体乐意之道，不亦远乎！惨怛之疾[⑩]，恬愉之安[⑪]，不监于体[⑫]；怵惕之恐[⑬]，欣懽之喜，不监于心；知为为而不知所以为，是以贵为天子，富有天下，而不免于患也。”

无足曰：“夫富之于人，无所不利，穷美究势[⑭]，至人之所不得逮[⑮]，贤人之所不能及，侠人之勇力而以为威强[⑯]，秉人之知谋以为明察[⑰]，因人之德以为贤良[⑱]，非享国而严若君父[⑲]。且夫声色滋味权势之于人，心不待学而乐之，体不待象而安之[⑳]。夫欲恶避就[㉑]，固不待师，此人之性也。天下虽非我，孰能辞之[㉒]！”

知和曰：“知者之为，故动以百姓，不违其度[㉓]，是以足而不争，无以为故不求。不足故求之，争四处而不自以为贪[㉔]；有余故辞之，弃天下而不自以为廉。廉贪之实，非以迫外也，反监之度。势为天子而不以贵骄人，富有天下而不以财戏人[㉕]。计其患，虑其反[㉖]，以为害于性[㉗]，故辞而不受也，非以要名誉也。尧、舜为帝而雍[㉘]，非仁天下也，不以美害生也；善卷、许由得帝而不受[29]，非虚辞让也，不以事害己。此皆就其利，辞其害[30]，而天下称贤焉，则可以有之，彼非以兴名誉也。"

无足曰："必持其名[31]，苦体绝甘[32]，约养以持生[33]，则亦犹病长厄而不死者也[34]。"

知和曰："平为福，有余为害者，物莫不然，而财其甚者也。今富人，耳营钟鼓管籥之声[35]，口嗛于刍豢醪醴之味，以感其意[36]，遗忘其业[37]，可谓乱矣；侅溺于冯气[38]，若负重行而上坂也，可谓苦矣；贪财而取慰[39]，贪权而取竭[40]，静居则溺[41]，体泽则冯[42]，可谓疾矣；为欲富就利[43]，故满若堵耳而不知避，且冯而不舍，可谓辱矣；财积而无用，服膺而不舍[44]，满心戚醮[45]，求益而不止，可谓忧矣；内则疑劫请之贼，外则畏寇盗之害，内周楼疏[46]，外不敢独行，可谓畏矣。此六者，天下之至害也，皆遗忘而不知察，及其患至，求尽性竭财，单以反一日之无故而不可得也[47]。故观之名则不见[48]，求之利则不得[49]，缭意绝体而争此[50]，不亦惑乎！"

【注释】

①无足：假托人名，不知足的人。知和：假托人名，知道适于清廉的人。②人卒：人们，人众。兴（xìng）：兴趣，喜好。③归：归附。④下：甘为人下。⑤意：通"抑"，抑或。⑥忘：借为"妄"。邪（xié）：不正当。⑦此人：这种人，指兴名就利的人。⑧专：专一。主：主见。正：取正。⑨与俗：同俗。⑩惨怛（dá）：痛楚，悲痛。⑪恬：安静。愉：和悦，喜悦。⑫监：视。⑬怵惕：戒惧，惊慌。⑭势：勇势。⑮逮：及。⑯侠：通"挟"，挟持。⑰秉：把握，知：通"智"。⑱因：用。⑲享国：掌握政权。严：尊严。君父：君主。⑳象：模仿。㉑恶：厌恶。避：回避。就：就近。㉒孰：谁。之：代声色、滋味、权势。㉓度：节度，分寸。㉔四处：指声、色、味、权。㉕戏人：戏弄人，侮人。㉖反：反面。㉗性：本性。㉘雍：和。㉙善卷：人名。帝：帝位。㉚害：有害于本性。㉛名：名声。㉜苦体：身受劳苦。绝甘：拒绝美味。㉝约养：节约营养。㉞厄：危险。㉟管籥（yuè）：乐器。㊱感："撼"的借字，动摇。意：心意。㊲业：事业。㊳侅（gāi）：噎住。溺：便溺。冯气：盛气，气满。冯，通"凭"。㊴取：带来。慰：通"蔚"，病。㊵竭：精神疲竭。㊶溺：沉溺。㊷泽：肥，一说污垢。冯：满。㊸就利：求利。㊹服膺：谨记在心，衷心信服。㊺戚醮（jiào）：忧伤焦急。㊻内：在家。周：周备。楼疏：楼窗。㊼单：通"直"，独，但。一说同"殚"，尽。反：通"返"。故：事。㊽观：观察。名：名声。㊾利：利禄。㊿缭意：缠绕意志，苦劳心思。绝体：残形伤生，牺牲身体。

【译文】

无足问知和说："人们没有谁不想树立名声并获取利禄的。如果他富有，人们就归附他，归附他就自以为卑下，以自己为卑下就会尊崇富有者。受到卑下者的尊崇，就是人们用来延长寿命、安养身体、心情快乐的办法。如今你竟然没有这种欲念，是才智不够呢，还是有念头而力量达不到呢？还是故意推行正道而念念不忘呢？"

知和说："如今有这么一个兴名就利的人，就认为跟自己是同时而生、同乡而处，而且认为是超越了世俗的人了；其实这样的人内心里全无主见，用这样的办法去看待古今和是非的不同，只能是混同流俗和世事。舍弃了贵重的生命，离开了崇高的大道，而追求他一心想要的东西。这样去延长寿命、安养身体、追求快乐，不是跟大道相去甚远吗！悲伤的痛苦，愉快的安适，不能从形体上显现出来；惊慌的恐惧，欢欣的喜悦，不能从内心流露出来。只知道去做自己想要去做的事却不知道为什么去做，所以尊贵如同天子，富裕占有天下，却始终不能免于忧患。”

无足说：“富贵对人们来说，无所不利，享尽天下的好处并拥有最大的权势，这是道德极高尚的人不能得到的，也是贤达的人不能达到的；挟持他人的勇力用以显示自己的威势，掌握他人的智谋用以表露自己的明察，凭借他人的德行用以赢得贤良的声誉，虽然没有掌握过国家，却像君父一样威严。而且声色、滋味、权势对于每一个人来说，不用学习就自然喜欢，不用模仿身体就能习惯。欲念、厌恶、回避、俯就，本来就不需要教导，这是人的本性。天下人即使都认为我的看法不对，谁又能摆脱这一切呢？”

知和说：“智者做事总是依从百姓的需求，不去违反民众的意愿，所以，知足就不会争斗，无所作为因而也就没有贪求。不知足所以不断贪求，四处争夺却不自认为是贪婪；有剩余所以处处辞让，舍弃天下却不自认为清廉。清廉与贪婪的实质，并不是因为迫于外力，而应该转回头来查看内心是否有度。身处天子之位却不用显贵傲视他人，富裕到拥有天下却不用财富戏弄他人。权衡它的后患，考虑事情的反面，认为有害于本性，所以拒绝而不接受，并不是要用它来求取名声与荣耀。尧与舜做帝王而和睦团结，并非行仁政于天下，而是不想因为追求美好而损害生命；善卷与许由能够得到帝王之位却辞让不受，并不是虚情假意地谢绝推辞，而是不想因为治理天下危害自己的生命。这些人都能趋利避害，因而人们称誉他们是贤人。这是有意避害的心念，并不是为了沽名钓誉。”

无足说：“如果一定要固守名声，劳苦身体而谢绝美食，俭约奉养以维持生命，那么这也只是长期病困而不死罢了。”

知和说：“均平就是幸福，有余便是祸害，事物都是这样的，而财富更是如此。如今的富人，耳朵要听钟鼓管籥的乐声，嘴巴要尝牛羊美酒的美味，以刺激他的情意，遗忘他的事业，可以说是迷乱极了。沉溺于愤懑的盛气之中，像背着重物爬行在山坡上一样，可以说是痛苦极了；贪求财物而招惹怨恨，贪求权势而耗尽心力，安静闲居就沉溺于嗜欲，身体充盈就盛气凌人，可以说是患病了。为了贪图富有追求私利，获取的财物堆得像高墙还不知足，而且越是贪婪就越无法放弃，可以说是羞辱极了。财物囤积却没有用处，念念不忘又不愿割舍，满腹的忧心烦恼，企求增加永无休止，可以说是忧愁极了。在家中总担忧窃贼的偷窃，在外面总害怕寇盗的伤害，在家楼窗紧闭严防，在外不敢独自行走，可以说是畏惧极了。以上这六种情况，是天下最大的祸害，大家都遗忘掉而不知明察，等到祸患来临，想要倾家荡产保全性命，只求一天的安宁也不可能。所以，从名声来说看不见，从利益来说得不到，使心意和身体受到困扰而竭力争夺名利，岂不是迷惑吗！”

说剑

【题解】

“说剑”，指庄子为赵文王说剑一事。其内容与庄子的无为思想也有一定的关系。作者以“文王喜剑”比喻统治者为政，例举了天子之剑、诸侯之剑、庶人之剑三种为政的方法。说明“天子之剑”可以一统天下，匡正诸侯；“诸侯之剑”可以顺天安民，威震四方；而“庶人之剑”只如同斗鸡的儿戏，枉绝性命而无所用于国事。庄子劝文王当为天子之剑而弃庶人之剑。只要“大王安坐定气”，即可无为而治。由此可见，本篇仍在于说明为政当无为的道理，以无为而治就可达到统治的目的。

【原文】

昔赵文王喜剑，剑士夹门而客三千余人①，日夜相击于前，死伤者岁百余人。好之不厌。如是三年，国衰，诸侯谋之②。

太子悝患之，募左右曰③：“孰能说王之意止剑士者④，赐之千金。”

左右曰：“庄子当能。”

太子乃使人以千金奉庄子。庄子弗受，与使者俱，往见太子，曰：“太子何以教周，赐周千金？”

太子曰：“闻夫子明圣，谨奉千金以币从者。夫子弗受，悝尚何敢言。”

庄子曰：“闻太子所欲用周者，欲绝王之喜好也。使臣上说大王而逆王意，下不当太子⑤，则身刑而死，周尚安所事金乎⑥？使臣上说大王，下当太子，赵国何求而不得也！”

太子曰：“然。吾王所见，唯剑士也。”

庄子曰：“诺。周善为剑。”

太子曰：“然吾王所见剑士，皆蓬头突鬓⑦，垂冠，曼胡之缨⑧，短后之衣，嗔目而语难⑨，王乃说之⑩。今夫子必儒服而见王，事必大逆⑪。”

庄子曰：“请治剑服⑫。”治剑服三日，乃见太子。太子乃与见王。王脱白刃待之⑬。

庄子入殿门不趋⑭，见王不拜。王曰：“子欲何以教寡人，使太子先？”

曰：“臣闻大王喜剑，故以剑见王。”

王曰：“子之剑何能禁制？”

曰：“臣之剑，十步一人⑮，千里不留行。”

王大悦之，曰：“天下无敌矣。”

庄子曰：“夫为剑者⑯，示之以虚⑰，开之以利，后之以发，先之以至。愿得试之。”

王曰：“夫子休，就舍待命，令设戏请夫子⑱。”

王乃校剑士七日⑲，死伤者六十余人，得五六人，使奉剑于殿下，乃召庄子。王曰：“今日试使士敦剑⑳。”

庄子曰：“望之久矣！”

王曰："夫子所御杖[21]，长短何如？"

曰："臣之所奉皆可[22]。然臣有三剑，唯王所用，请先言而后试。"

王曰："愿闻三剑。"

曰："有天子之剑，有诸侯之剑，有庶人之剑。"

王曰："天子之剑何如？"

曰："天子之剑，以燕谿石城为锋。齐岱为锷，晋卫为脊，周宋为镡，韩魏为夹[23]，包以四夷，裹以四时，绕以渤海，带以恒山，制以五行，论以刑德[24]，开以阴阳[25]，持以春夏[26]，行以秋冬。此剑，直之无前[27]，举之无上，案之无下，运之无旁。上决浮云[28]，下绝地纪。此剑一用，匡诸侯[29]，天下服矣。此天子之剑也。"

文王芒然自失，曰："诸侯之剑何如？"

曰："诸侯之剑，以知勇士为锋，以清廉士为锷，以贤良士为脊，以忠圣士为镡，以豪桀士为夹。此剑，直之亦无前，举之亦无上，案之亦无下，运之亦无旁。上法圆天以顺三光；下法方地以顺四时；中和民意以安四乡。此剑一用，如雷霆之震也，四封之内，无不宾服而听从君命者矣。此诸侯之剑也。"

王曰："庶人之剑何如？"

曰："庶人之剑，蓬头突鬓，垂冠，曼胡之缨，短后之衣，嗔目而语难。相击于前，上斩颈领，下决肝肺。此庶人之剑，无异于斗鸡，一旦命已绝矣，无所用于国事。今大王有天子之位而好庶人之剑，臣窃为大王薄之[30]。"

王乃牵而上殿，宰人上食，王三环之[31]。庄子曰："大王安坐定气，剑事已毕奏矣[32]！"

于是文王不出宫三月，剑士皆服毙其处也[33]。

【注释】

①夹门而客：客居在宫门左右。②谋：图谋。之：指赵国。③募：召募，募集。左右：指左右的幕僚。④说：说服。⑤当：合。不当太子：意为有负太子的委任。⑥安：何。事：用。⑦蓬头：头发松散。突鬓：鬓毛突出。⑧曼胡：粗而乱。缨：冠缨，盔缨。⑨语难：用言语互相诘难。⑩说：同"悦"。⑪逆：反，不成功。⑫治：制作。⑬脱白刃：拔出利剑。⑭趋：快步走。⑮十步一人：意为十步杀一个人。⑯为剑：用剑。⑰虚：空虚。⑱戏：指试剑比武。⑲校：通"较"，较量。⑳敦：借为"对"。㉑御：用、对。杖：剑。㉒所奉：所用的剑。奉，通"捧"。㉓夹：通"铗"，剑把。㉔刑德：刑法的恩惠。㉕开：指开合变化。㉖持：把握。㉗直：伸。无前：前面无可阻挡。㉘决：通"抉"。㉙匡：正。㉚薄：鄙薄。㉛三环之：绕了三圈。㉜毕奏：说完了。㉝服毙：自杀。服，通"伏"。

【译文】

从前，赵文王喜好剑术，剑士聚集在他门下为客的有三千多人，日夜在文王面前相互击剑，一年死伤一百多人。文王依然喜好而不厌恶。这样过了三年，国势衰败。各国诸侯开始图谋攻取赵国。

太子悝感到很忧虑，便召集他的左右幕僚说："谁能说服文王让他停止剑士的活动，就赐他千金。"

左右的人说："庄子可以。"

于是太子派人以千金奉送庄子。庄子不接受，和使者一起去见太子，说："太子对我有什么指教，赐给我千金？"

太子说："听说先生圣明,谨奉千金送给先生的随从。先生不接受,我还怎么敢说呢？"

庄子说："听说太子想让我做的是要断绝文王的喜好。如我向上劝说文王而违逆了文王的心意，向下又有负太子的委任，于是身受刑罚而死去，我还怎么用这千金呢？假使我对上说服了文王，向下符合太子的心意了，我向赵国要求什么而得不到呢？"

太子说："好吧。我们文王所见的人，只有剑士。"

庄子说："行，我善于用剑。"

太子说："但是我们大王所见的剑士，都是头发蓬乱，鬓毛突出，低垂帽子，冠缨粗而乱，衣服后身短，瞪着眼睛而用语言互相责难，这样，大王就高兴。现在先生一定要穿着儒服去拜见文王，事情必然不顺当。"

庄子说："请制作剑士的服装。"用三天的时间制作了剑士的服装，就去拜见太子。太子便和庄子一起去见文王。文王拔出剑来等待他。

庄子进殿门不急步走，见文王也不拜。文王说："你要用什么指教我，让太子先向我介绍。"

庄子说："我听说大王喜欢剑术，所以以剑来拜见大王。"

文王说："你的剑术如何制服对手呢？"

答说："我的剑术，十步杀一人，千里无阻挡。"

文王非常高兴地说："天下无敌了。"

庄子说："用剑术的方法是，先示人以空虚，给人可乘之机。发动在后，抢先击倒。希望试一试。"

文王说："先生休息一下，到馆舍等候，让我安排剑术比赛后请先生。"

于是文王让剑士较量了七天，死伤六十多人，选出五六人，让他们捧剑在宫殿下，于是去召庄子。文王说："今天请与剑士对剑。"

庄子说："期待很久了。"

文王说："先生所使用的剑，长短如何？"

庄子说："我用的这些剑都可以。然而我有三种剑,任大王选用。请先说然后再比剑。"

文王说："愿意听听这三种剑。"

庄子说："有天子的剑，有诸侯的剑，有庶人的剑。"

文王说："天子之剑是怎么样的？"

庄子说："天子之剑，以燕谿的石城山做剑尖，以齐国的泰山做剑刃，以晋国和卫国做剑脊，以周王畿和宋国做剑环，以韩国和魏国做剑柄；用中原以外的四境来包扎，用四季来围裹，用渤海来缠绕，用恒山来做系带；靠五行来统驭，靠刑律和德教来论断；遵循阴阳的变化而进退，遵循春秋的时令而持延，遵循秋冬的到来而运行。这种剑，向前直刺一无阻挡，高高举起无物在上，按剑向下所向披靡，挥动起来旁若无物，向上割裂浮云，向下斩断地纪。这种剑一旦使用，可以匡正诸侯，使天下人全都归服。这就是天子之剑。”

赵文王听了茫然若失，说：“诸侯之剑怎么样？”

庄子说：“诸侯之剑，以智勇之士做剑尖，以清廉之士做剑刃，以贤良之士做剑脊，以忠诚圣明之士做剑环，以豪杰之士做剑柄。这种剑，向前直刺也一无阻挡，高高举起也无物在上，按剑向下也所向披靡，挥动起来也旁若无物；对上效法于天而顺应日月星辰，对下取法于地而顺应四时序列，居中则顺和民意而安定四方。这种剑一旦使用，就好像雷霆震撼四境之内，没有不归服而听从国君号令的。这就是诸侯之剑。”

文王说：“庶人之剑怎么样”

庄子说：“庶人的剑，头发蓬乱而鬓毛突出，帽子低垂，冠缨粗而乱，衣服后身短，瞪着眼睛而用言语互相责难，在人面前互相攻击，上断人头，下断肝肺。这种庶人的剑，和斗鸡没有不同，性命绝于一旦，对国事无任何用处。现在大王拥有天子的地位而喜好庶人的剑术，我私下为大王鄙薄它。”

于是文王引庄子上殿，负责膳食的人端来饭菜，文王绕了三个圈。庄子说：“大王您安静坐下来，关于剑术的事情我已上奏完了！”

于是文王三个月没出宫门，剑士们都在他们的住处自杀了。

渔父

【题解】

本篇以有道者渔父对孔子的礼乐人伦思想的批评，阐述了庄子学派崇尚自然、保持本真的思想。渔父的形象，在一定程度上带有隐逸色彩。

【原文】

孔子游乎缁帷之林[①]，休坐乎杏坛之上。弟子读书，孔子弦歌鼓琴[②]，奏曲未半[③]。有渔父者，下船而来，须眉交白[④]，被发揄袂[⑤]，行原以上[⑥]，距陆而止[⑦]，左手据膝[⑧]，右手持颐以听[⑨]。曲终而招子贡、子路[⑩]，二人俱对[⑪]。

客指孔子曰：“彼何为者也？”

子路对曰：“鲁之君子也。”客问其族。子路对曰：“族孔氏。”

客曰：“孔氏者何治也[⑫]？”

子路未应，子贡对曰：“孔氏者，性服忠信[⑬]，身行仁义[⑭]，饰礼乐，选人伦[⑮]，上以忠于世主，下以化于齐民[⑯]，将以利天下[⑰]。此孔氏之所治也。”

又问曰：“有土之君与？”

子贡曰：“非也。”

“侯王之佐与[⑱]？”

子贡曰："非也"。

客乃笑而还行[19]，言曰："仁则仁矣，恐不免其身。苦心劳形，以危其真[20]。呜呼，远哉其分于道也[21]！"

【注释】

①缁（zī）：黑。因林中幽暗如同帷幕，故称为缁帷之林。②弦歌：弹琴诵诗。鼓琴：即弹琴。③奏曲：弹奏乐曲。④交：皆。⑤被发：披发。被，同"披"。揄（yú）：挥。袂（mèi）：袖。⑥行原：走在水边的平地。⑦距：至。陆：高过原的平地。⑧据：按。⑨持：撑。颐（yí）：面颊。⑩招：招呼。⑪俱对：一齐过来对话。⑫治：从事。⑬性服忠信：用心于忠信。性，心。服，施行。⑭行：实践。⑮选：选择，制定。人伦：人与人的关系。⑯化：教化。齐民：平民。⑰利：有利于。⑱侯王：诸侯。佐：臣子。⑲还（xuán）行：回头走。⑳危：危害。真：真性。㉑分：离。

【译文】

孔子到缁帷林中游览，坐在杏坛上休息。弟子在一旁读书，孔子边弹琴边吟诗。曲子奏到一半，有位打渔的老者，走下船来，胡子眉毛已经全白了，披着头发，挥着袖子，从水边的平地往上走，一直走到高的地方才停下来，左手扶着膝盖，右手撑住面颊，听孔子弹琴。曲子奏完，老者就招呼子贡和子路两个人一齐过来对话。

渔夫指着孔子问："他是干什么的？"

子路回答："是鲁国的君子。"又问孔子的姓氏。子路说："姓孔氏。"

渔夫又问："孔氏从事什么职业？"

子路没有回答，子贡说："孔氏心性守忠信，亲自行仁义，修饰礼乐，规范人伦，对上忠于当世的君主，对下教化天下的平民，而利在于全天下。这就是孔氏所从事的职业。"

渔夫又问："是有领土的国君吗？"

子贡说："不是。"

"是诸侯的臣子吗？"

子贡说："不是。"

渔夫便笑着回头走了，边走边自言自语："仁倒是够仁的了，恐怕难免要身心受苦了。苦其心志劳其形体，而危害自身的真性。唉，离道也太远了呀。"

【原文】

子贡还，报孔子。孔子推琴而起曰："其圣人与[1]！"乃下求之，至于泽畔，方将杖拏而引其船[2]，顾见孔子，还乡而立[3]。孔子反走，再拜而进。

客曰："子将何求？"

孔子曰："曩者先生有绪言而去[4]，丘不肖，未知所谓[5]，窃待于下风[6]，幸闻咳唾之音[7]，以卒相丘也[8]。"

客曰："嘻！甚矣，子之好学也！"

孔子再拜而起曰："丘少而修学，以至于今，六十九岁矣，无所得闻至教，敢不虚心！"

客曰："同类相从，同声相应，固天之理也。吾请释吾之所有而经子之所以。子之所以者，人事也。天子诸侯大夫庶人，此四者自正，治之美也，四者离位而乱莫大焉。官治其职，人忧其事，乃无所陵⑨。故田荒室露⑩，衣食不足，征赋不属⑪，妻妾不和，长少无序⑫，庶人之忧也；能不胜任，官事不治⑬，行不清白⑭，群下荒怠⑮，功美不有⑯，爵禄不持⑰，大夫之忧也；廷无忠臣⑱，国家昏乱，工技不巧，贡职不美，春秋后伦，不顺天子，诸侯之忧也；阴阳不和，寒暑不时，以伤庶物⑲，诸侯暴乱，擅相攘伐⑳，以残民人，礼乐不节，财用穷匮㉑，人伦不饬㉒，百姓淫乱，天子之忧也。今子既上无君侯有司之势，而下无大臣职事之官，而擅饰礼乐，选人伦，以化齐民，不亦泰多事乎！

"且人有八疵㉓，事有四患，不可不察也。非其事而事之，谓之摠㉔；莫之顾而进之，谓之佞㉕；希意道言㉖，谓之谄㉗；不择是非而言，谓之谀㉘；好言人之恶，谓之谗㉙；析交离亲，谓之贼㉚；称誉诈伪以败恶人㉛，谓之慝㉜；不择善否，两容颊适㉝，偷拔其所欲㉞，谓之险。此八疵者，外以乱人，内以伤身，君子不友，明君不臣。所谓四患者，好经大事㉟，变更易常，以挂功名，谓之叨㊱；专知擅事，侵人自用㊲，谓之贪；见过不更，闻谏愈甚，谓之很㊳；人同于己则可，不同于己，虽善不善，谓之矜㊴。此四患也。能去八疵，无行四患，而始可教已。"

【注释】

①其：大概。与：同"欤"。②杖：动词，撑。拏：通"桡"，船桨。引：引去，指撑开。③顾见：回头看见。乡：通"向"。④曩（nǎng）：以前。绪言：开头的话。⑤所谓：所教导的话。⑥窃：私下，谦词。待：等待。下风：下方。⑦咳唾：恭敬之词，表示自己不配听其高论，只能听其咳唾之声。⑧卒：最终。相（xiàng）：助。⑨无所陵：不相陵犯。陵，陵犯。⑩田荒：田地荒芜。室露：房屋破漏。⑪征赋：赋税。不属：不逮，不及时收到。属，逮。⑫无序：没有长幼之别。⑬官事：职务之内的事情，职务之内的工作。不治：没有做好。⑭行：行为。⑮群下：下属。⑯美：善，精美。⑰不持：不保持。⑱廷：官廷。⑲庶物：众物，指农作物、畜牧物等。⑳擅相攘伐：擅自相互攻伐。㉑穷匮：贫穷匮乏。㉒不饬：不正。饬，整顿有序。㉓疵：毛病。㉔摠（zǒng）：通"总"，滥，包揽，管得太宽。㉕佞（nìng）：惯于用花言巧语谄媚人。㉖希意：迎合人意。道言：顺着人说话。道，通"导"。㉗谄：谄媚，用卑贱的态度向人讨好。㉘谀：阿谀奉承。㉙谗：在别人面前说某人的坏话。㉚贼：害，毁坏。㉛诈伪：奸诈虚伪。败：败坏。恶：憎恶。㉜慝（tè）：邪恶。㉝两容：兼容。颊适：无原则地投合他人。㉞拔：助长。所欲：所追求的私欲。㉟好经大事：好经营大事。㊱叨（tāo），通"饕"，贪，不应占有而占有。㊲侵人：凌驾于人。自用：自以为是。㊳很：拗，执拗，不听从。㊴矜（jīn）：自夸，自尊自大。

【译文】

子贡回来，报告孔子。孔子推开琴站起来说："他大概是圣人吧！"于是走下杏坛去找他，到了水边，渔夫正要把船划走，回过头来看见孔子，就转过身来站着。孔子后退几步，行了礼又走上前去。

渔夫说："先生有什么事相求？"

孔子说："刚才，先生刚说了个开头就离开了，我不够聪明，不懂您讲的道理，我私下在此恭候您，希望有幸聆听您的教诲，以便最终得到您的帮助！"

渔夫说："噢，您还真的非常好学呀！"

孔子又一次行礼后起身说："我年少时就努力学习，直到今天，已经六十九岁了，没有能够听到过至理的教诲，怎么敢不虚心请教！"

渔父说："同类相互汇聚，同声相互应和，这本是自然的道理。请让我说明我的看法，从而分析你所从事的活动。你所从事的活动，是世俗的事务。天子、诸侯、大夫、庶民，这四种人能够摆正各自的位置，也就是社会治理的美好境界，四者倘若偏离了自己的位置，社会就会产生大动乱。官吏处理好各自的职能，人民安排好各自的事情，这就不会出现混乱和侵扰。所以，田地荒芜居室破漏，衣服和食物不充足，赋税不能按时缴纳，妻妾不能和睦，老少失去尊卑的序列，这是普通百姓的忧虑。能力不能胜任职守，本职的工作不能办好，行为不清白，属下玩忽怠惰，功业和美名全不具备，爵位和俸禄不能保持，这是大夫的忧虑。朝廷上没有忠臣，都城的采邑混乱，工艺技术不精巧，敬献的贡品不好，朝觐时落在后面而失去伦次，不能顺和天子的心意，这是诸侯的忧虑。阴阳不和谐，寒暑变化不合时令，以致伤害万物的生长；诸侯暴乱，随意侵扰征战，以致残害百姓；礼乐不合节度，财物穷尽匮乏，人伦关系未能整顿，百姓淫乱，这是天子的忧虑。如今你上无君侯执政的地位而下无大臣掌管事务的官职，却擅自修治礼乐，排定人伦关系，从而教化百姓，不是太多事了吗！

"而且人有八种毛病，事有四种祸患，不可不明察。不是自己职分以内的事还要去做，叫作摠；无人理睬还要进言相劝，叫作佞；迎合对方顺导话意，叫作谄；不辨是非巴结奉承，叫作谀；喜欢背地说人坏话，叫作谗；离间故交挑拨亲友，叫作贼；奸诈虚伪败坏他人，叫作慝；不分善恶美丑，好坏兼容而脸色随应相适，暗中攫取私利，叫作险。有这八种毛病的人，外能迷乱他人，内则伤害自身，因而有道德修养的人不和他们交往，圣明的君主不以他们为臣。所谓四患：喜欢管理国家大事，随意变更常规常态，用以钓取功名，这称作贪得无厌；自恃聪明而专行独断，侵害他人而刚愎自用，这称作利欲熏心；有错不改，听到劝说却越错越多，称作执拗不化；跟自己意见相同的就认可，跟自己不同的即使是好的也认为不好，这称作自负矜夸。这就是四种祸患。能够清除八种毛病，不再推行四种祸患，才可以教育。"

【原文】

孔子愀然而叹[①]，再拜而起曰："丘再逐于鲁[②]，削迹于卫，伐树于宋，围于陈、蔡。丘不知所失，而离此四谤者何也[③]？"

客凄然变容曰："甚矣，子之难悟也[4]！人有畏影恶迹而去之走者[5]，举足愈数而迹愈多[6]，走愈疾而影不离身[7]，自以为尚迟，疾走不休，绝力而死。不知处阴以休影[8]，处静以息迹，愚亦甚矣！子审仁义之间，察同异之际，观动静之变，适受与之度，理好恶之情[9]，和喜怒之节[10]，而几于不免矣[11]。谨修而身[12]，慎守其真，还以物与人，则无所累矣。今不修之身而求之人，不亦外乎！"

孔子愀然曰："请问何谓真？"

客曰："真者，精诚之至也。不精不诚，不能动人。故强哭者，虽悲不哀；强怒者，虽严不威；强亲者，虽笑不和。真悲无声而哀，真怒未发而威，真亲未笑而和。真在内者，神动于外，是所以贵真也。其用于人理也[13]，事亲则慈孝，事君则忠贞，饮酒则欢乐，处丧则悲哀。忠贞以功为主，饮酒以乐为主，处丧以哀为主，事亲以适为主[14]。功成之美[15]，无一其迹矣[16]；事亲以适，不论所以矣[17]；饮酒以乐，不选其具矣[18]；处丧以哀，无问其礼矣[19]。礼者，世俗之所为也[20]；真者，所以受于天也[21]，自然不可易也[22]。故圣人法天贵真[23]，不拘于俗。愚者反此[24]。不能法天而恤于人[25]，不知贵真，禄禄而受变于俗，故不足。惜哉，子之蚤湛于人伪而晚闻大道也[26]！"

孔子又再拜而起曰："今者丘得遇也，若天幸然[27]。先生不羞而比之服役[28]，而身教之。敢问舍所在，请因受业而卒学大道。"

客曰："吾闻之，可与往者与之[29]，至于妙道；不可与往者，不知其道，慎勿与之，身乃无咎[30]。子勉之，吾去子矣[31]，吾去子矣！"乃刺船而去[32]，延缘苇间[33]。

【注释】

① 愀（qiǎo）然：形容神色变得严肃或不愉快的样子。② 逐：驱逐。③ 离：通"罹"，遭。④ 难悟：难觉悟。一本作"难语"，难与言，亦通。⑤ 畏影：畏惧自己的影子。恶迹：厌恶自己的足迹。去：脱离、摆脱。走：跑。⑥ 数（shuò）：屡次，频繁。⑦ 疾：快，急。⑧ 处阴：在阴暗无光的地方。休影：止影，没有影子。⑨ 理：调理，疏导。⑩ 和：调和。节：节度，分寸。⑪ 几：几乎。不免：不免于祸患。⑫ 谨：谨慎。修：修养。而：你。身：身心。⑬ 理：伦理。⑭ 适：顺。⑮ 之：则。⑯ 无：通"毋"。一：一种。迹：途径。⑰ 以：用。⑱ 选：挑选。具：酒具。⑲ 无问：不讲究。礼：礼数。⑳ 所为：人为地制定出来的。㉑ 受于天：出自天性。㉒ 易：改变。㉓ 法天：效法自然。贵真：看重真诚。㉔ 反此：与此相反。㉕ 恤：忧。人：人事。㉖ 蚤：通"早"。湛（dān）：通"耽"，沉溺。人伪：世俗的礼乐。㉗ 天幸：天赐幸运。㉘ 不羞：不以为羞耻。比之：当作。服役：弟子。㉙ 与往：一同前往。㉚ 咎（jiù）：祸害。㉛ 去：离开。㉜ 刺船：撑船。㉝ 延缘苇间：顺着芦苇丛慢慢划走。延，慢行。缘，沿着。

【译文】

孔子神色愧变叹息，再次行礼后站起来说："我在鲁国两次受到冷遇，在卫国被要求不许入境，在宋国遭受砍掉讲学遮荫之树的羞辱，又被围困在陈国、蔡国之间。我不知道我有什么过失，为何遭到这样四次打击呢？"

渔夫悲悯地改变面容说："你实在是难以醒悟啊！有人害怕自己的身影、厌恶自己的足迹，想要避离而逃跑，举步越频繁足迹就越多，跑得越快而影子却总不离身，自以为还跑得慢，于是加速奔跑不止，终于用尽力气而死。不懂得停留在阴暗处影子自然就会消失，停留在静止状态足迹就不复存在，这实在是太愚蠢了！你能够推究仁义的道理，考察事物同异的区别，观察动静的变化，掌握取舍的分寸，疏通好恶的情感，调谐喜怒的节度，却几乎不能免于灾祸。谨慎地修养你的身心，保持你的真性，使物与人各归自然，就没有什么拘累了。如今你不修养自身反而求责他人，这不也是追求外物吗？”

孔子凄凉地问：“请问什么是真呢？”

渔夫说：“真就是精诚所至。不精不诚，不能使人感动。所以勉强哭泣的人，虽然有悲痛却不哀伤；假装发怒的人，虽然严厉却无威严；假装亲切的人，虽然发笑却不和蔼。真正的悲痛没有哭声而哀伤，真正的愤怒虽不发作而威严，真正的亲切不带笑容却和蔼。真性在于内心，表情流露外表，因此才贵重真情。将真情用于人伦，侍奉父母则孝顺，服务君王则忠贞，饮酒则欢乐，服丧则悲哀。忠贞以功业为主，饮酒以欢乐为主，服丧以悲哀为主，事亲以安顺为主。达到目的就是完美，并无一定的方式；对父母要顺从，不在乎用什么方法；饮酒要欢乐，不必挑剔酒器；服丧要悲哀，不讲究什么礼数。礼节，是世俗人为制定的；而真情却是受之于上天的，自然是不可能改变的。所以圣人效法天道贵重真性，而不拘泥于世俗。愚笨的人与此正好相反。不知效法天道而体恤人事，不知贵重真性而平庸地深受世俗影响，所以很不知足。可惜呀，先生过早地沉溺于人为的礼俗之中而听说大道却太晚了！”

孔子又一次叩拜行礼起身说：“现在我有幸遇上先生，真是天赐幸运。先生不以为耻还肯把我当作学生而亲身开导我。请问您住在哪里，请允许我拜您为师而最终学得大道。”

渔夫说：“我听说过，可以同行的，与他一起达到至妙的大道；不可以同行的，不会懂得大道。谨慎地不要教授他，自身才会平安无事。先生还是好自为之吧，我要离开你了！”于是把船撑开，顺着芦苇丛慢慢地划走了。

【原文】

颜渊还车，子路授绥[①]，孔子不顾，待水波定，不闻拏音而后敢乘[②]。

子路旁车而问曰[③]：“由得为役久矣[④]，未尝见夫子遇人如此其威也[⑤]。万乘之主[⑥]，千乘之君[⑦]，见夫子未尝不分庭伉礼，夫子犹有倨傲之容[⑧]。今渔父杖拏逆立[⑨]，而夫子曲要磬折[⑩]，言拜而应，得无太甚乎？门人皆怪夫子矣，渔人何以得此乎？”

孔子伏轼而叹曰[⑪]：“甚矣，由之难化也！湛于礼仪有间矣[⑫]，而朴鄙之心至今未去。进，吾语汝！夫遇长不敬，失礼也；见贤不尊，不仁也。彼非至人[⑬]，不能下人[⑭]，下人不精[⑮]，不得其真，故长伤身。惜哉！不仁之于人也，祸莫大焉，而由独擅之。且道者，万物之所由也[⑯]。庶物失之者死[⑰]，得之者生，为事逆之则败，顺之则成。故道之所在，圣人尊之。今渔父之于道，可谓有矣，吾敢不敬乎！”

【注释】

① 授绥：将上车时用的拉绳交给孔子。② 拏音：桨声。③ 旁车：依靠车子。旁，通“傍”，依傍，靠着。④ 由：子路自称。为役：做弟子。⑤ 威：威严肃敬。⑥ 万乘之主：指天子。⑦ 千乘之君：指诸侯。⑧ 倨傲：一本作“居傲”，傲慢。⑨ 逆立：以背对面而立。⑩ 曲要：弯腰。要，通“腰”。磬折：形容腰弯得像磬那样曲折。磬，乐器，形状曲折。⑪ 轼（shì）：古代车厢前面用作扶手的横木。⑫ 湛（chén）：通“沉”，沉溺。有间：过了一段时间。⑬ 彼：指渔父。⑭ 下人：使人谦下。⑮ 精：精诚。⑯ 由：生，产生。⑰ 庶物：万物，各种生物。

【译文】

颜渊掉转车头，子路递过登车的绳索，孔子看着渔父离去的方向头也不回，直到水波平定，听不见桨声方才登上车子。

子路靠着车子问道：“我侍奉先生很久了，不曾看见先生对人如此谦恭尊敬。大国的诸侯、小国的国君，见到先生历来都是平等相待，先生还免不了流露出傲慢的神情。如今渔父手拿船桨对面而站，先生却像石磬一样弯腰鞠躬，听了渔父的话一再行礼后再作回答，恐怕是太过分了吧？弟子们都怪先生了，一个打渔的人为什么要这样对待呢？”

孔子伏身在车前的横木上叹息说：“你实在是难以教化啊！你沉湎于礼义已经有些时日了，可是粗野卑下的心态至今未能除去。走近点，我告诉你！大凡遇到长辈而不恭敬，就是失礼；见到贤人而不尊重，就是不仁。他若不是一个道德修养臻于完善的人，就不能使人自感谦卑低下，对人谦恭卑下却不精诚，必然不能保持本真，所以长期伤害自己。可惜啊！人如果不仁，祸害就没有比这更大的了，而你却偏偏就有这一毛病。况且大道是万物产生的根源，万物失去了道就会死亡，获得了道便会生存。做事违逆道就失败，顺应道就能成功。所以大道之所在，圣人尊崇它。如今渔父对于大道可以说是体悟了，我怎么能不尊敬他呢？”

列御寇

【题解】

本篇主旨在阐述如何真正领悟大道。作者认为只有做到虚无宁静，随遇而安，生无为，死不葬，一切任其自然，才可以算得上真正懂得大道。反之，不甘寂寞，积极进取，甚至入仕为官，就会祸及己身。

【原文】

列御寇之齐，中道而反①，遇伯昏瞀人。

伯昏瞀人曰：“奚方而反②？”

曰：“吾惊焉③。”

曰：“恶乎惊？”

曰："吾尝食于十浆[4]，而五浆先馈[5]。"

伯昏瞀人曰："若是[6]，则汝何为惊已[7]？"

曰："夫内诚不解[8]，形谍成光[9]，以外镇人心[10]，使人轻乎贵老[11]，而鳖其所患[12]。夫浆人特为食羹之货[13]，无多余之赢[14]，其为利也薄，其为权也轻，而犹若是，而况于万乘之主乎！身劳于国而知尽于事[15]，彼将任我以事而效我以功[16]，吾是以惊。"

伯昏督人曰："善哉观乎[17]！女处已[18]，人将保女矣[19]！"

无几何而往[20]，则户外之屦满矣[21]。伯昏瞀人北面而立[22]，敦杖蹙之乎颐[23]，立有间[24]，不言而出。

宾者以告列子[25]，列子提屦，跣而走[26]，暨乎门[27]，曰："先生既来，曾不发药乎[28]？"

曰："已矣，吾固告汝曰人将保汝，果保汝矣。非汝能使人保汝，而汝不能使人无保汝也，而焉用之感豫出异也[29]！必且有感[30]，摇而本才[31]，又无谓也。与汝游者又莫汝告也[32]，彼所小言，尽人毒也[33]。莫觉莫悟[34]，何相孰也[35]！巧者劳而知者忧，无能者无所求[36]，饱食而敖游[37]，泛若不系之舟[38]，虚而敖游者也[39]。"

【注释】

①中道：中途。反：通"返"，返回。②方：刚，才。③惊：惊恐，惊骇。④十浆：十家浆铺。浆，米汤，指卖米汤的店铺。⑤馈：馈赠，赠给。⑥若是：如此，这样。⑦已：通"矣"。⑧内诚：内心真诚。不解：有症结没有融化。⑨形谍：在外表上流露出来。谍，泄。⑩镇：镇服。⑪贵：尊重。老：指年老。⑫鳖（jī）：招致。⑬特：只是。⑭赢：营利，赚钱。⑮劳：操劳。知：通"智"。⑯彼：指国君。效：效力。⑰观：观察。⑱已：矣。⑲保：归附，依附。⑳无几何：没多久，不几天。㉑屦（jù）：麻葛鞋。㉒北面：面北。㉓敦杖：以杖顿地。敦，通"顿"。蹙之乎颐：拄着他的面颊。蹙，拄。㉔立有间：站了一会儿。㉕宾（bīn）：同"傧"，傧相，接引客人的人员。㉖跣（xiǎn）：光着脚。㉗暨：及。乎：于。㉘曾：乃。发药：比喻治病救人的言论。㉙而：通"尔"，你。用：因。豫：通"愉"，愉快。㉚必且：必将。㉛摇：动，摇动。而：你。才：一本作"性"。㉜告（gù）：上告下。莫汝告：莫告汝。㉝尽人毒：尽是害人的东西。㉞莫：不。㉟孰：古"熟"字，成。㊱无能：无所能而能，指无为而得道。㊲敖游：即"遨游"，不受外物的束缚，自由自在地游荡于虚无的境界。㊳泛：飘流不定，漫无目的。㊴虚：内心空虚无目的，指无应而无不应。

【译文】

列御寇到齐国去，中途又返回来，遇上伯昏瞀人。

伯昏瞀人问道："为什么刚去又返回来呢？"

列御寇说："我感到惊惶不安。"

伯昏瞀人问："什么原因使你惊惶不安？"

列御寇说："我曾在十家浆铺饮浆，却有五家事先就给我送来。"

伯昏瞀人说："像这样的事，你怎么会惊惶不安呢？"

列御寇说："内心至诚却未能从流俗中解脱出来，外表就会有所流露而呈现出神采，以此征服人心，使人尊重自己胜过尊重年老的人，必然会招致祸患。那些卖浆的人只不过是做些饮食买卖，没有多少赢利，他们的利润是很微薄的，能够得到的权势也是微不足道的，可是还如此地对待我，何况那大国的国君呢？亲身操劳于国家而才智耗尽于政事，他们定会把重任托付给我并检验我的功绩。我正因如此才惊惶不已。"

伯昏瞀人说："你的观察与分析实在是很好啊！你安静等着吧，人们一定会归附于你！"

没有多久，伯昏瞀人前去看望列御寇，看见门外摆满了鞋子。伯昏瞀人面朝北方站着，竖着拐杖撑住下巴。站了一会儿，一句话也没说就走了。

接待宾客的人告诉了列御寇，列御寇提着鞋子，光着脚就跑了出来，赶到门口说："先生已经来了，竟不说一句批评指教的话吗？"

伯昏瞀人说："算了算了，我本来就告诉你说人们将会归附于你，果真都在归附你了。不是你能使人归附你，而是你不能使人不归附你，你何必因为这种事而感到愉快并表现得与众不同呢！必定是内心有所感动方才会动摇你的本性，这又是无谓的事情。跟你交游的人又没有谁能提醒告诫你，他们的细巧言辞全是毒害人的；没有谁觉醒和省悟，怎么能彼此提高成熟呢！灵巧的人多劳累而聪慧的人多忧患，没有能耐的人也就没有什么追求，填饱肚子就自由自在地遨游，像没有缆索飘忽在水中的船一样，这才是心境空虚而自由遨游的人。"

【原文】

郑人缓也①，呻吟于裘氏之地②。祇三年而缓为儒③，河润九里④，泽及三族⑤，使其弟墨⑥。儒墨相与辩，其父助翟。十年而缓自杀。其父梦之曰⑦："使而子为墨者予也⑧。阖尝视其良⑨，既为秋柏之实矣⑩？"

夫造物者之报人也⑪，不报其人而报其人之天⑫。彼故使彼。夫人以己为有以异于人⑬，以贱其亲，齐人之井饮者相捽也。故曰今之世皆缓也。自是⑭，有德者以不知也⑮，而况有道者乎！古者谓之遁天之刑⑯。

圣人安其所安，不安其所不安；众人安其所不安⑰，不安其所安。

【注释】

①缓：人名，郑国人。②呻吟：微弱的诵读声。裘氏：郑地名。③祇（zhǐ）：只，止。为儒：学儒而成为儒。④河：河水。润：滋润，灌溉。九：多数，概数，非指八、九之九。⑤泽：恩泽。三族：父族、母族、妻族。⑥墨：学墨家的学说。⑦之曰：指缓托梦说。之，代缓。⑧而：你。予：我，指缓自己。⑨阖：何。尝：试。良（làng）：一本作"壤"，坟墓。⑩秋柏：皆为良材。实：指学术的成就。⑪报：报答，对待，给予。⑫天：天性，自然本性。⑬夫人：指缓。异于人：不同于别人。⑭自是：自以为是。⑮不知：不知自以为是，即不知有德。⑯遁天之刑：违背自然的刑罚。⑰众人：一般人，普通人。

【译文】

郑国有个名叫缓的人，在裘氏地方读书，只用了三年就成了儒生，像河水一样润泽着广远的地方，恩惠施及三族，并且使他的弟弟成为墨家的学人。儒家、墨家不能相容而相互争辩，缓的父亲则站在弟弟一边。过了十年缓愤而自杀，他的父亲梦见他说："让你的小儿子成为墨者的是我，怎么不看看我的坟墓，我已变成楸树和柏树而结出了果实！"

造物者所给予人们的，不会赋予人才智和能力，而是赋予人们自然本性。缓的弟弟具备了墨家的禀赋因而能使他成为墨家学人。缓总是自认为与众不同才这样轻侮他的父亲，就跟齐人自以为挖井有功而与饮水的人拉扯扭打一样，如今社会上的人差不多都是像缓这样贪天之功以为己力的人。自以为是，在有德行的人看来是不明智的，更何况是有道的人啊！古时候人们认为这种自以为是的做法是违背自然规律并要受到刑戮的。

圣哲的人安于自然天性，却不适应人为；普通人习惯于人为，却不安于自然天性。

【原文】

庄子曰："知道易[①]，勿言难[②]。知而不言，所以之天也[③]；知而言之，所以之人也；古之至人天而不人[④]。"

朱泙漫学屠龙于支离益[⑤]，单千金之家[⑥]，三年技成而无所用其巧[⑦]。

圣人以必不必，故无兵[⑧]；众人以不必必之[⑨]，故多兵；顺于兵[⑩]，故行有求[⑪]。兵，恃之则亡[⑫]。

小夫之知，不离苞苴竿牍[⑬]，敝精神乎蹇浅[⑭]，而欲兼济道物[⑮]，太一形虚[⑯]。若是者，迷惑于宇宙，形累不知太初[⑰]。彼至人者，归精神乎无始[⑱]，而甘冥乎无何有之乡[⑲]。水流乎无形，发泄乎太清。悲哉乎汝为，知在毫毛[⑳]，而不知大宁[㉑]！

【注释】

①知：认识。②勿言难：默不作声而成之者困难。③之天：合于自然。之，向，往。④古之至人：古时的至德之人。天：天道自然。不人：不合人为。⑤朱泙（pēng）漫：人名。支离益：人名，复姓支离，名益。屠龙：喻为道。⑥单：借为"殚"，尽。家：指家产。⑦技：技术。⑧无兵：无事。兵，争。⑨不必必之：把不必然的事也视为必然的。⑩顺：顺从，曲从。⑪行：行为。求：贪求。⑫恃：依靠。亡：亡失，不得。⑬苞苴：指赠人鱼肉用茅苇叶包着。竿牍：简牍，古书。竿，通"简"。⑭敝：消耗。蹇浅：浅陋，短浅。⑮兼济道物：成道又成物。兼，兼而有之。济，成。⑯太一：用作动词，与万物同一。形虚：体内形虚。⑰太初：指道的本体。⑱归：复，回。无始：万物还没产生的时代。⑲甘冥：酣睡。冥，通"瞑"，眠。⑳知：通"智"。毫毛：指小事。㉑大宁：非常宁静的境界。

【译文】

庄子说："认识道容易，默不作声而成道却很困难。了解了道却不妄加谈论，这是通往自然的境界；了解了道却信口谈论，就走向了人为的尘世。古时候的人，体察自然而不追求人为。”

朱泙漫向支离益学习屠龙的技术，耗尽了千金的家产，三年后学成技术却没有机会施展这样的技巧。

圣哲的人把必然的事视为不必然，所以总是没有争论；普通人却把不必然的事视为必然，因而总是争论不休。顺从于纷争，所以行为有贪求。面对纷争，依仗于它到头来就会一无所得。

世俗人的聪明做法，离不开应酬交际，在浅薄的事情上耗费精神，一心想着兼济天下疏导万物，以达到空虚同一的境界。像这样的人，早已被浩瀚的宇宙所迷惑，身形劳累却并不了解道的真谛。那些道德修养极高的人，让精神回归到鸿蒙初开的原始状态，甘愿休眠在没有任何有形事物的世界。像水流一样随顺无形，自然而然地流淌在清虚空寂的境域。可悲啊！列子把心思用在毫毛琐事上，却一点也不懂得还有非常宁静的境界。

【原文】

宋人有曹商者，为宋王使秦①。其往也，得车数乘；王说之②，益车百乘③。反于宋④，见庄子曰：“夫处穷闾厄巷⑤，困窘织屦⑥，槁项黄馘者⑦，商之所短也⑧；一悟万乘之主而从车百乘者⑨，商之所长也。”

庄子曰：“秦王有病召医，破痈溃痤者得车一乘⑩，舐痔者得车五乘⑪，所治愈下⑫，得车愈多。子岂治其痔邪⑬，何得车之多也？子行矣⑭！”

【注释】

①使：出使。②说：通“悦”。③益：增加。④反：通“返”。⑤穷闾：穷乡僻里。厄巷：窄巷。⑥困窘织屦：因贫苦而以织草鞋为生。⑦槁项：干瘪的脖子。黄馘（guó）：面黄肌瘦。⑧短：短处。⑨一：一朝。悟：使动用法，使……觉悟。从车：随从的车辆。⑩痈（yōng）痤（cuó）：疮疖之类。⑪舐（shì）：舔。⑫下：卑下。⑬岂：难道。⑭行：离开。

【译文】

宋国有个叫曹商的人，为宋王出使秦国。去的时候，得到了几辆车；秦王很喜欢他，又给了他一百辆车。返回宋国后，去见庄子，说：“住在穷街陋巷，穷得靠织草鞋为生，饿得脖子干瘪，面黄肌瘦，这是我所干不了的；一见面就能使大国之君醒悟而使跟随的车子多达一百辆，这是我所擅长的。”

庄子说：“秦王有病叫医生，除脓去疮的赏车一辆，舔痔疮的赏车五辆，所治的患处越卑下，赏的车越多，先生您大概就是治的痔疮吧，为什么能得这么多车呢？您还是赶快走开吧！”

【原文】

鲁哀公乎问乎颜阖曰：“吾以仲尼为贞干，国其有瘳乎①？”

曰："殆哉圾乎[2]！仲尼方且饰羽而画，从事华辞[3]，以支为旨[4]，忍性以视民而不知不信，受乎心[5]，宰乎神[6]，夫何足以上民[7]！彼宜女与[8]，予颐与，误而可矣[9]！今使民离实学伪[10]，非所以视民也[11]，为后世虑，不若休之[12]。难治也[13]！"

施于人而不忘[14]，非天布也[15]。商贾不齿，虽以事齿之[16]，神者弗齿[17]。

为外刑者[18]，金与木也[19]；为内刑者[20]，动与过也[21]。宵人之离外刑者[22]，金木讯之[23]；离内刑者，阴阳食之[24]。夫免乎外内之刑者，唯真人能之。

【注释】

①瘳（chōu）乎：可治吗。瘳，病愈。②殆：危险。圾：通"岌"，危。③华辞：浮华的言辞，花言巧语。④以支为旨：把枝节看作是要旨。支，枝节。旨，要旨。⑤受乎心：受心指使。⑥宰乎神：以精神为主宰。⑦上民：居民之上。⑧彼：指仲尼。宜：犹"乃"。女：通"汝"，指鲁哀公。⑨而：犹"则"。⑩实：信，性。伪：华辞，忍性，指礼乐。⑪非：不是。视民：教育民众。⑫休：止。⑬难治：不可以治。⑭施于人：施恩于民。⑮天布：天行布施。⑯事：事务。⑰神：思想。弗：同"不"。⑱外刑：体外的刑罚。⑲金与木：金属与木制的刑具。⑳内刑：内心的刑罚。㉑动：妄动。过：过分。㉒宵：通"小"。离：通"罹"，遭受。㉓讯：刑讯，拷问，问罪。㉔食：通"蚀"，剥蚀，腐蚀，蚕食。

【译文】

鲁哀公向颜阖问道："我想任命仲尼为辅相，国家可以得救吗？"

颜阖说："危险了，实在是危险啊！仲尼喜欢粉饰装扮，追求和讲习虚伪的言辞，把枝节看作是要旨，矫饰性情夸示民众，既不明智，也不诚信；内心受这样的做法指使，并主宰着精神，又怎么能够管理好人民！仲尼果真适合于你吗，他真的能够安养人民吗？那就一定要误人了。现今让人民背离质朴学习伪诈，这不是用来教示民众的办法，为后世子孙着想，不如早早放弃上述打算。孔丘是很难治理好国家的。"

施与别人恩惠却总忘不了回报，这就不是天然的无私赐予。施恩图报的行为商人都瞧不起，即使有什么事情必须与他交往，内心也是瞧不起的。

施加皮肉之刑的，不外乎是金属或木质的刑具；给内心世界带来惩罚的，则是自身的烦乱和行动的过失。小人受到皮肉之刑，是用刑具加以拷问；小人内心受到惩罚，则是阴气阳气郁积所造成的侵害。能够免于内外刑辱的，只有真人才可做到。

【原文】

孔子曰："凡人心险于山川[1]，难于知天[2]。天犹有春秋冬夏旦暮之期[3]，人者厚貌深情[4]。故有貌愿而益[5]，有长若不肖[6]，有顺懁而达[7]，有坚而缦[8]，有缓而钎[9]。故其就义若渴者[10]，其去义若热[11]。故君子远使之而观其忠[12]，近使之而观其敬[13]，烦使之而观其能[14]，卒然问焉而观其知[15]，急与之期而观其信[16]，委之以财而观其仁[17]，告之以危而观其节[18]，醉之以酒而观其则[19]，杂之以处而观其色[20]。九征至[21]，不肖人得矣[22]。"

【注释】

①险：险恶。②知：了解。③期：周期。④厚貌深情：容貌深厚，情感深藏。⑤愿：谦虚老实。益：通“溢”，自满。⑥长：优良的内在品德。不肖：指外貌。⑦顺懁（xuàn）：固执保守。懁，通“狷”。⑧缦（màn）：软弱。⑨釬（hàn）：通“悍”，凶悍。⑩就义：追求正义。若渴：像口渴想喝水般急切。⑪去义：抛弃正义。若热：像逃避火烧一样快。以上两句说明进退都很快。⑫远使之：派到远方去工作。⑬近使之：放在身边使用。敬：恭敬。⑭烦：烦杂。能：能力。⑮卒（cù）：通“猝”，突然。知：通“智”。⑯急：紧急。期：约。信：信用。⑰委：委托。仁：不贪财。⑱危：危急。节：气节。⑲则：规矩。⑳杂之：男女杂居。色：是否好色。㉑征：检验，考核。㉒不肖人：表里不一的人。得：掌握。

【译文】

孔子说：“人心的险恶超过山川，想了解人比了解天还困难。天还有春夏秋冬昼夜的周期，人却容貌深厚而情感深藏。所以有的看上去谦虚老实，骨子里骄傲自满；有的虽然内秀，外表却其貌不扬；有的外表固执保守，内心却通达晓理；有的外表坚强，而内心却软弱不堪；有的看似和顺，实则凶悍。所以追求正义时如饥似渴，抛弃正义也唯恐不及。因此君子把人派到远方去办事而观察其忠贞；放在身边做事以考验他的恭敬；交给烦杂事务检验他的能力；突然提问检查他的学识；紧急相约看他能否守信；管理财物证明是否廉洁；告之危险判断他的气节；喝醉酒时注意他的仪态；男女杂处查明是否好色。经过这几条考察，就完全可以掌握谁是不肖之徒了。”

【原文】

正考父一命而伛①，再命而偻，三命而俯，循墙而走②，孰敢不轨③！如而夫者④，一命而吕钜⑤，再命而于车上舞⑥，三命而名诸父，孰协唐、许⑦！

贼莫大乎德有心⑧，而心有睫⑨，及其有睫也而内视⑩，内视而败矣⑪。凶德有五⑫，中德为首⑬。何谓中德？中德也者，有以自好也，而吡其所不为者也⑭。

穷有八极⑮，达有三必⑯，形有六府⑰。美、髯、长、大、壮、丽、勇、敢，八者俱过人也，因以是穷⑱。缘循⑲，偃佒⑳，困畏不若人㉑，三者俱通达㉒。智慧外通㉓，勇动多怨㉔，仁义多责㉕。达生之情者傀㉖，达于知者肖㉗，达大命者随㉘，达小命者遭㉙。

【注释】

①命，任命，委任。伛（yǔ）：曲背。②循墙而走：顺着墙跟走路，不敢走正路。③孰：谁。不轨：不法。轨，犹“法”。④而夫：你们这种人，指当时在位的人，贬辞。⑤吕矩：脊骨强大，指不能曲背弯腰，引申为高傲自大。吕，通“膂”，脊骨。矩，通“巨”，强大。⑥于车上舞：指骄傲到极点，得意而忘形。⑦协：同，比。唐：唐尧。许：许由。⑧贼：害。德：得。有心：私心。⑨心有睫：心有睫毛遮盖。睫，睫毛。⑩内视：主观意识。⑪败：失败。⑫凶德：凶指祸害，德指得。凶德有五，指耳、眼、鼻、舌、心。⑬中德：指心。

⑭吡（bǐ）：訾，说人坏话，引申为责难。⑮穷：穷困。八极：指下文的“美、髯、长、大、壮、丽、勇、敢”。⑯达：通达顺利。三必：指下文的缘循、偃佒、困畏的必要条件。⑰形：通“刑”，危害。⑱穷：穷困，即是“穷有八极”的穷。⑲缘循：因循，顺着。⑳偃佒：同“偃仰”，即俯仰从人，随俗应付。㉑困畏：懦弱。㉒通达：畅通无阻。㉓外通：通外，通于外物。㉔勇动：勇猛妄动。多怨：多结怨恨。㉕仁义：行仁施义。多责：多责求。㉖傀（guī）：傀伟，不平凡。㉗肖：小，渺小。㉘大命：天命。随：随顺自然。㉙小命：人命。遭：遭遇。指随遇而安。

【译文】

正考父首次被任命为士便逢人躬着背，第二次被任命为大夫便深深地弯着腰，第三次被任命为卿便谦恭地俯下身子，总是让开大道顺着墙根快步急走，态度如此谦下谁还敢干出不轨之事！如果是凡夫俗子，首次任命为士就会傲慢矜持，再次被任命为大夫就会在车上手舞足蹈，第三次被任命为卿就要直呼叔伯的名字了，谁能成为唐尧、许由那样谦让的人呢？

最大的祸害莫过于有意培养德行而且有心眼，等到有了心眼就会以意度事主观臆断，而主观臆断必定会导致失败。招惹凶祸的官能有心、耳、眼、舌、鼻五种，内心的谋虑则是祸害之首。什么叫作内心谋虑的祸害呢？所谓内心谋虑的祸害，是指自以为是而诋毁自己所不赞同的事情。

困厄窘迫源于以下八个方面的自恃与矜持，顺利通达基于以下三种情况的必然发展，危害产生于以下六个聚集点。貌美、长须、高大、魁梧、健壮、艳丽、勇武、果敢，这八种优点远远胜过他人，于是依恃傲人必然导致困厄窘迫。因循顺应、俯仰随人、困厄怯弱而又态度谦下，三种情况都能遇事通达。自恃聪明炫耀于外，勇猛躁动必多怨恨，倡导仁义必多责难。通晓生命实情的人心胸开阔，通晓真知的人内心虚空豁达，通晓天地之道的人随顺自然，通晓寿命短暂之理的人能随遇而安。

【原文】

人有见宋王者①，锡车十乘②，以其十乘骄稚庄子③。

庄子曰：“河上有家贫恃纬萧而食者④，其子没于渊⑤，得千金之珠⑥。其父谓其子曰：‘取石来锻之⑦！夫千金之珠，必在九重之渊而骊龙颔下⑧。子能得珠者⑨，必遭其睡也⑩。使骊龙而寤，子尚奚微之有哉⑪！’今宋国之深⑫，非直九重之渊也⑬；宋王之猛⑭，非直骊龙也。子能得车者，必遭其睡也；使宋王而寤，子为齑粉夫⑮！”

或聘于庄子⑯，庄子应其使曰：“子见夫牺牛乎⑰？衣以文绣⑱，食以刍叔⑲。及其牵而入于大庙⑳，虽欲为孤犊㉑，其可得乎！”

【注释】

①见：拜见。②锡：通“赐”。③稚：骄傲。④恃：靠。纬：织。萧：芦苇。⑤没（mò）：潜。渊：深潭。⑥珠：珍珠。⑦锻：锤烂。之：珠。⑧重：层。骊（lí）：黑。颔（hàn）：下巴。⑨子：你。⑩遭：遇。⑪“使骊龙”二句：使：假如。寤：醒。奚：何。微：残余。⑫深：

深重。⑬直：止。⑭猛：凶残。⑮齑（jì）粉：粉碎。⑯或：有人。据《史记·老庄申韩列传》载："楚威王闻庄周贤，使使厚而迎之，许以为相。"⑰牺牛：祭祀用的牛。⑱衣（yì）：用作动词，穿。文绣：绣有花纹的织物。⑲食（sì）：用作动词，喂。刍：草。叔：大豆。⑳大（tài）庙：帝王的祖庙。㉑孤犊：无人豢养的小牛。

【译文】

有个人拜见宋王，宋王赐给他十辆车，他用这得来的十辆车向庄子炫耀。

庄子说："河边有一个因家穷而靠织芦苇为生的人，他的儿子潜入深渊，得到一颗价值连城的宝珠。父亲对儿子说：'拿石头来把珍珠砸碎！这颗价值连城的宝珠，肯定是在九重深渊的黑龙的下巴上。你能够得到它，一定是碰上黑龙睡着了。假如黑龙醒着，你恐怕连骨头渣都剩不下了！'如今宋国灾难深重，不止于九重深渊；而宋王的凶残，更甚于黑龙。您能够得到车子，肯定是他在睡觉；假如宋王醒着，您肯定粉身碎骨了！"

有人聘请庄子担任楚相，庄子答复来使说："您见过祭祀用的牛吗？披着绣花织物，吃着草料大豆。可是等到牵入太庙当祭品时，即使想做一头无人喂养的小牛犊，还能办得到吗！"

【原文】

庄子将死①，弟子欲厚葬之②。庄子曰："吾以天地为棺椁③，以日月为连璧④，星辰为珠玑，万物为赍送⑤。吾葬具岂不备邪⑥？何以加此！"

弟子曰："吾恐乌鸢之食夫子也⑦。"

庄子曰："在上为乌鸢食，在下为蝼蚁食⑧，夺彼与此⑨，何其偏也⑩！"

以不平平，其平也不平；以不征征⑪，其征也不征。明者唯为之使⑫，神者征之⑬。夫明之不胜神也久矣⑭，而愚者恃其所见入于人，其功外也⑮，不亦悲乎！

【注释】

①将死：将要死去。②欲：准备。③为：当作。④连璧：并连的玉璧。⑤赍（jī）送：指送葬品。⑥备：齐备。⑦吾：我们。恐：恐怕。乌：乌鸦。鸢（yuān）：鹰。⑧蝼蚁：蝼蛄和蚂蚁。⑨彼：乌鸢。此：蝼蚁。⑩偏：偏心。⑪征：应验，可信。⑫明：聪明。为：被。之：外物。⑬神者：神人。⑭不胜：比不上。⑮外：表面。

【译文】

庄子快要死了，他的弟子们打算厚葬他。庄子说："我把天地当作棺材，把太阳和月亮当作连璧，把星星当作珍珠，把天下万物当作送葬品。我的葬礼难道还不够完备吗？还有什么比这更好的呢！"

弟子们说："我们怕乌鸦和老鹰把您吃了。"

庄子说："露在地上被乌鸦和老鹰吃，埋在土里被蝼蛄和蚂蚁吃，从乌鸦和老鹰嘴里夺下来给蝼蛄和蚂蚁，为什么这么偏心呢！"

把不公平当作是公平，这种公平其实并不公平；以没有应验的当作可信的，这种可信无法令人相信。自以为聪明的人，被外物指使，神人则可以顺应自然并得到验证。聪明人赶不上神人已经很久了，而愚蠢的人死守着自己的偏见，溺于人事，其功业都是建立在表面的，不也太可悲了吗！

天下

【题解】

本篇对天下各家学派（指先秦诸子）逐一进行了总结性的批评，从而说明庄周学派的理论是当时学术的高峰，因为它恢复了古代道术的面貌。作者认为道术是对宇宙人生本原作全面和整体把握的学问，只有“天人”“神人”“至人”“圣人”才能为之。道家以外的各家学派，对宇宙和人生的认识都不完整，各有局限，因此他们的理论只能算是一方之术，而不是道。只有老子及其继承者庄周学派的理论才是真正的道术。全文持论虽有偏颇，但在一定程度上可以看作是对先秦学术的理论总结。

【原文】

天下之治方术者多矣①，皆以其有为不可加矣②。古之所谓道术者③，果恶乎在？曰：“无乎不在④。”曰：“神何由降⑤？明何由出⑥？”“圣有所生，王有所成，皆原于一。”

不离于宗⑦，谓之天人⑧；不离于精⑨，谓之神人；不离于真，谓之至人。以天为宗⑩，以德为本⑪，以道为门⑫，兆于变化⑬，谓之圣人；以仁为恩⑭，以义为理⑮，以礼为行⑯，以乐为和⑰，熏然慈仁⑱，谓之君子⑲；以法为分，以名为表⑳，以参为验㉑，以稽为决㉒，其数一二三四是也㉓，百官以此相齿㉔；以事为常，以衣食为主，蕃息畜藏㉕，老弱孤寡为意，皆有以养，民之理也㉖。

古之人其备乎㉗！配神明，醇天地，育万物，和天下，泽及百姓，明于本数㉘，系于末度㉙，六通四辟，小大精粗㉚，其运无乎不在㉛。其明而在数度者，旧法、世传之史尚多有之；其在于《诗》《书》《礼》《乐》者，邹鲁之士、搢绅先生多能明之㉜。《诗》以道志㉝，《书》以道事，《礼》以道行，《乐》以道和，《易》以道阴阳，《春秋》以道名分，其数散于天下而设于中国者㉞，百家之学时或称而道之。

天下大乱，贤圣不明，道德不一。天下多得一察焉以自好㉟。譬如耳目鼻口，皆有所明㊱，不能相通。犹百家众技也，皆有所长，时有所用。虽然，不该不遍㊲，一曲之士也。判天地之美㊳，析万物之理㊴，察古人之全㊵。寡能备于天地之美㊶，称神明之容㊷。是故内圣外王之道㊸，暗而不明㊹，郁而不发㊺，天下之人各为其所欲焉以自为方㊻。悲夫，百家往而不反㊼，必不合矣！后世之学者，不幸不见天地之纯，古人之大体，道术将为天下裂。

【注释】

①方术：一方之术，与道术不同，道术包罗万象，而方术只是其中的一部分。②以：以为。其有：自己所主张的。不可加：无以复加。③道术：体现宇宙所有领域的普遍真理。④无乎不在：无所不在。参阅《知北游》篇庄子答东郭子问。⑤神：天。⑥明：地。⑦不离：不一分为二。宗：道。⑧天人：天人不分离为二。⑨精：指道术的精纯。⑩宗：主宰。⑪本：根本。⑫门：天门，万物出生入死之门。⑬兆：预示。⑭恩：恩惠。以下六句谓儒家为方术之一。⑮理：道理。⑯以礼为行：以礼教约束人的行动。⑰以乐为和：以音乐调合人的性情。⑱熏然：南风吹拂万物之貌。⑲君子：以礼教为本的儒家。⑳名：职称。表：标志。㉑参：比较。验：验证。㉒稽：考核。决：判断。㉓数：等级。㉔齿：序列。㉕蕃：繁殖。息：生息。畜：积蓄。藏：储备。㉖理：常情。㉗古之人：至人。备：完备。㉘明：明晰。本数：根本。㉙末度：具体措施。㉚小大精粗：天下万物。㉛"其运"句：道术运行无所不在。㉜搢（jìn）绅：借指官员。古代官服插笏垂绅。搢，笏。绅，长带。㉝道：表述，下同。㉞中国：中原地区。㉟一察：一己之见。自好：自以为是。㊱明：知。㊲该：通"赅"，完备。遍：全面。㊳判：割裂。美：完美。㊴析：离析。理：常理。㊵察：离散。㊶寡：少。㊷称：相称。容：包容。㊸内圣外王：道藏于内心为圣，道显于外是王。㊹暗：同"闇"。㊺郁：闭塞。发：发挥。㊻方：上文之方术。㊼反：通"返"。

【译文】

天下搞具体学术的人很多，都认为自己的学识是无以复加的！而古代所说的道术，究竟在哪里？回答是："无所不在。"问："天从何处降临？地由何方产生？"回答是："圣贤所出，王道所成，都来源于道。"

与道同在，叫作天人合一；道术精纯者，称为神人；道术纯真者，称为至人。以天为主宰，以德为根本，以道为门径，能够预示变化者，称为圣人；以仁德为恩惠，以忠义对民众，以礼仪教百姓，用音乐调合人的性情，和风细雨，慈爱仁义，叫作君子；以法度为本分，以职称为标志，以比较为验证，以考核为判断，等级像一、二、三、四那样分明，百官按级排列，以劳作为常理，以衣食为主旨，繁衍生息，积蓄储备，关心老弱孤寡，使他们各有所养，这是百姓的常理。

古代的圣人是最完备的了！具备至高之德，以天地为准则，养育万物，调和天下，恩泽百姓，明白道德根本，维系具体措施，上下四方通达，一年四季顺畅，无论何事，其作用无所不在。古代道术明白体现为根本与具体措施的，旧时法令和传下来的史籍多有记载；体现在《诗》《书》《礼》《乐》中的，邹鲁之地的学者、做官的人多能明白。《诗》言志，《书》载事，《礼》讲行为，《乐》陶性情，《易》论阴阳，《春秋》阐名分。这些度数散布于天下而设立于中原的，诸子百家时常引述称诵。

天下大乱，圣贤之士不明原因，道德规范无法一致，天下各派大多各执一端、自以为是。就像耳目鼻口，各有知觉，却不能相通；又像各种技艺一样，皆有所长，时有所用。即便如此，但既不完备，又不全面，仍是孤陋寡闻之人。割裂天地的完美，离析万物的常理，肢解古人完美的道理。绝少有人能够具备天地的全美，相称于神明的包容。因此，内圣外王之道，幽暗不明，抑郁不发，而天下之人各自为所欲为，自说自话。可悲啊！诸子百家各行其道而不迷途知返，肯定无法与大道相合！后世的学者，不幸不能看到天地的纯真与古代圣人的全貌，道术将会被天下所肢解割裂。

【原文】

不侈于后世，不靡于万物，不晖于数度①，以绳墨自矫，而备世之急。古之道术有在于是者。墨翟、禽滑厘闻其风而说之。为之大过，已之大循②。作为《非乐》，命之曰《节用》；生不歌③，死无服④。墨子泛爱⑤，兼利而非斗，其道不怒⑥；又好学而博，不异⑦，不与先王同⑧，毁古之礼乐。

黄帝有《咸池》，尧有《大章》，舜有《大韶》，禹有《大夏》，汤有《大濩》，文王有《辟雍》之乐，武王、周公作《武》。古之丧礼，贵贱有仪⑨，上下有等，天子棺椁七重⑩，诸侯五重，大夫三重，士再重。今墨子独生不歌⑪，死不服，桐棺三寸而无椁⑫，以为法式⑬。以此教人，恐不爱人；以此自行，固不爱己。未败墨子道⑭，虽然，歌而非歌，哭而非哭，乐而非乐，是果类乎？其生也勤⑮，其死也薄⑯，其道大觳⑰；使人忧，使人悲，其行难为也，恐其不可以为圣人之道，反天下之心，天下不堪。墨子虽独能任，奈天下何！离于天下⑱，其去王也远矣⑲！

墨子称道曰："昔禹之湮洪水⑳，决江河而通四夷九州也㉑。名川三百，支川三千，小者无数。禹亲自操橐耜㉒，而九杂天下之川㉓；腓无胈㉔，胫无毛㉕，沐甚雨㉖，栉疾风㉗，置万国㉘。禹大圣也，而形劳天下也如此㉙。"使后世之墨者，多以裘褐为衣㉚，以跂跻为服㉛，日夜不休，以自苦为极，曰："不能如此，非禹之道也，不足谓墨。"

相里勤之弟子㉜，五侯之徒，南方之墨者苦获、已齿、邓陵子之属㉝，俱诵《墨经》而倍谲不同㉞，相谓别墨；以坚白同异之辩相訾，以觭偶不仵之辞相应；以巨子为圣人，皆愿为之尸㉟，冀得为其后世，至今不决。

墨翟、禽滑厘之意则是，其行则非也。将使后世之墨者，必自苦以腓无胈、胫无毛，相进而已矣㊱。乱之上也，治之下也。虽然，墨子真天下之好也㊲，将求之不得也㊳，虽枯槁不舍也㊴，才士也夫㊵！

【注释】

①晖（huī）：目光，炫耀。数度：数指法律条丈，度指法度。②已：止，停止而不为。循：不及。③生：活着。④无服：死无服丧，不穿礼制上规定的丧服。⑤泛爱：即兼爱，爱一切人。⑥怒：怨怒。⑦不异：不立异，指尚同而言。⑧先王：指黄帝、尧、舜、禹，夏、商、周诸帝王。⑨有仪：有度。⑩椁：外棺。重：层。⑪独：唯独。⑫桐：桐木。⑬法式：效法的样式，榜样。⑭未：同"莫"，不。败：毁。⑮勤：勤劳。⑯薄：薄葬。⑰大：通"太"。觳（què）：刻。⑱离：背离。⑲王：指外王之道。⑳湮：同"堙"，塞。㉑四夷：四方边远的少数民族地区。九州：冀、兖、青、徐、扬、荆、豫、梁、雍诸州。㉒橐（tuó）：盛土的器具。耜（sì）：掘土工具。㉓九杂：聚合。九，本作"鸠"，聚集。杂，同"匝"，合。

㉔腓（féi）：腿肚子。胈（bá）：汗毛。㉕胫（jīng）：小腿。㉖沐：沐浴，淋雨。甚雨：暴雨。㉗栉（zhì）：梳头发。㉘置：建立，设立。万国：许多地方。㉙形劳：身体劳苦。㉚裘褐：粗衣。裘，兽皮。褐，粗布。㉛跂（qí）：通“屐”，木鞋。蹻（jué）：草鞋。㉜相里勤：墨家在南方的后学，为南方之墨学的代表。㉝苦获、已齿、邓陵子：皆墨家后学。㉞倍：通“背”，背离。谲（jué）：矛盾，相反。㉟尸：尽死。㊱相进：相互争进。㊲天下之好：爱天下。㊳求之：救助天下。㊴舍：舍弃。㊵才士：指贤能之士，即国家的有用人才。

【译文】

不以奢侈教育后世，不浪费万物，不炫耀礼法，用规矩勉励自己以应付当世之急务，古代的道术有属于这方面的。墨翟、禽滑厘听到这种治学风气就喜欢它。实行泛爱、兼利太过分了，非乐节用也太过分了。作《非乐》篇，讲《节用》篇，活时不作乐，死时无丧服。墨子泛爱一切人，使一切人都得到利益而反对侵略战争，他教人不怨怒；他又好学而博闻，主张大不异的尚同，也不求与先王相同，主张毁弃古代的礼乐。

黄帝时有《咸池》，尧时有《大章》，舜时有《大诏》，禹时有《大夏》，汤时有《大濩》，文王时有《辟雍》的乐章，武王、周公时作《武》乐。古代的丧礼，贵贱有不同的制度，上下有不同的等次，天子的棺椁七层，诸侯五层，大夫三层，士二层。现今墨子唯独主张生时不作乐，死时无丧服，桐木棺材只有三寸厚而无外椁，作为效法的样式。用这种主张教人，恐怕不是爱人；用这种主张自行其事，当然也不是爱护自己。即便如此，也并不影响墨子的学说。然而，应当唱歌时却反对唱歌，应当哭泣时却反对哭泣，应当奏乐时却反对奏乐，这样果真合乎人的感情吗？人活着时勤劳，死后却薄葬，他的学说太苛刻了；使人忧伤，使人悲哀，他的主张难以实行，恐怕这种主张不可以成为圣人之道，违反天下人的心愿，天下人不堪忍受。虽然墨子能独自实行，然而他能让天下人都实行吗！背离于天下的人，这种做法离开王道也太远了。

墨子宣扬说：“过去大禹堵塞洪水，疏通江河，而沟通四夷九州，大川三百，支流三千，小沟无数。禹亲自拿着盛土的器具和掘土的工具，汇合天下的河流入海。累得腿上没有肉，小腿上没有汗毛，暴雨淋身，疾风梳发，安定了万国。禹是个大圣人，他身体为民劳苦到如此地步。”所以使后代的墨者，多用粗布做衣服，穿着木屐草鞋，日夜不息，以吃苦辛劳为准则，还说：“不能如此，就不是大禹之道，不能把他称为墨者。”

墨者相里勤的弟子，五侯的门徒，南方的墨者苦获、已齿、邓陵子一派，都诵读《墨经》，然而却相互背离、相互矛盾而各不相同，相互指责对方是“别墨”；以坚白同异的辩论相互诽谤非议，用奇偶不合的言论相互应对；把巨子当作圣人，都愿意为他而死，希望成为他的后世继承人，但他们的纷争至今还没有结果。

墨翟、禽滑厘的心意是好的，他们的作为却是错的。这使得后代的墨者必定要刻苦自励，搞得腿上没有肉、小腿上没有汗毛，以此相互争进罢了。这样做实在是乱天下有余，而治天下不足。虽然这样，但墨子还是真想把天下治理好的人，即使求之不得，累得形容憔悴枯槁也不放弃自己的主张，真是一位治国的贤能之士啊！

【原文】

不累于俗，不饰于物，不苛于人，不忮于众①，愿天下之安宁以活民命②，人我之养，毕足而止，以此白心③，古之道术有在于是者。宋钘、尹文闻其风而悦之。作为华山之冠以自表，接万物以别宥为始④；语心之容，命之曰心之行，以聏合欢⑤，以调海内，请欲置之以为主⑥。见侮不辱，救民之斗，禁攻寝兵，救世之战。以此周行天下，上说下教，虽天下不取，强聒而不舍者也⑦，故曰上下见厌而强见也。

虽然，其为人太多，其自为太少，曰："请欲固置五升之饭足矣⑧。"先生恐不得饱，弟子虽饥，不忘天下。日夜不休，曰："我必得活哉！"图傲乎⑨，救世之士哉！曰："君子不为苛察⑩，不以身假物。"以为无益于天下者，明之不如已也⑪，以禁攻寝兵为外，以情欲寡浅为内，其小大精粗，其行适至是而止。

【注释】

①忮（zhì）：违逆，刚愎。②安宁：没有战争。活民命：保住人民的性命。③白心：纯洁内心，指扫除欲念，抱虚守静，修养内心。④别宥：解蔽，丢掉成见。别，指别而去之。宥，同"囿"，蔽。始：始端。⑤聏（ér）：柔、和。欢：欢心。⑥之：指心之容，心之行。⑦强聒：不管别人是否愿听而说个不停。⑧固置：谓辞不得当还必欲置之。⑨图傲：伟大。⑩苛：不合理。⑪已：止。

【译文】

不为世俗所牵累，不以外物来掩饰，不苛求别人，不违逆众志，希望天下安稳宁静以保全人民的性命，别人和自己的奉养都知足就够了，以这种观点纯洁内心，古时的道术有属这方面的。宋钘、尹文听到这种治学风气就喜欢它。制作像华山上下均平那样的帽子来表明平等，应接万物以除去成见为开端；称道内心的包容，称之为内心的行为，以柔和态度合乎他人的欢心，用来调和海内，请求以此作为建立学说的指导思想。受欺侮不以为是耻辱，以解救人民的争斗，禁绝互相攻伐，停止战事用兵，平息社会战乱。以此周游天下，上劝君主下劝臣民，虽然天下的人不采取，还要说个不停而不舍弃其主张。所以说，上上下下的人都表示厌烦但仍然请求会见。

然而，他们为别人做得太多，为自己想得太少。说："辞不得当还要必置，有五升米的饭就够了。"宋、尹两位先生不能吃饱，弟子们也处在饥饿中，仍不忘天下人。他们日日夜夜不知道休止。他们说："我们必须得活命呀！"多么高大的救世之士啊！他们还说："君子不用不合理的观点明察万物，不使自身受外物的役使。"认为对天下没有益处的，不如停止不做。他们把禁止攻伐停止战争作为对外的活动，以减少情欲作为内心的修养。他们学说的小大精粗，及其所述所行就是这样而已。

【原文】

公而不党①，易而无私②，决然无主，趣物而不两，不顾于虑③，不谋于知，于物无择④，与之俱往。古之道术有在于是者。彭蒙、田骈、慎到闻其风而悦之⑤。齐万物以为首⑥，曰："天能覆之而不能载之，地能载之而不能覆之⑦，大道能包之而不能辩之[⑧]。”知万物皆有所可，有所不可，故曰：“选则不偏[⑨]，教则不至[⑩]，道则无遗者矣[⑪]。”

是故慎到弃知去己[⑫]，而缘不得已[⑬]，泠汰于物[⑭]，以为道理，曰：“知不知，将薄知而后邻伤之者也。”謑髁无任，而笑天下之尚贤也；纵脱无行[⑮]，而非天下之大圣；椎拍輐断[⑯]，与物宛转[⑰]，舍是与非，苟可以免。不师知虑[⑱]，不知前后，魏然而已矣[⑲]。推而后行，曳而后往[⑳]，若飘风之还，若落羽之旋，若磨石之隧[㉑]，全而无非，动静无过[㉒]，未尝有罪。是何故[㉓]？夫无知之物[㉔]，无建己之患，无用知之累，动静不离于理[㉕]，是以终身无誉。故曰：“至于若无知之物而已[㉖]，无用贤圣。夫块不失道[㉗]。”豪桀相与笑之曰[㉘]：“慎到之道[㉙]，非生人之行，而至死人之理[㉚]，适得怪焉[㉛]。”

田骈亦然，学于彭蒙，得不教焉[㉜]。彭蒙之师曰：“古之道人，至于莫之是、莫之非而已矣。其风窢然，恶可而言？”常反人[㉝]，不见观，而不免于魭断。其所谓道非道，而所言之韪不免于非[㉞]。彭蒙、田骈、慎到不知道。虽然，概乎皆尝有闻者也[㉟]。

【注释】

①公：公正。党：一作“当”，偏党。②易：平易，平允。③不顾：指不顾虑，不虑过去。④无择：无选择，不加选择。⑤彭蒙：齐人。田骈：齐人。慎到：赵人。⑥齐：动词，一致，齐一。首：首要。⑦覆：遮盖，掩盖。⑧包：包容。辩：分辨。⑨选：选择。偏：同“遍”，全。⑩不至：不能达到，不能备至。⑪无遗：无遗漏。⑫去己：抛开自己的成见。⑬缘：因循，因顺。⑭泠（líng）汰：听从自然，任其自然。⑮纵脱：放任。无行：不修德行。⑯椎拍：推扑顺遂。輐（wàn）断：即下文“魭断”，没有棱角。⑰物：指事。宛转：婉曲，相应变化。⑱师：用，任凭。⑲魏：通“巍”，独立不动。⑳曳：拖。㉑隧：转动，旋转。㉒动静：运动静止。无过：没有过失。㉓是：这，此。㉔知：知觉，知识。物：物件，东西。㉕理：指规律。㉖故曰：指慎子说的话。至：到达，达到。若：像。已：罢了。㉗块：土块。道：规律。㉘笑：讥笑。㉙道：学说。㉚“非生人”二句：生人：活人。行：施行。理：道理。㉛适得：理当，应当。怪：责怪，批评。㉜不教：不言之教。㉝反人：违反人意。㉞韪：是。㉟概：概略。尝：曾，曾经。

【译文】

公正而不偏党，平易而无偏私，随和而无主见，随物而趋不起二意，不虑过去，不谋未来，对事物没有好恶的选择，参与事物的变化活动，古代道术有属于这方面的。彭蒙、田骈、慎到听到这种治学风气就喜好它。以齐同万物为首要，说：“天能覆盖万物而不能承载万物，地能承载万物而不能覆盖万物，大道能包容万物而不能分辨万物。”他们认识到万物都有它可以的地方，也有它不可以的地方，所以说：“选择就不能周全，教化就不能备至，顺着大道就不会有所遗漏了。”

所以慎到主张抛弃知识和主观成见，而因顺于不得已的事，任其自然，而作为他的道理，说：“知道其实是无知，要失鄙薄知识，然后完全毁掉它。”随便顺从情势，无所专任而讥笑天下的尚贤风气，放任解脱不修德行而非难天下的大圣；顺遂旋转无棱无角，顺从事物婉曲相应变化；舍弃是与非，或可免于拖累。不用智巧谋虑，不知什么是前后，就能巍然独立不动。推动而后前进，拖曳而后前往，像飘风的往还，像羽毛的旋转，像磨石的转动，保全自己而不受非难，动静适度而没有过失，从未曾有什么罪责。这是什么原因呢？没有智慧的东西，也就不会因标榜自己而招致忧患，没有使用智慧的拖累，动静就离不开自然之理，因此终身没有毁誉。所以说："达到像没有智虑的东西那样罢了，用不着圣贤，那土块自有自己的规律。"豪杰们都讥笑他说："慎到的学说，不是活人能施行的，而是死人的道理，只会受到人们的责怪。"

田骈也是这样，求学于彭蒙，学得不言之教。彭蒙说："古代得道之人，达到无所谓是非的境界。他们的学说，好像风迅速刮过一样，哪还用得着说什么呢？"经常违反人的意愿，不为人欣赏，仍然不免于无棱无角、随物顺从。他们所宣扬的道并非是道，而所肯定的东西也不免于错误。彭蒙、田骈、慎到不明白大道。即便如此，他们还是知道一些道的概要的。

【原文】

以本为精①，以物为粗②，以有积为不足③，澹然独与神明居④。古之道术有在于是者。关尹、老聃闻其风而悦之⑤。建之以常无有⑥，主之以太一。以濡弱谦下为表⑦，以空虚不毁万物为实。

关尹曰："在己无居，形物自著。其动若水，其静若镜⑧，其应若响⑨。芴乎若亡，寂乎若清。同焉者和，得焉者失⑩。未尝先人而常随人。"

老聃曰："知其雄，守其雌⑪，为天下谿⑫；知其白，守其辱，为天下谷。"人皆取先⑬，己独取后⑭。曰受天下之垢⑮；人皆取实，己独取虚。无藏也故有余。岿然而有余。其行身也⑯，徐而不费⑰，无为也而笑巧⑱。人皆求福，己独曲全。曰苟免于咎⑲。以深为根⑳，以约为纪㉑。曰坚则毁矣㉒，锐则挫矣㉓。常宽容于物，不削于人㉔，可谓至极㉕。

关尹、老聃乎，古之博大真人哉！

【注释】

①本：指德。②物：具体的物。③积：积蓄。④澹然：无心貌。独与神明居：只与大道共处，再无他物。⑤关尹：见《达生》篇注。⑥常无有：常无与常有。⑦濡（rú）：软弱。表：外表。⑧若镜：清静如镜。⑨应：反应。响：回响。⑩得：有所得。⑪守：居。⑫谿：沟壑，空虚而容纳一切。⑬取先：争先。⑭取后：自甘于后。⑮垢：辱。⑯行身：立身行事。⑰徐：舒缓。费：损。⑱巧：机巧。⑲苟免：姑且免于。⑳深：深藏不露。㉑约：隐约。纪：纲纪。㉒坚：坚硬。毁：折毁。㉓锐：锐利。㉔削：侵削。㉕至极：达到顶点。

【译文】

以德为精微，以万物为粗鄙，以积蓄为不足，恬然无心只与大道共处。古代的道术有这些内涵。关尹、老子对其十分赞赏。主张树立常无常有的观点，以道为主宰，以软弱谦下为表现形式，以空虚不毁伤万物为实质。

关尹说："在自己主观上不囿于定见，有形的物体自然而然显现出来。运动如水流，静止如明镜，反应如回声。忽然如无形，寂然如清虚。相同则合谐，有得便有失。未尝争先，自甘于后。"

老子说："明知雄强，却守雌弱，成为天下的沟壑；明知清白，甘守屈辱，成为天下的山谷。"别人都争先，自己却甘愿落后，这就是所说的"承受天下的垢辱"；别人都讲实际，自己却甘愿虚无。不储藏就是有余，多如岿然之山。其立身行事，舒缓而无耗损，无所作为而讥笑机巧。别人都求福禄，自己却委曲求全，这就是所说的"苟且免于祸害"。以深藏为根本，以隐约为纲纪。这就是所说的"坚硬的易于毁坏，锐利的就会受挫"。经常宽容待物，从不损害他人，可以说到达了最高境界。

关尹和老子，是古代博大的真人啊！

【原文】

芴漠无形[①]，变化无常[②]，死与生与，天地并与，神明往与[③]！芒乎何之[④]，忽乎何适，万物毕罗[⑤]，莫足以归，古之道术有在于是者。庄周闻其风而悦之。以谬悠之说[⑥]，荒唐之言[⑦]，无端崖之辞[⑧]，时恣纵而不傥[⑨]，不以觭见之也。以天下为沉浊[⑩]，不可与庄语[⑪]，以卮言为曼衍，以重言为真，以寓言为广，独与天地精神往来，而不敖睨于万物[⑫]，不谴是非，以与世俗处。其书虽瑰玮而连犿无伤也[⑬]。其辞虽参差而諔诡可观[⑭]。彼其充实，不可以已，上与造物者游[⑮]，而下与外死生无终始者为友[⑯]。其于本也[⑰]，弘大而辟，深闳而肆；其于宗也，可谓稠适而上遂矣[⑱]。虽然，其应于化而解于物也[⑲]，其理不竭[⑳]，其来不蜕，芒乎昧乎，未之尽者[㉑]。

【注释】

① 芴漠：静。无形：虚。② 无常：没有定规。③ 往：交往。④ 芒：通"茫"。之：往。⑤ 毕：全。罗：包罗。⑥ 谬悠：深远而难于捉摸。谬，通"缪"。⑦ 荒唐：荒诞，夸张。⑧ 无端崖：不着边际。⑨ 恣纵：恣意放肆。傥：片面。⑩ 沉浊：深沉污浊。⑪ 庄语：庄重的言论。⑫ 敖睨：轻视。敖，通"傲"。⑬ 瑰玮：奇伟不凡。连犿（fān）：随和貌。无伤：对人无害。⑭ 参差：长短不齐。諔（chù）诡：奇异。⑮ 造物者：大道。⑯ 外：超脱。⑰ 本：德。⑱ 宗：道。稠（tiáo）适：调和。稠，本字"调"。上遂：上达。⑲ 应：反应。解：分析。⑳ 竭：止境。㉑ 芒：通"茫"。昧：昏暗。未之尽：没有达到尽头。

【译文】

道的本体静漠无形，变化无常，死死生生，与天地并存，与神明同往。茫茫然不知何去，匆匆然不知何往，包罗万物，而道本身却是无须归宿的，古代的道术有这方面的内涵。庄子对此很赞赏，以深远而难以捉摸的学说，荒诞夸张的言论，不着边际的语言，时常恣意放肆却不片面，不执偏见。他认为天下太深沉污浊，不可以用庄重的言语讲述，所以用无心的语言，不拘常理地随意漫谈，以人所信服的话语使人信以为真，以寄寓他人的言论来广泛地阐发，独自与天地精神相往来，而从不傲视万物，不纠缠于是非，与世俗和睦相处。他的书虽然言辞瑰丽奇伟却随和不让人感到受伤害。他的语言虽变化多端却奇异可观。他的内心充实，而一发不可收拾，上与大道同游，下与超脱生死、无始无终的人为友。他的道，博大通达，深邃广阔；他的德，调和而上合天意。即便如此，在顺应变化和解释万物方面，道理其实是没有止境的，始终不离大道的根本，在茫昧恍惚之中，永远无法穷尽其中的奥妙。

【原文】

惠施多方①，其书五车，其道舛驳②，其言也不中③。历物之意④，曰："至大无外⑤，谓之大一；至小无内⑥，谓之小一。无厚⑦，不可积也⑧，其大千里。天与地卑⑨，山与泽平。日方中方睨⑩，物方生方死。大同而与小同异，此之谓'小同异'；万物毕同毕异⑪，此之谓'大同异'。南方无穷而有穷⑫。今日适越而昔来⑬。连环可解也⑭。我知天之中央，燕之北越之南是也。泛爱万物，天地一体也。"

惠施以此为大，观于天下而晓辩者⑮，天下之辩者相与乐之⑯。卵有毛；鸡三足；郢有天下；犬可以为羊；马有卵；丁子有尾⑰；火不热；山出口；轮不碾地⑱；目不见；指不至，至不绝；龟长于蛇；矩不方，规不可以为圆；凿不围枘⑲；飞鸟之景未尝动也⑳；镞矢之疾而有不行不止之时㉑；狗非犬；黄马骊牛三；白狗黑；孤驹未尝有母；一尺之捶，日取其半，万世不竭。辩者以此与惠施相应，终身无穷。

桓团、公孙龙辩者之徒，饰人之心㉒，易人之意㉓，能胜人之口，不能服人之心，辩者有囿也㉔。惠施日以其知与人之辩，特与天下之辩者为怪㉕，此其柢也㉖。

然惠施之口谈，自以为最贤，曰："天地其壮乎！"施存雄而无术。南方有倚人焉，曰黄缭，问天地所以不坠不陷，风雨雷霆之故。惠施不辞而应㉗，不虑而对，遍为万物说，说而不休，多而无已，犹以为寡，益之以怪㉘。以反人为实，而欲以胜人为名㉙，是以与众不适也㉚。弱于德，强于物，其涂隩矣㉛。由天地之道观惠施之能，其犹一蚊一虻之劳者也㉜。其于物也何庸㉝！夫充一尚可㉞，曰愈贵道㉟，几矣！惠施不能以此自宁㊱，散于万物而不厌，卒以善辩为名。惜乎！惠施之才，骀荡而不得㊲，逐万物而不反㊳，是穷响以声，形与影竞走也。悲夫！

【注释】

①方：术。②舛（chuǎn）驳：错误杂乱。③中（zhòng）：中肯。④历：分析叙述。意：含义，此指性质。⑤无外：无限大。⑥无内：无限小。⑦无厚：没有厚度。⑧积：重叠。⑨卑：低。⑩睨（nì）：斜观，此指偏斜。⑪毕：完全。⑫穷：穷尽。⑬适：到。越：越国。昔：昨天。⑭连环：连环是不能分开的。⑮观：显示。晓：引导。⑯乐之：愿意和他辩论。⑰丁子：蛤蟆。⑱碾：压。⑲凿：安榫的孔，俗称卯眼。枘（ruì）：榫头。⑳景：同"影"。㉑镞矢：箭头。㉒饰：蒙敝。㉓易：改变。㉔囿：局限。㉕特：专门。为怪：制造奇谈怪论。㉖柢（dǐ）：根本。㉗不辞：不辞让。㉘益：加。怪：怪诞。㉙胜：辩胜他人。为名：获取

名声。㉚适：合。㉛涂：路途。隩（ào）：狭隘。㉜劳：功劳。㉝庸：用。㉞充一：充当一家之言。㉟愈：进一步。贵：尊崇。㊱此：指充一。宁：安于。㊲骀（dài）荡：放荡。不得：未能行于正道。㊳不反：不回头。

【译文】

惠施的学问渊博，他著的书要五辆车才装得下，他的那一套道理乌七八糟的，多有不当。他分析事物的性质，说："大到没有外部的无限大，叫作大一；小到没有内部的无限小，叫作小一。没有厚度，无法重叠，却可以大至千里。天和地一般低，山与泽同样平。太阳刚刚正中就开始偏斜，万物刚刚出生就走向死亡。大部分相同而小部分不同，叫作'小同异'；万物全都相同又全都不同，叫作'大同异'。南方既没有穷尽却又有穷尽。今天到越国去，而从越国的角度则是昨天从外地前来。连环是可以解开的。我知道天下的中央，在燕国的北面、越国的南方。泛爱世间万物，天地原为一体。"

惠施认为这些是大道理，炫耀于天下而引导辩者，天下好辩之士都乐于和他辩论。蛋有毛，鸡三只脚，郢都包有天下之大，犬可以是羊，马下蛋，蛤蟆有尾巴，火不热，山有嘴，车轮不碾地，眼睛看不见东西，事物与概念不相称，两者完全相称的过程是永远没有止境的，乌龟比蛇长，矩尺不方，圆规不能画圆，卯眼围不住榫头，飞鸟的影子不曾移动，箭头疾飞却有不动不停的时刻，狗不是犬，黄马和骊牛是三码事，白狗是黑的，孤马驹没有过母马，一尺长的鞭杆，每天截掉一半，永远也截不完。好辩之士用这类诡辩与惠施相互辩论，一辈子也辩不完。

桓团、公孙龙这些好辩之徒，蒙蔽人心，改变人意，能够使人口服，却无法使人心服，这就是好辩之士的局限。惠施成天靠他的智慧与人争辩，专门和天下的好辩之士一起制造奇谈怪论，这就是他们的根本。然而惠施的口才，自以为天下无比，说："天地能比我更伟大吗？"

惠施虽有雄辩之才却无道术。南方有位怪人黄缭，问天为什么不掉下来、地为什么不陷下去，问刮风下雨打雷的原因。惠施竟不推辞地接受提问，不加考虑地回应对答，遍及万物地解说，滔滔不绝，无止无休，还认为不够，又增加了奇谈怪论。把违反人之常情的道理作为真实，只想辩胜他人而取得名声，因此，不合于众人。忽视了道理的修养只重视外物的分析，他走的是一条斜门歪道。从天地之道来看惠施的才能，只不过是雕虫小技，劳而无功罢了。对万物没有什么用处，充当一家之言还可以，进一步说他尊崇大道，也还凑合！但是惠施不能自安于此，分散心思于万物而乐此不疲，最终以善辩成名。可惜呀！惠施的才能，放荡恣肆而不得其道，追逐万物而迷途不返，这是以声音追逐回响，用形体追赶影子。本末倒置，实在是可悲呀！